戰國策校注繫年補正 上

郭人民 著
孫順霖 補正

中州古籍出版社
·鄭州·

圖書在版編目（CIP）數據

戰國策校注繫年補正/郭人民著；孫順霖補正. —鄭州：中州古籍出版社，2020. 11
ISBN 978-7-5348-9176-2

Ⅰ. ①戰… Ⅱ. ①郭… ②孫… Ⅲ. ①中國歷史-戰國時代-史籍②《戰國策》-注釋 Ⅳ. ①K231. 04

中國版本圖書館 CIP 數據核字（2020）第 091813 號

選題策劃：王建新
特約編輯：王建新
責任編輯：趙建新　劉　曉
責任校對：岳秀霞
版式設計：曾晶晶
封面設計：王　歌

出　版　中州古籍出版社
地址：鄭州市鄭東新區祥盛街 27 號 6 層
郵編：450016
電話：0371-65788693
經　銷　新華書店
印　刷　河南瑞之光印刷股份有限公司
版　次　2020 年 11 月第 1 版
印　次　2020 年 11 月第 1 次印刷
開　本　710 毫米×1000 毫米　1/16
印　張　71. 5 印張
字　數　1080 千字
定　價　350. 00 元（全 2 册）

關於《戰國策校注繫年補正》的説明

《戰國策校注繫年》一書，是郭人民先生的畢生力作，他用時二十八年（從一九五六年起，至一九八四年止），於一九八八年在中州古籍出版社出版發行。

郭人民先生，河南大學歷史系教授。祖籍河南柘城。一九二四年六月六日出生，一九八六年元月一日淩晨仙逝，享年六十二歲。先生幼讀私塾。及長，先後就讀於伯崗小學、商丘中學、渦北中學。先生少年時，即通讀前四史及《左傳》、《國語》、《國策》。一九四六年考入河南大學歷史系。開封解放前夕，先生與大部分師生曾被國民黨軍隊挾持至蘇州半年多。一九五〇年，作爲新中國第一届畢業生，留歷史系任教。先後擔任過河南大學中國古代史教研室秘書、中國古代史教研室主任、古籍整理研究所副所長，河南省高等院校古籍整理領導小組副組長，中國歷史文獻研究會理事等職。

先生原名安貞。中华人民共和國建立後，他深感共産黨領導人民建設社會主義前途光明遠大，人民當家做主，便更名爲「人民」，願永遠在黨的領導下，當好「人民」的一員，以貢獻自己的一切。於是，他勤奮學習，加强思想改造，積極工作，一心撲在教學上，争取爲祖國培養出大批人才。他是中國民主同盟的盟員。曾任河南大學中國民主同盟主任委員、開封市中國民主同盟副主任委員。他帶領盟員積極學習中國共産黨的方針政策，積極擁護中國共産黨的領導，努力建言獻策，爲社會主義建設出力。

先生工作認真負責，關愛學生，傾其所學，教書育人，成了廣大師生的良師益友。歷年被評爲校、系的優秀教師和先進工作者。然正當他發憤圖强、努力工作之時，一九五七年被錯劃爲「右派分子」，曾一度被下放到校農場「改造」。直至一九六四年，方被摘掉「右派分子」帽子，重新回到了教學工作崗位上。

先生幼讀二十四史、《春秋》三傳、《國語》、《國策》等古代典籍，根底堅厚，功力深，學風踏實。早在新中國建立初期，他就經常在《新史學通訊》上發表文章，爲宣傳和普及馬列主義新史學做出了貢獻。二十世紀六十年代以後，連續發表了諸如《秦漢制度淵源初論》、《名田解》、《戰國策東西周考辨》等許多學術價值較高的論文，受到史學界好評。他從一九五六年開始對《戰國策》一書進行整理研究。他幼時讀此書，深愛其文辭之煒曄，喜其敘事之曲致新奇。但在窮究細研之後，又苦其舛誤訛脱，難以通讀。他認爲這是一部記事上繼春秋，下迄秦漢之際，載存二百四五十年的重要史實，爲司馬遷纂修《史記》取材的重要書籍之一。凡攻讀、研究先秦古史者，終難逾越此書。於是，從此開始，他翻閱書目，搜求資料，請教師友，抄録金正煒《戰國策補釋》、顧觀光《國策編年》二書，詳加對照，逐句編排。後又得諸祖耿先生的《評國策勘研》一文，受益頗多。即以此文爲線索，按圖索驥，尋求書籍，抄録資料，校勘文字，考辨年代。費時十餘年，輯材料十餘册，分三類編排：一、文字校勘；二、詞語注釋；三、年代考辨。「文化大革命」開始後，先生恐手稿散失，開始進行條理標識。手稿成熟後，潛用毛筆抄寫，形成初稿，一色宣紙裝訂爲二十二本，題名爲《戰國策校注繫年》，藏之篋笥，以備翻閱。先生原以讀懂文字，弄清史實，糾正錯論舛誤爲要，特別是對於游士的説辭誇大失真之處和時間、地點、人物等錯置顛倒之處，儘量詳考明辨，力圖得以解決。但先生總覺草於倉促，尚嫌粗糙，便閉之書齋，秘不示人！

我結識先生，也正是從此書開始的。

一九八一年，我在河南省教育廳高等教育處任秘書，後任副處長。教師專業技術職稱恢復評審工作之後，我始終在負責職稱評審辦公室的工作。當年，辦公室工作人員在審查河南大學報來的擬晋升教授、副教授的材料時，發現郭人民先生的申報材料「硬件」不足。特别是在「何時、何報刊，發表何種論文、著作」一欄中，只填寫了幾篇小論文，且多數是内部刊物發表；著作類只有未出版的二十二本《戰國策校注繫年》書稿。辦公室人員向我反映説：「這位先生材料『硬件』有缺項。」我讓工作人員將材料拿給我看。

材料送到我手裏後，我驚呆了！先生是個老講師，教學工作量滿負荷，而且教學質量優異。雖然没在公開雜誌、期刊發表更多的論文，但僅有的幾篇文章，已見其學術功底。其《戰國策校注繫年》書稿，雖未出版，但六十多萬字，二十二本，宣紙裝訂，工筆小楷謄就，真可謂一絲不苟，嚴肅認真。觀其内容，廣羅前人的校注成果，較異同，辨真僞，新見迭出。從而使原書中許多舛誤的事件得以釐清，不少因史料錯亂造成的聚訟未決的問題得以解決。特别是「繫年」部分，考據細審，條分縷析，較準確而鮮明。先生治學嚴謹，對一些缺乏佐證或據而不確的問題，則不臆斷，標以「未詳」、「待考」之類詞語，從不强解。可見先生之爲人矣！

我當時告訴工作人員，這部書稿，是一部不可多得的學術著作。先生的情况可作「特殊情况」處理。

當年，先生順利通過評審，獲得了相應的學術職稱。

一九八三年春天，國務院在北京召開了全國古籍整理工作會議。我作爲河南省教育廳的代表（當時我任教育廳高等教育處副處長，主抓科學研究工作），與河南大學的科研處處長趙帆聲教授、專家代表郭人民教授，一起參加了那次會議。會議中間，我多次向郭先生請教學術，每次都得到先生的親切教誨。我向先生提出河南省的古籍整理規劃，先生不僅幫助一起制訂，還分别介紹了全省高校古籍整理的專家和每人的學術特徵，爲河南省儘快組織起專家學術隊伍做出了貢獻。會議閒暇，先生帶領我去拜會周祖謨、謝國楨、尹達、張舜徽等知名專家、學者時，總是將我介紹出去。一天晚飯後，我陪先生、趙帆聲處長，一起去西四逛古籍書店。我一見書架上琳琅滿目的經典著作，高興極了，一口氣買了諸如《藝文類聚》、《經籍纂詁》、《綱鑑易知録》、《初學記》等書，書店幫我打了兩大包。須知這些學術著作當時在鄭州還找不到呢。回賓館的路上，先生一定要幫我拿那捆最大的。但到下公交車後，先生連説：「壞了！壞了！」我忙問所以，先生説：「錢包在車上讓小偷給掏去了！」我們忙問都丢了什麽東西，先生笑了笑説：「來的時候，整錢都縫在了内衣裏，錢包中就有幾十元零錢和教師證、教授證。這兩種證件回到學校可以補辦，只可惜那幾十斤全國糧票了！」趙先生當即調侃道：「人民呀！不是我説你，你土裏土氣，衣服破舊，在車上也不放下書捆，緊緊抱在胸前，像老農民進城。小偷早瞄上你了！」我急忙道歉：「都是我連累先生！我帶的糧票多，先用我的！」

從此，我與先生成了忘年交。

成立河南省高等院校古籍整理領導小組時，先生被推舉爲副組長。我是副組長兼辦公室主任。在召開全省古籍整理工作會議時，我聽説先生會背二十四史，便求其所以。先生哈哈一笑，説：「二十四史是多麽偉大而浩繁的著作，看完一遍至少也得一年多的時間！能背誦的屈指可數！説我全能背，那是吹牛！」我問爲什麽河南大學師生中有此傳説，他笑了笑答道：「那一年，趙紀彬校長調到中央黨校任常務副校長，在送他時，我説道，趙校長到北京後，如需要教學助手，把我調去。你授課，我給您作板書；需要查找資料時，我給您背二十四史，省卻您多少時間！」我問先生會背哪些，他認真思索後，説：「要説前四史、《國語》、《國策》、《左氏春秋》，我估計能磕磕巴巴背個八九不離十！」這是何等的功力！河南高校有幾個能出其右？瞠目結舌之餘，我對先生更加肅然起敬！

之後，我們合作過《中州歷史人物傳記》的校注，合作過《中州歷史人物辭典》的編纂等工作。我凡到開封，總去看望先生；先生凡到鄭州或外出講學路過鄭州，總找我談學術、敘友情。我們常到對方家中小聚，一包花生米，一斤牛肉或一只燒雞，一瓶白酒，飲至微醺方散。

一九八五年四月，中國歷史文獻研究會在開封召開。先生是主辦方，終日跑前跑後，不顧年近古稀，忙個不停，一次會議開下來，竟瘦了七八斤。會議中間，先生介紹我加入了中國歷史文獻研究會，並向學會的正副會長介紹了我的情況。從此，我成了該學會的唯一一名幹行政的會員。

先生不僅人品好、學術精，書法藝術也是一流。他書寫的柳體楷書，可與《玄秘塔》帖媲美。他曾爲南陽一古墓書寫碑銘，其拓片至今仍是我臨摹的範本。記得一年，日本有一書法代表團訪問河南大學，進行書法交流，先生當場獻藝，令日本的書法家感嘆不已，稱先生：「這才是真正的傳統執筆法，真正的運筆技藝！」

一九八五年十一月份，先生到南陽市輔導函授，回開封路過鄭州時，到我家小聚淺酌。先生的煙癮很大，一天得三四包芒果牌香煙！我勸先生少抽一些，先生説：没發現有什麽不舒服，只是有點慢性氣管炎。以後減點量，問題不大！

誰知這一别，竟成了永訣！

一九八五年十二月三十一日夜，先生與家人一起看中日女排争奪冠軍的比賽。先生高興地喝了兩杯南陽産的杏酒，興奮地讚頌着女排姑娘們的拼勁。贏了！中國女排奪得了世界冠軍！先生激動不已。

不大一會兒，先生覺得胸部不適。子女們勸他躺下休息。但這時先生覺得胸悶，心前區隱痛。孩子們馬上跑到校醫院找醫生。等醫生一個多小時後帶着醫療器械來搶救時，先生已停止了呼吸。時在一九八六年元月一日淩晨。

元月三日我上班時，得到先生去世的噩耗電報。我向廳領導請了假，急忙趕到了開封。

在辦理先生喪事的三天時間裏，我悲痛萬分！痛泣之餘，只有以一幅「杏壇授徒，桃李共悼師仙逝；陋室操觚，文章同鳴遺後學」的挽聯送别良師益友！

先生在去世前對《戰國策校注繫年》書稿曾做過一些修改和增補，後由其學生、河南大學歷史系教授鄭慧生先生進行了修訂，交中州古籍出版社出版發行。該書於一九八八年出版，此時離先生過世已兩年矣！幫助其整理該書的鄭慧生先生，也是我的好友。可惜鄭先生亦於二〇一四年逝世。

該書問世以來，頗受治先秦史學者的推崇和關注。特別是書中的「繫年」，很有特色，解決了學術界幾百年來不少懸而未決的事件來源，並且釐清了不少歷史疑難問題。但因年代久遠，隨着新資料的發現，特别是大量文物的出土，學術界出現了不少新的研究成果，印證了該書原來的校注和繫年，但是仍存在一些玉中之瑕，很有必要將其增補、修正，使其更加完善，在學術之林中更能熠熠生輝。

我作爲原校注繫年者的後學及朋友，便義不容辭地承擔起這個任務。完成這一艱巨任務，首要的是消化原書、原注、原繫年。於是，我反復研讀該書，並參讀了范祥雍先生的《戰國策箋證》、諸祖耿先生的《戰國策集注匯考》等著作，研讀了《戰國縱横家書》及大量研究《戰國策》的學術文章，逐漸地理清了思路，確定了重新整理的方向。

這次整理，主要是在郭人民先生「校注繫年」的基礎上，進行必要的「補正」工作。所謂補正，是對原作「漏缺」之處「補」之；謬誤之處「正」之；亦漏亦謬之處「補正」之；原文標點有誤的，一般在原文處逕改，個別諸本有争議者，以「補正」明之；有些繫年有誤的，一般在「繫年」處逕改，個别誤差較大者以「正」之；校注中缺項或不詳者，一般在原校注的字句上加以補充，個别之處「補」以詳注。

需要説明的是：先生原校注比較精審，言簡意賅，雖似有缺漏之處，只要不害原意，能讀通原文，一般不作「補正」，從原注；年代有誤的原因很多，因「周正、夏正或有差異，固歲末歲首之異」的，一般從原繫年，個别差幾年、幾十年者，以「正」補之。「補正」中，多數爲地名。一個人的涉獵有限，天下之地望名稱，歷代有變，注錯之處，即便是史地專家，也在所難免。然而，「州縣之設，有時而更；山川之形，千古不易」（鄭樵《通志》卷四十）。戰國時之地域城邑，時而韓、魏，時而秦、楚，變幻無定。確定一邑的歸屬，今時之名稱，須弄清時序、諸侯國的變遷、戰争的起始時間和進軍路線等，南轅北轍肯定是錯誤的；忽南忽北，跳躍式行軍、征戰也是有悖於古代戰争規律的。因此，確定一地名的古稱和今屬，一定要遵循上述原則，這樣，才有一定的準確度，才接近古義。我在「補正」一些古地名時，就是這樣做的。

在年代劃分上，我主要依據的是上海辭書出版社一九八〇年五月出版的方詩銘先生編的《中國歷史紀年表》和上海辭書出版社一九八三年十二月出版的沈起煒先生編著的《中國歷史大事年表》等書，並參照歷代名家著本之「編年」、「紀年」、「年表」和《史記》之戰國各「世家」、「本紀」中的紀年部分。繫年中衆家説法不一的，我除從原繫年之外，「補」入了「鮑注」、「姚注」、「吴注」、「于注」等蠡測年代，均注以「備參」、「備考」等字樣。

爲了完善本書，爲後人提供較多的參考資料，於書後設附録。原郭先生書後有一附録，僅附漢劉向的《戰國策書録》和宋曾鞏的《戰國策序》。我作的附録較多，分别是：

一、戰國策逸文。本逸文爲諸祖耿先生所輯，惜無標點，吾試以標點，經辨識後得七十二條，作爲《逸文》（一）附上。又從《戰國縱横家書》中選擇十六篇文章，作爲《逸文》（二）附上。

二、戰國策考研目録。收漢劉向、宋曾鞏等序跋近四十家，瑣記五家，雜語十四家。均從諸祖耿先生所列。

三、現存戰國策版本表。分年代、書名、編注者、刻印者和附注。

四、戰國策序跋輯。

附這些附録，試圖搜集古代研究《戰國策》的能見到的資料，爲後人繼續深入研究提供一些方便。

《戰國策》，又名《國策》、《國事》、《短長》、《修書》等。經西漢劉向編訂後，定爲《戰國策》，編爲三十三卷，分十二國策。記載史事繼《春秋》後，訖楚漢之際，凡二百四五十年。當時諸侯争霸，互相征伐，謀策之士因勢而起，他們出奇策異智，力圖轉危爲安，遠亡而存。正如曾鞏《戰國策序》中説：「戰國之游士……不知道之可信，而樂於説之易合。其設心注意，偷爲一切之計而已。故論詐之便，而諱其敗；言戰之善，而蔽其患。其相率而爲之者，莫不有利焉，而不勝其害也；有得焉，而不勝其失也！」《戰國策》就是這些策士的游説謀策和言行的記實。其内容包含着豐富的政治、哲學思想和軍事策略思想。當然也包括一些詭異、欺詐和奇幻的言行。它的實際内容，填補了春秋後至漢以前的中國歷史史料的不足，很有史學價值。司馬遷的《史記》中，在記述這一段史實時，多取材於《戰國策》。由於歷史的原因，本書多有散佚，漢劉向編訂之書，幾乎不存。宋代，曾鞏廣搜博察，重新釐定，方得恢復劉本之篇次。但内容已非原様。正如吴師道引吕子語曰：「觀戰國之事，取其大旨，不必字字爲據。」因爲游士增飾之辭多，況重於訛舛乎！所以今存之版本中，錯簡屢見，訛舛百出，甚至張冠李戴，死後重現之事常有。雖經歷代學者潛心整理，也難還原全貌。因此，考證、輯佚、鈎沉、辯證、糾謬之功非吾輩之所能及。事莫大於存古，學莫善於闕疑。不盡之處，尚待後賢完善之。

本人生性愚魯，功底淺薄，補正先生的大作，恐是佛頭着糞！所補正處，自知錯漏百出、訛誤時見。但作爲後學、作爲先生之忘年交，有責任勉强爲之，以供時賢後輩所詬責，吾當静而聽之，平而思之，擇善而從之，捫心以檢討之。願以我的誠心而對先生，而對先生後人，而對先生之諸友！僅此而已！

補正中，大量吸納前賢、時賢的研究成果，除書中注明之外，凡漏注處，敬請諒解！

孫順霖

二〇一五年三月草於品苦齋

原書前言

《戰國策》一書，是戰國時代游説之士的言論總集。原作者已無可考。西漢末年劉向主持古籍整理時，匯總《國策》、《國事》、《短長》、《修書》等底本加以校訂、編輯而成。劉向以爲這部書是「戰國游士輔所用之國，爲之策謀」，故取名爲《戰國策》。全書共三十三篇，編成以後，至東漢末年，高誘爲之作注。由此以來，《戰國策》一書有劉向集録本、高誘注釋本並行於世。傳至北宋，二本大多散亡。據《崇文總目》著録：劉向集録本只存二十一篇，缺十二篇；高誘注釋本僅存八卷，缺二十五卷。曾鞏據北宋官府所存劉向、高誘之殘本，訪求士大夫家所藏之本，加以繕補，又恢復劉向集録本三十三篇之數，其實已缺佚一篇，非劉向、高誘本之原來面目。今世所傳之本，則皆由曾鞏所集校之本蜕變而來。

現今所傳通行之本有二：一爲南宋剡川姚宏校本，一爲縉雲鮑彪注本。兩本雖有異同，然皆源於曾鞏。姚氏之本來自孫樸。孫樸用曾鞏三次校定本，又參考蘇頌、錢藻、劉敞之校本以及集賢院藏本參互校定，姚宏即以孫本爲主，又取未經曾鞏校定之一二舊本，校其異同，加以續注，簡質謹重，稱爲善本。鮑彪所注之本，以曾鞏本爲主，改訂文字，離合篇章，顛倒篇卷次序，詳加注釋，元朝吴師道爲作補正，能使文從字順，頗便解讀，流傳較廣。清嘉慶中，吴縣黄丕烈得宋槧姚宏本，參照吴師道所補正的鮑彪本，爲《札記》三卷。凡鮑彪之改定，吴師道之補正，考訂詳審，悉記於《札記》中。褒揚姚本之可貴，能保存古籍原貌；抨擊鮑彪之武斷，竄亂舊籍。自此姚本大顯，爲世所重。本書即以黄丕烈槧姚氏本爲底本，而參以鮑注吴校本及雅雨堂本，再作校勘，加以注釋，爲之編年，以便誦讀。

凡國別部居，卷帙次第，皆依姚本，無或更動；而篇章離合，則多從鮑書。鮑本原爲四百九十四章，吴師道訂正爲四百八十六章，今定著爲四百七十五章。

校勘文字，則合姚氏、鮑氏二本，參以黄丕烈《戰國策札記》、王念孫《讀書雜誌》、孫詒讓《札迻》、劉師培《戰國策書後》、長沙馬王堆出土《戰國縱横家書》，以及《太平御覽》、《藝文類聚》諸書，互相比較，勘定是非，記於注中。如有改字，則必有徵有據，記其更改之由。未便輕改者，則注以「應改」、「應訂正」。

詞語注釋，除採用高誘、姚宏、鮑彪、吴師道等舊注外，復取吴曾祺《戰國策補注》、金正煒《戰國策補釋》、郭希汾《戰國策詳注》、《史記》三家注，以及散見於元、明、清和近人文集、筆記中者，撮其旨要，附於注中。凡稱引名家之説，則隨文注明。如高誘注，標爲「高注」；鮑彪注，標爲「鮑注」；《史記》三家注，則標爲《集解》、《正義》、《索隱》；其他或舉書名，或舉人名，行文不一。爲減少篇幅，避免煩瑣，對各家意見未便多録原文者，則綜合其要旨，參以己意，多未舉其人名、書名，不免有剽掠之嫌。爲便於閲讀，亦在所不惜。

編年繫事，則參酌司馬遷《史記》、顧觀光《國策編年》、黄式三《周季編略》、林春溥《戰國紀年》、陳夢家《六國紀年》、于鬯《戰國策年表》、范祥雍《戰國年表》、唐蘭《蘇秦事迹簡表》。對每章策文之時代，作簡要説明，或略作考辨，定其年代，以爲治史者分辨史料的依據。

地理考實，則取張琦《戰國策釋地》、程恩澤《國策地名考》、顧觀光《七國地理考》及顧祖禹《讀史方輿紀要》諸書，結合個人調查訪問，定其去取。

凡文字校勘，詞語注釋，年代史實，有不能明定其是非者，不强爲解説，暫付闕如。

《國策》一書，余幼年即愛其文辭之煒曄，喜其敘事之曲致新奇。長而學史，始覽全書，苦其舛誤訛脱，難以通讀。

念此書記事上繼春秋，下迄秦漢之際，載存二百四五十年之重要史實，爲太史公纂修《史記》所取材；而攻讀先秦古史者，終難逾越此書。因於一九五六年夏，便萌對此書詳讀董理之動機。於是翻閱書目，搜求資料，請教師友；借得金正煒《戰國策補釋》、顧觀光《國策編年》二書，全部抄録，詳加對照，逐句編排。嗣後又得諸祖耿先生《評國策勘研》一文，受益頗多。其文先敘《國策》一書之源流，次舉研究《國策》之書目，次論整理此書之體裁。即以此文爲線索，按圖索驥，尋求書籍，抄録資料，校勘文字。費時十餘年，輯録材料十餘册，分三類編排：一、文字校勘；二、詞語注釋；三、年代考辨。

「文化大革命」中恐其散失，粗爲條理標識，潛用毛筆抄寫，形成初稿，訂爲二十二本，題名《戰國策校注繫年》，作爲個人研究戰國史之入門課題，藏之篋笥，以備翻閱。原以讀懂文字，弄清史實爲目的。奈以此書流傳既久，篇簡錯亂，文字訛脱，屢經竄改，實難盡通；又以此書爲游士之説辭，誇大失真，不盡與史實相符，時間、地點、人物，顛倒錯置，所在皆有。雖費時究思，並未能詳考明辨，得以解決。故不敢將此稿輕以示人也。

近得中州古籍出版社之贊助，師友之鼓勵，由余繼續修改謄抄，成爲定本，使之付印問世，以便學此書者閱讀。謹記搜輯、抄録之過程，實無研究獨創之見地。自惟學陋才疏，見淺識拙，疏略謬誤，實所孔多。深恐有誣古人，遺誤後學。誠請讀者不吝賜教。

全稿承鄭慧生同志詳爲審閱，多所修正，特此致謝。

於河南大學

一九八四年五月廿四日

目録

戰國策卷一

東周

戰國策卷二

西周

戰國策卷三

秦一

戰國策卷四

秦二

戰國策卷五

秦三

戰國策卷六

秦四

戰國策卷七

秦五

戰國策卷八

齊一

戰國策卷九

齊二

戰國策卷十

齊三

戰國策卷十一

齊四

戰國策卷十二

齊五

戰國策卷十三

齊六

戰國策卷十四

楚一

戰國策卷十五

楚二

戰國策卷十六

楚三

戰國策卷十七

楚四

戰國策卷十八

趙一

戰國策卷十九

趙二

戰國策卷二十

趙三

戰國策卷二十一

趙四

戰國策卷二十二

魏一

戰國策卷二十三

魏二

戰國策卷二十四

魏三

戰國策卷二十五

魏四

戰國策卷二十六

韓一

戰國策卷二十七

韓二

戰國策卷二十八

韓三

戰國策卷二十九

燕一

戰國策卷三十

燕二

戰國策卷三十一

燕三

戰國策卷三十二

宋衛

戰國策卷三十三

中山

戰國策卷一

東周

秦興師臨周章

秦興師臨周而求九鼎〔一〕，周君患之，以告顏率〔二〕。顏率曰：「大王勿憂，臣請東借救於齊〔三〕。」顏率至齊，謂齊王曰〔四〕：「夫秦之爲無道也〔五〕，欲興兵臨周而求九鼎，周之君臣內自畫〔六〕，計與秦，不若歸之大國〔七〕。夫存危國，美名也；得九鼎，厚寶也〔八〕。願大王圖之。」

〔一〕秦興師臨周而求九鼎：秦，國名，嬴姓，柏翳的後裔。柏翳十九世孫非子爲周孝王養馬有功，孝王封非子於秦亭（今甘肅清水縣故秦城），故國號秦。其後秦襄公討伐西戎，護送周平王東遷有功，周平王賞賜他以岐、豐之地，命爲諸侯。秦寧公由秦亭遷都於平陽（今陝西眉縣西平陽故城），秦德公遷都於雍（今陝西鳳翔縣），秦獻公又遷都於櫟陽（今陝西西安市臨潼區櫟陽街道），孝公徙都咸陽（今陝西咸陽市東北三十里北阪上）。孝公用商鞅變法改制，以耕戰强秦，其子惠文君稱王，五傳至秦王政，二十六年滅六國，併天下，自立爲始皇帝，建立秦朝，至二世皇帝滅亡。興師，起兵。《説文》云：「二千五百人爲師。」周，國號，亦朝代名。后稷之後，姬姓。后稷始居邰（今陝西武功縣），公劉徙豳（今陝西彬州市東北），至古公亶父遷於岐山之陽，南有周原（今陝西岐山縣東北七十里），始改國號爲周。王季遷程（今陝西咸陽市北原上），文王滅崇後，遷都於豐，武王滅商，建立周朝，遷都於鎬（今陝西咸陽市東南灃河兩岸有灃、鎬遺址），至幽王爲犬戎所滅。從武王至幽王二百七十餘年因國都在鎬，歷史上稱爲「西周」。平王東遷於洛陽王城（今河南洛陽市王城公園），王子朝之亂，敬王又徙都成周（今河南洛陽市東三十里漢魏故城），至周赧王爲秦所滅。從平王至赧王，五百餘年，因國都在河南洛陽，歷史上稱它爲「東周」。「西周」、「東周」，都是指周天子政權。本書《東周策》所説之「東周」，是指周天子所封之封君名東周君而言。在東周王朝末年周考王時，封其弟揭於王城，號西周桓公，三傳至西周惠公，惠公又封其子班於鞏（今河南鞏義市西康店村北原上），號東周惠公，至周顯王二年，趙、韓分割周天子之領地以爲二，東周公與西周公各自成爲獨立政權。東周都鞏，西周都王城，原來之周天子慎靚王、赧王只具有空名，而東周君、西周君却成爲獨立國家。這裏所舉之「東周」，是指居住在鞏之東周君政權，不同於從平王至赧王周天子王朝之東周。按此當爲西周。《東周與西周戰章》：「西周者，故天子之國也，多名器重寶。」《左氏宣三年傳》：「成王定鼎於郟鄏。」九鼎是名器重寶，郟鄏在王城東約五里，此時應屬西周。九鼎，傳説爲夏禹鑄，《墨子·耕柱》以爲夏后啓所鑄。夏滅亡，傳給商朝，周武王滅商，遷九鼎於洛邑，成王定鼎於郟鄏，故周有九鼎。古代帝王以爲有天下的象徵，是傳國的寶器。故當時戰國諸侯皆想得到這個器物，作爲天命、人心所歸之依據，稱王稱帝之憑藉。【補】鼎，作爲代表國家之重器，當時在西周，而不在東周。趙與時《賓退録》卷五：「《東周策》首章書秦臨周求鼎事，鼎實在西不在東也。豈周王在東，故東周君猶能挾天子以制命歟？不然則錯簡也。」趙翼《陔餘叢考》：「首篇即載秦王求九鼎一事，明乎鼎雖在西周，而王則在東周，鼎乃王之鼎，西周不得而主之也。」

〔二〕顏率：姚宏據《春秋後語》注：「率，名也。當如字，或云力出切。」鮑彪注：「周人。」亦見《韓策一》。
〔三〕齊：國名，陳公子完之後，田和代姜氏而有齊國。周威烈王承認他爲諸侯。傳十二世至齊王建爲秦滅。
〔四〕齊王：姚宏據《春秋後語》謂爲齊宣王。
〔五〕爲：鮑本作「於」，今從姚本作「爲」。
〔六〕晝：姚注：劉、曾、集、一作「晝」，錢作「盡」。鮑本作「盡」。金正煒云：「作晝是也。」計議，謀劃。
〔七〕計與秦，不若歸之大國：計，鮑注：「計，猶謀。」歸，與「饋」通，贈送。大國，謂齊。
〔八〕厚寶：厚，重。寶，鮑本作「寶」，雅雨堂本作「實」。九鼎是傳國寶器，作「寶」自通。「實」或爲「寶」字的訛誤。

齊王大悦〔一〕，發師五萬人，使陳臣思將以救周〔二〕，而秦兵罷〔三〕。

〔一〕悦：鮑本無，一本有「説」字。「悦」與「説」同。有「悦」字義勝。
〔二〕陳臣思：「臣」乃「臣」字之誤。本書或作「田臣思」，或作「田期思」，《竹書紀年》謂之「徐州子期」，《史記索隱》云：「蓋即田忌。」
〔三〕罷：不用爲罷。

齊將求九鼎，周君又患之。顏率曰：「大王勿憂，臣請東解之〔一〕。」顏率至齊，謂齊王曰：「周賴大國之義〔二〕，得君臣父子相保也〔三〕，願獻九鼎，不識大國何塗之從而致之齊〔四〕。」齊王曰：「寡人將寄徑於梁〔五〕。」顏率曰：「不可。夫梁之君臣欲得九鼎，謀之暉臺之下〔六〕，沙海之上〔七〕，其日久矣。鼎入梁，必不出。」齊王曰：「寡人將寄徑於楚〔八〕。」對曰：「不可。楚之君臣欲得九鼎，謀之於葉庭之中〔九〕，其日久矣。若入楚，鼎必不出。」王曰：「寡人終何塗之從而致之齊〔一〇〕？」顏率曰：「弊邑固竊爲大王患之〔一一〕。夫鼎者，非效醯壺醬甀耳〔一二〕，可懷挾提挈以至齊者；非效鳥集烏飛，兔興馬逝〔一三〕，灕然止於齊者〔一四〕。昔周之伐殷，得九鼎，凡一鼎而九萬人輓之〔一五〕，九九八十一萬人，士卒師徒，械器被具〔一六〕，所以備者稱此。今大王縱有其人，何塗之從而出？臣竊爲大王私憂之。」

〔一〕東解之：鮑注：「東之齊解免之。」

〔二〕賴：依靠，憑藉。

〔三〕保：安，保全。

〔四〕不識大國何塗之從致之齊：識，知。塗，道路。從，自，由。

〔五〕寄徑於梁：寄，托。徑，道路。梁，大梁，魏之國都（今河南開封市）。魏惠王九年自安邑徙都於此，故《戰國策》稱魏爲梁，孟子亦稱魏惠王爲梁惠王。

〔六〕暉臺：臺名，孟子稱梁有臺池鳥獸之樂。【補】《太平御覽》卷七五六「暉」作「渾」，注曰：「徒旱切。」

〔七〕沙海：鮑本改「少」爲「沙」，《初學記》卷八、《太平御覽》卷一五八引策文皆作「沙」，今從鮑本。張琦云：沙海在今河南開封市西北。

〔八〕楚：國名，重黎之後裔。周成王時封熊繹於荊蠻，居丹陽（今河南淅川縣），其後都郢（今湖北江陵縣東北紀南城）。春秋、戰國時楚國疆域最大，至楚王負芻時爲秦所滅。

〔九〕葉庭：當作「華亭」。姚注：《春秋後語》作「章華之庭」。金正煒云：葉，當作「華」。章華之亭，省稱華亭。《秦策》華陽君，《趙策》作「葉陽君」。「華」、「葉」二字形相近，易以致誤。湖北華容有章華之亭。

〔一〇〕終：究竟，終極。

〔一一〕弊邑：弊，當從鮑本作「敝」。《春秋左氏傳》皆作「敝邑」。

〔一二〕非效醘壺醬甀耳：醘壺，鮑本作「壺醘」。吴補：一本作「醯壺」。「醯」、「醘」字同。「醘壺」與「醬甀」對文。作「醘壺」爲是。醬甀，鮑本作「醬瓿」。姚注：一本作「醬瓿」。當從鮑本作「瓿」爲勝。甀、瓿皆陶器，小腹小口，隨地域不同，器形大小不同，有名爲甀者，有名爲瓿者，即今之甕或罌。醯、醘即今之醋。

〔一三〕馬逝：姚注：曾本、集賢院本作「鳧逝」。

〔一四〕灕然止於齊者：灕，水滲入地。止，姚注：止，一本作「可至」。

〔一五〕凡一鼎而九萬人輓之：姚注：一本無「凡一」二字，「鼎而」作「而鼎」。「輓」通「挽」，曳引。

〔一六〕械器被具：械器，器械。被具，軍士的裝備用具。

齊王曰：「子之數來者〔一〕，猶無與耳〔二〕。」顔率曰：「不敢欺大國，疾定所從出〔三〕，敝邑遷鼎以待命。」齊王乃止。

〔一〕子之數來者：子，古代對男子之通稱。者，鮑本無。

〔二〕猶無與耳：猶，同。無，與「勿」通。

〔三〕疾定所從出：疾，急速。從，由。

【繫年】

鮑以爲齊閔王時。吴師道、顧觀光依姚注，繫此篇於周顯王三十三年。《吕子大事記》附載於周顯王三十三年宋太丘社亡之前，亦非。據《史記·田世家》、《齊策二·韓齊爲與國章》、《孟子·梁惠王》、《齊宣王伐燕章》及《竹書紀年》知，齊宣王、齊閔王皆不與周顯王同時。據考訂，齊宣王元年，當慎靚王二年（前三一九）；齊宣王之卒年，當周赧王十四年（前三〇一）；齊閔王元年，當周赧王十五年（前三〇〇）。故知姚校、鮑注、吴正及《大事記》皆誤。其誤蓋源於《史記·六國年表》。《六國年表》記齊宣王元年於周顯王二十七年，【正】齊宣王元年爲周慎靚王二年。記齊閔王元年於周顯王四十六年。【正】此處又誤。齊閔王元年爲周赧王十五年。姚校、鮑注、吴正據《六國年表》之誤，將齊宣王、齊閔王與周顯王列爲同時，而《大事記》又將齊宣王年世延長十年，齊閔王年世縮短十年，附載此策於宋太丘社亡之前，則更屬無據。蓋屬九鼎與宋亡泗水之鼎無涉，梁玉繩《史記志疑》卷三早已辨之，近人顧頡剛《史林雜識·九鼎》亦有論證。然此策的「齊王」，姚注謂指齊宣王，則似屬可以。策文有「齊王大悦，發師五萬人，使陳臣（臣）思將以救周」句，此「陳臣思」即《齊策二·韓齊爲與國章》的「田臣（臣）思」，又名「田期思」，《史記索引》以爲「田忌」，乃宣王時人，故將此策屬之齊宣王時爲當。相當於周慎靚王或周赧王初年，在秦爲秦武王或秦昭王之初年。【正】周慎靚王於公元前三二〇年即位，公元前三一五年卒。周赧王於公元前三一四年即位。秦武王在位時間爲公元前三一〇年至前三〇七年，昭王繼之。周、秦之年前後相差十餘年矣。

秦攻宜陽章

秦攻宜陽〔一〕，周君謂趙累曰〔二〕：「子以爲何如？」對曰：「宜陽必拔也。」君曰：「宜陽城方八里，材士十萬〔三〕，粟支數年〔四〕，公仲之軍二十萬〔五〕，景翠以楚之衆〔六〕，臨山而救之〔七〕，秦必無功。」對曰：「甘茂羈旅也〔八〕，攻宜陽而有功，則周公旦也〔九〕；無功，則削迹於秦〔一〇〕。秦王不聽群臣父兄之議〔一一〕，而攻宜陽，宜陽不拔，秦王恥之。臣故曰拔。」君曰：「子爲寡人謀，且奈何？」對曰：「君謂景翠曰：『公爵爲執珪〔一二〕，官爲柱國，戰而勝，則無加焉矣〔一三〕；不勝，則死。不如背秦援宜陽〔一四〕。公進兵，秦恐公之乘其弊也〔一五〕，必以寶事公；公仲慕公之爲己乘秦也〔一六〕，亦必盡其寶。』」

〔一〕宜陽：韓國城邑，今河南宜陽縣東北，【補】韓南遷之初都。今河南宜陽縣韓城鎮是也。澠池、二崤，皆在宜陽境内，爲控扼之要道。

〔二〕趙累：鮑本作「周累」，今從姚本。

〔三〕材士：材，《説文》：「材，木挺也。」木之挺直可用者稱材。士，軍士，車兵稱士。鮑注：「士之有材武者。」

〔四〕粟支數年：《史記·甘茂傳》：「宜陽，大縣也，上黨、南陽積之久矣，名曰縣，其實郡也。」即指此。

〔五〕公仲：韓相，名朋。仲，姚本作「中」，與《戰國縱横家書》同。此姚本保留古書原字之證。但《史記》和其他本皆作「仲」。

〔六〕景翠：楚將。

〔七〕臨山而救之：金正煒云：「按《楚兵在山南章》，疑此文所謂山南之軍，『而』或爲『南』字之訛。」此山應指伏牛山。【補正】于鬯云：「山蓋陘山，在楚、韓之界。」顧觀光：「陘山，在鄭州新鄭縣西南三十里……在楚爲北塞者，在韓爲南山也。」

〔八〕甘茂羈旅也：甘茂，下蔡人，師事下蔡史舉先生學百家之説，因張儀、樗里疾而求見秦惠王。王見之而悦之，使將而佐魏章略定漢中地。武王立，蜀侯煇及相壯反，秦使甘茂定蜀，還，以甘茂爲左丞相。秦武王三年使甘茂將兵伐宜陽，拔之。後因與向壽、公孫奭有隙，甘茂出奔齊，後死於魏。羈旅，謂客寓於外。甘茂，楚人，仕秦故謂其爲羈旅。姚本作「羈」，鮑本作「覊」。羈，正字；覊，俗字。當從姚本作「羈」。

〔九〕周公旦：周武王之弟，以周太王所居周地爲其采邑，故謂周公。名旦。輔佐武王、伐紂滅殷，建立周朝。武王死後，又輔相成王平武庚之亂，以鞏固周朝政權。有大功於周王朝。封其長子伯禽於魯，次子留相王室。周公死，葬於咸陽北畢原上。

〔一〇〕削迹：削，除。迹，行迹，或事功。

〔一一〕秦王不聽群臣父兄之議：群臣父兄，指樗里疾、公孫奭。《史記·甘茂傳》：「今臣羈旅之臣也，樗里子、公孫奭二人者挾韓而議之，王必聽之……王曰：『寡人不聽也，請與子盟。』卒使丞相甘茂將兵伐宜陽。五月而不拔，樗里子、公孫奭果爭之。武王召甘茂，欲罷兵。甘茂曰：『息壤在彼。』王曰：『有之。』因大悉起兵，使甘茂擊之，斬首六萬，遂拔宜陽。」即指此。議，姚本作「義」，鮑本作「議」。當從鮑本作「議」。

〔一二〕執珪：爵位名，戰國時楚國設此，爲楚國最高爵位，有上、中、下三等。珪，與「圭」通。

〔一三〕「官爲柱國」三句：官，官職。柱國，官名。戰國時，楚以爲勛官，在令尹下，諸卿上。原爲保衛國都之武官，後爲楚國最高武官，也稱「上柱國」，其官位僅次於令尹。故《史記·楚世家》引陳軫説昭陽曰：「願聞楚國之法，破軍殺將者，何以貴之？」昭陽曰：「其官爲上柱國，封上爵執珪。」陳軫曰：「其有貴於此者乎？」昭陽曰：「令尹。」由此可知「爵爲執珪，官爲柱國」者，謂既爲柱國之官，又受執珪之爵也。無加，没有再高的官職爵位可以增加。猶今之「無以復加」之意。矣，姚、鮑、劉、錢本皆作「矣」，集、曾本作「耳」。「矣」、「耳」同義，皆語已之詞。

〔一四〕不如背秦援宜陽：吴師道云：恐此句有缺誤。「背」下或有「之」字，或「秦」下復有「秦」字，「援」字或作「拔」。金正煒云：背，當是「胥」字之訛。援，當從吴説作「拔」。言待秦既拔宜陽而後進兵。

〔一五〕乘其弊：乘其戰勝疲弊之機而進攻秦兵。弊，鮑本作「敝」，此從姚本作「弊」爲是。弊，疲弊。

〔一六〕公仲：姚本作「公中」，此從鮑本。

秦拔宜陽，景翠果進兵。秦懼，遽效煮棗〔一〕，韓氏果亦效重寶。景翠得城於秦，受寶於韓，而德東周。

〔一〕遽效煮棗：遽，急。效，鮑本作「効」。效，俗字，當從姚本作「效」。效，呈獻。煮棗，縣名，今山東菏澤市西北。然非秦地也。【補】程恩澤云：煮棗，似應爲今山東菏澤市西南，直隸大名縣東南。《國策》所云煮棗，指此。

【繫年】

據《史記·甘茂傳》，秦武王三年，使丞相甘茂將兵伐宜陽，當周赧王七年。《六國年表》書秦拔宜陽在赧王八年、秦武王四年、韓襄王五年。宜陽之役費時五月，蓋涉兩個年頭，景翠救韓當在赧王八年。

東周與西周戰章

東周與西周戰〔一〕，韓救西周。爲東周謂韓王曰〔二〕：「西周者，故天子之國也〔三〕，多名器重寶〔四〕。案兵而勿出，可以德東周，西周之寶可盡矣。」

〔一〕西周：封國名。周考王封其弟揭於河南，是爲西周桓公，都王城，建立西周封國政權。

〔二〕爲東周謂韓王：《史記·周本紀》「爲」上有「或」字。姚注：謂，集賢院本改作「讁」。一本作「謂」。民按：《史記·周本紀》作「説」。「謂」、「説」字皆通。「讁」字誤。韓王，韓襄王。

〔三〕西周者，故天子之國也：周朝自平王東遷，至敬王以前，周天子皆都王城。故謂西周君所都之王城爲故天子之國。

〔四〕名器重寶：指鐘鼎彝器類之傳國寶。

【繫年】

《史記正義》云：是或有人説韓王令勿救西周也。此不當與《東周與西周争章》連在一篇。姚本此章與上章合爲一章。吴師道目録從姚本。今從鮑本單獨成章。《史記·周本紀》繫於周赧王八年，當韓襄王五年。

東周與西周争章

東周與西周争，西周欲和於楚、韓。齊明謂東周君曰〔一〕：「臣恐西周之與楚、韓寶，令之爲己求地於東周也。不如謂楚、韓曰：『西周之欲入寶，持二端〔二〕。今東周之兵不急西周〔三〕，西周之寶不入楚、韓。』楚、韓欲得寶，即且趣我攻西周〔四〕。西周寶出，是我爲楚、韓取寶以德之也，西周弱矣。」

〔一〕齊明：東周臣，後仕秦、楚及韓。故賈誼《過秦論》謂齊明在各國之間通外交之意。鮑注：「疑楚人，兩見《楚策》。」

〔二〕持二端：取兩可辦法。攻之急，就出賄賂；攻之緩，就不出賄賂。

〔三〕不急西周：謂不急攻西周。

〔四〕即且趣我：則將督促我。趣，與「趨」通，讀爲「促」。《説文》：「趣，疾也。」我，指東周。

【繫年】此策時不可考。但與上章時不甚遠。從顧觀光《國策編年》因上，章編在赧王八年。【補】據范祥雍《戰國策箋證》云，此策當在上策《東周與西周戰章》之前。因爲先争論則後戰之。繫年應在上章之前。

東周欲爲稻章

東周欲爲稻〔一〕，西周不下水〔二〕，東周患之。蘇子謂東周君曰〔三〕：「臣請使西周下水可乎？」乃往見西周之君曰：「君之謀過矣！今不下水，所以富東周也。今其民皆種麥〔四〕，無他種矣。君若欲害之〔五〕，不若一爲下水，以病其所種〔六〕。下水，東周必復種稻；種稻而復奪之〔七〕。若是，則東周之民可令一仰西周〔八〕，而受命於君矣。」

〔一〕爲稻：謂種稻。

〔二〕西周不下水：西周居伊、洛、瀍三河上流，可壅水不使流下，東周不能用水灌溉。

〔三〕蘇子：蘇代或蘇厲。【補】蘇代、蘇厲、蘇秦，戰國時均稱蘇子。此策繫於周赧王八年，時蘇秦已死。這裏説的蘇子，當指蘇代或蘇厲。

〔四〕今其民皆種麥：民，《太平御覽》卷四六〇作「人」。麥，《太平御覽》卷四六〇作「禾」。

〔五〕若欲害之：《太平御覽》卷四六〇作「東周之乏」，卷八三九作「害之」。

〔六〕病其所種：害其所種之麥。病，害。

〔七〕復奪之：復奪其水，害其所種之稻。

〔八〕一仰：完全仰望。

西周君曰：「善。」遂下水〔一〕。蘇子亦得兩國之金也〔二〕。

〔一〕遂下水：三字鮑本無。按《太平御覽》卷四六〇引策文有此三字。

〔二〕兩國之金：《太平御覽》卷四六〇作「兩全」。

【繫年】

顧觀光《國策編年》附於赧王八年，林春溥《戰國紀年》、于鬯《戰國策年表》同。

昭獻在陽翟章

昭獻在陽翟〔一〕，周君將令相國往〔二〕，相國將不欲〔三〕。蘇厲爲之謂周君曰：「楚王與魏王遇也〔四〕，主君令陳封之楚〔五〕，令向公之魏〔六〕。楚、韓之遇也，主君令許公之楚〔七〕，令向公之韓。今昭獻非人主也，而主君令相國往，若其王在陽翟，主君將令誰往？」周君曰〔八〕：「善。」乃止其行。

〔一〕昭獻在陽翟：昭獻，楚人，曾作韓相。昭，楚姓。陽翟，翟音狄，又音宅，今河南禹州市，戰國時屬韓，戰國末，韓遷都於此。

〔二〕相國：官名，丞相或相，即后代宰相，國家最高執政官。《漢官儀》謂此官始於六國時。《趙世家》「肥義爲相國」，應劭曰：「相國之名始此，秦、漢因之。」《韓策三》稱韓有相國。《秦策三》秦客卿造謂穰侯，稱燕有相國。《西周策》稱韓有相國。《呂覽·無義》稱樗里子爲相國。《史記·范雎傳》稱應侯爲相國。《呂不韋傳》稱呂不韋爲相國。證以此策，東周亦有相國，皆在戰國時。《漢書·百官公卿表》謂相國、丞相皆秦官，杜預謂始皇置相國，只是説明秦統一後，將此相國官職確定沿用下來，而相國之官實始於戰國，不始於秦。

〔三〕將不欲：金正煒云：「將，辭也，見《文選·甘泉賦注》引《韓詩章句》。」則此文「將不欲」，猶言「辭不欲」。

〔四〕遇：聚會。春秋時諸侯不到會聚期而相見叫遇。楚王與魏王之遇在此以前，時不可考。

〔五〕主君：春秋以來，大夫之家臣稱大夫爲主。諸侯及卿大夫有封土者皆稱君。

〔六〕向公：不詳。**【補】**范祥雍《戰國策箋證》按云：「向晋爲周臣，往來於韓、魏間」。諸祖耿《戰國策集注匯考》説向爲地名，即向國，誤。

〔七〕許公：鮑注：陳、向、許皆仕周而位在相下。

〔八〕周：姚注：集、劉、錢本無「周」字。

【繫年】

金正煒云：按《韓策》楚王奉幾瑟以車百乘居陽翟，令昭獻轉而與之處，此策當即其時。當繫於韓襄王十二年、周赧王十五年。

秦假道於周章

秦假道於周以伐韓〔一〕，周恐假之而惡於韓，不假而惡於秦。史黶謂周君曰〔二〕：「君何不令人謂韓公叔曰〔三〕：『秦敢絶塞而伐韓者〔四〕，信東周也。公何不與周地，發重使使之楚〔五〕，秦必疑不信周，是韓不伐也〔六〕。』又謂秦王曰〔七〕：『韓强與周地，將以疑周於秦，寡人不敢弗受。』秦必無辭而令周弗受，是得地於韓而聽於秦也。」

〔一〕秦假道於周以伐韓：《史記·周本紀》：秦借道兩周之間將以伐韓。假道，借路。張琦云：「此時秦已取宜陽，蓋欲過周以攻滎陽、成皋也。」

〔二〕史黶謂周君：史黶，身世無考。黶，姚注：一本作「厭」。《史記·周本紀》作「厭」。周君，西周武公。

〔三〕公叔：鮑注：韓公族。

〔四〕絶塞：絶，横截穿過。塞，險阻可通爲塞。《史記》作「周」。【補】塞，謂函谷關以東之險絶之崤塞。在今河南澠池縣。

〔五〕重使：《周本紀》作「質使」。周派遣重臣或公子爲使。

〔六〕韓不伐：鮑注：「不受秦伐。」

〔七〕秦王：當爲秦武王。

【繫年】

《周本紀》載此事於赧王八年，相當於秦武王四年，甘茂取宜陽之後。

楚攻雍氏章

楚攻雍氏〔一〕，周粻秦、韓〔二〕，楚王怒周〔三〕，周之君患之。

〔一〕雍氏：城名，陽翟雍氏城。在今河南禹州市東北。其地屬韓。

〔二〕周粻秦、韓：雍氏屬韓，楚圍雍氏，秦救之，周以糧食供給秦、韓之軍。粻，糧食。

〔三〕楚王怒周：楚王，楚懷王。楚圍攻韓雍氏，在楚懷王二十三年、周赧王九年。怒周，怒周以糧食供給秦、韓。

爲周謂楚王曰：「以王之强而怒周，周恐，必以國合於所與粟之國，則是勁王之敵也〔一〕。故王不如速解周恐〔二〕，彼前得罪而後得解，必厚事王矣。」

〔一〕勁：强。

〔二〕解周恐：楚不怒周，周即解除恐怖。

【繫年】

《周本紀》在赧王八年，《六國年表》在赧王三年。顧觀光據《周本紀》與《甘茂傳》繫此策於赧王八年。

梁玉繩《史記志疑》卷四案：「雍氏之役，莫定何年，《六國年表》不書也，《楚世家》不書也，惟周、秦二《紀》及齊、韓二《世家》、《甘茂傳》書之。然時既各殊，事頗不合。《秦紀》書於惠文王後十三年，與《齊世家》書於閔王十二年仝，是周赧王三年（徐廣《韓世家》注引《紀年》于此亦説楚景翠圍雍氏，今本無，蓋誤），《韓世家》書於襄王十二年，是赧王十五年（《紀年》與《韓世家》仝），皆誤也。而注《國策》、注《史記》者，不復詳考，遂謂楚兩度圍韓雍氏。以赧王三年爲前所圍，取秦與韓敗楚丹陽事當之；以赧王十五年爲後所圍，取秦敗楚新城事當之，夫丹陽之與雍氏相去遠矣。《策》及《傳》稱秦宣太后。考赧王三年，爲惠文后十三年，惠文未薨，昭王未立，安得有宣太后邪；新城之與雍氏亦甚遠矣。《策》及《世家》稱甘茂。考茂之懼讒出奔，在秦昭王元年，而赧王十五年爲昭王七年，茂久去秦相位，尚何收璽之言哉？蓋注者之誤，由於《策》、《紀》錯亂，因生此異端耳。其實圍雍氏止有一役，楚未嘗再舉，《策》、《紀》未免交混，而其事非丹陽、新城也。其時非赧王三年，十五年也，《周紀》、《甘茂傳》固可據也。《周紀》書於赧王八年之後，次年即秦昭王元年，故《茂傳》云：『昭王新立，太后楚人，不肯救韓。茂爲言於王，乃下師殽以救之。』而救韓之師，《傳》敘於茂伐魏蒲阪之先，『蒲阪未拔，茂亡奔齊』，皆昭王元年事也。然則雍一役，其在赧王九年、秦昭元年、韓襄六年、楚懷王二十三年乎！」

周最謂呂禮章

周最謂呂禮曰〔一〕：「子何不以秦攻齊？臣請令齊相子，子以齊事秦，必無處矣〔二〕。子因令周最居魏以共之〔三〕，是天下制於子也。子東重於齊，西貴於秦，秦、齊合，則子常貴矣〔四〕。」

〔一〕周最謂呂禮：周最，周君之子，仕於齊。《史記》作「周聚」。按策文本蓋作「冣」而訛誤。呂，姚本作「石」，鮑本作「呂」，黃丕烈云：「呂字是也。」呂禮，齊人。《新唐書·宰相世系表》謂爲齊康公七世孫。仕秦，秦昭王時爲五大夫。昭王十三年，魏冉欲誅呂禮，禮出奔魏，後又奔齊。昭王十九年爲齊使使於秦；歸，齊王以禮爲相。後因魏冉伐齊以害呂禮，呂禮出亡，不知所終。

〔二〕必無處：鮑本改「處」爲「慮」。黃丕烈云：「後策文有『必不處矣』，又有『請爲王聽東方之處』。」《呂覽·愛士》，高注：處，猶病也。無處謂無患。鮑本改「處」爲「慮」，義亦相近。按，作「處」自通，不必改字。

〔三〕共之：以齊、魏共同事秦。

【補】〔四〕貴，范本、諸本均爲「重」。義同。照應前文，似應爲「重」。

【繫年】吕禮奔齊在秦昭王十三年以後，由齊使秦，復歸齊，在秦昭王十九年以後，前後六年。此策當在昭王十九年秦、齊稱帝時。昭王十九年當周赧王二十七年。

周相吕倉章

周相吕倉見客於周君〔一〕。前相工師藉恐客之傷己也〔二〕，因令人謂周君曰：「客者，辯士也，然而所以不可者，好毁人〔三〕。」

〔一〕吕倉見客於周君：吕倉，事迹不詳。見，音「現」，舉薦。

〔二〕工師藉恐客之傷己：工師藉，人名。傷，毁傷。

〔三〕好毁人：好詆毁人、誹謗人。

【補】此章在鮑本爲單章。范本、諸本等多家本中爲獨立之章。後文爲《周文君免工師藉章》。

周文君免工師藉〔一〕，相吕倉，國人不説也。君有閔閔之心〔二〕。謂周文君曰：「國必有誹譽〔三〕，忠臣令誹在己，譽在上。宋君奪民時以爲臺〔四〕，而民非之，無忠臣以掩蓋之也。子罕釋相爲司空〔五〕，民非子罕而善其君〔六〕。齊桓公宮中七市〔七〕，女閭七百〔八〕，國人非之；管仲故爲三歸之家〔九〕，以掩桓公，非自傷於民也。《春秋》記臣弑君者以百數〔一〇〕，皆大臣見譽者也〔一一〕，故大臣得譽，非國家之美也。故衆庶成彊〔一二〕，增積成山。」周君遂不免〔一三〕。

〔一〕周文君免工師藉：《吕覽·諭大》注：「周文君，周末世分東西之後君號也。」《務大》注：則以爲東周之君。此策文君，蓋昭文之省稱。「免」下姚本有「士」字。姚注云：集、曾、一去「士」字。黄丕烈云：鮑衍「士」字。《楚策一》「韓求相工陳藉」，即此也。陳乃「師」字形近之訛。吴師道補曰：「士」字疑衍。金正煒云：「士」即「工」之誤衍。《楚策一·張儀相秦謂昭雎章》亦無「士」字，當從鮑本。今從鮑本，删去「士」字。

〔二〕君有閔閔之心：金正煒云：「君字當爲倉之訛，謂吕倉也。」閔閔，憂慮。

〔三〕誹譽：褒貶善惡。誹，貶議。譽，誇揚。

〔四〕宋君奪民時以爲臺：《左氏襄十七年傳》：「宋皇國父爲太宰，爲平公築臺，妨於農功。子罕請俟農功之畢，公弗許。築者謳曰：『澤門之皙，實興我役；邑中之黔，實慰我心。』子罕聞之，親執撲以行築者，而抶其不勉者，曰：『吾儕小人皆有闔廬以辟燥濕寒暑，今君爲一臺而不速成，何以爲役？』謳者乃止。」

〔五〕子罕釋相爲司空：子罕，姓樂名喜，春秋時宋國貴族。春秋時宋國無司空之官，《左氏桓六年傳》：宋以武公廢司空，故宋無司空之官。司空改爲司城，故《左氏襄六年傳》云「司城子罕」。司城掌土工，即司空之職。

〔六〕民非子罕而善其君：因子罕「執撲以行築者，而抶其不勉者」，故民非子罕而善其君。

〔七〕齊桓公宮中七市：齊桓公，春秋時齊僖公之庶子，名小白。即國君位，用管仲爲相，改革國政，國力富强，稱爲霸主，死謚桓公。宫中七市，鮑彪改七爲「女」。《太平御覽》卷八二七引策文作「九」。「七」、「九」皆言數之多，鮑改爲「女」，無據。

〔八〕女閭七百：以宫女爲市而取樂。民按：「閭」當爲「伴侣」之「侣」。「閭」、「侣」同音，通假。【補正】管仲相齊，爲富民强國，吸引列國行商，曾於齊宫西隅開「女市」，即商業妓院。市中建七排房舍，每排住一百名女子，共七百名，從事賣淫生意，官家徵收「夜合」之資。《國語·齊語》中説：「齊有女閭七百，徵其夜合之資，以通國用。管仲相桓時，立此法，以富國。」「宫中七市，女閭七百」，當指此事。

〔九〕管仲故爲三歸之家：管仲，潁上人，名夷吾，字仲，亦名敬仲，姬姓之後，管嚴之子。與鮑叔牙友善，鮑叔牙薦之與齊桓公，桓公任以爲相。管仲既用，任政於齊，齊桓公以霸，九合諸侯，一匡天下。管仲卒，齊國遵其政，常强於諸侯。三歸，舊有三説：一説是齊桓公賜給管仲之封地名；一説是管仲自築之臺名；一説是娶三姓女。然總觀各書記載，謂「三歸」爲齊桓公賜給管仲之封地名，蓋出自《晏子春秋·内篇雜下》，景公曰：「先君桓公有管仲，恤勞齊國，身老，賞之以三歸，澤及子孫。」謂「三歸」爲娶三姓女，蓋出自《漢書·地理志》：「身在陪臣，而娶三歸。」何晏、包成以之注《論語》。以上兩説，孤證難憑，未足爲據。而大量材料説明「三歸」與財貨、富奢有關。《論語·八佾》云：「管氏有三歸，官事不攝，焉得儉？」《韓非子·外儲説左下》云：管仲相齊，曰：「臣貴矣，然而臣貧。」桓公曰：「使子有三歸之家。」又云：「管仲庭有陳鼎，家有三歸。」《韓非子·難一》云：「管仲以貧爲不可以治富，故請三歸。」《史記·貨殖列傳》云：「管氏亦有三歸，位在陪臣，富於列國之君。」《管子·山至數》云：「則民之有三歸於上者矣。」《説苑·善説》云：「桓公謂管仲曰：『政卒歸子矣！』仲故築三歸之臺，以自傷於民。」即此策所云，亦是説桓公好色，管仲用好貨財以分謗。則「三歸」實指藏貨財之府庫，不謂是三姓女或封地也。胡玉縉《許廎學林》卷五有《論語三歸解》云：「古稱府庫爲臺。」《論語》管氏有三歸，亦是藏貨財之所。《管子·山至數》：「請散棧臺之錢、鹿臺之布。」曰泉曰布，臺爲府庫可知。《泉志》載布文有「齊歸化（貨）」三字可證也。

〔一〇〕《春秋》記臣弑君者以百數：《春秋》，魯國史書，傳孔子所著，記載從魯隱公元年至魯哀公十四年，二百四十二年史實。以下殺上爲弑。《春秋》一書記載弑君三十六，言以百數者，誇大之辭。

〔一一〕見譽：被誇獎、表揚。

〔一二〕成彊：成，鮑本作「如」。彊，黄丕烈云：彊，今本誤作「疆」。黄氏所説今本，乃雅雨堂本。【補正】彊，今作「强」。成强，是説師藉之得衆强大。

〔一三〕周君遂不免：謂吕倉不爲人所擁護，不足爲害；周君不免吕倉之官。

【繫年】

顧觀光云：《吕氏春秋》言張儀西遊於秦，過東周，昭文君送而資之。按張儀入秦在此年（顯王三十六年）。據徐廣《六國年表》注引《紀年》，顯王九年，東周惠公杰薨。若昭文君爲惠公子，則是年（顯王三十六年）爲昭文君之二十七年，亦正相合也。故附此。今從之，繫於顯王三十六年。

温人之周章

温人之周〔一〕，周不内〔二〕。問曰：「客耶〔三〕？」對曰：「主人也。」問其巷，而不知也。吏因囚之。

〔一〕温人之周：温，周邑。今河南温縣。之，往。

〔二〕内：鮑、姚本皆作「納」，一本作「内」。「納」、「内」古同。

〔三〕客耶：原作「客即」。姚注：一本作「周不内問曰客耶對曰」。又云：《韓非子》文與一本同。顧廣圻云：《周策》無「問之曰客」四字，「耶」作「即」，非。王念孫案：「一本是也。俗書『邪』字作『耶』。『耶』字作『即』，二形相近，故『邪』訛爲『即』，又脱去『問曰』二字耳。『問曰客耶』與『對曰主人也』，相對爲文。若無『問曰』二字，則『對』字之義不通。」此從王念孫説，故增「問曰」二字，改「即」爲「耶」。

君使人問之曰：「子非周人，而自謂非客，何也？」對曰：「臣少而誦《詩》，《詩》曰：『普天之下〔一〕，莫非王土；率土之濱〔二〕，莫非王臣。』今周君天下，則我天子之臣，而又爲客哉？故曰主人。」君乃使吏出之。

〔一〕普：遍。

〔二〕率土之濱：率，循。濱，邊沿。此詩在《小雅・北山》。

【繫年】

從顧觀光，附於赧王二十二年。

或爲周最章

或爲周最謂金投曰〔一〕：「秦以周最之齊疑天下〔二〕，而又知趙之難予齊人戰〔三〕，恐齊、韓之合，必先合於秦。秦、齊合，則公之國虛矣〔四〕。公不如救齊，因佐秦而伐韓、魏，上黨、長子，趙之有已〔五〕。公東收寶於秦〔六〕，南取地於韓、魏，因以困〔七〕，徐爲之東，則有合矣。」

〔一〕金投：鮑本云：蓋趙人之不善齊者。

〔二〕秦以周最之齊疑天下：《魏策四》有《周最入齊章》。秦使周最入齊，天下以爲齊、秦結合，各國親齊親秦，就無所適從。

〔三〕難予：姚本作「難子」。姚注：劉本作「子」，集本改作「予」，曾本作「予」。民按：鮑本作「予」。王念孫云：案作「予」者是也。「予」通「與」，作「予」爲是。

〔四〕國虛：即國家滅亡，變爲丘墟。虛，通「墟」。

〔五〕有已：得有其地。

〔六〕東：當是「西」字之訛。張琦云：東，當作「西」。

〔七〕困：姚本作「因」，義不可通。今從鮑本改爲「困」。

【繫年】

策文言以周最之齊疑天下，乃周最在齊時事。周最入齊在呂禮自齊歸秦以後，故周最自魏入齊。此策當繫於周最自魏復歸於齊之年，在赧王二十九年。

周最謂金投章

周最謂金投曰：「公負全秦與强齊戰〔一〕，戰勝，秦且收齊而封之〔二〕，使無多割〔三〕，而聽天下之戰。不勝，國大傷，不得不聽秦。秦盡韓、魏之上黨〔四〕，太原西止〔五〕，秦之有已。秦地，天下之半也，制齊、楚、三晉之命，覆國且身危，是何計之道也〔六〕。」

〔一〕公負全秦：負，仗恃。全，姚本作「令」，鮑本作「令」。姚注：錢、劉作「全」。作「全」義通。

〔二〕收齊而封之：收，聯合，結交。封，正其國土疆界不使失掉。

〔三〕無多割：不多割地於別國。

〔四〕上黨：戰國時，韓、魏、趙皆有上黨。韓上黨在今山西壺关南部一帶。魏上黨在今壺关以西，趙上黨在今壺关以北長治一帶。

〔五〕太原西止：西，姚注：錢、一作「而」。而止，謂至太原而止。鮑改「止」爲「土」。張琦云：上黨句絶，太原西土趙地，秦盡上黨，則趙自太原以西亦不守。按張琦説，鮑改「止」爲「土」，其義亦可通。

〔六〕何計之道：謂其計不足道。

【繫年】

此與上章爲同時事，繫於赧王二十九年。

右行秦章

右行秦謂大梁造曰〔一〕：「欲決霸王之名，不如備兩周辯知之士〔二〕。」謂周君曰：「君不如令辯知之士，爲君争於秦。」

〔一〕右行秦謂大梁造：右行秦，姚本作「石行秦」。姚注：劉本作「右行楚」。吴正：一本「石」作「右」。民按：右行，古官名，因以爲氏。作「右」爲是。大梁造，秦爵名，「梁」亦作「良」。《秦本紀》秦孝公十年衛鞅、惠王五年公孫衍、昭王十五年白起皆封此爵，屬軍功爵。

〔二〕備：預備。

【繫年】

從顧觀光，附於赧王四十五年。

謂薛公曰章

謂薛公曰〔一〕：「周最於齊王也而逐之〔二〕，聽祝弗〔三〕，相呂禮者，欲取秦，秦、齊合〔四〕，弗與禮重矣〔五〕。有周齊，秦必輕君〔六〕。君弗如急北兵趨趙以秦、魏〔七〕，收周最以爲後行〔八〕，且反齊王之信〔九〕，又禁天下之率〔一〇〕。齊無秦，天下果〔一一〕，弗必走，齊王誰與爲其國。」

〔一〕薛公：薛，齊邑，今山東滕州市南。齊宣王封其弟田嬰於此，號薛公。其子田文繼之，亦稱薛公。此薛公指田文，即孟嘗君。

〔二〕周最於齊王也而逐之：此句姚本、鮑本皆有脱誤。《史記・孟嘗君傳》：「周最於齊至厚也。」語意完整。姚本、鮑本「至」字誤爲「王」，姚本又脱「厚」字，遂至意不可解。當據《史記・孟嘗君傳》改爲「周最於齊至厚也而齊王逐之」，意乃可通。

〔三〕祝弗：姚注：《史記》作「親弗」，注云，人姓名。《索隱》引《戰國策》作「祝弗」，蓋祝爲得也。鮑注：祝弗，齊人。

〔四〕欲取秦，秦、齊合：姚本如此。鮑本「秦」字不重，鮑據《史記》在「秦」下補「也」字。吴正：一本「欲取秦，秦、齊合」。

〔五〕弗與禮重：言齊、秦聯合，則祝弗與吕禮二人皆爲齊國所重用。

〔六〕有周齊，秦必輕君：周，鮑本衍。吴正：《史》作「用」。當從《史記》作「用」。言祝弗與吕禮有一人用於齊，秦必輕視孟嘗君。

〔七〕君弗如急北兵趨趙以秦、魏：「趨」與「趣」通，促使。《史記》「魏」下有「和」字。此時秦怒齊，齊、趙交惡，秦欲聯合趙、魏以攻齊，故云急北兵促趙以應秦、魏而攻齊。鮑注：能左右之曰以。

〔八〕收周最以爲後行：吴正：當從《史》，無「爲」字。「後」作「厚」。周最本厚於齊，今齊逐之，故收最以厚其行。借以反對祝弗與吕禮。

〔九〕且反齊王之信：齊用吕禮以聯合秦並取信於秦，今反與趙合，以明齊王無信，使秦懷疑齊而不與齊聯合。

〔一〇〕又禁天下之率：又，雅雨堂本誤爲「以」。鮑注：率，從也。謂從齊。吴補：率，《史》作「變」。《索隱》云：齊、秦合則弗、禮用，用則輕孟嘗。二説皆通。

〔一一〕齊無秦，天下果：吴正：此「果」字當從《史》作「集」。民按：《史記》「集」下復有「齊」字。當從《史記》作「齊無秦，天下集齊」。意思是齊不與秦聯合，則天下的兵必集合而攻齊。

【繫年】

《史記·孟嘗君傳》載此策於田文謝病歸薛以後。此策有「收周最以後行，且反齊王之信」。知爲田文奔魏以後，召秦伐齊以前之事。當繫在周赧王二十九年。

齊聽祝弗章

齊聽祝弗，外周最。謂齊王曰〔一〕：「逐周最、聽祝弗、相呂禮者，欲深取秦也〔二〕。秦得天下，則伐齊深矣〔三〕。夫齊合，則趙恐伐〔四〕，故急兵以示秦〔五〕。秦以趙攻〔六〕，與之齊伐趙〔七〕，其實同理〔八〕，必不處矣〔九〕。故用祝弗，即天下之理也〔一〇〕。」

〔一〕齊王：齊閔王。

〔二〕欲深取秦：深，重。引申爲甚。取，收。

〔三〕秦得天下，則伐齊深矣：秦、齊是戰國末年兩大强國。在秦、齊争强中，秦能用外交手段拉攏住齊國，則勢力益强，其他各國不得不屈服於秦。齊、秦兩雄不能並立。秦得到天下各國之支持，更增加威懾齊國之力量，所以説伐齊深矣。

〔四〕夫齊合，則趙恐伐：「夫」下鮑本補「秦」字，雅雨堂本同。此策文主語爲秦，無「秦」字則文意亦明。趙恐伐，趙恐齊、秦聯合攻伐它。

〔五〕急兵以示秦：趙爲討好於秦，必急出兵攻齊，以表示對秦忠誠無二心。

〔六〕秦以趙攻：秦以趙攻齊。金正煒云：「攻」下疑遺「齊」字。

〔七〕與之齊伐趙：之，代詞，指秦。與秦以齊伐趙。

〔八〕其實同理：秦以趙攻齊，與秦以齊攻趙，道理相同。

〔九〕必不處矣：鮑注：處，猶據。不處，謂變動不居。聯趙攻齊，或聯齊伐趙，道理相同，秦必不據守一策，一成不變。

〔一〇〕即天下之理：即，就。即天下，謂天下各國將皆靠近秦國。

【繫年】

此與上章爲同時事，故亦繫於赧王二十九年。

蘇厲爲周最章

蘇厲爲周最謂蘇秦曰〔一〕：「君不如令王聽最〔二〕，以地合於魏，趙故必怒合於齊〔三〕，是君以合齊與强楚吏産子君〔四〕。若欲因最之事，則合齊者，君也；割地者，最也。」

〔一〕蘇厲爲周最謂蘇秦：《史記·蘇秦傳》：蘇秦，東周雒陽人。其弟代，代弟厲，皆以遊説合縱名顯諸侯。《史記索隱》云：蘇秦字季子，蘇忿生之後，已姓也。引譙周云：蘇秦兄弟五人。秦最少。兄代，代弟厲及辟、鵠，並爲遊説之事。與《史記·蘇秦傳》記載有出入。

〔二〕君不如令王聽最：君，指蘇秦。民按：此策當爲蘇厲在齊時事。王，指齊閔王。

〔三〕趙故必怒合於齊：姚注：曾本無「故」字。怒，一本作「怒」。周最自魏返齊，故説齊以地合於魏。齊、魏合，則趙孤，故趙怒而急合於齊。

〔四〕是君以合齊與强楚吏産子君：姚注：以合，一本作「全以」。此句未詳。【補正】「是君以合齊與强楚吏産子君」句，語意不通。疑斷句誤或傳抄誤。按文意應爲：「是君以全齊與强楚，事産于君。」「合」乃「全」字書寫之誤；「吏」與「事」本爲一字，此當作「事」字解。「子」乃「于」字書寫之訛。此一更改，文意自明。

【繫年】

此事在周最自魏歸齊之後，在齊閔王十五年，當周赧王二十九年。

謂周最曰章

謂周最曰：「仇赫之相宋〔一〕，將以觀秦之應趙、宋，敗三國〔二〕。三國不敗，將與趙、宋合於東方以孤秦〔三〕，亦將觀韓、魏之於齊也。不固，則將與宋敗三國，則賣趙、宋於三國〔四〕。公何不令人謂韓、魏之王曰：『欲秦、趙之相賣乎？何不合周最兼相〔五〕，視之不可離〔六〕，則秦、趙必相賣以合於王也。』」

〔一〕仇赫：姚注：《史記》「机郝」。吳補：赫，一本作「郝」。【補】《趙策三》稱「机郝」，《趙策四》爲「仇郝」，本爲一人而書寫誤。

〔二〕三國：韓、魏、齊。《魏世家》哀（襄）公二十一年，與齊、韓共敗秦軍於函谷。

〔三〕將與趙、宋合於東方以孤秦：與，姚本作「興」，鮑本作「與」，「興」乃「與」字之訛。今從鮑本作「與」。東方，指齊、魏、韓三國。

〔四〕【補】則賁：上當缺文。據日本安井衡云：「則賁」上當有「固」字。安井説是。

〔五〕何不合周最兼相：金正煒云：合，當爲「令」之誤。兼相，並相韓、魏二國。

〔六〕視之不可離：「視」與「示」通，表示三國之不可離。

【繫年】

此赧王十七年事。鮑注：《魏紀》哀二十一年，與韓、齊敗秦函谷。蓋此時秦欲敗之，反爲所敗也。赧王十八年。吳正：「哀」當作「襄」，「十八」當作「十七」，《六國年表》文《大事記》從之。顧觀光《國策編年》繫於赧王十七年。

爲周最謂魏王章

爲周最謂魏王曰〔一〕：「秦知趙之難與齊戰也〔二〕，將恐齊、趙之合也，必陰勁之〔三〕。趙不敢戰，恐秦不己收也〔四〕，先合於齊。秦、趙争齊〔五〕，而王無人焉〔六〕，不可。王不去周最合與收齊〔七〕，而以兵之急〔八〕，則伐齊無因事也〔九〕。」

〔一〕魏王：魏襄王。
〔二〕難與齊戰：怕與齊戰。難，不和。
〔三〕必陰勁之：姚注：曾、集改「勁」作「助」。陰勁，暗中支持趙使之强勁。
〔四〕不己收：即不收己，不與之結交。
〔五〕秦、趙争齊：秦欲伐齊，趙欲合齊，故云争齊。
〔六〕無人焉：無人在齊、趙主合戰之事。
〔七〕王不去周最合與收齊：時周最在魏，使之離魏返齊。合與，聯合與國。收齊，結交齊國。
〔八〕以兵之急：秦、趙皆合於齊，而魏以秦兵之急則伐齊。
〔九〕無因事：言在齊無憑借主合、戰之事矣。因，猶依。

【繫年】

顧觀光繫此策於赧王二十九年，當魏昭王十年、齊閔王十五年、秦昭王二十一年。

謂周最曰魏王以國與先生章

謂周最曰：「魏王以國與先生〔一〕，貴合於秦以伐齊〔二〕。薛公故主〔三〕，輕忘其薛，不顧其先君之丘墓〔四〕，而公獨修虛信〔五〕，爲茂行〔六〕，明群臣〔七〕，據故主，不與伐齊者産以忿强秦〔八〕，不可。公不如謂魏王、薛公曰：『請爲王入齊，天下不能傷齊，而有變〔九〕，臣請爲救之；無變，王遂伐之〔一〇〕。且臣爲齊奴也〔一一〕，如累王之交於天下〔一二〕，不可。王爲臣賜厚矣，臣入齊，則王亦無齊之累也。』」

〔一〕魏王以國與先生：魏王，魏昭王。吴正：《孟子》注，學士年長者謂之先生。與，謂相之。

〔二〕貴：鮑注：貴，猶欲。

〔三〕薛公故主：薛公，田文。故主，謂齊閔王。因周最曾仕齊，故稱閔王爲故主。吴正：「故主」上恐缺一字。蓋言文猶背齊，以起下文最不與伐齊之意。

〔四〕不顧其先君之丘墓：謂孟嘗君勸秦伐齊，背叛故國。

〔五〕公獨修虛信：謂周最親齊，今魏王使其相魏，欲以聯秦伐齊，而周最不肯，故云「獨修虛信」。

〔六〕爲茂行：姚注：曾本「爲」下有「物」字，劉本無。茂，盛美。

〔七〕明群臣：明，表明。臣，魏國之臣。

〔八〕不與伐齊者産以忿强秦：「者」字鮑本無。鮑注：産，猶生也。魏欲伐齊，己獨不與，猶生此枝節也。違秦不伐齊，故秦忿。【正】「不與伐齊者」下應斷句爲逗。「産以忿强秦」一句，范祥雍按引張尚瑗云：「乃倒字句式，直曰『以産忿强秦』耳。」

〔九〕而有變：金正煒云：「而」讀爲「若」，謂不能傷齊，或變而合於齊也。

〔一〇〕伐之：伐齊。

〔一一〕且臣爲齊奴也：臣，鮑本作「秦」。齊奴，齊王之臣僕奴隸。

〔一二〕累王之交於天下：累，妨礙。交，指魏與秦、齊。

【繫年】

吴師道舉《大事記》以爲赧王二十九年魏以田文爲相時事。當魏昭王十年、齊閔王十五年。此章與《魏策四·周冣入齊章》相首尾。黄式三《周季編略》、顧觀光《國策編年》皆繫此策於赧王二十九年。

趙取周之祭地章

趙取周之祭地〔一〕，周君患之，告於鄭朝〔二〕。鄭朝曰：「君勿患也，臣請以三十金復取之。〔三〕」

〔一〕祭地：供粢盛祭品之土地。【補正】祭，乃爲地名。周公東征後封其子爲侯，封於祭。在今河南鄭州市東北二十里之祭城。一説今河南省中牟縣西之祭亭。春秋爲鄭邑，戰國時鄭被韓滅，祭地入韓。鄭國貴族四散投奔。凡外逃之鄭國貴族均稱「鄭人」。觀下句「周君患之，告於鄭朝」，可證。

〔二〕鄭朝：鮑注：凡鄭皆鄭人。

〔三〕三十金：古代以黄金一斤爲一金。三十金，三十斤黄金。《莊子·逍遥遊》疏：金方一寸重一斤，爲一金也。吴正：《正義》云，秦以鎰爲一金。孟康云，二十四兩。《國語》注同。趙岐云，二十兩。高注同。

周君予之，鄭朝獻之趙太卜〔一〕，因告以祭地事。及王病，使卜之。太卜譴之曰〔二〕：「周之祭地爲祟〔三〕。」趙乃還之。

〔一〕太卜：卜筮官之長。

〔二〕譴：責怪，責問。

〔三〕祟：神禍。

【繫年】

此策時不可考，從顧觀光《國策編年》，附於赧王二十九年。

杜赫欲重景翠章

杜赫欲重景翠於周〔一〕，謂周君曰：「君之國小，盡君之重寶珠玉以事諸侯〔二〕，不可不察也。譬之如張羅者〔三〕，張於無鳥之所，則終日無所得矣；張於多鳥處，則又駭鳥矣〔四〕；必張於有鳥無鳥之際，然後能多得鳥矣。今君將施於大人，大人輕君；施於小人，小人無可以求〔五〕，又費財焉。君必施於今之窮士，不必且爲大人者〔六〕，故能得欲矣〔七〕。」

〔一〕杜赫欲重景翠於周：杜赫，東周人，與東周昭文君同時，《吕氏春秋·務大》有杜赫説周文君以安天下事。重景翠於周，欲使景翠爲周所重。

〔二〕之：姚本作「子」，今從鮑本作「之」，義通。

〔三〕張羅：張架網羅以擒鳥。羅，捕鳥之網。

〔四〕駭：驚恐。

〔五〕小人無可以求：言無所可求於小人。

〔六〕不必且爲大人者：不一定施賄賂於大人。

〔七〕能得欲：能得其所想得。

【繫年】

杜赫見《齊策一·田忌亡齊而之楚章》，在齊宣王時；又見《楚策三·五國伐秦魏欲和章》，當楚懷王十一年、周顯王三十六年。【正】周顯王三十六年，即公元前三三三年；楚紀元爲楚威王七年，四年後楚懷王立。懷王十一年乃公元前三一八年，中間差誤多矣！考此策，繫年似應爲楚懷王十一年，當周慎靚王三年。

周共太子死章

周共太子死〔一〕，有五庶子皆愛之〔二〕，而無適立也〔三〕。司馬翦謂楚王曰〔四〕：「何不封公子咎，而爲之請太子〔五〕？」

〔一〕周共太子：《周本紀》作西周武公之共太子。《史記·集解》引徐廣曰：惠公之長子。《史記索隱》：按《戰國策》作東周武公。

〔二〕五庶子：張尚瑗曰：赧王五庶子，其可知其三，曰最，曰咎，曰果。齊所立者最，楚所立者咎，而周君屬意於果。最既不得立，乃臣事齊，又嘗相魏，見於短長書者如此。

〔三〕適：嫡主也，「適」通「嫡」。

〔四〕司馬翦謂楚王：姚注：一本無「楚」字。司馬翦，疑即昭翦，爲楚司馬之官。楚王，楚懷王。

〔五〕封公子咎，而爲之請太子：封，封以土地。《周本紀》有「以地資公子咎」。咎，姚注：一本作「右」。周君之庶子。請太子，請於周使立爲太子。

左成謂司馬翦曰〔一〕：「周君不聽，是公之智困而交絶於周也〔二〕。不如謂周君曰〔三〕：『孰欲立也？微告翦，翦令楚王資之以地〔四〕。』公若欲立爲太子〔五〕，因令人謂相國御展子、廧夫空曰〔六〕：『王類欲令若爲之〔七〕，此健士也〔八〕，居中不便於相國。』相國令之爲太子〔九〕。」

〔一〕左成：楚人。姚注：左，一本作「右」。民按：《史記·周本紀》作「左」。

〔二〕智困而交絶於周：智困，智謀行不通。交絶於周，楚、周之交斷絶。

〔三〕謂：《史記》作「請」。

〔四〕令楚王資之以地：令，姚本作「今」。鮑本、《史記》皆作「令」，當從鮑本。資之以地，謂封公子咎以土地以爲憑藉。資，姚注：一本作「奉」。

〔五〕公若欲立爲太子：公，指司馬翦。若，如。

〔六〕相國御展子、廧夫空：御，楚相國之御者，名展子。廧，同「嗇」。嗇夫，官名，其人名空。

〔七〕王類欲令若爲之：王，楚王。類，似乎。若，你。

〔八〕此健士也：此二人是雄健之士。

〔九〕相國令之爲太子：楚相國使展子、嗇夫空使周請立公子咎爲太子。

【繫年】

《史記·周本紀》載此事於赧王初即位之後。從顧觀光《國策編年》，附此策於赧王之元年。

三國隘秦章

三國隘秦〔一〕，周令其相之秦〔二〕，以秦之輕也〔三〕，留其行〔四〕。

〔一〕三國隘秦：三國，韓、趙、魏。隘，亦作「阨」，阻絶不通。

〔二〕之：往。

〔三〕輕：不重視。

〔四〕留其行：留，停留不進。停止往秦國之行動。《史記·周本紀》作「還其行」。《正義》：「以秦輕易周相，故相國於是反歸周也。」

有人謂相國曰：「秦之輕重，未可知也。秦欲知三國之情〔一〕，公不如遂見秦王〔二〕，曰：『請爲王聽東方之處〔三〕。』秦必重公。是公重周，重周以取秦也。齊重故有周，而已取齊，是周常不失重國之交也〔四〕。」

〔一〕三：姚注：三，曾、集、劉、錢作「亡」。民按：「亡」乃「三」之訛誤。《史》作「三」，「三」字是也。

〔二〕秦王：秦昭王。

〔三〕請爲王聽東方之處：爲，姚本作「謂」。鮑本、《史記》皆作「爲」。「爲」、「謂」古通，但作「爲」爲是。聽，偵察。東方，指三國。處，《史記》作「變」。謂偵察東方三國之所作所爲。

〔四〕周常不失重國之交：《史記正義》：「按周最事齊而和於齊、周，故得齊重，今相國又得秦重，是相國收秦，周最收齊，周常不失大國之交也。」

【繫年】

依《周本紀》，三晉距秦，周令其相國之秦，應繫此策於赧王五十八年，顧觀光《國策編年》亦繫於此年。【補正】

范祥雍按此策繫年曰：「若赧王五十八年，當齊王建時，破殘之餘，僅能自守，不足言重。而周最是否尚存，亦可懷疑。據此更可證此當赧王十七年事也。」范按是。

昌他亡西周章

昌他亡西周之東周〔一〕，盡輸西周之情於東周〔二〕。東周大喜，西周大怒。馮旦曰〔三〕：「臣能殺之。」君予金三十斤。馮旦使人操金與書，間遺昌他曰〔四〕：「告昌他，事可成，勉成之；不可成，亟亡來〔五〕。事久且泄〔六〕，自令身死〔七〕。」因使人告東周之候曰〔八〕：「今夕有奸人當入者矣。」候得而獻東周，東周立殺昌他。

〔一〕昌他亡西周：昌，鮑改爲「宮」，下同。《御覽》卷四六七引策作「呂」。吳師道正曰：且當依本文。亡，逃亡。因罪離開本國。

〔二〕輸西周之情：輸，輸送。情，國之隱情。

〔三〕馮旦：鮑改「旦」爲「且」，又改爲「雎」。吳師道正曰：且當依本文。

〔四〕間遺昌他：爲反間書以送給昌他。「他」下姚本有「書」字，鮑本無。今從鮑本删去「書」字。

〔五〕亟亡來：亟，急。亡來，逃回來。姚本、鮑本「亡來」下復有「亡來」二字。姚注：一本止一「亡來」字。今從一本。

〔六〕泄：泄露。

〔七〕自令身死：事情泄露，不逃回，自取死。

〔八〕候：偵候之吏，即間諜。

【繫年】

《史記·周本紀》赧王八年有東周與西周相攻事。從顧觀光《國策編年》，繫此策於赧王八年。

昭翦與東周惡章

昭翦與東周惡〔一〕，或謂昭翦曰：「爲公畫陰計〔二〕。」昭翦曰：「何也？」「西周甚憎東周，嘗欲東周與楚惡，西周必令賊賊公〔三〕，因宣言東周也，以惡之於王也〔四〕。」昭翦曰：「善。吾又恐東周之賊己，而以輕西周惡之於楚〔五〕。」遽和東周〔六〕。

〔一〕惡：疾惡相仇。

〔二〕爲公畫陰計：公，指昭翦。畫陰計，暗中籌策謀劃。

〔三〕令賊賊公：上「賊」字名詞。下「賊」字動詞，暗殺。《孟子·梁惠王下》：「賊仁者謂之賊。」殺人不以道曰賊。

〔四〕惡：姚本作「西周」，鮑本改爲「惡」。王念孫云：舊本「惡」字訛作「西周」，今從鮑本改爲「惡」。【補正】此處文字從鮑本。金正煒曰：「此策文字淆誤，鮑改義亦未定。疑『善』字當在『昭翦曰』之上，『吾』字亦『善』之訛也。西周賊昭翦，而可宣言東周所爲者，以西周之於王也善，則不疑其行賊矣！『善』字正與上文『與東周惡』相應。」金説是。此句似應爲「以西周之於王也善」。

〔五〕而以輕西周：王引之云：「『輕』當爲『誣』，謂恐東周殺翦，而又因殺翦之事誣西周，惡之於楚也。俗書『誣』字或作『巫』。『誣』，其右畔與『輕』相似，因訛而爲『輕』。『輕』、『誣』二字往往相亂。

〔六〕遽：遂即，立即。

【繫年】

此與上章爲同時事，故從顧觀光，編在赧王八年。

嚴氏爲賊章

嚴氏爲賊〔一〕，而陽堅與焉〔二〕。道周〔三〕，周君留之十四日，載以乘車駟馬而遣之〔四〕。韓使人讓周〔五〕，周君患之。

〔一〕嚴氏爲賊：《韓非子・説林上》：「嚴遂不善周君，（周君）患之。馮沮曰：嚴遂相而韓傀貴於君，不如行賊於韓傀，則君必以爲嚴氏也。」此嚴氏當爲嚴遂。賊，鮑注：殺人不以道曰賊。

〔二〕而陽堅與焉：姚注：堅，曾、一作「豎」。黃丕烈云：《韓策》「陽堅」，此作「豎」字有訛。今從《韓策》改「豎」爲「堅」。下同。與焉，參與其事。

〔三〕道周：經過周。周，東周。

〔四〕載以乘車駟馬：一車駕四馬爲乘。駟，謂四匹馬。

〔五〕讓：鮑注：讓，譙責。以辭相責也。

客謂周君曰〔一〕：「正語之曰〔二〕：『寡人知嚴氏之爲賊，而陽堅與之，故留之十四日以待命也〔三〕。小國不足以容賊〔四〕，君之使又不至，是以遣之也。』」

〔一〕客謂周君曰：「曰」字鮑本無，姚本有。吴補：一本「客謂周君曰」。

〔二〕正語之曰：吴補：正，猶直也。語之，鮑注：使以留之之情告之。

〔三〕待命：等待韓國命令。

〔四〕小國不足以容賊：「足」字下，姚本有「亦」字。鮑本衍「亦」字。吴補：疑在「不」字上。一本無。今從一本，刪去「亦」字。

【繫年】

據《韓策二》之《韓傀相韓章》、《東孟之會章》，當繫此策於韓哀侯六年、周烈王五年。

戰國策卷二

西周

薛公以齊爲韓魏攻楚章

薛公以齊爲韓、魏攻楚〔一〕，又與韓、魏攻秦〔二〕，而藉兵乞食於西周〔三〕，韓慶爲西周謂薛公曰〔四〕：「君以齊爲韓、魏攻楚，九年而取宛、葉以北，以强韓、魏〔五〕。今又攻秦以益之。韓、魏南無楚憂，西無秦患，則地廣而益重，齊必輕矣。夫本末更盛，虚實有時，竊爲君危之。君不如令弊邑陰合於秦，而君無攻，又無藉兵乞食〔六〕。君臨函谷而無攻〔七〕，令弊邑以君之情謂秦王曰〔八〕：『薛公必不破秦以張韓、魏〔九〕，所以進兵者，欲王令楚割東國以與齊也〔一〇〕。』秦王出楚王以爲和〔一一〕，君令弊邑以此忠秦〔一二〕，秦得無破，而以楚之東國自免也，必欲之。楚王出，必德齊，齊得東國而益强，而薛世世無患。秦不大弱而處之三晋之西，三晋必重齊。」

〔一〕薛公：薛，齊地名，在今山東滕州市南四十里有薛城。齊威王封其少子田嬰於此，號靖郭君。其子田文襲其封地爵位，故稱田文爲薛公。

〔二〕又與韓、魏攻秦：據《史記·孟嘗君傳》，田文於齊閔王三年入秦，秦昭王以爲相。後又囚田文，欲殺之。次年田文逃歸齊國，爲齊相，孟嘗君怨秦，將以齊爲韓、魏攻楚，因與韓、魏攻秦。擊秦軍於函谷關。【補】高誘注曰：「楚懷王二十六年，齊、韓、魏攻楚，此（赧王）十二年也。」當齊閔王十七年。

〔三〕藉兵乞食：藉，與「借」同。食，糧食。

〔四〕韓慶爲西周謂薛公：姚注：《史記》蘇代爲西周。《史記索隱》云：《戰國策》作「韓慶爲西周謂薛公」。高注：韓慶，西周臣也。

〔五〕九年而取宛、葉以北，以强韓、魏：「而」字，鮑本無。以强韓、魏，鮑本作「爲强韓、魏」。吴補：一本「而取宛、葉以北，以强韓、魏」。宛，今河南南陽市。葉，今河南葉縣。張琦云：宛、葉以北，今襄城、魯山等地。梁玉繩《史記志疑》卷三〇云：此乃《西周策》之誤。時爲赧王十七年，齊與韓、魏攻秦，而齊於前三年共秦、韓、魏攻楚，於前五年與韓、魏伐楚。則言九年，非也。取宛、葉亦妄。

〔六〕又無藉兵乞食：高注：勿示秦以少兵少糧也。

〔七〕君臨函谷而無攻：臨，言以兵至其地。函谷，關塞名。以路在谷中，深險如函，故以爲名。秦函谷關在今河南靈寶市北三十里，舊縣南，關城遺迹猶在。無攻，不攻秦。【補】高誘注：函谷關在今河南新安縣東。誤。戰國函谷關在今河南靈寶市北；新安縣東之函谷關爲漢武元鼎三年新設之關。

〔八〕秦王：秦昭王。

〔九〕薛公必不破秦以張韓、魏：姚本「必」下無「不」字。鮑本有「不」字。吴補：又此下有「不」字是。

【補】張，强也。高誘注爲「强」，鮑彪注爲「大」，同義。

〔一〇〕東國：即楚之東地，亦稱下東國。以在國都之東，故稱東國。自河南郾城以東，沿淮北至泗上，皆楚下東國之地。

〔一一〕秦王出楚王以爲和：高注：出，歸也。楚懷王三十年，張儀誘楚懷王會秦，秦留之。故要秦歸楚懷王以爲講和條件。

〔一二〕忠：鮑本作「患」。《史記》作「惠」。雅雨堂本作「惠」。民按：從《史記》作「惠」爲是。

薛公曰：「善。」因令韓慶入秦，而使三國無攻秦，而使不藉兵乞食於西周。

【繫年】

策文記楚懷王入秦事，當在楚懷王三十年、周赧王十六年之後。《六國年表》周赧王十七年，魏與齊、韓共擊秦於函谷，當繫於赧王十七年。

秦攻魏將犀武章

秦攻魏將犀武軍於伊闕〔一〕，進兵而攻周。爲周最謂李兑曰〔二〕：「君不如禁秦之攻周〔三〕。趙之上計，莫如令秦、魏復戰。今秦攻周而得之〔四〕，則衆必多傷矣。秦欲待周之得〔五〕，必不攻魏；秦若攻周而不得，前有勝魏之勞，後有攻周之敗，又必不攻魏。今君禁之，而秦未與魏講也〔六〕。而全趙令其止〔七〕，必不敢不聽，是君却秦而定周也。秦去周，必復攻魏，魏不能支〔八〕，必因君而講，則君重矣。若魏不講，而疾支之，是君存周而戰秦、魏也，重亦盡在趙。」

〔一〕秦攻魏將犀武軍於伊闕：王念孫云：「『攻』字當作『敗』，今作『攻』者，因下『攻』字而誤。《史記·周本紀集解》引此策曰『秦敗魏將犀武於伊闕』是其證。犀，諸本皆作『犀』，唯鮑本作『犀』，《史記集解》引此策作『犀』。犀即『犀』之别體。今從鮑本作『犀』。犀武，魏將。伊闕，《水經注》以爲禹鑿龍門以通水，兩山相對若闕，伊水歷其間，故謂之伊闕。俗名『龍門』。在今河南洛陽市南三十里。

〔二〕李兑：趙人，號奉陽君，曾爲趙司寇。

〔三〕禁：制止。

〔四〕得之：得其土地、人民。

〔五〕待：鮑本改「待」爲「持」。吴補：字有訛。

〔六〕講：高注：講，和也。《史記·甘茂傳索隱》引鄒氏云，「講」讀爲「媾」。吴師道云：搆、構、購、媾、講等字常互混淆。今凡爲和解之義者，定讀從「媾」；爲交結之義者，字當從「手」（扌）。

〔七〕而：姚注：而，曾、一作「攻」，劉作「而」。

〔八〕支：高注：支，猶拒。支撐，支持。

【繫年】

按《秦本紀》、《白起傳》，秦昭王十四年左更白起攻韓、魏於伊闕，斬首二十四萬，進兵攻西周。策所言即此時事。秦昭王十四年，當魏昭王三年、周赧王二十二年。

秦令樗里疾章

秦令樗里疾以車百乘入周〔一〕，周君迎之以卒〔二〕，甚敬〔三〕。楚王怒〔四〕，讓周，以其重秦客〔五〕。

〔一〕樗里疾：樗，木名。高注：其里有樗樹，故曰樗里。名疾，秦公子也。《竹書紀年》稱「褚里疾」。樗里在今陝西西安市西北漢長安城長樂宮之西，俗名楊家城。因居在樗里，故又號樗里子。樗里疾，秦惠王之弟，秦武王時爲右丞相。《史記》有傳。【補】《史記·樗里子傳》中曾記其事。

〔二〕迎之以卒：兵士百人爲卒。《太平御覽》卷四六〇無「以卒」二字。

〔三〕甚敬：敬重樗里疾。亦説「敬」當讀爲「儆」，儆戒之意。

〔四〕楚王怒：楚懷王怒周敬重樗里疾。

〔五〕重秦客：《御覽》卷四六〇「客」下有「也」字。秦客，指樗里疾。

游騰謂楚王曰〔一〕：「昔智伯欲伐厹由〔二〕，遺之大鍾〔三〕，載以廣車〔四〕，因隨入以兵，厹由卒亡，無備故也。桓公伐蔡也〔五〕，號言伐楚，其實襲蔡〔六〕。今秦者〔七〕，虎狼之國也，兼有吞周之意〔八〕，使樗里疾以車百乘入周，周君懼焉，以蔡、厹由戒之〔九〕，故使長兵在前〔一〇〕，强弩在後，名曰衛疾，而實囚之也〔一一〕。周君豈能無愛國哉？恐一日之亡國〔一二〕，而憂大王〔一三〕。」楚王乃悦。

〔一〕游騰謂楚王：《太平御覽》卷四六〇「騰」下有「爲周君」三字。姚注：《春秋後語》「騰」作「勝」。游騰，周人。

〔二〕昔智伯欲伐厹由：智伯，晋卿智謠。厹由，《史記·樗里子傳》作「仇猶」，《韓非子·説林》作「仇繇」，《吕氏春秋·權勛》、《通鑒外紀》作「夙繇」。高誘注：或作「仇首」。黄丕烈云：「『夙』是『厹』形近之訛，『厹』、『仇』同字。」音「求」。厹由，古國名，在今山西盂縣東北有仇猶城，其國境近晋。鮑注爲《漢書·地理志》的臨淮郡仇酋縣，誤。今正之。

〔三〕遺之大鍾：遺，音爲，贈送。大鍾，樂器。【補】詳見《韓非子·説林》和《吕氏春秋·權勛》。

〔四〕廣車：大車。鄭玄云：「横陣之車。」鮑注：載以廣車，欲開道也。

〔五〕桓公伐蔡：桓公，齊桓公小白。伐蔡事在春秋魯僖公四年。蔡國在今河南上蔡。其後遷於今河南新蔡，又遷於今安徽鳳臺，被楚所滅。

〔六〕襲：乘其不防而進擊之。

〔七〕者：鮑本無。《史記·樗里子傳》亦無「者」字。無「者」字爲是。

〔八〕兼有吞周之意：《御覽》卷四六〇作「有獨吞之意」。吞，吞併，滅亡。

〔九〕厹由戒之：言以蔡、厹由二國爲戒。戒，鮑本作「惑」，一本作「戒」，作「戒」爲是。

〔一〇〕長兵：兵，兵器，武器。長兵，戈、矛一類之兵器。

〔一一〕也：鮑本無，《史記·樗里子傳》同。吴補：一本有。

〔一二〕恐一日之亡國：姚注：錢、劉、一無「國」字。民按：《史記》有「國」字。

〔一三〕憂大王：爲大王所憂。

【繫年】

據《史記·樗里子傳》，秦拔韓宜陽之後，樗里疾才能得以入周。赧王八年，秦甘茂伐宜陽，拔之。此策當繫於赧王八年。當秦武王四年。

雍氏之役章

雍氏之役〔一〕，韓徵甲與粟於周〔二〕。周君患之，告蘇代。蘇代曰：「何患焉〔三〕？代能爲君令韓不徵甲與粟於周，又能爲君得高都〔四〕。」周君大悦曰：「子苟能，寡人請以國聽。」

〔一〕雍氏之役：高注：雍，韓别邑也。楚攻韓圍雍氏，故曰役。役，事也。雍氏城，黄帝臣雍父作杵臼所封之地。在今河南扶溝縣西南四十里，與禹州市接界。【補】《括地志》云：「故雍城在洛州陽翟縣（今河南禹州市）東北二十五里之雍梁邑，故老云黄帝臣雍父作杵臼所封也。」此説較確。

〔二〕韓徵甲與粟於周：徵，求，索取。甲，兵甲。粟，糧食。周，《史記》作「東周」。

〔三〕何患焉：《史記·周本紀》作「君何患於是」。患，憂。

〔四〕高都：戰國時高都有二：一在今山西上黨，一在今河南伊闕南。《史記集解》引徐廣曰：今河南新城縣高都城也。一名郜都城。【補】在今河南洛陽市南七十里。高注、鮑注爲上黨之高都，均誤。

蘇代遂往見韓相國公仲曰〔一〕：「公不聞楚計乎？昭應謂楚王曰〔二〕：『韓氏罷於兵〔三〕，倉廩空，無以守城。吾收之以饑〔四〕，不過一月必拔之。』今圍雍氏，五月不能拔，是楚病也。楚王始不信昭應之計矣。今公乃徵甲及粟於周，此告楚病也〔五〕。昭應聞此，必勸楚王益兵守雍氏，雍氏必拔。」公仲曰：「善。然吾使者已行矣。」代曰：「公何不以高都與周？」公仲怒曰：「吾無徵甲與粟於周，亦已多矣，何爲與高都？」代曰：「與之高都，則周必折而入於韓〔六〕，秦聞之，必大怒，而焚周之節〔七〕，不通其使，是公以弊高都得完周也，何不與也？」公仲曰：「善。」不徵甲與粟於周，而與高都，楚卒不拔雍氏而去。

〔一〕韓相國公仲：仲，姚本作「中」，鮑改爲「仲」。民按：《史記》皆作「公仲」，「中」、「仲」古通。故從鮑本。公仲，韓公族，公仲朋，時爲韓相國。

〔二〕昭應謂楚王：昭應，楚人。昭、屈、景皆楚之公族。楚王。楚懷王。

〔三〕罷：與「疲」同。疲勞。

〔四〕吾收之以饑：收，鮑本作「攻」。吴補：一本作「收之」。因其無糧而攻之可以收效。

〔五〕此告楚病也：高注：病，困。謂楚兵疲弊。

〔六〕周必折而入於韓：折，轉。轉過來親韓。

〔七〕焚周之節：焚，燒。節，符信。外交使者執以作憑證。

【繫年】

梁玉繩《史記志疑》謂楚圍雍氏止一役，證其事在赧王九年。黄式三《周季編略》云：「梁氏之説與《甘茂傳》雖合，而與《韓世家》之文究不可解。馬氏《繹史》云：『楚圍雍氏有三：其一在秦惠王後十三年，秦、韓敗楚屈匄於丹陽，楚王怨韓而圍雍氏，在赧王三年；其二則秦武王死，昭王新立，《戰國策》韓令使者求救於秦與《甘茂傳》所言，即此役也；其三則韓襄王十二年公子咎與蟣虱争國，遂令楚圍雍氏，在赧王十五年。』宜從馬説。」據此，則此策應屬第二役，繫於赧王八年。而與《周本紀》同。

周君之秦章

周君之秦。謂周最曰〔一〕：「不如譽秦王之孝也〔二〕，因以原爲太后養地〔三〕，秦王、太后必喜，是公有秦也〔四〕。交善，周君必以爲公功；交惡，勸周君入秦者，必有罪矣。」

〔一〕謂周最曰：《史記·周本紀》「謂」上有「客」字。高注：謂，有人謂周最，姓名不見也。最，周公子也。

〔二〕譽秦王之孝：譽，誇獎。秦王，秦昭王。

〔三〕因以原爲太后養地：原，姚本作「應」。《史記·周本紀》作「應」。鮑本作「原」。《史記索隱》云：案《戰國策》作「原」。高注：原，周邑。民按：據《史記索隱》和高注，則策文本作「原」。故從鮑本作「原」。原，在今河南沁陽市東，故原城。太后，秦昭王母宣太后芈氏。養地，供養之地，所謂湯沐邑。【補正】原，古國名，在今河南濟源市北，周初封武王子的封邑，蘇忿生的采邑在此。春秋時，晉出太行伐原得之，爲晉邑，一度爲鄭邑。晉得原後，原東遷於卷，稱原武，在今河南原陽縣西部。（原陽縣爲舊原武和陽武二縣合而稱之）鮑本、吴本作「應」。應，即古應國。在今河南省平頂山市境内。修白龜山水庫時，挖出「應國古城」碑一塊，庫西有應國古墓地，可證。此地戰國屬楚，爲秦昭王母芈氏之養邑。鮑本、吴本説是也。

〔四〕是公有秦：公，指周最。有秦，謂與秦交善，有秦之助。

【繫年】

此章又見於《史記·周本紀》。司馬遷編次於周赧王四十五年。今從之。

蘇厲謂周君章

蘇厲謂周君曰〔一〕：「敗韓、魏，殺犀武〔二〕，攻趙，取藺、離石、祁者，皆白起〔三〕。是攻用兵〔四〕，又有天命也。今攻梁〔五〕，梁必破，破則周危，君不若止之。謂白起曰：『楚有養由基者〔六〕，善射；去柳葉者百步而射之，百發百中。左右皆曰善。有一人過曰，善射，可教射也矣。養由基曰：人皆善，子乃曰可教射，子何不代我射之也。客曰：我不能教子支左屈右〔七〕。夫射柳葉者，百發百中，而不以善息〔八〕，少焉，氣力倦〔九〕，弓撥矢拘〔一〇〕，一發不中，前功盡矣〔一一〕。今公破韓、魏，殺犀武，而北攻趙，取藺、離石、祁者，公也。公之功甚多。今公又以秦兵出塞過兩周，踐韓而以攻梁，一攻而不得，前功盡矣，公不若稱病不出也。』」

〔一〕蘇厲：蘇秦之弟。

〔二〕犀武：魏將。《史記·周本紀集解》引《戰國策》曰：「秦敗魏將犀武於伊闕。」在赧王二十二年。

〔三〕取藺、離石、祁者，皆白起：藺，故城在今山西呂梁市離石區西。離石，即今離石區。祁，今山西祁縣。《史記》無「祁」字。白起，郿人，爲秦將，封爲武安君。因范雎陷害，賜死杜郵。梁玉繩云：此語最可疑，《策》與《史》皆不免有誤。考伊闕之戰，秦敗韓、魏，虜韓將公孫喜，殺魏將犀武，其事固屬白起。若秦取趙離石在顯王四十一年，取藺在赧王二年，蓋其時白起未出也。

〔四〕攻用兵：即善用兵。攻，巧玄也。《爾雅釋詁》：攻，善也。《史記》作「善」。

〔五〕梁：大梁，魏都，今河南開封市。

〔六〕養由基：養，邑名。其地不詳。由，又作「游」或「繇」。【補】養邑，又稱養陰里，在今河南寶豐縣西北。《左傳·昭公三十年》：「使監馬尹大心逆吴公子，使居養。莠尹然、左司馬沈尹戌城之。」杜注：「養即所封之邑。」《後漢書·郡國志》：「襄城有養陰里。」養由基，以邑爲氏，名由基。春秋時楚共王將，以善射聞名。

〔七〕我不能教子支左屈右：不，《太平御覽》卷七四四作「非」。屈，《史記·周本紀》作「詘」。民按：「不」、「非」意同。「屈」、「詘」通借。支左屈右，支撐左臂，彎屈右臂，挽弓射箭之姿勢。

〔八〕而不以善息：言不以其善而且停息。《史記索隱》：息，止也。

〔九〕氣力倦：《太平御覽》卷七四四引策文，「氣」下有「衰」字。《史記·周本紀》亦有「衰」字。此當補「衰」字。

〔一〇〕弓撥矢拘：撥，謂弓不正。拘，姚本作「鉤」。黄丕烈云：「拘」字當是。今從鮑本作「拘」。拘，謂矢鋒屈。

〔一一〕前功盡矣：《太平御覽》卷七四四「盡」下有「棄」字。鮑注：盡，猶滅。

【繫年】

據《周本紀》，此策當繫於周赧王三十四年。

楚兵在山南章

楚兵在山南〔一〕，吾得將爲楚王屬怒於周〔二〕。或謂周君曰：「不如令太子將軍正迎吾得於境〔三〕，而君自郊迎〔四〕，令天下皆知君之重吾得也。因泄之楚〔五〕，曰：『周君所以事吾得者器〔六〕，必名曰某〔七〕。』楚王必求之，而吾得無效也。王必罪之。」

〔一〕楚兵在山南：周之山南，即伊闕山之南。【正】鮑注、吴本皆作「秦地之山」，誤甚。此周赧王十一年（前三〇四），周京都在洛陽一帶，何以西周都城豐鎬之山注也。此「山南」，應指東周都城南之伊闕山和太室、少室山。

〔二〕吾得將爲楚王屬怒於周：鮑改「吾」爲「伍」。吴補：「吾」字訛。黄丕烈云：鮑改、吴補皆非。高注：吾得，楚將。《竹書紀年》有「楚吾得帥師及秦伐鄭」，則作「吾」固不誤。屬，歸屬。怒，鮑本作「怨」。

〔三〕令太子將軍正迎吾得於境：使周太子率領軍隊正迎吾得於西周之邊境。

〔四〕而君自郊迎：君，指西周君。郊迎，迎吾得於周郊，表示尊重吾得。

〔五〕泄之楚：泄露其事，使楚知之。

〔六〕事吾得者器：賂吾得以重器。

〔七〕必名曰某：姚注：某，曾、集本作「謀」，錢、劉本作「某」。作「某」爲是。今改爲「某」。

【繫年】

據《竹書紀年》，楚吾得率師及秦伐鄭。雷學淇《義證》謂在楚懷王二十五年、秦昭王三年、鄭襄王八年，當周赧王十一年。民按：鄭即韓。雷氏所説與《楚世家》所載秦、楚、韓關係相符。當繫於周赧王十一年。

楚請道於二周章

楚請道於二周之間〔一〕，以臨韓、魏〔二〕，周君患之。蘇秦謂周君曰〔三〕：「除道屬之於河〔四〕，韓、魏必惡之。齊、秦恐楚之取九鼎也，必救韓、魏而攻楚。楚不能守方城之外〔五〕，安能道二周之間。若四國弗惡〔六〕，君雖不欲與也〔七〕，楚必將自取之矣。」

〔一〕請道於二周：請道，請求借道。二，鮑本作「兩」。二周，東周、西周也。《史記·趙世家》，周顯王二年，趙與韓分周爲二，於是東西分治，各爲列國。賈誼《過秦論》：「吞二周而亡諸侯。」

〔二〕臨：金正煒云：臨，猶案壓也。高注：臨，猶伐也。

〔三〕蘇秦：鮑改「秦」爲「子」，以爲蘇秦死時，東西周未分，此當爲蘇代或蘇厲。張琦云：「鮑蓋泥於《周紀》『王赧時，東西周分治』之文。然詳史文，乃謂王赧以前，治尚由王，自此治由兩周，王赧徙都西周，寄焉而已，故曰分治，非謂分地自此始也。」

〔四〕除道屬之於河：除道，修治道路。屬，聯。河，黄河。洛陽北距黄河三十里。

〔五〕方城之外：方城，方城山，楚北之險塞。在今河南方城縣東北，泌陽、葉縣之間，亦名長城山。外，方城以北。

〔六〕四國：韓、魏、齊、秦。

〔七〕與：吴正：與，謂鼎也。

【繫年】

顧觀光《國策編年》繫於顯王三十三年。于鬯《戰國策年表》繫於顯王三十五年。民按：審此章文意與上章爲同時事，當繫於赧王十一年。

司寇布章

司寇布爲周最謂周君曰〔一〕：「君使人告齊王以周最不肯爲太子也〔二〕，臣爲君不取也。函冶氏爲齊太公買良劍〔三〕，公不知善，歸其劍而責之金〔四〕。越人請買之千金，折而不賣〔五〕。將死，而屬其子曰〔六〕：『必無獨知〔七〕。』今君之使最爲太子，獨知之契也〔八〕，天下未有信之者也。臣恐齊王之謂君實立果〔九〕，而讓之於最，以嫁之齊也〔一〇〕。君爲多巧，最爲多詐，君何不買信貨哉？奉養無有愛於最也，使天下見之。」

〔一〕司寇布：司寇，官名。《周禮·秋官·司寇》：「掌邦禁，詰奸慝，刑暴亂。」名布，周臣。

〔二〕使人告齊王以周最不肯爲太子：齊王，齊閔王。齊閔王善周最，欲其爲太子，以賂進之。周最退讓不肯立。周以最不肯爲太子告齊閔王。

〔三〕函冶氏爲齊太公買良劍：函，姓。高注：冶，官名。因以爲氏，知鑄冶，曉鐵理，能相劍。齊太公，田常之孫田和，始代姜氏爲齊侯，號爲太公。

〔四〕歸其劍而責之金：太公不知其劍善，故退歸劍於函冶氏，而要還買劍之金。歸，還。責，取。金，買劍之金。

〔五〕折而不賣：折，折價。雖千金猶未盡其本價，故不賣。鮑作折斷講，於下文不通。

〔六〕將死，而屬其子：將死，函冶氏將死。屬，同「囑」，囑託。

〔七〕必無獨知：吳正：言凡有售，必使衆知其良，不可獨知也。

〔八〕契：約也。一書兩札，同而别之。

〔九〕齊王之謂君實立果：謂，姚本作「爲」，鮑本作「謂」，此當作「謂」，從鮑本。果，周太子名。

〔一〇〕嫁之齊：「嫁」下鮑本有「於」字。嫁，轉嫁，欺騙。此言齊王將疑周君立太子意不在周最，而謂周最自不肯立以欺齊。

【繫年】

據《周本紀》，「西周武公之共太子死，有五庶子毋適立」事在赧王元年。當繫之於赧王元年。

秦召周君章

秦召周君〔一〕，周君難往〔二〕。或爲周君謂魏王曰〔三〕：「秦召周君，將以使攻魏之南陽〔四〕。王何不出兵於河南〔五〕？周君聞之，將以爲辭於秦而不往〔六〕。周君不入秦，秦必不敢越河而攻南陽。」

〔一〕秦召周君：《史記·周本紀》：「秦召西周君。」

〔二〕難往：鮑注：意不欲往。

〔三〕或爲周君謂魏王：《史記索隱》引《戰國策》云：「或人爲周君謂魏王。」魏王，《史記》作「韓王」。梁玉繩云：《史》所云韓王是也。《策》言魏王非，而周與韓近也。民按：應各從本文。魏王，當是魏襄王。

〔四〕南陽：魏邑，在今河南修武縣。【補正】南陽，地域名，非指一地。高誘曰：「晋山陽河北之邑，河内、温、陽樊之屬皆是。」此説又見《地理志注》。馬融曰：自朝歌以南至軹爲南陽。應劭曰：河内殷國也。周名之謂南陽。杜預曰：在晋山南河北，故曰南陽。俗稱山之南、水之北爲陽。今河南温縣、修武、沁陽、濟源等在太行山之南、黄河以北，故史稱「南陽」。

〔五〕出兵於河南：「兵」字姚本無。鮑本、《史記》有。今從鮑本。河南，《史記》作「南陽」。然以高誘注證之，作「河南」爲是。西周都王城在黄河之南，漢以爲河南郡。

〔六〕將以爲辭於秦而不往：高注：以魏兵在河南爲辭，周君不往朝秦也。

【繫年】

據《周本紀》，繫於周赧王八年。

犀武敗於伊闕章

犀武敗於伊闕〔一〕，周君之魏求救〔二〕，魏王以上黨之急辭之〔三〕。周君反，見梁囿而樂之也〔四〕。

〔一〕犀武敗於伊闕：犀武，魏將。伊闕，見前。《史記集解》引《戰國策》曰：「秦敗魏將犀武於伊闕。」

〔二〕周君之魏求救：秦敗魏將犀武，遂進攻周，故周君求救於魏。之，往也。

〔三〕魏王以上黨之急辭之：魏王，魏昭王，名遬。上黨，魏地，今山西晋城市。

〔四〕梁囿：梁，大梁。囿，高注：園有林池曰囿。吴正：囿者，蓄育鳥獸之所。

綦毋恢謂周君曰〔一〕：「温囿不下此〔二〕，而又近，臣能爲君取之。」反，見魏王，王曰：「周君怨寡人乎？」對曰：「不怨且誰怨乎〔三〕？臣爲王有患也。周君，謀主也〔四〕，而設以國爲王扞秦〔五〕，而王無之扞也〔六〕。臣見其必以國事秦也，秦悉塞外之兵，與周之衆，以攻南陽，而兩上黨絶矣〔七〕。」

〔一〕綦毋恢：周臣。

〔二〕温囿不下此：言温囿之樂，不減於梁囿。温囿，温地之園囿。温，今河南温縣。下，減。此，指梁囿。

〔三〕不怨且誰怨乎：且，將。乎，姚本作「王」，鮑本作「乎」。作「乎」義勝，今從鮑本。

〔四〕周君，謀主也：韓、魏聯合伐秦，戰於伊闕，周君主謀，故稱謀主。《韓世家》「使公孫喜率周、魏伐秦，敗伊闕」可證。

〔五〕設以國爲王扞秦：言周施其一國之力爲魏扞禦秦。設，施陳。扞，禦。

〔六〕王無之扞：言魏對周無所扞禦。

〔七〕兩上黨：時韓、魏皆有上黨地，若周、秦攻魏之南陽，則韓、魏兩上黨之隔絶無所救援。【補】韓上黨在今山西長子縣西，魏上黨在今山西襄垣縣北。

魏王曰：「然則奈何？」綦毋恢曰：「周君形不小利事秦〔一〕，而好小利〔二〕。今王許戍三萬人與温囿〔三〕，周君得以爲辭於父兄百姓〔四〕，而私温囿以爲樂〔五〕，必不合於秦。臣嘗聞温囿之利，歲八十金，周君得温囿，其以事王者，歲百二十金，是上黨無患〔六〕，而贏四十金。」魏王因使孟卯致温囿於周君〔七〕，而許之戍也。

〔一〕周君形不小利事秦：形，勢。黄丕烈云：鮑本「不」下有「好」字，乃讀「利」字爲句，所解全謬。「小」

字因下文而衍，讀以「秦」字句絶。

〔二〕小利：謂温囿。

〔三〕今王許戍：許爲周扞禦秦。戍，守。

〔四〕周君得以爲辭於父兄百姓：周君有理由向父兄百姓講。辭，理由。

〔五〕私：姚本作「利」。姚注：錢本作「私」。高注：私，愛也。鮑改「利」爲「私」。民按：審高注、姚注皆當作「私」，《秦策二》「而私商於之地」亦其證。

〔六〕無：姚本作「每」。鮑本作「無」。「每」蓋「毋」字之訛，「毋」與「無」通。今從鮑本改作「無」。

〔七〕魏王因使孟卯致温囿：孟卯，亦稱芒卯，齊人，臣於魏。致，送也。

【繫年】

據《史記·韓世家》，伊闕之戰在韓釐王三年，《魏世家》在魏昭王三年，當赧王二十二年，則此策應繫於赧王二十二年。

韓魏易地章

韓、魏易地〔一〕，西周弗利〔二〕。樊餘謂楚王曰〔三〕：「周必亡矣。韓、魏之易地，韓得二縣，魏亡二縣〔四〕。所以爲之者，盡包二周，多於二縣，九鼎存焉。且魏有南陽、鄭地、三川而包二周〔五〕，則楚方城之外危；韓兼兩上黨以臨趙〔六〕，即趙羊腸以上危〔七〕。故易成之日〔八〕，楚、趙皆輕〔九〕。」楚王恐，因趙以止易也〔一〇〕。

〔一〕韓、魏易地：易，交换。魏與韓上黨，韓與魏不知何地。

〔二〕西周弗利：利，便。韓、魏易地，對西周有威脅，故云弗利。

〔三〕樊餘謂楚王：樊餘，周臣。「樊餘」下曾本有「爲周」二字，按策文句例，應有「爲周」二字。楚王，楚懷王。

〔四〕魏亡二縣：韓、魏易地，則魏亦有所得，而獨言亡者，亡地多而得地少也。

〔五〕魏有南陽、鄭地、三川而包二周：南陽，在今河南修武縣。以其地在太行山之南、黄河之北，故名南陽。當時南陽屬魏。而張琦以爲南陽是韓地，指今河南南陽市，誤。【正】南陽，見前《秦召周君章》之補正。鄭地，春秋時鄭國之故地，今鄭州、禹州、郟縣、襄城等地。三川，指黄河、洛河、伊河流經之地。秦於此置三川郡，今洛陽、鞏義、滎陽、原陽等地。漢爲河南郡地。故云包二周。

〔六〕韓兼兩上黨：戰國時韓、趙、魏三國皆有上黨，即今山西東南部長治、長子、襄垣、黎城、壺關、屯留、晋城、沁水、陽城、高平、左權、榆社，以及河北涉縣、武安、磁縣等地。今韓、魏易地，魏以自己之上黨與韓，故云韓兼兩上黨。

〔七〕羊腸：趙險塞名，山形屈曲，狀如羊腸。在今山西太原市西北。

〔八〕日：姚本作「曰」，傳寫之訛。鮑本作「日」爲是。

〔九〕楚、趙皆輕：輕，猶卑，不重要。楚、趙失其險塞故輕。

〔一〇〕因趙以止易：因，由。由趙以止韓、魏之易地。《韓策二》：「趙聞之，起兵臨羊腸；楚聞之，發兵臨方城。而易必敗矣。」

【繫年】

據《韓策二・公仲爲韓魏易地章》，在楚國雍氏以後，顧觀光繫於周顯王四十七年，當韓宣惠王十一年、梁惠王後元十三年。

秦欲攻周章

秦欲攻周。周最謂秦王曰〔一〕：「爲王之國計者，不攻周。攻周，實不足以利國，而聲畏天下〔二〕。天下以聲畏秦，必東合於齊。兵弊於周，而合天下於齊，則秦孤而不王矣。是天下欲罷秦，故勸王攻周。秦與天下俱罷〔三〕，則令不横行於周矣〔四〕。」

〔一〕秦王：秦昭襄王。

〔二〕聲畏天下：聲，名。畏，猶惡。天下以攻天子之名惡秦。

〔三〕秦與天下俱罷：與，猶爲也，謂秦爲天下所罷也。此言天下欲以攻周罷秦，秦攻周則爲天下所罷，非謂秦與天下俱罷也。秦攻周，而天下未攻秦，不得言俱罷也。俱，王念孫云：「『俱』字後人所加。《史記・周本紀》

無「俱」字。

〔四〕橫行：高注：橫行，東行。【補】東西曰橫，南北曰縱。《史記正義》云：「秦欲攻周，周最説秦曰：『周，天子之國，雖有重器名寶，土地狹少，不足利秦國。王若攻之，乃有攻天子之聲，而令天下以攻天子之聲畏秦，使諸侯歸於齊，秦兵空弊於周，則秦不王矣。是天下欲弊秦，故勸王攻周，令秦受天下弊，而令教命不行於諸侯矣。』」

【繫年】

據《周本紀》，繫此策於赧王四十五年。

宮他謂周君章

宮他謂周君曰〔一〕：「宛恃秦而輕晉〔二〕，秦饑而宛亡〔三〕。鄭恃魏而輕韓〔四〕，魏攻蔡而鄭亡〔五〕。邾、莒亡於齊〔六〕，陳、蔡亡於楚〔七〕，此皆恃援國而輕近敵也〔八〕。今君恃韓、魏而輕秦，國恐傷矣。君不如使周最陰合於趙以備秦〔九〕，則不毁〔一〇〕。」

〔一〕宮他：高注：宮他，周臣。

〔二〕宛：今河南南陽市，西周春秋時故申國。春秋初年爲楚文王所滅。戰國時屬韓。

〔三〕宛亡：宛亡於晋，其事不見於古文獻。【補正】宛，據鮑注，屬南陽，故申伯國。南陽，三晋時屬韓。韓釐五年，秦拔我宛。蓋宛亡在春秋之晋。三家分晋，乃屬韓也。……秦饑，不暇救宛，故晋滅之。南陽之宛，春秋屬楚。宛亡，史書不能無記。疑此「宛」非今河南南陽之宛，似應爲春秋時鄭、晋爭奪之修武南陽之宛。宛，稱宛亭，又叫宛濮，在今河南長垣縣西南。《左傳·僖公二十八年》：「六月，晋人復衛侯，甯武子與衛人盟於宛濮。」即此宛也。

〔四〕鄭：今河南新鄭，春秋時鄭國。鄭距魏遠，距韓近。

〔五〕魏攻蔡而鄭亡：鄭君乙二十一年，韓哀侯滅鄭。韓哀侯滅鄭時而魏無伐蔡事，而蔡已先併於楚。《韓非子·飾邪》：「鄭恃魏而不聽韓，魏攻荆而韓滅鄭。」《魏策四》：「鄭恃魏以輕韓，伐榆關而韓氏亡鄭。」皆指此事。

〔六〕邾、莒亡於齊：邾，曹姓，顓頊之後。戰國時，改名爲鄒，今山東鄒城市，爲楚所滅。此作亡於齊，恐有誤。莒，嬴姓，少昊之後，今山東莒縣。周考王十年，楚滅莒。《齊策五》：「莒恃越而滅。」

〔七〕陳、蔡亡於楚：陳，嬀姓，舜之後封此，今河南淮陽縣。楚惠王十年滅陳。蔡，姬姓，武王弟蔡叔所封之地，今河南上蔡縣，後徙新蔡，昭侯時徙下蔡（今安徽鳳臺縣）。楚惠王四十二年滅蔡。

〔八〕援：引也，亦助也。

〔九〕陰合於趙：暗中與趙結合爲援國。

〔一〇〕毁：損傷。

【繫年】

從林春溥《戰國紀年》，繫此策於赧王二十二年。【補】顧觀光將此章附於赧王八年，非。此章疑當秦攻伊闕之前。

謂齊王曰章

謂齊王曰〔一〕：「王何不以地齎周最以爲太子也〔二〕？」齊王令司馬悍以賂進周最於周〔三〕。左尚謂司馬悍曰〔四〕：「周不聽，是公之知困而交絶於周也。公不如謂周君曰：『何欲置〔五〕？令人微告悍。悍請令王進之以地。』」左尚以此得事〔六〕。

〔一〕齊王：鮑注：齊閔王。民按：考此事在赧王初立時，當爲齊宣王六年或七年。

〔二〕齎：鄭玄《周禮》注：給予人以物曰齎，持而遺之曰齎。

〔三〕以賂進周最於周：薦周最立爲太子。姚注：賂，一作「地」。民按：下文高注作「地」。進，舉薦。

〔四〕左尚謂司馬悍：左尚，疑即《東周策》之左成。司馬悍，疑即司馬翦。

〔五〕何欲置：欲立誰爲太子。高注：置，立也。

〔六〕左尚以此得事：高注：左尚以教司馬悍勸齊閔王齎周最地，以此得尊寵之職。

【繫年】

鮑彪、金正煒、吴曾祺皆疑此策與《東周策一・周共太子死章》爲一事，傳聞異辭，將一事誤爲兩事。策因並存之。據《周本紀》，應繫於赧王元年。

三國攻秦反章

三國攻秦反〔一〕，西周恐魏之藉道也，爲西周謂魏王曰〔二〕：「楚、宋不利秦之聽三國也〔三〕，彼且攻王之聚以利秦〔四〕。」魏王懼，令軍設舍速東〔五〕。

〔一〕三國：高注：三國，魏、韓、齊也。

〔二〕魏王：魏襄王。

〔三〕楚、宋不利秦之聽三國也：三國近楚、宋，秦聽割三城以和，則三國强，而不利於楚、宋。聽，姚本作「德」，鮑本改「德」爲「聽」。王念孫從鮑本，當改爲「聽」。今從之。聽，猶順從。

〔四〕攻王之聚以利秦：聚，積聚，軍食糧餉之類。王念孫云：「攻王之聚以勁秦者，秦聽三國，則三國强，而害於楚、宋，故楚、宋攻魏以勁秦。勁者，强也，言弱魏以强秦也。」利，鮑本作「到」，改爲「利」。吴補：一本作「利」。王念孫云：到，一本作「利」，鮑從一本。案作「到」者勁之訛，作「利」者後人以意改之也。

〔五〕設舍速東：古者軍行三十里爲一舍，舍，止也。孫詒讓《札迻》云：案「設舍」與「速東」之義不相貫。疑「設」當作「拔」，「拔」、「設」篆文相近而誤。《左氏僖十五年傳》云：「晋大夫反首拔舍從之。」杜注云：「拔草舍止。」《周禮·大司馬》：「中夏教茇舍。」鄭注云：「茇舍，草止也。軍有草止之法。」此令軍拔舍速東，即《左傳》「反首拔舍」之義，金正煒亦持此義。

【繫年】

據《史記·孟嘗君傳》及《秦本紀》，此策繫在齊閔王五年、秦昭王十一年、魏襄王二十三年，當赧王十九年。

犀武敗周章

犀武敗，周使周足之秦〔一〕。或謂周足曰：「何不謂周君曰：『臣之秦，秦、周之交必惡。主君之臣〔二〕，又秦重而欲相者〔三〕，且惡臣於秦，而臣爲不能使矣。臣願免而行〔四〕。君因相之，彼得相，不惡周於秦矣。』君重秦，故使相往，行而免，是輕秦也。公必不免〔五〕。公言是而行，交善於秦，且公之事成也〔六〕；交惡於秦，不善於公者且誅矣。」

〔一〕周使周足之秦：姚注：集、曾、錢、一無下「周」字，劉有。民按：有下「周」字者爲是。周足，周相。之，往。

〔二〕主君：稱周君。《國語·晉語》：「三世仕家君之，再世以下主之。」故兩周、三晉多稱主君。

〔三〕又秦重而欲相者：又，與「有」通。秦重，秦所重之人。欲相，欲作周之相。

〔四〕免：免己之相位。

〔五〕必不免：周足請求免己之相位，勢不能免。

〔六〕事成：姚本作「成事」，鮑改爲「事成」。吴補：恐當作「事成」。民按：從鮑本作「事成」，義勝。

【繫年】

據《秦本紀》、《魏世家》，秦白起敗犀武於伊闕，在赧王二十二年。

戰國策卷三

秦一

衛鞅亡魏入秦章

衛鞅亡魏入秦〔一〕，孝公以爲相〔二〕，封之於、商〔三〕，號曰商君〔四〕。

〔一〕衛鞅亡魏入秦：衛鞅，衛國人，以國爲氏，姓公孫，衛國之庶孽公子。仕於魏，爲魏相公叔痤之中庶子。聞秦孝公下令求賢，乃由魏逃亡入秦。

〔二〕孝公以爲相：孝公，秦孝公，名渠梁。用衛鞅爲左庶長，進行變法。衛鞅爲秦相，在變法以後。

〔三〕封之於、商：於、商，地名。亦稱商、於。於在今河南内鄉縣東七里；商，今陝西商洛市商洛鎮。《竹書紀年》：「梁惠成王三十年，秦封衛鞅於鄔，改名曰尚。」徐文靖以爲「尚」即「商」，「鄔」即「於」。

〔四〕號曰商君：《史記·商君傳》：「鞅既破魏還，秦封之於、商十五邑，號商君。」

商君治秦，法令至行〔一〕，公平無私。罰不諱强大〔二〕，賞不私親近。法及太子〔三〕，黥劓其傅〔四〕。期年之後〔五〕，道不拾遺，民不妄取，兵革大强，諸侯畏懼。然刻深寡恩〔六〕，特以强服之耳。

〔一〕法令至行：高注：至，猶大。謂法令大行。

〔二〕罰不諱强大：諱，高注：諱，猶避也。强大，强宗大族。

〔三〕法及太子：太子，秦孝公之太子，後繼位爲秦惠王。高注：太子犯法，刑之不赦，故曰法及太子。

〔四〕黥劓其傅：黥劓，高注：刻其顙，以墨實其中曰黥；截其鼻曰劓。民按：《商君傳》云：「太子犯法。衛鞅曰：『法之不行，自上犯之。』將法太子。太子，君嗣也，不可施刑，刑其傅公子虔，黥其師公孫賈。」

〔五〕期年：謂一周年。匝四時曰期。

〔六〕刻深寡恩：高注：刻，薄也。深，重也。寡，少也。言少仁恩也。

孝公行之十八年〔一〕，疾且不起，欲傳商君〔二〕，辭不受。孝公已死，惠王代后〔三〕，涖政有頃〔四〕，商君告歸〔五〕。人説惠王曰：「大臣太重者國危，左右太親者身危。今秦婦人嬰兒皆言商君之法，莫言大王之法。是商君反爲主，大王更爲臣也。且夫商君，固大王之仇讎也〔六〕。願大王圖之。」商君歸還，惠王車裂之〔七〕，而秦人不憐。

〔一〕孝公行之十八年：姚本、鮑本皆無「十」字。姚注：一本有「十」字。王念孫云：一本是也。《史記·秦本紀》，孝公元年衛鞅入秦，三年説孝公變法，五年爲左庶長，十年爲大良造，二十二年封爲商君，二十四年秦孝公卒。計自爲左庶長至孝公卒時已有二十年。又《商君傳》：商君相秦十年，而孝公卒。《史記索隱》引

《戰國策》云：孝公行商君法十八年而死。據此則策文本作十八年明矣。民按：從王念孫説，補「十」字爲是。

〔二〕欲傳：姚注：欲傳，劉本作「欲傳」。民按：高注云，傳，或作傳也。作「傳」亦通。

〔三〕惠王代后：謂惠王繼位爲王。【補】后，繼位爲王也。漢許慎《説文》：「后，繼體君也。」段玉裁注：「后之言后也，开刱之君在先，繼體之君在後也。」《爾雅·釋詁上》：「后，君也。」《尚書·舜典》：「肆覲東后。」

〔四〕涖政有頃：高注：涖，臨也。有頃，言未久。

〔五〕商君告歸：告老還商，歸政於惠王。

〔六〕固大王之仇讎：惠王爲太子時，犯法，商君刑其傅，黥其師，故曰仇讎。

〔七〕惠王車裂之：據《史記·商君傳》云，孝公死，惠王立，公子虔之徒告商君欲反，發吏捕商君。商君亡之魏，魏人不納，商君還歸秦，走商邑。秦發兵攻商君殺之，惠王車裂商君。車裂，轘刑，取四肢車裂之。

【繫年】

此篇文字是綜合商鞅之事迹，不似策文體裁。據《秦本紀》及《商君傳》，秦孝公二十四年卒，惠文王繼位不久，車裂商君。當周顯王三十一年。

蘇秦始將連橫章

蘇秦始將連橫〔一〕，說秦惠王曰〔二〕：「大王之國，西有巴、蜀、漢中之利〔三〕，北有胡、貉、代、馬之用〔四〕，南有巫山、黔中之限〔五〕，東有肴、函之固〔六〕。田肥美，民殷富，戰車萬乘，奮擊百萬〔七〕，沃野千里，蓄積饒多，地勢形便，此所謂天府〔八〕，天下之雄國也。以大王之賢，士民之衆，車騎之用，兵法之教〔九〕，可以并諸侯，吞天下，稱帝而治。願大王少留意。臣請奏其效〔一〇〕。」

〔一〕蘇秦始將連橫：合從連橫，古往說法不一。《史記集解》，引文穎曰：「關東爲從，關西爲橫。」孟康曰：「南北爲從，東西爲橫。」臣瓚曰：「以利合曰從，以威勢相脅曰橫。」《史記正義》：「按諸說未允。關東地南北長，長爲從，六國居之。關西地東西廣，廣爲橫，秦獨居之。」高誘注：「合關東從。通之秦，故曰連橫者也。」《韓非子·五蠹》：「從者，合衆弱以攻一强也；而橫者，事一强以攻衆弱也。」民按：諸說以韓非說符合實際，且是當時人給「從橫」所下定義，較他說爲長。

〔二〕秦惠王：名駟，孝公子，即位十三年始稱王，蘇秦游秦時，尚未稱王，當是追稱。

〔三〕西有巴、蜀、漢中之利：巴、蜀，二國名。巴都今重慶市，其境東至奉節，西抵宜賓，北接漢中，南極貴陽。秦惠王時張儀滅之。蜀都今四川成都市，其境包括今松潘、邛崍、洪雅、彭州等地。秦惠王後九年，司馬錯伐蜀滅之。秦置巴、蜀郡。漢中，今陝西漢中市，其境包括今陝西終南山以南勉縣以下，湖北竹山以上，漢水流域之地。秦惠王時置漢中郡。高注：利，饒也。

〔四〕北有胡、貉、代、馬之用：胡、貉、代、馬，皆地名。胡指林胡、樓煩之屬。今山西朔州市朔城區以北，古林胡地；今岢嵐、嵐縣以北，古樓煩地。貉，濊貊之屬。今河北東北部長城以外，遼寧西部一帶，即古貉地。《荀子・强國》：「今秦北與胡、貉爲鄰。」代，古國名。在今河北蔚縣東北，戰國時爲趙襄子所滅。《史記・匈奴傳》：「趙襄子踰句注而破并、代，以臨胡、貉。」後爲代郡。馬，謂馬邑。《漢書・地理志》：代郡有馬邑城。在今山西朔州市朔城區。民按：胡與代本屬趙，貉屬燕，蘇秦説惠王時，巴、蜀、胡、代皆非秦地。

〔五〕南有巫山、黔中之限：巫山、黔中，皆楚地。巫山在今重慶巫山縣北。黔中，郡名，楚置，今湖南常德、沅陵及湖北公安等地。楚頃襄王二十二年，秦昭王三十年，秦取楚巫山、黔中郡。《説文》：限，阻也。【正】楚頃襄王二十二年、秦昭王三十年爲公元前二七七年，惠王死時爲公元前三一一年，去蘇秦説秦惠王晚四十五至六十五年，可見當時的巫山、黔中並不是秦地。《楚世家》云「頃襄王二十二年（前二七七），秦拔我巫、黔中郡」，可證。由此當知，此策的文字或爲後人追記，或爲蘇氏後人及徒衆竄入。

〔六〕東有肴、函之固：肴，一作「殽」，或作「崤」，山名，在今河南洛寧縣、澠池縣之間，有險塞。函，函谷關，在今河南靈寶縣北四十里。高注：固，牢堅，難攻易守。

〔七〕奮擊：能奮勇作戰之士。

〔八〕天府：言所藏若天府然。謂其地肥沃富饒，如天置府庫，無所不有。府，《史記正義》云：府，聚也。萬物所聚。鄭玄云：府，物所收藏。

〔九〕兵法之教：謂秦兵素有戰陣訓練。兵法，謂戰陣。高注：教，習也。

〔一〇〕奏其效：陳述事情之效驗。奏，進。效，功效。

秦王曰：「寡人聞之：毛羽不豐滿者，不可以高飛；文章不成者〔一〕，不可以誅罰；道德不厚者，不可以使民；政教不順者，不可以煩大臣。今先生儼然不遠千里而庭教之〔二〕，願以異日〔三〕。」

〔一〕文章：謂法令。高注：青與赤謂之文，赤與白謂之章。

〔二〕儼然不遠千里而庭教之：儼然，高注：矜莊貌。不遠千里，不以千里爲遠。庭，宮廷。

〔三〕願以異日：願以他日承教。異日，他日。《蘇秦傳》：「方誅商鞅，疾辯士，弗用。」

蘇秦曰：「臣固疑大王之不能用也。昔者神農伐補遂〔一〕，黄帝伐涿鹿而禽蚩尤〔二〕，堯伐驩兜〔三〕，舜伐三苗〔四〕，禹伐共工〔五〕，湯伐有夏〔六〕，文王伐崇〔七〕，武王伐紂〔八〕，齊桓任戰而伯天下〔九〕。由此觀之，惡有不戰者乎？古者使車轂擊馳〔一〇〕，言語相結〔一一〕，天下爲一；約從連横，兵革不藏；文士並飭〔一二〕，諸侯亂惑；萬端俱起，不可勝理；科條既備〔一三〕，民多僞態；書策稠濁〔一四〕，百姓不足；上下相愁，民無所聊；明言章理〔一五〕，兵甲愈起；辯言偉服〔一六〕，戰攻不息；繁稱文辭，天下不治；舌弊耳聾，不見成功；行義約信，天下不親。於是乃廢文任武，厚養死士，綴甲厲兵〔一七〕，效勝於戰場。夫徒處而致利，安坐而廣地，雖古五帝、三王、五伯〔一八〕，明主賢君，常欲坐而致之，其勢不能，故以戰續之。寬則兩軍相攻，迫則杖戟相撞，然後可建大功。是故兵勝於外，義强於內，威立於上，民服於下。今欲并天下，凌萬乘，詘敵國，制海內，子元元，臣諸侯，非兵不可。今之嗣主，忽於至道，皆惛於教，亂於治，迷於言，惑於語，沉於辯，溺於辭。以此論之，王固不能行也。」

〔一〕神農伐補遂：神農，姜姓，炎帝號。補遂，國名。遂，《御覽》卷三〇三作「逐」。《春秋後語》作「輔遂」。【補】補遂，古國名。《路史·炎帝紀》云：「補遂不供，乃伐補遂。」古補國在今河南新密市西北之「補村」，二十世紀四十年代曾挖出一碑，上刻「古補國」三字。炎帝伐補之後，補遷至今河南滎陽市西南。遂，上古國名，《春秋》：「齊人滅遂。」杜注：「遂國在濟北蛇邱縣東北。」

〔二〕黄帝伐涿鹿而禽蚩尤：《御覽》卷三〇三無「而禽蚩尤」四字，蚩尤，九黎之君，喜兵好戰，黄帝與之大戰於涿鹿，擒殺之。

〔三〕堯伐驩兜：堯，高辛氏次子，封於陶及唐，號陶唐氏，古之聖王。驩兜，堯時司徒，堯放之於崇山。

〔四〕舜伐三苗：舜，姚姓，國於虞，號有虞氏。三苗，古國族名，其居地在洞庭、彭蠡之間。

〔五〕禹伐共工：禹，姒姓，鯀之子，佐帝舜治理洪水。共工，官名。按《尚書·堯典》、《孟子》，舜流放共工於幽州。吴承志《横陽札記》卷八云：古人引書有斷章取義一例。《堯典》：「流共工於幽州，放驩兜於崇山，竄三苗於三危。」三事皆舜攝位時所爲。《國策·秦策》蘇秦説秦惠王，作「堯伐驩兜，舜伐三苗，禹伐共工」，述上兩事分屬堯、禹。【正】共工，上古部落首領，曾與顓頊争奪帝位而大戰，敗後怒觸不周之山，「天柱折，地維絶」。後被放逐於幽州。事見《山海經》、《淮南子》等。

〔六〕湯伐有夏：湯，子姓，名履，亦名天乙，商朝之創始人。有夏，謂有夏之君桀，無道，商湯伐滅之。

〔七〕文王伐崇：崇，商代方國名，在今陝西户縣。崇侯虎爲商紂王卿士，助紂爲惡，周文王姬昌伐滅之。【正】崇，解爲「陝西户縣」誤，乃爲「崇山」、「崇陽」，即今河南嵩縣及登封市一帶。商時爲崇侯虎之封地。歷代學者，多將「崇」注爲今陝西西安市鄠邑區。其源於《史記·周本紀》中「明年，伐邘。明年，伐崇侯虎。而作丰邑，自岐下而徙都丰」，將「伐崇侯虎」與「作丰邑」連文。須知文王經營西岐多年，不斷東擴之近商、於地，户縣已是周之腹地，絶不能自伐。再則，「明年，伐邘」之邘，即今河南沁陽市北之「邘城」，伐邘成功後，第二年順手南下伐崇，滅了告發自己，使之蒙辱之崇侯虎，當在情理之中。據此可知，崇絶非陝西户縣，而是今河南嵩縣、登封市一帶的崇國。

〔八〕武王伐紂：武王，名發，周文王之子。紂，又名辛受，商之末帝，淫虐無道，武王伐滅之，建立周朝。

〔九〕齊桓任戰而伯天下：齊桓，姜姓，名小白，齊僖公之子。任，用。任戰，作内攻，寄軍令。伯，諸侯之長，又同「霸」，以武力服諸侯而爲霸主。

〔一〇〕車轂擊馳：轂，輻所湊集。擊，相擊撞。金正煒云：按《漢書》「辯者轂擊於外」注，言使車交馳，其轂相擊也。此衍「馳」字。

〔一一〕言語相結：相結，相結約。用語言相結約。

〔一二〕文士並飭：文士，謂辯士。飭，姚本作「餝」，字書無。姚注：一本作「飭」。鮑本作「飭」。「餝」乃「飭」之訛誤，作「飭」義通。飭，修治，又與「飾」同。

〔一三〕科條：科，章程。條，條文。科條，章程條文。

〔一四〕書策稠濁：言有習文書多，閱者昏亂。策，竹簡，古代在紙未發明以前，書刻在竹簡上或寫在絹帛上。此指刻於竹簡之書。稠，多。濁，亂。

〔一五〕明言章理：吴補：謂明著之言，章顯之理。章，亦明也。章，今同「彰」。

〔一六〕偉服：奇異之服裝。偉，奇。

〔一七〕綴甲厲兵：綴，連縫之使相連屬。厲，通「礪」。兵，兵器。

〔一八〕五帝、三王、五伯：五帝，黄帝、顓頊、帝嚳、帝堯、帝舜。一説：太昊、神農、黄帝、帝堯、帝舜。三王，夏禹、商湯、周武王。五伯，即五霸，齊桓公、晋文公、秦穆公、宋襄公、楚莊王。姚注、錢本、劉本無「伯」字，集本有。民按：有者爲是。

説秦王書十上而説不行〔一〕。黑貂之裘弊〔二〕，黄金百斤盡，資用乏絶，去秦而歸。羸縢履蹻〔三〕，負書擔橐〔四〕，形容枯槁，面目犂黑〔五〕，狀有歸色〔六〕。歸至家，妻不下紝〔七〕，嫂不爲炊，父母不與言。蘇秦喟然歎曰〔八〕：「妻不以我爲夫，嫂不以我爲叔，父母不以我爲子，是皆秦之罪也。」乃夜發書，陳篋數十〔九〕，得太公陰符之謀〔一〇〕，伏而誦之，簡練以爲揣摩〔一一〕。讀書欲睡，引錐自刺其股，血流至踵〔一二〕。曰：「安有説人主不能出其金玉錦繡，取卿相之尊者乎？」期年，揣摩成。曰：「此真可以説當世之君矣。」於是，乃摩燕烏集闕〔一三〕，見説趙王於華屋之下〔一四〕，抵掌而談〔一五〕。趙王大悦，封爲武安君〔一六〕，受相印。革車百乘〔一七〕，錦繡千純〔一八〕，白璧百雙〔一九〕，黄金萬溢〔二〇〕，以隨其後。約從散横，以抑强秦。

〔一〕而説不行：秦惠王不用蘇秦連横之説。

〔二〕黑貂之裘弊：貂，獸名，皮可爲裘，黑者尤貴，俗呼爲紫貂。弊，壞也。

〔三〕羸縢履蹻：羸，姚本、一本作「嬴」。按《韓非子·外儲説左下》：「羸勝而履蹻。」「羸縢」即「羸縢」。羸，裹也，緘也。行路則裹脛緘足，故名行勝。作「羸」爲是，今從鮑本。羸縢，纏脛邪幅，如今之裹腿，自足至脛，便於行路。顧炎武《日知録》卷二八《行縢》條云：「邪幅，如今行縢也。偪束其脛，自足至膝。」言以裹腳可以跳騰輕便也。蹻，通「履」，草鞋。

〔四〕橐：高注：橐，囊也。無底曰囊，有底曰橐。【正】橐，皮袋子，以裝行旅之食物。《詩·大雅·公劉》：「乃裹餱糧，於橐於囊。」毛傳：「小曰橐，大曰囊。」

〔五〕犂：黑黄色。【正】犂，古通「黧」。黧，黑色。《韓非子·外儲説左上》：「手足胼胝，面目黧黑，勞有功者也。」

〔六〕狀有歸色：高誘注：歸，當作「愧」，音相近。愧，慚也。鮑改「歸」爲「愧」，義亦當。

〔七〕妻不下紝：謂其妻不停機杼，不理蘇秦。紝，織機。

〔八〕喟然：鮑本「喟」下有「然」字，姚本無。今從鮑本。喟然，歎息。

〔九〕陳篋：陳，列。篋，竹器，用以藏書。

〔一〇〕太公陰符：太公，齊太公姜尚。陰符，姜太公所著兵法。

〔一一〕簡練以爲揣摩：簡擇其可用者，熟習之，揣度、研摩其情勢以成其遊説之術而施用之。簡，擇。練，濯治，習熟。揣，度量。摩，研究。

〔一二〕血流至踵：踵，原作「足」，據《史記·蘇秦傳集解》改爲「踵」。王念孫云：《史記·蘇秦傳集解》及

《太平御覽·人事部》、《器物部》引此並用「血流至踵」，作「踵」者是也，今本作「足」，傳寫脱其右畔耳。

〔一三〕乃摩燕烏集闕：言自周至趙，順沿燕烏集闕而行也。摩，順也，義與「循」近。燕烏集闕，闕名，不詳。【補】程恩澤考爲燕之高闕塞，可作一參，但無確據。《漢書·鄒陽傳》云「周用烏集而王」，亦通。

〔一四〕説趙王於華屋之下：趙王，趙肅侯。華屋，猶王屋，王所居屋。高華壯麗也。《平原君傳》、《滑稽傳》有華屋，是諸侯皆有華屋。

〔一五〕抵掌而談：猶促膝而談，言其相近、親密。

〔一六〕武安：趙邑，今河北武安縣。

〔一七〕革車：兵車。

〔一八〕千純：千束也。純，音屯，束也。鄭玄《儀禮·士昏禮》注：「純帛，束帛也。」

〔一九〕白璧：璧，玉環也。肉倍好曰璧。【補】《爾雅·釋器》：「肉倍好，謂之璧。」

〔二〇〕黄金萬溢：鮑改「溢」爲「鎰」。「溢」與「鎰」通。二十兩爲一溢。

故蘇秦相於趙而關不通〔一〕。當此之時，天下之大，萬民之衆，王侯之威，謀臣之權，皆欲決蘇秦之策。不費斗糧，未煩一兵，未戰一士，未絶一絃，未折一矢，諸侯相親，賢於兄弟。夫賢人在而天下服，一人用而天下從。故曰：「式於政〔二〕，不式於勇；式於廊廟之内〔三〕，不式於四境之外。」當秦之隆〔四〕，黄金萬溢爲用，轉轂連騎，炫熿於道〔五〕，山東之國〔六〕，從風而服，使趙大重。且夫蘇秦特窮巷掘門、桑户棬樞之士耳〔七〕，伏軾撙銜〔八〕，横歷天下，廷説諸侯之主，杜左右之口，天下莫之能伉〔九〕。

〔一〕而關不通：關，函谷關。不通，不通於關東六國。

〔二〕式：猶用。

〔三〕廊廟：指朝廷和官府。廊，殿下外屋。百官計事辦公之所。廟，藏祖先之木主。古者天子寢廟合一，施於政廟堂。

〔四〕當秦之隆：秦，蘇秦。隆，興盛。

〔五〕炫熿：煊赫，光輝。

〔六〕山東之國：謂關東六國之燕、趙、魏、韓、齊、楚也。

〔七〕窮巷掘門、桑户棬樞：掘，即「窟」，古字通。桑户，編桑條以爲門，揉木爲棬以爲户樞耳。

〔八〕伏軾撙銜：軾，車前横木。撙，挫。銜，馬勒。

〔九〕伉：姚注：錢、劉、一作「抗」。「伉」與「抗」通，相當，對等。

將説楚王，路過洛陽〔一〕。父母聞之〔二〕，清宫除道〔三〕，張樂設飲〔四〕，郊迎三十里〔五〕。妻側目而視，傾耳而聽；嫂虵行匍伏〔六〕，四拜自跪而謝。蘇秦曰：「嫂何前倨而後卑也？」嫂曰：「以季子之位尊而多金〔七〕。」蘇秦曰：「嗟乎！貧窮則父母不子〔八〕，富貴則親戚畏懼。人生世上，勢位富貴，蓋可忽乎哉〔九〕！」

〔一〕洛陽：蘇秦之故鄉，今河南洛陽市東三十里漢魏故城。按《史記·蘇秦傳》，過洛陽在説楚王之後。

〔二〕父母聞之：《史記·蘇秦傳》作「周顯王聞之」。

〔三〕清宮除道：清宮，灑掃宮室。除道，清潔道路。

〔四〕張樂設飲：張樂，陳列樂器。設飲，備置酒筵。

〔五〕郊迎：出郊遠迎。

〔六〕虵行匍伏：虵，俗「蛇」字。蛇行，謂手足伏地若蛇行狀。匍伏，即匍匐，伏地掩面。

〔七〕季子：嫂呼小叔之稱。

〔八〕不子：不以爲子。

〔九〕蓋可忽乎哉：蓋，當讀爲「盍」，抄寫形誤，何也。忽，輕視。

【繫年】

據《史記·蘇秦傳》，蘇秦至秦，在秦孝公二十四年，秦誅商鞅之後，當周顯王三十一年。其説趙又在説秦而歸期年之後，蓋此策總其以後事言之，不專指一事。【補】應在趙肅侯十五年、周顯王三十五年之後。此策形式類同前章，不似策文體制。疑後人追記或竄入。

秦惠王謂寒泉子章

秦惠王謂寒泉子曰〔一〕：「蘇秦欺寡人〔二〕，欲以一人之智，反覆東山之君〔三〕，從以欺秦〔四〕。趙固負其衆，故先使蘇秦以幣帛約乎諸侯〔五〕。諸侯不可一，猶連雞之不能俱上於棲亦明矣〔六〕。寡人忿然，含怒日久，吾欲使武安子起往喻意焉〔七〕。」

〔一〕寒泉子：秦處士之號，史不詳其里居姓氏。

〔二〕蘇秦欺寡人：蘇秦以合從説趙及其他諸侯。將爲洹上之盟，以擯秦。欺，詐。言以虛聲恐嚇秦。

〔三〕東山：鮑改爲「山東」，《御覽》卷九一八引作「山東」。吴補：當作「山東」。高注：東山，山東。民按：據高注，作「東山」不誤，不必改爲「山東」。

〔四〕從以欺秦：合從以欺秦。

〔五〕以幣帛約乎諸侯：幣帛，贄見禮物。約，謀約。

〔六〕連雞之不能俱上於棲亦明矣：姚注本作「連雞之不能俱止於棲之明矣」，姚注云：李善注《文選》引作「俱上於棲亦明矣」。王念孫云：作「上」者是也。《後漢書·吕布傳注》及《太平御覽·羽族部》引此並作「上」。鮑本下「之」字作「亦」。吴補：按「之」字當爲「亦」。連謂以繩繫之，言以繩繫數雞，不能使之俱上於棲也。棲，雞所宿之處。若連雞則互相牽制而不得上，故曰不能俱上於棲。《孔叢子·論勢》「連雞不能上棲」，即襲用此策之文。今從王念孫説，改「止」爲「上」，改「之」爲「亦」。

〔七〕使武安子起往喻意焉：秦將白起，封武安君，事在昭王二十九年。惠王時，安得有武安子起，或另一人。喻，告訴。告訴諸侯不可一之意。【補】此句據吴師道注云：「蓋『起』字屬下文。李牧亦封武安君，如此名不一。且張儀死於秦武王時，與白起戰勝攻取時不相及。」吴説是也。《左傳·昭公二十六年》：「王起師於滑。」杜注：「起，發也。」此句的意思是，欲使武安子出發，以喻意。起，非名也。

寒泉子曰：「不可。夫攻城墮邑〔一〕，請使武安子。善我國家，使諸侯，請使客卿張儀〔二〕。」秦惠王曰：「敬受命。」

〔一〕墮：敗壞。

〔二〕客卿張儀：張儀，魏人，秦惠王時仕秦，以爲客卿。戰國時，用別國人爲卿、大夫者，稱爲客卿。

【繫年】

策文謂此策爲秦惠王時事。張儀入秦在秦惠王五年，惠王以爲客卿，與謀伐諸侯。秦惠王五年，當周顯王三十六年。

【補】顧觀光繫年同。

泠向謂秦王章

泠向謂秦王曰〔一〕：「向欲以齊事王，使攻宋也〔二〕。宋破，晋國危〔三〕，安邑王之有也〔四〕。燕、趙惡齊、秦之合，必割地以交於王矣。齊必重於王，則向之攻宋也，且以恐齊而重王。王何惡向之攻宋乎？向以王之明爲先知之，故不言。」

〔一〕泠向謂秦王：泠向，姓泠名向，秦臣。韓、趙策亦有此人。秦王，應爲秦昭王。

〔二〕以齊事王，使攻宋也：高注：以，猶使也。宋，商之後，微子啓封爲宋公。建都商丘（今河南商丘）。至戰國時，宋王偃稱王圖霸，齊、魏、楚共滅之。秦昭王時，魏冉致帝於齊，約共伐趙。而泠向則勸齊攻宋。齊因以韓聶爲將而伐宋。秦昭王大怒。此即指其事。

〔三〕晋國危：高注：晋國，魏都大梁也。大梁距宋近，宋破則大梁危。

〔四〕安邑：魏故都，近秦。今山西夏縣，秦可乘魏之危急而取安邑。

【繫年】

據《史記·秦本紀》及《六國年表》，秦遣司馬錯攻魏河内，魏獻安邑及河内，在秦昭王二十一年。而齊閔王會楚、魏之師伐宋，宋王出亡，死於温。《宋世家》及《田齊世家》記載亦在是年。秦昭王二十一年，當周赧王二十九年。

張儀説秦王章

張儀説秦王曰〔一〕：「臣聞之〔二〕，弗知而言爲不智，知而不言爲不忠〔三〕。爲人臣，不忠當死，言不審亦當死。雖然，臣願悉言所聞，大王裁其罪〔四〕。

〔一〕張儀説秦王：鮑删去「張儀」二字，謂策中所言皆張儀死後事，故删去。高注：秦王，惠王也。民按：張儀死於秦武王元年，而篇中所言多秦昭王時事。前人王應麟、姚宏、吕東萊、鮑彪已疑其不出自張儀，而近人容肇祖《韓非子·初見秦篇考證》、陳祖釐《韓非别传》、羅根澤《诸子考索》、高亨《韓非子·初見秦篇作於韓非考》又作詳細考定。有謂出於范雎，有謂出於蔡澤。而郭沫若《青銅時代》則謂出於吕不韋。篇中所言秦事，皆在昭王時，篇中七稱大王，當指秦昭王。而韓非以始皇十四年入秦，無由向昭王稱大王。由此可知本篇亦不出於韓非之手。然篇中所言長平之役，似是暗譏范雎，故容肇祖、郭沫若推證出自蔡澤或吕不韋。可是都没有直接證據能確切定爲某人。還當各依本書爲是。

〔二〕臣聞之：《國語解》云：凡以「臣聞」或「吾聞」等辭起者，其下多爲稱引古語。

〔三〕知而不言爲不忠：高注：知可言利國安君而不言，故曰不忠。

〔四〕裁：《爾雅》：裁，度也。

「臣聞，天下陰燕陽魏〔一〕，連荆固齊〔二〕，收餘韓成從〔三〕，將西面以與秦爲難〔四〕。臣竊笑之。世有三亡，而天下得之〔五〕，其此之謂乎！臣聞之曰：『以亂攻治者亡，以邪攻正者亡，以逆攻順者亡。』今天下之府庫不盈〔六〕，囷倉空虚〔七〕，悉其士民，張軍聲數千百萬〔八〕，白刃在前，斧質在後〔九〕，而皆去走不能死，非其百姓不能死也〔一〇〕，其上不能殺也〔一一〕。言賞則不與，言罰則不行，賞罰不行，故民不死也。

〔一〕陰燕陽魏：燕在北，故曰陰；魏在南，故曰陽。此舉就關東各國位置而言，燕在北，魏在南。趙爲從長，謂趙北聯燕、南聯魏也。

〔二〕連荆固齊：荆，即楚。秦始皇諱其父名子楚，故古書多稱楚爲荆。時關東六國以齊、楚爲大，故聯楚結齊以爲恃。

〔三〕收餘韓成從：《韓非子》作「收韓而成從」。鮑注：韓弱，地多喪，今存者，其餘也，故曰收餘韓。不言趙，趙爲從長也。

〔四〕將西面以與秦爲難：面，姚本、鮑本皆作「南」，《韓非子》作「面」。南，「面」之訛誤，今從《韓非子》改爲「面」。《韓非子》「秦」下有「强」字。難，高注：難，猶敵也。

〔五〕世有三亡，而天下得之：張文虎《舒藝室隨筆》云：三亡，即下所云「以亂攻治者亡，以邪攻正者亡，以逆攻順者亡」，三端也。「天下」二字承上「天下陰燕陽魏」來，謂天下之攻秦者，犯此三亡也。

〔六〕府庫：藏聚財貨之處曰府，藏蓄兵器之處曰庫。

〔七〕囷倉：用以藏穀粟。高注：圓曰囷，方曰倉。

〔八〕張軍聲數千百萬：張，自侈大也。聲，姚本、鮑本無。姚注：曾作「張軍聲」。王先慎云：有「聲」字者是也。今從曾本。千，《韓非子》作「十」，誤。虛張其軍，號稱數千百萬耳。「百萬」下，《韓非子》有「其頓首戴羽，爲將軍斷死於前，不至千人皆以言死」二十字，策無此二十字。

〔九〕斧質在後：誅不進戰者。質，同「鑕」。鑕，椹也。古時刑人於椹上，以斧砍之。

〔一〇〕而皆去走不能死，非其百姓不能死也：不能死，不爲戰争盡力而死。前「死」下，一本有「也」字，《韓非子》有「也非」二字。策無「也非」二字，有「罪」字，是合「也非」二字而誤爲「罪」。鮑本改「罪」爲「非」，今從之。

〔一一〕其上不能殺也：鮑本無此六字。殺，《韓非子》作「故」。王先慎云：案「殺」乃「故」字形近而誤。士民之不死，其故由上之不能賞罰，若作「殺」，則文氣不屬。【補正】殺，疑「教」字之形誤。吳師道曰：「『殺』當作『教』字之譌也。『殺』字或當書作『教』，與『教』相似而誤。《韓》作『故』，亦非。」《論語》：「以不教民戰，是爲棄之。」與此文義略同。

「今秦出號令而行賞罰，有功無功相事也〔一〕。出其父母懷衽之中〔二〕，生未嘗見寇也，聞戰頓足徒裼〔三〕，犯白刃，蹈煨炭〔四〕，斷死於前者，比是也〔五〕。夫斷死與斷生也不同，而民爲之者，是貴奮也〔六〕。一可以勝十，十可以勝百，百可以勝千，千可以勝萬，萬可以勝天下矣。今秦地形斷長續短，方數千里，名師數百萬。秦之號令賞罰，地形利害，天下莫如也。以此與天下，天下不足兼而有也。是知秦戰未嘗不勝，攻未嘗不取，所當未嘗不破也。開地數千里，此甚大功也。然而甲兵頓，士民病，蓄積索，田疇荒〔七〕，囷倉虛，四鄰諸侯不服，伯王之名不成，此無異故，謀臣皆不盡其忠也。

〔一〕有功無功相事也：有功無功，姚本、鮑本皆作「不攻無攻」。曾本作「有功無功」。《韓非子》作「有功無功」。今從曾本和《韓非子》改「不」爲「有」。孫詒讓《札迻》：案曾本與《韓非子·初見秦》同，是「有功無功相事」。謂秦法尚功，使無功之人爲有功者役也。《漢書·高帝紀》顏注引如淳云：「事，謂役使也。」《荀子·王制》云「兩貴之不能事，兩賤之不能相使」，義近，又《議兵》說秦法云「功賞相長也，五甲首而隸五家」，是有功無功相使之法。

〔二〕出其父母懷衽之中：言父母撫育抱養成長之過程。衽，衣襟。

〔三〕頓足徒裼：頓足，以足擊地。徒，空手。裼，袒而露臂。

〔四〕煨：《韓非子》作「爐」。煨，盆中火。

〔五〕斷死於前者，比是也：斷，決。斷死，誓必死。「比」下鮑又補「比」字，亦非。比，《韓非子》作「皆」。比，皆也。比是，猶皆是也。

〔六〕是貴奮也：貴奮，《韓非子》作「貴奮死」。奮，勇也。奮勇不顧死。

【補】〔七〕蓄積索，田疇荒：指府庫中所聚積的錢幣已盡，域内的田地多已荒蕪。索，盡，絶。疇，田疇。

「臣敢言往昔，昔者〔一〕，齊南破荆〔二〕，中破宋〔三〕，西服秦〔四〕，北破燕〔五〕，中使韓、魏之君〔六〕，地廣而兵强，戰勝攻取，詔令天下〔七〕，濟清河濁〔八〕，足以爲限，長城鉅防〔九〕，足以爲塞。齊，五戰之國也〔一〇〕，一戰不勝而無齊〔一一〕。故由此觀之，夫戰者，萬乘之存亡也。

〔一〕臣敢言往昔，昔者：《韓非子》作「臣敢言之，往者」。吴補：蓋兩「昔」字因「者」訛衍。當從《韓非子》爲勝。

〔二〕齊南破荆：齊閔王元年爲韓、魏伐楚，三年與秦、韓、魏敗楚。

〔三〕中破宋：王先慎云：策作「中」誤。《韓非子》作「東」，當依以訂正。齊與楚、魏滅宋在閔王十六年。

〔四〕西服秦：齊閔王十六年與韓、魏伐秦，敗其軍於函谷關，秦割河東三城以和。

〔五〕北破燕：齊宣王五年伐燕取之。

〔六〕中使韓、魏：指韓、魏與齊伐楚、伐秦事。使，役使。

〔七〕詔令：詔，告。令，命令。

〔八〕濟清河濁：王先慎云：策作「濟清河濁」，誤，一本作「齊清濟濁河」。《韓非子》作「齊之清濟濁河」。《燕策》「吾聞齊有清濟濁河」，亦見《史記·蘇秦傳》、《文選》注。《初學記》引此並作「清濟濁河」，當依以訂正。

〔九〕長城鉅防：防，姚本作「坊」。王先慎云：「坊」誤，當作「防」。錢、劉作「防」。鮑本、《韓非子》並作「防」。《史記·蘇秦傳》同。《竹書紀年》：「梁惠王二十年，齊築防以爲長城。」齊長城西起今山東平陰縣北二十九里，沿泰山上東至臨沂入海，長約千里。鉅防，即防門，在平陰境。

〔一〇〕齊，五戰之國：五戰，指上所謂南破荆，東破宋，西服秦，北破燕，中使韓、魏。

〔一一〕一戰不勝而無齊：指赧王三十一年，燕昭王以樂毅聯韓、魏、秦、趙之師以伐齊，下齊七十餘城，齊閔王出走事。

「且臣聞之曰：『削株掘根，無與禍鄰，禍乃不存。』秦與荆人戰，大破荆，襲郢〔一〕，取洞庭、五渚、江南〔二〕，荆王亡奔走，東伏於陳〔三〕。當是之時，隨荆以兵，則荆可舉〔四〕。舉荆，則其民足貪也，地足利也。東以强齊、燕，中以陵三晋，然則是一舉而伯王之名可成也，四鄰諸侯可朝也。而謀臣不爲，引軍而退，與荆人和。令荆人收亡國〔五〕，聚散民，立社主〔六〕，置宗廟，令帥天下西面以與秦爲難〔七〕，此固已無伯王之道一矣。天下有比志而軍華下〔八〕，大王以詐破之，兵至梁郭〔九〕，圍梁數旬，則梁可拔。拔梁，則魏可舉。舉魏，則荆、趙之志絶〔一〇〕。荆、趙之志絶，則趙危。趙危而荆孤，東以强齊、燕，中以陵三晋。然則是一舉而伯王之名可成也，四鄰諸侯可朝也，而謀臣不爲，引軍而退，與魏氏和。令魏氏收亡國，聚散民，立社主，置宗廟，令率天下西面以與秦爲難〔一一〕，此固已無伯王之道二矣。前者穰侯之治秦也〔一二〕，用一國之兵，而欲以成兩國之功〔一三〕。是故兵終身暴靈於外，士民潞病於内〔一四〕，伯王之名不成，此固已無伯王之道三矣。

〔一〕大破荆，襲郢：秦昭王二十九年、楚頃襄王二十一年，秦將白起攻楚拔郢燒夷陵，遂至竟陵。郢，楚都。楚文王都南郢，今湖北荆州市之紀南城，謂之故郢，亦謂之紀郢。楚昭王避吴遷於鄀。鄀，【補】即「上鄀」。在今湖北宜城市東南九十里，爲北郢。楚惠王遷鄢，今湖北宜城市，謂之鄢郢。白起所襲之郢爲南郢，故《白起傳》云，取郢爲南郡。

〔二〕取洞庭、五渚、江南：洞庭，湖名，在今湖南岳陽市西南。五渚，姚本、鮑本原作「五都」。《史記·蘇秦傳集解》引《戰國策》：「秦與荆人戰，大破荆，聚洞庭、五渚。」《燕策》：「四日而至五渚。」此策「五都」，即《燕策》及《蘇秦傳》之「五渚」。《韓非子》作「五湖」，顧廣圻云，「湖乃渚之誤」。今據以訂正。五渚，楚地，湘、資、沅、澧同注洞庭，北會大江，故曰五渚。江南，秦昭王三十年，秦取巫郡及江南爲黔中郡。楚南境之地。

〔三〕荆王亡奔走，東伏於陳：白起拔郢，燒其先王墓，楚頃襄王兵散，遂不復戰，亡逃徙於陳，故云東伏於陳。伏，謂竄伏也。【補】陳，今河南淮陽。楚兵敗，國都先東遷於今河南信陽市，一年後定都於陳。

〔四〕舉：謂拔其都，滅其國。

〔五〕令荆人收亡國：令，姚本作「令」，鮑本作「令」。姚注：一本作「令」。《韓非子》作「令」。下文「令魏氏」與此句式同，當作「令」。故改「令」爲「令」。《楚世家》頃襄王二十三年，《六國年表》秦昭王三十一年，頃襄王收東地得兵十餘萬，復西取秦所拔江旁十五邑以爲郡，拒秦。

〔六〕立社主：遷都後，復建立社稷宗廟。

〔七〕與秦爲難：《秦本紀》昭王三十一年，楚頃襄王收兵，反秦於江南，黔中郡復歸於楚，所謂與秦爲難也。

〔八〕天下有比志而軍華下：比，合。比志，志同道合，以抗秦。華下，猶華陽城下。華陽城，古華國地。在今河南新鄭市北四十五里郭店鎮東北五里，舊址即存。秦昭王三十三年，趙、魏伐韓，秦救之，敗趙、魏之軍於華陽。

〔九〕兵至梁郭：梁，魏國都。郭，外城曰郭。秦昭王三十二年，穰侯爲相國將兵攻魏走芒卯，遂圍大梁。此與華陽之戰爲一年事，而紀、表、傳分爲二年敘述。

〔一〇〕荆、趙之志絶：魏在楚、趙二國之間。滅魏，則楚、趙不通，而聯合抗秦之意志消失。

〔一一〕令率天下西面以與秦爲難：據俞樾説補此一句。【正】諸本均無此句。俞樾考證後補此句，義勝。但不應徑納入原文，應在「注」中説明。

〔一二〕穰侯：姓魏名冉，秦昭王母宣太后之異父長弟，其先楚人，封之於穰，故曰穰侯，穰本韓邑，後入秦，在今河南鄧州市北四十里。

〔一三〕兩國：指秦及穰侯封地。

〔一四〕兵終身暴靈於外，士民潞病於内：暴靈，鮑本作「暴露」，《韓非子》作「暴露」，按作「露」爲是。與《燕策二》「爲將軍久暴露於外」義同，蓋「暴露」、「潞病」皆以駢字爲對文，黄丕烈云：暴謂日，靈謂雨也。潞，羸，潞罷，即潞人病之。【補】「靈」字與「露」字形似而易訛。

「趙氏，中央之國也〔一〕，雜民之所居也〔二〕。其民輕而難用也〔三〕，號令不治，賞罰不信，地形不便〔四〕。上非能盡其民力，彼固亡國之形也，而不憂民氓〔五〕，悉其士民，軍於長平之下〔六〕，以争韓之上黨〔七〕，大王以詐破之，拔武安〔八〕。當是時，趙氏上下不相親也，貴賤不相信也，然則是邯鄲不守。拔邯鄲，完河間〔九〕，引軍而去，西攻修武〔一〇〕，踰羊腸，絳、代、上黨〔一一〕。代三十六縣〔一二〕，上黨十七縣，不用一領甲，不苦一民，皆秦之有也。代、上黨不戰而已爲秦矣。東陽、河外不戰而已反爲齊矣〔一三〕。中呼池以北〔一四〕，不戰而已爲燕矣。然則是舉趙則韓必亡，韓亡則荆、魏不能獨立。荆、魏不能獨立〔一五〕，則是一舉而壞韓蠹魏〔一六〕，挾荆以東弱齊、燕，決白馬之口〔一七〕，以流魏氏〔一八〕，一舉而三晋亡，從者敗。大王拱手以須，天下徧隨而伏，伯王之名可成也。而謀臣不爲，引軍而退，與趙氏爲和。以大王之明，秦兵之强，伯王之業地（也），尊不可得，乃取欺於亡國，是謀臣之拙也。且夫趙當亡不亡，秦當伯不伯，天下固量秦之謀臣一矣。乃復悉卒以攻邯鄲，不能拔也，棄甲兵怒〔一九〕，戰慄而却，天下固量秦力二矣。軍乃引退，并於李下〔二〇〕，大王又并軍而致與戰，非能厚勝之也，又交罷却，天下固量秦力三矣。内者量吾謀臣，外者極吾兵力。由是觀之，臣以天下之從，豈其難矣。内者吾甲兵頓，士民病，蓄積索，田疇荒，囷倉虚；外者天下比志甚固，願大王有以慮之也。」

〔一〕趙氏，中央之國：趙都邯鄲，在燕之南，魏之北，齊之西，韓之東，故曰中央。

〔二〕雜民：兼有四國之民，故曰雜。

〔三〕其民輕而難用也：姚本無「也」字，鮑本有，《韓非子》有，今從之。輕，輕僄難以任用。

〔四〕地形不便：趙地形無險固可守，又圍在四國之中，故不便。

〔五〕不憂民氓：不憂恤安撫人民百姓。氓，野民曰氓。

〔六〕軍於長平：長平，趙地，今山西高平縣西。趙孝成王六年、秦昭王四十七年，秦攻韓上黨，上黨降趙，秦國攻趙。趙發兵擊秦，相持於長平，秦使武安君白起大破趙軍四十餘萬，盡殺之。

〔七〕争韓之上黨：長平之戰，是因秦、趙争韓之上黨所引起。秦昭王四十四年，秦使白起攻韓太行道絶之。四十五年拔野王，四十七年攻上黨，上黨道絶降趙。趙軍長平，以與秦争之上黨，秦破趙軍四十餘萬。

〔八〕武安：趙邑，在今河北省武安市西南十里。

〔九〕完河間：完，《韓非子》作「筦」。王先慎云：「完」即「筦」字殘缺，當依此訂正。筦，包也，謂秦軍包舉其地。河間，漳水、黄河之間，趙之東境，與燕、齊接界之地。【補】今河北省河間市一帶。

〔一〇〕修武：本商朝之寧邑，武王伐紂，勒兵於此，改爲修武。在今河南修武縣北。

〔一一〕踰羊腸，絳、代、上黨：羊腸，趙之險塞，在今河南沁陽市與今山西晋城市間，即太行阪道。絳，趙邑，今山西翼城縣東。代，趙邑，今河北蔚縣。

〔一二〕三：《韓非子》作「四」。未知孰是。

〔一三〕東陽、河外：東陽，《水經·清水注》引馬融《三傳異同説》：「晋地自朝歌以北至中山，爲東陽。」即太行山以東地，楚、漢間始置東陽郡。河外，戰國時，魏稱河南爲河外，當今河南中北部。趙河外，當指清河之外，當今山東清河、武城，河北棗强、廣川一帶地。

〔一四〕中呼池：《韓非子》作「中山呼沱」。「池」、「沱」通借，策文蓋脱「山」字。中山，國名，都今河北定州市，後遷靈壽，爲趙所滅。呼池，即呼沱，呼池河源出今山西繁峙縣泰戲山，東流至河北與滋河、唐河、拒馬河、永定河至天津與桑乾河合至直沽入海。

〔一五〕荆、魏不能獨立：此六字鮑本無。姚本、《韓非子》有此六字。鮑本蓋誤脱也。

〔一六〕蠹：蛀蟲，引伸爲害。

〔一七〕決白馬之口：決，掘開。白馬，白馬津，在今河南滑縣東。

〔一八〕以流魏氏：流，灌。魏氏，魏都大梁也。

〔一九〕怒：民按：「怒」字，當從《韓非子》作「弩」爲是。

〔二〇〕並於李下：李，城名。李下，李城下。趙封李談之父於李，在今河南温縣。

「且臣聞之，戰戰慄慄，日慎一日〔一〕。苟慎其道，天下可有也。何以知其然也？昔者紂爲天子，帥天下將甲百萬〔二〕，左飲於淇谷〔三〕，右飲於洹水〔四〕，淇水竭而洹水不流，以與周武爲難。武王將素甲三千，領戰一日〔五〕，破紂之國，禽其身，據其地而有其民，天下莫不傷〔六〕。智伯帥三國之衆〔七〕，以攻趙襄主於晋陽〔八〕，決水灌之，三年城且拔矣，襄主錯龜數策占兆〔九〕，以視利害，何國可降？而使張孟談〔一〇〕。於是潛行而出，反智伯之約〔一一〕，得兩國之衆，以攻智伯之國，禽其身以成襄子之功。今秦地斷長續短，方數千里，名師數百萬，秦國號令賞罰，地形利害，天下莫如也。以此與天下〔一二〕，天下可兼而有也。

〔一〕戰戰慄慄，日慎一日：據《古謡諺》，堯時作戒曰：「戰戰慄慄，日慎一日。人莫躓於山，而躓於垤。」

〔二〕帥天下將甲百萬：甲，鮑本無，吴補、一本有。《韓非子》作「將帥天下甲兵百萬」。

〔三〕左飲於淇谷：飲，姚本作「飯」，鮑本作「飲」，《韓非子》作「飲」。今從鮑本。淇谷，淇水所出。淇水源出今河南輝縣百泉山。【補正】淇水一主源於今山西陵川六泉，二主源於今河南輝縣之後莊鄉，三主源於今河南輝縣西平羅鄉南之寺泉村。此處鮑注、張琦注、程恩澤注，引《淮南子》注等均不全面。錢坫曰：「淇有二源：其上流即沾水，由山西陵川縣東北流，逕河南林縣南、淇縣西北，合百泉水，謂之淇泉。」意近。

〔四〕洹水：亦名安陽河。源出今河南林州市西林慮山，東經安陽市北到内黄縣，入衛河。

〔五〕領戰一日：領，《韓非子》無。一日，甲子日也。武王伐紂，以甲子日戰於牧野，敗紂滅殷。

〔六〕莫不傷：王先慎云：策上有「不」字，誤。姚注：劉無「不」字。莫傷，不傷紂之滅亡也。

〔七〕智伯帥三國：智伯，晋大夫智瑶。三國，智、韓、魏也。

〔八〕攻趙襄主於晋陽：趙襄主，趙襄子無恤也。大夫稱主。智伯攻趙，趙襄子奔保晋陽，今山西太原市南晋源區。

〔九〕錯龜數策占兆：錯，《韓非子》作「鑿」。錯龜，即鑿龜，鑿而灼，龜乃成兆。策，蓍草，數蓍草以筮卦。占，卜。灼龜坼裂曰兆。

〔一〇〕張孟談：趙襄子之謀臣。

〔一一〕反智伯之約：智伯約韓、魏，滅趙而三家分其地。反智伯之約，張孟談約韓、魏與趙共滅智伯而三分之。

〔一二〕與天下：與天下争。

「臣昧死望見大王〔一〕，言所以舉破天下之從〔二〕，舉趙亡韓，臣荆、魏，親齊、燕，以成伯王之名，朝四鄰諸侯之道。大王試聽其説〔三〕，一舉而天下之從不破，趙不舉，韓不亡，荆、魏不臣，齊、燕不親，伯王之名不成，四鄰諸侯不朝，大王斬臣以徇於國〔四〕，以主爲謀不忠者。」

〔一〕眛死望見：眛，冒眛。眛死，即冒死。《韓非子》「望」上有「願」字。有「願」字爲是。

〔二〕所以舉破天下之從：「所以」下策文脱「一」字，下文可證。

〔三〕試：《韓非子》作「誠」爲是。

〔四〕徇：遍也，遍行示衆。

【繫年】

據此策所言歷史事實，既不能定爲張儀，亦難確定爲韓非。韓非入秦，在秦始皇十三年，未及上見秦昭王。而策中所言皆昭王末年事，姑繫於昭王五十一年、周赧王五十九年。【補】顧觀光隸此策於秦始皇十四年秦殺韓非下，首無「張儀」二字，以爲是韓非。大誤。

張儀欲假秦兵章

張儀欲假秦兵以救魏。左成謂甘茂曰：「子不予之〔一〕。魏不反秦兵，張子不反秦〔二〕。魏若反秦兵，張子得志於魏，不敢反於秦矣〔三〕。張子不去秦，張子必高子〔四〕。」

〔一〕子不予之：子不，鮑本作「不如」。此當從鮑本作「不如」爲是。此乃將欲取之，必姑與之之策。不予，張儀不能得秦軍救魏，必不有失而離秦。

〔二〕張子不反秦：謂張儀以秦兵救魏，戰敗而傷亡多。秦兵不離魏返秦，張儀亦不敢返回秦國。

〔三〕不敢反於秦：張儀有功於魏，故得志。得志於魏，亦不返回秦國。

〔四〕張子必高子：高，上也，貴重。子，謂甘茂。此言不因事而使張儀離開秦國，其權寵、高貴必在甘茂之上，故曰高子。

【繫年】

按《張儀傳》，張儀以秦惠王十一年相秦，相秦四年，使秦惠王稱王。張儀在秦位高於甘茂。《甘茂傳》，惠王卒，武王立，張儀東之魏。而又有齊伐魏之事。而張儀又與秦武有隙，故去秦之魏。欲相魏，故假秦兵以救魏。後卒相魏。則此策當是此時事。故鮑彪次之於武王時。當繫於秦武王一年，當周赧王五年。【補】鮑本隸此策於秦武王下，顧觀光附此策在周顯王四十年，誤也。

司馬錯與張儀章

司馬錯與張儀争論於秦惠王前〔一〕，司馬錯欲伐蜀〔二〕，張儀曰：「不如伐韓。」王曰：「請聞其説〔三〕。」

〔一〕司馬錯與張儀争論於秦惠王前：《新序·善謀》云：「秦惠王時，蜀亂，國人相攻擊，告急於秦。惠王欲發兵伐蜀，以爲道險狹難至，而韓人來侵秦。秦惠王欲先伐韓，恐蜀亂；先伐蜀，恐韓襲秦之弊，猶豫未決。司馬錯與張儀争論於惠王之前。」司馬錯，姓司馬名錯，秦人。《史記·自序》謂司馬氏爲周程伯休父之後，世掌周史，東周惠王、襄王時，去周適晋。秦、晋戰争，奔秦。其後有司馬錯。

〔二〕司馬錯欲伐蜀：蜀，今四川一帶。古國名，相傳爲黄帝所封，歷夏、商、周三代世爲侯伯。至蠶叢始稱王。四川東部有巴國。周顯王時，秦惠文王與巴、蜀爲好，蜀王弟苴私親於巴，巴、蜀世戰争。周慎靚王五年，蜀王伐苴侯，苴侯奔巴，巴爲求救於秦。

〔三〕聞：姚注：錢云「聞」舊作「問」。曾、劉、集、一作「問」。民按：《御覽》卷四六〇作「問」，《新序·善謀》作「聞」。

對曰：「親魏善楚，下兵三川〔一〕，塞轘轅、緱氏之口〔二〕，當屯留之道〔三〕，魏絶南陽〔四〕，楚臨南鄭〔五〕，秦攻新城、宜陽〔六〕，以臨二周之郊〔七〕，誅周主之罪〔八〕，侵楚、魏之地。周自知不救，九鼎寶器必出。據九鼎，按圖籍〔九〕，挾天子以令天下〔一〇〕，天下莫敢不聽，此王業也。今夫蜀，西辟之國〔一一〕，而戎狄之長也〔一二〕，弊兵勞衆不足以成名〔一三〕，得其地不足以爲利。臣聞：『争名者於朝，争利者於市。』今三川、周室，天下之市、朝也，而王不争焉，顧争於戎狄〔一四〕，去王業遠矣〔一五〕。」

〔一〕下兵三川：高注：下兵，出兵也。三川，伊、洛、河也。後來秦於此置三川郡。

〔二〕塞轘轅、緱氏之口：姚本、鮑本無「緱氏」二字。《張儀傳索隱》云：《戰國策》作「轘轅、緱氏之口」。原策文有「緱氏」二字明矣。《御覽》卷四六〇引此策有「緱氏」二字，今據以補此二字。塞，杜絶。轘轅，關名，道險紆曲，號爲十八盤，盤旋而上，在今河南偃師東南與鞏義、登封接界處。緱氏，地名，在今河南偃師市南二十里，秦設爲縣。

〔三〕當屯留之道：當，阻塞。屯留，今山西屯留縣南十里。屯留之道，即太行羊腸阪道。

〔四〕魏絶南陽：南陽，屬魏。今河南沁陽、獲嘉一帶。絶南陽，當屯留道，斷韓上黨之路。

〔五〕南鄭：新鄭以南。

〔六〕新城：今河南伊川縣西南。【補正】新城，吴師道注爲今河南新密市，誤。應爲今河南洛陽南之汝州市之南古梁城。張琦曰：《周紀》注，徐廣曰：寠狐聚在洛陽南百五十里梁、新城之間。《楚策一》：城渾南游之楚新城，亦此地。程恩澤曰：按《漢紀》，河南郡有新城縣，故戎蠻子國。《吕覽》、《括地志》均同此説。

〔七〕二周：東周、西周。

〔八〕誅周主之罪：誅，討，數之以罪。主，《史記》、《新序》皆作「王」。高注：周主，周君。

〔九〕按圖籍：按，據。圖籍，土地之圖，人民金穀之籍。

〔一〇〕挾天子以令天下：挾持周天子。借周天子名義號令各國，各國不敢不從。

〔一一〕西辟之國：辟，同「僻」。西辟，蜀地僻處西方。

〔一二〕戎狄之長：長，《新序》作「倫」，《春秋後語》作「倫」。《史記》作「偷」。「偷」乃「倫」之訛誤。作「倫」義勝。

〔一三〕成名：成伯王之名。

〔一四〕顧：反。

〔一五〕去王業遠矣：錢、劉本無「業」字。《新序》亦無「業」字。然去「業」字則文義不通。

司馬錯曰：「不然。臣聞之，欲富國者〔一〕，務廣其地；欲强兵者，務富其民；欲王者，務博其德。三資者備，而王隨之矣。今王之地小民貧，故臣願從事於易。夫蜀，西辟之國也，而戎狄之長也，而有桀、紂之亂〔二〕。以秦攻之，譬如使豺狼逐群羊也。取其地，足以廣國也；得其財，足以富民；繕兵不傷衆〔三〕，而彼已服矣。故拔一國而天下不以爲暴，利盡西海諸侯不以爲貪〔四〕。是我一舉而名實兩附〔五〕，而又有禁暴正亂之名。今攻韓劫天子〔六〕，惡名也，而未必利也，又有不義之名，而攻天下之所不欲，危〔七〕。臣請謁其故〔八〕：周，天下之宗室也；齊、韓，周之與國也〔九〕。周自知失九鼎，韓自知亡三川，則必將二國并力合謀以因於齊、趙，而求解乎楚、魏。以鼎與楚，以地與魏，王不能禁。此臣所謂『危』，不如伐蜀之完也〔一〇〕。」惠王曰：「善！寡人聽子。」

〔一〕富國：姚注：曾、錢、集作「國富」。民按：《御覽》卷四六〇無「國」字，《新序》同。

〔二〕桀、紂：夏、商亡國之主，荒淫殘暴。

〔三〕繕兵：治兵。繕，治也。

〔四〕盡西海：謂盡西方地域也。地以海爲限，故爲此言以誇之。西海，鮑本作「四海」。《新序》、《史記》作「西」。「四」字誤。【補】西海，即指現在青海西寧市西四百里之青海湖。顧觀光同此説。

〔五〕名實兩附：名利兩得。名，謂博其德。實，謂得其土地財寶。

〔六〕劫：脅持，迫脅。

〔七〕而攻天下之所不欲，危：言攻天下之所不欲，不仅有惡名，而且有實際危險。「危」字單獨一句，下文「所謂『危』」可證。《史記》作「危矣」，《新序》同。

〔八〕謁：告訴。

〔九〕齊、韓，周之與國也：《史記》作「齊，韓之與國也」，《新序》同，此衍「周」字。與國，鄰國相親睦者，謂之與國。

〔一〇〕完：安全。

卒起兵伐蜀，十月取之，遂定蜀〔一〕。蜀主更號爲侯，而使陳莊相蜀〔二〕。蜀既屬〔三〕，秦益强富厚，輕諸侯。

〔一〕遂定蜀：秦起兵以張儀、司馬錯同往伐蜀，歷時十月而取之，遂定蜀。

〔二〕使陳莊相蜀：據《華陽國志》：「周赧王元年，秦惠王封子通國爲蜀侯，以陳莊爲相，置巴郡。」此言更號爲侯者，以巴、蜀原皆稱王，今滅之而更號爲侯也。

〔三〕蜀既屬：「屬」下《新序》、《史記》皆有「秦」字。言蜀被滅附屬於秦也。

【繫年】

秦滅蜀，《張儀傳》敘在秦惠王前元九年，誤。《秦本紀》惠王十四年更爲元年，九年司馬錯伐蜀滅之。《六國年表》

謂在惠王二十二年十月也。惠王十四年改元，二十二年，恰當改元後九年。蜀攻巴，巴求救於秦，《華陽國志》謂爲周慎靚王五年，而陳莊相蜀，則在此後二年，即赧王元年，年代亦符。故繫此策爲慎靚王五年、秦惠王後元九年事。錢大昕、梁玉繩據《秦本紀》及《六國年表》考證，亦以爲秦惠王後元九年事。

張儀之殘樗里疾章

張儀之殘樗里疾也〔一〕，重而使之楚〔二〕，因令楚王爲之請相於秦〔三〕。張子謂秦王曰：「重樗里疾而使之者，將以爲國交也〔四〕。今身在楚，楚王因爲請相於秦。臣聞其言曰〔五〕：『王欲窮儀於秦乎〔六〕？臣請助王。』楚王以爲然，故爲請相也。今王誠聽之，彼必以國事楚王〔七〕。」秦王大怒，樗里疾出走。

〔一〕殘：高注：殘，害也。

〔二〕重：尊貴，提高權位。

〔三〕因令楚王爲之請相於秦：借楚王之名請使樗里疾爲秦相。楚王，楚懷王槐。

〔四〕重樗里疾而使之者，將以爲國交也：使樗里疾爲重使，爲秦、楚之國結交。秦王，秦惠王。

〔五〕其言：樗里疾之言，實張儀假造以誣樗里疾之言。

〔六〕窮：困阨。

〔七〕彼必以國事楚王：彼，指樗里疾。國，秦國。事，奉事。

【繫年】

據《秦本紀》及《樗里子傳》，樗里子在秦惠王後元八年敗五國攻秦之軍於修魚，十一年攻魏降焦與曲沃，二十五年伐趙取藺，二十六年助石章敗楚，取漢中地。以屢立功，秦惠王封樗里疾爲嚴君。只有此時樗里疾權寵地位，才能威脅到張儀。故張儀借其使楚以殘害之。鮑彪繫此策於秦武王時，武王元年張儀已被逐失勢，似嫌爲時太晚，今不取，從顧觀光，繫於秦惠王後元十三年，當周赧王三年。

張儀欲以漢中與楚章

張儀欲以漢中與楚〔一〕，請秦王曰〔二〕：「有漢中，蠹〔三〕。種樹不處者〔四〕，人必害之；家有不宜之財，則傷本〔五〕。漢中南邊爲楚利，此國累也〔六〕。」

〔一〕以漢中與楚：據《秦本紀》及《樗里子傳》，秦取楚漢中地，在秦惠王後元十三年。

〔二〕請：按《戰國策》文例，當作「謂」。

〔三〕蠹：木中注蟲。又害也。

〔四〕不處：不得其所，不是地方。

〔五〕傷本：黄丕烈云：鮑改「本」爲「今」，但所改未是。傷，亦害也。

〔六〕累：憂也。

甘茂謂王曰：「地大者，固多憂乎〔一〕！天下有變〔二〕，王割漢中以爲和楚，楚必畔天下而與王〔三〕。王今以漢中與楚，即天下有變〔四〕，王何以市楚也〔五〕？」

〔一〕固：與「顧」通，反也。

〔二〕天下有變：指列國政治形勢變化不利於秦。

〔三〕畔天下而與王：畔，通「叛」，背叛。與王，與王相親。

〔四〕即：猶若也。

〔五〕市：收買，做政治交易。

【繫年】

秦取楚漢中地在秦惠王後元十三年，而張儀欲以漢中與楚必在此年之後。惠王後元十四年卒，張儀即失勢，與楚漢中地又必在惠王死之前，而甘茂之得勢亦在惠王晚年。從顧觀光繫於惠王後元十四年，當周赧王四年。

楚攻魏張儀謂秦王章

楚攻魏〔一〕，張儀謂秦王曰：「不如與魏以勁之〔二〕，魏戰勝，復於秦〔三〕，必入西河之外〔四〕；不勝，魏不能守，王必取之。」

〔一〕楚攻魏：高注：楚，楚威王。楚威王攻魏。威王在位十一年，攻魏事，《史》不見。

〔二〕與魏以勁之：與魏，以魏爲與國。高注：與，助也。勁，强也。

〔三〕復於秦：姚注：錢、劉本作「德於秦」，無「復」字。金正煒云：作「德」者是。德於秦，感秦助之之德。

〔四〕西河之外：即魏河西地。魏地在河西者，在今陝西南起華陰，西至洛水，北至延安以南，修長城以拒秦。策文多稱此爲西河之外，以别於河南之河外。

王用儀言，取皮氏卒萬人〔一〕，車百乘，以與魏犀首〔二〕，戰勝威王，魏兵罷弊，恐畏秦，果獻西河之外〔三〕。

〔一〕取皮氏卒萬人：秦惠王九年秦取魏皮氏。故皮氏屬秦，秦得以徵其車卒。皮氏，魏地。今山西河津縣西。

〔二〕以與魏犀首：犀首，魏之陰晋人。名衍，姓公孫氏。此時仕魏。《史記·張儀傳集解》引司馬彪云：「犀首，魏官名，若今虎牙將軍。」按《六國年表》稱犀首爲大粱造，不能一人兩稱官名。恐犀首或爲姓名。魏有犀武。

〔三〕果獻西河之外：按《魏世家》魏納河西地於秦，在魏惠王後元五年。《秦本紀》秦惠王八年魏納河西地。

【繫年】

楚威王攻魏事，史雖不書。但秦取魏皮氏，魏納河西地於秦，《秦本紀》、《魏世家》則記載詳明。只是《史記》取皮氏在獻河西地之後，與此策略有矛盾。然策文明説此事在威王時，林春溥《戰國紀年》編此策於魏敗楚陘山，威王死之次年，似有疏誤。當從顧氏繫於秦惠王八年、魏惠王後元五年、顯王三十九年。【補】顧觀光繫此策爲周顯王四十年，《史記·六國年表》同。

田莘之爲陳軫説秦惠王曰章

田莘之爲陳軫説秦惠王曰〔一〕：「臣恐王之如郭君〔二〕。夫晋獻公欲伐郭，而憚舟之僑存〔三〕。荀息曰〔四〕：『《周書》有言，美女破舌〔五〕。』乃遺之女樂〔六〕，以亂其政。舟之僑諫而不聽，遂去〔七〕。因而伐郭，遂破之。又欲伐虞〔八〕，而憚宫之奇存〔九〕。荀息曰：『《周書》有言，美男破老〔一〇〕。』乃遺之美男，教之惡宫之奇。宫之奇以諫而不聽，遂亡〔一一〕。因而伐虞，遂取之〔一二〕。今秦自以爲王〔一三〕，能害王之國者，楚也。楚知横門君之善用兵〔一四〕，與陳軫之智〔一五〕，故驕張儀以五國〔一六〕。來，必惡是二人。

願王勿聽也。」張儀果來辭〔一七〕，因言軫也，王怒而不聽。

〔一〕田莘之爲陳軫：莘，鮑本作「華」。吴補：一本「田莘」。陳軫，夏人，仕齊亦仕楚。

〔二〕郭君：郭，與「虢」同。蔡邕《郭有道碑》：「有虢叔者，實有懿德，文王咨焉，建國命氏，遂謂之郭。」虢國有三：北虢在上陽、陝州一帶，今河南三門峽市及山西平陸縣，虢仲之後；西虢在今寶雞市虢鎮，亦虢仲之後；東虢在今河南滎陽市上街區西，虢叔之後。此策文「郭」指北虢，春秋時與虞爲鄰。

〔三〕晋獻公欲伐郭，而憚舟之僑存：晋獻公伐虢，前後兩次。一次在魯僖公二年，一次在魯僖公五年。舟之僑，虢大夫，舟姓。

〔四〕荀息：晋大夫，亦稱荀叔。

〔五〕美女破舌：王念孫《讀周書雜誌》云：「破舌」義不可通。「舌」當爲「后」。段玉裁《説文注》亦云：「破舌」爲「破后」之訛。破，壞也。「舌」、「后」形近易混。

〔六〕女樂：歌舞之美女與樂器。

〔七〕遂去：離開。《國語·晋語》：舟之僑以其族適晋。高誘注：謂以其孥適西山。不知何據。魯僖公二年晋荀息伐虢，滅下陽。五年伐虢攻上陽，滅虢。

〔八〕又欲伐虞：虞，姬姓，周武王封虞仲於周之北故夏墟，都大陽，是爲虞，今山西平陸縣西南。春秋時與晋、虢爲鄰。

〔九〕宫之奇：虞大夫。

〔一〇〕老：國老，老成人。

〔一一〕遂亡：《左氏僖五年傳》「宫之奇以其族行」，不言亡地。高注：去適秦，不知何據。

〔一二〕伐虞，遂取之：魯僖公五年，晋滅虢，還師襲虞，滅之。

〔一三〕今秦自以爲王：秦惠王稱王在前元十三年，次年改元，王當爲霸王之王。讀「旺」。

〔一四〕楚知横門君：知，姚本作「智」，鮑本作「知」。姚注：一本作「知」。横門君，秦將。鮑本「横」下有「門」字。一本有「門」字，高注亦有「門」字。今從鮑本補「門」字。

〔一五〕與陳軫之智：「與」上姚本有「用兵」二字。鮑本衍「用兵」二字。姚注：錢、劉只一「用兵」字。今從錢、劉，删去「用兵」二字。

〔一六〕驕張儀以五國：言楚使此五國以事屬張儀，以重其權。驕，寵之也。五國，韓、魏、趙、燕、齊。

〔一七〕果來辭：果然來到秦國向秦王説陳軫之短。辭，説。

【繫年】

據《張儀傳》，陳軫與張儀俱事秦惠王，皆貴重，争寵。秦惠王十年張儀爲秦相。秦惠王後元二年陳軫爲秦使齊，又爲齊使楚。是年張儀與楚、齊、魏之相會嚙桑。從下策《張儀又惡陳軫章》來看，此策當秦惠王十年事，顧觀光附於此年，當周顯王四十一年。

張儀又惡陳軫章

張儀又惡陳軫於秦王曰：「軫馳楚、秦之間〔一〕，今楚不加善秦而善軫〔二〕，然則是軫自爲而不爲國也。且軫欲去秦而之楚，王何不聽乎！」

〔一〕軫馳楚、秦之間：言陳軫來往使於秦、楚兩國之間。楚、秦，鮑本作「秦、楚」，《史記》同。姚注：一本作「馳走秦、楚之間」，錢作「馳楚」。

〔二〕今楚：鮑本作「今遂」。《史記》作「今楚」。「遂」乃「楚」形近之訛誤。

王謂陳軫曰：「吾聞子欲去秦而之楚，信乎〔一〕？」陳軫曰：「然。」王曰：「儀之言果信也。」曰：「非獨儀知之也，行道之人皆知之。」曰：「孝己愛其親〔二〕，天下欲以爲子；子胥忠乎其君〔三〕，天下欲以爲臣。賣僕妾售乎閭巷者，良僕妾也〔四〕；出婦嫁鄉曲者〔五〕，良婦也。吾不忠於君，楚亦何以軫爲忠乎？忠且見棄，吾不之楚何適乎？」秦王曰：「善。」乃止之也〔六〕。

〔一〕信：真，實。

〔二〕孝己愛其親：孝己，殷高宗武丁之太子，有孝行，事親一夜五起，母早死，高宗聽後妻之言，放之而死。《尸子》：「孝己事親，一夜而五起，視衣厚薄枕之高下也。」

〔三〕子胥忠乎其君：子胥，伍子胥，名員。楚大夫伍奢之子。平王殺伍奢及其兄伍尚，子胥奔吴，以太宰嚭之讒陷，爲吴王夫差所殺。忠乎，姚注：錢、劉無「乎」字。民按：《史記》作「忠於」。

〔四〕賣僕妾售乎閭巷者，良僕妾也：售：賣去。良，善。

〔五〕出婦嫁鄉曲者：出婦，婦被休棄。曲，里之一偏。

〔六〕止：姚本作「必」，鮑本作「止」。從鮑本。

【繫年】

《張儀傳》秦惠王十一年，以張儀爲相。《陳軫傳》張儀惡陳軫於秦王，秦王善待陳軫。居秦期年，秦惠王終相張儀而陳軫奔楚。則此策當在張儀爲相之前一年，惠王前元十年、周顯王四十一年也。顧氏《國策編年》亦附此策於是年。

陳軫去楚之秦章

陳軫去楚之秦。張儀謂秦王曰〔一〕：「陳軫爲王臣，常以國情輸楚〔二〕。儀不能與從事，願王逐之。即復之楚，願王殺之。」王曰：「軫安敢之楚也？」

〔一〕秦王：秦惠王。

〔一一〕以國情輸楚：國，謂秦國。情，實。國情，謂國事之隱而不欲人知者。輸，送。

王召陳軫告之曰：「吾能聽子，言子欲何之〔一〕？請爲子約車。」對曰：「臣願之楚！」王曰：「儀以子爲之楚，吾又自知子之楚，子非楚且安之也〔二〕？」軫曰：「臣出，必故之楚，以順王與儀之策，而明臣之楚與不也〔三〕。楚人有兩妻者，人誂其長者〔四〕，長者詈之〔五〕；誂其少者，少者許之〔六〕。居無幾何，有兩妻者死。客謂誂者曰：『汝取長者乎、少者乎？』曰〔七〕：『取長者。』客曰：『長者詈汝，少者和汝〔八〕，汝何爲取長者？』曰：『居彼人之所，則欲其許我也；今爲我妻，則欲其爲我詈人也。』今楚王明主也〔九〕，而昭陽賢相也〔一〇〕。軫爲人臣，而常以國情輸楚〔一一〕，楚王必不留臣，昭陽將不與臣從事矣。以此明臣之楚與不。」

〔一〕言子欲何之：鮑本無「言」字。何之，曾作「何適」。「之」、「適」，義同，往也。

〔二〕且：鮑本作「宜」。

〔三〕明臣之楚與不也：楚與，即「與楚」，親楚。不，與「否」同。

〔四〕誂：姚注：《春秋後語》作「挑」。「誂」、「挑」通，诱惑，戏弄，拨引。

〔五〕长者詈之：「長者」二字，姚本無。姚注：一本更有「長者」二字。鮑本有「長者」二字。詈，駡也。

〔六〕許：《後漢書·馮衍傳》作「報」。

〔七〕曰：姚本、鮑本無。姚注：一本有「曰」字。今據補。

〔八〕和：猶許。

〔九〕楚王：楚懷王。

〔一〇〕昭陽：楚懷王之相，姓昭名陽。

〔一一〕以國情輸楚：情，姚本無。鮑補「情」字。吴補：「國」下當有「情」字。今從鮑本。楚，姚本作「王」。姚注：劉本作「楚」。鮑改「王」爲「楚」，今從劉本。

軫出，張儀入，問王曰：「陳軫果安之〔一〕。」王曰：「夫軫天下之辯士也，孰視寡人曰〔二〕：『軫必之楚。』寡人遂無奈何也。寡人因問曰：『子必之楚也，則儀之言果信矣。』軫曰：『非獨儀之言也，行道之人皆知之。昔者子胥忠其君，天下皆欲以爲臣；孝己愛其親，天下皆欲以爲子。故賣僕妾不出里巷而取者，良僕妾也；出婦嫁於鄉里者，善婦也。臣不忠於王，楚何以軫爲？忠尚見棄，臣不之楚而何之乎〔三〕？』」王以爲然，遂善待之。

〔一〕果安之：果，決也。安，何。之，往。

〔二〕孰：與「熟」通。

【補】〔三〕此段文字自段首「軫出」二字至「臣不之楚而何之乎」，日本學者横田維孝認爲「疑當爲前章末，蓋錯簡也」。于鬯從横田説云：「按去此一段，下文二句方貫。否則，此王述軫之言，下言『王以爲然』，文理不接且所述亦爲無本。」此説較確。

【繫年】

此與上章爲同時事。《陳軫傳》似總此兩章之文爲一事。亦當繫於秦惠王相張儀之前，即惠王十年、周顯王四十一年。

戰國策卷四

秦二

齊助楚攻秦章

齊助楚攻秦，取曲沃〔一〕。其後秦欲伐齊，齊、楚之交善〔二〕，惠王患之。謂張儀曰：「吾欲伐齊，齊、楚方懽〔三〕，子爲寡人慮之奈何？」張儀曰：「王其爲臣約車并幣〔四〕，臣請試之。」

〔一〕曲沃：秦邑，在今河南三門峽市陝州區西南四十里，因曲沃水而得名，即春秋時之瑕，與晋桓叔所封之曲沃不同。戰國時，魏地，後入秦。

〔二〕交善：交好親善。

〔三〕懽：與「歡」同，喜，合。

〔四〕并幣：并，合。幣，幣帛財貨。

張儀南見楚王曰〔一〕：「弊邑之王所説甚者，無大大王〔二〕；唯儀之所甚願爲臣者，亦無大大王。弊邑之王所甚憎者，無大齊王〔三〕；唯儀之甚憎者〔四〕，亦無大齊王〔五〕。今齊王之罪，其於弊邑之王甚厚〔六〕，弊邑欲伐之，而大國與之懽，是以弊邑之王不得事令〔七〕，而儀不得爲臣也。大王苟能閉關絶齊〔八〕，臣請使秦王獻商於之地〔九〕，方六百里。若此，齊必弱，齊弱則必爲王役矣〔一〇〕。則是北弱齊，西德於秦，而私商於之地以爲利也〔一一〕。則此一計而三利俱至。」

〔一〕楚王：楚懷王。

〔二〕無大大王：「大」，猶「過」。大王，楚懷王。

〔三〕大：姚本作「先」，鮑本作「大」，「大」字當是。今從鮑本。

〔四〕甚：「甚」上鮑本補「所」字。民按：彭翔生校安氏本，亦無「所」字。《史記》有「所」字。

〔五〕大：雅雨本作「先」，《史記》亦作「先」。彭翔生校安氏本作「大」。

〔六〕今齊王之罪，其於弊邑之王甚厚：言得罪於秦者重也。厚，重。

〔七〕不得事令：王念孫云：「不得事令」四字，文不成義。高訓「令」爲「善」，非也。「不得事」下，當有「王」字。「令」字當在「而」字下。令者，使也。「是以弊邑之王不得事王」爲句，「而令儀不得爲臣也」爲句，《史記·楚世家》「是以弊邑之王不得事王，而令儀亦不得爲門闌之厮也」是其證。民按：王説是也。

〔八〕閉關絶齊：閉關者，古之列國各置關尹，敵國賓至，關尹以告，則行理以節逆之，閉關則拒絶其使不爲通也。絶齊，斷絶與齊歡合之交。

〔九〕獻商於之地：獻，貢。商於，秦邑，商鞅之封地。【補正】商於：戰國秦二邑名。商爲今陝西東部商洛一帶，邑治今商洛市商州區；於在今河南淅川、内鄉一帶，邑治今内鄉縣東，「商於之地（六百里）」，當指今陝西東南部至河南西南部二省交界之大部地區。秦孝公時，此地曾封給商鞅作爲采邑。又稱「於商」。

〔一〇〕爲王役：爲楚王役使。

〔一一〕利也：姚注：利也，曾、一作「己利」，錢、劉、一作「利也」。

楚王大說，宣言之於朝廷，曰：「不穀得商於之田方六百里〔一〕。」群臣聞見者畢賀〔二〕，陳軫後見，獨不賀。楚王曰：「不穀不煩一兵，不傷一人，而得商於之地六百里，寡人自以爲智矣，諸士大夫皆賀，子獨不賀，何也？」陳軫對曰：「臣見商於之地不可得，而患必至也。故不敢妄賀。」王曰：「何也？」對曰：「夫秦所以重王者，以王有齊也。今地未可得而齊先絶，是楚孤也，秦又何重孤國？且先出地絶齊，秦計必弗爲也。先絶齊，後責地，且必受欺於張儀。受欺於張儀，王必惋之〔三〕。是西生秦患，北絶齊交，則兩國兵必至矣。」楚王不聽，曰：「吾事善矣！子其弭口無言〔四〕，以待吾事。」

〔一〕不穀：王侯自謙之稱。穀，善也。

〔二〕畢：盡。

〔三〕惋：鮑注，惋，猶恨。

〔四〕弭：高注，弭，止也。

楚王使人絶齊，使者未來〔一〕，又重絶之。張儀反〔二〕，秦使人使齊，齊、秦之交陰合〔三〕。楚因使一將軍受地於秦。張儀至〔四〕，稱病不朝。楚王曰：「張子以寡人不絶齊乎？」乃使勇士往詈齊王。張儀知楚絶齊也，乃出見使者曰：「從某至某，廣從六里〔五〕。」使者曰：「臣聞六百里，不聞六里。」儀曰：「儀固以小人〔六〕，安得六百里？」使者反報楚王，楚王大怒，欲興師伐秦。陳軫曰：「臣可以言乎？」王曰：「可矣。」軫曰：「伐秦非計也，王不如因而賂之以名都〔七〕，與之伐齊，是我亡於秦而取償於齊也，楚國不尚全事〔八〕。王今已絶齊，而責欺於秦，是吾合齊、秦之交也，國必大傷〔九〕。」

〔一〕使者未來：使，楚使。未來，未還。

〔二〕張儀反：返回秦。高注：反，還也。

〔三〕陰合：暗中結合。高注：陰，私也。

〔四〕張儀至：由楚返秦，到達秦國。

〔五〕廣從：姚注：錢、劉作「從」。廣，一作「袤」。横度爲廣，直爲從。從即縱。

〔六〕小人：貧窶之稱。

〔七〕因而賂之以名都：《史記》：「不如因賂之以名都。」名都，大邑。高注：名，大；都，邑。

〔八〕不尚全事：不尚，尚也。全，完也。高注：事，一云「乎」。吴正：「乎」字是。

〔九〕國必大傷：國，姚本作「固」。鮑本改「固」爲「國」。姚注：曾作「國」。《史記》作「國」。今從鮑本作「國」爲是。傷，病也。

楚王不聽，遂舉兵伐秦。秦與齊合，韓氏從之〔一〕，楚兵大敗於杜陵〔二〕，故楚之土壤士民非削弱，僅以救亡者，計失於陳軫[三]，過聽於張儀[四]。

〔一〕韓氏從之：韓國見齊、秦合一，亦從齊、秦結合。

〔二〕楚兵大敗於杜陵：《楚世家》楚懷王十七年，秦大敗楚軍於丹陽。不云杜陵，戰國時，秦、楚地無杜陵之名。秦有杜陽，地近楚，杜陵或杜陽之誤。【補正】杜陵，疑乃「杜衍」之誤，而非「杜陽」。杜陽，乃今陝西寶雞市麟游縣，相距秦、楚戰地千里之遥，與《楚世家》中「秦大敗楚軍於丹陽」不合。杜衍，在今河南省南陽縣西南三十里，正當秦、楚戰地，亦爲商於之地界内。當此地。

〔三〕計失於陳軫：失於不聽陳軫之計。

〔四〕過聽於張儀：誤信張儀之言而被欺。高注：過，誤。【補】諸祖耿本引《史記·張儀傳》、吴師道《蒯通説韓信》文，尚有「聽者，事之候也；計者，事之機也。聽過計失而能久安者，鮮矣。聽不失一二者，不可亂以言，計不失本末者，不可紛以辭」四十五字於篇末。王念孫認同此補，認爲「明是上篇之錯簡也」。

【繫年】

《楚世家》記此事在懷王十六年，《秦本紀》在秦惠王後元十二年，當周赧王二年。

楚絶齊章

楚絶齊，齊舉兵伐楚。陳軫謂楚王曰〔一〕：「王不如以地東解於齊，西講於秦〔二〕。」

〔一〕楚王：楚懷王。

〔二〕講：讀爲「媾」，講和。

楚王使陳軫之秦，秦王謂軫曰〔一〕：「子，秦人也〔二〕，寡人與子故也〔三〕，寡人不佞〔四〕，不能親國事也〔五〕，故子棄寡人事楚王。今齊、楚相伐〔六〕，或謂救之便〔七〕，或謂救之不便，子獨不可以忠爲子主計〔八〕，以其餘爲寡人計乎〔九〕？」陳軫曰：「王獨不聞吴人之遊楚者乎〔一〇〕？楚王甚愛之，病，故使人問之，曰：『誠病乎？意亦思乎〔一一〕？』左右曰：『臣不知其思與不思，誠思則將吴吟〔一二〕。』今軫將爲王吴吟。王不聞夫管與之説乎〔一三〕？有兩虎争人而鬭者〔一四〕，管莊子將刺之〔一五〕，管與止之曰：『虎者，戾蟲〔一六〕；人者，甘餌也。今兩虎争人而鬭，小者必死，大者必傷。子待傷虎而刺之，則是一舉而兼兩虎也〔一七〕。無刺一虎之勞，而有刺兩虎之名。』齊、楚今戰，戰必敗。敗〔一八〕，王起兵救之，有救齊之利，而無伐楚之害。」

〔一〕秦王：秦惠王。

〔二〕子，秦人也：子，指陳軫。秦人，高注：軫先仕秦，故言秦人。

〔三〕寡人與子故也：言有舊交。高注：故，舊。

〔四〕不佞：不才，謙稱。佞，才。

〔五〕親國事：親身管理國事。

〔六〕齊、楚：民按：《陳軫傳》作「韓、魏」。

〔七〕便：高注，便，利也。

〔八〕爲子主計：《史記索隱》：子，指陳軫也。子主，謂楚王也。計，謀劃。

〔九〕以其餘爲寡人計乎：以忠楚王之餘爲寡人謀劃。

〔一〇〕吴人之遊楚：民按：《史記》作「越人莊舃仕楚」。高注：遊，仕也。

〔一一〕意亦思乎：金正煒云：「意」與「抑」同。思，思故國，思吴。

〔一二〕吴吟：作吴人之呻吟。吟，呻吟。

〔一三〕管與：姚注：管，曾作「卞」。管與，人名，《史記》作「館莊子」。

〔一四〕争：姚本作「諍」。鮑改「諍」爲「争」。從鮑本改爲「争」。

〔一五〕管莊子：《史記·陳軫傳索隱》引《戰國策》作「館莊子」。館，謂逆旅舍。其人字莊子，或作「卞莊子」，黄氏《札記》謂當依單行本《史記》作「館」，策文作「管」。因單本不引《戰國策》正文，黄氏在祖姚本

《國策》也。《論語·憲問》作「卞莊子」。

〔一六〕戾：高注：戾，貪也。

〔一七〕兼兩虎：得兩虎。高注：兼，得也。

〔一八〕敗：姚注：錢、劉無「敗」字。民按：姚本、鮑本有「敗」字。

計聽知覆逆者〔一〕，唯王可也〔二〕，計者，事之本也；聽者，存亡之機。計失而聽過，能有國者寡也。故曰：「計有一二者難悖也〔三〕，聽無失本末者難惑〔四〕。」

〔一〕計聽知覆逆：計聽，能計善聽。覆，謂反復。逆，謂逆料。一説覆謂事之未露，逆謂事之已至。

〔二〕唯王可也：唯，與「雖」同。王，讀「旺」。

〔三〕計有一二者難悖也：一二，指先後有次序。悖，誤，亂。

〔四〕聽無失本末者難惑：惑，亂。《史記·淮陰侯傳》蒯通説韓信曰：「聽者，事之候也；計者，事之機也。聽過計失而能久安者，鮮矣。聽不失一二者，不可亂以言，計不失本末者，不可紛以辭。」與此段文義相近。王念孫云：按自「計聽」以下五十一字，與上文絶不相屬。此是著書者之辭，當在上篇「計失於陳軫，過聽於張儀」之下。上篇言楚所以幾亡者，由於計之失，聽之過，故此即繼之曰：「計聽知覆逆者，唯王可也。」「唯」與「雖」同，「王」讀如「王天下」之「王」。言人主計聽能知覆逆者，雖王天下可也。下文云「計失而聽過，能有國者寡也」，亦承上篇而言。此篇所記陳軫之言，《史記·張儀傳》有之，而獨無「計聽」以下五十一字。則此五十一字明是上篇之錯簡也。依王氏説，故將此五十一字另列一段點注，以示與上文不相連屬。

【繫年】

張儀免秦相赴楚，以商於之地六百里欺楚絶齊，《史記·楚世家》、《秦本紀》、《張儀傳》記載此事在秦惠王後元十二年、楚懷王十六年、齊宣王七年，當周赧王二年。

秦惠王死章

秦惠王死，公孫衍欲窮張儀〔一〕，李讎謂公孫衍曰〔二〕：「不如召甘茂於魏〔三〕，召公孫顯於韓〔四〕，起樗里子於國〔五〕。三人者，皆張儀之讎也〔六〕，公用之〔七〕，則諸侯必見張儀之無秦矣〔八〕。」

〔一〕公孫衍欲窮張儀：公孫衍與張儀俱事秦惠王，後與張儀不善，出之魏，爲魏相。窮，困。

〔二〕李讎：高注：秦人。事迹不詳。

〔三〕召甘茂於魏：《史記·甘茂傳》，向壽、公孫奭怨讒甘茂，茂懼，輟伐魏蒲阪亡去，乃秦昭王元年事。初奔齊，後入魏，卒於魏。此言惠王死，召甘茂於魏，年代有誤。

〔四〕公孫顯：事迹不詳。《樗里子傳》：「公孫奭黨於韓，而甘茂黨於魏。」疑是公孫奭。

〔五〕起樗里子於國：秦惠王晚年樗里疾雖受張儀之讒，然未被廢，被封爲嚴君。惠王死，武王即位逐張儀，起樗里子爲右丞相。起，猶舉。

〔六〕三人者，皆張儀之讎也：三人，指甘茂、公孫顯、樗里子。讎，仇也，敵對。

〔七〕公用之：公，謂公孫衍。用之，用此三人。

〔八〕見張儀之無秦：見，猶知。無秦，無權寵於秦。

【繫年】

秦惠王死於後元十四年，當周赧王四年。而《張儀傳》言「張儀已卒之後，犀首入相秦」。其窮儀似是公孫衍在魏時事。

義渠君之魏章

義渠君之魏〔一〕，公孫衍謂義渠君曰〔二〕：「道遠，臣不得復過矣〔三〕。請謁事情〔四〕。」義渠君曰：「願聞之。」對曰：「中國無事於秦〔五〕，則秦且燒焫獲君之國〔六〕；中國爲有事於秦〔七〕，則秦且輕使重幣而事君之國也〔八〕。」義渠君曰：「謹聞令〔九〕。」

〔一〕義渠君之魏：義渠，古國名，義渠戎所建，在今甘肅寧縣東北義渠故城，國境在今甘肅寧縣、慶陽及寧夏固原市一帶，秦厲共公三十三年伐義渠，虜其王。躁公十三年義渠伐秦。秦惠王十一年縣義渠，義渠君更爲臣。秦惠王後元十年伐取義渠二十五城。武王元年伐義渠，其後爲秦所滅，以其地置北地郡。之，往。往朝於魏。

〔二〕公孫衍謂義渠君曰：《張儀傳》「義渠君朝於魏，犀首聞張儀復相秦，害之，犀首乃謂義君曰」云云。

〔三〕道遠，臣不得復過：道遠，言義渠距魏道里長遠。過，猶造，見也，造而見之。言不能復得造而見之。

〔四〕請謁事情：謂告以秦國情勢緩急之徵狀。謁，告。情，實。

〔五〕中國無事於秦：中國，謂關東六國。無事，無戰争攻伐之事。

〔六〕秦且燒焫獲君之國：《張儀傳索隱》引《戰國策》與此文同。《史記》作「燒掇焚杅君之國」。焫，與「爇」同，焚燒。獲，金正煒云：「獲即義渠君之種姓，鮑注言火焚其國以得其地，非也。」

〔七〕有事於秦：謂山東六國共攻伐秦。

〔八〕輕使重幣而事君之國：輕使，言疾速。重幣，謂秦將致重幣與義渠君交好。

〔九〕謹聞令：言謹受教。令，命令。

居無幾何，五國伐秦〔一〕。陳軫謂秦王曰：「義渠君者，蠻夷之賢君，王不如賂之以撫其心〔二〕。」秦王曰：「善。」因以文繡千匹〔三〕，好女百人，遺義渠君。

〔一〕五國伐秦：據《史記》，五國伐秦，前後凡四次。第一次在秦惠王後元七年，第二次在秦昭王九年，第三次在莊襄王三年，第四次在始皇六年。此指第一次。五國，謂楚、魏、齊、韓、趙五國，楚懷王爲從長。

〔二〕賂之以撫其心：賂，以財賄與人爲賂。撫，安也。

〔三〕文繡千匹：繡，帛具五采謂之繡。千匹，《史記》作「千純」。布帛寬二尺二寸爲幅，長四丈爲匹。

義渠君致群臣而謀曰：「此乃公孫衍之所謂也〔二〕。」因起兵襲秦，大敗秦人於李帛之下〔二〕。

〔一〕公孫衍之所謂：即上文公孫衍對義渠君之言：「中國爲有事於秦，則秦且輕使重幣而事君之國也。」謂，猶言。

〔二〕李帛：《犀首傳》作「李伯」。邑名或人名。《後漢書·西羌傳》「義渠敗秦師於李伯」注云：李伯，地名，未詳。

【繫年】

五國伐秦在秦惠王後元七年，當周慎靚王三年。

醫扁鵲見秦武王章

醫扁鵲見秦武王〔一〕，武王示之病〔二〕，扁鵲請除〔三〕。左右曰：「君之病，在耳之前，目之下，除之未必已也〔四〕。將使耳不聰，目不明。」君以告扁鵲。扁鵲怒而投其石曰〔五〕：「君與知者謀之〔六〕，而與不知者敗之。使此知秦國之政也〔七〕，則君一舉而亡國矣。」

〔一〕醫扁鵲見秦武王：扁鵲，渤海郡鄚人，姓秦名越人，古代名醫。因秦越人與軒轅時扁鵲相類，乃號爲扁鵲。又家於盧國，【補】盧國，即古盧奴國，國都在今河北定州，後南遷於靈壽。古中山國。又號盧醫。按扁鵲與趙簡子同時，而秦武王元年距趙簡子之卒已一百四十餘年。秦武王，秦惠王子，名蕩。

〔二〕示：以事告人曰示。

〔三〕扁鵲請除：扁鵲請求治除其病。高注：除，治也。

〔四〕未必已也：言未必能治痊愈。已，止也。

〔五〕扁鵲怒而投其石曰：投，棄擲。石，石針，名砭，用以刺病。曰，姚本無。劉本、鮑本有「曰」字。從鮑本補「曰」字。

〔六〕君與知者謀之：知，《御覽》卷七三八作「智」。「知」下姚本、鮑本有「之」字。姚注：一本無「之」字。今從一本和《御覽》，删去「之」字。

〔七〕使此知秦國之政：《御覽》作「使秦政如此」。

【繫年】

秦武王在位只有四年，武王之死是因舉鼎絶臏，不是病在耳之前、目之下。扁鵲之諫，是説秦國政治應該使有政治才能之人治理。秦武王二年，初置丞相，似是接受扁鵲之諫，以樗里疾、甘茂爲左、右丞相。按道理此策應繫於秦武王二年，當周赧王六年。【補】顧觀光隸此策爲周赧王八年，當爲秦武王四年。備參。

秦武王謂甘茂章

秦武王謂甘茂曰：「寡人欲通車三川〔一〕，以闚周室〔二〕，而寡人死不朽矣〔三〕。」甘茂對曰：「請之魏，約伐韓。」王令向壽輔行〔四〕。

〔一〕通車三川：行車於三川之路。通車，《史記》、《新序》作「容車」。三川，伊、洛、河。【補】此句意即欲占有三川之地。以窺周王城洛陽，取周王以代天下。

〔二〕以闚周室：闚，同「窺」，小視也。周室，周王室，指周天子所居之洛陽王城。闚周室，蓋欲滅周天子而代之。

〔三〕死不朽矣：朽，今本作「杇」，誤。木腐爲朽。矣，姚本、鮑本作「乎」，《史記》、一本作「矣」。今從一本。

【補】死不朽矣，謂即使死了，也永垂後世而不朽也。

〔四〕向壽輔行：向壽，宣太后外族，事秦武王、昭王。輔，猶副。輔行，副使。

甘茂至魏，謂向壽曰：「子歸告王曰：『魏聽臣矣〔一〕，然願王勿攻也〔二〕。』事成，盡以爲子功〔三〕。」

向壽歸以告王，王迎甘茂於息壤〔四〕。

〔一〕魏聽臣矣：聽，從。聽臣，願聽從爲秦臣。

〔二〕攻：《新序》作「伐」。

〔三〕事成，盡以爲子功：子，謂向壽。向壽爲秦武王所親幸，故甘茂委托壽以告秦武王。

〔四〕息壤：地名。高注：秦邑也。胡三省引柳宗元曰：地長而隆起，夷之而益高者爲息壤。

甘茂至，王問其故？對曰：「宜陽大縣也〔一〕，上黨、南陽積之久矣〔二〕，名爲縣，其實郡也〔三〕。今王倍數險〔四〕，行千里而攻之，難矣。臣聞張儀西并巴、蜀之地，北取西河之外〔五〕，南取上庸〔六〕，天下不以多張儀〔七〕，而賢先王〔八〕。魏文侯令樂羊將攻中山〔九〕，三年而拔之，樂羊反而語功〔一〇〕，文侯示之謗書一篋〔一一〕，樂羊再拜稽首曰：『此非臣之功，主君之力也。』今臣羈旅之臣也〔一二〕，樗里疾、公孫衍二人者〔一三〕，挾韓而議〔一四〕，王必聽之，是王欺魏，而臣受公仲朋之怨也〔一五〕。昔者曾子處費〔一六〕，費人有與曾子同名族者而殺人〔一七〕，人告曾子母曰：『曾參殺人。』曾子之母曰：『吾子不殺人。』織自若。有頃焉，人又曰：『曾參殺人。』其母尚織自若也。頃之，一人又告之曰：『曾參殺人。』其母懼，投杼踰牆而走〔一八〕。夫以曾參之賢，與母之信也，而三人疑之，則慈母不能信也。今臣之賢不及曾子，而王之信臣又未若曾子之母也，疑臣者不適三人〔一九〕，臣恐王爲臣之投杼也。」

〔一〕宜陽：今河南宜陽縣。

〔二〕上黨、南陽積之久矣：言上黨、南陽兩地所出財賦，皆積貯在宜陽。上黨，今山西長治市。南陽，今河南修武、濟源、沁陽、温縣一帶。積，聚。

〔三〕名爲縣，其實郡也：春秋時，列國相滅，多以滅國設縣，縣大郡小，故《左傳》説：「上大夫受縣，下大夫受郡。」至戰國，郡大縣小，故有伐郡三十六縣，上黨郡十七縣，所以甘茂説，宜陽大縣，其實郡也。

〔四〕倍數險：倍，同「背」。數險，指函谷及三崤五谷。

〔五〕西河之外：指今黄河以西，陝西東部奪取魏國之河西地。

〔六〕上庸：古庸國，今湖北竹山縣，指周赧王三年秦攻楚，取漢中地六百里。

〔七〕多：稱許，誇獎。

〔八〕先王：指秦惠王。

〔九〕魏文侯令樂羊將攻中山：魏文侯，名斯。三家分晋，建立魏國。樂羊，樂羊子，魏文侯時將軍。中山，國名，白狄鮮虞所建，今河北唐縣西北有故中山城。國境在今河北順平縣、唐縣、靈壽、定州、曲陽一帶。

〔一〇〕語功：言攻拔中山之功勞。高注：語，言也。

〔一一〕謗書一篋：謗，詆毁。胡三省云：謗，訕也，毁也。篋，竹筒也。

〔一二〕羈旅之臣：胡三省云：羈，寄也。旅，客也。甘茂是楚國下蔡人，仕於秦，故云羈旅之臣。

〔一三〕公孫衍：《史記》作「公孫奭」。其後策文亦作「公孫郝」、「公孫赫」、「公孫顯」，疑「衍」字有誤。此與犀首不是一人，此乃秦公子，與樗里疾皆韓國之甥，皆親韓。

〔一四〕挾韓：憑恃韓國。

〔一五〕公仲朋：朋，姚本作「侈」。《史記集解》一作「馮」。鮑改「侈」爲「朋」。王引之云：《史記》作「馮」，「馮」與「朋」聲相近。其作「侈」者，乃「倗」字之訛。「倗」、「朋」，古字亦通。《韓非子·十過》、《漢書・古今人表》並作「公仲朋」。《戰國縱横家書》皆作「倗」。《田齊世家》作「韓馮」。其作「公仲侈」、「公仲明」者，字訛故也。其實即指公仲朋一人。公仲朋，韓相。

〔一六〕曾子處費：曾子，孔子弟子，姓曾名參字子輿。費，春秋時魯邑，在今山東費縣西南。

〔一七〕同名族：即同名姓。名，字。族，姓。

〔一八〕投杼踰牆而走：投，擲。杼，織布梭。踰牆，越牆。走，跑。

〔一九〕不適三人：適，同「啻」，音「翅」，副詞，但，特。

王曰：「寡人不聽也。請與子盟。」於是與之盟於息壤。果攻宜陽，五月而不能拔也。樗里疾、公孫衍二人在争之王〔一〕，王將聽之，召甘茂而告之。甘茂對曰：「息壤在彼〔二〕。」王曰：「有之。」因悉起兵，復使甘茂攻之，遂拔宜陽。

〔一〕在：《新序》作「讒」。按《史記》作「果」。「在」或爲「再」之誤。

〔二〕息壤在彼：意謂前在息壤有盟約，不聽樗里疾、公孫衍之争議。

【繫年】

《史記・秦本紀》秦武王三年秋，使甘茂、庶長封伐宜陽，四年拔宜陽。此一事跨兩年。秦武王三年當韓襄王四年、魏襄王元年、【正】當爲魏襄王十一年。周赧王七年。

宜陽之役馮章謂秦王章

宜陽之役〔一〕，馮章謂秦王曰〔二〕：「不拔宜陽，韓、楚乘吾弊〔三〕，國必危矣！不如許楚漢中以懽之。楚懽而不進〔四〕，韓必孤，無奈秦何矣〔五〕！」王曰：「善。」果使馮章許楚漢中，而拔宜陽。

〔一〕宜陽之役：秦攻韓宜陽之戰役。役，事也。

〔二〕馮章：秦人。此人事迹，策文僅此一見。

〔三〕弊：疲睏無力。

〔四〕楚懽而不進：時楚使景翠將兵援宜陽，得地則喜而不進兵。懽，喜悦。

〔五〕韓必孤，無奈秦何矣：韓無楚援，孤立無奈秦何。

楚王以其言責漢中於馮章〔一〕，馮章謂秦王曰：「王遂亡臣〔二〕，因謂楚王曰〔三〕：『寡人固無地而許楚王。』」

〔一〕楚王以其言責漢中於馮章：楚王，懷王。以其言，以馮章之言。責，求也。

〔二〕遂亡臣：遂逐之，使馮章出亡。

〔三〕因：姚本作「固」。鮑本作「因」，今從鮑本改爲「因」。

【繫年】

此與上章爲同時事，亦當繫於周赧王七年。

甘茂攻宜陽章

甘茂攻宜陽，三鼓之而卒不上〔一〕。秦之右將有尉對曰〔二〕：「公不論兵，必大困〔三〕。」甘茂曰：「我羈旅而得相秦者，我以宜陽餌王〔四〕。今攻宜陽而不拔，公孫衍、樗里疾挫我於内〔五〕，而公仲以韓窮我於外〔六〕，是無茂之日已〔七〕！請明日鼓之而不可下〔八〕，因以宜陽之郭爲墓〔九〕。」於是出私金以益公賞〔一〇〕，明日鼓之，宜陽拔。

〔一〕三鼓之而卒不上：鼓以進軍。卒，士兵。不上，不上前進攻。

〔二〕尉：軍尉。

〔三〕公不論兵，必大困：言不量兵力之厚薄而强使之攻戰，必至自困。金正煒云：按《管子·參患》「故凡兵有大論：必先論其器，論其士」，論兵即論士。

〔四〕餌：以利誘人爲餌。

〔五〕挫：摧挫。

〔六〕公仲：即公仲朋。

〔七〕茂：姚本、鮑本作「伐」，一本作「茂」是。今改爲「茂」。

〔八〕而不可下：而，讀爲「若」。下，攻拔。

〔九〕以宜陽之郭爲墓：言必死於宜陽城外以爲葬地。外城爲郭。墓，墳墓。

〔一〇〕出私金以益公賞：私，雅雨本誤爲「利」，安氏本作「私」。益，助。

【繫年】

秦攻宜陽在秦武王三年秋，拔宜陽在四年春。當韓襄王四年、五年，周赧王七年、八年。

宜陽未得章

宜陽未得〔一〕，秦死傷者衆，甘茂欲息兵〔二〕。左成謂甘茂曰：「公内攻於樗里疾、公孫衍〔三〕，而外與韓朋爲怨〔四〕，今公用兵無功，公必窮矣。公不如進兵攻宜陽，宜陽拔，則公之功多矣。是樗里疾、公孫衍無事也〔五〕，秦衆盡怨之深矣〔六〕。」

〔一〕得：姚注：一本作「拔」。民按：此章文意作「拔」義勝。

〔二〕息兵：休息士兵，罷兵不攻。高注：息，休也。

〔三〕公内攻於樗里疾、公孫衍：樗里疾、公孫衍從内詆毁甘茂。

〔四〕而外與韓朋爲怨：攻韓則外與韓朋結怨。韓朋，韓相國。

〔五〕無事：攻得宜陽，則樗里疾、公孫衍無以從事詆毁甘茂。

〔六〕怨之深：怨樗里疾、公孫衍出謀伐宜陽。深，重。

【繫年】

此亦秦武王三年、周赧王七年事。

宜陽之役楚畔秦章

宜陽之役，楚畔秦而合於韓〔一〕，秦王懼。甘茂曰：「楚雖合韓，不爲韓氏先戰〔二〕；韓亦恐戰而楚有變其後〔三〕。韓、楚必相御也〔四〕。楚言與韓，而不餘怨於秦〔五〕，臣是以知其御也。」

〔一〕楚畔秦而合於韓：畔，通「叛」，背約。合，連合，結合。

〔二〕先戰：先向秦開戰。高注：言楚不能爲韓氏先戰也。

〔三〕韓亦恐戰而楚有變其後：楚合於韓，使景翠將兵救韓，韓恐楚乘其抗秦之弊而伐之。鮑注：變，背約也。

〔四〕相御：謂相互制約。鮑注：御，猶制也。

〔五〕餘怨於秦：楚雖與韓合，亦無餘怨於秦。

【繫年】

此亦秦武王三年時事，應繫於周赧王七年。

秦王謂甘茂章

秦王謂甘茂曰：「楚客來，使者多健〔一〕，與寡人爭辭〔二〕，寡人數窮焉〔三〕，爲之奈何？」甘茂對曰：「王勿患也！其健者來使者〔四〕，則王勿聽其事〔五〕；其需弱者來使〔六〕，則王必聽之。然則需弱者用，而健者不用矣！王因而制之〔七〕。」

〔一〕楚客來，使者多健：楚客，楚國使者。健，强，言其强辯有口才。

〔二〕爭辭：辯論。

〔三〕數窮：屢爲之困。窮，辭屈。

〔四〕其健者來使者：下「者」字疑衍。黄丕烈云：據下句，「使」下無「者」字。

〔五〕聽其事：接受其兩國交往之事。高注：聽，受。

〔六〕需弱：即軟弱。需，《集韻》音「儒」，即「懦」字，柔軟。

〔七〕制：集制，操縱。

【繫年】

按甘茂仕秦，歷秦惠王、武王、昭王三世。其在惠王時初得勢，但不及張儀。武王元年立爲左丞相，主斷國事。昭王元年出奔。據此，則此策應是秦武王時事，從顧觀光附之於秦武王元年，當周赧王五年。【正】顧觀光隸此策於周赧王六年。繫年説「五年」，疑歲差建正所爲。

甘茂亡秦且之齊章

甘茂亡秦〔一〕，且之齊〔二〕，出關遇蘇子〔三〕，曰：「君聞夫江上之處女乎〔四〕？」蘇子曰：「不聞。」曰：「夫江上之處女，有家貧而無燭者，處女相與語，欲去之〔五〕。家貧無燭者將去矣，謂處女曰：『妾以無燭故，常先至掃室布席，何愛餘明之照四壁者〔六〕，幸以賜妾，何妨於處女？妾自以有益於處女，何爲去我？』處女相語以爲然而留之。今臣不肖〔七〕，棄逐於秦而出關〔八〕，願爲足下掃室布席，幸無我逐也。」蘇子曰：「善。請重公於齊〔九〕。」

〔一〕甘茂亡秦：秦昭王元年，向壽、公孫奭怨讒甘茂，甘茂懼，輟伐魏皮氏，亡去。亡，逃走。【補】甘茂伐魏之皮氏，未拔，遭向壽、公孫奭讒，亡秦去齊。

〔二〕且之齊：高注：且，將也。之，往。

〔三〕出關遇蘇子：出關，出函谷關東行。蘇子，蘇代。時蘇代侍燕太子質於齊，又爲齊使於秦，與甘茂相遇。

〔四〕處女：女子未嫁曰處女。【補】鮑注：女在室者曰處女。《初學記》、《御覽》引「處女」作「夜女」。

〔五〕去之：遣無燭者使之離去。

〔六〕此句《御覽》卷八七〇引作「何愛東壁上餘光照西壁者」。

〔七〕不肖：謂不賢。

〔八〕棄逐於秦：爲秦所抛棄被驅逐出來。

〔九〕重公於齊：言使齊尊重甘茂。高注：重，尊也。

乃西説秦王曰〔一〕：「甘茂，賢人，非恒士也〔二〕。其居秦累世重矣〔三〕，自殽塞、谿谷〔四〕，地形險易盡知之。彼若以齊約韓、魏〔五〕，反以謀秦，是非秦之利也。」秦王曰：「然則奈何？」蘇代曰：「不如重其贄〔六〕，厚其禄以迎之。彼來則置之槐谷〔七〕，終身勿出，天下何從圖秦。」秦王曰：「善。」與之上卿，以相印迎之齊。甘茂辭不往。

〔一〕秦王：秦昭王。

〔二〕非恒士：不是平凡之士。鮑注：恒，常也。

〔三〕累世重：甘茂仕秦，歷惠王、武王、昭王三世。三世爲秦將相。重，尊貴。

〔四〕殽塞、谿谷：殽塞，即殽山。谿谷，《史記》作「鬼谷」。有水爲谿，無水爲谷。谿谷，言其險阻。【補】古韓城（在今河南宜陽縣西）有「鬼谷」。北鄰殽關，山高峻拔。谿谷當指此。

〔五〕約：結合。高注：約，結也。

〔六〕重其贄：贄，亦作「摯」，執玉帛以爲禮，謂之贄。

〔七〕槐谷：槐里之谷。《史記》作「鬼谷」。蓋古字「鬼」與「槐」通。今陝西三原縣西二十里有鬼谷，即此槐谷。

蘇代爲謂齊王曰〔一〕：「甘茂，賢人也。今秦與之上卿，以相印迎之，茂德王之賜〔二〕，故不往，願爲王臣。今王何以禮之？王若不留，必不德王。彼以甘茂之賢，得擅用强秦之衆，則難圖也。」齊王曰：「善。」賜之上卿，命而處之〔三〕。

〔一〕蘇代爲謂齊王：代，姚本作「秦」，鮑本作「秦」，一本作「代」。按《史記》亦作「代」。今從一本、《史記》作「代」。爲謂，姚本作「僞謂」，鮑本作「僞爲」。姚本無「齊」字，鮑本補「齊」字。王念孫云：「僞謂」即「爲謂」。爲謂齊王，蘇代爲甘茂謂齊王也。「僞」與「爲」古同字。「爲」與「謂」古同義，故二字可以通用。齊王，齊宣王。

〔二〕德：恩也。

〔三〕命而處之：命，任命。處，留之於齊。高注：處，居也。

【繫年】

《史記·秦本紀》、《甘茂傳》俱載，甘茂出亡在秦昭王元年，當齊宣王十五年、【正】應爲十四年。周赧王九年。

甘茂相秦章

甘茂相秦，秦王愛公孫衍〔一〕，與之間有所立〔二〕，因自謂之曰：「寡人且相子〔三〕。」甘茂之吏道而聞之〔四〕，以告甘茂。甘茂因入見王曰：「王得賢相，敢再拜賀。」王曰：「寡人託國於子，焉更得賢相〔五〕？」對曰：「王且相犀首。」王曰：「子焉聞之？」對曰：「犀首告臣。」王怒於犀首之泄也，乃逐之。

〔一〕秦王愛公孫衍：甘茂爲秦相在秦武王二年，則此秦王當爲秦武王。公孫衍，即犀首。

〔二〕間有所立：立，《韓非子·外儲說》作「言」。王引之云：「間有所立」四字文不成義。「立」當爲「言」。間，私也。謂與之私有所言也。

〔三〕子：謂公孫衍。

〔四〕道而：姚注：劉本無「道而」二字。《韓非子·外儲說》作「道穴」，蓋「道而」乃「道穴」之誤，當據以訂正。道穴，鑿穴，《韓非子·外儲説》：「秦王欲將犀首，樗里疾恐代之將也，鑿穴於王之所常隱語者。俄而，王果而與犀首計……於是樗里疾已道穴聽之矣。」

〔五〕焉：何，安。

【繫年】

按甘茂相秦在秦武王二年，甘茂亡秦在秦昭王元年。公孫衍入秦在張儀已死之後。史不載公孫衍在秦被逐之事。應繫此策於秦武王三年，當周赧王七年。

甘茂約秦魏而攻楚章

甘茂約秦、魏而攻楚。楚之相秦者屈蓋〔一〕，爲楚和於秦，秦啓關而聽楚使〔二〕。甘茂謂秦王曰：「怵於楚而不使魏制和〔三〕，楚必曰秦鬻魏〔四〕。魏不悅而合於楚〔五〕，楚、魏爲一，國恐傷矣〔六〕。王不如使魏制和，魏制和必悅。王不惡於魏，則寄地必多矣〔七〕。」

〔一〕楚之相秦者屈蓋：按屈蓋相秦無考，且與《楚策一·楚王問於范環章》不合。相秦當爲「拒秦」之訛。《史記·六國年表》楚懷王十七年，「秦敗我將屈匄」。《索隱》云：「匄，音蓋，楚大夫。」疑即此策屈蓋。《秦本紀》惠王後元十三年，「庶長章擊楚於丹陽，虜其將屈匄」。即此屈蓋。

〔二〕啓關而聽楚使：啓關，開關。聽，猶受也。

〔三〕怵於楚而不使魏制和：黄丕烈云：鮑改「怵」爲「訹」，怵，恐懼。通「訹」，誘也。制和，主和。

〔四〕鬻魏：出賣魏。鮑注：鬻，賣也。

〔五〕魏：姚本無。鮑補「魏」字。今從鮑本。

〔六〕傷：高注：傷，害也。

〔七〕寄地：秦謂楚將割讓於秦之地爲寄地。

【繫年】

秦惠王後元十三年，庶長魏章擊楚於丹陽，甘茂爲佐。此時甘茂權位尚低，無力約合秦、魏以攻楚。繫於其作秦相時爲宜。故從顧觀光附於秦武王三年。【補】顧觀光附此章於周赧王三年，曰：「是年，秦敗楚於藍田，魏又襲至鄧，故附此地。」

陘山之事章

陘山之事〔一〕，趙且與秦伐齊〔二〕。齊懼，令田章以陽武合於趙〔三〕，而以順子爲質〔四〕。趙王喜，乃案兵告於秦曰：「齊以陽武賜弊邑而納順子，欲以解伐〔五〕。敢告下吏〔六〕。」

〔一〕陘山之事：陘山，在今河南新鄭市西南三十里。《魏世家》魏襄王六年（襄王後元六年），魏伐楚，敗之陘山。即此。事，高注：役，事。

〔二〕趙且與秦伐齊：《穰侯傳》秦昭王三十四年，「穰侯與白起、客卿胡傷復攻趙、韓、魏，破芒卯於華陽下，斬首十萬，取魏之卷、蔡陽、長社，趙氏觀津，且與趙觀津，益趙以兵伐齊」。即此事。

〔三〕令田章以陽武合於趙：田章，齊人，即陳章。陽武，齊邑，此非河南之陽武。【補正】陽武，疑齊邑陽城縣。在今山東沂水縣西南。合，和也。

〔四〕以順子爲質：順子，齊公子，閔王之侄弟。質，人質，抵押。

〔五〕解伐：解脱秦、趙對齊之攻伐。

〔六〕告下吏：不敢直指秦王，故云告下吏。下吏，指秦吏。

秦王使公子他之趙〔一〕，謂趙王曰：「齊與大國救魏而倍約〔二〕，不可信恃，大國弗義〔三〕，以告弊邑，而賜之二社之地〔四〕，以奉祭祀。今又案兵，且欲合齊而受其地〔五〕，非使臣之所知也。請益甲四萬，大國裁之〔六〕。」

〔一〕秦王使公子他之趙：秦王，秦昭王。公子他，即公子池，惠文王子，昭王兄。

〔二〕大國：指趙。秦昭王三十三年，魏背秦，與齊從親，秦使穰侯伐魏，趙與韓救魏，被秦軍敗於華陽。趙又背魏以合於秦，秦益兵於趙以伐齊。此事見於《穰侯傳》。

〔三〕弗義：姚本作「不義」，一本作「弗義」。高誘注作「弗義」。今從一本。弗義，不以爲義。

〔四〕二社之地：二十五家爲里，里有社。《晏子春秋》：「桓公以書社五百里封管仲。」《吕氏春秋》：「越以書社三百里封墨子。」《史記》：「將以書社七百里封孔子。」二社，二里，五十家。

〔五〕合齊而受其地：指齊以陽武賂趙，趙與齊講和。

〔六〕裁：制，度量。

蘇代爲齊獻書穰侯曰〔一〕：「臣聞往來之者言曰〔二〕：『秦且益趙甲四萬人以伐齊。』臣竊必之弊邑之王曰〔三〕：『秦王明而熟於計，穰侯智而習於事，必不益趙甲四萬人以伐齊。』是何也？夫三晋相結，秦之深讎也。三晋百背秦，百欺秦，不爲不信，不爲無行。今破齊以肥趙，趙、秦之深讎，不利於秦，一也。秦之謀者必曰：『破齊弊晋〔四〕，而後制晋、楚之勝〔五〕。』夫齊，罷國也〔六〕，以天下擊之，譬猶以千鈞之弩潰癰也〔七〕。秦王安能制晋、楚哉！二也。秦少出兵，則晋、楚不信；多出兵，則晋、楚爲制於秦。齊恐，則必不走於秦，且走晋、楚〔八〕，三也。齊割地以實晋、楚，則晋、楚安。齊舉兵而爲之頓劍〔九〕，則秦反受兵，四也。是晋、楚以秦破齊，以齊破秦，何晋、楚之智，而齊、秦之愚，五也。秦得安邑，善齊以安之，亦必無患矣。秦有安邑〔一〇〕，則韓、魏必無上黨哉。夫取三晋之腸胃〔一一〕，與出兵而懼其不反也，孰利？故臣竊必之弊邑之王曰：『秦王明而熟於計，穰侯智而習於事，必不益趙甲四萬人以伐齊矣？』」

〔一〕穰侯：魏冉，秦昭王之舅，封於穰，爲穰侯。

〔二〕往來之者言：姚注：錢、劉、一作「往來之者言」。鮑改「之者」爲「者之」。《御覽》卷三五五引作「往來者之言」。當從鮑本和《御覽》作「往來者之言」爲是。

〔三〕臣竊必之弊邑之王：蘇代告訴齊襄王説，肯定秦不益趙甲四萬人以攻齊。臣，指蘇代。必之，肯定。王，齊襄王法章。
〔四〕破齊弊晋：言趙伐齊，齊破，趙亦疲弊。晋，指趙。
〔五〕而後制晋、楚之勝：齊、趙破弊，秦無後慮，可以南制楚國。
〔六〕齊，罷國也：齊被燕攻破，復國不久，故云罷國。罷，同「疲」。
〔七〕千鈞之弩潰癰：姚注：錢、劉「弩」下有「射」字。民按：《史記》「弩」下有「決」字。癰，惡瘡。決潰癰，義勝。
〔八〕走晋、楚：言齊不合於秦，反走合於晋、楚。
〔九〕頓劍：按劍，謂齊出兵按劍以爲晋、楚伐秦。
〔一〇〕安邑：在上黨西，控扼上黨之路。魏以安邑入秦，在秦昭王二十一年。
〔一一〕腸胃：比喻爲腹心要害。

【繫年】

此爲秦昭王三十四年事，當齊襄王十一年、魏安釐王四年、趙惠文王二十六年、周赧王四十二年。

秦宣太后章

秦宣太后愛魏醜夫〔一〕。太后病將死，出令曰：「爲我葬，必以魏子爲殉〔二〕。」魏子患之。庸芮爲魏子説太后曰〔三〕：「以死者爲有知乎？」太后曰：「無知也。」曰：「若太后之神靈，明知死者之無知矣，何爲空以生所愛，葬於無知之死人哉！若死者有知，先王積怒之日久矣，太后救過不贍〔四〕，何暇乃私〔五〕魏醜夫乎？」太后曰：「善。」乃止。

〔一〕秦宣太后愛魏醜夫：宣太后，秦昭王之母，楚人，姓羋氏，號羋八子。昭王即位，羋八子號爲宣太后。愛，私愛，通姦。魏醜夫，魏人。

〔二〕以魏子爲殉：魏子，魏醜夫。【補】以人隨葬爲「殉」。秦在此前後有活人殉葬之例。

〔三〕庸芮：秦人。姚注：《十二國史》作「虞其」。

〔四〕救過不贍：過，謂宣太后淫於魏醜夫。贍，給也，《藝文類聚》卷三五引作「暇」。不贍即不暇。

〔五〕何暇乃私：姚注：乃，曾、劉、錢作「及」。《藝文類聚》引作「何得更殉」。

【繫年】

《秦本紀》秦昭王四十二年十月，宣太后薨，葬芷陽驪山。當周赧王五十年。【補】顧觀光隸此策於周赧王四十九年。

而《大事記》記太后死，附載於周赧王五十年。一年之差，實爲秦曆與魏之建正不同。秦正建亥，以十月爲歲首。《史記》：「十月，宣太后薨。」繼書：「九月，穰侯出之陶。」此則十月，乃歲首十月。魏承晉後，蓋乃建寅，即歲首以正月。此爲紀年差也。

戰國策卷五

秦三

薛公爲魏謂魏冉章

薛公爲魏謂魏冉曰〔一〕：「文聞秦王欲以吕禮收齊〔二〕，以濟天下，君必輕矣。齊、秦相聚以臨三晋，禮必并相之〔三〕，是君收齊以重吕禮也。齊免於天下之兵，其讎君必深。君不如勸秦王令弊邑卒攻齊之事〔四〕。齊破，文請以所得封君。齊破晋强〔五〕，秦王畏晋之强也，必重君以取晋。齊與晋弊邑〔六〕，而不能支秦，晋必重君以事秦，是君破齊以爲功，操晋以爲重也〔七〕。破齊定封，而秦、晋皆重君；若齊不破，吕禮復用，子必大窮矣。」

〔一〕薛公爲魏謂魏冉：薛公，齊孟嘗君田文。黄以周云：「孟嘗君遺魏冉書，在去齊相魏之時，《史記》以此在未適魏之前，則大謬也。」

〔二〕秦王欲以吕禮收齊：吕禮，齊人，事秦昭王爲五大夫。昭王十三年，吕禮出奔魏，後又奔齊。齊閔王以禮爲相。吕禮相齊嫉害孟嘗君田文。田文去齊適魏，魏昭王以田文爲相。田文乃遺穰侯魏冉書，勸秦伐齊以害吕禮。吕禮出亡，不知所終。鮑注：收，取也。以吕禮收齊，使之親秦。

〔三〕并相之：并相齊、秦二國。

〔四〕弊邑：謂魏。

〔五〕晋：謂魏。

〔六〕齊與晋弊邑：與，姚本作「予」，鮑本作「與」，今從鮑本。與，及也。「邑」字因上文而衍。齊與晋弊，言齊與魏交相疲弊，不能支秦。《史記》作「晋國弊於齊而畏秦」。亦明「弊」下無「邑」字。

〔七〕操：把持。《史記》作「挾」。

【繫年】

魏冉復相秦，在秦昭王十九年。吕禮相齊，在秦昭王十九年，齊、秦稱帝之後，薛公田文去齊之魏，又在吕禮相齊之後。則此策薛公遺魏冉書當在秦昭王二十年或二十一年。今從顧觀光，繫於秦昭王二十一年，當周赧王二十九年、齊閔王十六年、【正】當爲齊閔王十五年。魏昭王十年。

秦客卿造章

秦客卿造謂穰侯曰〔一〕：「秦封君以陶〔二〕，藉君天下數年矣〔三〕。攻齊之事成，陶爲萬乘，長小國，率以朝天子〔四〕，天下必聽，五伯之事也；攻齊不成，陶爲鄰恤〔五〕，而莫之據也〔六〕。故攻齊之於陶也，存亡之機也。君欲成之，何不使人謂燕相國曰〔七〕：『聖人不能爲時〔八〕，時至而弗失〔九〕，舜雖賢，不遇堯也，不得爲天子；湯、武雖賢，不當桀、紂，不王。故以舜、湯、武之賢，不遭時不得帝王〔一〇〕。今攻齊，此君之大時也已〔一一〕。因天下之力，伐讎國之齊，報惠王之恥〔一二〕，成昭王之功〔一三〕，除萬世之害，此燕之長利，而君之大名也。《書》云〔一四〕：「樹德莫如滋，除害莫如盡〔一五〕。」吴不亡越，越故亡吴〔一六〕；齊不亡燕，燕故亡齊〔一七〕。齊亡於燕，吴亡於越，此除疾不盡也。非以此時也〔一八〕，成君之功，除君之害，秦卒有他事而從齊，齊、趙合〔一九〕，其讎君必深矣。挾君之讎以誅於燕〔二〇〕，後雖悔之，不可得也已。君悉燕兵而疾贊之〔二一〕，天下之從君也，若報父子之仇。誠能亡齊，封君於河南〔二二〕，爲萬乘，達途於中國，南與陶爲鄰，世世無患，願君之專志於攻齊而毋他慮也〔二三〕。』」

〔一〕造：人名，不詳其姓氏族籍。《史記》作「竈」。

〔二〕陶：故屬宋。穰侯魏冉，封於穰，益封於陶。今山東菏澤市定陶區西有陶丘。

〔三〕藉君天下：假藉以制天下之權。

〔四〕率以朝天子：「率」字，鮑本無。民按：《戰國縱横家書》有「率」字，無「天子」二字。

〔五〕鄰恤：《戰國縱横家書》作「廉監」，謂「鄰」、「廉」聲近，「監」、「恤」形近誤。其注迂曲，不可通。金正煒云：「『恤』或爲『殈』之訛。殈，猶裂也。言陶地將爲鄰國分裂。」

〔六〕據：安也，又引也。言陶爲鄰國分裂，不能引以爲援，據以爲安。

〔七〕燕相國：指成安君公孫操。《史記·趙世家》趙惠文王二十八年，燕將成安君公孫操弑其王。《史記索隱》引此事作燕相。

〔八〕時：天時。非人所能製造。

〔九〕時至而弗失：而，鮑本無，《戰國縱横家書》作「亦」是。「弗失」下有「也」字。當據以訂正。

〔一〇〕遭：逢，遇到。

〔一一〕君之大時：君，謂燕相公孫操。大時，大好時機。

〔一二〕報惠王之恥：惠王，燕惠王。燕惠王元年使騎劫代樂毅爲將，燕軍爲田單所破，是惠王之恥。

〔一三〕成昭王之功：燕昭王二十八年樂毅伐齊入臨淄，下齊七十餘城。昭王，燕昭王。

〔一四〕《書》云：書，鮑本作「詩」，《戰國縱横家書》作「詩」是。當據以訂正。作「書」者，後人依古文《尚書》誤改耳。

〔一五〕此二句《戰國縱横家書》作「樹德者莫如滋，除怨者莫如盡」。樹，建立。滋，益，多。

〔一六〕吴不亡越，越故亡吴：故，與「顧」通，反也。周敬王二十六年，吴王夫差敗越於夫椒，遂入越。越王勾踐使大夫種行成，吴王許之。周元王三年，越勾踐伐吴，遂滅之。

〔一七〕齊不亡燕，燕故亡齊：周赧王元年，齊宣王伐燕取之，燕人立昭王。赧王三十一年，燕以樂毅率五國之師伐齊，下齊七十餘城，僅存掖、即墨二邑。

〔一八〕非以：姚本作「以非」，鮑改爲「非以」。《戰國縱横家書》作「非以」。今從之。

〔一九〕趙：鮑改「趙」爲「秦」，非。《戰國縱横家書》作「趙」。

〔二〇〕誅：《説文》：誅，討也。《國語·晋語》：「小國敖，大國入焉曰誅。」

〔二一〕贊：姚本作「潛」，鮑改爲「攻」，吴師道云當作「從」，金其源《讀書管見》謂爲「替」，皆非。《戰國縱横家書》作「贊」。今從之。贊，助也。

〔二二〕河南：地域名，即黄河之南，非郡。

〔二三〕毋：姚本、鮑本作「無」。《戰國縱横家書》作「毋」。古「無」、「毋」通。

【繫年】

據《秦本紀》、《穰侯傳》，秦昭王三十六年穰侯使客卿造伐齊，即此事。當齊襄王十三年、周赧王四十四年。

魏謂魏冉章

魏謂魏冉曰〔一〕：「公聞東方之語乎〔二〕？」曰：「弗聞也。」曰：「辛張、陽毋澤説魏王、薛公、公叔也〔三〕，曰：『臣戰，載主契國以與王約〔四〕，必無患矣。若有敗之者，臣請挈領〔五〕。然而臣有患也〔六〕。夫楚王之以其臣請挈領，然而臣有患也。夫楚王之以其國依冉也〔七〕，而事臣之主〔八〕，此臣之甚患也〔九〕。』今公東而因言於楚〔一〇〕，是令張儀之言爲禹〔一一〕，而務敗公之事也〔一二〕。公不如反公國，德楚而觀薛公之爲公也〔一三〕。觀三國之所求於秦〔一四〕，而不能得者，請以號三國以自信也〔一五〕。觀張儀與澤之所不能得於薛公者也〔一六〕，而公請之以自重也〔一七〕。」

〔一〕魏謂魏冉：鮑本「魏」上補「爲」字。姚注：曾、錢本「魏」下有「文」字。

〔二〕東方：山東或關東。

〔三〕辛張、陽毋澤説魏王、薛公、公叔：辛張、陽毋澤，人名。不詳其身世。魏王，魏襄王。薛公，田文。

〔四〕載主契國以與王約：主，木主。載主，軍行以車載之，戰時請示禱告。契，結構。契國，以國結約。

〔五〕挈領：王念孫云：今按「挈」讀「栔」。斷也。猶言臣請斷頸耳。《爾雅》：栔，絶也。今江東呼刻斷物爲栔斷。《經典釋文》「栔」字又作「挈」。《宋策》「鍥朝涉之脛」，亦謂斷其脛也。「栔」、「挈」、「鍥」，並字異而義同。

〔六〕患：以楚與秦合爲患。

〔七〕姚注：一無以上十六字。黄丕烈云：鮑衍此十六字。民按：以上十六字是衍文，當删去。

〔八〕主：韓、魏、齊。

〔九〕「此臣」句：「甚」上鮑本有「所」字，當是。

〔一〇〕公東而因言於楚：東，東之楚。因言於楚，因與楚言好。

〔一一〕張儀：姚注：一本無「儀」字。民按：張即辛張，無「儀」字爲是。

〔一二〕敗公之事：敗魏冉合秦、楚之事。

〔一三〕德楚：施恩惠於楚。

〔一四〕三國：韓、魏、齊。

〔一五〕號三國以自信：宣言之以信於三國。

〔一六〕「觀張儀」句：姚注：一本無「儀」字。無「儀」字爲是。觀張與澤，即辛張、陽毋澤。也，鮑本衍。

〔一七〕重：貴重。

民按：此篇文字恐有脱誤，語多難通。

【繫年】

鮑本以張儀死於秦武王二年，繫此策文於秦武王二年。然策文「儀」字是衍文，實不足據。而魏冉在秦受重用在秦昭王時，前後四次爲相，故此篇年代實不可考，當闕。

謂魏冉曰章

謂魏冉曰：「和不成，兵必出〔一〕。白起者，且復將。戰勝，必窮公〔二〕；不勝，必事趙從公，公又輕〔三〕。公不若毋多〔四〕，則疾到〔五〕。」

〔一〕和不成，兵必出：和，秦與趙講和。兵必出，秦必再出兵以攻趙。

〔二〕必窮公：窮，困窘。公，謂魏冉。然白起爲秦將是魏冉所任舉，與魏冉相善。即戰勝趙，亦不至困窘魏冉。與史實不符。

〔三〕輕：謂失勢。

〔四〕多：《周禮·司勋注》：戰功曰多。

〔五〕疾到：姚注：到，恐作「封」字。民按：作「封」當是。疾，速也。金其源《讀書管見》：到，至也。至，成也。謂冉當專志於和，不若毋待戰功，而速成和議。

【繫年】

此策時不可考。從顧觀光，繫於周赧王四十二年。

謂穰侯曰章

謂穰侯曰：「爲君慮封〔一〕，若於除〔二〕，宋罪重，齊怒須〔三〕，殘伐亂宋〔四〕，德强齊，定身封，此亦百世之一時也已〔五〕！」

〔一〕慮封：慮，計也，謀劃。封，封地。

〔二〕若於除：黄丕烈云：「除」乃「陶」字誤，「若」上當有「莫」字。從黄説，當補「莫」字。爲君慮封，莫若於陶。意乃可通。

〔三〕宋罪重，齊怒須：黄丕烈云：「須」即「深」字誤。宋罪重，齊怒深，指宋偃王無道，欲霸天下，起兵滅滕，東敗齊，西敗魏，南敗楚，取地數百里；又射天笞地，斬社稷，天下謂之「桀宋」。故云，宋罪重。齊閔王怒宋偃王之悖亂，欲伐滅之，故云齊怒深。

〔四〕殘伐亂宋：金正煒云：「殘」與「踐」通，「踐」讀爲「翦」，滅也。《楚策三》「踐亂燕以定身封」與此義同。

〔五〕百世之一時：一，姚本無，鮑本有。今從鮑本。民按：王念孫云：「若」上當有「莫」字。除，當爲「陶」字誤也。「須」當爲「深」。陶，宋邑也，伐宋以德齊，而取陶以定封，計之上者也。故曰，爲君慮封，莫若於陶。《趙策·客謂奉陽君章》：「宋罪重，齊怒深，殘伐亂宋，定身封，德强齊，此百代之一時。」又云：「爲君慮封……莫如於陰（陶），宋之罪重，齊之怒深，殘伐亂宋，德大齊，定身封，此百代之一時也。」與此策文正同，可以互證。

【繫年】

據《穰侯傳》，魏冉封於穰，復封於陶，在秦昭王十六年。此云，爲君慮封，莫若於陶，當在十六年以前魏第二次爲相之時。故從顧觀光附於秦昭王十四年冉第二次爲相時，當周赧王二十二年。

謂魏冉曰楚破秦章

謂魏冉曰：「楚破〔一〕，秦不能與齊縣衡矣〔二〕。秦三世積節於韓、魏〔三〕，而齊之德新加焉〔四〕，齊、秦交争，韓、魏東聽〔五〕，則秦伐矣〔六〕。齊有東國之地方千里〔七〕，楚苞九夷〔八〕，又方千里，南有符離之塞〔九〕，北有甘魚之口〔一〇〕，權縣宋、衛〔一一〕，宋、衛乃當阿、鄄耳〔一二〕。利有千里者二〔一三〕，富擅越隸〔一四〕，秦烏能與齊縣衡？韓、魏支分方城膏腴之地以薄鄭〔一五〕，兵休復起，足以傷秦，不必待齊。」

〔一〕楚破：謂楚被齊所破。

〔二〕縣衡：言楚爲齊破，齊更强，秦不能與齊抗衡。縣，同「懸」，抗也。衡，平也。

〔三〕三世積節於韓、魏：言秦三世與韓、魏有使節交往。三世，指秦惠王、武王、昭王。積節，積往來之節。【正】此處解「積節」謂「有使節交往」誤，應爲「有過節」。過節，即積仇耳。

〔四〕齊之德新加焉：謂齊德加於韓、魏而新結爲與國。

〔五〕韓、魏東聽：韓、魏背秦，東聽於齊。

〔六〕秦伐：齊、韓、魏結合，則秦受攻伐。

〔七〕東國：東方之國。齊國疆域在東方，故云東國。

〔八〕九夷：古謂東夷有九種，其區域相當於淮北、魯南泗上十二諸侯之地。【補】一玄菟，二樂浪，三高麗，四滿飾，五鳧臾，六索家，七東屠，八倭人，九天鄙。《後漢書·東夷傳》云：「夷有九種：曰畎夷、于夷、方夷、黄夷、白夷、赤夷、玄夷、風夷、陽夷。」

〔九〕符離：在今安徽宿州市符離鎮。

〔一〇〕甘魚：甘魚陂，在今湖北天門市西北。【正】此注疑誤。似應爲甘陵。在今山東高平縣清平鎮南。與「北有甘魚之口」之方位意合，與下文之意亦合。

〔一一〕權縣宋、衛：言權且以宋、衛爲縣。

〔一二〕當阿、鄄：當，相等。阿，東阿，齊地，今山東陽谷縣東北阿城鎮。鄄，姚本、鮑本皆作「甄」，《史記》亦作「甄」。「鄄」、「甄」形近，古書多誤爲「甄」，今改爲「鄄」。鄄，齊邑，今山東鄄城縣。

〔一三〕千里者二：謂齊東國之地千里，楚苞九夷又千里，齊兼有之。

〔一四〕富擅越隸：擅，專有。越，春秋故越國之地，戰國時並於楚。隸，奴隸。越隸，越地所出之奴隸。此言齊既破楚，具有土地二千里，又專有楚故地，越隸之富。【補】隸，似應不作「奴隸」講爲是。隸，屬也，謂越雖富庶，但已隸屬於齊也。

〔一五〕支分方城膏腴之地以薄鄭：支分，細散取之。方城，楚地，今河南方城縣以北。薄，迫近。鄭，謂新鄭，韓國都，故戰國時稱韓爲鄭。

【繫年】

此策當在秦取楚漢中之後，韓、魏聞楚之困，乃南襲至鄧，三國攻秦，秦不出兵，或人謂楚説魏冉之辭。乃楚懷王十七年、秦惠王後元十三年、周赧王三年。顧觀光則編於周慎靚王三年，不知其何據。

五國罷成皋章

五國罷成皋〔一〕，秦王欲爲成陽君求相韓、魏〔二〕，韓、魏弗聽。秦太后爲魏冉謂秦王曰〔三〕：「成陽君以王之故，窮而居於齊，今王見其達而收之〔四〕，亦能翕其心乎〔五〕？」王曰：「未也。」太后曰：「窮而不收，達而報之〔六〕，恐不爲王用。且收成陽君，失韓、魏之道也。」

〔一〕五國罷成皋：五國，韓、趙、魏、齊、燕。皋，姚本作「睪」，即「皋」字，今從鮑本。成皋，韓邑，在今河南滎陽市汜水鎮，春秋時鄭國之虎牢，亦名制，後改爲成皋。【補】罷，謂五國伐秦無功，罷於成皋之意。

〔二〕秦王欲爲成陽君求相韓、魏：成陽君，韓人。《趙策四》：「（秦王）内成陽君於韓。」《魏策四》：「成陽君欲以韓、魏聽秦。」《韓策三》：「成陽君爲秦去韓。」則成陽君固韓人之親秦者，故秦爲之求相二國。

〔三〕秦太后爲魏冉謂秦王：秦太后，謂宣太后。秦王，昭王。

〔四〕窮而居於齊，今王見其達而收之：即《韓策三》「成陽君爲秦去韓」，韓珉相齊，令逐成陽君之事。收，收取。

〔五〕翕：合也，猶收取。

〔六〕報：猶進。

【繫年】

李兑約齊、燕、趙、魏、韓五國攻秦，在趙惠文王十三年、秦昭王二十一年，當周赧王二十九年。

范子因王稽入秦章

范子因王稽入秦〔一〕，獻書昭王曰：「臣聞明主蒞正〔二〕，有功者不得不賞，有能者不得不官；勞大者其禄厚，功多者其爵尊，能治衆者其官大。故不能者不敢當其職焉，能者亦不得蔽隱。使以臣之言爲可，則行而益利其道〔三〕；若將弗行，則久留臣無爲也。語曰：『人主賞所愛而罰所惡〔四〕，明主則不然，賞必加於有功，刑必斷於有罪。』今臣之胸不足以當椹質〔五〕，要不足以待斧鉞〔六〕，豈敢以疑事嘗試於王乎？雖以臣爲賤而輕辱臣，獨不重任臣者〔七〕，後無反覆於王前耶！

〔一〕范子因王稽入秦：范子，范雎，魏人，字叔。王稽，秦謁者，使於魏，載雎入秦。

〔二〕涖正：涖，臨。正，與「政」通。

〔三〕利：通「達」。

〔四〕人主：《春秋後語》作「庸主」。《史記》同。

〔五〕椹質：椹，通「鍖」。質，與「鑕」同，鐵椹。古時斬人，加於椹上而斫之。

〔六〕要不足以待斧鉞：「不足以當」、「不足以待」，皆謙辭，言其身賤，死生不足論也。鉞，大斧。

〔七〕任：保舉。

「臣聞周有砥厄，宋有結緑，梁有懸黎，楚有和璞〔一〕。此四寶者，工之所失也〔二〕，而爲天下名器。然則聖王之所棄者，獨不足以厚國家乎？臣聞善厚家者，取之於國；善厚國者，取之於諸侯。天下有明主，則諸侯不得擅厚矣。是何故也？爲其凋榮也〔三〕。良醫知病人之死生，聖主明於成敗之事，利則行之，害則舍之，疑則少嘗之，雖堯、舜、禹、湯復生，弗能改已！語之至者，臣不敢載之於書，其淺者又不足聽也。意者臣愚而不闔於王心耶〔四〕！抑其言臣者〔五〕，將賤而不足聽耶！非若是也，則臣之志，願少賜游觀之間〔六〕，望見足下而入之。」書上，秦王說之，因謝王稽〔七〕，使人持車召之。

〔一〕砥厄、結緑、懸黎、和璞：皆美玉名。

〔二〕工之所失也：工，治玉者。失，謂不能辨别玉之真假，故卞和爲之三次受刑。

〔三〕凋榮：姚注：曾、錢、劉，一作「凋弊」。《史記》作「割榮」。《春秋後語》作「害榮」。凋，摧折。榮，英華。比喻人主自殘其國士。

〔四〕闚：《史記索隱》引《戰國策》作「關」，是。謂關涉於王心。

〔五〕抑：姚本作「已」，鮑改「已」爲「亡」。姚注：錢、曾作「亡」，一作「抑」。今從一本。

〔六〕間：暇隙之時間，空閒之時。

〔七〕「王稽」下，姚、鮑本有「説」字。一本無「説」字，今從一本。

【繫年】

據《穰侯傳》、《范雎傳》，秦昭王三十五年王稽載范雎入秦，待命歲餘，至三十六年獻書昭王，當周赧王四十四年。

范雎至章

范雎至，秦王庭迎〔一〕，謂范雎曰〔二〕：「寡人宜以身受令久矣〔三〕。今者義渠之事急〔四〕，寡人日自請太后〔五〕。今義渠之事已〔六〕，寡人乃得以身受命。躬竊閔然不敏〔七〕，敬執賓主之禮。」范雎辭讓。

〔一〕庭迎：迎之於庭。

〔二〕謂：黄丕烈云：或爲「謝」之誤。

〔三〕宜以身受令：宜，應當。令，命。受命，受教命。

〔四〕今者義渠之事急：今者，王念孫云：此乃追敘之辭，不得言「今者」。《史記·范雎傳》作「會義渠之事急」是也。「今者」二字，乃一「會」字之訛。昭王立，義渠戎王來朝秦。宣太后與義渠戎王亂，生二子。昭王三十五年，宣太后詐而殺義渠戎王於甘泉，遂起兵伐殘義渠。

〔五〕自請太后：請命於宣太后以伐殘義渠。

〔六〕義渠之事已：已，止也。秦滅義渠，置北地郡。

〔七〕躬竊閔然不敏：躬，自身。閔然，猶昏闇。敏，捷便聰通。

是日見范雎，見者無不變色易容者。秦王屏左右〔一〕，宫中虛無人，秦王跪而請曰：「先生何以幸教寡人？」范雎曰：「唯唯〔二〕。」有間〔三〕，秦王復請，范雎曰：「唯唯。」若是者三。秦王跽曰〔四〕：「先生不幸教寡人乎？」范雎謝曰：「非敢然也。臣聞始時吕尚之遇文王也〔五〕，身爲漁父，而釣於渭陽之濱耳〔六〕。若是者，交疏也。已一説而立爲太師〔七〕，載與俱歸者，其言深也。故文王果收功於吕尚，卒擅天下，而身立爲帝王。即使文王疏吕望而弗與深言〔八〕，是周無天子之德，而文、武無與成其王也。今臣，羈旅之臣也，交疏於王，而所願陳者，皆匡君之事，處人骨肉之間〔九〕，願以陳臣之陋忠，而未知王心也，所以王三問而不對者是也。臣非有所畏而不敢言也，知今日言之於前，而明日伏誅於後，然臣弗敢畏也。大王信行臣之言，死不足以爲臣患，亡不足以爲臣憂，漆身而爲厲〔一〇〕，被髮而爲狂〔一一〕，不足以爲臣恥。五帝之聖焉而死〔一二〕，三王之仁焉而死，五伯之賢焉而死，烏獲之力焉而死〔一三〕，奔、育之勇焉而死〔一四〕。死者，人之所必不免也。處必然之勢，可以少有補於秦，此臣之所大願也，臣何患乎？伍子胥橐載而出昭關〔一五〕，夜行而晝伏。至於蔆水〔一六〕，無以餌其口，坐行蒲服〔一七〕，乞食於吴市〔一八〕，卒興吴國，闔廬爲霸〔一九〕。使臣得進謀如伍子胥，加之以幽囚，終身不復見，是臣説之行也，臣何憂乎？箕子、接輿漆身而爲厲〔二〇〕，被髪而爲狂，無益於殷、楚。使臣得同行於箕子、接輿，可以補所賢之主〔二一〕，是臣之大榮也，臣又何恥乎？臣之所恐者，獨恐臣死之後，天下見臣盡忠而身蹷也〔二二〕，是以杜口裹足莫肯即秦耳〔二三〕。足下上畏太后之嚴，下惑奸臣之態〔二四〕，居深宫之中，不離保傅之手〔二五〕，終身闇惑，無與照奸〔二六〕；大者宗廟滅覆，小者身以孤危。此臣之所恐耳！若夫窮辱之事，死亡之患，臣弗敢畏也。臣死而秦治，賢於生也。」

〔一〕屏：除也，此謂退去左右侍從之人。

〔二〕唯唯：應諾也。

〔三〕有間：頃刻。

〔四〕跽：長跪兩膝支地。古人坐皆以兩膝着地，有所敬，引身而起，伸腰及股，則爲長跽。

〔五〕吕尚：姜姓，名尚，字子牙，其先封於吕，以國爲氏，故曰吕尚。

〔六〕渭陽：渭水之陽。水以北爲陽。渭水發源於今甘肅渭源縣鳥鼠山，流經今陝西華陰市入黄河。

〔七〕已一説而立爲太師：「已」與「以」通。《齊世家》：吕尚以魚釣奸周西伯。西伯出獵，果遇太公於渭之陽，與語大説。載與俱歸，立爲師。

〔八〕即使文王疏呂望：即，猶若也。呂望，呂尚號太公望，故又名呂望。

〔九〕處人骨肉之間：處，猶在也。骨肉之間，謂欲向昭王言宣太后及穰侯之事。

〔一〇〕漆身而爲厲：厲，音「賴」。癩病也。言漆塗身生瘡如病癩。《刺客傳》豫讓漆身爲厲，吞炭爲啞。

〔一一〕被髮而爲狂：箕子，商紂臣，懼紂之暴虐，披髮佯狂爲奴，紂王囚之。

〔一二〕焉：姚本、鮑本無「焉」字。錢本有「焉」字，以下四句皆有「焉」字。今從錢本皆補「焉」字。

〔一三〕烏獲：秦武王力士。

〔一四〕奔、育之勇：奔，孟奔。育，夏育。皆衛人，古勇士，能力舉千鈞。

〔一五〕橐載而出昭關：橐，韋橐，載於韋橐中而逃出昭關。昭關，楚要塞，在今安徽含山縣北，小峴山西，兩山對峙，形成險塞。

〔一六〕蔆水：《史記》作「陵水」。即溧水，「蔆」、「溧」聲相近，故或爲「蔆」。在今江蘇南京市溧水區西北，一名瀨水，相傳爲子胥乞食處。

〔一七〕坐行蒲服：坐行，膝行。蒲服，即匍匐。

〔一八〕吴市：即今江蘇溧陽市。

〔一九〕闔廬爲霸：闔廬，吴王壽夢之子，名光，弑吴王僚自立，破楚而霸天下。

〔二〇〕箕子、接輿：箕子，名胥餘，殷紂王太師，懼紂暴虐，佯狂披髮爲奴。接輿，《高士傳》楚人陸通字接輿，佯狂避世。但不聞二人有漆身爲厲之事。

〔二一〕可以：「可以」前姚本、鮑本有「漆身」二字。一本無「漆身」字，是。今從一本。

〔二二〕蹷：僵仆，跌倒。
〔二三〕即：一作「鄉」，《史記》作「鄉」，即「嚮」字。「即」疑「鄉」之損。但作「即」自通。即，就，至也。
〔二四〕奸臣之態：以佞媚爲容態。
〔二五〕保傅：女保，女傅。
〔二六〕照：《史記》作「昭」，明也。照，見也照奸，明見其奸惡。

秦王跽曰：「先生是何言也？夫秦國僻遠，寡人愚不肖，先生乃幸至此，此天以寡人慁先生〔一〕，而存先王之廟也。寡人得受命於先生，此天所以幸先王而不棄其孤也。先生奈何而言若此！事無大小，上及太后，下至大臣，願先生悉以教寡人，無疑寡人也。」范雎再拜，秦王亦再拜。

〔一〕慁：姚注：《春秋後語》作「授」。「慁」與「溷」同，濁亂。此浼辱之意。

范雎曰：「大王之國，北有甘泉、谷口〔一〕，南帶涇、渭〔二〕，右隴、蜀〔三〕，左關、阪〔四〕，戰車千乘，奮擊百萬，以秦卒之勇，車騎之多，以當諸侯，譬若馳韓盧而逐蹇兔也〔五〕，霸王之業可致。今反閉關而不敢窺兵於山東者〔六〕，是穰侯爲國謀不忠，而大王之計有所失也。」

〔一〕甘泉、谷口：甘泉，山名，俗名磨盤嶺，甘泉出焉。在今陝西淳化縣西北五十里。谷口，地名，在九嵕山東，仲山西。當涇水出山之處，故曰谷口。在今陝西禮泉縣東北四十里。
〔二〕涇、渭：涇，涇水，源出今甘肅平涼市西北幵頭山，東南流至今陝西西安市高陵區南入渭河。

〔三〕隴、蜀：隴，山名，有大阪，名隴坻。在今陝西隴縣西北六十里。北連沙漠，南帶涇、渭。關中四塞之一。蜀，山名，亦謂岷山，即隴山之南首，故隴蜀並稱。

〔四〕關、阪：謂函谷關、殽阪；一説是商阪，今商雒山。

〔五〕馳韓盧而逐蹇兔：韓盧，俊犬名。《史記索隱》引《戰國策》云：「韓盧者，天下之壯犬也。」《博物志》：「韓有黑犬名盧。」蹇，跛也。

〔六〕閉關：「關」字姚本無。李善注《文選》引此策有「關」字。《史記·范雎傳》有「關」字。鮑本「閉」下補「關」字是也。今從鮑本。

王曰：「願聞所失計。」

雎曰：「大王越韓、魏而攻强齊〔一〕，非計也。少出師則不足以傷齊，多之則害於秦。臣意王之計欲少出師〔二〕，而悉韓、魏之兵，則不義矣。今見與國之不可親〔三〕，越人之國而攻，可乎？疏於計矣。昔者齊人伐楚，戰勝、破軍、殺將〔四〕，再辟千里，膚寸之地無得者〔五〕，豈齊不欲地哉？形弗能有也。諸侯見齊之罷露〔六〕，君臣之不親，舉兵而伐之，主辱軍破〔七〕，爲天下笑。所以然者，以其伐楚而肥韓、魏也。此所謂藉賊兵而齎盜食者也〔八〕。王不如遠交而近攻，得寸則王之寸，得尺亦王之尺也。今舍此而遠攻，不亦繆乎！且昔者，中山之地，方五百里，趙獨擅之〔九〕，功成、名立、利附焉〔一〇〕，天下莫能害。今韓、魏中國之處，而天下之樞也〔一一〕。王若欲霸，必親中國而以爲天下樞，以威楚、趙。趙强則楚附，楚强則趙附。楚、趙附則齊必懼，懼必卑辭重幣以事秦，齊附而韓、魏可虚也。〔一二〕」

〔一〕越韓、魏而攻强齊：秦昭王三十六年，使客卿造攻齊，取剛、壽，以予穰侯。

〔二〕臣意王之計欲少出師：姚注：曾、錢、一作「臣計王之少出師」。意，測度。

〔三〕與國之不可親：與國，謂韓、魏。不可親，姚注：錢、劉作「可親」，無「不」字，是也。

〔四〕「昔者」二句：秦昭王四年、五年，齊與韓、魏攻楚，六年，齊與秦、韓、魏共攻楚，敗楚於重丘，殺楚將唐昧。

〔五〕膚寸之地：側手爲膚，按指爲寸。

〔六〕罷露：罷，與「疲」同。露，敗也。《齊策五》：「其百姓罷而城郭露。」與此同義。

〔七〕舉兵而伐之，主辱軍破：此指秦昭王二十三年，燕將樂毅率五國之師以伐齊，齊閔王出走被殺，燕兵入臨淄。

〔八〕藉賊兵而齎盗食：藉，與「借」同。齎，持送。

〔九〕趙獨擅之：趙惠文王三年滅中山，而獨擅中山之地。

〔一〇〕焉：姚本作「則」，鮑改「則」爲「焉」。《史記》作「焉」。今從鮑本。

〔一一〕中國之處，而天下之樞也：中國之處，謂中國所在。天下之樞，天下各國出入往來之樞紐。【補】中國，指處於中部之韓、魏、趙三國。

〔一二〕可虛：「虛」同「墟」。可使爲丘墟。

王曰：「寡人欲親魏，魏多變之國也，寡人不能親。請問親魏奈何？」范雎曰：「卑辭重幣以事之，不可。削地而賂之，不可。舉兵而伐之。」於是舉兵而攻邢丘〔一〕，邢丘拔而魏請附。

〔一〕邢丘：魏邑，漢置平皋縣。今河南温縣東有平皋故城。《秦本紀》秦昭王四十一年夏，攻魏取邢丘。【補】邢丘，古邢國故址。邢，周初封周公旦之子的諸侯國，都於邢邑，今河南温縣東之平皋。後遷都於今河北邢臺市，原都城成墟，稱邢丘。春秋時爲鄭、晉先後兼併。

曰：「秦、韓之地形，相錯如繡〔一〕，秦之有韓，若木之有蠹，人之病心腹。天下有變，爲秦害者莫大於韓。王不如收韓〔二〕。」王曰：「寡人欲收韓，韓不聽，爲之奈何？」

〔一〕相錯如繡：秦、韓疆界相連，相互交錯如繡飾，言其複雜。

〔二〕王不如收韓：此五字鮑本無，《史記》有。

范雎曰：「舉兵而攻滎陽〔一〕，則成皋之路不通〔二〕；北斬太行之道〔三〕，則上黨之兵不下；一舉而攻滎陽則其國斷而爲三〔四〕。魏、韓見必亡，焉得不聽？韓聽而霸事可成也。」王曰：「善。」

〔一〕滎陽：韓邑，今河南滎陽市東北之古滎鎮。

〔二〕成皋：即虎牢，在今滎陽西，是韓國東西通道。攻占滎陽，則韓國東西隔絶。宜陽、陝、虢之師不得相救。

〔三〕斬太行之道：斬，斷。太行道，即羊腸道，在今河南沁陽、山西晉城間。斷太行道，則上黨之師不得下太行相救。秦昭王四十四年，秦攻韓，取南陽，絶太行道。

〔四〕其國斷而爲三：新鄭以南，上黨以北，滎陽以西。

范雎曰：「臣居山東，聞齊之内有田單〔一〕，不聞其王。聞秦之有太后、穰侯、涇陽、華陽〔二〕，不聞其有王。夫擅國之謂王，能專利害之謂王，制殺生之威之謂王。今太后擅行不顧〔三〕，穰侯出使不報〔四〕，涇陽、華陽擊斷無諱〔五〕，四貴備而國不危者，未之有也。爲此四者〔六〕，下乃所謂無王已。然則權焉得不傾，而令焉得從王出乎？臣聞：『善爲國者，内固其威，而外重其權。』穰侯使者操王之重，決裂諸侯〔七〕，剖符於天下〔八〕，征敵伐國，莫敢不聽。戰勝攻取，則利歸於陶〔九〕，國弊御於諸侯〔一〇〕；戰敗則怨結於百姓，而禍歸社稷。《詩》曰：『木實繁者披其枝〔一一〕，披其枝者傷其心。大其都者危其國〔一二〕，尊其臣者卑其主。』淖齒管齊之權〔一三〕，縮閔王之筋，縣之廟梁，宿昔而死〔一四〕。李兑用趙，減食主父，百日而餓死〔一五〕。今秦，太后、穰侯用事，高陵、涇陽佐之〔一六〕，卒無秦王，此亦淖齒、李兑之类已。臣今見王獨立於廟朝矣，且臣將恐後世之有秦國者，非王之子孫也。」

〔一〕田單：齊王之疏屬，以即墨、掖邑擊退燕軍，恢復齊國。齊襄王以爲相，封安平君當政於齊。

〔二〕穰侯、涇陽、華陽：穰侯，注見前。穰，地名，今河南鄧州市西北四十里。涇陽，今陝西涇陽縣，秦昭王時公子市封於此，號涇陽君。華陽，今河南新鄭市北四十五里有華陽故城。宣太后同父弟芈戎封此，號華陽君。華陽西距新密市十餘里，又益封新密地，故又稱芈戎爲新城君。新城在今新密市東南。

〔三〕今太后擅行不顧：擅，專也。不顧，不顧秦王。《范雎傳》：「宣太后既伐義渠，益擅行不顧。」

〔四〕出使不報：派遣使節不請示報告秦王。

〔五〕擊斷無諱：擊斷，謂刑殺人。無諱，言不畏秦王而擅自行而毫無諱忌。諱，畏也。《史記》此句下有「高陵進退不請」一句。應補以足四貴之數。

〔六〕爲此四者：爲有此四人，謂太后、穰侯、華陽君、涇陽君四貴也。

〔七〕決裂諸侯：謂分割諸侯之地。

〔八〕剖符於天下：剖，猶分。符，信也。虎符用以發兵，竹符用於使節征發。此「剖符」承上「決裂」而言，謂擅自封爵。

〔九〕利歸於陶：言戰勝攻取得來土地皆歸陶邑，用以廣穰侯封地。

〔一〇〕國弊御於諸侯：弊，疲弊。御，制。謂戰勝攻取，利歸於陶；戰敗損失，弊歸於國家，反受制於諸侯。

〔一一〕《詩》曰：「木實繁者披其枝」：孫詒讓云：古書引書或通稱《詩》。實，果實。披，折也。

〔一二〕大其都者危其國：都，大夫封邑之都城。國，天子、諸侯之國都。《國語·周語》：「並後匹嫡，大都偶國，亂之本也。」

〔一三〕淖齒管齊之權：淖齒，楚人。管齊之權，周赧王三十一年，五國伐齊，淖齒將兵救齊，因相齊閔王。淖齒欲與燕共分齊地，數齊閔文王之罪而殺之。

〔一四〕縮閔王之筋，縣之廟梁，宿昔而死：縮，抽，擢。縣，與「懸」同。宿昔，一夜。

〔一五〕李兑用趙，減食主父，百日而餓死：趙武靈王二十七年，傳位於王子何，是爲惠文王，自稱主父，封長子章爲安陽君，使田不禮相章。趙惠文王四年公子章與田不禮作亂，公子成與李兑起兵敗公子章。公子章逃奔主父於沙丘宫。公子成與李兑圍主父宫，公子章死，主父欲出不得，三月餘而餓死於沙丘宫。李兑，趙惠文王司寇。

〔一六〕高陵：地名，故城在今陝西西安市高陵區西南一里，秦昭王封其同母弟公子悝，號高陵君。一曰葉陽君。

昭王初年，穰侯用事，太后專政，高陵君、涇陽君並擅國事。

秦王懼，於是乃廢太后〔一〕，逐穰侯〔二〕，出高陵、涇陽於關外〔三〕。

〔一〕廢太后：《史記·范雎傳》言廢太后在昭王四十一年。

〔二〕逐穰侯：《史記·秦本紀》昭王四十二年穰侯出之陶。

〔三〕出高陵、涇陽於關外：《秦本紀》昭王四十五年，高陵君悝出之國，未至而死。然高陵君、涇陽君封地不在關外，而華陽君羋戎封地在關外。

昭王謂范雎曰：「昔者齊公得管仲〔一〕，時以爲仲父〔二〕，今吾得子，亦以爲父〔三〕。」

〔一〕齊公得管仲：齊公，齊桓公。管仲，名夷吾，齊桓公之相。

〔二〕仲父：《説苑》，桓公使管仲治國，立以爲仲父。

〔三〕父：劉向《別録》：「父，亦男子之美號也。」《穀梁傳》中作「父，猶傅也」。

【繫年】

《范雎傳》，范雎至秦，待命歲餘，當是時，昭王已立三十六年，則此爲昭王三十六年事，當周赧王四十四年。

應侯謂昭王章

應侯謂昭王曰〔一〕：「亦聞恒思有神叢歟〔二〕？恒思有悍少年，請與神博〔三〕，曰：『吾勝叢，叢藉我神三日〔四〕；不勝叢，叢困我。』乃左手爲叢投〔五〕，右手自爲投，勝叢，叢藉其神三日，叢往求之，遂弗歸〔六〕。五日而叢枯，七日而叢亡。今國者，王之叢，勢者，王之神，藉人以此，得無危乎？臣未嘗聞指大於臂，臂大於股，若有此，則病必甚矣。百人輿瓢而趨〔七〕，不如一人持而走疾。百人誠輿瓢，瓢必裂。今秦國，華陽用之，穰侯用之，太后用之，王亦用之。不稱瓢爲器則已，稱瓢爲器，國必裂矣。臣聞之也：『木實繁者枝必披，枝之披者傷其心。都大者危其國，臣强者危其主。』且令邑中自斗食以上〔八〕，至尉、内史及王左右〔九〕，有非相國之人者乎〔一〇〕？國無事則已，國有事，臣必聞見王獨立於庭也。臣竊爲王恐，恐萬世之後，有國者非王子孫也。

〔一〕應侯：應，古國名，在今河南魯山縣東四十里故應城。秦封范雎以應，號應侯。

〔二〕恒思有神叢：恒思，地名，不詳所在。神叢，《史記·陳涉世家索隱》引高誘注云：「神叢，神祠叢樹也。」《墨子·明鬼下》：「建國必擇木之脩茂者立以爲叢位。」叢，謂草木脩茂之處立祠，神所憑托。故云神叢。即「社稷神」。

〔三〕博：戲局，六着十二棊，用以賭勝負。又稱「六博」。

〔四〕藉我神：叢以神靈借給我。

〔五〕投：博具。如棋子。

〔六〕弗歸：不歸還其神靈。

〔七〕輿瓢而趨：輿，載也。趨，疾走。

〔八〕且令邑中自斗食以上：且令，姚本作「其令」，鮑本作「且令」是。今從鮑本。斗食，佐史吏職之俸禄，一歲不滿百石，日食一斗二升，故云斗食。【補】顔師古注《漢書·外戚志》曰：「斗食，謂佐史也。謂之斗食者，言一歲不滿百石，日食一斗二升。」

〔九〕尉、内史：尉，武官，秦政府及郡、縣皆有尉，以掌兵。内史，掌穀貨，如漢之治粟内史。《睡虎地秦墓竹簡》七次言及内史，其職務皆掌管經濟。

〔一〇〕相國：謂穰侯魏冉。

「臣聞古之善爲政也，其威内扶〔一〕，其輔外布〔二〕，而治政不亂不逆〔三〕，使者直道而行，不敢爲非。今太后使者分裂諸侯，而符布天下，操大國之勢，强徵兵，伐諸侯，戰勝攻取，利盡歸於陶；國之幣帛，竭入太后之家；竟内之利〔四〕，分移華陽。古之所謂『危主滅國之道』，必從此起。三貴竭國以自安〔五〕，然則令何得從王出，權何得毋分，是王果處三分之一也〔六〕。」

〔一〕扶：鮑注：扶，猶持也。

〔二〕輔：謂股肱大臣。

〔三〕而治政不亂：而，姚本作「四」，鮑本改爲「而」。此字宜作「而」，從鮑本。【補正】姚本謂「四時治政，不亂不逆」，是説順四時而治政，故云不亂不逆。《左傳·昭公二十五年》：「爲政事、庸力、行務，以後四時。」《管子·版法解》：「象四時之行，以治天下。」《鶡冠子》：「中參成位，四氣爲政。」可作佐證。可見「四」改「而」疑誤。

〔四〕竟：與「境」同。

〔五〕三貴：太后、穰侯、華陽君。

〔六〕是王果處三分之一也：「是」下姚本有「我」字。劉本無「我」字。鮑衍「我」字。今從劉本。

【繫年】

秦封范雎以應，號爲應侯，在秦昭王四十一年，而秦逐穰侯、華陽君出關外亦在此年。此策當爲秦昭王四十一年事，當周赧王四十九年。

秦攻韓圍陘章

秦攻韓，圍陘〔一〕。范雎謂秦昭王曰：「有攻人者，有攻地者。穰侯十攻魏而不得傷者〔二〕，非秦弱而魏强也，其所攻者，地也。地者，人主所甚愛也。人主者，人臣之所樂爲死也。攻人主之所愛，與樂死者鬬，故十攻而弗能勝也。今王將攻韓圍陘，臣願王之毋獨攻其地，而攻其人也。

〔一〕秦攻韓，圍陘：韓桓惠王九年，秦攻韓拔陘城。陘，音「刑」，韓邑。故城在今山西曲沃縣西北二十里，汾水旁。【補】陘，據江永考，白起攻韓國陘之陘，非此，別是一地。疑即今河南新鄭市西南之陘山。山西之陘當時屬魏，不屬韓。

〔二〕穰侯十攻魏：據《魏世家》，穰侯自魏昭王元年、秦昭王十四年爲秦將，至魏安釐王十年、秦昭王四十年魏冉失勢，前後共伐魏十次。

「王攻韓圍陘，以張儀爲言〔一〕。張儀之力多，且削地而以自贖於王，幾割地而韓不盡；張儀之力少，則王逐張儀，而更與不如張儀者市〔二〕。則王之所求於韓者盡可得也〔三〕。」

〔一〕以張儀爲言：按張儀已死四十餘年，且儀亦未曾相韓。年代不符。黄丕烈謂「張」字有訛。【正】此「張儀」當另有所指，非彼張儀也。

〔二〕不如張儀者市：智不如張儀者。市，交易。此指政治外交。

〔三〕盡：姚本作「言」，鮑本作「盡」義勝。從鮑本。

【繫年】

《韓世家》桓惠王九年，秦攻韓拔陘。當秦昭王四十三年、周赧王五十一年。

應侯曰鄭人章

應侯曰：「鄭人謂玉未理者璞〔一〕，周人謂鼠未腊者璞〔二〕。周人懷璞過鄭賈曰〔三〕：『欲買璞乎？』鄭賈曰：『欲之。』出其璞，視之，乃鼠也。因謝不取〔四〕。今平原君自以賢〔五〕，顯名於天下，然降其主父沙丘而臣之〔六〕，天下之王尚猶尊之，是天下之王，不如鄭賈之智也。眩於名〔七〕，不知其實也。」

〔一〕玉未理者璞：治玉曰理。玉石未琢治者爲璞。

〔二〕鼠未腊者璞：腊，曝爲肉乾。《後漢書·應昭傳》「昔鄭人以乾鼠爲璞」，《莊子·天下釋文》「周人謂鼠腊者亦曰璞」，據此知策文「未」字衍。

〔三〕鄭賈：鄭國商人。鄭，此指韓國，韓滅鄭，據鄭故都，故戰國有時稱韓亦爲鄭。

〔四〕謝：鮑注：謝，辭去也。

〔五〕平原君：趙勝，惠文王弟，封於東武城，相趙惠文王、孝成王。卒於孝成王十五年（《六國年表》、《趙世家》作十四年）。

〔六〕降其主父沙丘而臣之：趙惠文王四年，餓死主父於沙丘宮。此時公子成爲相，封安平君，與平原君無涉。上文「平原」二字當是「安平」之訛。降，貶損其位。沙丘宮在今河北平鄉縣東北。

〔七〕眩：鮑注：眩，目無常主也，故爲惑。

【繫年】

此策時不可考，從顧觀光，附於秦昭王四十一年，當周赧王四十九年。

天下之士章

天下之士，合從相聚於趙，而欲攻秦。秦相應侯曰：「王勿憂也，請令廢之〔一〕。秦於天下之士，非有怨也，相聚而攻秦者，以己欲富貴耳。王見大王之狗，卧者卧，起者起，行者行，止者止，毋相與鬭者；投之一骨，輕起相牙者〔二〕，何則？有争意也。」

〔一〕請令廢之：言请即廢之也。王念孫云：「令」当为『今』字之误也。今，犹即也。

〔二〕輕起相牙：輕，忽也。相牙，以牙相示，言其欲鬭也。

於是使唐雎載音樂〔一〕，予之五千金〔二〕，居武安〔三〕，高會相與飲，謂邯鄲人〔四〕：「誰來取者？」於是其謀者固未可得予也〔五〕，其可得與者，與之昆弟矣〔六〕。「公與秦計功者〔七〕，不問金之所之，金盡者功多矣。今令人復載五千金隨公〔八〕。」

〔一〕唐雎：魏人，以赴秦請救，在秦。「雎」一作「且」。「雎」、「且」古字通。
〔二〕五千金：鮑本作「五千金」。姚本作「五十金」，誤。從鮑本。
〔三〕武安：趙地，今河北武安市。
〔四〕邯鄲：趙國都，趙敬侯自今河南中牟徙此。故城在今河北邯鄲市西南二十里。
〔五〕未可得予：慮其不接受。
〔六〕與之昆弟：言與之結好若昆弟。
〔七〕公與秦計功：公，指唐雎。與，猶爲也。
〔八〕五千：姚本作「五十」。鮑本作「五千」。王念孫云：當作「五千」。今從之。

唐雎行，至武安〔一〕，散不能三千金〔二〕，天下之士大相與鬬矣。

〔一〕至武安：「至」上姚本有「行」字，鮑本無。從鮑本。
〔二〕能：猶及也。

【繫年】

秦昭王三十七年，秦、趙戰於閼與，秦敗而趙勝，天下之士合從相聚於趙，欲以攻秦。當趙惠文王二十九年、周赧王四十五年。

謂應侯曰章〔一〕

謂應侯曰：「君禽馬服君乎〔二〕？」曰：「然。」「又即圍邯鄲乎〔三〕？」曰：「然。」「趙亡，秦王王矣，武安君爲三公〔四〕。武安君所以爲秦戰勝攻取者七十餘城，南亡鄢、郢、漢中〔五〕，禽馬服之軍，不亡一甲，雖周、邵、呂望之功〔六〕，亦不過此矣。趙亡，秦王王，武安君爲三公，君能爲之下乎？雖欲無爲之下，固不得之矣。秦嘗攻韓邢，困上黨〔七〕，上黨之民，皆返爲趙〔八〕，天下之民，不樂爲秦民之日固久矣。今攻趙，北地入燕，東地入齊，南地入楚、魏〔九〕，則秦所得亡幾何〔一〇〕。故不如因而割之，無以爲武安功〔一一〕。」

〔一〕謂應侯曰章：《白起傳》秦昭王四十七年，白起敗趙軍於長平。四十八年武安君欲滅趙，請昭王益兵，韓、趙恐，使蘇代説秦相應侯。

〔二〕君禽馬服君乎：據《白起傳》，「君」上脱「武安」二字。禽，同「擒」。馬服，趙括也。其父趙奢爲趙將有功，賜號馬服君。故稱趙括爲馬服子。武安君射殺馬服子趙括在昭王四十七年。

〔三〕又即圍邯鄲：事在昭王四十八年十月。

〔四〕武安君爲三公：武安君，白起。三公，古以太師、太傅、太保爲三公。秦制，以丞相、太尉、御史大夫爲三公。

〔五〕鄢、郢：鄢，楚地。故鄢城在今湖北宜城市西南九里。郢，楚都。今湖北荆州市北十里紀南城即故郢。

〔六〕周、邵、吕望：周，周公姬旦。邵，一作「召」，召公姬奭。吕望，太公姜尚。三人輔佐周武王、成王，滅殷建立周朝，皆有大功。

〔七〕秦嘗攻韓邢，困上黨：邢，當作「陘」，上章秦攻韓國陘可證。【補】此陘，即今山西曲沃縣西北二十里汾水旁之故城。非邢丘。邢丘屬魏，不是韓地。困上黨，秦昭王四十七年，使王齕攻韓，取上黨。

〔八〕上黨之民，皆返爲趙：秦拔韓上黨，上黨民走趙，趙軍駐長平以救上黨民。秦軍攻趙，戰於長平。

〔九〕南地入楚、魏：「楚」字當爲「韓」。趙境南接韓、魏，與楚境相距甚遠，滅趙，趙南境入韓、魏，無由入楚。

〔一〇〕亡：姚本作「不一」，《史記》作「亡」。黄丕烈云：不一，蓋「亡」字之誤兮。

〔一一〕無：姚、鮑本作「因」，誤。《史記》作「無」。「無」與「毋」同，蓋由「毋」誤爲「因」。

【繫年】

此秦昭王四十八年、周赧王五十六年事。

應侯失韓之汝南章

應侯失韓之汝南〔一〕，秦昭王謂應侯曰：「君亡汝南國〔二〕，其憂乎？」應侯曰：「臣不憂。」王曰：「何也？」曰：「梁人有東門吴者〔三〕，其子死而不憂，其相室曰〔四〕：『公之愛子也，天下無有，今子死而不憂，何也？』東門吴曰：『吾嘗無子，無子之時不憂；今子死，乃即與無子時同也，臣奚憂焉？』臣亦嘗爲子〔五〕，爲子時不憂；今亡汝南，乃與梁餘子同也〔六〕。臣何爲憂？」

〔一〕汝南：本周地，入秦，今爲韓所侵奪，故曰韓之汝南。當時汝南非城邑名。以其地在汝水之南，故云。即范雎所封之應鄉。【補】汝南，非今河南之汝南，乃汝水流經之符壘城。故城在今河南寶豐縣西北。古應國地，似爲應侯的封地。因史上稱過汝南，後魏時曾在此置汝南縣，北齊廢。

〔二〕君亡汝南國：「汝南」二字，鮑、姚本皆無。一本「亡」下有「汝南」二字。今從之。補「汝南」二字。

〔三〕東門吴：東門，複姓。吴，其名。東門，魯公子遂之後。魯莊公子遂居東門，後因以爲氏。

〔四〕相室：家相，主知家務者。亦名家老。

〔五〕子：餘子，無封地。《禮記·喪大記》注：子，謂凡庶子。

〔六〕梁餘子：《周禮·小司徒》「大故致餘子」，鄭玄注：「卿大夫之子當守於王宫者。」《莊子·秋水》司馬彪

注：「未應丁夫爲餘子。」孫詒讓《周禮·鄉大夫》疏：「凡國中二十以上，野十五以上，未授室者爲餘子，已授室者爲餘夫。」范雎，故梁人，據此策，則亦梁之餘子。

秦王以爲不然，以告蒙傲〔一〕曰：「今也寡人一城圍，食不甘味，卧不便席，今應侯亡地而言不憂，此其情也〔二〕？」

〔一〕蒙傲：傲，李善注《文選·求自試表》引策文作「驁」。「傲」、「驁」古通。蒙驁，齊人。事秦昭王，官至上卿。昭王二十二年爲秦將，數有功。始皇即位，爲將軍。七年卒。其子蒙武，武子蒙恬、蒙毅。三世爲秦將。

〔二〕此其情也：豈是其真情？

蒙傲曰：「臣請得其情。」蒙傲乃往見應侯曰：「傲欲死。」應侯曰：「何謂也？」曰：「秦王師君〔一〕，天下莫不聞，而况於秦國乎？今傲勢得秦爲王將〔二〕，將兵，臣以韓之細也〔三〕，顯逆誅〔四〕，奪君地〔五〕，傲尚奚生？不若死。」應侯拜蒙傲曰：「願委之卿。」

〔一〕秦王師君：謂秦王以范雎爲師。君，指范雎。

〔二〕今傲勢得秦爲王將：勢，位也。「秦爲」二字誤倒。

〔三〕細：小，弱。

〔四〕顯逆誅：逆節顯著當誅討。

〔五〕奪君地：侵佔范雎汝南之封地。

蒙傲以報於昭王。自是之後，應侯每言韓事者，秦王弗聽也，以其爲汝南虜也〔一〕。

〔一〕以其爲汝南虜：以其爲汝南謀也。姚注：錢、一無「虜」字。虜，當爲「慮」字形近而誤。慮，謀也。

【繫年】

此當爲秦昭王四十八年，秦集全力攻趙邯鄲時，韓乘時奪秦汝南地，從顧觀光，附此策於昭王四十八年，當赧王五十六年。

秦攻邯鄲十七月章

秦攻邯鄲，十七月不下〔一〕。莊謂王稽曰〔二〕：「君何不賜軍吏乎？」王稽曰：「吾與王也，不用人言。」莊曰：「不然。父之於子也，令有必行者，必不行者。曰：『去貴妻，賣愛妾。』此令必行者也。因曰：『毋敢思也。』此令必不行者也。守閭嫗曰〔三〕：『其夕，某孺子内某士〔四〕。』貴妻已去，愛妾已賣，而心不有〔五〕。欲教之者，人心固有〔六〕。今君雖幸於王，不過父子之親；軍吏雖賤，不卑於守閭嫗。且君擅主輕下之日久矣，聞『三人成虎，十夫揉椎〔七〕。衆口所移，毋翼而飛』。故曰：『不如賜軍吏而禮之。』」王稽不聽，軍吏窮，果惡王稽、杜摯以反〔八〕。秦王大怒，而欲兼誅范睢〔九〕。

〔一〕秦攻邯鄲，十七月不下：秦昭王四十八年十月，秦圍趙邯鄲，十七月之後，乃昭王五十年三月。

〔二〕莊：人名，姓佚。

〔三〕守閭嫗：即守門之老婦。嫗，老婦。

〔四〕孺子内某士：孺，姚本作「懦」。姚注：曾云，恐作「儒」。劉作「孺」。鮑本作「孺」。民按：作「孺」爲是。故改從鮑本。孺子，《齊策三》「王有七孺子」，婦人之美稱。内某士，接某男子以私通。「内」與「納」同。

〔五〕而心不有：言父雖令之，而心不欲。有，猶欲。

〔六〕欲教之者，人心固有：鮑注：教，告。人心固有，孺人内士，人心固欲其告，雖非至親，令必行也。

〔七〕揉椎：揉，矯揉使之曲伸。椎，木棒。

〔八〕杜摯：王稽之副。秦昭王五十二年，王稽坐與諸侯通，棄市。

〔九〕兼誅范睢：秦法，舉薦人任官不善，舉主連罪。王稽爲范睢所薦。王稽棄市，故云欲兼誅范睢。

范睢曰：「臣東鄙之賤人也〔一〕，開罪於楚、魏〔二〕，遁逃來奔。臣無諸侯之援，親習之故〔三〕，王舉臣於羈旅之中，使職事〔四〕，天下皆聞臣之身與王之舉也。今遇惑或與罪人同心〔五〕，而王明誅之，是王過舉顯於天下，而爲諸侯所議也。臣願請藥賜死，而恩以相葬臣，王必不失臣之罪，而無過舉之名。」王曰：「有之〔六〕。」遂弗殺而善遇之。

〔一〕東鄙：謂魏。鄙，邊邑。范睢，魏人。

〔二〕開罪於楚、魏：開罪，得罪。「楚」字鮑本衍，當是。范雎得罪於魏相魏齊，與楚無涉。

〔三〕親習：近習故舊之人，王所親信者。

〔四〕職事：主持國事。職，主也。

〔五〕今遇惑或與罪人同心：遇，鮑改爲「愚」。吳師道云：當作「愚」。俞樾《諸子平議》：「遇當讀如愚。」鮑本衍「或」字是。罪人，指王稽。

〔六〕有之：有此過舉之事。

【繫年】

《六國年表集解》王稽棄市在秦昭王五十二年。策文所言當即此時事。

蔡澤見逐於趙章

蔡澤見逐於趙〔一〕，而入韓、魏，遇奪釜、鬲於涂〔二〕。聞應侯任鄭安平、王稽皆負重罪〔三〕，應侯内慙，乃西入秦。將見昭王，使人宣言以感怒應侯曰：「燕客蔡澤，天下駿雄弘辯之士也。彼一見秦王，秦王必相之而奪君位。」

〔一〕蔡澤見逐於趙：蔡澤，燕人。游學干諸侯甚衆，皆不得志。去之趙被逐。

〔二〕釜、鬲：姚注：劉無「鬲」字。民按：《御覽》卷七五七引策文、《蔡澤傳》皆有「鬲」字。釜，音「父」。鬲，音「歷」。釜、鬲，烹飪器，無足爲釜。鬲，似鼎而曲腳中空。

〔三〕鄭安平、王稽：鄭安平，魏人。魏、齊困辱范雎，安平匿而救之，王稽載范雎以入秦。范雎既爲秦相，言於昭王。昭王拜王稽爲河東守，三歲不上計。又任鄭安平以爲將軍。秦昭王五十年鄭安平爲將以兵二萬人降趙；五十二年，王稽爲河東守，與諸侯通，坐法誅。二人皆范雎所舉任，皆負重罪。

應侯聞之，使人召蔡澤。蔡澤入，則揖應侯，應侯固不快，及見之，又倨〔一〕。應侯因讓之曰：「子常宣言代我相秦，豈有此乎？」對曰：「然。」應侯曰：「請聞其說。」蔡澤曰：「吁！何君見之晚也〔二〕。夫四時之序，成功者去。夫人生手足堅强，耳目聰明聖智，豈非士之所願與？」應侯曰：「然。」蔡澤曰：「質仁秉義〔三〕，行道施德於天下，天下懷樂敬愛，願以爲君王，豈不辯智之期與〔四〕？」應侯曰：「然。」蔡澤復曰：「富貴顯榮，成理萬物〔五〕，萬物各得其所；生命壽長，終其年而不夭傷；天下繼其統〔六〕，守其業，傳之無窮，名實純粹〔七〕，澤流千世，稱之而毋絶，與天下終〔八〕。豈非道之符〔九〕，而聖人所謂吉祥善事與？」應侯曰：「然。」澤曰：「若秦之商君，楚之吴起〔一〇〕，越之大夫種〔一一〕，其卒亦可願矣〔一二〕。」應侯知蔡澤之欲困己以說，復曰：「何爲不可？夫公孫鞅事孝公，極身無毋〔一三〕，盡公不還私〔一四〕，信賞罰以致治，竭智能，示情素〔一五〕，蒙怨咎〔一六〕，欺舊交，虜魏公子卬〔一七〕，卒爲秦禽將破敵軍〔一八〕，攘地千里。吴起事悼王，使私不害公，讒不蔽忠，言不取苟合，行不取苟容，行義不顧毀譽，必有伯主强國〔一九〕，不辭禍凶。大夫種事越王，主離困辱〔二〇〕，悉忠而不解〔二一〕，主雖亡絶，盡能而不離，多功而不矜，富貴不驕怠。若此三子者，義之至，忠之節也。故君子殺身以成名，義之所在，身雖死無憾悔，何爲不可哉？」蔡澤曰：「主聖臣賢，天下之福也；君明臣忠，國之福也；父慈子孝，夫信婦貞，家之福也。故比干忠而不能存殷〔二二〕，子胥知而不能存吴，申生孝而晋惑亂〔二三〕。是有忠臣孝子，國家滅亂，何也？無明君賢父以聽之，故天下以其君父爲戮辱，而憐其臣子〔二四〕。夫待死而後可以立忠成名，是微子不足仁〔二五〕，孔子不足聖，管仲不足大也。」於是應侯稱善。

〔一〕倨：傲慢。

〔二〕何君：鮑本、《史記》作「君何」。

〔三〕質仁秉義：質，猶體。秉，操持。

〔四〕辯智之期：辯智者所期望得到。期，希望。

〔五〕理：治理。

〔六〕統：紀，傳統。

〔七〕名實純粹：純粹，純一不雜。言名、實兩全其美。

〔八〕與天下終：鮑本無此四字。《史記》作「與天地終始」。言其長久。

〔九〕道之符：符合於道。符，符合。

〔一〇〕吴起：衛國左氏人，仕魏文侯、武侯爲將，後去魏之楚，楚悼王以爲相，變法改革，悼王死，宗室大臣作亂，射殺吴起。

〔一一〕大夫種：大夫，官名。種，人名，姓文，字少禽，楚國南郢人。春秋時越王勾踐之相，助勾踐修理内政，滅吴。被勾踐賜死。

〔一二〕其卒亦可願矣：卒，終，結果。願，願望。

〔一三〕極身無毋：極身，竭盡己力。無毋，無二慮。

〔一四〕還：反顧。

〔一五〕示情素：情，實。素，與「愫」通，誠懇。

〔一六〕蒙怨咎：謂商鞅法及太子，刑、黥太子之師、傅而被怨咎也。蒙，覆，被，冒。

〔一七〕虜魏公子卬：商鞅伐魏，魏使公子卬禦之。商鞅以詐虜公子卬，大敗魏軍。公子卬，魏惠王之子，商鞅居魏時之舊交。

〔一八〕禽將破敵軍：《史記》作「禽將破敵」，無「軍」字。此「軍」字蓋衍文。

〔一九〕有：欲也。

〔二〇〕主離困辱：離，同「罹」，遭遇。困辱，指吴敗越於夫椒，越王被吴圍困於會稽。文種向吴講和，許以越王爲吴臣，以大臣范蠡、柘稽爲質。吴乃赦越。

〔二一〕悉忠而不解：悉，盡，竭。解，即「懈」，懈怠。

〔二二〕比干：紂王之叔父，爲殷紂王少師，比干强諫，紂殺比干而剖其心。

〔二三〕申生孝而晋惑亂：申生，晋獻公太子，母齊姜，性至孝，因受驪姬之陷，自縊而死。以後晋國發生内亂。

惑，姚注：惑，一作「國」。

〔二四〕憐其臣子：言以比干、子胥、申生皆至忠孝而受其君父之殺戮與侮辱，而哀憐其臣子。

〔二五〕微子不足仁：微子，名啓，殷王帝乙之子。見紂王昏亂，棄殷歸周，武王滅殷，封之於宋。《論語・微子》：「微子去之，箕子爲之奴，比干諫而死。孔子曰：殷有三仁焉。」

蔡澤得少間〔一〕，因曰：「商君、吴起、大夫種，其爲人臣盡忠致功，則可願矣。閎夭事文王〔二〕，周公輔成王也〔三〕，豈不亦忠乎？以君臣論之，商君、吴起、大夫種，其可願孰與閎夭、周公哉〔四〕？」應侯曰：「商君、吴起、大夫種不若也。」蔡澤曰：「然則君之主慈仁任忠〔五〕，不欺舊故，孰與秦孝公、楚悼王、越王乎？」應侯曰：「未知何如也？」蔡澤曰：「主固親忠臣，不過秦孝、越王、楚悼。君之爲主，正亂、批患、折難，廣地殖穀，富國足家强主，威蓋海内，功章萬里之外，不過商君、吴起、大夫種。而君之禄位貴盛，私家之富過於三子，而身不退，竊爲君危之。

〔一〕得少間：《史記》作「少得間」。間，息也。一云有隙可乘。

〔二〕閎夭：姓閎名夭。《墨子・尚賢上》：「文王舉閎夭、泰顛於置網之中，授之政，西土服。」文王四友之一。

〔三〕成王：武王子，名誦。

〔四〕其可願孰與：可，所也。願，願望。孰與，何如之意。

〔五〕慈仁任忠：慈，愛。任，信。

「語曰：『日中則移，月滿則虧。』物盛則衰，天之常數也〔一〕。進退盈縮變化，聖人之常道也。昔者，齊桓公九合諸侯，一匡天下〔二〕，至葵丘之會〔三〕，有驕矜之色，畔者九國〔四〕；吴王夫差無適於天下〔五〕，輕諸侯，陵齊、晋〔六〕，遂以殺身亡國〔七〕。夏育、太史嗷叱呼駭三軍〔八〕，然而身死於庸夫〔九〕。此皆乘至盛不及道理也〔一〇〕。夫商君爲孝公平權衡，正度量，調輕重，決裂阡陌〔一一〕，教民耕戰，是以兵動而地廣，兵休而國富，故秦無敵於天下，立威諸侯，功已成，遂以車裂。楚地持戟百萬，白起率數萬之師，以與楚戰，一戰舉鄢、郢，再戰燒夷陵〔一二〕，南并蜀、漢，又越韓、魏攻强趙，北阬馬服，誅屠四十餘萬之衆，流血成川，沸聲若雷，使秦業帝〔一三〕。自是之後，趙、楚懾服不敢攻秦者〔一四〕，白起之勢也。身所服者七十餘城，功已成矣，賜死於杜郵〔一五〕。吴起爲楚悼罷無能，廢無用，損不急之官〔一六〕，塞私門之請，壹楚國之俗，南攻楊越〔一七〕，北并陳蔡，破横散從〔一八〕，使馳説之士無所開其口。功已成矣，卒支解〔一九〕。大夫種爲越王墾草創邑〔二〇〕，辟地殖穀，率四方士上下之力，以禽勁吴，成霸功。勾踐終棓而殺之〔二一〕。此四子者，成功而不去，禍至於此。此所謂信而不能詘〔二二〕，往而不能反者也。范蠡知之，超然避世，長爲陶朱〔二三〕。君獨不觀博者乎？或欲大投，或欲分功〔二四〕。此皆君之所明知也。

〔一〕常數：不變的法則。

〔二〕齊桓公九合諸侯，一匡天下：九合諸侯，謂兵車之會三：《左傳》魯莊公十三年會於北杏以平宋亂，僖公四年侵蔡伐楚，僖公六年伐鄭圍新城。乘車之會六：魯莊公十四年會於鄄，十五年又會於鄄，十六年同盟於幽，僖公五年會於首止，八年盟於洮，九年會於葵丘。一匡天下，謂定周襄王太子位。匡，正也。

〔三〕葵丘：宋地。今河南民權縣北有葵丘聚。《春秋》僖公九年，公會宰周公、齊侯、宋子、衛侯、鄭伯、許男、曹伯於葵丘。

〔四〕畔者九國：《公羊傳》僖公九年：「葵丘之會，桓公震而矜之，叛者九國。」畔，同「叛」。

〔五〕適：與「敵」古通。

〔六〕陵齊、晋：魯哀公六年，吴會魯伐齊，敗齊師於艾陵。八年，吴與晋會於黄池，與晋争長，欲霸中國。陵，姚本作「淩」，鮑本、《史記》作「陵」。今從鮑本。陵，侵侮，欺陵。

〔七〕殺身亡國：吴王夫差北會諸侯於黄池，越襲吴。以後越復伐吴，吴王夫差，亡國自殺。

〔八〕夏育、太史噉叱呼駭三軍：噉，姚本、鮑本作「啓」，《史記》、曾本、高誘注皆作「噉」。今從之。太史噉，古勇士。叱，呵也。

〔九〕身死於庸夫：《史記索隱》引高誘云：夏育爲田搏所殺。太史噉未知誰之所殺。

〔一〇〕不及道理：及，《史記》作「返」。「返」、「反」同字，「及」乃「反」字形近之訛。不反道理，即下文「往而不能反」之義。

〔一一〕決裂阡陌：決，開。阡陌，田間小路。南北爲阡，東西爲陌。

〔一二〕一戰舉鄢、郢，再戰燒夷陵：秦昭王二十八年，白起伐楚拔鄢、西陵。二十九年，白起攻楚拔郢，燒楚先王墓夷陵。夷陵，在今湖北宜昌市東南。

〔一三〕使秦業帝：使秦成帝王之業。

〔一四〕懾服：恐懼慴服。

〔一五〕死於杜郵：《史記》武安君出咸陽西門十里，賜劍自殺。其地在今陝西咸陽市東北十里。

〔一六〕損：《吴起傳》作「捐」。

〔一七〕南攻楊越：《吴起傳》作「南平百越」。楊越，部族名，百越之一，其居地在今湖南以南，廣東、廣西一帶。【補正】楊，揚也。指揚州郡。楊越，揚州之百越也。揚越部族，指今湖南南部、廣東北部、福建大部及江西南部所控之地區。《史記·南越傳索隱》：「吴起爲楚收楊越。」程恩澤引《楚世家》：「熊渠興兵伐庸、楊、越，至於鄂。」又引張晏曰：「揚州之南越也。」

〔一八〕破横散從：横，連横。從，合縱。《吴起傳》：「要在强兵，破馳説之言從横者。」

〔一九〕支解：殺之，斷其四肢。《韓非子·和氏》：「吴起支解於楚。」《吴起傳》：「宗戚大臣射刺吴起死。」

〔二〇〕墾草創邑：墾，開耕荒地。創，創新。

〔二一〕棓而殺之：王念孫云：棓，當爲「倍」字之誤也，「倍」與「背」同。言越王背德殺之也。《史記》作「勾踐終負而殺之」。負，亦背也。「背」、「倍」、「負」三字古同聲而通用。

〔二二〕信而不能詘：信，音「申」，伸展。詘，音「屈」，委屈。

〔二三〕「范蠡」三句：范蠡，字少伯，楚國宛之三户人，仕於越，與文種助越王勾踐滅吴。《貨殖列傳》范蠡既雪會稽之恥，乃乘扁舟浮於江湖，變名易姓，適齊爲鴟夷子皮，之陶爲朱公。乃治産積貯，三致千金。陶，春秋時曹地，後入於宋。今山東菏澤市定陶區。

〔二四〕或欲大投，或欲分功：大投，言博弈，或大投其瓊以致勝；瓊如今之骰子。分功者，分勝者之所獲。

「今君相秦，計不下席，謀不出廊廟〔一〕，坐制諸侯〔二〕，利施三川，以實宜陽；決羊腸之險，塞太行之口，又斬范、中行之途〔三〕，棧道千里通於蜀漢〔四〕，使天下皆畏秦。秦之欲得矣，君之功極矣。此亦秦之分功之時也，如是不退，則商君、白公、吳起、大夫種是也〔五〕。君何不以此時歸相印，讓賢者授之，必有伯夷之廉〔六〕，長爲應侯。世世稱孤，而有喬、松之壽〔七〕，孰與以禍終哉！此則君何居焉？」應侯曰：「善。」乃延入坐爲上客。

〔一〕廊廟：指王宮之前殿，士大夫之廳事。廊，殿下外屋。廟，宗廟。

〔二〕坐制：言不費力。

〔三〕斬范、中行之途：言斷三晋之路。斬，斷絶。范氏、中行氏，春秋時晋國六卿中之二家。

〔四〕棧道：棧，棚也。施於險絶以濟不通。何景明《雍大記》云：「棧道有四出：從成和、階、文出者，爲沓中陰平道，鄧艾伐蜀由之；從兩當出者爲故道，漢高帝攻陳倉由之；從褒、鳳出者爲今連雲棧道，漢王之南鄭由之；從成固、洋縣出者爲斜駱道，武侯屯渭上由之。」此當指兩當道。

〔五〕白公：白起。

〔六〕伯夷：商時孤竹君之長子，其弟叔齊，有讓國之廉。

〔七〕喬、松：喬，王子喬。松，赤松子。皆成仙長壽不死。

後數日，入朝，言於秦昭王曰：「客新有從山東來者蔡澤，其人辯士。臣之見人甚衆，莫有及者，臣不如也。」秦昭王召見，與語，大説之。拜爲客卿。應侯因謝病請歸相印〔一〕。昭王强起應侯，應侯遂稱篤〔二〕，因免相。昭王新説蔡澤計畫，遂拜爲秦相，東收周室〔三〕。

〔一〕謝病：以病爲名，辭去宰相之職。謝，辭。

〔二〕稱篤：言其病重。篤，猶甚。

〔三〕東收周室：秦昭王五十一年，西周君盡獻其三十六邑於秦。秦受其獻。五十二年周九鼎寶器入秦，周初亡。

蔡澤相秦王數月，人或惡之，懼誅，乃謝病歸相印，號爲剛成君。居秦十餘年〔一〕，事昭王、孝文王、莊襄王〔二〕，卒事始皇帝。爲秦使於燕，三年而燕使太子丹入質於秦〔三〕。

〔一〕居秦十餘年：居，姚本無，《史記》、鮑本有。十餘年，梁玉繩云：十，必「廿」字之誤。

〔二〕事：姚本無，《史記》、鮑本有。

〔三〕三年而燕使太子丹入質於秦：三年，謂在燕三年。太子丹，燕王喜之子，曾質於趙，與秦政善。及秦王政即位，太子丹乃質於秦。

【繫年】

據《范雎蔡澤傳》，蔡澤入秦説應侯，在秦昭王五十二年，鄭安平降趙，王稽坐誅之後。范雎免相，蔡澤相秦。

戰國策卷六

秦四

秦取楚漢中章

秦取楚漢中，再戰於藍田〔一〕，大敗楚軍。韓、魏聞楚之困，乃南襲至鄧〔二〕，楚王引歸。後，三國謀攻楚〔三〕，恐秦之救也，或説薛公：「可發使告楚曰：『今三國之兵且去楚〔四〕，楚能應而共攻秦，雖〔五〕藍田豈難得哉！況於楚之故地。』楚疑於秦之未必救己也，而今三國之辭云〔六〕，則楚之應之也必勸〔七〕，是楚與三國謀出秦兵矣。秦爲知之，必不救也〔八〕。三國疾攻楚，楚必走秦以告急〔九〕；秦愈不敢出，則是我離秦而攻楚也〔一〇〕，兵必有功。」薛公曰：「善。」遂發重使之楚，楚之應之果勸。於是三國并力攻楚，楚果告急於秦，秦遂不敢出兵。大胜有功。

〔一〕秦取楚漢中，再戰於藍田：楚懷王十七年春，與秦戰丹陽，楚大敗，遂取楚漢中之郡。楚懷王大怒，乃悉國兵復襲秦，戰於藍田，楚軍大敗。藍田，縣名，秦孝公置。在今陝西藍田縣西三十里。

〔二〕南襲至鄧：《楚世家》：「韓、魏聞楚之困，乃南襲楚至於鄧。楚聞，乃引兵歸。」鄧，古邑名，戰國屬楚。在今河南漯河市郾城區東南三十五里之鄧城。

〔三〕三國：齊、韓、魏。

〔四〕三國之兵且去楚：高注：去，舍也。三國之兵舍楚而往攻秦。

〔五〕鮑本脱去以上六十六字。

〔六〕云：姚本作「去」，鮑本改「去」爲「云」。按文義當作「云」。今從鮑本改「去」爲「云」。

〔七〕楚之應之也必勸：高注：應，和也。勸，進也。

〔八〕秦爲知之，必不救也：高注：知楚與三國謀，必不救之。

〔九〕楚必走秦以告急：高注：走，去也。告急，求救也。

〔一〇〕離秦而攻楚：高注：離，絶也。使秦離楚而不敢救也。

【繫年】

《楚世家》楚懷王十七年秦取楚漢中，韓、魏襲楚至鄧。當周赧王三年。【補正】范祥雍在《箋證》中引鍾鳳年云：「秦取楚漢中至楚王引歸諸語，見於《楚紀》懷十八年，下文則無之，疑即懷二十六年齊、韓、魏共攻楚事。」林春溥《戰國紀年》同此説，《史記·楚世家》亦證此説，范本同此説，並做了認真考證。因此，此策繫年當爲楚懷王二十六年、周赧王十二年。

薛公入魏而出齊女章

薛公入魏而出齊女〔一〕。韓春謂秦王曰〔二〕：「何不取爲妻，以齊、秦劫魏〔三〕，則上黨秦之有也。齊、秦合而立負蒭〔四〕，負蒭立，其母在秦，則魏，秦之縣也已。㡊欲以齊、秦劫魏而困薛公〔五〕，佐欲定其弟〔六〕，臣請爲王因㡊與佐也。魏懼而復之〔七〕，負蒭必以魏殁世事秦〔八〕。齊女入魏而怨薛公，終以齊奉事王矣。」

〔一〕薛公入魏而出齊女：薛公，孟嘗君田文。田文相魏，據《戰國縱横家書》考訂，在秦昭王十六年、齊閔王十年、魏昭王五年、周赧王二十四年。出，驅逐。高注：婦人大歸曰出。齊女，魏昭王之后妃。魏公子負蒭之母，薛公惡齊，故逐之。

〔二〕韓春謂秦王：韓春，秦策士，具體不詳。秦王，秦昭王。

〔三〕何不取爲妻，以齊、秦劫魏：勸秦昭王取魏所出齊女以爲妻，而與齊並勢攻魏。劫，脅也。

〔四〕負蒭：高注：負蒭即魏公子，其母即魏所出齊女也。

〔五〕㡊欲以齊、秦劫魏而困薛公：㡊，鮑本改爲「珉」。即韓珉。字書無「㡊」字。當從鮑本改爲「珉」。「劫魏」二字，鮑本無。

〔六〕佐欲定其弟：高注：佐，負芻之兄也。定，立爲太子。

〔七〕復之：將逐出之齊女，再接回魏國。

〔八〕歿世：世，自身一生。歿世，歿身。

【繫年】

《史記·孟嘗君傳》將孟嘗君相魏放在吕禮相齊和齊閔王滅宋之後，誤。當據《戰國縱横家書》訂正。今從唐蘭説，繫此策於周赧王二十四年，當魏昭王五年。【補】顧觀光隸此策於周赧王二十九年，疑誤。另，姚本將此篇與《秦取楚漢中章》連篇，鮑本另列一篇。今從鮑本。

三國攻秦入函谷章

三國攻秦〔一〕，入函谷。秦王謂樓緩曰〔二〕：「三國之兵深矣〔三〕，寡人欲割河東而講〔四〕。」對曰：「割河東，大費也〔五〕；免於國患，大利也。此父兄之任也〔六〕。王何不召公子池而問焉〔七〕？」

〔一〕三國攻秦：高注：三國，齊、魏、韓也。孟嘗君由秦逃歸，任齊相。孟嘗君怨秦，將以齊爲韓、魏攻楚，因與韓、魏攻秦，敗秦軍於函谷。事在魏襄王二十一年。

〔二〕樓緩：趙人。初爲趙武靈王臣，贊其胡服騎射以教百姓。武靈王死，遂入秦，事秦昭王。昭王十年，田文逃秦歸齊，樓緩爲相。

〔三〕深：高注：深，猶盛也。

〔四〕割河東而講：割，高注：割，分。河東，今山西黃河以東之地，先屬魏，後屬秦。講，成也。講和使成也。

〔五〕大費：言割地講和，損失太大。

〔六〕父兄：謂公族，國王之親族。

〔七〕公子池：一作「公子他」。昭王之庶兄。

王召公子池而問焉。對曰：「講亦悔，不講亦悔。」王曰：「何也？」對曰：「王割河東而講，三國雖去，王必曰：『惜矣！三國且去，吾特以三城從之〔一〕。』此講之悔也。王不講，三國入函谷，咸陽必危〔二〕，王又曰：『惜矣！吾愛三城而不講。』此又不講之悔也。」王曰：「鈞吾悔也〔三〕，寧亡三城而悔，無危咸陽而悔也。寡人決講矣〔四〕。」卒使公子池以三城講於三國，三國之兵乃退。

〔一〕吾特以三城從之：特，獨也。三城，河東三縣，武遂、封陵、河外。

〔二〕咸陽：山南曰陽，水北曰陽，其地在北山之南，渭水之北，故曰咸陽。秦孝公十三年徙都咸陽，故城在今陝西咸陽市東北二十里北阪上。

〔三〕鈞吾悔也：鈞，與「均」同，相等。高注：悔，恨也。

〔四〕決：斷，必。

【繫年】

三國攻秦，以齊爲首，《秦本紀》在昭王十年，《田世家》在閔王二十六年（誤，當爲四年），《魏世家》在哀（當爲襄）王二十一年，《韓世家》在韓襄王十四年。各篇所記相差二年。則是出軍在秦昭王九年，戰争在十年，講和在十一年。此策當繫於秦昭王十一年，當周赧王十九年。

秦昭王謂左右章

秦昭王謂左右曰〔一〕：「今日韓、魏，孰與始强？〔二〕」對曰：「弗如也。」王曰：「今之如耳、魏齊〔三〕，孰與孟嘗、芒卯之賢？」對曰：「弗如也。」王曰：「以孟嘗、芒卯之賢，帥强韓、魏之兵以伐秦，猶無奈寡人何也！今以無能之如耳、魏齊，帥弱韓、魏以攻秦，其無奈寡人何，亦明矣！」左右皆曰：「甚然〔四〕。」

〔一〕秦昭王謂左右曰：《説苑·敬慎》「秦」字上有「魏安釐王十一年」一句。

〔二〕今日韓、魏，孰與始强：高注：始，初也。言韓、魏初時强耶，今時强耶？

〔三〕如耳、魏齊：如耳，魏大夫，後仕韓。魏齊，魏相。

〔四〕甚然：誠然。

中期推琴對曰〔一〕：「王之料天下過矣〔二〕。昔者六晉之時〔三〕，智氏最强，滅破范、中行〔四〕，帥韓、魏以圍趙襄子於晉陽〔五〕。決晉水以灌晉陽〔六〕，城不沉者三板耳〔七〕。智伯出行水〔八〕，韓康子御，魏桓子驂乘〔九〕。智伯曰：『始，吾不知水之可亡人之國也，乃今知之。』汾水利以灌安邑，絳水利以灌平陽〔一〇〕。魏桓子肘韓康子，康子履魏桓子，躡其踵〔一一〕。肘足接於車上，而智氏分矣〔一二〕。身死國亡，爲天下笑〔一三〕。今秦之强，不能過智伯；韓、魏雖弱，尚賢在晉陽之下也〔一四〕。此乃方其用肘足時也，願王之勿易也〔一五〕。」

〔一〕中期：《説苑》作「申旗」，《史記》、《韓非子》、《春秋後語》作「中旗」，《御覽》卷四五九引策文作「中旗」。「申」乃「中」字之訛。「期」、「旗」古同。《説文》：旗，士卒以爲期。《周禮·大司馬》「司馬以旗致民」注：立旗期民於其下也。「期」、「旗」同聲疊韻。《論語》巫馬期，《左傳》楚司馬子期，皆字子旗。「中期」、「中旗」之不同，或舉名，或舉字耳。中期，秦辯士。初事秦武王，後事秦昭王。

〔二〕王之料天下過矣：王，姚本作「三」，乃「王」字之誤脱。鮑本作「王」字是。料，估量。過，錯誤。高注：過，謬也。

〔三〕六晉：春秋時六卿也。晉國六卿執政，智氏、范氏、中行氏、韓氏、趙氏、魏氏六家。智氏，荀首之後。范氏，士會之後。中行氏，荀林父之後。韓氏，韓萬之後。趙氏，趙夙之後。魏氏，畢萬之後。

〔四〕滅破范、中行：晉出公十七年，智伯與韓、趙、魏共分范、中行地以爲邑。滅范、中行氏。晉國政治皆決於智伯，智伯據有范、中行地，最强。

〔五〕帥韓、魏以圍趙襄子於晋陽：智伯滅范氏、中行氏，志意驕盈，貪欲無厭，求地於魏、韓，魏、韓與之。又求地於趙氏，趙襄子不與，遂率韓、魏之師以伐趙，圍趙襄子於晋陽。

〔六〕決晋水以灌晋陽：晋水源出今山西太原市西懸甕山，東南流經古晋陽城東，流入汾水。

〔七〕城不沉者三板：沉，淹没。板，高二尺爲一板。

〔八〕行水：巡行按視決晋水灌晋陽之情况。

〔九〕韓康子御，魏桓子驂乘：韓康子名虎，魏桓子名駒。古代乘車，主人在左，御者在中，驂乘在右。

〔一〇〕汾水利以灌安邑，絳水利以灌平陽：汾水源出今山西太原市北管涔山，南經隰縣、臨汾、聞喜、曲沃，西南流入黄河。安邑，魏桓子邑，故城，在今山西夏縣西北。安邑北距汾水百餘里，中隔涑水，無從灌安邑。灌安邑者乃絳水下游之涑水，經安邑旁。平陽，韓康子邑，故城在今山西臨汾市。絳水北距平陽百五十里，無由灌平陽。灌平陽者乃汾水，汾水經平陽西。此蓋「汾」、「絳」二字誤倒，《史記》、《通鑒》承之。致使地名與實際不符。

〔一一〕魏桓子肘韓康子，康子履魏桓子，躡其踵：肘，以肘觸之。躡，以足蹈之。踵，腳跟。

〔一二〕肘足接於車上，而智氏分矣：言韓、魏、趙三家滅智氏而分其地，謀始於韓、魏肘足之時。

〔一三〕身死國亡，爲天下笑：韓、魏與趙合謀，反攻智伯。趙襄子擒智伯而殺之，漆其頭以爲飲器。國土爲三家所分。

〔一四〕尚賢在晋陽之下：尚勝於趙襄子被圍於晋陽之時。高注：賢，猶勝也。

〔一五〕勿易：不要輕忽大意。易，輕忽，慢易。

【繫年】

按《説苑·敬慎》繫於魏安釐王十一年、秦昭王四十一年，當周赧王四十九年。

楚魏戰於陘山章

楚、魏戰於陘山〔一〕。魏許秦以上洛〔二〕，以絶秦於楚〔三〕。魏戰勝，楚敗於南陽〔四〕。秦責賂於魏〔五〕，魏不與。

〔一〕陘山：在今河南新鄭市南三十里。周顯王四十年、楚威王十一年、魏惠王後元六年，魏因楚喪，伐取楚陘山。

〔二〕許秦以上洛：許賂秦以上洛。上洛，今陝西商洛市。秦孝公以其地封給商鞅。楚、魏戰陘山在秦惠王九年，此時上洛入秦已久。恐有訛誤。

〔三〕以絶秦於楚：魏賂秦，斷絶秦不使助楚。

〔四〕南陽：古地區名。在今河南伏牛山以南，湖北漢水以北之地帶，戰國分屬楚、韓。此南陽，楚地。

〔五〕秦責賂於魏：責，索求。賂，原許以上洛之地。

管淺謂秦王曰〔一〕：「王何不謂楚王曰：『魏許寡人以地，今戰勝，魏王倍寡人也。王何不與寡人遇〔一〕？魏畏秦、楚之合，必與秦地矣。是魏勝楚而亡地於秦也；是王以魏地德寡人，秦之楚者多資矣〔三〕。魏弱，若不出地，則王攻其南，寡人絶其西，魏必危。』」秦王曰：「善。」以是告楚，楚王扬言與秦遇，魏王聞之，恐，效上洛於秦。

〔一〕管淺謂秦王：管淺，秦人。管，姚本作「營」。姚注：皆作「營」，或作「管」。鮑本作「管」。今從鮑本。

秦王，秦惠王。

〔二〕遇：相會。春秋時兩國諸侯草次相見，簡其儀禮，叫遇。

〔三〕秦之楚者多資矣：此句有誤，當改爲「秦之資楚者多矣」。高誘注：之，至也。資，財幣也。

【繫年】

據《楚世家》，則此策乃楚威王十一年、秦惠王九年事。當周顯王四十年。

楚使者景鯉在秦章

楚使者景鯉在秦〔一〕，從秦王與魏王遇於境〔二〕。楚怒，秦令周最謂楚王曰：「魏請無與楚遇而合於秦，是以〔三〕鯉與之遇也。弊邑之於與遇善之〔四〕，故齊不合也〔五〕。」楚王因不罪景鯉而德周、秦〔六〕。

〔一〕景鯉：楚人，楚懷王相。

〔二〕從秦王與魏王遇於境：《韓策一》：「鯉與於秦、魏之遇。楚王怒景鯉，恐齊以楚遇，爲有陰於秦、魏也。」境，謂秦界。秦王，秦惠王。魏王，魏惠王。

〔三〕以上二十字鮑本無，以別本二十字足此缺文。吴師道云：姚本其文缺誤，不如別本明白。民按：姚本與影抄梁溪安氏本合。安氏本校記云：安本較爲近實。而「楚使者」下疑尚有「又未至」三字爲舊本所遺脱。其文當合吴引別本及此抄之。由本章上下文及字數校之，似舊本每行二十字而鮑所脱適得二十字。

〔四〕弊邑之於與遇善之：弊邑，秦自稱。善之，謂鯉與秦、魏遇，此以爲善。

〔五〕故齊不合：魏、秦相遇將以善而絶齊於楚，而楚使在焉，故齊疑之而不與合。

〔六〕楚王因不罪景鯉而德周、秦：高注：秦使周最解説楚王與魏遇之。故不罪景鯉而德周與秦也。

【繫年】

此與上章蓋同時事，附於周顯王四十年。

楚王使景鯉如秦章

楚王使景鯉如秦。客謂秦王曰：「景鯉，楚王所甚愛〔一〕，王不如留之以市地〔二〕。楚王聽，則不用兵而得地；楚王不聽，則殺景鯉，更與不如景鯉者〔三〕，是便計也。」秦王乃留景鯉。

〔一〕楚王所甚愛：「楚王」下姚本有「使景」二字。姚注：一本無「使景」二字。鮑衍「使景」二字。

〔二〕市地：使楚以地贖景鯉，如買賣然。

〔三〕更與不如景鯉者：姚本「更」下有「不」字。者，姚本作「留」。姚注：曾、劉、一作「者」。鮑改「留」爲「者」。王念孫云：「者」字是也。作「留」者涉上文「留」字而誤。「者」下當有「市」字。「更與不如景鯉者市」，即承上「市地」而言。今脱去「市」字，則文不成義。

景鯉使人説秦王曰：「臣見王之權輕天下，而地不可得也。臣之來使也，聞齊、魏皆且割地以事秦。所以然者，以秦與楚爲昆弟國。今大王留臣，是示天下無楚也，齊、魏有何重於孤國也〔一〕。楚知秦之孤，不與地，而外結交諸侯以圖〔二〕，則社稷必危，不如出臣。」秦王乃出之。

〔一〕齊、魏有何重於孤國：「有」讀爲「又」。重，尊重。言留景鯉，則秦與楚絶交，秦無楚援，則爲孤國，故齊、魏不復割地以事秦。

〔二〕而外結交諸侯以圖：「諸侯」二字，鮑本無。圖，謀，謀秦。

【繫年】

此與上二章爲同時事。亦附於周顯王四十年。【補】此策顧觀光隸於周赧王二年。赧王二年距顯王四十年，相差十六年之多，不知何故？

秦王欲見頓弱章

秦王欲見頓弱〔一〕，頓弱曰：「臣之義不參拜，王能使臣無拜，即可矣。不，即不見也。」秦王許之。於是頓子曰：「天下有有其實而無其名者，有無其實而有其名者，有無其名又無其實者，王知之乎？」王曰：「弗知。」頓子曰：「有其實而無其名者，商人是也。無把銚推耨之勞〔二〕，而有積粟之實，此有其實而無其名者也。無其實而有其名者，農夫是也，解凍而耕，暴背而耨〔三〕，無積粟之實，此無其實而有其名者也。無其名又無其實者，王乃是也。已立爲萬乘，無孝之名〔四〕，以千里養，無孝之實。」秦王悖然而怒。

〔一〕秦王欲見頓弱：秦王，秦始皇嬴政。頓弱，秦人。

〔二〕把銚推耨之勞：把，持。銚，耕田器。《管子》：「耕者，必有一耒一耜一銚。」把銚，持田器而耕。耨，耘田除草器。《孟子》：「深耕易耨。」

〔三〕暴：與「曝」同，曬。

〔四〕無孝之名：秦王母與嫪毐私通，生二子。秦王夷嫪毐三族，殺太后所生二子，遷太后於雍以閉之。【補】頓弱此説謂秦王政出母而閉之爲不孝。

頓弱曰：「山東戰國有六，威不掩於山東而掩於母〔一〕，臣竊爲大王不取也。」秦王曰：「山東之建國可兼與？」頓子曰：「韓，天下之咽喉；魏，天下之胸腹。王資臣萬金而遊〔二〕，聽之韓、魏，入其社稷之臣於秦〔三〕，即韓、魏從。韓、魏從，而天下可圖也。」秦王曰：「寡人之國貧，恐不能給也。」頓子曰：「天下未嘗無事也，非從即横也〔四〕。横成，則秦帝；從成，即楚王。秦帝，即以天下恭養〔五〕；楚王，即王雖有萬金，弗得私也〔六〕。」秦王曰：「善。」乃資萬金使東遊韓、魏，入其將相〔七〕。北遊於燕、趙，而殺李牧〔八〕。齊王入朝〔九〕，四國必從〔一〇〕，頓子之説也。

〔一〕掩於母：謂遷太后於雍而禁閉之。掩，遮掩。

〔二〕資臣萬金而遊：資，給。遊，爲秦遊説。

〔三〕入其社稷之臣於秦：説其大臣使之歸秦。入，納。

〔四〕非從即横：從，合縱擯秦。横，連横事秦。

〔五〕恭養：恭，奉也。恭養，即奉養。

〔六〕私：高注：私，愛也。

〔七〕入其將相：説其將相使入秦。

〔八〕而殺李牧：李牧，趙之良將。數禦秦，破秦軍。秦使人多與趙王寵臣郭開金，爲反間。言李牧欲反。趙使人捕得李牧殺之。

〔九〕齊王入朝：齊王，齊王建。入朝，入朝於秦。

〔一〇〕四國必從：四國，韓、趙、魏、燕。必，古與「畢」通。畢，盡，皆。從，從秦。必從，即畢從。

【補正】《史記·秦始皇本紀》「大梁人尉繚來，説秦王曰」，説之言與頓弱説秦王之辭略同。所以鍾鳳年認爲頓弱即尉繚。沈欽韓直云：「頓弱與尉繚是一人，記異耳。」《漢書疏證》則直接書如「尉繚」，不見頓弱。補於此，以爲參考。

【繫年】

據《秦始皇本紀》、《六國年表》，齊王建入朝於秦在始皇十年、齊王建二十八年，故繫此策於始皇十年。

頃襄王二十年章

頃襄王二十年，秦白起拔楚西陵，或拔鄢、郢、夷陵，燒先王之墓。王徙東北保於陳城，楚遂削弱，爲秦所輕。於是白起又將兵來伐。楚人有黄歇者，游學博聞，襄王以爲辯，故使於秦。説昭王曰：天下莫强於秦、楚，今聞大王欲伐楚，此猶兩虎相鬭，而駑犬受其弊，不如善楚，臣請言其説。臣聞之〔一〕。

〔一〕以上一百一十字，鮑本無，有「説秦王曰」四字。此乃姚宏據《春秋後語》文所補，非此策原文。姚注：「此段首有闕文。……今以《後語》聊足此段之闕。」此策文實不闕，高誘注亦是佐證。今從鮑本及前後各篇文例，「說秦王曰」下應補以「臣聞之」三字，文義乃通。

說秦王曰〔一〕：「臣聞之〔二〕：『物至而反，冬夏是也〔三〕。致至而危，累碁是也〔四〕。』今大國之地半天下，有二垂〔五〕，此從生民以來，萬乘之地，未嘗有也〔六〕。先帝文王、莊王、王之身，三世而不接地於齊，以絶從親之要〔七〕。今王三使盛橋守事於韓〔八〕，盛橋以北入燕〔九〕。是王不用甲，不伸威，而出百里之地〔一〇〕，王可謂能矣。王又舉甲兵而攻魏，杜大梁之門，舉河内，拔燕、酸棗、虚、桃人〔一一〕，楚、燕之兵，雲翔而不敢校〔一二〕，王之功亦多矣。王申息衆〔一三〕，二年然後復之〔一四〕，又取蒲、衍、首垣〔一五〕，以臨仁、平丘、小黄〔一六〕，濟陽嬰城而魏氏服矣〔一七〕。王又割濮、磨之北屬之燕〔一八〕，斷齊、秦之要，絶楚、魏之脊，天下五合六聚而不敢救也，王之威亦憚矣〔一九〕。王若能持功守威，省攻伐之心，而肥仁義之誡〔二〇〕，使無復後患，三王不足四，五伯不足六也〔二一〕。

〔一〕說秦王：秦王，姚本作「昭王」非。鮑本作「秦王」是。高誘注：秦王，名正，莊王楚之子，策文原作「秦王」可知。此「昭」字蓋姚氏所補《後語》之文。《史記·春申君傳》作「昭王」。《新序》、《春秋後語》皆本《史記》。

〔二〕「臣聞之」三字，據策文常例補。《國語解》云：「凡以臣聞或吾聞等辭起者，其下多爲稱引古語。」【補】「臣聞之」三字，諸本皆無。

〔三〕物至而反，冬夏是也：《史記正義》：至，極也，極則反。冬至陰之極，夏至陽之極。

〔四〕致至而危，累碁是也：致，言取物置之物上。累碁，累碁子。累，同「摞」。

〔五〕有二垂：垂，與「陲」通，邊陲。二垂，指東、西二陲。

〔六〕未嘗有：不曾有過像秦這樣土地廣闊。

〔七〕以絶從親之要：言割斷合從交往之道。要，讀爲「腰」。

〔八〕今王三使盛橋守事於韓：鮑本無「三」字，「盛」作「成」，《史記》、《新序》同。民按：安氏本有「三」字。盛橋，梁玉繩、金正煒皆以爲即「成蟜」。守，猶待，待事於韓。守事於韓，《史記》、《新序》皆作「以其地入秦」爲是。

〔九〕以北入燕：北使燕入朝於秦。

〔一〇〕而出百里之地：秦使之出地以割於秦。出，言割地。

〔一一〕舉河内，拔燕、酸棗、虚、桃人：高注：舉，猶得也。拔，取也。河内，地區名。今河南省黄河北岸，太行以南，沁陽、濟源、温縣、修武一帶。燕，南燕，古國名。戰國屬魏，故城在今河南延津縣東北二十五里。酸棗，魏地，故城在今延津縣北十五里。虚，與「墟」同，殷墟，今河南安陽市西北小屯村。【補正】虚，原注誤。應爲虚邑，又稱郏邑。在今河南省封丘縣北。高注「虚」爲「空」，誤。桃人，邑名，今河南長垣縣西有桃城。秦取魏、酸棗、燕、虚、桃人，在始皇五年。

〔一二〕楚、燕之兵，雲翔而不敢校：燕，《史記》作「魏」，李善注《文選·辨亡論》引策文作「魏」。雲翔，回旋反顧，如雲翔集之意。校，較量。

〔一三〕王申息衆：申息，《史記》作「休甲」。申，緩舒。息，休。

〔一四〕復之：復用之。

〔一五〕蒲、衍、首垣：蒲，今河南長垣縣舊有蒲鄉。衍，在今河南鄭州市北三十里。首垣，即長垣，故城在今河南省長垣縣城東北三十里。

〔一六〕仁、平丘、小黄：仁，當是桃人。《新序》作「桃仁」。丘，姚本作「兵」誤，當爲「丘」。《史記》、《新序》作「丘」。平丘，在今河南長垣縣西南。小黄，在今河南民權縣西北内黄集。

〔一七〕濟陽嬰城：濟陽，故城在今河南蘭考縣東北五十里。嬰，縈繞。嬰城，環兵自守之意。

〔一八〕又割濮、磨之北：濮，濮水。即春秋時衛之濮上。由今河南原陽縣北，東流經長垣、東明流入鉅野澤。磨，乃「曆」字之誤，與「歷」通。歷地近濮，今河北大名、山東聊城一帶。

〔一九〕王之威亦憚矣：王念孫云：憚者，威盛之名。此言秦之威盛，非謂六國憚秦之威也。

〔二〇〕肥仁義之誡：誡，《史記》、《新序》作「地」。姚注：一本作「誡」。高注：肥，厚也。地，道也。可知策文原作「地」，不作「誡」。「誡」又「誡」字之誤。誡，告誡，警戒。

〔二一〕五伯不足六：伯，讀爲「霸」。不足，言其易，不難。

「王若負人徒之衆，材兵甲之强〔一〕，壹毁魏氏之威〔二〕，而欲以力臣天下之主〔三〕，臣恐有後患。《詩》云：『靡不有初，鮮克有終〔四〕。』《易》曰：『狐濡其尾〔五〕。』此言始之易，終之難也。何以知其然也？智氏見伐趙之利，而不知榆次之禍也〔六〕；吴見伐齊之便，而不知干隧之敗也〔七〕。此二國者，非無大功也，没利於前，而易患於後也〔八〕。吴之信越也，從而伐齊〔九〕，既勝齊人於艾陵，還爲越王禽於三江之浦〔一〇〕。智氏信韓、魏，從而伐趙，攻晋陽之城，勝有日矣〔一一〕，韓、魏反之，殺智伯瑶於鑿臺之上〔一二〕。今王妒楚之不毀也，而忘毀楚之强魏也〔一三〕。臣爲大王慮而不取。《詩》云：『大武遠宅不涉〔一四〕。』從此觀之，楚國援也，鄰國敵也。《詩》云：『他人有心，予忖度之〔一五〕，躍躍毚兔，遇犬獲之〔一六〕。』今王中道而信韓、魏之善王也，此正吳信越也〔一七〕。臣聞，敵不可易，時不可失。臣恐韓、魏之卑辭慮患，而實欺大國也。此何也？王既無重世之德於韓、魏，而有累世之怨焉夫〔一八〕，韓、魏父子兄弟接踵而死於秦者，累世矣〔一九〕。本國殘，社稷壞，宗廟隳，刳腹折頤〔二〇〕，首身分離，暴骨草澤，頭顱僵仆〔二一〕，相望於境，父子老弱係虜相隨於路，鬼神狐祥無所食〔二二〕，百姓不聊生，族类離散，流亡爲臣妾，滿海内矣。韓、魏之不亡，秦社稷之憂也。今王之攻楚，不亦失乎？是王攻楚之日〔二三〕，則惡出兵〔二四〕？王將藉路於仇讎之韓、魏乎？兵出之日，而王憂其不反也，是王以兵資於仇讎之韓、魏。王若不藉路於仇讎之韓、魏，必攻隨陽右壤〔二五〕。隨陽右壤，此皆廣川大水，山林谿谷不食之地〔二六〕，王雖有之，不爲得地。是王有毀楚之名，無得地之實也。

〔一〕負人徒之衆，材兵甲之强：高注：負，恃也。材，《史記》作「杖」。「仗」與「杖」通。「材」乃「杖」之訛。

〔二〕壹毀魏氏之威：壹，即一，專也。《史記》、《新序》作「乘」。高注：毀，敗也。

〔三〕以力臣天下之主：臣，高注：臣，服也。天下之主，謂關東六國之君主。

〔四〕靡不有初，鮮克有終：《詩·大雅·蕩》之辭。謂做事有頭無尾。靡不有初，言人初始無不爲誠信。靡，無。鮮，少。

〔五〕狐濡其尾：《易》之《未濟》卦之爻辭：「小狐汔濟，濡其尾。」【正】《史記》作「狐涉水，濡其尾」。狐惜其尾，每涉水舉尾不使濕，乃至困而不支，則沾濕之。譬喻做事開始容易，堅持到底則困難。

〔六〕榆次之禍：智伯瑶攻趙襄子於晋陽，敗於榆次而被殺。榆次，故城在今山西晋中市榆次區西北。

〔七〕干隧之敗：越王勾踐襲攻吴，夫差敗自剄於此。干隧，吴地名。在今江蘇蘇州市西北萬安山，山之别阜名隧山。

〔八〕没利於前，而易患於後：没，姚本作「設」誤。姚注：劉本一作「没」，《史記》、《新序》皆作「没」。没，貪也，猶溺。易，延也，輕也。

〔九〕從而伐齊：吴伐齊，在春秋魯哀公十一年。吴將伐齊，越王勾踐率其衆以朝於吴，王及列士皆有饋賂。吴信越之臣服於己，因不備越，從而伐齊。從，與「縱」同，舍也。舍越而伐齊。

〔一〇〕「既勝」二句：魯哀公十三年，吴王夫差與晋定公會於黄池以争霸主之名。越王勾踐襲吴，吴王夫差還，又爲越所敗，自殺。艾陵，齊地。今山東萊蕪市東北，即艾陵也。三江，松江東北流七十里有三江口，東北入海爲婁江，東南入海爲東江，合松江爲三江。浦，水濱。

〔一一〕勝有日矣：謂勝利之日很快就到。

〔一二〕鑿臺：在榆次。鑿地作渠，以灌晋陽，因土爲臺，而止其上，故曰鑿臺。智伯瑶被殺於此。

〔一三〕强魏：《史記》作「韓、魏」，是。

〔一四〕《詩》云：『大武遠宅不涉』：即《逸周書·大武》「遠宅不薄」也。古書引書，或通作《詩》。大武，《逸周書》篇名。言大軍不遠跋涉攻伐。

〔一五〕他人有心，予忖度之：《詩・小雅・巧言》之辭。忖，揣度。

〔一六〕躍躍毚兔，遇犬獲之：躍躍，讀爲「趯趯」，往來貌。毚，狡猾。獲，得。

〔一七〕此正吴信越：比喻今秦之信韓、魏，如同以往吴信越一樣，終將爲秦害。

〔一八〕累世之怨焉夫：姚本「怨」下有「矣」字，無「焉夫」二字，鮑本、《史記》、《新序》皆有「焉夫」二字。此從鮑本。【正】斷句有誤。「焉」後應逗，屬上句；「夫」屬下句之發語詞。「怨焉夫」，一本爲「怨矣」。

〔一九〕累世：再世。累，姚本、鮑本作「百」，姚注：一本作「累」。此從一本。累，重也。

〔二〇〕刳腹折頤：刳，剖。折，斷。頤，面頰。

〔二一〕頭顱僵仆：顱，頭骨。僵仆，人死倒於地上。

〔二二〕狐祥：狐之爲妖者。祥，怪。

〔二三〕是：鮑本、《史記》、《新序》作「且」，義勝。

〔二四〕惡出兵：即兵惡出。進兵走哪條路。惡，何也。

〔二五〕必攻隨陽右壤：隨，姚本無，姚注：一本「攻」下有「隨」字。鮑本有「隨」字。此從鮑本。《史記》「陽」作「水」。隨，今湖北隨縣。右壤，其地在楚都之右。

〔二六〕不食：謂不耕墾。

「且王攻楚之日，四國必悉起應王〔一〕。秦、楚之構而不離〔二〕，魏氏將出兵而攻留、方與、銍、胡陵、碭、蕭、相〔三〕，故宋必盡〔四〕。齊人南面，泗北必舉〔五〕。此皆平原四達膏腴之地也，而王使之獨攻〔六〕。王破楚於以肥韓、魏於中國，而勁齊。韓、魏之强，足以校於秦矣〔七〕；齊南以泗爲境，東負海，北倚河，而無後患，天下之國，莫强於齊。齊、魏得地葆利而詳事下吏〔八〕，一年之後爲帝。若未能，於以禁王之爲帝有餘〔九〕。夫以王壤土之博，人徒之衆，兵革之强，一舉事而注地於楚〔一〇〕，詘令韓、魏歸帝重於齊〔一一〕，是王失計也。

〔一〕四國：韓、趙、魏、齊。

〔二〕秦、楚之構而不離：鮑本「之」下補「兵」字。《史記》、《新序》有「兵」字。構，與「搆」通，高注：構，連也。

〔三〕留、方與、銍、胡陵、碭、蕭、相：故留城在今江蘇沛縣東南五十里。方與城在今山東魚臺縣北。銍城，在今江蘇宿州南四十六里。胡陵城，在今江蘇沛縣北五十里。碭，在今安徽碭山縣。蕭，在今安徽蕭縣西北十里。相，在今安徽濉溪縣西北。

〔四〕故宋：以上七邑，皆宋國故地，宋滅，其地歸楚，故云故宋。

〔五〕泗北必舉：言齊將兼魯故地。泗，泗水，源出今山東泗水縣東陪尾山西，四源並發，故名泗水。經曲阜、兖州、鄒城，東南經沛縣，又東南過下邳、宿遷入於淮水。北，《史記》作「上」。

〔六〕獨攻：魏盡故宋，齊取泗北，是齊、魏獨攻伐，獨佔有而得大利。

〔七〕校於秦：與秦對抗爲敵。校，與「較」同。高注：校，猶亢也。

〔八〕詳事下吏：「詳」與「佯」通，詐，訛。事，謂服事。下吏，指秦。鮑本作「不吏」誤。言齊、魏僞爲事秦也。

〔九〕於以禁王之爲帝有餘：言齊、魏未能爲帝，而其强大足以禁止秦爲帝而有餘力。

〔一〇〕一舉事而注地於楚：一舉事，鮑本無此三字。事，姚本作「衆」。《史記》、《新序》作「事」。原策文亦作「事」，高注：事，戰事也。可證。今改「衆」爲「事」。注，屬。《史記索隱》謂以兵裁之。

〔一一〕詘令韓、魏歸帝重於齊：反使韓、魏歸帝號之重於齊。詘，曲，折，反。

「臣爲王慮，莫若善楚。秦、楚合而爲一，以臨韓，韓必授首〔一〕。王襟以山東之險〔二〕，帶以河曲之利〔三〕，韓必爲關中之侯〔四〕。若是，王以十成鄭〔五〕，梁氏寒心〔六〕，許、鄢陵、嬰城〔七〕，上蔡、召陵不往來也〔八〕。如此，而魏亦關内侯矣。王一善楚，而關内二萬乘之主注地於齊，齊之右壤〔九〕，可拱手而取也。是王之地一任兩海〔一〇〕，要絶天下也。是燕、趙無齊、楚，齊、楚無燕、趙也〔一一〕。然後危動燕、趙，持齊、楚〔一二〕，此四國者，不待痛而服矣〔一三〕。」

〔一〕授首：《史記》作「斂手」，《新序》作「拱手」。言其服而請誅。

〔二〕王襟以山東之險：襟，衣襟，比喻蔽障如襟。山東，《史記》作「東山」是，謂華山以至崤塞諸山。

〔三〕帶以河曲之利：帶，圍繞如帶。河曲，黄河南流至華陰曲而東流，謂河曲，在今山西永濟市東南，大河轉曲處。

〔四〕韓必爲關中之侯：侯，侯吏，侯人，迎賓客之來者。高注：言韓爲秦察諸侯動静也。

〔五〕王以十成鄭：此句有誤脱，據《史記》、《新序》「十」下脱「萬」字，「成」乃「戍」字之誤。當爲「王以十萬戍鄭」。鄭，新鄭，韓之國都。

〔六〕梁氏寒心：梁氏，魏國。新鄭距魏都大梁百五十里，秦以十萬兵戍鄭，則魏國爲之恐懼。

〔七〕許、鄢陵、嬰城：許，魏地，今河南許昌市東。鄢陵，魏地，今河南鄢陵縣西北。

〔八〕上蔡、召陵不往來也：上蔡，楚地，故城在今河南上蔡縣西南十里。召，讀爲「邵」。召陵，今河南漯河市郾城區東有召陵崗。魏都大梁，其南境至汝南，許、鄢陵在汝南、大梁之間。許、鄢陵二地受秦兵戍鄭之威脅，則上蔡、召陵與大梁隔絶不能往來。

〔九〕齊之右壤：壤，地。右壤，謂齊西部之地。

〔一〇〕一任兩海：任，乃「經」字之誤，《史記》作「經」是。兩海，東海、西海。一經兩海，謂自西海至東海其地一爲秦所有。

〔一一〕燕、趙無齊、楚，齊、楚無燕、趙也：「齊、楚」二字下姚本無「齊、楚」。據《史記》、《新序》補。燕、趙無齊、楚，齊、楚無燕、趙，謂四國不得相救。

〔一二〕危動燕、趙，持齊、楚：危動，以危亡恐動之。持，脅，劫。

〔一三〕不待痛而服：言不待急攻危困而請服於秦。高注：痛，急也。

【繫年】

此策文亦見於《史記·春申君傳》及《新序·善謀》，皆謂爲秦昭王時。而策文中稱「先帝文王、莊王」，而秦取魏之酸棗、燕、虛在秦始皇五年，皆昭王以後事。國策敘事每多牴牾，高注疏略不可盡據。從《史記》楚頃襄王亡走陳在十八年，黄歇使秦在二十年，當秦昭王三十一年、周赧王三十九年。

或爲六國説秦王章

或爲六國説秦王曰〔一〕：「土廣不足以爲安，人衆不足以爲强。若土廣者安，人衆者强，則桀、紂之後將存。昔者趙氏亦嘗强矣。」曰：「趙强何若？」「舉左案齊〔二〕，舉右案魏。厭案萬乘之國二〔三〕，國千乘之宋也〔四〕。築剛平，衛無東野，芻牧薪采，莫敢闚東門〔五〕。當是時，衛危於累卵，天下之士相從謀曰：『吾將還其委贄，而朝於邯鄲之君乎〔六〕！』於是天下有稱伐邯鄲者，莫不令朝行〔七〕。魏伐邯鄲，因退爲逢澤之遇〔八〕，乘夏車，稱夏王〔九〕，朝爲天子〔一〇〕，天下皆從。齊太公聞之〔一一〕，舉兵伐魏，壤地兩分〔一二〕，國家大危。梁王身抱質執璧，請爲陳侯臣〔一三〕。天下乃釋梁。郢威王聞之〔一四〕，寢不寐，食不飽，帥天下百姓以與申縛遇於泗水之上，而大敗申縛〔一五〕。趙人聞之至枝桑，燕人聞之至格道〔一六〕。格道不通，平際絶〔一七〕。齊戰敗不勝〔一八〕。謀則不得，使陳毛釋劍掫委南聽罪〔一九〕，西説趙，北説燕，内喻其百姓，而天下乃齊釋〔二〇〕。於是夫積薄而爲厚，聚少而爲多，以同言郢威王於側紂之間〔二一〕，臣豈以郢威王爲政衰謀亂以至於此哉？郢爲强，臨天下諸侯，故天下樂伐之也。」

〔一〕秦王：秦王政。

〔二〕案：抑下，制止。

〔三〕厭案：抑制。厭，與「壓」同。

〔四〕國千乘之宋：國，當爲「困」字之訛。宋在戰國時小於七國，稱爲千乘之國。

〔五〕「築剛平」四句：趙成侯四年，築剛平以侵衛。今河南清豐縣西南有剛平城。衛無東野，言衛國都東門以外之城邑被趙侵占，故衛無東野。以致衛人砍柴割草、放牧牛馬皆不敢出東門。采，與「採」同。闚，與「窺」同。

〔六〕「還其委贄」二句：委贄爲臣仕於衛之士，還反其贄，離衛朝於邯鄲更事趙國之君。【正】委，派，放置。贄，同「質」，人質。還其委質，即送還質於衛的人於趙。

〔七〕莫不令朝行：黄丕烈云：莫，即「暮」字。「不」字衍。

〔八〕魏伐邯鄲，因退爲逢澤之遇：在梁惠王十七年。次年，拔邯鄲。據范祥雍《古本竹書紀年輯校訂補》，會諸侯於逢澤，在周顯王二十五年、梁惠王二十六年。逢澤，亦名逢池，本爲逢陂、忌澤二地，合爲逢澤，在今河南開封市東北二十四里。

〔九〕乘夏車，稱夏王：夏車，謂中夏之車。夏，赤色。夏王，中國之王。

〔一〇〕朝爲天子：朝於天子。梁惠王驅十二諸侯朝天子於孟津，在周顯王二十五年、梁惠王二十六年。蓋梁惠王十八年敗齊伐趙，二十三年伐燕，二十四年及二十五年伐楚，二十六年敗韓，實梁惠王極盛之時。

〔一一〕齊太公：高注：太公，田和也。篡姜氏而有齊國，謚爲太公。然齊太公田和時，魏無伐趙之事。田和與魏惠王非同時人。

〔一二〕舉兵伐魏，壤地兩分：舉兵伐魏，在逢澤之遇以後，當指齊、魏馬陵之戰，當在梁惠王二十八年、齊威王十六年、周顯王二十八年。次年，西敗於秦。壤地兩分，指魏東敗於齊，西喪地於秦。

〔一三〕抱質執璧，請爲陳侯臣：質，與「贄」同。贄、璧，士大夫相見時的禮品。高注：陳侯，齊侯也。田氏是陳公子完之後，田氏伐齊，故又稱爲陳侯。此梁惠王用惠施之言，朝齊以怒楚。

〔一四〕郢威王：即楚威王熊商。郢，楚都。

〔一五〕申縛：即申紀，《史記》作「申紀」，齊將。《楚世家》威王七年田嬰欺楚，楚威王伐齊，敗之徐州。

〔一六〕枝桑、格道：二地不詳所在。【補】枝桑，趙地名，《史記·趙本紀》注曰：疑曰平桑。格道，燕地名。疑即「格里格」，即今遼寧西淩源市。然距燕、齊交界太遠。據《張儀說秦王章》中述，燕出兵至格道，而平陰警備，遂與外絶。格道當離平陰不遠。

〔一七〕平際絶：言格道不通，平地阻絶。際，界也。

〔一八〕戰敗不勝：王念孫云：敗與不勝，詞意相複。敗，當爲「則」字之誤。戰則不勝，謀則不得，相對爲文。

〔一九〕使陳毛釋劍掫委南聽罪：陳毛，齊人。孫詒讓云：「掫」當爲「撮」之訛。撮，布冠。冠制小，故言「撮」。委，武冠卷。撮委即謂布冠。蓋常禮帶劍冠帛，今聽罪，故釋劍布冠，乃兵敗謝罪之服。南聽罪，聽罪於楚。

〔二〇〕齊釋：當爲釋齊。舍齊而不攻。釋，舍而不攻。

〔二一〕紂：高注：「紂」當爲「牖」，聲之誤也。言各國諸侯相聚議而謀伐楚也。民：紂，當爲「肘」之誤。

【繫年】

此策年不可考。從顧觀光，附於秦昭王五十年，當周赧王五十八年。

戰國策卷七

秦五

謂秦王曰臣竊惑章

謂秦王曰〔一〕：「臣竊惑王之輕齊易楚而卑畜韓也〔二〕。臣聞王兵勝而不驕〔三〕，伯主約而不忿〔四〕。勝而不驕，故能服世；約而不忿，故能從鄰〔五〕。今王廣德魏、趙而輕失齊，驕也；戰勝宜陽，不恤楚交〔六〕，忿也。驕、忿，非伯主之業也〔七〕。臣竊爲大王慮之而不取也。《詩》云：『靡不有初，鮮克有終。』故先王之所重者，唯始與終。何以知其然？昔智伯瑶殘范、中行，圍逼晋陽，卒爲三家笑〔八〕；吴王夫差棲越於會稽，勝齊於艾陵，爲黄池之遇，無禮於宋，遂與勾踐禽死於干隧〔九〕；梁君伐楚勝齊，制趙、韓之兵，驅十二諸侯以朝天子於孟津〔一〇〕，後子死，身布冠而拘於秦〔一一〕。三者非無功也，能始而不能終也。

〔一〕秦王：高注：秦始皇也。非。當爲秦昭王。
〔二〕卑畜：不以禮對待。畜，養，對待。
〔三〕驕：慢。
〔四〕約：檢約。【補】忿，同「憤」，氣憤，惱怒。
〔五〕從鄰：鄰國服從。
〔六〕戰勝宜陽，不恤楚交：秦拔韓宜陽，在秦武王三年。秦武王用馮章計，許楚漢中以孤韓，已而背約，即此所云「不恤楚交」。恤，顧。
〔七〕伯主：鮑本作「伯王」，是。
〔八〕殘范、中行，圍逼晉陽，卒爲三家：殘，滅。范，范吉射。中行，中行寅。晉六卿中之二卿。三家，韓、趙、魏。
〔九〕「吴王夫差棲越於會稽」五句：吴王夫差伐越，敗越於夫椒。越王勾踐以餘兵五千保棲於會稽山。保山曰棲。猶鳥棲於木上。無禮於宋，吴王夫差北會諸侯於黄池，與晉争霸，已盟，與晉别，欲伐宋。指此。黄池，在今河南封丘縣。與，鮑改作「爲」。吴補：當作「爲」。
〔一〇〕「梁君伐楚勝齊」三句：梁君，梁惠王。據《古本竹書紀年》，梁惠王十八年敗齊於襄陵，拔趙邯鄲，二十三年伐燕，二十四年及二十五年伐楚，二十六年敗韓。韓、趙皆屈服於魏，所謂制趙、韓之兵。十二諸侯，魯、衛、宋、鄭之屬。天子，周顯王。孟津，黄河古渡名，亦名盟津。在今河南孟津縣東北、孟州市西南。
〔一一〕後子死，身布冠而拘於秦：子死，太子申死於馬陵之戰。《孟子·梁惠王上》：「東敗於齊，長子死焉。」

身布冠，兵敗自損謝罪之服。梁惠王二十八年，齊敗魏於馬陵。《吕氏春秋·不屈》：「故惠王布冠而拘於鄄，齊威王幾弗受。」此云「拘於秦」，「秦」當爲「齊」字之誤。

「今王破宜陽，殘三川〔一〕，而使天下之士不敢言。雍天下之國，徙兩周之疆〔二〕，而世主不敢交陽侯之塞〔三〕。取黄棘〔四〕，而韓、楚之兵不敢進。王若能爲此尾〔五〕，則三王不足四，五伯不足六。王若不能爲此尾，而有後患，則臣恐諸侯之君，河、濟之士，以王爲吴、智之事也〔六〕。《詩》云：『行百里者半於九十〔七〕。』此言末路之難。

〔一〕破宜陽，殘三川：指秦武王拔宜陽以後，秦昭王時屢次攻韓攻周，戰於伊闕，三川之地遭戰爭摧殘。秦初置三川郡在莊襄王二年。

〔二〕雍天下之國，徙兩周之疆：雍，與「壅」通，壅塞不通之意。雍天下之國，言天下之國爲秦壅塞，不得合縱。徙，安氏本作「復」。徙兩周之疆，遷徙周君，侵逼周地。

〔三〕世主不敢交陽侯之塞：世主，謂六國諸侯。交，交往。陽侯之塞，在今山西洪洞縣東南十五里。郭希汾以爲齊之穆陵關，古陽侯國地，故謂之陽侯塞。

〔四〕黄棘：古謝國，在今河南新野縣東北。秦昭王與楚懷王盟會處。

〔五〕尾：後也。善其後，慎其終。

〔六〕吴、智之事：吴王夫差、智伯瑶先勝後敗滅國殺身之事。

〔七〕「《詩》云」句：此詩句乃古成語。言百里之程，行九十里，等於行全程之半，謂末路之難也。【補正】詩，鮑注、高注皆言「逸詩」，誤。似應爲「語」字。金正煒曰：「按『詩』字疑當作『語』。」語，古語也。

「今大王皆有驕色，以臣之心觀之，天下之事，依世主之心，非楚受兵必秦也〔一〕。何以知其然也？秦人援魏以拒楚，楚人援韓以拒秦〔二〕。四國之兵敵而未能復戰也〔三〕。齊、宋在繩墨之外以爲權〔四〕，故曰：『先得齊、宋者伐秦〔五〕。』秦先得齊、宋，則韓氏鑠〔六〕；韓氏鑠，則楚孤而受兵也。楚先得齊，則魏氏鑠；魏氏鑠，則秦孤而受兵矣。若隨此計而行之，則兩國者必爲天下笑矣〔七〕。」

〔一〕受兵：受諸侯之攻伐。

〔二〕援：助也。

〔三〕敵：强弱相等。

〔四〕權：援助之勢，能輕重四國之間。

〔五〕【補】先得齊、宋者伐秦：不文，金正煒曰：當以「先得齊、宋者伐」爲句。「秦」字涉下而衍。伐，功也。

金斷句説爲是。

〔六〕鑠：銷化熔解。

〔七〕兩國：秦、楚。

【繫年】

此策年不可考。據策文「戰勝宜陽，不恤楚交」一語，附於秦武王四年，當周赧王八年。【補正】此章爲説昭王章，繫年當爲秦昭王前中期爲是。繫於「秦武王四年」當誤。高注「秦王」爲「秦始皇」，亦誤。鮑注爲「武王」，是據文中有「戰勝宜陽，不恤楚交」句，亦不足爲據。

秦王與中期章

秦王與中期爭論〔一〕，不勝。秦王大怒，中期徐行而去。或爲中期説秦王曰〔二〕：「悍人也〔三〕。中期適遇明君故也，向者遇桀、紂，必殺之矣〔四〕。」秦王因不罪〔五〕。

〔一〕秦王：當爲秦武王。【補正】秦王，當爲秦昭王。中期，秦國善辯之士。

〔二〕或爲：《御覽》卷四六〇作「人爲」。

〔三〕悍：「悍」上《御覽》有「此」字。悍，勇，急。

〔四〕向者：《御覽》無此二字。

〔五〕秦王因不罪：《御覽》無「秦」字。

【繫年】

此策時不可考。當爲秦武王時，但亦不能確指何年。【正】繫年中「當爲秦武王」，誤。應爲秦昭王。顧觀光附此策於周赧王四十九年《秦昭王謂左右曰章》後，曰：「因中期附此。」范祥雍本同此説。

獻則謂公孫消曰章

獻則謂公孫消曰〔一〕：「公，大臣之尊者也，數伐有功〔二〕。所以不爲相者，太后不善公也〔三〕。芈戎者〔四〕，太后之所親也，今亡於楚，在東周〔五〕。公何不以秦、楚之重，資而相之於周乎〔六〕？楚必便之矣。是芈戎有秦、楚之重，太后必悦公，公相必矣。」

〔一〕獻則謂公孫消：獻則，秦人。《風俗通》：戰國時，秦有大夫獻則。公孫消，亦秦人貴族，善戰。

〔二〕數伐有功：屢行戰伐有功勞。伐，戰爭征伐。

〔三〕太后：秦昭王母宣太后。

〔四〕芈戎：宣太后同父弟，號華陽君。芈，原作「辛」，誤。

〔五〕在東周：自秦亡在東周。【補】亡，逃亡，亡去。東周，成周，在今河南洛陽市東三十里，漢魏故城遺址。

〔六〕資而相之於周：資，供給，幫助。相之於周，做周相。後魏冉用事，還之於秦。

【繫年】

據《史記·穰侯傳》，秦昭王立，芈戎封爲華陽君。此時芈戎尚未入秦。魏冉用事，還芈戎於秦，當繫秦昭王元年，魏冉初用事之時。

樓啎約秦魏章

樓啎約秦、魏〔一〕，魏太子爲質〔二〕，紛强欲敗之〔三〕。謂太后曰：「國與還者也〔四〕，敗秦而利魏，魏必負者〔五〕。負秦之日，太子爲糞矣〔六〕。」太后坐王而泣，王因疑於太子〔七〕，令之留於酸棗〔八〕。樓子患之。

〔一〕樓啎：啎，字書無。姚注：謂古「伍」字。此後策文亦作「梧」，鮑本作「牾」。「啎」、「梧」、「牾」字異而義同。樓啎，魏人。又見《魏策四》。

〔二〕爲質：高注：質於秦。《魏世家》襄王十二年，太子朝於秦。

〔三〕紛强欲敗之：高注：紛强，又作「翟强」，魏臣。敗，害也。

〔四〕國與還者：還，猶反也。兩國相與，好惡利害反復無定。

〔五〕魏必負者：言魏得利而强，將不事秦。高注：負，背也。

〔六〕太子爲糞：王念孫云：「糞」下當有「土」字。下章「身爲糞土」與此義同。

〔七〕王因疑於太子：疑不欲太子質秦。

〔八〕令之留於酸棗：留，止。酸棗，今河南延津縣。

昭衍爲周之梁，樓子告之〔一〕。昭衍見梁王，梁王曰：「何聞？」曰：「聞秦且伐魏。」王曰：「爲期與我約矣〔二〕。」曰：「秦疑於王之約，以太子之留酸棗而不之秦。秦王之計曰：『魏不與我約，必攻我；我與其處而待之見攻〔三〕，不如先伐之。』以秦强，折節而下與國〔四〕，臣恐其害於東周〔五〕。」

〔一〕樓子告之：告昭衍魏太子留於酸棗之義。

〔二〕爲期與我約矣：謂秦與魏已結約和好。

〔三〕處而待之見攻：處，安居。待，等候。見攻，被攻。

〔四〕與國：相與共禍福之國。

〔五〕臣恐其害於東周：高注：昭衍不欲正言害魏，故詭言恐害東周。秦伐魏，必經東周故也。

【繫年】

《魏世家》魏襄王十二年「太子朝於秦」，當秦武王四年。魏安釐王三十年「太子增質於秦」，秦留之，當秦莊襄王三年。二者未知孰是。今從顧觀光編此策於秦武王四年，當周赧王八年。【正】此章應爲秦莊襄王三年、魏安釐王三十年爲是。

濮陽人吕不韋章

濮陽人吕不韋賈於邯鄲〔一〕，見秦質子異人〔二〕，歸而謂父曰：「耕田之利幾倍？」曰：「十倍。」「珠玉之赢幾倍〔三〕？」曰：「百倍。」「立國家之主赢幾倍！」曰：「無數。」曰：「今力田疾作，不得煖衣餘食；今建國立君，澤可以遺世〔四〕。願往事之〔五〕。」

〔一〕濮陽人吕不韋賈於邯鄲：濮陽，衛國都城。故城在今河南濮陽市西南。按《史記·吕不韋傳》，吕不韋，陽翟大賈人。陽翟，今河南禹州市。與此策不同。賈，音「古」。行曰商，處曰賈。邯鄲，趙都。今河北邯鄲市西南。

〔二〕異人：子楚之初名，秦始皇之父，此時爲質子於趙。

〔三〕赢：商人之利潤。

〔四〕澤可以遺世：澤，恩澤。遺世，貽留給後代。

〔五〕事：從事，猶經營之。

秦子異人質於趙，處於聊城〔一〕。故往説之曰：「子傒有承國之業〔二〕，又有母在中。今子無母於中，外託於不可知之國〔三〕，一日倍約〔四〕，身爲糞土。今子聽吾計，事求歸〔五〕，可以有秦國。吾爲子使秦，必來請子〔六〕。」

〔一〕聊城：策文原作「戼城」。字書無「戼」字。《史記·吕不韋傳正義》引此策文作「聊」。《御覽》卷四八〇引策文亦作「聊」，今據以改「戼」爲「聊」。今山東聊城市。

〔二〕子傒有承國之業：子傒，孝文王之子，異人之異母兄。孝文王立子傒爲太子，將以繼承王位，故云有承國之業。

〔三〕外託於不可知之國：謂異人作質子於趙，安危禍福未可知。

〔四〕一日倍約：一旦秦、趙背約。倍，與「背」通。

〔五〕事求歸：從事求回秦國之活動。

〔六〕必來請子：言必使秦國來請異人歸秦。子，指異人。

乃説秦王后弟陽泉君曰〔一〕：「君之罪至死，君知之乎？君之門下無不居高尊位，太子門下無貴者〔二〕。君之府藏珍珠寶玉〔三〕，君之駿馬盈外廄〔四〕，美女充後庭。王之春秋高〔五〕，一日山陵崩〔六〕，太子用事，君危於累卵，而不壽於朝生〔七〕。説有可以一切而使君富貴千萬歲〔八〕，其寧於泰山四維〔九〕，必無危亡之患矣。」陽泉君避席請聞其説〔一〇〕。不韋曰：「王年高矣，王后無子，子傒有承國之業，士倉又輔之〔一一〕。王一日山陵崩，子傒立，士倉用事，王后之門必生蓬蒿〔一二〕。子異人，賢材也，棄在於趙，無母於内〔一三〕，引領西望〔一四〕，而願一得歸。王后誠請而立之，是子異人無國而有國，王后無子而有子也。」陽泉君曰：「然。」入説王后，王后乃請趙而歸之。

〔一〕王后弟陽泉君：王后，孝文王后，華陽夫人。陽泉君，華陽后之弟。

〔二〕太子：子傒。

〔三〕府：貯藏貨財之所。

〔四〕廄：養馬之舍。

〔五〕王之春秋高：王，秦昭王。春秋高，謂年歲大，年老。

〔六〕山陵崩：山陵，比喻秦王尊重高貴。崩，比喻死。【補】山陵，舊指帝王的墳墓。山陵崩，是指帝王死後，葬之山陵之意。

〔七〕朝生：木槿，朝花夕落，短命不壽。【補】朝生，朱起鳳曰：「朝生是朝菌之别名。」莊子《逍遥遊》：「朝菌不知晦朔。」古有二解：一是指植物名，陸德明《釋文》引司馬彪云：「大芝也，天陰生糞上，見日則死。」二是蟲名，《淮南子·道應訓》引莊子、許慎、高誘注云：「朝生暮死之蟲也。生水上，狀似蠶蛾，一名孽母。」

〔八〕可以一切：權宜。

〔九〕泰山四維：以泰山維繫四隅，言安全鞏固。

〔一〇〕避席：離席。

〔一一〕士倉：「士」乃「土」字之訛，「土」即「杜」字。即秦昭王之相杜倉。

〔一二〕王后之門必生蓬蒿：王后，華陽夫人。門必生蓬蒿，謂其失勢，門庭荒蕪。

〔一三〕無母於内：異人之母夏姬，無寵，不能爲異人歸國作内應，故云無母於内。

〔一四〕引領：領，脖頸。引領，伸長脖頸。

趙未之遣，不韋説趙曰：「子異人，秦之寵子也，無母於中，王后欲取而子之〔一〕。使秦而欲屠趙，不顧一子以留計〔二〕，是抱空質也〔三〕。若使子異人歸而得立，趙厚送遣之，是不敢倍德畔施，是自爲德講〔四〕。秦王老矣，一日晏駕〔五〕，雖有子異人，不足以結秦。」趙乃遣之。

〔一〕王后：華陽夫人。華陽夫人無子，得吕不韋之説，欲從趙取異人歸，立以爲己子。

〔二〕不顧一子以留計：假使秦要想滅趙，不因爲有一質子在趙而就顧忌不攻趙。

〔三〕抱空質：趙國留質子異人，是抱個空質。言其無用。

〔四〕自爲德講：言施恩德於異人，異人歸，而得立爲王，秦必以恩德講於趙。

〔五〕晏駕：猶云宫車晚出，喻天子、王死亡之意。晏，晚。駕，帝王的車。

異人至，不韋使楚服而見〔一〕。王后悦其狀，高其智〔二〕。曰：「吾楚人也。」而自子之〔三〕，乃變其名曰楚。王使子誦〔四〕，子曰：「少棄捐在外，嘗無師傅所教學，不習於誦〔五〕。」王罷之，乃留止〔六〕。間曰〔七〕：「陛下嘗軔車於趙矣〔八〕，趙之豪桀得知名者不少。今大王反國，皆西面而望。大王無一介之使以存之〔九〕，臣恐其皆有怨心。使邊境早閉晚開〔一〇〕。」王以爲然，奇其計。王后勸立之。王乃召相〔一一〕，令之曰：「寡人子莫若楚〔一二〕。」立以爲太子。

〔一〕楚服：楚國之服制。高注：盛服。非。
〔二〕高其智：以異人智慧高。
〔三〕而自子之：《史記索隱》引《戰國策》曰：「吾楚人也，而子字之，乃變其名曰子楚。」此句「而自子之」，蓋誤。當從《索隱》引策文「而子字之」爲當。而子字之，以爲是自己的兒子而另名之。故下文「乃變其名曰楚」。
〔四〕誦：即席賦詩以誦易名之事。
〔五〕不習於誦：因爲無師傅教導，不曉得讀書吟詩。習，曉，熟。
〔六〕留止：留住於宮中。止，姚本作「請」，鮑本作「止」。從鮑本。
〔七〕間：空隙之時。
〔八〕陛下嘗軔車於趙：軔，止車輪旋轉之礙木，停止之意。軔車，停車。孝文王爲安國君時，曾質於趙，異人不敢直説其爲質於趙，而謂爲停車於趙。
〔九〕一介之使以存之：一介之使，單使，一人爲使者。存，存恤勞問。
〔一〇〕邊境早閉晚開：謂警戒森嚴。
〔一一〕相：丞相。
〔一二〕寡人子莫若楚：孝文王有子二十餘人，故云莫若楚，立以爲太子。

子楚立〔一〕，以不韋爲相，號曰文信侯，食藍田十二縣〔二〕。王后爲華陽太后。諸侯皆致秦邑〔三〕。

〔一〕子楚立：立子楚爲秦王，是爲莊襄王。

〔二〕藍田十二縣：藍田，在今陝西藍田縣西三十里。十二縣，不知確指何縣。《史記·呂不韋傳》：「食河南洛陽十萬户。」【補】藍田十二縣，謂藍田以東商洛一帶十二縣之地。高誘注爲官禄。

〔三〕致秦邑：王念孫云：「『秦』當爲『奉』字之誤也。」致奉邑，爲華陽太后養地。

【繫年】

據《史記·吕不韋傳》「秦昭王五十六年薨，太子安國君立爲王，華陽夫人爲王后，子楚爲太子」，則此策應繫於秦昭王五十六年。策文最後言子楚立爲王，吕不韋爲相，王后爲華陽太后，此處爲後人之追述，就事之結果言之，不是劃策之年月。

文信侯欲攻趙章

文信侯欲攻趙以廣河間〔一〕，使剛成君蔡澤事燕〔二〕，三年而燕太子質於秦〔三〕。文信侯因請張唐相燕〔四〕，欲與燕共伐趙以廣河間之地〔五〕。張唐辭曰：「燕者必徑於趙〔六〕，趙人得唐者，受百里之地〔七〕。」文信侯去而不快。少庶子甘羅曰〔八〕：「君侯何不快甚也？」文信侯曰：「吾令剛成君蔡澤事燕三年，而燕太子已入質矣。今吾自請張卿相燕而不肯行。」甘羅曰：「臣行之。」文信侯叱去曰〔九〕：「我自行之而不肯，汝安能行之也？」甘羅曰：「夫項槖生七歲而爲孔子師〔一〇〕，今臣生十二歲於兹矣！君其試臣，奚以遽言叱也〔一二〕？」

〔一〕以廣河間：河間，河、漳之間地區名，今河北獻縣、河間市一帶，戰國時屬趙，後入於秦。《史記·呂不韋傳正義》云：秦封爲呂不韋食邑。今又欲攻其旁邑以廣其封。【正】此處注「廣其封」爲不韋擴大其食邑，誤。實爲廣秦之領地。因其封邑藍田距此太遠，不通。

〔二〕使剛成君蔡澤事燕：剛成君，蔡澤之封號。事燕，從事對燕之聯合結交。

〔三〕燕太子：燕王僖之子，名丹。《史記·荆軻傳》：「燕太子丹者，故嘗質於趙，而秦王政生於趙，其少時與丹歡。及政立爲秦王，而丹質於秦。」即指此事。

〔四〕請張唐相燕：張唐，秦將軍，事秦昭王，數攻戰有功。至秦始皇帝時，呂不韋爲丞相，使張唐往相燕，欲與燕共伐趙。

〔五〕欲與燕共伐趙以廣河間之地：黄丕烈云：此十二字鮑本無。無者是也。策文在首，《史記》取之而移於此。有此十二字者，乃依《史記》添入而誤複耳。

〔六〕燕者必徑於趙：由秦往燕必取徑於趙。

〔七〕趙人得唐者，受百里之地：張唐在秦昭王時爲將。數攻趙，於是趙怨恨張唐，令國中曰：「得唐者與百里之地。」往燕，必爲趙所擒虜。借此辭不欲往。

〔八〕少庶子甘羅：少庶子，官名，《史記索隱》引策文無「少」字。掌諸侯卿大夫之庶子。甘羅，甘茂之孫，事呂不韋爲庶子官。

〔九〕文信侯叱去曰：侯，姚本作「君」，鮑改「君」爲「侯」，《史記》作「侯」。從鮑本。叱去曰，曾本作「叱曰去」。叱，呵斥。

〔一〇〕項櫜：姚本作「項櫜」，誤。鮑本、《史記》作「櫜」，是。

〔一一〕奚以遽言叱也：奚，何。遽，急。

甘羅見張唐曰：「卿之功孰與武安君？」唐曰：「武安君戰勝攻取，不知其數；攻城墮邑，不知其數。臣之功不如武安君也。」甘羅曰：「卿明知功之不如武安君歟？」曰：「知之。」「應侯之用秦也，孰與文信侯專〔一〕？」曰：「應侯不如文信侯專。」曰：「卿明知爲不如文信侯專歟？」曰：「知之。」甘羅曰：「應侯欲伐趙，武安君難之，去咸陽七里，絞而殺之〔二〕。今文信侯自請卿相燕，而卿不肯行，臣不知卿所死之處矣。」唐曰：「請因孺子而行〔三〕。」令庫具車，廄具馬，府具幣〔四〕，行有日矣。

〔一〕專：權重。

〔二〕「應侯欲伐趙」四句：秦昭王四十七年九月，武安君白起大破趙軍於長平，坑殺趙卒四十餘萬。四十八年十月，武安君遂欲滅趙。趙使蘇代説應侯范睢，割地講和，無以爲武安君功。正月，皆罷兵。武安君聞之，由是與應侯有隙。秦昭王欲使武安君復伐趙，武安君稱疾不行，秦軍敗於邯鄲。昭王怒，免武安君爲士伍，不得留咸陽中，武安君行出咸陽西門十里，范睢陷之，昭王賜武安君劍，使自殺。七里，當是「十里」之誤。

〔三〕孺子：指甘茂。通過甘茂向文信侯講説而去相燕。

〔四〕「令庫具車」三句：令，使。庫，藏兵車之處。具，備。府，王府，藏璧玉之處。

甘羅謂文信侯曰：「借臣車五乘，請爲張唐先報趙〔一〕。」見趙王，趙王郊迎。謂趙王曰：「聞燕太子丹之入秦與？」曰：「聞之。」「聞張唐之相燕與？」曰：「聞之。」「燕太子入秦者，燕不欺秦也；張唐相燕者，秦不欺燕也。秦、燕不相欺則伐趙，危矣。燕、秦所以不相欺者，無異故，欲攻趙而廣河間也。今王齎臣五城以廣河間〔二〕，請歸燕太子，與强趙攻弱燕。」趙王立割五城以廣河間，歸燕太子。趙攻燕，得上谷三十六縣〔三〕，與秦什一。

〔一〕報：説也，往爲張唐先説趙王。

〔二〕齎：持送。

〔三〕上谷：郡名，燕地。今河北張家口市以南，北京市昌平區以北地帶。

【繫年】

從顧觀光，附此策於秦始皇八年、趙悼襄王六年。

文信侯出走章

文信侯出走〔一〕，與司空馬之趙〔二〕，趙以爲守相〔三〕。秦下甲而攻趙。司空馬説趙王曰：「文信侯相秦，臣事之爲尚書〔四〕，習秦事。今大王使守小官，習趙事。請爲大王設秦、趙之戰而親觀其孰勝？趙孰與秦大？」曰：「不如。」「民孰與之衆？」曰：「不如。」「金錢粟孰與之富？」曰：「弗如。」「國孰與之治？」曰：「不如。」「相孰與之賢？」曰：「不如。」「將孰與之武？」曰：「不如。」「律令孰與之明？」曰：「不如。」司空馬曰：「然則大王之國，百舉而無及秦者，大王之國亡。」趙王曰：「卿不遠趙〔五〕，而悉教以國事，願於因計〔六〕。」

〔一〕文信侯出走：秦始皇十年十月，免吕不韋相，出就國。文信侯出走事指此。

〔二〕與司空馬之趙：與，黨與。司空馬，三晋人，少事文信侯爲尚書。

〔三〕守相：假相。守，假官。

〔四〕尚書：《通典·職官四》：「秦時少府遣吏四人，在殿中主發書，謂之尚書。尚，主也。」

〔五〕不遠趙：不以趙爲遠。

〔六〕因計：受計。

司空馬曰：「大王裂趙之半以賂秦，秦不接刃而得趙之半，秦必悦。内惡趙之守，外恐諸侯之救，秦必受之。秦受地而却兵，趙守半國以自存。秦銜賂以自强，山東必恐；亡趙自危〔一〕，諸侯必懼。懼而相救，則從事可成〔二〕。臣請大王約從。從事成，則是大王名亡趙之半，實得山東以敵秦，秦不足亡〔三〕。」趙王曰：「前日秦下甲攻趙，趙賂以河間十二縣，地削兵弱，卒不免秦患。今又割趙之半以强秦，力不能自存，因以亡矣。願卿之更計。」司空馬曰：「臣少爲秦刀筆以官長而守小官〔四〕，未嘗爲兵首〔五〕，請爲大王悉趙兵以遇〔六〕。」趙王不能將〔七〕。司空馬曰：「臣效愚計，大王不用，是臣無以事大王。願自請〔八〕。」

〔一〕亡趙自危：亡，失。失趙，則山東諸侯少一與國，故自危。
〔二〕從事：合縱抗秦之事。
〔三〕秦不足亡：不足，言其容易。亡，滅亡。
〔四〕「臣少爲」句：安氏本無「筆」字。刀筆，謂爲秦尚書。筆以書札，刀削其字之不當者。小官，鮑本作「小吏」。
〔五〕未嘗爲兵首：不曾做過軍事首領。
〔六〕請爲大王悉趙兵以遇：悉趙兵以與秦對敵。
〔七〕不能將：不能用司空馬爲將軍。
〔八〕自請：自向趙王請求離開趙國。

司空馬去趙〔一〕，渡平原〔二〕。平原津令郭遺勞而問〔三〕：「秦兵下趙，上客從趙來，趙事何如？」司空馬言其爲趙王計而弗用，趙必亡。平原令曰：「以上客料之，趙何時亡？」司空馬曰：「趙將武安君〔四〕，期年而亡；若殺武安君，不過半年。趙王之臣有韓倉者以曲合於趙王〔五〕，其交甚親，其爲人疾賢妬功臣。今國危亡，王必用其言，武安君必死〔六〕。」

〔一〕去：離去。

〔二〕平原：平原津，古黄河渡口。今山東平原縣南六十里有張公故城，城東有水津，即古平原津。

〔三〕津令郭遺勞而問：津令，即津吏。勞而問，慰勞安問。

〔四〕趙將武安君：將，以武安君爲將。武安君，李牧。趙悼襄王七年，以李牧爲大將軍，擊秦軍於宜安，大破秦軍。封李牧爲武安君。《趙世家》封李牧爲武安君在趙王遷二年。

〔五〕曲合：委曲奉迎以求合於趙王。

〔六〕武安君必死：韓倉必讒殺李牧。

韓倉果惡之。王使人代武安君〔一〕，至，使韓倉數之曰〔二〕：「將軍戰勝，王觴將軍〔三〕。將軍爲壽於前，而捭匕首〔四〕，當死。」武安君曰：「繓病鉤〔五〕，身大臂短，不能及地，起居不敬，恐懼死罪於前，故使工人爲木材以接手〔六〕。上若不信，繓請以出示。」出之袖中以示韓倉，狀如振捆〔七〕，纏之以布。「願公入明之。」韓倉曰：「受命於王，賜將軍死，不赦。臣不敢言〔八〕。」武安君北面再拜賜死，縮劍將自誅〔九〕，乃曰：「人臣不得自殺宮中。」過司馬門〔一〇〕，趣甚疾，出諏門也〔一一〕。右舉劍將自誅，臂短不能及，銜劍徵之於柱以自刺〔一二〕。武安君死，五月趙亡〔一三〕。

〔一〕王使人代武安君：王，趙王遷。使人代武安君，使趙葱、顏聚代武安君爲將。

〔二〕數：責也。責數其罪。

〔三〕王觴將軍：王爲武安君賀功，觴之以酒。觴，飲酒器。

〔四〕捭匕首：捭，姚本、鮑本作「捍」，誤。劉、一作「捭」是也。《説文》：捭，兩手擊也。匕首，短劍。誣其兩手捭匕首欲以刺趙王。

〔五〕縕病鉤：縕，李牧之名。病鉤，曲攣不能伸，所謂臂短。

〔六〕「恐懼」二句：李善注《文選·謝靈運初發都詩》引策文，「懼」作「護」，「材」作「杖」。

〔七〕捆：當作「梱」，門橛。

〔八〕不敢言：不敢以李牧之言言於趙王。

〔九〕縮：「摍」字之假借。摍，抽，取。

〔一〇〕過司馬門：姚、鮑本作「遇司空馬門」，非。劉、一作「過馬司門」，是。司馬門，宫門。

〔一一〕趣甚疾，出諔門：趣，通「趨」，疾走爲趨。諔門，當是名門。

〔一二〕「銜劍」句：銜劍於口，因柱以自刺。徵，猶驗。驗其手之不能及也。

〔一三〕「武安君死」二句：趙王遷七年殺李牧，後三月王翦攻趙滅之，虜趙王遷。

平原令見諸公，必爲言之曰：「嗟嗞乎司空馬〔一〕！」又以爲司空馬逐於秦，非不知也；去趙，非不肖也。趙去司空馬而國亡。國亡者，非無賢人，不能用也。

〔一〕嗟嗞：憂聲。《説苑·貴德》作「嗟嗞」，《楚策》作「嗟子」，《尚書大傳》作「差子」。

【繫年】

策文言趙若殺武安君，不過半年而亡。殺武安君是趙王遷七年事。當秦始皇十八年。【補】鮑彪移此策於《趙策》幽王下。

四國爲一章

四國爲一〔一〕，將以攻秦。秦王召群臣賓客六十人而問焉，曰：「四國爲一，將以圖秦，寡人屈於内，而百姓靡於外〔二〕，爲之奈何？」群臣莫對。姚賈對曰〔三〕：「賈願出使四國，必絶其謀而安其兵〔四〕。」乃資車百乘，金千斤，衣以其衣，冠舞以其劍〔五〕。姚賈辭行，絶其謀，止其兵，與之爲交以報秦。秦王大悦。封賈千户，以爲上卿。

〔一〕四國：高注：燕、趙、吴、楚。鮑注：荆、齊、燕、代。皆非。吴、代滅亡已久。姚、鮑據下文「南使荆、吴，北使燕、代」而言。但此乃指姚賈南北所行之廣遠，非確指將以攻秦之四國。【正】四國，指代、楚、燕、吴之四國，非「所行之廣遠」之地。見下文。

〔二〕寡人屈於内，而百姓靡於外：財力困屈於内，百姓靡費於外。

〔三〕姚賈：梁監門子，嘗仕於趙，爲趙所逐。秦始皇時，來仕秦。

〔四〕必絶其謀而安其兵：絶，斷。安，止。

〔五〕衣以其衣，冠舞以其劍：舞，姚、鮑本誤，劉本作「帶」是。王念孫云：此文當作「衣以其衣，冠以其冠，帶以其劍」。謂衣以王之衣，冠以王之冠，帶以王之劍也。今本脱去「以其冠」三字，「帶」字又訛作「舞」。

韓非知之〔一〕，曰：「賈以珍珠重寶，南使荆、吴，北使燕、代之間三年〔二〕，四國之交未必合也，而珍珠重寶盡於内，是賈以王之權，國之寶，外自交於諸侯，願王察之。且梁監門子〔三〕，嘗盜於梁，臣於趙而逐〔四〕。取世監門子，梁之大盜，趙之逐臣，與同知社稷之計，非所以厲群臣也〔五〕。」

〔一〕韓非知之：韓非，韓公子，喜刑名法術之學，著書三十餘篇，十餘萬言，秦始皇欲見之。攻韓，韓遣之使秦。是時在秦。知，姚校、一本作「短」。《史記·韓非傳集解》引《戰國策》曰：「秦王封姚賈千户，以爲上卿。韓非短之曰……」作「短」爲是。短，譖毁之。

〔二〕「南使荆、吴」二句：鮑改「吴」爲「齊」，非。《韓詩外傳》：「昔吴、楚、燕、代爲一，舉而欲伐秦。姚賈監門之子也，爲秦使往之。」蓋策本如此。

〔三〕梁監門：梁，魏都。監門，守門卒。

〔四〕臣於趙而逐：趙使姚賈約韓、魏，韓、魏反之。趙逐姚賈。《趙策四》有。

〔五〕厲群臣：厲，通「勵」，勸勉，勉力。

王召姚賈而問曰：「吾聞子以寡人財交於諸侯，有諸？」對曰：「有。」王曰：「有何面目復見寡人？」對曰：「曾參孝其親，天下願以爲子；子胥忠於君，天下願以爲臣；貞女工巧〔一〕，天下願以爲妃。今賈忠王而王不知也。賈不歸四國，尚焉之？使賈不忠於君，四國之王尚焉用賈之身？桀聽讒而誅其良將〔二〕，紂聞讒而殺其忠臣〔三〕，至身死國亡。今王聽讒，則無忠臣矣。」

〔一〕工巧：善女工之事。

〔二〕桀聽讒而誅其良將：桀，夏桀王。誅其良將，謂殺關龍逢。

〔三〕紂聞讒而殺其忠臣：謂剖比干之心。

王曰：「子監門子，梁之大盜，趙之逐臣。」姚賈曰：「太公望，齊之逐夫，朝歌之廢屠，子良之逐臣〔一〕，棘津之讎不庸〔二〕，文王用之而王。管仲，其鄙人之賈人也，南陽之敝幽，魯之免囚〔三〕，桓公用之而伯。百里奚，虞之乞人，傳賣以五羊之皮〔四〕，穆公相之而朝西戎〔五〕。文公用中山盜，而勝於城濮〔六〕。此四士者，皆有詬醜大誹於天下〔七〕，明主用之，知其可與立功。使若卞隨、務光、申屠狄〔八〕，人主豈得其用哉？故明主不取其污，不聽其非，察其爲己用。故可以存社稷者，雖有外誹者不聽；雖有高世之名，無咫尺之功者不賞。是以群臣莫敢以虛願望於上。」秦王曰：「然。」乃復使姚賈而誅韓非〔九〕。

〔一〕「太公望」四句：太公望，吕尚。逐夫，爲老婦所逐。【補】贅婿爲老婦逐出爲「逐夫」。朝歌，紂都，今河南淇縣。廢屠，吕尚賣肉於朝歌，肉上生臭不售，故曰廢屠。【正】肉賣不出而生臭，爲廢屠。子良，不詳其人。

〔二〕棘津之讎不庸：棘津，今山東日照市有棘津，太公垂釣處。吕尚釣魚於棘津，魚不食餌。孫詒讓云：「讎」、「庸」二字誤倒。此句應作「棘津之庸不讎」。讎，售也。庸不讎，賣庸作不能自售。【正】棘津，在今河南省延津縣東北故胙城之北。名南津。亦名石濟津。《左傳·昭公十七年》：「晋荀吴帥師，涉自棘津。」《水經注》：「河水於是有棘津之名，亦爲之石濟津，故南津也。」《春秋・僖公二十八年》：晋將伐曹，曹在衛東，假道於衛，衛人不許。還自南河濟，即此也。《韓詩外傳》：「太公望少爲人婿，老而見去，屠牛朝歌，賃於棘津。」

〔三〕「管仲」四句：鄙，邊邑。《吕氏春秋》云，管仲與鮑叔同賈南陽。南陽，古地區名，相當於今山東泰山以南，汶河以北一帶。敝，困。幽，隱。魯之免囚，管仲事公子糾，魯人殺公子糾，召忽死之，管仲請囚，鮑叔帶其歸齊，故謂管仲爲魯之免囚。

〔四〕「百里奚」三句：百里奚，虞國大夫，嘗游困於齊，乞食於銍人。晋滅虞，虜其大夫百里奚，以爲秦穆公夫人媵臣至秦，百里奚亡秦走宛，楚鄙人執之。秦穆公請以五羖羊皮贖之。

〔五〕穆公相之而朝西戎：穆公，秦穆公，名任好，春秋時人。朝西戎，西戎來朝於秦，謂秦穆公相百里奚而霸西戎也。

〔六〕「文公」二句：文公，春秋時晋國君，名重耳。《新序》：「文公用其盗。」「其」指豎頭須。晋文公用咎犯之謀，破楚成王於城濮。不聞咎犯爲盗之事。城濮，在今山東鄄城西南，有臨濮故城，即古城濮。春秋僖公二十八年，晋文公破楚人於城濮，即此。

〔七〕皆有詬醜大誹於天下：詬，辱。醜，恥。誹，謗言。

〔八〕卞隨、務光、申屠狄：卞隨、務光，夏末隱士，商湯伐夏桀，以天下讓之。二人曰：爾爲不義，欲以慢我也。自沉於清冷之淵。申屠狄，殷末人，不忍見紂之淫亂，抱石自沉於淵水。

〔九〕誅韓非：韓非以秦始皇十四年使秦，被留，死於雲陽獄。

【繫年】

韓非以韓王安六年使秦，短姚賈而攻擊李斯下韓之策。故李斯、姚賈害之，留韓非於秦，繫於雲陽獄而藥殺之，是時秦始皇十四年。

戰國策卷八

齊一

楚威王戰勝於徐州章

楚威王戰勝於徐州〔一〕，欲逐嬰子於齊〔二〕。嬰子恐，張丑謂楚王曰〔三〕：「王戰勝於徐州也，盼子不用也〔四〕。盼子有功於國〔五〕，百姓爲之用。嬰子不善，而用申縛〔六〕。申縛者，大臣與百姓弗爲用，故王勝之也。今嬰子逐，盼子必用。復整其士卒，以與王遇〔七〕，必不便於王也。」楚王因弗逐。

〔一〕楚威王戰勝於徐州：楚威王，熊商，楚懷王之父。威王七年，齊田嬰説越令攻楚，楚威王伐齊，敗之於徐州。徐，《左傳》作「舒」，《説文》作「郐」，姚本作「徐」。【補】高誘注曰「舒州」，誤。鮑本作「徐」是也。徐州，齊邑。《竹書紀年》梁惠王三十年，下邳遷於薛，改名徐州。故城在今山東棗莊市薛城區。

〔二〕欲逐嬰子於齊：逐，驅逐，趕走。嬰子，田嬰，齊威王之少子，宣王之庶弟。自威王時任職用事。宣王九年，田嬰相齊，十年楚威王伐敗齊師於徐州，而使人逐田嬰。齊閔王三年封田嬰於薛。謚爲靖郭君。《竹書紀年》以爲齊威王封田嬰於薛，與《孟嘗君傳》文不同。

〔三〕張丑：齊臣也，具體身世不詳，又見於韓、魏、燕、中山等策。

〔四〕盼子：田盼，田嬰之同族。

〔五〕盼子有功於國：「國」下一本、《史記·楚世家》有「而」字。齊宣王對魏惠王説：「吾臣子有盼子者，使守高唐，則趙人不敢東漁於河。」

〔六〕而用申縛：縛，鮑本作「縳」，《史記·楚世家》作「紀」。未知孰是。田嬰不善盼子，故用申縛。

〔七〕以與王遇：以與楚爲敵。

【繫年】

據《楚世家》爲楚威王七年時事。當齊威王二十四年、周顯王三十六年。

齊將封田嬰於薛章

齊將封田嬰於薛〔一〕。楚王聞之，大怒，將伐齊。齊王有輟志〔二〕。公孫閈曰〔三〕：「封之成與不，非在齊也。又將在楚。閈説楚王，令其欲封公也又甚於齊〔四〕。」嬰子曰：「願委之於子〔五〕。」

〔一〕齊將封田嬰於薛：《史記・孟嘗君傳》：「閔王即位三年而封田嬰於薛。」疑此有誤。《竹書紀年》梁惠王後元十三年四月，齊威王（三十六年）封田嬰於薛。

〔二〕齊王有輟志：高注：輟，止也。志，意志。

〔三〕公孫閈：公孫，齊之公族田氏。閈，其名。

〔四〕令其欲封公也又甚於齊：公，謂田嬰。使楚王欲封公甚於齊之欲封公。

〔五〕委之於子：委，託付。子，公孫閈。

公孫閈爲謂楚王曰：「魯、宋事楚而齊不事者〔一〕，齊大而魯、宋小。王獨利魯、宋之小，不惡齊大，何也？夫齊削地而封田嬰，是其所以弱也〔二〕，願勿止〔三〕。」楚王曰：「善。」因不止。

〔一〕「魯、宋事楚」句：魯、宋小國，在戰國時處於齊、楚兩大國之間不能獨立，不事齊，則事楚。魯頃公二十四年，楚考烈王伐滅魯。宋王偃四十七年，齊閔王與魏、楚滅宋。

〔二〕「夫齊削地」二句：齊分薛以封田嬰，此所以使齐弱小。削，分。弱，小。

〔三〕止：制止。

【繫年】

據《竹書紀年》，齊威王三十六年封田嬰於薛。當周顯王四十八年。

靖郭君將城薛章

靖郭君將城薛〔一〕，客多以諫。靖郭君謂謁者，無爲客通〔二〕。齊人有請者曰〔三〕：「臣請三言而已矣〔四〕，益一言，臣請烹〔五〕。」靖郭君因見之。客趨而進曰：「海大魚。」因反走。君曰：「客有於此〔六〕。」客曰：「鄙臣不敢以死爲戲。」君曰：「亡〔七〕，更言之。」對曰：「君不聞海大魚乎〔八〕？網不能止，鈎不能牽〔九〕，蕩而失水，則螻蟻得意焉〔一〇〕。今夫齊，亦君之水也。君長有齊陰〔一一〕，奚以薛爲？夫齊〔一二〕，雖隆薛之城到於天，猶之無益也〔一三〕。」君曰：「善。」乃輟城薛。

〔一〕靖郭君將城薛：《孟嘗君傳》，田嬰死，謚靖郭君。一説是封邑之號。《竹書紀年》，田嬰四月受封，十月城薛。【補】城薛，名詞動用，即修築薛城城牆以禦外。

〔二〕「請郭君謂」二句：謁者，官名，管理賓客告請之事。無爲客通，不要爲諫争之客人通報。

〔三〕齊人有請者：「請」下《韓非子》有「見」字。請，請見以諫。

〔四〕三言而已：三言，三个字。已，止。

〔五〕益一言，臣請烹：益，增添。烹，煮死。高注：益，猶過也。過言請烹。

〔六〕客有於此：《韓非子》作「請聞其説」。有，與「又」通，復也。於此，此指使無走。

〔七〕亡：與「無」同，不。

〔八〕君不聞海大魚乎：「海」字，姚本、鮑本無。王念孫云：今本「聞」下脱「海」字。據《御覽》及《淮南子·人間訓》、《新序·雜事》補。

〔九〕綱不能止，鈎不能牽：止，禁。牽，引。

〔一〇〕「蕩而失水」二句：蕩，放肆。螻蟻得意，言爲螻蟻所快意。【補】言海魚蕩之岸上，欲死，讓螻蟻快其意。

〔一一〕君長有齊陰：陰，姚校：别本無。《韓非子》、《新序》皆無「陰」字。黄氏《札記》云：當讀「陰」爲「蔭」。實爲「蔭」，即蔭蔽、遮蓋之意。

〔一二〕夫齊：王念孫云：「夫齊」當爲「失齊」字之誤也。《韓非子·説林》、《淮南子·人間訓》並作「失齊」。

〔一三〕「雖隆薛」二句：高薛城至於天，猶無益也。隆，高。到，達到。

【繫年】

據《竹書紀年》，田嬰城薛在齊威王三十六年十月。當周顯王四十八年。

靖郭君謂齊王曰章

靖郭君謂齊王曰〔一〕：「五官之計，不可不日聽也而數覽〔二〕」。王曰：「日説五官〔三〕，吾厭之。今與靖郭君〔四〕。」

〔一〕齊王：齊威王。

〔二〕「五官之計」二句：五官，五大夫典事者。《典禮》：「天子之五官，曰司徒、司馬、司空、司士、司寇，典司五衆。」計，登記錢、穀之簿書。吴師道云：「也」字當在「覽」下。聽，治理。覽，視。

〔三〕日説五官：説，孫詒讓云：即「聽」之誤。金正煒云：當爲「諾」。《韓非子》作「諾」。五，一本、鮑本作「吾」，即「五日」二字之合併而誤者。

〔四〕今與靖郭君：金正煒云：今，猶即也。作「令」者誤。與靖郭君，以五官之計委之於靖郭君。

【繫年】

《通鑑》繫此策於周顯王四十八年，當齊威王三十六年。與前兩策齊封田嬰於薛、靖郭君欲城薛在同一年。與《竹書紀年》所載年代相同。

靖郭君善齊貌辨章

靖郭君善齊貌辨〔一〕。齊貌辨之爲人也多疵〔二〕，門人弗説。士尉以證靖郭君〔三〕，靖郭君不聽，士尉辭而去。孟嘗君又竊以諫〔四〕，靖郭君大怒曰：「劃而類，破吾家〔五〕，苟可慊齊貌辨者，吾無辭爲之〔六〕。」於是舍之上舍〔七〕，令長子御〔八〕，旦暮進食。

〔一〕齊貌辨：齊人。「貌」亦作「皃」，即古「貌」字。《漢書·古今人表》作「昆」，疑「皃」之訛。「辨」亦作「辯」或「弁」。《御覽》卷三六八作「昆弁」，《北堂書鈔》同。《吕氏春秋·知士》作「劑貌辨」。亦誤「劇」爲「劑」。蓋「昆」乃「貌」之訛，「弁」、「辨」同聲假借。

〔二〕齊貌辨之爲人也多疵：謂其人不拘細行而多過失。疵，病。

〔三〕士尉以證靖郭君：士尉，齊人。證，諫也。

〔四〕孟嘗君又竊以諫：孟嘗君，田嬰之子田文，號孟嘗君。竊，猶私。

〔五〕劃而類，破吾家：劃，翦滅。而，汝。類，族類。

〔六〕「苟可慊」二句：高注：善齊貌辨者，吾不辭爲之。慊，善也，滿意。

〔七〕上舍：上等住所。鮑注：上舍，猶甲第也。舍，住。

〔八〕御：侍奉，伺侯。高注：御，侍也。

數年，威王薨〔一〕，宣王立〔二〕。靖郭君之交，大不善於宣王〔三〕，辭而之薛，與齊貌辨俱留〔四〕。無幾何，齊貌辨辭而行，請見宣王。靖郭君曰：「王之不説嬰甚，公往必得死焉。」齊貌辨曰：「固不求生也，請必行。」靖郭君不能止。

〔一〕薨：公、侯死曰薨。

〔二〕宣王：齊威王之子田辟疆。

〔三〕大不善：大，甚。不善，宣王所不善。

〔四〕俱留：皆留止於薛。

齊貌辨行至齊，宣王聞之，藏怒以待之。齊貌辨見宣王，王曰：「子靖郭君之所聽愛夫〔一〕！」齊貌辨曰：「愛則有之，聽則無有。王之方爲太子之時，辨謂靖郭君曰：『太子相不仁，過頤豕視〔二〕，若是者倍反〔三〕，不若廢太子，更立衛姬嬰兒郊師〔四〕。』靖郭君泣而曰：『不可，吾不忍也。』若聽辨而爲之，必無今日之患也。此爲一。至於薛，昭陽請以數倍之地易薛，辨又曰：『必聽之。』靖郭君曰：『受薛於先王，雖惡於後王〔五〕，吾獨謂先王何乎〔六〕！且先王之廟在薛，吾豈可以先王之廟與楚乎！』又不肯聽辨。此爲二。」宣王太息，動於顔色。曰：「靖郭君之於寡人，一至此乎！寡人少，殊不知此。客肯爲寡人來靖郭君乎〔七〕！」齊貌辨對曰：「敬諾。」靖郭君來〔八〕，衣威王之衣，冠其冠，舞其劍〔九〕。宣王自迎靖郭君於郊，望之而泣。靖郭君至，因請相之。靖郭君辭，不得已而受。七月，謝病强辭〔一〇〕。靖郭君辭不得，三日而聽〔一一〕。

〔一〕「子靖郭君」句：《御覽》卷三六七作「子靖郭君所聽愛者乎」。子，謂齊貌辨。聽，聽從。愛，喜愛。【補】前句「藏怒」之「藏」，高誘注爲「懷」，即懷有惱怒之意。考其意，似爲「盛」字之誤。盛怒，乃大怒。

〔二〕過頤豕視：頤，面頰。過頤，面頰豐滿。豕，豬。視，看。

〔三〕倍反：倍，姚本、鮑本作「信」。《吕氏春秋·知士》作「倍」。《御覽》卷三六七作「背」。「倍」與「背」，古字通。高注：不循道理也。則「信」乃「倍」字之訛。今據以改。反，叛也。

〔四〕郊師：高注：郊師，衛姬之子、宣王之庶弟。

〔五〕受薛於先王，雖惡於後王：先王，指威王。後王，指宣王。

〔六〕謂先王何：何以告於先王。

〔七〕客肯爲寡人來靖郭君：肯，可。來靖郭君，請靖郭君回來。

〔八〕靖郭君來：來，姚本、鮑本無。據高注，從薛至齊，則有「來」字。甚明。《吕氏春秋·知士》有「來」字。今據以補。

〔九〕冠其冠，舞其劍：「冠」字下，姚、鮑本脱「其冠」二字，今據《吕氏春秋·知士》補「其冠」二字。舞，劉本作「帶」，《吕氏春秋》作「帶」，當從之。

〔一〇〕謝病强辭：高注：以病辭其相位。强，固。

〔一一〕三日而聽：三日後，王聽其辭去相位。

當是時，靖郭君可謂能自知人矣！能自知人，故人非之不爲沮〔一〕。此齊貌辨之所以外生樂患趣難者也〔二〕。

〔一〕沮：止，喪。

〔二〕外生樂患趣難者：外生，外生死，將死生置之度外。樂患，樂解靖郭君之患。趣，同「趨」。趨難，奔走救人之難。

【繫年】據策文威王薨，宣王立，靖郭君辭之薛，無幾何，齊貌辨見宣王等語分析，此當宣王初立時事。故繫於齊宣王元年，當周慎靚王二年。

邯鄲之難趙求救章

邯鄲之難〔一〕，趙求救於齊。田侯召大臣而謀〔二〕，曰：「救趙孰與勿救？」鄒子曰〔三〕：「不如勿救。」段干綸曰〔四〕：「弗救，則我不利。」田侯曰：「何哉？」「夫魏氏兼邯鄲，其於齊何利哉？」田侯曰：「善。」乃起兵。曰：「軍於邯鄲之郊〔五〕。」段干綸曰：「臣之求利且不利者，非此也。夫救邯鄲，軍於其郊，是趙不拔而魏全也。故不如南攻襄陵以弊魏〔六〕，邯鄲拔而承魏之弊，是趙破而魏弱也。」田侯曰：「善。」乃起兵南攻襄陵。七月，邯鄲拔，齊因承魏之弊，大破之桂陵〔七〕。

〔一〕邯鄲之難：邯鄲，趙都，趙敬侯自晉陽徙都於此。【正】「自晉陽」誤。趙國成爲諸侯後，建國於晉陽，至二世獻侯時即東越太行，擴大疆域，在中牟（今河南鶴壁市）建新都，至敬侯時才北遷邯鄲。故址在今河北邯鄲市。難，爲魏所攻。

〔二〕田侯：齊威王。田氏簒齊後，稱齊侯爲田侯。此田侯指齊威王。

〔三〕鄒子：《史記》作「騶忌子」，封於下邳，號成侯。

〔四〕段干綸：《史記》作「段干朋」，《春秋後語》作「段干萌」。段干，複姓，名綸。

〔五〕軍於邯鄲之郊：軍，屯駐。郊，境。

〔六〕襄陵：魏邑，故宋襄公陵地，以宋襄公葬此，故名襄陵，故城在今河南睢縣。

〔七〕桂陵：故址在今山東曹縣西北五十里。

【繫年】

據《魏世家》，魏惠王十七年圍趙邯鄲。十八年拔邯鄲。趙求救於齊，齊敗魏桂陵。梁惠王十八年，當趙成侯二十三年、齊威王五年、周顯王十七年。

南梁之難韓氏請救章

南梁之難〔一〕，韓氏請救於齊。田侯召大臣而謀，曰：「早救之，孰與晚救之便？」張丏曰〔二〕：「晚救之，韓且折而入於魏〔三〕，不如早救之。」田臣思曰〔四〕：「不可。夫韓、魏之兵未弊而我救之，我代韓而受魏之兵，顧反聽命於韓也〔五〕。且夫魏有破韓之志，韓見且亡，必東愬於齊〔六〕。我因陰結韓之親，而晚承魏之弊〔七〕，則國可重，利可得，名可尊矣。」田侯曰：「善。」乃陰告韓使者而遣之〔八〕。

〔一〕南梁之難：南梁，韓邑。春秋時古梁國，戰國時謂之南梁，以別於偏北之大梁、少梁也。故城在今河南汝州市。南梁之難，起於魏與趙之戰，韓助趙，魏惠王攻韓，圍南梁。高注：難，魏攻之也。

〔二〕張丏：身世不詳。《史記·田齊世家》作「鄒忌子」，誤。此時鄒忌已死四年，時不相及。

〔三〕折而入於魏：折，轉。韓親趙，魏攻之急，將轉而親魏。

〔四〕田臣思：《竹書紀年》作「田居思」、「徐州子期」。《戰國策》作「田期思」、「陳臣思」或「田臣思」。「臣」乃「臣」字之訛。即田忌也。「臣」、「期」、「忌」同聲假借字。錢大昕《史記考異》云：「臣」當爲「臣」。音「怡」，與「期」音相近。

〔五〕顧反：猶反而。顧，反也。

〔六〕「韓見且亡」二句：見且亡，胡三省注：見有亡國之勢。愬，告訴。

〔七〕「我因」二句：陰，暗，私。承，受。

〔八〕陰告：暗許之。

韓自以專有齊國〔一〕，五戰五不勝，東愬於齊。齊因起兵擊魏，大破之馬陵〔二〕。魏破韓弱〔三〕，韓、魏之君因田嬰北面而朝田侯。

〔一〕韓自以專有齊國：專，擅也。專有齊國，自恃專有齊國之助。

〔二〕馬陵：齊邑，在今山東鄄城縣東北六十里有馬陵道，澗谷深峻，可以埋伏。

〔三〕魏破韓弱：馬陵之戰，齊田忌用孫臏之策，殺魏將龐涓，虜魏太子申，魏從此國勢不振。

【繫年】

齊、魏馬陵之戰，《史記·田齊世家》、《孟嘗君傳》皆列於齊宣王二年，《魏世家》列於魏惠王三十年，據《竹書紀年》魏惠王二十七年十二月，齊田盼敗梁馬陵。當齊威王十五年。此時齊、魏尚未稱王，故策文稱威王爲田侯。《史記》敘此事於齊宣王，蓋誤。當繫於齊威王十五年、周顯王二十七年。

成侯鄒忌爲齊相章

成侯鄒忌爲齊相〔一〕，田忌爲將，不相説。公孫閈謂鄒忌曰〔二〕：「公何不爲王謀伐魏？勝，則是君之謀也，君可以有功〔三〕；戰不勝，田忌不進，戰而不死，曲撓而誅〔四〕。」鄒忌以爲然，乃説王而使田忌伐魏。

〔一〕成侯：鄒忌封號，封以下邳，號爲成侯。高注：成，邑。侯，爵也。

〔二〕公孫閈：《史記》作「公孫閱」，《索隱》引《戰國策》作「公孫閱」。

〔三〕有功：有勝魏之功。

〔四〕曲撓而誅：曲，不直前。撓，受挫敗。誅，高注：誅，戮。

田忌三戰三勝，鄒忌以告公孫閈。公孫閈乃使人操十金而往卜於市〔一〕，曰：「我田忌之人也。吾三戰而三勝，聲威天下〔二〕，欲爲大事〔三〕，亦吉否？」卜者出，因令人捕爲人卜者〔四〕，驗其辭於王前〔五〕。田忌遂走〔六〕。

〔一〕十金：古者一金重一斤。十金，一百六十兩。

〔二〕聲威天下：聲，名聲，聲勢。威，震。鮑注：天下畏其聲威。

〔三〕欲爲大事：想代替齊王爲王。

〔四〕爲人卜者：《史記》「人」作「之」是。作「人」者，乃「卜」字之誤衍。

〔五〕驗：取證。高注：驗，信。

〔六〕遂走：出奔別國。後章記，田忌亡齊之楚，楚封之江南。

【繫年】

《史記·田齊世家》繫此策於齊威王三十五年，齊、魏桂陵之戰後。謂田忌率其徒攻臨淄，不勝而奔。據策文《田忌爲齊將章》、《田忌亡齊而之楚章》，田忌出亡，在馬陵之戰後。《史記》繫年多誤，當從策文繫此策於馬陵之戰後。馬陵之戰，在齊威王十五年，當周顯王二十七年。

田忌爲齊將章

田忌爲齊將，繫梁太子申，禽龐涓〔一〕。孫子謂田忌曰〔二〕：「將軍可以爲大事乎〔三〕？」田忌曰：「奈何？」孫子曰：「將軍無解兵而入齊〔四〕，使彼罷弊老弱守於主〔五〕，主者，循軼之途也〔六〕，鍺擊摩車而相過〔七〕。使彼罷弊老弱守於主，必一而當十，十而當百，百而當千。然後背太山，左濟，右天唐〔八〕，軍重踵高宛〔九〕，使輕車鋭騎衝雍門〔一〇〕。若是，則齊君可正，而成侯可走〔一一〕。不然，則將軍不得入於齊矣。」田忌不聽，果不入齊。

〔一〕「田忌爲齊將」三句：《史記·田齊世家》，齊使田忌爲將，孫子爲師救韓、趙以擊魏，大敗之馬陵。殺其將龐涓，虜太子申。梁太子申，梁惠王之太子名申。《孟子·梁惠王上》，梁惠王對孟軻説：「東敗於齊，長子死焉。」即指此事。龐涓，魏惠王之將軍。

〔二〕孫子：孫臏，孫武之後。孫臏與龐涓俱學兵法。龐涓既事魏，得爲魏惠王將軍，而自以爲能不及孫臏，乃暗使召孫臏於魏，而斷其兩足，欲使孫臏廢而無與争能。孫臏被齊使者載至齊，齊威王以爲軍師。馬陵之戰，孫臏伏兵於馬陵道，射殺龐涓，名揚天下。有《孫臏兵法》傳於世。

〔三〕爲大事：謂弑君之事。

〔四〕無解兵而入齊：無解兵，不卸兵甲。入齊，還歸齊國。

〔五〕使彼罷弊老弱守於主：彼，謂齊國留守之兵。老，姚、鮑本作「先」，曾本作「老」。北魏《張猛龍碑》「老」作「兂」。作「先」者，乃「老」字之訛。主，疑爲「壬」之誤。壬，即任，今山東任城。齊國險隘之地。

〔六〕循軼之途：謂道路險狹，兵車相隨而行。循，順。軼，車轍。

〔七〕鎋擊摩車：謂道路狹窄，車行於中，摩擊道旁之土石。鎋，車軸頭鐵圈，用以管制車輪。摩，擦撞。

〔八〕背太山，左濟，右天唐：背，負。太山，即泰山，在今山東泰安市北五里。濟，濟水，左據濟水之險。天唐，在今山東禹城市西四十里。

〔九〕軍重踵高宛：重，輜重，武器糧餉。踵，腳跟，到。高宛，故城在今山東鄒平縣東北。

〔一〇〕輕車鋭騎衝雍門：輕，便。鋭，利。衝，衝擊。雍門，齊都臨淄之西門。

〔一一〕「則齊君可正」二句：齊君可正，定齊君之位。成侯可走，鄒忌可以被趕出齊國。《周禮·宰夫》注：正，猶定也。

【繫年】

此與上策同時，亦齊威王十五年、周顯王二十七年時事。

田忌亡齊而之楚章

田忌亡齊而之楚，鄒忌代之相〔一〕。齊恐田忌欲以楚權復於齊〔二〕，杜赫曰〔三〕：「臣請爲君留之楚〔四〕。」謂楚王曰：「鄒忌所以不善楚者，恐田忌之以楚權復於齊也。王不如封田忌於江南，以示田忌之不返齊也，鄒忌以齊厚事楚。田忌，亡人也，而得封，必德王。若復於齊，必以齊事楚。此用二忌之道也〔五〕。」楚果封之於江南。

〔一〕鄒忌代之相：上《成侯鄒忌爲齊相章》云，鄒忌爲齊相，田忌爲將。此云代之相，恐有誤。

〔二〕以楚權復於齊：以楚國之勢力復歸還齊國。高注：權，勢也。復，還也。

〔三〕杜赫：周人，曾以安天下説周昭文君。亦仕於齊。

〔四〕爲君留之楚：一本如此，姚、鮑本無「君」、「之」二字。今從一本。替鄒忌留田忌於楚。

〔五〕二忌：鄒忌、田忌。

【繫年】

此與上兩章爲同時事。亦當繫於齊威王十五年、周顯王二十七年。

鄒忌事宣王章

鄒忌事宣王，仕人衆〔一〕。宣王不悦。晏首貴而仕人寡〔二〕，王悦之。鄒忌謂宣王曰：「忌聞以爲有一子之孝，不如有五子之孝。今首之所進仕者，以幾何人？」宣王因以晏首壅塞之〔三〕。

〔一〕仕人衆：仕，與之官位。衆，多。

〔二〕晏首：齊人。

〔三〕壅塞之：謂蔽塞仕人而不進於王。壅，阻。塞，蔽。

【繫年】

此爲齊宣王初年事，當繫於齊宣王元年，當周慎靚王二年。

鄒忌脩八尺章

鄒忌脩八尺有餘〔一〕，身體昳麗〔二〕。朝服衣冠，窺鏡，謂其妻曰：「我孰與城北徐公美〔三〕？」其妻曰：「君美甚，徐公何能及公也〔四〕？」城北徐公，齊國之美麗者也。忌不自信，而復問其妾曰：「吾孰與徐公美？」妾曰：「徐公何能及君也。」旦日〔五〕，客從外來，與坐談，問之，曰〔六〕：「吾與徐公孰美？」客曰：「徐公不若君之美也！」

〔一〕脩八尺有餘：身高八尺有餘。脩，長。

〔二〕身體昳麗：身體，鮑本作「而形貌」，義勝。昳，讀爲「逸」，光澤。

〔三〕徐公：姚注：《十二國史》作「徐君平」。

〔四〕徐公何能及公：後一「公」當爲「君」。金正煒云：按《爾雅·釋親》，歸人於婿無稱公之義。當從鮑本作「君」。

〔五〕旦日：明日。

〔六〕曰：此字上姚本有「客」字。疑衍。「客曰」二字鮑本無。

明日，徐公來。孰視之〔一〕，自以爲不如，窺鏡而自視，又弗如遠甚〔二〕。暮，寢而思之，曰：「吾妻之美我者，私我也〔三〕；妾之美我者，畏我也；客之美我者，欲有求於我也。」

〔一〕孰視：仔細看。孰，同「熟」。

〔二〕遠甚：相差太遠。

〔三〕私：親，偏愛。

於是，入朝見威王曰：「臣誠知不如徐公美，臣之妻私臣，臣之妾畏臣，臣之客欲有求於臣，皆以美於徐公。今齊地方千里，百二十城，宫婦左右，莫不私王；朝廷之臣，莫不畏王；四境之内，莫不有求於王。由此觀之，王之蔽甚矣〔一〕。」王曰：「善。」乃下令：「群臣吏民，能面刺寡人之過者〔二〕，受上賞；上書諫寡人者，受中賞；能謗議於市朝〔三〕，聞寡人之耳者，受下賞。」

〔一〕蔽甚：受蒙蔽太甚。

〔二〕面刺：當面舉出過失。高注：刺，舉也。

〔三〕謗議於市朝：在群衆聚集之所公開提意見者。謗，訕毁，誹謗。古時都城内，前朝後市。市朝，是人民、官吏聚集之所。

令初下，群臣進諫，門庭若市。數月之後，時時而間進〔一〕。期年之後〔二〕，雖欲言無可進者〔三〕。燕、趙、韓、魏聞之，皆朝於齊。此所謂戰勝於朝廷〔四〕。

〔一〕時時而間進：言進諫者有間斷時間。間，空隙，間斷。

〔二〕期年：一周年。

〔三〕無可進：無過失可以進諫。

〔四〕戰勝於朝廷：謂内修政治於朝廷，不待武力可以戰勝鄰國。

【繫年】

策文只言及齊威王，不知確在何年。據《田齊世家》，威王治齊在即位九年，封即墨大夫，烹阿大夫之後。按此策亦當繫於齊威王九年。

秦假道韓魏以攻齊章

秦假道韓、魏以攻齊〔一〕，齊威王使章子將而應之〔二〕。與秦交和而舍〔三〕，使者數相往來，章子爲變其徽章以雜秦軍〔四〕。候者言章子以齊入秦〔五〕。威王不應。頃之間，候者復言章子以齊兵降秦。威王不應。而此者三〔六〕。有司請曰：「言章子之敗者，異人而同辭，王何不發將而擊之？」王曰：「此不叛寡人明矣，曷爲擊之？」

〔一〕假道：借路。自秦至齊，路過韓、魏，故借路於韓、魏。

〔二〕齊威王使章子將而應之：章子，姓匡名章，亦稱匡子。齊人。孟軻之弟子。諫其父，爲父所逐，出而游仕，終身不見其父，曾爲齊將與韓、魏伐楚，難惠施尊齊王爲王。其事迹見於《孟子》及《吕氏春秋》。應，擊也。將而應之，將兵擊秦。

〔三〕與秦交和而舍：即對峙駐紮。兩軍相對爲交。軍門爲和。舍，止。

〔四〕變其徽章以雜秦軍：徽，旗幟。章，士兵之肩章、胸章。雜，混亂。

〔五〕候者：偵察兵。

〔六〕而此者三：高注：而，如也。而此，如此。三，三次。

頃間，言齊兵大勝，秦軍大敗，於是秦王拜西藩之臣，而謝於齊〔一〕。左右曰：「何以知之？」曰：「章子之母啓得罪其父〔二〕，其父殺之，而埋馬棧之下〔三〕。吾使者章子將也，勉之曰：『夫子之强，全兵而還，必更葬將軍之母。』對曰：『臣非不能更葬先妾也〔四〕。臣之母啓得罪臣之父，臣之父未教而死〔五〕。夫不得父之教而更葬母，是欺死父也。故不敢。』夫爲人子而不欺死父，豈爲人臣欺生君哉？」

〔一〕「於是秦王」二句：秦王，高注：秦惠王之子武王也。按齊威王與秦孝公、惠王同時，高注有誤。當爲秦昭王。謝於齊，謝攻齊之罪。【補】西藩之臣，指秦王。秦處西方，時惠王尚未稱王，《齊策》中說：「秦王稱西藩之臣。」

〔二〕啓：章子母之名。

〔三〕埋馬棧之下：《春秋後語》作「埋馬屎之中」。馬棧，馬棚。【補】意即馬棚之馬糞之下。高注又云：馬棧，牀也。即今所説之馬扎，猶輕便之躺牀。

〔四〕更葬先妾：更，改。先妾，章子對其母之謙稱。

〔五〕未教：劉本作「未葬」，《春秋後語》作「未赦」。未有教命。

【繫年】

齊威王時，秦攻齊，《史記·秦本紀》、《田齊世家》皆不載，且當時齊、秦相距甚遠，韓、魏尚强，秦國勢尚弱，無由假道攻齊。《吕氏春秋·處方》載「齊令章子將，而與韓、魏攻荆」之事。《秦本紀》秦昭王八年，「齊使章子、魏使公孫喜、韓使暴鳶共攻楚方城」，其事在齊閔王之世，時間相距很遠。民按：匡章與孟軻同時，乃齊宣王之臣。策文「威王」，乃「宣王」之誤。此策當繫於齊宣王伐燕之時。

楚將伐齊魯親之章

楚將伐齊，魯親之〔一〕，齊王患之。張丐曰：「臣請令魯中立。」乃爲齊見魯君。魯君曰：「齊王懼乎？」曰：「非臣所知也，臣來弔足下〔二〕。」魯君曰：「何弔？」曰：「君之謀過矣〔三〕。君不與勝者，而與不勝者〔四〕，何故也？」魯君曰：「子以齊、楚爲孰勝哉？」對曰：「鬼且不知也。」「然則子何以弔寡人？」曰：「齊、楚之權敵也，不用有魯與無魯。足下豈如全衆而合二國之後哉〔五〕！楚大勝齊，其良士選卒必殪〔六〕，其餘兵足以待天下〔七〕；齊爲勝，其良士選卒亦殪。而君以魯衆合戰勝後〔八〕，此其爲德也亦大矣〔九〕，其見恩德亦其大也〔一〇〕。」魯君以爲然，身退師〔一一〕。

〔一〕親之：親楚。

〔二〕弔：《説文》：弔，問終也。弔生曰唁，弔死曰弔。

〔三〕過：錯，失。

〔四〕與：親，助。

〔五〕全：姚本作「令」誤，鮑本作「全」是。

〔六〕良士選卒必殪：良，優。選，選擇，簡拔。殪，死。

〔七〕待：備也。猶抵禦。

〔八〕合戰勝後：謂二國交戰之後，戰勝國良士選卒死傷多，而魯以其軍助戰敗國，攻戰勝國。

〔九〕爲德：有恩德於戰敗國。

〔一〇〕「其見」句：王念孫云：「其見恩德亦甚大也」一句，乃高誘注，誤入正文。遂與上句相重複。

〔一一〕身：鮑本作「乃」。【補】退師，即不復親楚也。身，鮑注作「乃」，金正煒曰：「疑即『身』字之訛。」《藝文類聚》、《太平御覽》中，即並作「身」。二解均通。

【繫年】

此策乃楚威王戰勝齊於徐州時事。應繫於楚威王七年、齊威王二十四年，當周顯王三十六年。

秦伐魏陳軫合三晋章

秦伐魏，陳軫合三晋〔一〕，而東謂齊王曰：「古之王者之伐也，欲以正天下而立功名，以爲後世也〔二〕。今齊、楚、燕、趙、韓、梁六國之遞甚也〔三〕，不足以立功名，適足以强秦而自弱也，非山東之上計也。能危山東者，强秦也。不憂强秦，而遞相罷弱〔四〕，而兩歸其國於秦〔五〕，此臣之所以爲山東之患。天下爲秦相割，秦曾不出力〔六〕；天下爲秦相烹，秦曾不出薪〔七〕。何秦之智，而山東之愚耶？願大王之察也。」

〔一〕陳軫合三晋：陳軫此時仕魏，故能合三晋而東聯齊。

〔二〕「古之王者」三句：伐，征伐。正天下，正其名分、秩序，如《國語·周語》：「刑不祭，伐不祀，征不享。」齊桓公伐楚，責其不貢包茅於周等。

〔三〕遞甚：謂六國迭相攻伐，愈來愈厲害。遞，更易，更迭。

〔四〕罷：同「疲」，勞困。

〔五〕兩歸其國於秦：交戰兩國罷弱，有益於秦之强。

〔六〕「天下爲秦相割」二句：割，剥，分。力，乃「刀」字之誤。

〔七〕「天下爲秦相烹」二句：烹，煮。薪，燒柴。

古之五帝、三王、五伯之伐也〔一〕，伐不道者。今秦之伐天下不然，必欲反之〔二〕，主必死辱，民必死虜。今韓、梁之目未嘗乾〔三〕，而齊民獨不也。非齊親而韓、梁疏也，齊遠秦而韓、梁近。今齊將近矣！今秦欲攻梁、絳、安邑〔四〕，秦得絳、安邑，以東下河，必表裏河而東攻齊，舉齊屬之海〔五〕，南面而孤楚、韓、梁，北向而孤燕、趙〔六〕，齊無所出其計矣。願王熟慮之！今三晋已合矣，復爲兄弟，約而出鋭師以戍梁、絳、安邑〔七〕，此萬世之計也。齊非急以鋭師合三晋，必有後憂。三晋合，秦必不敢攻梁，必南攻楚。楚、秦構難，三晋怒齊不與己也，必東攻齊。此臣之所謂齊必有大憂，不如急以兵合於三晋。」齊王敬諾，果以兵合於三晋。

〔一〕五帝、三王、五伯：五帝，黄帝、顓頊、帝嚳、堯、舜。三王，夏禹王、商湯王、周武王。五伯，高注：昆吾、大彭、豕韋、齊桓、晋文。傳統説法是：齊桓、晋文、秦穆、楚莊、宋襄。詳閻若璩《四書釋地三續》。

〔二〕反之：反五帝、三王、五伯征伐之道，即上文所謂正天下立功名。

〔三〕目未嘗乾：言悲泣戰死者眼淚不曾乾。乾，即「乾枯」之「乾」。

〔四〕絳、安邑：絳，今山西侯馬市。安邑，魏舊都，今山西夏縣西北。

〔五〕舉齊屬之海：舉齊，得齊之地。屬，連。

〔六〕孤：謂使和國南北隔絶，不得援助。

〔七〕戍：守。以兵守衛其地。

【繫年】

陳軫説與三晋合，不知在何年。《吕子大事記》附於魏惠王後元十三年、齊宣王二十一年。吴師道以爲與《趙策·謂趙王曰三晋合章》、《韓策·或謂韓王章》、《燕策·或獻書燕王章》皆勸三晋諸國合從，必爲一人一時之事，證其出於陳軫。然年代編排有誤。今附於齊閔王三年、魏襄王二十一年，當周赧王十七年。

蘇秦爲趙合從説齊章

蘇秦爲趙合從〔一〕，説齊宣王曰：「齊南有太山，東有琅邪〔二〕，西有清河〔三〕，北有渤海〔四〕，此所謂四塞之國也〔五〕。齊地方二千里，帶甲數十萬，粟如丘山。齊車之良〔六〕，五家之兵〔七〕，疾如錐矢，戰如雷電，解如風雨〔八〕，即有軍役，未嘗倍太山、絶清河、涉渤海也〔九〕。臨淄之中七萬户，臣竊度之，下户三男子〔一〇〕，三七二十一萬，不待發於遠縣，而臨淄之卒固已二十一萬矣。臨淄甚富而實，其無不吹竽、鼓瑟、擊筑、彈琴、鬬雞、走犬、六博、蹹踘者〔一一〕。臨淄之途，車轂擊〔一二〕，人肩摩，連衽成帷〔一三〕，舉袂成幕〔一四〕，揮汗成雨，家敦而富，志高而揚〔一五〕。夫以大王之賢，與齊之强，天下不能當。今乃西面事秦，竊爲大王羞之。

〔一〕蘇秦爲趙合從：蘇秦以合從説趙肅侯，趙封蘇秦爲武安君，資蘇秦車馬以約諸侯。説韓、説魏，而後至齊。

合從，合山東六國之從約以擯秦。從，即「縱」字。

〔二〕琅邪：山名，在今山東諸城市東南一百五十里。

〔三〕清河：即濟水。以水道清深而得名。濟水清，對黄河之濁而言。齊西以濟水與趙爲界。

〔四〕渤海：碣石以西至直沽口，戰國時謂之渤海。渤海在齊之北境。民按：太山、琅邪、清河、渤海，原指山川而言，不當以郡縣城邑釋之。

〔五〕四塞：謂四方皆有險塞，可以固守。

〔六〕齊車：《史記》作「三軍」。

〔七〕五家之兵：《齊世家》，桓公既得管仲，修齊國政，連五家之兵。五家，家出一人爲兵，五人編爲一軌。《燕策》，齊又有「五都」之兵。

〔八〕「疾如」三句：錐矢，比喻鋭利。雷電，比喻威力。風雨，比喻聚散迅速。

〔九〕絶清河、涉渤海：絶、涉，皆渡也。直渡爲絶，由膝以上曰涉。

〔一〇〕下户三男子：下户，《史記》作「不下户」是。不下户三男子，謂每户不少於三個男子，可以當兵。

〔一一〕「其無不」句：竽，樂器似笙，三十六簧，長四尺二寸。瑟，似琴，二十五弦，弦各有柱，可以上下移動，以定聲之清濁高下。築，狀如琴而大，頭圓，五弦，以竹擊之故名築。琴，樂器，七弦，長三尺六寸。六博，局戲，六箸十二棋。局界左右各六道。鮑宏《博經》：「各役六箸，行六棋，故曰六博。用十二棋，六棋白，六棋黑，所擲頭謂之瓊。瓊有五彩，刻一畫者謂之塞，刻兩畫者謂之白，刻爲三畫者謂之黑，一邊不刻者，五塞之間，謂之五塞。」一九七三年長沙馬王堆漢墓出土之博局與博具，與《博經》所説正合。蹴踘，以皮爲之，實之以毛，蹴踘而戲。劉向《別録》：「蹴踘者，傳言黃帝所作，或曰起戰國之時。」所以練武士，因嬉戲而講習之。

〔一二〕車轂擊：車輪相撞。

〔一三〕衽：衣襟。

〔一四〕袂：衣袖。

〔一五〕家敦而富，志高而揚：敦，厚。志高而揚，《史記》作「志高氣揚」。

「且夫韓、魏之所以畏秦者，以與秦接界也。兵出而相當，不至十日，而戰勝存亡之機決矣〔一〕。韓、魏戰而勝秦，則兵半折〔二〕，四境不守，戰而不勝，以亡隨其後。是故韓、魏之所以重與秦戰而輕爲之臣也。今秦攻齊則不然，倍韓、魏之地〔三〕，过衛陽晋之道〔四〕，徑亢父之險〔五〕，車不得方軌〔六〕，馬不得並行，百人守險，千人不能過也，秦雖欲深入，則狼顧〔七〕，恐韓、魏之議其後也，是故恫疑虛猲〔八〕，高躍而不敢進，則秦不能害齊，亦已明矣。夫不深料秦之不奈我何也，而欲西面事秦，是群臣之計過也。今無臣事秦之名，而有强國之實，臣固願大王之少留計〔九〕。」

〔一〕機：機要，關鍵。

〔二〕半折：殘傷摧折軍力之一半。折，摧折。

〔三〕倍韓、魏：言二國在其背後。倍，同「背」。

〔四〕過衛陽晋之道：過衛，姚本作「至闈」。姚注：一作「過衛」。《史記》同。今從之。陽晋，衛邑，在今山東菏澤市北。《水經注》：「匏子河出東郡濮陽縣北河，經陽晋城南，蘇秦所謂衛陽晋之道也。」

〔五〕亢父：亢，音「剛」。亢父，齊之險塞。故城在今山東濟寧市南五十里。

〔六〕方軌：軌，車轍。車並行爲方軌。

〔七〕狼顧：狼性怯疑，行常還顧，恐人掎其後也。

〔八〕恫疑虚猲：恫疑，恐懼。「猲」與「喝」同，恐也，威脅。【補】虚猲，虚張聲勢以威脅。

〔九〕留計：留意計之。

齊王曰：「寡人不敏〔一〕，今主君以趙王之教詔之〔二〕，敬奉社稷以從。」

〔一〕敏：聰明，通達。此下晁本、《史記》有「僻遠守海，窮道東境之國也，未嘗得聞餘教」十七字。當據以補。

〔二〕主君：《禮記》，卿、大夫稱主。至戰國時，主君之稱通於上下。

【繫年】

按《六國年表》及《燕世家》，蘇秦以合從説燕，在燕文侯二十八年。燕文侯予蘇秦車馬金帛以至趙，趙肅侯用之因約六國。蘇秦説韓、魏、齊等國，在燕文侯二十九年、韓宣惠王二十六年、魏惠王後元三年、齊威王二十六年，當周顯王三十八年。但策文謂爲説齊宣王，此蓋《史記·田齊世家》紀年有誤，致史實與年代矛盾。【正】韓宣惠王只在位二十一年，此「二十六年」誤，應爲「元年」。韓宣惠王元年爲魏惠王後元三年。「燕文侯二十九年」應爲「燕易王元年」，「齊威王二十六年」應爲「齊威王二十五年」，「周顯王三十八年」應爲「周顯王三十七年」。

張儀爲秦連横説齊章

張儀爲秦連横，説齊王曰〔一〕：「天下强國，無過齊者，大臣父兄，殷衆富樂〔二〕，無過齊者。然而爲大王計者，皆爲一時説，而不顧萬世之利。從人説大王者〔三〕，必謂齊西有强趙，南有韓、魏，負海之國也，地廣人衆，兵强士勇，雖有百秦，將無奈我何。大王海覽其説〔四〕，而不察其至實〔五〕，夫從人朋黨比周〔六〕，莫不以從爲可。

〔一〕説齊王：説，姚本無。鮑補「説」字是。齊王，《史記·田齊世家》以爲齊閔王，高誘注以爲齊宣王。

〔二〕殷衆：殷，盛。衆，多。

〔三〕從人：合縱之人。

〔四〕海覽：海，大。覽，《史記》作「賢」。

〔五〕至實：至，王念孫云：「至」即「實」字也。「實」與「至」聲近而義亦相通。《漢書·東方朔傳》注：至，實也。此由一本作「至」，一本作「實」，而後誤合之耳。《史記·張儀傳》作「大王賢其説，而不計其實」，是其明證。

〔六〕比周：比，偏私。周，普遍。比周，偏義詞，謂結黨營私。

「臣聞之，齊與魯三戰而魯三勝，國以危亡隨其後，雖有勝名，而有亡之實，是何故也？齊大而魯小。今趙之與秦也，猶齊之於魯也。秦、趙戰於河漳之上〔一〕，再戰而再勝秦；戰於番吾之下〔二〕，再戰而再勝秦。四戰之後，趙亡卒數十萬，邯戰僅存。雖有勝秦之名，而國破矣。是何故也？秦强而趙弱也。今秦、楚嫁子取婦〔三〕，爲昆弟之國〔四〕；韓獻宜陽〔五〕，魏效河外〔六〕，趙入朝澠池〔七〕，割河間以事秦〔八〕。大王不事秦，秦驅韓、魏攻齊之南地〔九〕，悉趙涉河關，指博關〔一〇〕，臨淄、即墨非王之有也〔一一〕。國一日被攻，雖欲事秦，不可得也。是故願大王熟計之。」

〔一〕河漳：河，黄河。漳，漳水。漳水有兩源：北源是清漳，出今山西昔陽縣西南漳漕村，南流經和順、左權、黎城，東經河北涉縣，與濁漳合。南源是濁章，出今山西長子縣發鳩山，東北經長治、屯留、潞城、襄垣、黎城，至涉縣，清漳注入，又東北經臨漳縣、成安縣、邯鄲市肥鄉區、曲周縣入黄河，今之漳河，自河南安陽縣以下，東經河北大名縣，入於衛河。

〔二〕戰於番吾之下：番，音「盛」。番吾，亦作「蒲吾」。趙邑，故城在今河北平山縣東南。《趙世家》李牧却秦軍於番吾，在趙王遷四年、秦始皇十五年，乃張儀死後七十年事。【補正】番吾，乃爲「廣平府之磁州，在邯鄲正南七十里」，此説爲程恩澤引《方輿紀要》語。此説當是。秦涉河踰漳，據番吾，與趙戰邯鄲之下，何至邯鄲北三四百里之平山！秦若由懷慶渡河，由彰德踰漳而來，而萬萬不會至平山！

〔三〕秦、楚嫁子取婦：《楚世家》楚懷王二十四年、秦昭王二年，楚往秦迎婦。

〔四〕爲昆弟之國：楚懷王二十五年，與秦昭王盟於黄棘，約爲兄弟。上二事皆張儀死後事。

〔五〕韓獻宜陽：秦攻拔宜陽，在秦武王四年。非韓自願獻於秦者。

〔六〕魏效河外：魏以河西爲河外。魏惠王後元四年，予秦河西之地；六年，魏盡入上郡於秦。

〔七〕趙入朝澠池：澠池，本山名。崤底，一名澠池。初屬韓，後屬秦。漢在此設縣。在今河南澠池縣西。趙惠文王二十年，與秦昭王會澠池，藺相如從澠池之會，張儀已死三十年。

〔八〕割河間以事秦：《甘茂傳》趙割五城予秦以廣河間，在秦始皇八年。

〔九〕齊之南地：齊國南境。

〔一〇〕博關：齊地，故城在今山東茌平縣西北三十里。【補】上句「悉趙涉河關」之「關」字疑衍，當删。涉河，文義通。謂涉清水河。涉關，不文。關不可涉。

〔一一〕即墨：齊邑。在今山東平度市東南。

齊王曰：「齊僻陋隱居，託於東海之上〔一〕，未嘗聞社稷之長利。今大客幸而教之〔二〕，請奉社稷以事秦。」獻魚鹽之地三百於秦也〔三〕。

〔一〕託：附，寄，憑依。

〔二〕大客：謂張儀。諸侯國的上卿出使到别國爲大客。《周禮·大行人》：「掌大賓之禮及大客之儀。」

〔三〕獻魚鹽之地三百於秦：姚校：「三百」下，曾本有「里」字。吴補、一本有「里」字，姚本無「里」字。齊、秦地相隔甚遠，此乃致魚鹽之利而非獻其土地人民於秦。「三百」，指每年貢獻之數，此不當有「里」字。

【繫年】

據《史記·秦本紀》、《張儀傳》，張儀以秦惠王後元十三年相楚。因以連横説楚、韓、齊、趙、燕，歸報而秦惠王死。而説齊當是秦惠王後元十四年、齊宣王九年。當周赧王四年。【補】文中所述，多與張儀無涉，疑後人追記或錯簡所造成之誤。

戰國策卷九

齊二

韓齊爲與國章

韓、齊爲與國〔一〕，張儀以秦、魏伐韓〔二〕。齊王曰：「韓，吾與國也，秦伐之，吾將救之。」田臣思曰〔三〕：「王之謀過矣，不如聽之〔四〕。子噲與子之國〔五〕，百姓不戴，諸侯弗與，秦伐韓、楚，趙必救之，是天下以燕賜我也〔六〕。」王曰：「善。」乃許韓使者而遣之。

〔一〕與國：有患難相救助，相與爲黨與之國。

〔二〕張儀以秦、魏伐韓：「伐韓」下，有缺文。當有韓請救於齊之文。《史記·田齊世家》作「秦、魏攻韓，韓求救於齊，齊桓公召大臣而謀曰：……」

〔三〕田臣思：「臣」字誤，當爲「臣」，即田忌。

〔四〕聽之：聽秦、魏伐韓而不救。

〔五〕子噲與子之國：子噲，燕王，燕昭王之父。子之，燕王噲之相。蘇代與子之親善，爲子之説燕王噲：堯讓天下於許由，許由不受，堯有讓天下之名，而不失天下。勸燕王噲效法帝堯讓國於子之，大臣、百姓不服，釀成大亂。

〔六〕以燕賜我：田忌勸齊宣王趁秦、魏伐韓，燕國内亂之機，起兵伐燕。故云「是天下以燕賜我也」。

韓自以得交於齊，遂與秦戰。楚、趙果遽起兵而救韓。齊因起兵攻燕，三十日而舉燕國〔一〕。

〔一〕三十日而舉燕國：《孟子·梁惠王下》作「五旬而舉之」。吕祖謙《大事記》據《孟子》改「三」爲「五」。舉，拔取。舉燕國，攻下燕國都。

【繫年】

《田齊世家》齊攻燕在（田）齊桓公十五年，《孟子》則在齊宣王時。時間相差四十餘年。《燕世家》謂齊攻燕在齊閔王二年。策文所説與《孟子》所説齊破燕之事相同。據此策，齊破燕與秦敗韓同時。秦惠王後元十一年、韓宣惠王十九年，秦敗韓於岸門。齊破燕當齊宣王六年、周赧王元年，齊以陳章發五都之兵因北地之衆以伐燕。世傳有銅器陳璋壺銘文可證。清人趙翼《陔餘叢考》卷五有《齊閔王伐燕之誤》，陳夢家《六國紀年》皆有考證，以齊宣王六年破燕爲是。

張儀事秦惠王章

張儀事秦惠王。惠王死，武王立〔一〕。左右惡張儀，曰：「儀事先王不忠。」言未已，齊讓又至〔二〕。張儀聞之，謂武王曰：「儀有愚計，願效之王。」王曰：「奈何？」曰：「爲社稷計者，東方有大變，然後王可以多割地〔三〕。今齊王甚憎儀，儀之所在，必舉兵而伐之。故儀願乞不肖身而之梁〔四〕，齊必舉兵而伐之。齊、梁之兵連於城下，不能相去〔五〕，王以其間伐韓，入三川，出兵函谷〔六〕，而無伐，以臨周，祭器必出〔七〕，挾天子，案圖籍〔八〕，此王業也。」王曰：「善。」乃具革車三十乘〔九〕，納之梁。

〔一〕武王：名蕩，惠王之子。張儀以連横説山東六國，從燕歸秦，未至咸陽而秦惠王卒，武王立。武王自爲太子時不悦張儀，及即王位，群臣多讒毁張儀。

〔二〕言未已，齊讓又至：言，讒惡張儀之言。已，止也。讓，責。謂責備秦武王用張儀。《張儀傳》：「群衆日夜惡張儀未已，而齊讓又至。」

〔三〕「東方」二句：東方，謂韓、魏、齊等國。變，謂各國之間和戰變化。多割地，多取得土地。

〔四〕願乞不肖身而之梁：不肖，不賢。之梁，到魏國去。

〔五〕「齊、梁之兵」二句：齊、魏兩國交戰於大梁城下，不可分離。

〔六〕入三川，出兵函谷：三川，伊、洛、黄河之間，三川之地。出兵函谷，由函谷出兵而東。

〔七〕「而無伐」三句：無伐，不攻戰。周，指天子所都之王城。祭器，指周王室所有鐘鼎彝器，大祭時所陳設之文物。出，拿出來獻給秦國。

〔八〕圖籍：圖，地圖。籍，登記户口、財富之簿書。

〔九〕革車：兵車。

齊果舉兵伐之。梁王大恐〔一〕。張儀曰：「王勿患，請令罷齊兵〔二〕。」乃使其舍人馮喜之楚，藉使之齊〔三〕。齊、楚之事已畢〔四〕，因謂齊王：「王甚憎張儀，雖然，厚矣，王之託儀於秦王也〔五〕。」齊王曰：「寡人甚憎張儀，儀之所在，必舉兵伐之，何以託張儀也？」對曰：「是乃王之託儀也〔六〕。儀之出秦，固與秦王約曰〔七〕：『爲王計者，東方有大變，然後王可以多割地。齊王甚憎儀，儀之所在，必舉兵伐之。故儀願乞不肖身而之梁。齊必舉兵伐梁，梁、齊之兵連於城下不能去，王以其間伐韓，入三川，出兵函谷，而無伐，以臨周，祭器必出，挾天子，案圖籍，是王業也。』秦王以爲然，與革車三十乘，而納儀於梁。而果伐之，是王内自罷而伐與國，廣鄰敵以自臨〔八〕，而信儀於秦王也〔九〕。此臣之所謂託儀也。」王曰：「善。」乃止。

〔一〕梁王：梁襄王。《史記》作「哀王」，誤。

〔二〕請令罷齊兵：令，當爲「今」。今，即也。高注：言今能令齊兵罷去也。

〔三〕藉使之齊：借楚使之節而往齊國。

〔四〕齊、楚之事：做楚使，使齊之事。

〔五〕王之託儀於秦王：厚託張儀於秦王。

〔六〕是乃：此所以。

〔七〕固與秦王約：原與秦王有約言。固，姚本作「因」，劉本作「固」。

〔八〕廣鄰敵以自臨：廣，擴大。鄰敵，與鄰國爲敵。以自臨，自陷於孤立、患難。

〔九〕信儀於秦王：使秦王更信張儀之言。

【繫年】

《張儀傳》繫此策於秦武王元年。張儀相魏一歲，卒於魏，《索隱》引《竹書紀年》以爲梁哀王九年五月卒。則此當爲秦武王元年、魏哀（襄）王九年、齊宣王十年、周赧王五年事。

犀首以梁爲齊戰章

犀首以梁爲齊戰於承匡而不勝〔一〕。張儀謂梁王：「不用臣言以危國。」梁王因相張儀。儀以秦、梁之齊合横親〔二〕，犀首欲敗〔三〕，謂衛君曰：「衍非有怨於儀也，值所以爲國者不同耳〔四〕。君必解衍〔五〕。」衛君爲告儀，儀許諾，因與之參坐於衛君之前〔六〕。犀首跪行，爲儀千秋之祝〔七〕。明日張子行，犀首送之，至於齊疆〔八〕。齊王聞之，怒於儀曰：「衍也吾讎，而儀與之俱〔九〕，是必與衍鬻吾國矣〔一〇〕。」遂不聽。

〔一〕爲齊戰於承匡而不勝：爲齊，鮑本作「與齊」。策文「爲」、「與」通用。承匡，宋地，後入於魏。今河南睢縣西北三十里有匡城。

〔二〕秦、梁之齊合横親：之，猶與，以秦、梁與齊合。横親，以連横之説説之，使三國相親。

〔三〕犀首欲敗：「欲敗」下，王念孫云當有「之」字。若無「之」字，則文不成義。敗，破壞。破壞張儀連三國之横親。

〔四〕值所以爲國者不同：值，與「直」通，但，特。爲國者不同，治理國家之辦法不一樣。

〔五〕君必解衍：君，衛君。衛由侯貶稱君，始於衛嗣君。解衍，爲公孫衍向張儀解説。

〔六〕參坐：三人並坐。參，古同「叁」，三的大寫。

〔七〕千秋之祝：爲張儀祈祝千秋之壽。

〔八〕齊疆：齊國之疆界。

〔九〕「衍也吾讎」二句：讎，仇敵。公孫衍以梁與齊戰，故齊王曰「衍也吾讎」。俱，偕同。儀與之俱，張儀與公子衍偕同並行。

〔一〇〕必與衍鬻吾國：言張儀一定與公孫衍合謀出賣我齊國。鬻，賣。

【繫年】

策文：「梁王因相張儀。」按張儀曾兩次相魏。第一次相魏，在魏惠王後元十三年。留魏四歲而魏惠王卒，襄王立，張儀歸秦。第二次相魏，在魏襄王八年，即此策所謂「梁王因相張儀」。因繫此策於梁襄王九年、秦武王元年、齊宣王十年，當周赧王五年，與上章爲同年事。

昭陽爲楚伐魏章

昭陽爲楚伐魏〔一〕，覆軍殺將，得八城〔二〕，移兵而攻齊，陳軫爲齊王使〔三〕，見昭陽，再拜賀戰勝，起而問〔四〕：「楚之法，覆軍殺將，其官爵何也？」昭陽曰：「官爲上柱國，爵爲上執珪〔五〕。」陳軫曰：「異貴於此者何也〔六〕？」曰：「唯令尹耳〔七〕。」陳軫曰：「令尹貴矣！王非置兩令尹也，臣竊爲公譬可乎〔八〕！楚有祠者〔九〕，賜其舍人巵酒〔一〇〕。舍人相謂曰：『數人飲之不足，一人飲之有餘。請畫地爲蛇，先成者飲酒。』一人蛇先成，引酒且飲之，乃左手持巵，右手畫蛇曰：『吾能爲之足。』未成〔一一〕，一人之蛇成，奪其巵曰：『蛇固無足，子安能爲之足？』遂飲其酒。爲蛇足者，終亡其酒。今君相楚而攻魏，破軍殺將，得八城，不弱兵〔一二〕，欲攻齊，齊畏公甚，公以是爲名足矣〔一三〕，官之上非可重也〔一四〕。戰無不勝而不知止者，身且死，爵且後歸〔一五〕，猶爲蛇足也。」昭陽以爲然，解軍而去。

〔一〕昭陽：高注：昭陽，楚懷王將。

〔二〕覆軍殺將，得八城：覆軍，攻破魏軍。八城，不詳其地。《楚世家》：「楚懷六年，楚使柱國昭陽將兵而攻魏，破之於襄陵，得八邑。」則此八邑應在襄陵附近。【補】襄陵，在今河南省睢縣西三十里。

〔三〕陳軫爲齊王使：陳軫是時仕秦，爲秦惠王使於齊。楚昭陽移兵攻齊，陳軫又爲齊王使者，見昭陽。齊王，齊威王。

〔四〕起而問：《御覽》卷四六〇引策文作「而起請問」。

〔五〕「官爲」二句：上柱國，楚勛官，在尹令下，諸卿上。執珪，楚官爵名。功臣賜以珪，謂之執珪比附庸。楚嘗與秦戰於漢中，通侯執珪死者七十餘人。

〔六〕異貴於此者：其他更貴於上柱國、上執珪者。異，猶他。

〔七〕令尹：楚相，爵位最高。

〔八〕「臣竊」句：劉師培云：《藝文類聚》卷二五所引「譬」下有「之」字。乎，姚、鮑本作「也」。劉本作「乎」。按《御覽》卷四六〇引作「譬之可乎」，當從劉本改「也」爲「乎」。高注：譬，喻。【補】此處斷句應爲：「臣竊爲公譬，可乎？」「譬」字後應有「之」字。《太平御覽》、《藝文類聚》「譬」下有「之」字。

〔九〕祠：祭神。古代春、秋皆有祠祭。

〔一〇〕賜其舍人巵酒：舍人，左右親近之通稱。後以爲私屬官號，侍從賓客。巵，酒器，受四升，狀如茶杯。巵酒，一杯酒。王念孫云：「巵」上當有「一」字。若無「一」字，則文義不明。民按：無「一」字亦通。《項羽本紀》「賜之巵酒」、「巵酒安是辭」，是其證。

〔一一〕未成：劉師培云：「未成」以上當疊「足」字。《藝文類聚》卷二五所引「吾能爲足，爲足未成」，七十三所引「吾能爲之足，足未成」。按《御覽》卷四六〇引「吾能爲之足，爲足未成」，則「未成」上當補「爲足」二字，文義乃通。

〔一二〕不弱兵：《藝文類聚》卷二五、卷九六、卷九八，皆引作「又移兵」。《史記》作「又移兵」。《御覽》卷四六〇引作「又移師」。則「不弱」二字乃「又移」二字形近之誤。

〔一三〕「公以是」句：「名」字下，姚本有「居」字，姚校、一本去「居」字。按《御覽》卷四六〇所引亦無「居」字。今從一本，删「居」字。

〔一四〕官之上：《藝文類聚》卷二五引「官」作「冠」，《史記》作「冠」。作「冠」爲是。

〔一五〕爵且後歸：《藝文類聚》卷二五「後」作「偃」。《史記》作「奪偃」。《御覽》卷四六〇引作「爵且偃」。皆寢封之義。後歸，歸於後人。

【繫年】

《楚世家》昭陽伐魏得八城，在楚懷王六年。當秦惠王後元二年、魏惠王後元十二年、齊威王三十四年、周顯王四十六年。

秦攻趙趙令樓緩章

秦攻趙，趙令樓緩以五城求講於秦〔一〕，而與之伐齊。齊王恐，因使人以十城求講於秦。樓子恐，因以上黨二十四縣許秦王。趙足之齊〔二〕，謂齊王曰：「王欲秦、趙之解乎？不如從合於趙，趙必倍秦。倍秦則齊無患矣。」

〔一〕樓緩：趙人。初爲趙武靈王臣。武靈王死，由趙入秦，事秦昭王。秦昭王十年爲秦相。至昭王四十八年長平之戰後，又爲秦之趙，誘趙王入城與秦以講和。其人終身爲秦連横以散趙、魏、齊之交。

〔二〕趙足：身世不詳。【補】趙足，趙臣。與奉陽君李兑並時。其名又見於《燕策二·蘇代爲奉陽君章》及《戰國縱横家書》第一、第二章。

【繫年】

顧觀光《國策編年》，附此策於周赧王五十六年，當秦昭王四十八年、趙孝成王七年、齊王建六年。

權之難齊燕戰章

權之難〔一〕，齊、燕戰。秦使魏冉之趙〔二〕，出兵助燕擊齊。薛公使魏處之趙〔三〕，謂李向曰〔四〕：「君助燕擊齊，齊必急。急必以地和於燕，而身與趙戰矣。然則是君自爲燕東兵〔五〕，爲燕取地也。故爲君計者，不如按兵勿出，齊必緩，緩必復與燕戰。戰而勝，兵罷弊，趙可取唐、曲逆〔六〕；戰而不勝，命懸於趙。然則吾中立而割窮齊與疲燕也，兩國之權，歸於君矣。」

〔一〕權之難：權，地名，不詳所指。難，齊、燕所戰之，故曰難。【補】權，又稱權邑，戰國燕地，在今河北省正定縣北二十里。鮑注爲楚地之當陽，誤甚。

〔二〕魏冉：即穰侯。秦昭王之舅。

〔三〕薛公使魏處之趙：薛公，孟嘗君田文。魏處，人名，事迹不詳。

〔四〕李向：趙用事者，不詳其身世。

〔五〕東兵：鮑本作「東兵」，未知孰是。【補】東兵，作「東兵」是。東兵，即斂兵。

〔六〕唐、曲逆：唐，燕邑。故城在今河北唐縣。曲逆，地名，以曲逆水得名。故城在今河北順平縣東南二十里。

【繫年】

鮑彪謂此役爲燕文公末年事。顧觀光繫此役於周顯王三十六年，當齊威王二十四年、燕文公二十九年、趙肅侯十七年。按魏冉與田文事迹及戰國形勢觀之，則權之難當在後。《趙世家》趙惠文王十八年，魏冉來相趙，當秦昭王二十六年、齊襄王三年、周赧王三十四年，則權之難爲此時事。

秦攻趙長平齊楚救章

秦攻趙長平〔一〕，齊、楚救之。秦計曰：「齊、楚救趙〔二〕，親則將退兵，不親則且遂攻之〔三〕。」

〔一〕秦攻趙長平：姚注：一本無「長平」二字。

〔二〕齊、楚救趙：姚注：一本無「楚」字。

〔三〕「親則」二句：視齊、楚與趙親不親而決其進退。

趙無以食，請粟於齊，而齊不聽。蘇秦謂齊王曰〔一〕：「不如聽之以却秦兵，不聽，則秦兵不却，是秦之計中，而齊、燕之計過矣〔二〕。且趙之於燕、齊，隱蔽也〔三〕，猶齒之有脣也，脣亡則齒寒。今日亡趙，則明日及齊、楚矣〔四〕。且夫救趙之務，宜若奉漏甕，沃焦釜〔五〕。夫救趙，高義也；却秦兵，顯名也。義救亡趙，威却强秦兵〔六〕，不務爲此，而務愛粟，則爲國計者過矣。」

〔一〕蘇秦：姚注：《史記》作「周子」。周子，齊之謀臣，史失其名。《戰國策》以周子爲蘇秦，而「楚」字皆作「燕」。然此時蘇秦死久矣。按，此據《田齊世家索隱》文，鮑改「秦」爲「子」。

〔二〕「是秦」二句：中，得。過，失。

〔三〕隱蔽：《史記》作「捍蔽」，屏藩之義。此時秦攻趙上黨，無意攻齊、燕。故趙對於齊、燕是屏藩、捍蔽。

〔四〕楚：當作「燕」。《索隱》云：此策「楚」字皆作「燕」。此上「齊、楚救之」，「楚」字亦本作「燕」。不知者據《史記》誤改之耳。

〔五〕奉漏甕，沃焦釜：奉，承。甕，陶器，盛酒漿者。沃，灌溉。釜，鍋。漏甕、焦釜，言須急救濟。【補正】奉漏甕，即捧着漏水的甕；沃焦釜，即往熱鍋中倒涼水。極言其事情緊急，如處置不當，適得其反。

〔六〕「却秦兵」四句：兩「兵」字，並因上文「聽之以却秦兵」而衍。

【繫年】

《史記·田齊世家》繫此策於齊王建六年。正是秦昭王四十八年、趙孝成王七年、周赧王五十六年，秦攻趙，大破趙軍於長平之後。又分軍爲三，攻趙武安、太原、上黨。齊、燕救趙應是此時事。與《史記·秦本紀》、《趙世家》、《白起傳》所記符合。

或謂齊王曰周韓章

或謂齊王曰〔一〕：「周、韓西有强秦，東有趙、魏。秦伐周、韓之西，趙、魏不伐〔二〕，周、韓爲割〔三〕，韓却周害也〔四〕。及韓却周割之〔五〕，趙、魏亦不免與秦爲患矣〔六〕。今齊、秦伐趙、魏〔七〕，則亦不果於趙、魏之應秦而伐周、韓〔八〕。今齊入於秦而伐趙、魏〔九〕，趙、魏亡之後，秦東面而伐齊，齊安得救天下乎〔一〇〕？」

〔一〕齊王：齊王建。

〔二〕趙、魏不伐：趙、魏不從秦伐周、韓。

〔三〕周、韓爲割：周、韓以趙、魏不從秦伐周、韓，故割地於趙、魏。

〔四〕韓却周害：韓却，韓退却不與秦戰。周害，周受秦害。

〔五〕韓却周割之：周割，當爲「周害」，此因重複上句，而誤混「割」、「害」二字。「之」下鮑補「後」字。王念孫云：當補「後」字，文義乃完。

〔六〕「趙、魏亦不免」句：言趙、魏亦不免於秦患。

〔七〕「今齊、秦」句：「今齊」下，王念孫從鮑本補「應」字。

〔八〕不果：王念孫云：「果」當爲「異」字誤。

〔九〕令齊入於秦：令，當爲「今」。入於秦，合於秦，助齊伐趙、魏。

〔一〇〕齊安得救天下：謂齊不能得天下之救援。天下，指關東六國。

【繫年】

從顧觀光，繫此策於齊王建三十五年、趙王遷六年、魏景閔王十三年、秦始皇十七年。

戰國策卷十

齊三

楚王死太子在齊章

楚王死〔一〕，太子在齊質〔二〕。蘇秦謂薛公曰〔三〕：「君何不留楚太子，以市其下東國〔四〕。」薛公曰：「不可。我留太子，郢中立王〔五〕，然則是我抱空質而行不義於天下也〔六〕。」蘇秦曰：「不然。郢中立王，君因謂其新王曰：『與我下東國，吾爲王殺太子。不然，吾將與三國共立之〔七〕。』然則下東國必可得也。」

〔一〕楚王死：楚懷王爲張儀所欺，西與秦昭王會武關，秦劫持懷王入秦，而死於秦。楚王，楚懷王。

〔二〕太子在齊質：太子，楚懷王太子名横，楚懷王二十九年爲質於齊。楚懷王三十年，懷王入秦，明年，太子由齊歸楚，立爲頃襄王。立三年，懷王乃死於秦。

〔三〕薛公：孟嘗君田文。時由秦逃歸，爲齊相。

〔四〕以市其下東國：市，交易。以太子交換楚之下東國。楚稱召陵以東之地爲東國。下東國，楚東國之地近齊者。

【補】下東國，程恩澤按引胡三省曰：楚滅陳、蔡，封畛於汝；滅越取吴故地，並有古徐邑之地，皆在淮北。即楚所謂下東國。

〔五〕郢中立王：郢，楚都。古城在今湖北荆州市東北十里紀南城。

〔六〕抱空質而行不義：抱，持。空質，郢中立王，留楚太子無益，故曰抱空質。行不義，謂乘楚之難而留其太子。

〔七〕三國：齊曾與韓、魏、秦敗楚，三國，謂韓、魏、秦。

蘇秦之事，可以請行〔一〕，可以令楚王亟入下東國〔二〕，可以益割於楚〔三〕，可以忠太子而使楚益入地，可以爲楚王走太子〔四〕，可以忠太子使之亟去，可以惡蘇秦於薛公，可以爲蘇秦請封於楚，可以使人説薛公以善蘇子，可以使蘇子自解於薛公。〔五〕

〔一〕蘇秦之事，可以請行：言蘇秦留楚太子之策，可以行。

〔二〕亟入下東國：亟，與「急」通，速也。入，送致。

〔三〕益割於楚：益，多。割，割取土地。

〔四〕楚王：楚新立之王。

〔五〕此段乃編此策者之敘説，所謂長短之術。

蘇秦謂薛公曰：「臣聞謀泄者事無功，計不決者名不成。今君留太子者，以市下東國也。非亟得下東國者，則楚之計變，變則是君抱空質而負名於天下也。」薛公曰：「善。爲之奈何？」對曰：「臣請爲君之楚，使亟入下東國之地。楚得成〔一〕，則君無敗矣。」薛公曰：「善。」因遣之。故曰：可以請行也〔二〕。

〔一〕楚得成：齊求下東國之地而楚與之爲得成。

〔二〕「故曰」句：此七字，姚本、鮑本皆作注文。姚注：曾本作正文，不作注文。乃上段編此者之敘説，又分其文於各段之後。

謂楚王曰〔一〕：「齊欲奉太子而立之。臣觀薛公之留太子者，以市下東國也。今王不亟入下東國，則太子且倍王之割而使齊奉己〔二〕。」楚王曰：「謹受命。」因獻下東國。故曰：可以使楚亟入地也。

〔一〕楚王：此楚王不詳爲誰。【補】楚王，當指楚懷王西走秦之後，楚國爲穩定局勢而虛設之王。吴師道曰：「楚人知懷王之必不歸，而秦要之以割地，故立王以絶君，而喪君有君，所以靖國。」

〔二〕倍王之割而使齊奉己：倍，加倍。言太子許割給齊國的土地，多於下東國之地。己，指楚太子。奉己，使齊奉己立以爲楚王。

謂薛公曰：「楚之勢可多割也。」薛公曰：「奈何？」「請告太子其故〔一〕，使太子謁之君，以忠太子〔二〕。使楚王聞之，可以益入地。」故曰：可以益割於楚。

〔一〕其故：告以楚獻下東國之原因。

〔二〕「使太子」二句：齊得太子許齊之地，保證使太子歸楚，表示齊忠於楚太子。謁，告請。君，薛公。

謂太子曰：「齊奉太子而立之，楚王請割地以留太子，齊少其地〔一〕。太子何不倍楚之割地而資齊〔二〕，齊必奉太子。」太子曰：「善。」倍楚之割而延齊〔三〕。楚王聞之恐，益割地而獻之，尚恐事不成。故曰：可以使楚益入地也。

〔一〕齊少其地：楚割地於齊使留太子，齊嫌其少。

〔二〕資：與。

〔三〕倍楚之割而延齊：倍楚之割地以緩齊之聽楚留太子。延，緩。

謂楚王曰：「齊之所以敢多割地者，挾太子也。今已得地而求不止者，以太子權王也〔一〕。故臣能去太子。太子去，齊無辭〔二〕，必不倍於王也〔三〕。王因馳强齊而交〔四〕，齊辭，必聽王。然則是王去讎而得齊交也〔五〕。」楚王大悦，曰：「請以國因〔六〕。」故曰：可以爲楚王使太子亟去也。

〔一〕以太子權王：謂以太子衡量輕重楚王。權，衡量輕重。

〔二〕齊無辭：齊國無立太子爲楚王之理由。

〔三〕必不倍於王：必不多求割地於楚王。

〔四〕馳：急往。

〔五〕去讎：除去仇人，而得交於齊國。讎，楚王之仇，指太子。

〔六〕請以國因：請以國事因蘇秦而結交於齊。

謂太子曰：「夫剬楚者〔一〕，王也，以空名市者，太子也，齊未必信太子之言也，而楚功見矣〔二〕。楚交成，太子必危矣。太子其圖之。」太子曰：「謹受命。」乃約車而暮去。故曰：可以使太子急去也。

〔一〕剬：古「制」字，控制。

〔二〕楚功見：齊不信太子，楚王割地而齊授受，楚王在外交上成功。

蘇秦使人請薛公曰〔一〕：「夫勸留太子者，蘇秦也。蘇秦非誠以爲君也，且以便楚也〔二〕。蘇秦恐君之知之，故多割楚以滅跡也〔三〕。今勸太子者〔四〕，又蘇秦也，而君弗知，臣竊爲君疑之。」薛公大怒於蘇秦。故曰：可使人惡蘇秦於薛公也。

〔一〕請：《爾雅·釋詁》：請，告也。

〔二〕且以便楚也：便，利。勸齊留楚太子，正所以利楚。

〔三〕滅跡：消弭其便利楚之跡象。滅，消弭。跡，跡象。

〔四〕今勸太子者：鮑本「者」上補「去」字。晁本有「去」字。按上文，當有「去」字。

又使人謂楚王曰：「夫使薛公留太子者，蘇秦也，奉王而代立楚太子者〔一〕，又蘇秦也。割地固約者，又蘇秦也。忠王而走太子者，又蘇秦也。今人惡蘇秦於薛公，以其爲齊薄而爲楚厚也。願王知之。」楚王曰：「謹受命。」因封蘇秦爲武貞君〔二〕。故曰：可以爲蘇秦請封於楚也。

〔一〕代立：代太子立爲楚王。

〔二〕武貞君：楚封蘇秦以美名號。

又使景鯉請薛公曰〔一〕：「君之所以重於天下者，以能得天下之士而有齊權也。今蘇秦天下之辯士也，世與少有〔二〕。君固不善蘇秦，則是圍塞天下士而不利說途也〔三〕。夫不善君者，且奉蘇秦，而於君之事殆矣。今蘇秦善於楚王，而君不蚤親〔四〕，則是身與楚爲讎也。故君不如因而親之，貴而重之，是君有楚也。」薛公因善蘇秦。故曰：可以爲蘇秦說薛公以善蘇秦。

〔一〕景鯉：景姓，鯉名，楚懷王相。

〔二〕世與少有：謂世所少有。

〔三〕圍塞天下士而不利說途：金正煒云：「圍」當爲「圉」，禁也。途，道路。

〔四〕蚤：與「早」同。

【繫年】

此策當爲楚懷王入秦不返時事，太子横由齊歸楚之年。不當刊於楚懷王死秦之年。楚懷王三十年入秦，齊歸楚太子，楚立以爲頃襄王。《秦本紀》楚懷王入秦，在秦昭王十年，誤，當爲八年。當周赧王十六年。

齊王夫人死章

齊王夫人死〔一〕，有七孺子皆近〔二〕。薛公欲知王所欲立〔三〕，乃獻七珥，美其一〔四〕，明日視美珥所在，勸王立爲夫人〔五〕。

〔一〕齊王夫人死：齊王，齊威王。夫人，《論語》：邦君之妻，稱之曰君夫人。

〔二〕有七孺子皆近：孺子，王妾之有品級名號者。《韓非子·八奸》：貴夫人，愛孺子。近，愛幸。

〔三〕薛公欲知王所欲立：薛公，田嬰。王所欲立，欲立以爲夫人者。

〔四〕乃獻七珥，美其一：所獻七珥中，有一珥最好。故云，美其一。珥，音耳。以珠玉爲飾，用以塞耳。

〔五〕「明日視」二句：看美珥爲誰所佩戴，則知王之所喜愛者，勸王立爲夫人。

【繫年】

《田齊世家》齊威王三十三年殺其大夫牟辛。《索隱》云：徐廣與《年表》並作「夫人」。不知與此策有關否。齊宣王八年亦有殺王后之事，然其事皆不可考。而顧觀光附此策於周顯王四十八年，當齊威王三十六年。于鬯繫於齊威王三十四年，不知所據。而《韓非子》、《淮南子》皆載此事而敘於齊威王。故繫此策於周顯王四十八年。

孟嘗君將入秦章

孟嘗君將入秦〔一〕，止者千數而弗聽〔二〕。蘇秦欲止之，孟嘗曰：「人事者，吾已盡知之矣；吾所未聞者，獨鬼事耳。」蘇秦曰：「臣之來也，固不敢言人事也，固且以鬼事見君。」

〔一〕孟嘗君：田文。秦昭王聞其賢，乃先使涇陽君爲質於齊，以求見孟嘗君，故孟嘗君入秦。

〔二〕止者千數而弗聽：止，勸止，不欲孟嘗君入秦。千數，孟嘗君門下客數千人，莫欲其行。【補正】此策中所言之蘇秦，應爲蘇代。黄丕烈、吴師道均考爲「代」。錢藻曰：「孟嘗入秦，在秦昭王八年，距蘇秦死亦二十年，燕王噲亦死十四年，何來有蘇秦？」諸本改「秦」爲「代」，是。

孟嘗君見之。謂孟嘗君曰：「今者臣來〔一〕，過於淄上〔二〕，有土偶人與桃梗相與語〔三〕。桃梗謂土偶人曰：『子，西岸之土也，挻子以爲人〔四〕，至歲八月，降雨下〔五〕，淄水至，則汝殘矣〔六〕。』土偶曰：『不然。吾西岸之土也，吾殘則復西岸耳〔七〕。今子，東國之桃梗也〔八〕，刻削子以爲人，降雨下，淄水至，流子而去，則子漂漂者將何如耳〔九〕。』今秦四塞之國〔一〇〕，譬若虎口，而君入之，則臣不知君所出矣。」孟嘗君乃止〔一一〕。

〔一〕今者臣來：鮑本無「者」字。《風俗通義》及《説苑》引此作「臣之來也」。

〔二〕淄上：淄水之上。淄水出萊蕪原山下，東至博興入濟。今淄水自淄博市博山區西南，東折而北，經青山市、淄博市臨淄區入小清河。

〔三〕「有土偶人」句：「土偶人」下《藝文類聚》卷八八引有「焉」字，「桃梗」下《御覽》卷三九六引有「人」字。《史記》作「見木偶人與土偶人」。偶，謂以土、木爲之，偶類於人。梗，枝梗，刻桃木爲人。土偶以比涇陽君，桃梗以比孟嘗君。

〔四〕挻：鮑本、姚本皆誤爲「挺」。《藝文類聚》卷八八及晁本作「埏」。《風俗通義·祀典》引作「埏」。「埏」與「挻」同字。今改爲「挻」。挻，攝制。

〔五〕降：與「洚」同。「洚」、「洪」一字。降，大也。降水，大雨。

〔六〕殘：壞。

〔七〕吾殘則復西岸：吾殘，此二字姚本作「土」。姚注：一作「吾殘則」。王念孫云：「土則復西岸」，義不可通。此承上「則汝殘矣」而言。則作「吾殘」者是也。《風俗通義》、《藝文類聚》、《太平御覽》引策文並作「殘則復西岸」，或「吾殘則復西岸」。

〔八〕東國：《説苑·正諫》、《御覽》卷三九六、《藝文類聚》卷八六並引作「東園」。國，乃「園」字之誤。

〔九〕則子漂漂者將何如耳：漂流將不知其所在。如，往也。

〔一〇〕四塞之國：東有函谷關，南有武關，西有散關，北有蕭關，四面有關山之固。【補】程恩澤按引徐廣曰：「東函谷、南武關、西散關、北蕭關，故曰四塞，亦曰關中。」《正義》：「東有黄河，有函谷、蒲津、龍門、合河等關；南山及武關、嶢關；西有大隴山及隴山關、大震、烏蘭等關；北有黄河南塞。是四塞之國。」

〔一一〕止：猶還，據史實孟嘗君入秦事並未停止。

【繫年】

孟嘗君入秦，《秦本紀》、《田齊世家》皆載其事。秦昭王九年，孟嘗君田文來相秦。齊閔王二十五年，歸涇陽君於秦，孟嘗君田文入秦。秦昭王九年，當齊閔王三年、周赧王十七年。《田齊世家》作「二十五年」，蓋誤。

孟嘗君在薛章

孟嘗君在薛〔一〕，荆人攻之〔二〕。淳于髡爲齊使於荆〔三〕，還，反過薛。而孟嘗令人體貌而親郊迎之〔四〕。謂淳于髡曰：「荆人攻薛，夫子弗憂，文無以復侍矣〔五〕。」淳于髡曰：「敬聞命。」至於齊，畢報〔六〕。

〔一〕薛：孟嘗君封邑，故城在今山東滕州市南薛城。

〔二〕荆：楚國的原名。

〔三〕淳于髡：齊人，滑稽多辯，事齊宣王。淳于，複姓，髡，其名。

〔四〕體貌：謂加禮容而敬之。體，一本作「禮」。

〔五〕文無以復侍：文，孟嘗君之名。侍，伺候。無以復侍，不再能伺候。謙辭，意謂不再交往。

〔六〕畢報：將出使之事悉匯報於齊王。

王曰：「何見於荆〔一〕？」對曰：「荆甚固〔二〕，而薛亦不量其力。」王曰：「何謂也？」對曰：「薛不量其力，而爲先王立清廟〔三〕。荆固而攻之，清廟必危。故曰：薛不量力，而荆亦甚固。」齊王和其顔色〔四〕，曰：「譆〔五〕！先君之廟在焉！」疾興兵救之。

〔一〕何見於荆：到楚有何見聞。

〔二〕固：執滯不變。

〔三〕爲先王立清廟：先王，齊威王。清廟，謂肅然清静之廟。

〔四〕和其顔色：《吕氏春秋·報更》引作「知顔色」。王念孫云：作「知」者是也。若云「和其顔色」，則與下意了不相涉。高注：知，發也。

〔五〕譆：痛而呼之聲。

顛蹶之請〔一〕，望拜之謁〔二〕，雖得則薄矣。善説者陳其勢，言其方〔三〕，人之急也，若自在隘窘之中〔四〕，豈用强力哉。〔五〕

〔一〕顛蹶：謂奔走請救，疲勞僵仆。

〔二〕望拜：謂仰望而拜之，言請謁過於恭敬。

〔三〕方：大略。【補】日本安井衡云：「方，向也。言其所宜方向。」

〔四〕隘窘：隘，通「阸」，險。窘，急迫，困阸。

〔五〕此段乃著此策者之言，評説術之長短。

【繫年】

吴師道謂孟嘗君在薛，不知爲何時。然考《孟嘗君傳》「齊王惑於秦、楚之毁，以爲孟嘗君名高其主，而擅齊國之權，遂廢孟嘗君」，則孟嘗君在薛，當爲此時事。顧觀光繫於周赧王二十二年，當齊閔王八年，庶乎近之。

孟嘗君奉夏侯章章

孟嘗君奉夏侯章以四馬百人之食〔一〕，遇之甚懽〔二〕。夏侯章每言未嘗不毁孟嘗君也〔三〕。或以告孟嘗君，孟嘗君曰：「文有以事夏侯公矣，勿言〔四〕！」董之繁菁以問夏侯公〔五〕，夏侯公曰：「孟嘗君重非諸侯也〔六〕，而奉我四馬百人之食。我無分寸之功而得此，然吾毁之以爲之也〔七〕。君所以得爲長者，以吾毁之者也〔八〕。吾以身爲孟嘗君，豈待言也哉！〔九〕」

〔一〕「孟嘗君」句：夏侯章，孟嘗君門下賓客。百人之食，謂奉養之厚。

〔二〕遇之甚懽：待遇他很樂意。遇，待遇。懽，同「歡」。

〔三〕毁：詆毁，誹謗。
〔四〕「文有以」二句：文有以事夏侯公，謂我待夏侯章不錯，他不會害我。言，説，道。
〔五〕董之繁菁：齊人名，其身世不詳。
〔六〕孟嘗君重非諸侯：言孟嘗君尊貴不是諸侯。重，尊。
〔七〕「然吾毁之」句：譭謗孟嘗君，正是爲抬高孟嘗君。
〔八〕「君所以」句：孟嘗君所以名高天下，被稱爲長者，由於我譭謗他，他不計較。
〔九〕豈待言也哉：姚本作「豈得持言也」。姚注：劉本「豈特言也哉」。吴師道云：特者，「待」之訛；得者，「待」之訛衍。從劉、吴説，改「特」爲「待」。

【繫年】

此章時不可考。暫附於孟嘗君就國於薛，與上章爲同時事。

孟嘗君讌坐章

孟嘗君讌坐〔一〕，謂三先生曰：「願聞先生有以補文之闕者〔二〕。」一人曰：「訾天下之主〔三〕，有侵君者，臣請以臣之血湔其衽〔四〕。」田瞀曰〔五〕：「車軼之所能至〔六〕，請掩足下之短者，誦足下之長，千乘之君與萬乘之相，其欲有君也，如使而弗及也〔七〕。」勝𥉂曰〔八〕：「臣願以足下之府庫財物，收天下之士，能爲君決疑應卒〔九〕，若魏文侯之有田子方、段干木也〔一〇〕。此臣之所爲君取矣。」

〔一〕譙坐：譙，即燕，安也。燕坐，猶閒坐、燕居。【補】退朝而居爲之。見《禮記》。

〔二〕「願聞」句：姚本無「文」字。姚注：一本有「文」字。從一本補「文」字。闕，同「缺」，缺失，過錯。

〔三〕訾：衡量。

〔四〕「有侵君者」二句：侵，淩犯。君，謂孟嘗君。湔，與「濺」同，灑。衽，衣襟。

〔五〕田瞀：姚注：「瞀」恐作「𥉂」，即「眅」。其人事迹不詳。姚以「瞀」作「𥉂」，疑誤。

〔六〕車軼之所能至：言其遠。軼，車轍。

〔七〕「其欲有君」二句：欲得孟嘗君以備其任使，迫不及待。

〔八〕勝𥉂：不詳。【補】𥉂，鮑本作「瞖」，誤。安井衡曰：「『𥉂』即『𥉂』字，蒲官反，音盤。鮑不知『月』爲『舟』省，輒改爲『瞖』，妄甚。」金正煒云：「安井説是。此又一先生。」

〔九〕能爲君決疑應卒：決，斷。疑，惑而無主之事。卒，通「猝」，突然，急迫。

〔一〇〕「若魏文侯」句：魏文侯名斯，戰國時魏開國之賢君。文侯師事田子方、段干木。田子方名無擇，學於端木子貢，爲魏文侯師。段干木，晋之大駔，學於子夏，魏文侯師之。

【繫年】

此策時間不可考，亦暫附於齊閔王八年，孟嘗君就國時。

孟嘗君舍人章

孟嘗君舍人〔一〕，有與君之夫人相愛者，或以問孟嘗君曰〔二〕：「爲君舍人，而内與夫人相愛，亦甚不義矣。君其殺之。」君曰：「睹貌而相悦者，人之情也。其錯之〔三〕，勿言也。」

〔一〕舍人：私屬官，主家事者。

〔二〕或以問：姚注：問，曾作「聞」。《御覽》卷四七五引作「聞」。「聞」、「問」古通。問，告訴。

〔三〕錯：與「措」同，措置不管。

居期年，君召愛夫人者而謂之曰：「子與文游久矣，大官未可得，小官公又弗欲。衛君與文布衣交，請具車馬皮幣〔一〕，願君以此從衛君。」游於衛，甚重。齊、衛之交惡，衛君甚欲約天下之兵以攻齊。是人謂衛君曰：「孟嘗君不知臣不肖，以臣欺君〔二〕。且臣聞齊、衛先君，刑馬壓羊〔三〕，盟曰：『齊、衛後世無相攻伐。有相攻伐者，令其命如此〔四〕。』今君約天下之兵以攻齊，是足下倍先君盟約而欺孟嘗君也。願君勿以齊爲心。君聽臣則可；不聽臣，若臣不肖也〔五〕，臣輒以頸血湔足下衿。」衛君乃止。齊人聞之曰：「孟嘗君可謂善爲事矣，轉禍爲功〔六〕。」

〔一〕皮幣：束帛爲幣，而以虎豹皮爲飾。【補】皮幣，一爲毛皮和布帛，古代作爲貴重之禮物。《管子·五行》：「出皮幣，命行人修春秋之禮於天下諸侯。」一爲以獸皮製成的貨幣，漢以後以宫中白鹿皮爲之，一方尺爲一張，飾以彩繪，值四十萬錢。當時是一種信用貨幣。

〔二〕孟嘗君不知臣不肖，以臣欺君：臣，舍人自謂。欺，欺騙。謙辭，謂己不肖，而孟嘗君言其賢也。

〔三〕刑馬壓羊：殺馬羊歃其血以相盟誓。刑，殺。

〔四〕其命如此：其命如此馬羊也。

〔五〕若：疑「者」字之誤。屬上句。

〔六〕「孟嘗君」二句：謂，姚本作「語」。姚注：集、劉作「謂」，今從之。高注：不殺其舍人，是轉禍。使衛不伐齊，是爲功。

【繫年】

此與上章爲同時事。

孟嘗君有舍人章

孟嘗君有舍人而弗悦，欲逐之。魯連謂孟嘗君曰〔一〕：「猿獮猴錯木據水，則不若魚鱉〔二〕，歷險乘危，則騏驥不如狐狸〔三〕。曹沫之奮三尺之劍〔四〕，一軍不能當。使曹沫釋其三尺之劍，而操銚鎒與農夫居壠畝之中〔五〕，則不若農夫。故物舍其所長，之其所短〔六〕，堯亦有所不及矣。今使人而不能，則謂之不肖；教人而不能，則謂之拙。拙則罷之，不肖則棄之。使人有棄逐不相與處〔七〕，而來害相報者〔八〕，豈非世之立教首也哉〔九〕！」孟嘗君曰：「善。」乃弗逐。

〔一〕魯連：亦名魯仲連、魯仲子、魯連先生，齊國之高士。

〔二〕「猿獮猴」二句：謂猿猴捨棄樹木而處於水，則不如魚鱉之便。猿，同「猨」，形狀類人。獮，當作「獼」，音「彌」。《通雅》：獼猴，母猴也。錯，同「措」，捨置不用。據，處。

〔三〕騏驥不如狐狸：騏驥，駿馬。狐，似犬而小，穴居山野。狸，貓屬，體大於貓，野處穴居。

〔四〕曹沫：即曹劌，春秋魯莊公時人。《左傳》、《穀梁傳》、《國語·魯語》作「曹劌」，《戰國策》、《史記》作「曹沫」。又作「曹昧」。「沫」下「之」字是衍文。曹沫爲魯將，三敗於齊。魯莊公十三年莊公與曹沫會齊桓公於柯，曹沫以匕首劫齊桓公於盟臺，求還魯侵地。

〔五〕「而操銚鎒」句：銚，田器，與「鍬」同。《世本》云：垂作銚。《管子·海王》：「耕者必有一耒一耜一銚。」鎒，耘苗器，用以除草。壠，亦作「壟」，田埒。

〔六〕之：《孟子·告子》注：之，就之也。高注：之，猶用也。

〔七〕有棄逐不相與處：有被拋棄驅逐過愆，而人不屑與之相處。

〔八〕來害相報：被棄逐之人，必反轉來報棄逐之怨以害我。

〔九〕世之立教首：謂世之立教，首重在此。

【繫年】

此策與上章同時。

孟嘗君出行國章

孟嘗君出行國〔一〕，至楚，獻象牀〔二〕。郢之登徒直使送之〔三〕，不欲行〔四〕。見孟嘗君門人公孫戍曰〔五〕：「臣郢之登徒也，直送象牀。象牀之直千金〔六〕，傷此若髮漂〔七〕，賣妻子不足償之。足下能使僕無行〔八〕，先人有寶劍，願得獻之。」公孫曰：「諾。」

〔一〕孟嘗君出行國：「行」下當補「五」字。王念孫云：孟嘗君出行五國。今本脱「五」字，兹據《初學記·器用部》所引補。

〔二〕象牀：以象牙做成之牀。【補正】「獻象牀」前應有「楚」字。否則，就成了孟嘗君向楚獻象牀了，與後文文意背。《文選·登徒子好色賦》李注、《御覽》卷四六七引，並作「至楚，楚獻象牀」。當以此補正之。

〔三〕登徒直使：《御覽》卷四六七、卷七〇六引此皆無「使」字。王念孫云：今本「直」下有「使」字，乃涉高注「直，當日直使也」而衍。當删去「使」字。金其源《讀書管見》謂登徒，非姓名，亦非官名。又謂登徒即司徒。或指姓，或指官，視其所在而定。

〔四〕不欲行：不欲行送象牀。

〔五〕戍：鮑本作「成」。

〔六〕直：價值。

〔七〕髮漂：髮，頭髮。漂，王念孫云：漂，讀爲「秒」。「髮」、「秒」皆言其細微也。

〔八〕足下能使僕無行：足下，謂公孫戍。無行，不行送象牀。【補】無行，無虛此行之意。

入見孟嘗君曰：「君豈受楚象牀哉？」孟嘗君曰：「然。」公孫戍曰：「臣願君勿受。」孟嘗君曰：「何哉？」公孫戍曰：「小國所以皆致相印於君者〔一〕，聞君於齊能振達貧窮，有存亡繼絶之義。小國英桀之士〔二〕，皆以國事累君〔三〕，誠説君之義，慕君之廉也。今君到楚而受象牀，所未至之國，將何以待君？臣戍願君勿受。」孟嘗君曰：「諾。」

〔一〕小國：王念孫云：小，亦「五」之誤。《太平御覽·人事部》引此作「五國」，《春秋後語》亦作「五國」。

〔二〕小國英桀之士：金正煒云：當作「五國英桀之主」。才勝萬人曰英，千人曰桀。【補】桀，同傑。

〔三〕累君：委之以事以累之。

公孫戍趨而去，未出，至中閨〔一〕，君召而返之，曰：「子教文無受象牀，甚善。今何舉足之高，志之揚也？」公孫戍曰：「臣有大喜三，重之寶劍一〔二〕。」孟嘗君曰：「何謂也？」公孫戍曰：「門下百數，莫敢入諫，臣獨入諫，臣一喜；諫而得聽，臣二喜；諫而止君之過，臣三喜。輸象牀〔三〕，郢之登徒不欲行，許戍以先人之寶劍。」孟嘗君曰：「善。受之乎？」公孫戍曰：「未敢。」曰：「急受之。」因書門版曰：「有能揚文之名，止文之過，私得寶於外者，疾入諫。」

〔一〕中閨：胡三省注：宫中小門曰閨，上圓下方如圭，故謂之閨。

〔二〕重：復也。言三喜外，復得寶劍。

〔三〕輸：送。

【繫年】

審文義繫此策於齊閔王二年、楚懷王三十年，當周赧王十六年。

淳于髡一日而見七士章

淳于髡一日而見七士於宣王〔一〕。王曰：「子來，寡人聞之，千里而一士，是比肩而立〔二〕；百世而一聖，若隨踵而至也〔三〕。今子一朝而見七士，則士不亦衆乎？」淳于髡曰：「不然。夫鳥同翼者而聚居，獸同足者而俱行〔四〕。今求柴胡、桔梗於沮澤〔五〕，則累世不得一焉。及之睪黍、梁父之陰〔六〕，則郄車而載耳〔七〕。夫物各有疇〔八〕，今髡賢者之疇也。王求士於髡，譬若挹水於河，而取火於燧也〔九〕。髡將復見之，豈特七士也。」

〔一〕「淳於髡」句：見，舉薦。士，姚本作「人」。姚注：一本作「士」。《御覽》卷九九三引此亦作「士」，故改「人」爲「士」。

〔二〕比肩：謂肩相比次。

〔三〕隨踵而至：踵，腳跟。隨踵，言連續不斷。至，一本作「生」。《御覽》卷九九三作「生」。

〔四〕俱：伴侣。

〔五〕柴胡、桔梗於沮澤：柴胡、桔梗，二藥名，生於高旱之地。沮澤，潮濕之地。

〔六〕睪黍、梁父之陰：睪黍、梁父，皆山名。睪，或作「皐」。父，一作「甫」。梁父山，在今山東泰安市東南。陰，山北曰陰。【補】睪黍，山名，疑即今山東青島市即墨區東北之皐虞。鮑疑負黍者誤。

〔七〕郄車而載：郄，當爲郤。《方言》：郤，倦也。《廣雅·釋詁》：郤，極也。

〔八〕疇：類。同「儔」。

〔九〕「譬若」二句：挹，取。燧，取火之具。金燧取火於日，木燧鑽木取火。

【繫年】

從顧觀光，繫此策於齊宣王二年，當周慎靚王四年。

齊欲伐魏淳于髡謂齊王章

齊欲伐魏，淳于髡謂齊王曰：「韓子盧者，天下之疾犬也〔一〕，東郭逡者〔二〕，海內之狡兔也。韓子盧逐東郭逡，環山者三〔三〕，騰山者五，兔極於前，犬廢於後〔四〕，犬兔俱罷，各死其處。田父見之，無勞勌之苦〔五〕，而擅其功。今齊、魏久相持，以頓其兵〔六〕，弊其衆，臣恐强秦大楚承其後，有田父之功。」齊王懼，謝將休士也〔七〕。

〔一〕「韓子盧」二句：盧，良犬名。《博物志》韓國有黑犬，名盧。疾，《藝文類聚》卷九十引「疾」作「壯」。《御覽》卷九〇四引此亦作「壯」。「疾」乃「壯」之訛，作「壯」爲是。

〔二〕逡：劉師培云：當從《初學記》二九作「䨲」。《類聚》卷九四作「兔」，即「䨲」之挩。【補】《廣韻・淳韻》「䨲」字云：「東郭䨲，古之狡兔也。」

〔三〕環：旋轉，環繞。

〔四〕廢：《御覽》卷九〇四作「疲」。

〔五〕勌：與「倦」同。疲勞。

〔六〕頓：勞弊，困躓。

〔七〕謝：辭去，言不用也。

【繫年】

此策時不可考。顧觀光附於周赧王元年，當齊宣王六年。

國子曰秦破馬服章〔一〕

國子曰〔二〕：「秦破馬服君之師〔三〕，圍邯鄲。齊、魏亦佐秦伐邯鄲，齊取淄鼠，魏取伊是〔四〕。公子無忌爲天下循便計，殺晉鄙，率魏兵以救邯鄲之圍〔五〕，使秦弗有而失天下，是齊入於魏而救邯鄲之功也。安邑者，魏之柱國也〔六〕；晉陽者，趙之柱國也；鄢郢者，楚之柱國也。故三國欲與秦壤界〔七〕，秦伐魏，取安邑，伐趙取晉陽，伐楚取鄢郢矣。偪三國之君〔八〕，兼二周之地，舉韓氏取其地，且天下之半。今又劫趙、魏，疏中國〔九〕，封衛之東野〔一〇〕，兼魏之河南，絶趙之東陽，則趙、魏亦危矣。趙、魏危，則非齊之利也。韓、魏、趙、楚之志，恐秦兼天下而臣其君，故專兵一志以逆秦〔一一〕。三國之與秦壤界而患急，齊不與秦壤界而患緩。是以天下之勢，不得不事齊也。故秦得齊則權重於中國，趙、魏、楚得齊則足以敵秦。故秦、楚、趙、魏得齊者重，失齊者輕，齊有此勢，不能以重於天下者何也？其用者過也。」

〔一〕姚本此與上策爲一章。鮑本此下另作一章。據文義，與上策意不相連，當從鮑本另作一章。

〔二〕國子：齊大夫。

〔三〕馬服君：趙奢，趙惠文王賜號爲馬服君。此指馬服君趙奢之子趙括。秦將白起阬趙括四十萬衆於長平，而進圍邯鄲。

〔四〕淄鼠、伊是：皆趙邑。淄鼠疑即區鼠，伊是疑即猗氏。

〔五〕「公子無忌」三句：公子無忌，魏昭王之少子，魏安僖王之異母弟，封爲信陵君。循便計，行便宜之計。謂竊兵符，奪晋鄙軍以救趙退秦兵事。秦圍邯鄲，魏王使晋鄙率兵救趙，畏秦軍不敢進，軍止於蕩陰。趙平原君使人責公子無忌，無忌用侯嬴謀，竊魏王兵符以奪晋鄙軍，救趙，退秦兵，解邯鄲圍。此事《史記·魏世家》、《魏公子傳》皆有記載，事在魏安僖王二十年。

〔六〕柱國：國都，《鶡冠子·王鈇》：「郡四十五日報柱國。」《墨子·號令》有「主國」，即「柱國」之省。

〔七〕故三國欲與秦壤界：故，舊。欲，衍文。壤界，言境土相連接。壤，土地。界，邊境。

〔八〕偪：姚本作「福」。姚注：劉作「逼」，曾、一作「覆」。「福」乃「逼」字之訛。作「偪」義長。

〔九〕疏中國：離中原各國之交。

〔一〇〕封衛之東野：封，姚用别本改爲「封」。王念孫云：「封」爲「割」之訛。割，取。東野，猶東地。割衛之東野，則地接於齊。【補正】東野，即古之野王縣，今河南沁陽市。公元前二五四年，魏滅衛。衛在秦國的支持下復國，西遷於野王，作爲秦國的附庸，國王稱「君」。公元前二〇九年爲秦所滅。策中「封衛之東野」，即指秦遷衛於野王之地。鮑本、高誘注本及後之王念孫等謂「封」爲「割」、「刲」，均誤。《史記·魏世家》：「（景湣王）二年，秦拔我朝歌，衛涉野王。」是其證。野王在秦東，故謂之「東野」。

〔一二〕逆秦：謂抗拒秦。

【繫年】

從顧觀光，繫此策於齊王建三十五年、秦始皇十七年。

戰國策卷十一

齊四

齊人有馮諼章

齊人有馮諼者〔一〕，貧乏不能自存，使人屬孟嘗君〔二〕，願寄食門下。孟嘗君曰：「客何好？」曰：「客無好也。」曰：「客何能？」曰：「客無能也。」孟嘗君笑而受之曰：「諾。」左右以君賤之也，食以草具〔三〕。

〔一〕馮諼：人名。諼，鮑本作「煖」。《史記·孟嘗君傳》作「驩」。《史記集解》復作「煖」。《索隱》：音「歡」。字或作「諼」。

〔二〕屬：同「囑」，囑託。

〔三〕草具：謂粗食草萊之具。《范雎傳》：「食草具。」《陳丞相世家》：「惡草具。」草，粗，不精。具，饌具。

居有頃，倚柱彈其劍，歌曰：「長鋏歸來乎〔一〕！食無魚。」左右以告。孟嘗君曰：「食之，比門下之客〔二〕。」居有頃，復彈其鋏，歌曰：「長鋏歸來乎！出無車。」左右皆笑之，以告。孟嘗君曰：「爲之駕，比門下之車客〔三〕。」於是乘其車，揭其劍〔四〕，過其友曰：「孟嘗君客我〔五〕。」後有頃，復彈其劍鋏，歌曰：「長鋏歸來乎！無以爲家。」左右皆惡之，以爲貪而不知足。孟嘗君問：「馮公有親乎？」對曰：「有老母。」孟嘗君使人給其食用，無使乏。於是馮諼不復歌。

〔一〕「倚柱」三句：彈其劍，《北堂書鈔》卷一〇六引作「彈其鋏」。鋏，劍。左思《吴都賦》注：鋏，刀身、劍鋒有長鋏、短鋏。一説，鋏，劍把。歸來乎，《書鈔》引作「歸來兮」。《御覽》卷五七一亦引作「歸來兮」。作「乎」者乃後人依《史記》改之。原文當作「兮」。來，王引之《經傳釋詞》：來，句中語助也。歸來，猶「歸乎來」，歸去來。言此劍無用，欲與之俱歸。

〔二〕比門下之客：《列士傳》孟嘗君廚有三列：上客食肉，中客食魚，下客食菜。【補】比，同。即比照其他門客之待遇也。

〔三〕車客：乘車之客，客中之貴者。

〔四〕揭：高舉。

〔五〕客我：以客禮待我。

後孟嘗君出記〔一〕，問門下諸客：「誰習計會〔二〕，能爲文收責於薛者乎〔三〕？」馮諼署曰〔四〕：

「能。」孟嘗君怪之，曰：「此誰也？」左右曰：「乃歌夫長鋏歸來者也。」孟嘗君笑曰：「客果有能也，吾負之，未嘗見也。」請而見之。謝曰：「文倦於事，憒於憂〔五〕，而性懧愚〔六〕，沉於國家之事，開罪於先生。先生不羞，乃有意欲爲收責於薛乎？」馮諼曰：「願之。」於是約車治裝，載券契而行〔七〕，辭曰：「責畢收，以何市而反〔八〕？」孟嘗君曰：「視吾家所寡有者。」

〔一〕記：簿計，賬本。【補】記，乃記簿，又稱計簿、計籍。會計所用的簿册，古時也包括人事登記。《漢書・宣帝紀》：「上計簿，具文而已，務爲欺謾，以避其課。」又，《史記・張丞相列傳》：「張蒼乃自秦時爲柱下史，明習天下圖書計籍。」

〔二〕計會：即會計。【補】計會，總合計財也。《周禮・小宰》「要會」注：「計最之簿書，月計曰要，歲計曰會。」

〔三〕「能爲」句：責，與「債」同。收債於薛，按《孟嘗君傳》：「孟嘗君時相齊，封萬户於薛。其食客三千人，邑入不足以奉客。使人出錢於薛，歲餘不入，貸錢者多不能與其息，客奉將不給，孟嘗君憂之。問左右何人可使收債於薛者。」

〔四〕署：書寫，簽署。

〔五〕憒：心思亂。

〔六〕懧：與「懦」同，弱也。

〔七〕「於是約車」二句：約車，具備車輛。治裝，整理行裝。券，契，如今之合同，彼此各執其半，以爲憑信。契，契約，爲文字以約信。

〔八〕「責畢收」二句：畢收，收完了。市，購買。

驅而之薛，使吏召諸民當償者，悉來合券〔一〕。券徧合，起，矯命以責賜諸民〔二〕，因燒其券。民稱萬歲。長驅到齊〔三〕，晨而求見。孟嘗君怪其疾也，衣冠而見之，曰：「責畢收乎？來何疾也？」曰：「收畢矣。」「以何市而反？」馮諼曰：「君云『視吾家所寡有者』，臣竊計，君宮中積珍寶〔四〕，狗馬實外廄，美人充下陳〔五〕，君家所寡有者以義耳！竊以爲君市義。」孟嘗君曰：「市義奈何？」曰：「今君有區區之薛，不拊愛子其民〔六〕，因而賈利之〔七〕。臣竊矯君命，以責賜諸民，因燒其券，民稱萬歲。乃臣所以爲君市義也。」孟嘗君不說，曰：「諾，先生休矣〔八〕。」

〔一〕悉來合券：《北堂書鈔》引「來」作「集」。使負債者皆來兑合契券。

〔二〕矯命：矯，託也。託言孟嘗君之命。

〔三〕長驅：長，長途。驅，驅車而不停留。

〔四〕宮中積珍寶：《御覽》卷四二二引作「珍寶滿内府」。

〔五〕美人充下陳：侍妾陳列於下。陳，列。

〔六〕不拊愛子：拊，通「撫」。安撫。子，慈愛。

〔七〕賈利：以商賈之道取利。

〔八〕休：息。

後期年〔一〕，齊王謂孟嘗君曰：「寡人不敢以先王之臣爲臣。」孟嘗君就國於薛〔二〕，未至百里，民扶老攜幼迎君道中。孟嘗君顧謂馮諼：「先生所爲文市義者，乃今日見之。」馮諼曰：「狡兔有三窟，僅得免其死耳。今君有一窟，未得高枕而卧也。請爲君復鑿二窟。」孟嘗君予車五十乘，金五百斤，西遊於梁。謂惠王曰〔三〕：「齊放其大臣孟嘗君於諸侯，諸侯先迎之者，富而兵强。」於是，梁王虚上位，以故相爲上將軍〔四〕，遣使者，黄金千斤，車百乘，往聘孟嘗君。馮諼先驅誡孟嘗君曰〔五〕：「千金，重幣也；百乘，顯使也。齊其聞之矣。」梁使三反，孟嘗君固辭不往也。齊王聞之，君臣恐懼，遣太傅賫黄金千斤〔六〕，文車二駟〔七〕，服劍一〔八〕，封書謝孟嘗君曰：「寡人不祥〔九〕，被於宗廟之祟〔一〇〕，沉於諂諛之臣，開罪於君，寡人不足爲也〔一一〕。願君顧先王之宗廟，姑反國統萬人乎〔一二〕？」馮諼誡孟嘗君曰：「願請先王之祭器，立宗廟於薛。」廟成，還報孟嘗君曰：「三窟已就，君姑高枕爲樂矣。」

〔一〕後期年：此三字下，當有毁孟嘗君於閔王之事，而今本脱去。王念孫云：《文選·答東阿王書》注引此曰：「後有毁孟嘗君於閔王，孟嘗君就國於薛。」下文閔王爲書謝孟嘗君曰「寡人沉於諂諛之臣，開罪於君」，正謂此也。《史記·孟嘗君傳》載此事，亦云：「齊王惑於秦、楚之毁，遂廢孟嘗君。」

〔二〕就國於薛：就其所封之薛地。

〔三〕惠王：魏惠王。此「惠」字恐有誤，鮑改爲「梁」。孟嘗君後於梁惠王，與梁昭王同時。

〔四〕虚上位，以故相爲上將軍：徙故相爲上將軍，而虚相位以待孟嘗君。

〔五〕先驅誡孟嘗君：先驅，先驅車返薛。誡，告誡。警敕之言爲誡。

〔六〕遣太傅賫黄金：太傅，古官名。《尚書·周官》：「立太師、太傅、太保，茲惟三公。」賈誼《新書》：「天子不惠於庶民，不禮於大臣，不中於折獄，無經於百官，不哀於喪，不敬於祭，不戒於齊，不信於事，此太傅之責也。」賫，與「齎」同。持物與人爲齎。

〔七〕文車二駟：文車，彩繪車。二駟，二輛四匹馬拉的車。

〔八〕服劍：王所自佩之劍。服，佩。

〔九〕不祥：不善。

〔一〇〕祟：神禍。

〔一一〕寡人不足爲：不足以君臨國。

〔一二〕統萬人：統，攝理。萬人，當爲「萬民」，唐人諱「民」字，故改「民」爲「人」。

孟嘗君爲相數十年，無纖介之禍者〔一〕，馮諼之計也。

〔一〕纖介：纖，細。介，獨，又與「芥」通，細小。

【繫年】

據《史記·秦本紀》及《孟嘗君傳》，孟嘗君由秦逃歸，復爲齊相在秦昭王十年。孟嘗君連韓、魏攻秦，在秦昭王十一年。田甲劫齊閔王，閔王疑孟嘗君，孟嘗君出奔，復返齊就國於薛，在秦昭王十三年。當齊閔王七年、魏昭王二年。

此策馮諼寄食於孟嘗君門下，收債於薛，爲前二年事。孟嘗君就國於薛，當爲齊閔王七年時事。

孟嘗君爲從章

孟嘗君爲從〔一〕。公孫弘謂孟嘗君曰〔二〕：「君不以使人先觀秦王〔三〕。意者，秦王帝王之主也〔四〕，君恐不得爲臣，奚暇從以難之？意者，秦王不肖之主也，君從以難之，未晚。」孟嘗君曰：「善。願因請公往矣。」

〔一〕孟嘗君爲從：孟嘗君於秦昭王九年入秦，十年逃歸齊，怨秦，故約縱韓、魏以攻秦。

〔二〕公孫弘：齊人。

〔三〕君不以使人先觀秦王：姚注：劉本作「君何不使人先觀秦王」。鮑改「以」爲「如」。《吕氏春秋·不侵》作「若」。「如」、「若」義同。當從鮑本作「如」。「以」乃「如」字之訛。

〔四〕秦王帝王之主也：秦王，秦昭王。帝，諦也，王天下之號。《毛詩·詁訓傳》：審諦如帝，帝王之主。賢明有爲之君主。

公孫弘敬諾，以車十乘之秦。昭王聞之，而欲媿之以辭〔一〕。公孫弘見，昭王曰：「薛公之地，大小幾何？」公孫弘對曰：「百里。」昭王笑而曰：「寡人地數千里，猶未敢以有難也〔二〕。今孟嘗君之地方百里，而因欲難寡人，猶可乎？」公孫弘對曰：「孟嘗君好人，大王不好人〔三〕。」昭王曰：「孟嘗君之好人也奚如？」公孫弘曰：「義不臣乎天子，不友乎諸侯，得志不慚爲人主，不得志不肯爲人臣，如此者三人；而治可爲管、商之師〔四〕，説義聽行，能致其主霸王〔五〕，如此者五人；萬乘之嚴主也，辱其使者，退而自刎，必以其血洿其衣〔六〕，如臣者十人。」昭王笑而謝之曰：「客胡爲若此？寡人直與客論耳！寡人善孟嘗君，欲客之必諭，寡人之志也！」公孫弘曰：「敬諾。」

〔一〕媿之以辭：以言辭説之，使之醜。媿，《呂氏春秋·不侵》作「醜」。黄丕烈云：「媿」即「醜」字。又與「愧」通，慚愧。

〔二〕以有難：以與人爲難。

〔三〕好人：猶好士。《管子·侈靡》：「不擇人而予之，謂之好人。」好，讀「號」，意即喜歡、愛好。

〔四〕而治可爲管、商之師：而，《呂氏春秋·不侵》作「能」。《淮南子·原道訓》注：而，能也。管，管仲。商，商鞅。

〔五〕主霸王：此三字，姚本無，鮑本有，《呂氏春秋》有。黄丕烈云：有者是也。

〔六〕洿：染。

公孫弘可謂不侵矣〔一〕。昭王，大國也；孟嘗，千乘也。立千乘之義而不可陵〔二〕，可謂足使矣〔三〕。

〔一〕侵：犯，辱。

〔二〕陵：侵侮。

〔三〕足使：能作使者，不辱君命。足，猶能。

【繫年】

據《秦本紀》、《田齊世家》，孟嘗君爲縱，聯韓、魏，三國攻秦，在秦昭王十年、齊閔王五年，當周赧王十八年。

魯仲連謂孟嘗君章

魯仲連謂孟嘗君曰〔一〕：「君好士也？雍門養椒亦陽得子養〔二〕，飲食衣裘與之同之，皆得其死。今君之家富於二公，而士未有爲君盡遊者也〔三〕。」君曰：「文不得是二人故也。使文得二人者，豈獨不得盡？」對曰：「君之廄馬百乘，無不被繡衣而食菽粟者，豈有麒麟騄耳哉〔四〕？後宮十妃，皆衣縞紵〔五〕，食粱肉，豈有毛廧、西施哉〔六〕？色與馬取於今之世，士何必待古哉？故曰：君之好士未也。」

〔一〕君曰：此二字姚本無，鮑本有。此從鮑本補「君曰」二字。

〔二〕「君好士」二句：君好士也，當從鮑本於「士」字下補「未」字。下文可證。「雍門」下有脱字。「得子養」下亦有脱字。此語不詳。

〔三〕盡遊：盡於交流之道。

〔四〕騄耳：駿馬之名號。

〔五〕縞紵：縞，素色繒。紵，細麻布。

〔六〕毛廧、西施：毛廧，即毛嬙，古代美人。西施，越王勾踐所獻吴王之美女。《慎子》：「毛嬙、西施，天下之至姣也。」

【繫年】

此策時不可考。從顧觀光附於孟嘗君入秦之前，秦昭王八年、齊閔王二年，當周赧王十六年。

孟嘗君逐於齊章

孟嘗君逐於齊而復反〔一〕。譚拾子迎之於境〔二〕，謂孟嘗君曰：「君得無有所怨於齊士大夫？」孟嘗君曰：「有。」「君滿意殺之乎？」孟嘗君曰：「然。」譚拾子曰：「事有必至，理有固然，君知之乎？」孟嘗君曰：「不知。」譚拾子曰：「事之必至者，死也；理之固然者，富貴則就之，貧賤則去之。此事之必至，理之固然者。請以市諭〔三〕。市，朝則滿，夕則虛，非朝愛市而夕憎之也。求存故往〔四〕，亡故去。願君勿怨。」孟嘗君乃取所怨五百牒削去之〔五〕，不敢以爲言。

〔一〕孟嘗君逐於齊而復反：《孟嘗君傳》，田甲劫閔王，閔王疑孟嘗君，孟嘗君乃出奔。孟嘗君門客上書或自殺以明孟嘗君不爲亂。閔王乃復召孟嘗君。孟嘗君復反於齊。

〔二〕譚拾子迎之於境：譚拾子，齊人。境，《風俗通義·窮通》作「澅」。澅，齊之邊邑，同「畫」。

〔三〕諭：《風俗通義》作「論」。

〔四〕求存故往：所求之物在市，故往趨之。存，《風俗通義》作「在」。

〔五〕牒：古時無紙，以竹簡木板記事。小簡爲牒。

【繫年】

孟嘗君出奔事，《六國年表》敘於齊閔王三十年，此實有誤。當爲齊閔王八年、秦昭王十三年時事，當周赧王二十一年。

齊宣王見顔斶章

齊宣王見顔斶〔一〕曰：「斶前！」斶亦曰：「王前！」宣王不悦。左右曰：「王，人君也。斶，人臣也。王曰：『斶前。』斶亦曰：『王前。』可乎？」斶對曰：「夫斶前爲慕勢，王前爲趨士〔二〕。與使斶爲慕勢，不如使王爲趨士。」王忿然作色曰：「王者貴乎？士貴乎？」對曰：「士貴耳，王者不貴。」王曰：「有説乎？」斶曰：「有。昔者秦攻齊，令曰：『有敢去柳下季壟五十步而樵採者〔三〕，死不赦。』令曰：『有能得齊王頭者，封萬户侯，賜金千鎰。』由是觀之，生王之頭，曾不若死士之壟也。」

宣王默然不悅。

〔一〕顏斶：齊人。斶，亦作「歜」，音「觸」。

〔二〕趨士：親近士人。趨，就也。

〔三〕「有敢去」句：柳下季，春秋魯人，姓展名禽字季。食邑於柳下，故名柳下季。壟，墳墓。

左右皆曰：「斶來，斶來！大王據千乘之地，而建千石鍾〔一〕，萬石簴〔二〕。天下之士，仁義皆來役處；辯智並進，莫不來語；東西南北，莫敢不服。求萬物無不備具，而百姓無不親附〔三〕。今夫士之高者，乃稱匹夫，徒步而處農畝，下則鄙野，監門閭里〔四〕，士之賤也，亦甚矣。」斶對曰：「不然。斶聞古大禹之時，諸侯萬國〔五〕。何則？德厚之道，得貴士之力也〔六〕。故舜起農畝，出於野鄙〔七〕，而爲天子。及湯之時，諸侯三千。當今之世，南面稱寡者，乃二十四。由此觀之，非得失之策與〔八〕！稍稍誅滅，滅亡無族之時，欲爲監門閭里，安可得而有乎哉？是故《易傳》不云乎：『居上位，未得其實，以喜其爲名者，必以驕奢爲行。據慢驕奢〔九〕，則凶從之。是故無其實而喜其名者削〔一〇〕，無德而望其福者約〔一一〕，無功而受其祿者辱，禍必握〔一二〕。』故曰：『矜功不立，虛願不至。』此皆幸樂其名，華而無其實德者也。是以堯有九佐〔一三〕，舜有七友〔一四〕，禹有五丞〔一五〕，湯有三輔〔一六〕。自古及今而能虛成名於天下者，無有。是以君王無羞亟問，不媿下學〔一七〕。是故成其道德，而揚功名於後世者，堯、舜、禹、湯、周文王是也。故曰：『無形者，形之君也〔一八〕；無端者，事之本也。』夫上見其原，下通其流，至聖人明學，何不吉之有哉？老子曰：『雖貴，必以賤爲本；雖高，必以下爲基。是以侯王稱孤、寡、不穀〔一九〕。是其賤之本與，非夫？』孤寡者，人之困賤下位也，而侯王以自謂，豈非下人而尊貴士與〔二〇〕？夫堯傳舜，舜傳禹，周成王任周公旦，而世世稱曰明主，是以明乎士之貴也。」

〔一〕石：古代重量單位。三十斤爲一鈞，四鈞爲一石。石，重百二十斤。

〔二〕簴：字誤，當作「虡」，一作「鐻」。天上神獸名，鹿頭龍身。飾畫於木作懸掛樂器之柱。植者名簴，橫者名栒。《秦始皇本紀》：「銷以爲鍾鐻。」

〔三〕「求萬物」二句：「不備具」上姚本脱「無」字。據鮑本補。而「百」下，姚本脱「姓」字。鮑本有，據鮑本補「姓」字。

〔四〕下則鄙野，監門閭里：鄙，邊邑。郊外爲野。古代貴族居於國或都中，農民居於鄙野。二十五家爲里，里有巷，巷有門，稱閭。監門，晨昏司閭門之啓閉，是一種賤職。

〔五〕「屬聞」二句：《左傳》哀公七年，諸大夫對孟孫曰：「禹會諸侯於塗山，執玉帛者萬國。」塗山，在今安徽懷遠縣。

〔六〕「德厚」二句：能貴士，故其德厚。

〔七〕舜起農畝：舜，虞舜。《孟子·萬章》舜耕於歷山。又云，舜發於畎畝之中。

〔八〕得失之策：得策，謂貴士；失策，故被誅滅而減少。

〔九〕據：與「倨」通。傲慢。

〔一〇〕削：削弱。

〔一一〕約：窮困。

〔一二〕握：《高士傳》作「渥」，厚也。

〔一三〕堯有九佐：《說苑》，當堯之時，舜爲司徒，契爲司馬，禹爲司空，後稷爲田疇，夔爲樂正，垂爲工師，伯夷爲秩宗，臯陶爲大理，益掌驅禽獸。

〔一四〕舜有七友：《群輔録》，雄陶、方回、續牙、伯陽、東不訾、秦不虚、靈甫，並爲歷山、雷澤之遊。

〔一五〕禹有五丞：益、稷、臯陶、垂、契。

〔一六〕湯有三輔：鮑注：以爲義伯、仲伯、咎單。

〔一七〕「是以」二句：亟問，數問。不媿下學，學於臣下，不恥問。

〔一八〕「無形者」二句：無形，没有形象。形之君，是有形之君主。

〔一九〕「老子曰」幾句：老子，姓李名耳字伯陽，楚苦縣人，仕周，爲柱下史。其所著書亦名《老子》，八十一章，五千言。此段在《老子》第三十九章。穀，善。孤、寡、不穀，人君自稱之謙辭。

〔二〇〕下人：自居下位，謙恭待人。

宣王曰：「嗟乎！君子焉可侮哉，寡人自取病耳！及今聞君子之言，乃今聞細人之行〔一〕，願請受爲弟子。且顔先生與寡人遊〔二〕，食必太牢〔三〕，出必乘車，妻子衣服麗都〔四〕。」顔斶辭去曰：「夫玉生於山，制則破焉〔五〕，非弗寶貴矣，然夫璞不完〔六〕。士生乎鄙野，推選則禄焉，非不得尊遂也，然而形神不全。斶願得歸，晚食以當肉〔七〕，安步以當車，無罪以當貴，清静貞正以自虞〔八〕。制言者王也〔九〕，盡忠直言者斶也。言要道已備矣。願得賜歸，安行而反臣之邑屋。」則再拜而辭去也。斶知足矣，歸反樸，則終身不辱也〔一〇〕。

〔一〕細人之行：謂無實德，不貴士者。

〔二〕顏先生與寡人遊：《後漢書·蔡邕傳》注引作「願先生與寡人遊」。

〔三〕太牢：牛、羊、豕三牲具爲太牢。

〔四〕都：美也。

〔五〕制：裁制，治理。

〔六〕夫璞：《蔡邕傳》注引作「失璞」，義勝。

〔七〕晚食以當肉：言飢而食欲增，味美等於吃肉。

〔八〕貞正以自虞：貞，正也，事之幹也。虞，與「娱」同，樂也。

〔九〕制言：謂帝王的命令。

〔一〇〕「斶知足」三句：王念孫云：足、樸、辱爲韻。《後漢書·蔡邕傳》注引作「歸反於樸，則終身不辱」，句法較爲完善。

【繫年】

此雖爲齊宣王時事，而年不可考。顧觀光附於周赧王元年。

先生王斗章

先生王斗造門而欲見齊宣王〔一〕，宣王使謁者延入〔二〕。王斗曰：「斗趨見王爲好勢，王趨見斗爲好士，於王何如？」使者復還報〔三〕。王曰：「先生徐之，寡人請從〔四〕。」宣王因趨而迎之於門，與入。曰：「寡人奉先君之宗廟，守社稷，聞先生直言正諫不諱〔五〕。」王斗對曰：「王聞之過〔六〕。斗生於亂世，事亂君，焉敢直言正諫？」宣王忿然作色不說。

〔一〕先生王斗造門：王斗，一本作「王升」。《漢書·古今人表》作「王升」。古文「斗」，似「升」，字每相亂。作「升」當是。造，詣，到。

〔二〕延入：請進來。延，引進。

〔三〕復還報：《御覽》卷四五六引此無「復」字。「復」與「還報」，意思重複，當無「復」字。

〔四〕「先生」二句：徐，緩。請從，請就之。

〔五〕諱：忌，避。

〔六〕聞之過：聽聞的過甚。

有間，王斗曰：「昔先君桓公所好者五〔一〕，九合諸侯，一匡天下，天子受籍〔二〕，立爲大伯〔三〕。今王有四焉。」宣王說，曰：「寡人愚陋，守齊國唯恐失抎之〔四〕，焉能有四焉？」王斗曰：「否。先君好馬，王亦好馬；先君好狗，王亦好狗；先君好酒，王亦好酒；先君好色，王亦好色；先君好士，王不好士。」宣王曰：「當今之世無士，寡人何好？」王斗曰：「世無騏驎、騄耳，王駟已備矣〔五〕。世無東郭逡、盧氏之狗〔六〕，王之走狗已具矣。世無毛嬙、西施，王宮已充矣。王亦不好士也，何患無士？」王曰：「寡人憂國愛民，固願得士以治之。」王斗曰：「王之憂國愛民，不若王愛尺縠也〔七〕。」王曰：「何謂也？」王斗曰：「王使人爲冠，不使左右便辟〔八〕，而使工者，何也？爲能之也。今王治齊，非左右便辟無使也。臣故曰，不如愛尺縠也。」

〔一〕五：姚本無，一本有。《御覽》卷四五六引策文有「五」字。有者當是。

〔二〕受籍：孫詒讓云：籍當讀「胙」。《商君傳索隱》：籍，音「胙」。《淮南子・氾論訓》注：籍，或作「阼」，與「胙」同。「籍」、「阼」、「胙」古音同。「受籍」即「受胙」。賈侍中云：胙，位也。受胙，即受命受爵位，非受祭肉。

〔三〕大伯：諸侯之長。

〔四〕失抎：失，鮑本、曾本、集本作「夫」，誤。抎，失也。失抎，複詞，古書多有。《墨子・天志》「抎失社稷」是其證。【補】抎，同「隕」，墜落。《呂氏春秋・音初》：「壬及蔡公抎於漢中。」高誘注：「抎，墜，音顛隕之隕。」

〔五〕駟：一車駕四馬爲駟。《史記・平準書》：「天子不能具鈞駟。」

〔六〕世無東郭逡、盧氏之狗：東郭逡，狡兔名，非狗名。盧氏之狗，即韓盧，亦名韓子盧。盧氏，韓邑，産黑色良犬。以産地爲名，故名韓盧。

〔七〕縠：細綺，縐紗。

〔八〕便辟：近習嬖幸之人。【補】便辟，善於奉迎讒媚之人。又稱「便嬖」，統治者親近寵愛的小臣。《孟子·梁惠王上》：「便嬖不足使令於前歟？」

宣王謝曰：「寡人有罪國家。」於是舉士五人任官，齊國大治。

【繫年】

此與上章爲同時事。附於齊宣王初年。【補】顧觀光繫此策於周赧王元年，即齊宣王六年。

齊王使使者問趙章

齊王使使者問趙威后〔一〕。書未發〔二〕，威后問使者曰：「歲亦無恙耶〔三〕？民亦無恙耶？王亦無恙耶？」使者不説，曰：「臣奉使使威后，今不問王，而先問歲與民，豈先賤而後尊貴者乎？」威后曰：「不然，苟無歲，何以有民？苟無民，何以有君？故有舍本而問末者耶？」乃進而問之曰：「齊有處士曰鍾離子無恙耶〔四〕？是其爲人也，有糧者亦食，無糧者亦食；有衣者亦衣，無衣者亦衣。是助王養其民也，何以至今不業也〔五〕？葉陽子無恙乎〔六〕？是其爲人，哀鰥寡，卹孤獨〔七〕，振困窮，補不足。是助王息其民者也，何以至今不業也？北宮之女嬰兒子無恙耶〔八〕？徹其環瑱〔九〕，至老不嫁，以養父母。是皆率民，而出於孝情者也，胡爲至今不朝也〔一〇〕？此二士弗業，一女不朝，何以王齊國子萬民乎？於陵子仲尚存乎〔一一〕？是其爲人也，上不臣於王，下不治其家，中不索交諸侯。此率民而出於無用者，何爲至今不殺乎？」

〔一〕齊王使使者問趙威后：齊王，齊王建。趙威后，趙惠文王夫人，孝成王之母。

〔二〕書未發：書信未拆封。

〔三〕無恙：無憂。猶今人問候平安。恙，憂。

〔四〕鍾離子：齊之處士。隱居不做官。

〔五〕業：謂使之做官，成其業。

〔六〕葉陽子：亦齊之處士。

〔七〕哀鰥寡，卹孤獨：哀，可憐。無妻曰鰥，無夫曰寡。無子曰獨，無父曰孤。

〔八〕北宮之女嬰兒子：北宮，複姓。嬰兒子，女子之名。

〔九〕徹其環瑱：徹，與「撤」通，去也。環，耳環。瑱，玉瑱，用以塞耳。

〔一〇〕朝：使之朝，而褒揚之。

〔一一〕於陵子仲：即《孟子》中所説之陳仲子。居於陵，齊之世家，故亦名田仲。於陵，地名，在今山東鄒平縣東南。

【繫年】此策爲趙威后用事，齊王建即位之初年，齊、趙聯合抗秦。趙惠文王死，孝成王即位，趙太后新用事。趙孝成王二年，當齊王建元年，當爲此時事。【補】顧觀光附此策於周赧王五十年。曰：威后問齊王而不及后，則后亦先卒，其在齊襄王時明矣。况威后卒於趙孝成王二年，史有明文乎？顧説當是。

齊人見田駢章

齊人見田駢曰〔一〕：「聞先生高議〔二〕，設爲不宦，而願爲役〔三〕。」田駢曰：「子何聞之？」對曰：「臣聞之鄰人之女。」田駢曰：「何謂也？」對曰：「臣鄰人之女，設爲不嫁，行年三十，而有七子。不嫁則不嫁，然嫁過畢矣〔四〕。今先生設爲不宦，訾養千鍾〔五〕，徒百人，不宦則然矣，而富過畢也〔六〕。」田子辭〔七〕。

〔一〕田駢：齊人，亦稱陳駢。遊稷下，號天口駢。所著書名《田子》。《漢書·藝文志》載《田子》二十五篇（高誘注《吕氏春秋》謂作《道書》一十五）。《吕氏春秋·不二》：「陳駢貴齊。」謂其齊生死，等古今。其書久亡，《莊子·天下》、《荀子·非十二子》、《尹文子·大道》屢稱之，尚可窺其學説之面貌。

〔二〕議：與「義」通。德行道義。

〔三〕設爲不宦，而願爲役：設，立。宦，仕宦做官。役，供其役使。【補】不宦而願爲役，金正煒云：「蓋亦許行之流。然祇譁衆取寵，言行不相顧，故是人議以不嫁而多子也。」

〔四〕嫁過畢：超過完全出嫁。

〔五〕訾養千鍾：訾，同「資」，資財。鍾，六斛四斗爲一鍾。

〔六〕富過畢：富，當爲「宦」。「宦過畢」與上文「嫁過畢」爲對文。若作「富」，則文義不通。

〔七〕辭：謝之。高注：辭，遣也。

【繫年】

據《史記·孟子荀卿列傳》，則田駢亦齊宣王時人。《淮南子·人間訓》有陳駢子對孟嘗君之言。至荀卿遊齊而田駢已死。其具體年代，亦不可考。【補】顧觀光繫此策於周赧王元年，亦齊宣王六年，不知何據。

管燕得罪章

管燕得罪〔一〕，齊王謂其左右曰〔二〕：「子孰而與我赴諸侯乎〔三〕？」左右嘿然莫對〔四〕。管燕連然流涕曰〔五〕：「悲夫！士何其易得而難用也！」田需對曰〔六〕：「士三食不得饜〔七〕，而君鵝鶩有餘食，下宫糅羅紈，曳綺縠，而士不得以爲緣〔八〕。且財者君之所輕，死者士之所重，君不肯以所輕與士，而責士以所重事君，非士易得而難用也。」

〔一〕管燕：身世不詳。《新序》作「燕相」，誤。

〔二〕齊王：齊宣王。

〔三〕子孰而與：言孰能爲我赴諸侯乎。而，《御覽》卷九一九引策文作「能」。古書「而」多訓爲「能」。《禮記·禮運正義》：「劉向《説苑》，『能』字皆作『而』。」與，猶爲。

〔四〕嘿：與「默」同。《商君傳》「王嘿然」，與此同義。

〔五〕連：與「漣」同，泣下也。

〔六〕田需：見《魏策》，與公孫衍同時。

〔七〕饜：飽，足。

〔八〕「下宫」三句：下宫，宫中下等之人。糅，《御覽》卷四七五作「蹈」。糅，雜也。紈，素帛之輕者。綺，文繒，即今細綾。緣，衣服之花邊。

【繫年】

此策年代無考。【補】顧觀光繫此策於周赧王元年，即齊宣王六年。詳年待考。

蘇秦自燕之齊章

蘇秦自燕之齊〔一〕，見於華章南門〔二〕。齊王曰：「嘻！子之來也。秦使魏冉致帝〔三〕，子以爲何如？」對曰：「王之問臣也卒〔四〕，而患之所從生者微。今不聽，是恨秦也〔五〕；聽之，是恨天下也。不如聽之以卒秦〔六〕，勿庸稱也以爲天下。秦稱之，天下聽之，王亦稱之，先後之事，帝名爲無傷也〔七〕。秦稱之，而天下不聽，王因勿稱，其於以收天下〔八〕。此大資也。」

〔一〕蘇秦：《史記》作「蘇代」，誤。《戰國縱横家書》作「蘇秦」。《史記》中有關蘇秦事迹和生卒年代多誤，以蘇秦死於齊伐燕之前，故燕昭王、齊閔王時有關蘇秦之活動，《史記》多改爲蘇代。

〔二〕華章南門：《史記》作「章華東門」。按左思《齊都賦》注「齊小城北門」爲是。

〔三〕秦使魏冉致帝：秦昭王十九年，以魏冉爲相，秦昭王稱西帝，而使魏冉送帝號於齊閔王，使齊稱東帝。約共伐趙。

〔四〕卒：與「猝」通。

〔五〕恨秦：王念孫云：「恨」乃「很」之假借字。《説文》：很，不聽從也。

〔六〕卒秦：終成秦稱帝之事。卒，終。

〔七〕帝名爲無傷：稱帝雖有先後，而無損於稱帝之名。

〔八〕其於：此二字，《史記》無。鮑衍「其」字。

【繫年】

此秦昭王十九年、齊閔王十三年，齊、秦稱東西帝時事，當周赧王二十七年。

蘇秦謂齊王曰章

蘇秦謂齊王曰〔一〕：「齊、秦立爲兩帝〔二〕，王以天下爲尊秦乎？且尊齊乎？」王曰：「尊秦。」「釋帝則天下愛齊乎？且愛秦乎？」王曰：「愛齊而憎秦。」「兩帝立，約伐趙，孰與伐宋之利也？」王曰：「不如伐宋。」對曰：「夫約，然與秦爲帝，而天下獨尊秦而輕齊；齊釋帝，則天下愛齊而憎秦；伐趙不如伐宋之利。故臣願王明釋帝以就天下；倍約儐秦〔三〕，勿使爭重，而王以其間舉宋。夫有宋則衞之陽城危〔四〕，有淮北則楚之東國危〔五〕，有濟西則趙之河東危〔六〕，有陰、平陸則梁門不啓〔七〕。故釋帝而貳之以伐宋之事〔八〕，則國重而名尊，燕、楚以形服，天下不敢不聽，此湯、武之舉也。敬秦以爲名，而後使天下憎之，此所謂以卑易尊者也！願王之熟慮之也！」

〔一〕齊王：齊閔王。

〔二〕兩帝：齊爲東帝，秦爲西帝，故爲兩帝。

〔三〕倍約儐秦：倍，同「背」，背離，背叛。儐，與「擯」同，棄，排斥。

〔四〕陽城：當從《史記》作「陽地」。裴駰《史記集解》云：濮陽之地。

〔五〕有淮北則楚之東國危：淮北，淮水之北，徐、泗一帶，淮水源出今河南桐柏山東，經信陽、羅山、息縣、潢川入安徽霍邱、潁上、懷遠、泗縣匯爲洪澤湖，東北至清河，又東至安東入海。東國，《史記正義》云：謂下相、僮、取慮也。下相，今安徽宿遷市北七十里。僮，在今江蘇睢寧縣境。取慮，今安徽靈璧縣北。

〔六〕有濟西則趙之河東危：濟西，濟水之西，今山東菏澤、鄆城、壽張之地。河東，趙之河東，今山東臨清市以西之地。

〔七〕有陰、平陸則梁門不啟：陰，即陶，今山東菏澤市定陶區。平陸，故魯中都，今山東汶上縣。梁門，魏國都大梁之門。

〔八〕貳：二心，不與秦合。

【繫年】

此策與上章爲同時事，即齊閔王十三年，當周赧王二十七年。【補】范祥雍《戰國策箋證》本，將此策與上策合爲一策，未詳其故。

戰國策卷十二

齊五

蘇秦説齊閔王章

蘇秦説齊閔王曰〔一〕：「臣聞用兵而喜先天下者憂〔二〕，約結而喜主怨者孤〔三〕。夫後起者藉也，而遠怨者時也〔四〕。是以聖人從事必藉於權，而務興於時。夫權藉者萬物之率也〔五〕；而時勢者百事之長也。故無權藉，倍時勢，而能事成者寡矣。

〔一〕蘇秦説齊閔王：姚注：一本無「蘇秦」二字。吴師道、黄丕烈皆以無此二字爲是，據策文例及《戰國縱横家書》有「蘇秦」二字亦通，而改爲「蘇子」或「蘇代」則誤。【補】錢穆《考辯》曰：「蘇秦死，當威、宣之際，豈得下及閔王？其書及後世習《老子》言者所爲，而假託於秦。不得以此疑閔王立，尚在蘇秦未死前也。」

〔二〕先天下：爲天下各國之先。

〔三〕主怨：爲「怨主」。爲約以結與國而伐人，人必怨之，又爲之主，故爲主怨者。

〔四〕「夫後起者」二句：藉，憑借。時，時機。

〔五〕率：與「帥」同，長，帥領。

「今雖干將、莫邪〔一〕，非得人力，則不能割劌矣〔二〕。堅箭利金〔三〕，不得弦機之利〔四〕，則不能遠殺矣。矢非不銛〔五〕，而劍非不利也，何則？權藉不在焉。何以知其然也？昔者趙氏襲衛，車舍人不休，傅衛國〔六〕，城割平〔七〕，衛八門土而二門墮矣〔八〕，此亡國之形也。衛君跣行告遡於魏〔九〕，魏王身被甲砥劍，挑趙索戰。邯鄲之中騖，河、山之間亂〔一〇〕，衛得是藉也，亦收餘甲而北面，殘剛平，墮中牟之郭〔一一〕。衛非强於趙也，譬之衛矢而魏弦機也，藉力于魏而有河東之地〔一二〕。趙氏懼，楚人救趙而伐魏，戰於州西〔一三〕，出于梁門，軍舍林中，馬飲於大河。趙得是藉也，亦襲魏之河北，燒棘溝，隊黄城〔一四〕。故剛平之殘也，中牟之墮也，黄城之墜也，棘溝之燒也，此皆非趙、魏之欲也。然二國勸行之者〔一五〕，何也？衛明於時權之藉也。今世之爲國者不然矣。兵弱而好敵强，國罷而好衆怨，事敗而好鞠之〔一六〕，兵弱而憎下人，地狹而好敵大，事敗而好長詐。行此六者而求伯，則遠矣。

〔一〕干將、莫邪：古人名。干將，越人，善鑄劍。莫邪，干將之妻，亦善鑄劍。故又以爲寶劍名。《吕氏春秋》，吴王使干將作劍，不成，其妻莫邪斷髮剪爪投於爐中，遂成。劍陽曰干將，陰曰莫邪。此指寶劍。

〔二〕劌：《説文》：利傷也。

〔三〕堅箭利金：利，鋭利。金正煒云：金，謂矢鏃。《孟子・離婁下》「抽矢叩輪去其金」，趙岐注：「叩輪去鏃。」

〔四〕弦機：弦，弓弦。機，弩機。

〔五〕銛：鋭利。

〔六〕「車舍人」二句：舍，止也，車舍，車攻停止。傅，薄，迫近。傅衛國，軍隊包圍衛國都。

〔七〕城割平：修築剛平城以堅守。割，王念孫云：當爲「剛」字之誤也。

〔八〕八門土：八個城門，皆以土屯塞。

〔九〕衛君跣行告遡於魏：跣行：赤足不著履而行。遡，同「愬」，告訴，訴説。

〔一〇〕「邯鄲之中鶩」二句：鶩，亂馳。河，指黄河。山，指太行山。

〔一一〕殘剛平，墮中牟：剛平，故城在今山東寧陽縣東北三十五里。【正】剛平，即趙剛平邑，在今河南省清豐縣西南，非山東之寧陽縣東北。寧陽屬齊。中牟，趙都，趙獻侯自耿徙此。以有牟山在側，故名中牟。在今河南鶴壁市西。與今之中牟縣有别。

〔一二〕河東之地：黄河以東，今河南浚縣、滑縣之東，衛之故地。

〔一三〕州西：州，春秋時晋邑，戰國屬魏。今河南修武縣有故武德城，即古州城。【補正】古州城，即漢之州縣，古屬河内郡，西周爲蘇忿生食邑，春秋屬鄭，後屬晋，戰國歸韓。即今河南温縣東北之武德鎮。

〔一四〕燒棘溝，隊黄城：溝，一本作「蒲」。棘蒲，趙邑，今河北趙縣。隊，與「墜」同。黄城，以黄溝得名，今河南内黄縣。

〔一五〕勸行：積極行動。

〔一六〕鞠：窮，謂不知止。

「臣聞善爲國者，順民之意，而料兵之能，然後從於天下。故約不爲人主怨〔一〕，伐不爲人挫强〔二〕。如此則兵不費，權不輕，地可廣，欲可成也。昔者，齊之與韓、魏伐秦、楚也〔三〕，戰非甚疾也，分地又非多韓、魏也〔四〕，然而天下獨歸咎於齊者，何也？以其爲韓、魏主怨也。且天下徧用兵矣，齊、燕戰而趙氏兼中山〔五〕，秦、楚戰韓、魏不休，而宋、越專用其兵。此十國者，皆以相敵爲意，而獨舉心於齊者，何也？約而好主怨，伐而好挫强也。

〔一〕爲人主怨：謂替人受怨。

〔二〕爲人挫强：謂不以兵替人摧折强敵。挫，摧折。

〔三〕齊之與韓、魏伐秦、楚：據《楚世家》，楚懷王二十六年，齊與韓、魏爲楚背約而合於秦，三國共伐楚，又轉而共伐秦。

〔四〕多韓、魏：多於韓、魏也。

〔五〕趙氏兼中山：據《趙世家》，趙惠文王三年，滅中山，遷其王於膚施。

「且夫强大之禍，常以王人爲意也〔一〕；弱小之殃，常以謀人爲利也〔二〕。是以大國危，小國滅也。大國之計，莫若後起而重伐不義〔三〕。夫後起之藉與多而兵勁〔四〕，則是以衆强適罷寡也〔五〕，兵必立也〔六〕。事不塞天下之心〔七〕，則利必附矣。大國行此，則名號不攘而至，伯王不爲而立矣。小國之情，莫如謹静而寡信諸侯〔八〕。謹静，則四鄰不反；寡信諸侯，則天下不賣。外不賣，内不反，則檳禍，朽腐而不用〔九〕，幣帛矯蠹而不服矣〔一〇〕。小國道此，則不祠而福矣，不貸而見足矣。故曰：祖仁者王，立義者伯，用兵窮者亡〔一一〕。何以知其然也？昔吴王夫差以强大爲天下先，襲郢而棲越〔一二〕，身從諸侯之君〔一三〕，而卒身死國亡，爲天下戮者，何也？此夫差平居而謀王，强大而喜先天下之禍也。昔者萊、莒好謀，陳、蔡好詐〔一四〕，莒恃越而滅，蔡恃晋而亡〔一五〕，此皆内長詐，外信諸侯之殃也。由此觀之，則强弱大小之禍，可見於前事矣。

〔一〕王人：爲人王。

〔二〕謀人：暗算人。

〔三〕重伐不義：不急於伐不義。重，慎重。

〔四〕與多而兵勁：與多，與國多。兵勁，兵强勝。

〔五〕衆强適罷寡：適，與「敵」通。罷，與「疲」同。

〔六〕必立：言必立功。立，謂立功立事。

〔七〕塞：猶逆。

〔八〕謹静而寡信：謹，姚本作「僅」，乃「謹」字之訛。寡信，不輕信。

〔九〕「外不賣」四句：金正煒云：此以「外不賣，内不反，則檳禍」爲句。「朽腐」上有脱文。《韓非子·外儲説》：「蓄積有腐棄之財。」鮑補「稸積」於此句上則得矣。

〔一〇〕矯：黄氏《札記》改爲「槁」。《莊子·列御寇釋文》：「槁，本作矯。」《荀子·禮論》注：「槁，骨貝也。」古者以貝爲幣，故得言槁。

〔一一〕「祖仁者王」三句：祖，法也。立，猶行。窮，極也。

〔一二〕襲郢而棲越：郢，楚都。棲，止。棲越，困越王勾踐於會稽之上。

〔一三〕從：猶領。

〔一四〕「昔者」二句：萊，春秋時，萊子之國，齊滅之。萊國，今山東萊州一帶。莒、陳、蔡見《西周策》注。

〔一五〕「莒恃越」二句：莒恃越，《墨子·非攻》：「東方有莒之國者，其爲國甚小，間於大國之間，不敬事於大，大國亦弗之從而愛利，是以東者越人夾削其壤地，西者齊人兼而有之。」《左傳》宣公十三年，齊師伐莒，莒恃晋而不事齊也。莒蓋恃晋而亡於齊。蔡恃晋，《竹書紀年》楚滅蔡，當晋敬公五年。此時吴已滅，而越方强，晋久已衰弱，則蔡乃恃越而被楚滅，非恃晋也。此兩句本爲「莒恃晋而滅，蔡恃越而亡」，傳寫誤淆耳。

「語曰：『麒驥之衰也〔一〕，駑馬先之；孟賁之倦也，女子勝之。』夫駑馬、女子，筋骨力勁，非賢於騏驥、孟賁也。何則？後起之藉也。今天下之相與也不並滅〔二〕，有而案兵而後起〔三〕，寄怨而誅不直〔四〕，微用兵而寄於義〔五〕，則亡天下可蹻足而須也〔六〕。明於諸侯之故，察於地形之理者，不約親，不相質而固〔七〕，不趨而疾，衆事而不反〔八〕，交割而不相憎〔九〕，俱强而加以親。何則？形同憂而兵趨利也。何以知其然也？昔者齊、燕戰於桓之曲〔一〇〕，燕不勝，十萬之衆盡。胡人襲燕樓煩數縣〔一一〕，取其牛馬。夫胡之與齊非素親也，而用兵又非約質而謀燕也，然而甚於相趨者，何也？形同憂而兵趨利也〔一二〕。由此觀之，約於同形則利長，後起則諸侯可趨役也〔一三〕。

〔一〕麒驥：良馬。麒，鮑本作「騏」爲是，下文可證。

〔二〕相與：言與之相恃。與，猶恃。

〔三〕有而案兵：「而」與「能」同。策文多以「而」爲「能」，如「子孰而與我赴諸侯乎？」

〔四〕寄怨而誅不直：謂假手於人誅之而己不主怨，即所謂重伐不義也。寄，猶假。

〔五〕微用兵而寄於義：謂隱其用兵之真情，而寄寓於義以爲名也。

〔六〕踼足而須：即蹻足而待之意。王念孫云：「踼」與「蹻」同。蹻足，舉足也。

〔七〕質：交質，質子。

〔八〕反：逆。

〔九〕交割：彼此互相割地。

〔一〇〕桓之曲：鮑彪云：《家語》所謂桓曲，蓋在齊、魯之間。【補】桓，乃古桓臺縣，後改新城、索鎮，在今山東淄博市北。

〔一一〕樓煩：古縣名，趙武靈王略取樓煩族故地而置縣。在今山西寧武縣附近。

〔一二〕形同憂：此三字上姚本有「何則」二字，乃衍文。今删去。

〔一三〕趨役：趨我而爲我役。

「故明主察相，誠欲以伯王也爲志，則戰攻非所先。戰者，國之殘也，而都、縣之費也〔一〕。殘費已先，而能從諸侯者寡矣。彼戰者之爲殘也，士聞戰則輸私財而富軍市〔二〕，輸飲食而待死士，令折轅而炊之〔三〕，殺牛而觴士，則是路君之道也〔四〕。中人禱祝，君翳釀〔五〕，通都小縣置社〔六〕，有市之邑莫不止事而奉王，則此虛中之計也。夫戰之明日，尸死扶傷〔七〕，雖若有功也，軍出費，中哭泣，則傷主心矣。死者破家而葬，夷傷者空財而共藥〔八〕，完者内酺而華樂〔九〕，故其費與死傷者鈞。故民之所費也，十年之田而不償也。軍之所出，矛戟折，鐶弦絶〔一〇〕，傷弩、破車、罷馬、亡矢之大半。甲兵之具，官之所私出也，士大夫之所匿，廝養士之所竊〔一一〕，十年之田而不償也。天下有此再費者，而能從諸侯寡矣。攻城之費，百姓理襜蔽〔一二〕，舉衝櫓〔一三〕，家雜總〔一四〕，身窟穴〔一五〕，中罷於刀金，而士困於土功，將不釋甲，期數而能拔城者爲亟耳〔一六〕。上倦於教，士斷於兵〔一七〕，故三下城而能勝敵者寡矣。故曰：彼戰攻者，非所先也。何以知其然也？昔智伯瑶攻范、中行氏，殺其君，滅其國，又西圍晋陽，吞兼二國，而憂一主〔一八〕，此用兵之盛也。然而智伯卒身死國亡爲天下笑者，何謂也？兵先戰攻，而滅二子患也〔一九〕。日者，中山悉起而迎燕、趙，南戰於長子〔二〇〕，敗趙氏；北戰於中山，克燕軍，殺其將。夫中山，千乘之國也，而敵萬乘之國二，再戰比勝〔二一〕，此用兵之上節也。然而國遂亡〔二二〕，君臣於齊者，何也？不嗇於戰攻之患也〔二三〕。由此觀之，則戰攻之敗，可見於前事。

〔一〕都、縣：《周禮》，四甸爲縣，四縣爲都。《左傳》隱公元年注：「邑有先君宗廟之主曰都。」戰國時各國皆推行郡縣制，惟齊行都邑制。

〔二〕軍市：古代行軍，士衆所聚，有市井。市租所入，屬將軍。

〔三〕折轅：折，斷。轅，車轅。

〔四〕路君：路，黄丕烈云：路，羸也。亦作「露」或「潞」。君，乃「軍」字之誤。

〔五〕中人禱祝，君翳釀：中人，百吏之屬。翳釀，孫詒讓云：當讀爲「瘞禳」。古者國君軍禮有禳四望山川、社稷、諸地示，皆用瘞埋之禮。故云君翳釀，説明臣民不得翳釀。

〔六〕置社：《禮記・祭法》：「大夫以下成群立社，曰置社。」非用兵時始置。此「置」字疑當爲「塞」字之訛誤。「塞」與「賽」同。賽社，即報社。又「置」或爲「宜」之訛。《左傳》定公四年注：「師出先有事祓禱於社，謂之宜社。」

〔七〕尸死：死者未殮而陳其尸。尸，陳也。

〔八〕夷傷者空財而共藥：夷，亦傷。金創爲夷。共，與「供」同。

〔九〕完者内酺而華樂：完，全。謂得生而全者，酺大飲酒。華，乃「譁」字之省。譁，大讙。

〔一〇〕鐶：刀鐶。

〔一一〕厮養士：析薪養馬者。

〔一二〕襜蔽：《墨子・備城門》：「城上之備渠譫。」《淮南子・氾論訓》：「渠幨以守。」高注：幨幰，所以禦矢。「譫」、「幨」、「襜」古通用，實是一物。蔽，障。

〔一三〕衝櫓：持衝，用以備梯攻。《墨子・備城門》：「百步爲櫓，櫓廣四尺，高八尺爲衝術。」【補】《説文》：櫓，大盾也。

〔一四〕家雜總：全家編入士伍之中。

〔一五〕身：當「穿」字之訛。《墨子·備城門》：「俟其穿井且通。」「穿」字今本訛作「身」，與此正同。

〔一六〕期數而能拔城者爲亟耳：刻期而能拔城者，已爲速也。亟，同「急」，速也。

〔一七〕士斷於兵：斷，截。兵，兵器。

〔一八〕一主：指趙襄子。

〔一九〕滅：没，不見。

〔二〇〕長子：今山西長子縣。

〔二一〕比：皆，接連。

〔二二〕然而國遂亡：周赧王二十二年，齊佐趙滅中山。

〔二三〕嗇：吝，惜。

「今世之所謂善用兵者，終戰比勝〔一〕，而守不可拔。天下稱爲善，一國得而保之〔二〕，則非國之利也。臣聞戰大勝者，其士多死而兵益弱；守而不可拔者，其百姓罷而城郭露〔三〕。夫士死於外，民殘於內，而城郭露於境，則非王之樂也。今夫鵠的非咎罪於人也〔四〕，便弓引弩而射之〔五〕，中者則善，不中則愧，少長貴賤則同心於貫之者，何也？惡其示人以難也〔六〕。今窮戰比勝，而守必不拔，則是非徒示人以難也，又且害人者也，然則天下仇之必矣。夫罷士露國，而多與天下爲仇，則明君不居也。素用强兵而弱之〔七〕，則察相不事〔八〕。彼明君察相者，則五兵不動而諸侯從〔九〕，辭讓而重賂至矣。故明君之攻戰也，甲兵不出於軍而敵國勝，衝櫓不施而邊城降，士民不知而王業至矣。彼明君之從事也，用財少，曠日遠，而爲利長者。故曰：兵後起則諸侯可趨役也。

〔一〕終戰：謂窮兵。終，窮。【補】比，較。比勝，比較勝負也。終戰比勝，窮兵而戰比較勝負也。

〔二〕保：恃也。

〔三〕露：敗也。

〔四〕鵠的：箭靶子。射命侯中之處，謂之鵠的。

〔五〕便弓：審弓得便巧而發之。便，謂巧。

〔六〕示人以難：示人以難中也。

〔七〕素用强兵而弱之：言兵常用，雖强必弱。素，常。

〔八〕察相不事：察相，明察之相。不事，不從事於此。

〔九〕五兵：指持五種兵器之士卒。【補】五種兵器，古代説法各異，《周禮·司有》注：弓矢、殳、矛、戈、戟。《司兵》注：戈、殳、戟、夷矛、酋矛。《穀梁傳》注：矛、戟、鉞、盾、弓矢。《淮南子》注：刀、劍、矛、戟、矢。

「臣之所聞，攻戰之道非師者〔一〕，雖有百萬之軍，比之堂上〔二〕；雖有闔閭、吴起之將〔三〕，禽之户内；千丈之城，拔之尊俎之間〔四〕；百尺之衝，折之衽席之上〔五〕。故鐘鼓竽瑟之音不絶，地可廣而欲可成；和樂倡優侏儒之笑不乏〔六〕，諸侯可同日而致也。故名配天地不爲尊，利制海内不爲厚。故夫善爲王業者，在勞天下而自佚，亂天下而自安。諸侯無成謀，則其國無宿憂也。何以知其然〔七〕？佚治在我，勞亂在天下，則王之道也。鋭兵來則拒之，患至而移之〔八〕，使諸侯無成謀，則其國無宿憂矣〔九〕。何以知其然也？昔者魏王擁土千里〔一〇〕，帶甲三十六萬，其强而拔邯鄲，西圍定陽〔一一〕，又從十二諸侯朝天子以西謀秦〔一二〕。秦王恐之，寢不安席，食不甘味，令於境内，盡堞中爲戰具，竟爲守備〔一三〕，爲死士置將以待魏氏。衛鞅謀於秦王曰：『夫魏氏其功大，而令行於天下，有十二諸侯而朝天子〔一四〕，其與必衆。故以一秦而敵大魏，恐不如。王何不使臣見魏王，則臣請必北魏矣〔一五〕。』秦王許諾。衛鞅見魏王曰：『大王之功大矣，令行於天下矣。今大王之所從十二諸侯，非宋、衛也，則鄒、魯、陳、蔡，此固大王之所以鞭箠使也〔一六〕，不足以王天下。大王不若北取燕，東伐齊，則趙必從矣；西取秦，南伐楚，則韓必從矣。大王有伐齊、楚心，而從天下之志〔一七〕，則王業見矣。大王不如先行王服〔一八〕，然後圖齊、楚。』魏王説於衛鞅之言也，故身廣公宮，製丹衣，柱建九斿〔一九〕，從七星之旟。此天子之位也，而魏王處之。於是齊、楚怒，諸侯奔齊，齊人伐魏，殺其太子，覆其十萬之軍〔二〇〕。魏王大恐，跣行按兵於國，而東次於齊〔二一〕，然後天下乃舍之。當是時，秦王垂拱受西河之外〔二二〕，而不以德魏王。故曰：衛鞅之始與秦王計也，謀約不下席，言於尊俎之間，謀成於堂上，而魏將以禽於齊矣；衝櫓未施，而西河之外入於秦矣。此臣之所謂比之堂上，禽將户内，拔城於尊俎之間，折衝席上者也。」

〔一〕非師者：言不必用師。非，不也。

〔二〕比之堂上：猶御之堂上，與下文「禽之户内」、「拔之尊俎之間」、「折之衽席之上」義同，皆戰勝於廟堂之義。比，《周禮·大胥比樂官》注：比，猶校也。

〔三〕闔閭、吴起之將：《吕氏春秋·用民》：「闔閭之用兵也，不過三萬。吴起之用兵也，不過五萬。」又《上德》：「闔閭之教，孫武之兵不能當矣。」則吴王闔閭亦善用兵者，故與吴起並舉。

〔四〕尊俎之間：尊，盛酒之樽。俎，載牲之器。

〔五〕衽席：卧席。

〔六〕「和樂」句：倡優，女樂。侏儒，短小人，亦優人之類。不乏，姚本作「不之」，誤。今從鮑本。《漢書·徐樂傳》「俳優、侏儒之笑不乏於前」，與此義同。

〔七〕「諸侯無成謀」三句：此十七字乃涉下文而衍。當删去。

〔八〕患至而移之：姚本作「患至則趨之」。此從一本。

〔九〕「使諸侯」二句：無成謀，謂圖我之謀不成。宿，留。

〔一〇〕魏王：魏惠王。

〔一一〕「其强」二句：而，能。魏拔邯鄲，在周顯王十六年、魏惠王十七年。定陽，故城，在今陝西洛川縣北。

【補正】定陽，疑非今陝西洛川縣北，似應爲今山西吉縣。吉縣古爲定陽郡，後改爲定陽縣。陝西洛川之定陽，秦之上黨郡屬，在河之西。魏拔邯鄲，即率十二諸侯兵西圍洛川，似太遠。

〔一二〕「又從」句：魏惠王會諸侯朝天子，在周顯王二十五年。

〔一三〕「盡堞」二句：堞，城上女牆。竟，與「境」同。

〔一四〕有十二諸侯而朝天子：有，讀爲「又」，下當有「從」字。上文「又從十二諸侯朝天子」，下文「今大王之所從十二諸侯」，皆有「從」字。

〔一五〕北魏：敗魏。【補】北，敗走，敗逃。《左傳·桓公九年》：「以戰敗北。」杜預注：「北，走也。」楊倞注《荀子·議兵》：「北，敗走也。北者，乖背之名，故以敗走爲北也。」

〔一六〕箠：馬策。

〔一七〕從天下：使天下從己。從，領。

〔一八〕王服：王者之裝飾衣服。

〔一九〕柱建九斿：王念孫云：「柱」當爲「旌」字之誤。「旌」字當在「建」字下。「製丹衣」爲句，「建旌九斿」爲句。《周禮·大行人》：「建常九斿。」若無「旌」字，則「建九斿」三字，亦文不成義。《禮記·樂記》「龍旂九旒，天子之旌」是也。「廣公宫，製丹衣，建旌九斿，從七星之旟」言其宫室、衣服、車旗之擬於天子。

〔二〇〕「殺其太子」二句：太子，魏惠王之太子申。覆其十萬之軍，指馬陵之戰，齊大敗魏軍。

〔二一〕次：止。一宿謂之宿，再宿謂之信，過信謂之次。

〔二二〕垂拱：垂衣、拱手無所事。

【繫年】

此策當爲五國攻秦以前，蘇秦由燕使齊，説齊閔王勿稱帝以孤秦。繼而勸閔王後起遠怨，當在齊閔王十四年以後，故繫於齊閔王十五年，當周赧王二十九年。【補】此策繫年，各家本不同：林春溥《紀年》繫於周赧王三十年閔王滅宋之後；黄式三《編略》、于鬯《年表》繫於周赧王二十七年齊、秦稱帝之時。范祥雍按曰：「其在周赧王二十年中山滅國後，周赧王二十六年閔王稱帝之前乎？」今從吴氏説繫於齊閔王十五年，當周赧王二十九年。

戰國策卷十三

齊六

齊負郭之民章

齊負郭之民有孤狐咺者〔一〕，正議，閔王斮之檀衢〔二〕，百姓不附。齊孫室子陳舉直言，殺之東閭〔三〕，宗族離心。司馬穰苴爲政者也〔四〕，殺之，大臣不親。以故燕舉兵，使昌國君將而擊之〔五〕。齊使向子將而應之〔六〕。齊軍破，向子以輿一乘亡〔七〕。達子收餘卒〔八〕，復振，與燕戰，求所以償者〔九〕，閔王不肯與，軍破走。王奔莒〔一〇〕。

〔一〕齊負郭之民有孤狐咺者：負，猶背。負郭，背郭而居。孤，因「狐」字而誤衍。當删去。狐咺，《呂氏春秋·貴直》作「狐援」，《漢書·古今人表》作「狐爰」。「咺」、「援」、「爰」三字同聲。

〔二〕正議，閔王斮之檀衢：正議，猶直言諫諍。斮，斬。檀衢，齊都内有檀臺。四達之謂衢。蓋其地爲通檀臺之衢路。

〔三〕「齊孫室子」二句：齊孫室子，齊國公族宗室之子。陳舉，人名，齊之公族。東閭，《左傳》襄公十九年注：齊東門。

〔四〕司馬穰苴：姓田氏，名穰苴。司馬，蓋官名。《周禮》大司馬掌邦政。《史記》以爲齊景公時人，蓋誤。

〔五〕昌國君：燕將樂毅之封號。昌城，齊邑，今山東淄博市淄川區東北。

〔六〕向子將而應之：向子，《呂氏春秋·貴直》並作「觸子」。身世不詳。應，鮑注：後起爲應。【補】吴師道引《呂氏春秋》作「觸子」，金正煒曰：「吴説是也。」並考「向」乃「蜀」字之殘缺。引《呂覽·貴直》：「此觸子之所以去之也，遠子之所以死之也。」與此策合。

〔七〕以輿一乘亡：輿，車。亡，逃亡。

〔八〕達子：《呂氏春秋·貴直》：「達子之所以死之也。」其人蓋死於抗燕之戰。

〔九〕求所以償：求財物所以償戰士。鮑本「償」作「賞」。

〔一〇〕莒：春秋莒子之國，齊滅之。今山東莒縣。

淖齒數之曰〔一〕：「夫千乘、博昌之間〔二〕，方數百里，雨血沾衣，王知之乎？」王曰：「不知。」「嬴、博之間〔三〕，地坼至泉〔四〕，王知之乎？」王曰：「不知。」「人有當闕而哭者〔五〕，求之則不得，去之則聞其聲，王知之乎？」王曰：「不知〔六〕。」淖齒曰：「天雨血沾衣者，天以告也；地坼至泉者，地以告也；人有當闕而哭者，人以告也。天、地、人皆以告矣，而王不知戒焉，何得無誅乎？」於是殺閔王於鼓里〔七〕。

〔一〕「淖齒」句：按《御覽》卷八七七，「淖齒」上有「閔王三十一年，侵伐鄰國，窮兵極武，外怨於諸侯，內失於百姓，燕將樂毅連五國之兵以伐之。閔王出走，楚使淖齒救齊」一段。淖齒，楚公族。燕將樂毅率五國之兵伐齊，楚頃襄王使淖齒將兵救齊，因相齊閔王。數之，數閔王之罪。

〔二〕夫千乘、博昌之間：千乘，在今山東高青縣高城鎮北二十五里。博昌，在今山東博興縣南二十里。【補】千乘，本齊邑。《齊記》：千乘城，在齊城西北百五十里，有南北二城，相去二十里。其一城縣治，一城太守治。千乘者，以齊景公有馬千駟，畋於青石，因以爲名。

〔三〕嬴、博之間：嬴，齊邑，在今山東萊蕪市西北。博，博城，今山東淄博市博山區。【補正】嬴，齊邑。古屬泰山郡，據《元和郡縣圖志》，後魏時移古嬴縣於萊蕪縣，唐貞觀初，省入博城。長安四年，廢嬴置萊蕪縣。

〔四〕坼：裂開。

〔五〕闕：門觀。

〔六〕不知：與上文二處，《春秋後語》並作「知之」。據下文淖齒責閔王不知戒，作「知之」義勝。

〔七〕鼓里：莒中地名。

太子乃解衣免服〔一〕，逃太史之家爲溉園。君王后，太史氏女，知其貴人，善事之。田單以即墨之城〔二〕，破亡餘卒，破燕兵，紿騎劫〔三〕，遂以復齊，遽迎太子於莒〔四〕，立之以爲王。襄王即位，君王后以爲后，生齊王建。

〔一〕太子：名法章，是爲襄王。

〔二〕即墨：齊邑。在今山東平度市東南。

〔三〕紿騎劫：紿，欺詐。騎劫，燕將代樂毅者。

〔四〕遽：傳車。

【繫年】

此蓋齊閔王十七年、周赧王三十一年，五國代齊時事。

王孫賈年十五章

王孫賈年十五〔一〕，事閔王。王出走，失王之處。其母曰：「女朝出而晚來，則吾倚門而望；女暮出而不還，則吾倚閭而望〔二〕。女今事王，王出走，女不知其處，女尚何歸？」

〔一〕王孫賈：齊人，此與春秋時衛之王孫賈有别。

〔二〕閭：《周禮》以二十五家爲閭。閭，里門。

王孫賈乃入市中，曰：「淖齒亂齊國，殺閔王，欲與我誅者，袒右〔一〕！」市人從者四百人，與之誅淖齒〔二〕，刺而殺之。

〔一〕袒右：脱右肩之衣以露右臂。袒，露臂。

〔二〕與之誅：與，從也。誅，討也。

【繫年】

此與上章同，爲齊閔王十七年樂毅將五國兵攻齊時事，當周赧王三十一年。

燕攻齊取七十餘城章

燕攻齊，取七十餘城，唯莒、即墨不下〔一〕。齊田單以即墨破燕，殺騎劫〔二〕。初，燕將攻下聊城〔三〕，人或讒之。燕將懼誅，遂保守聊城，不敢歸。田單攻之歲餘〔四〕，士卒多死，而聊城不下。

〔一〕「燕攻齊」三句：周赧王三十一年，燕將樂毅以燕、秦、趙、魏、韓五國之師伐齊，入臨淄，下齊七十餘城，唯莒與即墨未下。

〔二〕「齊田單」二句：田單守即墨，以火牛出陣，敗燕軍，殺燕將騎劫，遂收復齊地。

〔三〕聊城：齊地，今山東聊城市西。

〔四〕「田單攻之」句：錢大昕云：《六國年表》無田單攻聊城事。

魯連乃書，約之矢以射城中〔一〕，遺燕將曰：「吾聞之，智者不倍時而棄利，勇士不怯死而滅名，忠臣不先身而後君。今公行一朝之忿，不顧燕王之無臣，非忠也；殺身亡聊城，而威不信於齊〔二〕，非勇也；功廢名滅，後世無稱，非知也。故知者不再計，勇士不怯死〔三〕。今死生榮辱，尊卑貴賤，此其一時也。願公之詳計而無與俗同也。且楚攻南陽〔四〕，魏攻平陸〔五〕，齊無南面之心〔六〕，以爲亡南陽之害，不若得濟北之利，故定計而堅守之。今秦人下兵，魏不敢東面，橫秦之勢合〔七〕，則楚國之形危。且齊棄南陽，斷右壤〔八〕，存濟北，計必爲之。今楚、魏交退，燕救不至，齊無天下之規〔九〕，與聊城共據朞年之弊，即臣見公之不能得也〔一〇〕。齊必決之於聊城，公無再計。彼燕國大亂，君臣過計〔一一〕，上下迷惑，栗腹以百萬之衆〔一二〕，五折於外，萬乘之國，被圍於趙，壤削主困，爲天下戮，公聞之乎？今燕王方寒心獨立，大臣不足恃，國弊禍多，民心無所歸。今公又以弊聊之民，距全齊之兵〔一三〕，朞年不解，是墨翟之守也〔一四〕。食人炊骨，士無反北之心〔一五〕，是孫臏、吴起之兵也〔一六〕。能以見於天下矣。故爲公計者，不如罷兵休士，全車甲，歸報燕王，燕王必喜。士民見公如見父母，交遊攘臂而議於世〔一七〕，功業可明矣。上輔孤主，以制群臣；下養百姓，以資説士〔一八〕。矯國革俗於天下〔一九〕，功名可立也。意者，亦捐燕棄世，東遊於齊乎？請裂地定封，富比陶、衛〔二〇〕，世世稱孤寡，與齊久存，此亦一計也。二者顯名厚實也，願公熟計而審處一也。

〔一〕乃書，約之矢：謂以書纏繞束縛於矢上。

〔二〕信：與「伸」通，伸展。

〔三〕故知者不再計，勇士不怯死：鼂本無此二句。《史記》作「三者世主不臣，説士不再。故知者不再計，勇士不怯死」。

〔四〕南陽：齊地，泰山之陽。《孟子》：「一戰勝齊，遂有南陽。」《方輿紀要》云，今山東鄒城市西十里南陽城，即南陽。

〔五〕平陸：故魯中都，故城在今山東汶上縣北。

〔六〕齊無南面之心：《史記正義》云：齊無南面攻楚、魏之心，以爲南陽、平陸之害小，不如濟北聊城之利大。南面，謂出軍拒楚、魏，救南陽、平陸。

〔七〕横秦之勢合：此時秦與齊和，魏不敢東攻齊，故云横秦之勢合。合，成也。

〔八〕斷右壤：斷，棄。右壤，謂南陽、平陸之地。

〔九〕齊無天下之規：天下無謀劃劫制齊者。規，猶謀。

〔一〇〕得：劉、一作「待」，爲是。待，猶御也。

〔一一〕過計：謂謀劃錯誤。過，失。

〔一二〕栗腹以百萬之衆：栗腹，燕將。燕王喜使之攻趙，廉頗破其軍殺栗腹。百萬，鮑本、《史記》作「十萬」，是。

〔一三〕「今公又以弊聊」二句：弊聊，疲弊之聊城。距，與「拒」同，抗擊。

〔一四〕墨翟之守：墨翟善城守。楚將攻宋，公輸般爲之造雲梯。墨子聞之，見公輸般。般九設機變，墨翟九拒之。

公輸般之械盡，而墨翟之守有餘。

〔一五〕北：與「背」通，背叛。

〔一六〕孫臏、吴起之兵：謂孫臏、吴起能抚循士卒，士卒戰無二心。

〔一七〕攘臂：猶將臂。

〔一八〕以資説士：資給説士，以招賢良，用强國也。

〔一九〕矯國革俗：矯正國策，改革弊俗。

〔二〇〕富比陶、衛：王劭云：魏冉封陶，商君姓衛，富比陶、衛，謂此。

「且吾聞，傚小節者不能行大威〔一〕，惡小恥者不能立榮名。昔管仲射桓公中鉤，篡也〔二〕；遺公子糾而不能死，怯也〔三〕；束縛桎梏〔四〕，辱身也。此三行者，鄉里不通也，世主不臣也。使管仲終身窮抑，幽囚而不出，慙恥而不見，窮年没壽，不免爲辱人賤行矣。然而管子并三行之過，據齊國之政，一匡天下，九合諸侯，爲五伯首〔五〕，名高天下，光照鄰國。曹沫爲魯君將，三戰三北，而喪地千里。使曹子之足不離陳〔六〕，計不顧後，出必死而不生，則不免爲敗軍禽將。曹子以敗軍禽將，非勇也；功廢名滅，後世無稱，非知也。故去三北之恥，退而與魯君計也，曹子以爲遭〔七〕。齊桓公有天下，朝諸侯〔八〕。曹子以一劍之任，劫桓公於壇位之上，顔色不變，而辭氣不悖。三戰之所喪，一朝而反之，天下震動，諸侯驚駭，威信吴、楚〔九〕，傳名後世。若此二公者，非不能行小節，死小恥也，以爲殺身絶世，功名不立，非知也。故去忿恚之心，而成終身之名；除感忿之恥〔一〇〕，而立累世之功。故業與三王争流，名與天壤相敝也〔一一〕。公其圖之。」

〔一〕傚：傚傚，傚法。

〔二〕「昔管仲」二句：鉤，帶鉤。篡，逆。

〔三〕「遺公子糾」二句：管仲事公子糾，不能隨公子糾死，是怯懦畏死。遺，棄。

〔四〕桎梏：如後世之腳鐐手銬。桎，足械。梏，手械。

〔五〕五伯首：齊桓公是霸主中之首，亦是最早得周天子賜文武胙、彤弓矢、大輅者，故爲五伯首。

〔六〕陳：與「陣」同。

〔七〕退而與魯君計也，曹子以爲遭：「也曹子」三字，曾本無。「以爲遭」三字，《史記》、《鶡冠子·世兵》皆無。

〔八〕「齊桓公」二句：「有」字恐誤。《史記》作「朝天下，會諸侯。」

〔九〕信：與「伸」通。

〔一〇〕感忿：王念孫云：上既言「恚忿」，下不當復言「感忿」。《荀子·議兵》：「善用兵者，感忽悠闇，莫知所出。」《魯連子》：「棄感忽之恥，立累世之功。」則「感忿」當是「感忽」之訛。感忽，恍惚。《新序》作「奄忽」，義亦相同。

〔一一〕名與天壤相敝：言其功業與天地比久長。壤，地。敝，敗。

燕將曰：「敬聞命矣！」因罷兵到讀而去〔一〕。故解齊國之圍，救百姓之死，仲連之説也。

〔一〕到讀：黄丕烈云：「到」即「倒」字，「讀」即「櫝」。櫝，劍匣。

【繫年】

齊襄王五年，田單敗燕軍收復齊地，田單攻聊城歲餘不能下，魯仲連乃遺燕將書以説之，此當是齊襄王六年時事，當燕惠王元年、周赧王三十七年。

燕攻齊齊破章

燕攻齊，齊破。閔王奔莒，淖齒殺閔王。田單守即墨之城，破燕兵，復齊墟。襄王爲太子徵〔一〕。齊以破燕〔二〕，田單之立疑〔三〕，齊國之衆，皆以田單爲自立也。襄王立，田單相之。過菑水〔四〕，有老人涉菑而寒，出不能行，坐於沙中。田單見其寒，欲使後車分衣〔五〕，無可以分者，單解裘而衣之。襄王惡之，曰：「田單之施〔六〕，將欲以取我國乎？不早圖，恐後之。」左右顧無人，巖下有貫珠者〔七〕，襄王呼而問之曰：「女聞吾言乎？」對曰：「聞之。」王曰：「女以爲何若？」對曰：「王不如因以爲己善。王嘉單之善，下令曰：『寡人憂民之飢也，單收而食之；寡人憂民之寒也，單解裘而衣之；寡人憂勞百姓，而單亦憂之，稱寡人之意。』單有是善而王嘉之，善單之善，亦王之善已。」王曰：「善。」乃賜單牛酒，嘉其行。

〔一〕太子徵：孫詒讓云：「『徵』當爲『微』，亦形之誤，襄王易姓名爲太史敫家庸，故曰微也。《爾雅·釋詁》

注：微，謂逃藏也。《左傳》襄公十九年注：微，隱匿也。

〔二〕以：與「已」通。鮑本作「已」。

〔三〕田單之立疑：謂太子逃匿未得，疑於所立。意謂田單擬自立之。

〔四〕菑水：「菑」與「淄」同。淄水源出今山東萊蕪原山，東北過淄博市臨淄區，又東過利津縣東，東北入渤海。

〔五〕後車：田單之隨從車輛及人員。

〔六〕田單之施：《藝文類聚》卷五引作「厚施」，卷六七引作「惠施」，則「施」上似有脱字。施，布施恩德。

〔七〕巖下：殿巖之下。【補】貫珠者，姚宏、鮑注皆以爲是齊人，姓貫名珠（殊），恐誤。于鬯認爲，此非人名，否則後無須加「者」字。疑爲在殿巖下從事穿珍珠之人。貫，穿也。

後數日，貫珠者復見王曰：「王至朝日〔一〕，宜召田單而揖之於庭，口勞之。乃布令求百姓之飢寒者，收穀之〔二〕。乃使人聽於閭里，聞丈夫之相□與語，舉□□□□曰〔三〕：『田單之愛人，嗟，乃王之教澤也。』」

〔一〕朝日：朝群臣之日。

〔二〕收穀：收而養之。穀，養也。

〔三〕此處脱文，黄氏《札記》以爲有姚氏校語而刪去者。舉，盡也。

【繫年】

齊襄王之立，當在田單破燕復齊以後。蓋亦齊襄王五年時事，當周赧王三十六年。

貂勃常惡田單章

貂勃常惡田單〔一〕，曰：「安平君〔二〕，小人也。」安平君聞之，故爲酒而召貂勃，曰：「單何以得罪於先生，故常見譽於朝〔三〕。」貂勃曰：「跖之狗吠堯〔四〕，非貴跖而賤堯也，狗固吠非其主也。且今使公孫子賢，而徐子不肖〔五〕。然而使公孫子與徐子鬭，徐子之狗，猶時攫公孫子之腓而噬之也。若乃得去不肖者，而爲賢者狗，豈特攫其腓而噬之耳哉！〔六〕」安平君曰：「敬聞命！」明日，任之於王〔七〕。

〔一〕貂勃常惡田單：貂勃，齊襄王宦者。惡，誹謗。

〔二〕安平君：田單初起安平，故以爲號。安平故城，本春秋時紀國之酅邑，齊滅紀，改爲安平，在今山東淄博市臨淄區東十九里，秦滅齊，改爲東安平縣。

〔三〕見譽：被誇獎、稱讚。譽，曾本、一本作「惡」。譽，誇獎，稱讚。

〔四〕跖：春秋時魯國人，展禽之弟，盜跖。

〔五〕不肖：不賢。

〔六〕攫其腓而噬之：攫，撲取。腓，脛之後面，俗稱腿肚。噬，咬。

〔七〕任：保舉，推薦。

王有所幸臣九人之屬，欲傷安平君，相與語於王曰：「燕之伐齊之時，楚王使將軍將萬人而佐齊〔一〕。今國已定，而社稷已安矣，何不使使者謝於楚王？」王曰：「左右孰可？」九人之屬孫曰：「貂勃可。」貂勃使楚。楚王受而觴之，數日不反。九人之屬相與語於王曰：「夫一人身，而牽留萬乘者，豈不以據勢也哉〔二〕？且安平君之與王也，君臣無禮，而上下無別。且其志欲爲不善〔三〕，內牧百姓，循撫其心，振窮補不足，布德於民；外懷戎翟〔四〕，天下之賢士，陰結諸侯之雄俊豪英，其志欲有爲也〔五〕。願王之察之。」異日，而王曰：「召相單來。」田單免冠徒跣肉袒而進〔六〕，退而請死罪。五日，而王曰：「子無罪於寡人，子爲子之臣禮，吾爲吾之王禮而已矣。」

〔一〕楚王使將軍將萬人而佐齊：楚王，楚頃襄王。將軍，淖齒。佐齊，助齊抗燕。

〔二〕據勢：謂據田單在齊之勢力。

〔三〕爲不善：謂田單想篡齊王位。

〔四〕翟：與「狄」同。

〔五〕欲有爲：欲爲不善。

〔六〕徒跣肉袒：徒跣，徒步跣足。跣足，不著履而赤腳。肉袒，袒肩見體，謂赤臂。

貂勃從楚來，王賜諸前〔一〕，酒酣〔二〕，王曰：「召相田單而來。」貂勃避席稽首曰〔三〕：「王惡得此亡國之言乎？王上者孰與周文王？」王曰：「吾不若也」。貂勃曰：「然。臣固知王不若也。下者孰與齊桓公？」王曰：「吾不若也」。貂勃曰：「然。臣固知王不若也。然則周文王得呂尚以爲太公〔四〕，齊桓公得管夷吾以爲仲父〔五〕，今王得安平君而獨曰『單』。且自天地之闢，民人之治，爲人臣之功者，誰有厚於安平君者哉？而王曰『單、單』。惡得此亡國之言乎？且王不能守先王之社稷，燕人興師而襲齊虛〔六〕，王走而之城陽之山中〔七〕。安平君以惴惴之即墨〔八〕，三里之城，五里之郭，敝卒七千，禽其司馬〔九〕，而反千里之齊，安平君之功也。當是時也，闔城陽而王城陽〔一〇〕，天下莫之能止。然而計之於道，歸之於義，以爲不可。故爲棧道木閣〔一一〕，而迎王與后於城陽山中，王乃得反，子臨百姓。今國已定，民已安矣，王乃曰：『單。』且嬰兒之計不爲此。王不亟殺此九子者以謝安平君，不然，國危矣！」王乃殺九子而逐其家，益封安平君以夜邑萬戶〔一二〕。

〔一〕賜：一本作「觴」爲是。觴之以酒。

〔二〕酣：飲酒興濃之時。

〔三〕稽首：叩頭。

〔四〕「然則」句：呂尚釣於渭濱，周文王出獵，得呂尚，載與俱歸，曰：吾太公望子久矣。因號爲太公望。

〔五〕管夷吾：管仲，字夷吾。齊公孫無知之亂，管夷吾奉公子糾與齊桓公爭國。公子糾死，桓公釋管仲之罪，任以國政，號爲仲父。

〔六〕齊虛：「虛」字蓋涉上下章「復齊墟」之文而誤衍。【補】齊虛，即齊之故城。虛，處所，以前之居住地。虛，又同「墟」。

〔七〕城陽：今山東莒縣。

〔八〕惴惴：危懼，憂恐。

〔九〕司馬：掌兵之官，謂燕將騎劫。

〔一〇〕闔城陽而王城陽：闔，《春秋後語》作「舍」。下「城陽」二字，因上文而衍。

〔一一〕棧道：架木通路爲棧道。

〔一二〕夜邑：即掖邑，今山東萊州市。

【繫年】

此策蓋田單破燕復齊，齊襄王即位，齊政權穩定之後事。當繫於齊襄王六年、周赧王三十七年。

田單將攻狄章

田單將攻狄〔一〕，往見魯仲子〔二〕。仲子曰：「將軍攻狄，不能下也。」田單曰：「臣以五里之城，七里之郭〔三〕，破亡餘卒，破萬乘之燕，復齊墟。攻狄而不下，何也？」上車弗謝而去。遂攻狄，三月而不克之也。

〔一〕狄：齊邑。春秋時長狄所居，故名。在今山東鄒平一帶。

〔二〕魯仲子：即魯仲連。

〔三〕郭：外城爲郭。

齊嬰兒謡曰：「大冠若箕〔一〕，修劍拄頤〔二〕，攻狄不能下，壘於梧丘〔三〕。」田單乃懼。問魯仲子曰：「先生謂單不能下狄，請聞其説。」魯仲子曰：「將軍之在即墨，坐而織蕢〔四〕，立則丈插〔五〕，爲士卒倡〔六〕，曰：『可往矣！宗廟亡矣，雲曰尚矣〔七〕，歸於何黨矣？』當此之時，將軍有死之心，而士卒無生之氣，聞若言，莫不揮泣奮臂而欲戰，此所以破燕也。當今將軍東有夜邑之奉，西有菑上之虞〔八〕，黄金横帶，而馳乎淄澠之間〔九〕，有生之樂，無死之心，所以不勝者也。」田單曰：「單有心，先生志之矣〔一〇〕。」明日乃厲氣循城〔一一〕，立於矢石之所乃〔一二〕，援枹鼓之〔一三〕，狄人乃下。

〔一〕大冠若箕：大冠，武冠。箕，簸箕。【補】大冠若箕，即謂高大的冠帽就像簸箕那麽大。

〔二〕修劍拄頤：修，長。拄，支。

〔三〕壘於梧丘：姚本、鮑本作「壘枯丘」。王念孫云：此當從《説苑·指武》作「攻狄不能下，壘於梧丘」，於文爲順，於義爲長。梧丘，地名。【補】梧丘，即梧城古邑，在今山東省安丘市西南六十里。壘於梧丘，即退築營壘於梧丘城下之意。

〔四〕蕢：草器，筐、畚之屬。

〔五〕丈插：丈，與「仗」通，憑，荷。插，與「鍤」同，掘土器。

〔六〕倡：導，領先。

〔七〕雲曰尚矣：黄丕烈《札記》：此「曰」字當作「白」。雲白者，「魂魄」之省文。尚，當爲「惝」，悵惘之意。即《説苑》之「魂魄喪矣」。

〔八〕葘上之虞：葘，與「淄」通，指淄水。虞，《藝文類聚》卷六七引之作「娱」。「虞」與「娱」通，娱樂。此蓋言田單封邑，夜邑有租賦之奉，淄上有游觀之樂。

〔九〕淄澠：淄，淄水，自今山东利縣東北流，逕安平城北。澠，澠水，出今山東淄博市東北，西逕博興縣與時水合。

〔一〇〕志：意所擬度。

〔一一〕厲氣：勉勵激奮士氣。

〔一二〕乃：劉本作「及」，是也。及，至。

〔一三〕援枹：援，引。枹，擊鼓杖。

【繫年】

田單攻狄事，《史記·田單傳》、《魯仲連傳》及《田齊世家》皆不載。今從于鬯説，繫此策於齊襄王五年，當周赧王三十六年。

濮上之事章

濮上之事〔一〕，贅子死，章子走〔二〕，盼子謂齊王曰〔三〕：「不如易餘粮於宋，宋王必説〔四〕，梁氏不敢過宋伐齊。齊固弱，是以餘粮收宋也。齊國復强，雖復責之宋〔五〕，可；不償，因以爲辭而攻之，亦可。」

〔一〕濮上之事：濮上，濮水之上。濮水，在今河南濮陽市西南。事，指戰爭。

〔二〕贅子死，章子走：贅子，不詳。章子，謂匡章。走，逃跑。

〔三〕盼子：齊將田盼。

〔四〕宋王：宋偃王。

〔五〕責之宋：使宋償還其糧。

【繫年】

此策年事顧觀光以爲《六國年表》周赧王三年魏擊齊，虜聲子於濮之事，「贅」即「聲」字誤。據此，則當繫於齊宣王三年，當周慎靓王四年。

齊閔王之遇殺章

齊閔王之遇殺，其子法章，變姓名，爲莒太史家庸夫〔一〕。太史敫女，奇法章之狀貌，以爲非常人，憐而常竊衣食之，與私焉〔二〕。莒中及齊亡臣相聚〔三〕，求閔王子欲立之。法章乃自言於莒。共立法章爲襄王。襄王立，以太史氏女爲王后，生子建。太史敫曰：「女無媒而嫁者〔四〕，非吾種也，污吾世矣。」終身不覩君王后〔五〕。君王后賢，不以不覩之故，失人子之禮也。

〔一〕庸夫：受傭於人而任其勞役。庸，與「傭」同。

〔二〕與私焉：此三字下，《史記》有「淖齒既以去莒」一句，當據以補，其義乃連貫。

〔三〕莒中及齊亡臣相聚：莒中，謂莒中人民。齊，謂其國都。亡臣，臣之逃亡者。

〔四〕媒：姚本作「謀」。今從一本作「媒」。

〔五〕覩：見。

襄王卒，子建立爲齊王。君王后事秦謹，與諸侯信，以故建立四十有餘年不受兵。秦始皇嘗使使者遺君王后玉連環〔一〕，曰：「齊多知，而解此環不〔二〕？」君王后以示群臣，群臣不知解。君王后引椎椎破之，謝秦使曰：「謹以解矣。」及君王后病且卒，誡建曰：「群臣之可用者某。」建曰：「請書之。」君王后曰：「善。」取筆牘受言〔三〕，君王后曰：「老婦已亡矣〔四〕。」

〔一〕「秦始皇」句：齊君王后死於秦莊襄王之時，始皇尚未當政。此言秦始皇蓋誤。連環，數環相貫連。

〔二〕不：即「否」字。

〔三〕牘：書寫之板。

〔四〕亡：當爲「忘」字之損，鮑本作「忘」爲是。

君王后死，後后勝相齊〔一〕，多受秦間金，王使賓客入秦〔二〕，皆爲變辭〔三〕，勸王朝秦，不脩攻戰之備。

〔一〕后勝：身世不詳。【補正】后勝，齊相邱勝，本邱氏，策書去其邑爲后。見《史記·田敬仲完世家》和《史記·秦始皇本紀》。此句首衍「後」字。如留作「後后勝相齊」，則易使人理解爲后之族后勝或謂「之後，后勝相齊」，文義相悖。

〔二〕王：姚、鮑本皆作「玉」，連上讀。今從吴曾祺説，當作「王」，連下讀。

〔三〕變辭：變詐之辭。

【繫年】

此策乃概括齊王建朝秦之原因，似非正式策文。姑繫於齊王建四十四年、秦始皇二十六年。【補】策中所述之事，皆君王后未死前事，君王后死於君王建十六年，時當秦莊襄王元年，秦始皇尚未始政，故繫年爲齊王建四十四年、秦始皇二十六年不當。顧觀光繫於秦莊襄王元年爲妥。

齊王建入朝章

齊王建入朝於秦，雍門司馬前曰〔一〕：「所爲立王者，爲社稷耶？爲王立王耶〔二〕？」王曰：「爲社稷。」司馬曰：「爲社稷立王，王何以去社稷而入秦？」齊王還車而反。

〔一〕雍門司馬前：《御覽》卷三五二、《北堂書鈔·武功部》皆作「雍門司馬横戟當馬前」。王念孫云：引脱去「横戟當馬」四字。雍門，齊都臨淄之城門。司馬，掌兵之官。

〔二〕立王：此二字，因與上下文相涉而衍，當删去。

即墨大夫聞雍門司馬諫而聽之〔一〕，則以爲可與爲謀〔二〕，即入見齊王曰：「齊地方數千里，帶甲數百萬。夫三晋大夫，皆不便秦，而在阿、鄄之間者百數〔三〕，王收而與之百萬之衆，使收三晋之故地，即臨晋之關可以入矣〔四〕；鄢郢大夫，不欲爲秦，而在城南下者百數〔五〕，王收而與之百萬之師，使收楚故地，即武關可以入矣〔六〕。如此，則齊威可立，秦國可亡。夫舍南面之稱制〔七〕，乃西面而事秦，爲大王不取也。」齊王不聽。

〔一〕聞：姚本作「與」，一本作「聞」，此從一本。

〔二〕可與：姚本作「可可」，誤。一本作「可以」。黄氏《札記》以爲當作「可與」，今從之。

〔三〕阿、鄄：阿，東阿。鄄，鄄城。

〔四〕臨晋之關：春秋時謂之蒲關。故城在今陝西大荔縣東北。凡《國策》、《史記》所言臨晋皆指此，非今山西臨猗縣臨晋鎮。

〔五〕城南下：即南城下，齊威王時，檀子所守者。

〔六〕武關：即《左傳》之少習。在今陝西商洛市東南八十里少習山下。

〔七〕制：君主教令。

秦使陳馳誘齊王内之，約與五百里之地。齊王不聽即墨大夫，而聽陳馳，遂入。秦處之共松柏之間〔一〕，餓而死。先是，齊爲之歌曰：「松耶柏耶！住建共者，客邪〔二〕！」

〔一〕共：古共國，在今河南輝縣市。洪亮吉云：共邑在今甘肅涇州北五里，今共池是。此乃秦之共邑，當日所以處王建者應在於此。

〔二〕住建共者，客邪：建，謂齊王建。客，説客，謂陳馳。

【繫年】

齊王建朝秦，秦處之共，在秦始皇二十六年、齊王建四十四年。

齊以淖君之亂章

齊以淖君之讎亂秦〔一〕。其後秦欲取齊，故使蘇涓之楚，令任固之齊〔二〕。齊明謂楚王曰〔三〕：「秦王欲楚，不若其欲齊之甚也。其使涓來，以示齊之有楚，以資固於齊〔四〕。齊見楚，必受固。是王之聽涓也，適爲固驅以合齊、秦也。齊、秦合，非楚之利也。且夫涓來之辭，必非固之所以之齊之辭也。王不如令人以涓來之辭，謾固於齊〔五〕，齊、秦必不合。齊、秦不合，則王重矣。王欲收齊以攻秦，漢中可得也。王即欲以秦攻齊，淮、泗之間亦可得也。」

〔一〕齊以淖君之讎亂秦：淖君，即淖齒。五國攻齊，秦爲主謀，故讎秦。

〔二〕蘇涓、任固：皆秦使者，其身世不詳。

〔三〕齊明：注見《東周策》。

〔四〕資固：予任固以憑借。

〔五〕謾：欺騙。

【繫年】

此策蓋齊王建時事。其具體年代不可考。【補】顧觀光附此策於周赧王三十九年。時當秦昭王三十一年、齊襄王八年。可供一參。據《史記·楚世家》、《六國年表》及《韓策》中之四策等事，證明此策應在周赧王三年秦取漢中後，赧王三十一年楚取淮北之前，亦可備參。

戰國策卷十四

楚一

齊楚構難章

齊、楚構難，宋請中立〔一〕。齊急宋〔二〕，宋許之。子象爲楚謂宋王曰〔三〕：「楚以緩失宋，將法齊之急也〔四〕。齊以急得宋，後将常急矣。是從齊而攻楚，未必利也。齊戰勝楚，勢必危宋；不勝，是以弱宋干强楚也〔五〕。而令兩萬乘之國，常以急求所欲，國必危矣。」

〔一〕請：求。

〔二〕齊急宋：宋求中立，而齊强迫宋從齊伐楚。急，强迫。

〔三〕子象爲楚謂宋王：子象，不詳。宋王，宋君偃十一年自立爲王。【補】子象，鮑注曰「楚人。」范祥雍引《韓非子·内儲説下》「楚王謂干象曰」，疑干象、子象乃一人，「干」、「子」二字以形似誤。

〔四〕將法齊之急：謂楚將效法齊國，强迫宋從楚。

〔五〕干：犯。

【繫年】

此策當爲齊閔王十四年，齊第二次伐宋時事。齊與宋講和，齊決定八月撤兵，楚與齊争地。策文「齊急宋，宋許之」，「齊、楚搆難，宋請中立」，即指此。齊閔王十四年，當宋王偃四十一年、周赧王二十八年。【補】鮑彪次此策於楚宣王下，不知何故。吴師道曰：（宋）剔成尚未稱王，此偃也，與懷、襄相接。顧觀光則將此策繫於周赧王二年，基本同意鮑説。郭先生繫於周赧王二十八年，當公元前二八七年，宋亡於公元前二八六年。與策文不合。似應提前十年左右。

五國約以伐齊章

五國約以伐齊〔一〕。昭陽謂楚王曰〔二〕：「五國已破齊，秦必南圖楚。」楚王曰：「然則奈何？」對曰：「韓氏輔國也〔三〕，好利而惡難。好利，可營也〔四〕；惡難，可懼也。我厚賂之以利，其心必營我。悉兵以臨之，其心必懼我。彼懼吾兵而營我利，五國之事必可敗也。約絶之後，雖勿與地可。」

〔一〕五國約以伐齊：劉本作「五國約秦以伐齊」。鮑本「齊」下有「秦」字。鮑本衍「齊」字，非。五國，楚、韓、趙、魏、燕。此當「五國約以伐齊」爲句，「秦」字當衍。

〔二〕昭陽：楚人。

〔三〕輔國：謂如輔車相依之國。鮑注：言可爲楚之助。

〔四〕營：惑也。

楚王曰：「善。」乃命大公事之韓〔一〕，見公仲曰〔二〕：「夫牛闌之事〔三〕，馬陵之難〔四〕，親王之所見也〔五〕。王苟無以五國用兵，請效列城五，請悉楚國之衆也，以廧於齊〔六〕。」齊之反趙、魏之後，而楚果弗與地，則五國之事困也。

〔一〕大公事：楚臣。

〔二〕公仲：韓相公仲朋。

〔三〕牛闌之事：不詳。【補】牛闌之事，當爲發生在牛闌山一帶的戰爭，與下文「馬陵之難」互文。牛闌，山名。《郡國志》：南陽郡魯陽縣有牛闌累亭。注云：謝瀋書云：牛闌，山也。《水經注》：牛闌水出魯陽縣北牛闌山。此山爲楚地，韓伐楚，戰於此，楚勝韓敗，引之所以懼韓也。

〔四〕馬陵之難：魏惠王三十年，齊救韓，破魏軍於馬陵。

〔五〕親王之所見也：「親」字當在「見」字上，此句意爲王之所親見也。

〔六〕以廧於齊：孫詒讓云：「廧」當爲「菑」。《考工記》注：泰山、平原所樹立物爲菑。以菑於齊，即爲齊之災害。

【繫年】

按鮑彪、吴師道注，此策並衍「齊」字。其意皆以爲五國伐秦，其事可考。然五國伐齊事不可考。而于鬯繫此策於齊宣王四年，當周慎靚王四年，皆非。民按：此章乃秦、燕、韓、趙、魏五國伐齊，齊閔王十七年、周赧王三十一年時事。

荆宣王問群臣章

荆宣王問群臣曰〔一〕：「吾聞北方之畏昭奚恤也〔二〕，果誠何如？」群臣莫對。江一對曰〔三〕：「虎求百獸而食之，得狐。狐曰：『子無敢食我也〔四〕。天帝使我長百獸〔五〕，今子食我，是逆天帝命也。子以我爲不信，吾爲子先行，子隨我後，觀百獸之見我而敢不走乎？』虎以爲然，故遂與之行，獸見之皆走。虎不知獸畏己而走也，以爲畏狐也。今王之地方五千里，帶甲百萬，而專屬之昭奚恤，故北方之畏奚恤也，其實畏王之甲兵也，猶百獸之畏虎也。」

〔一〕荆宣王：劉、一本無「荆」字。《新序·體事》作「楚」。楚宣王，名良夫，肅王之子。

〔二〕昭奚恤：楚宣王之相。

〔三〕江一：鮑本作「江乙」。江乙，魏人，仕於楚。

〔四〕食我：《春秋後語》作「噉我」。《新序》作「食我」，與策文同。

〔五〕長百獸：爲百獸之長。

【繫年】

江乙爲魏使於楚，在魏惠王桂陵之敗以前，約當楚宣王十七年，此策楚宣王問北方之畏昭奚恤，而江乙適在楚，對楚宣王之問。應繫於楚宣王十七年，當周顯王十六年。

昭奚恤與彭城君章

昭奚恤與彭城君議於王前〔一〕，王召江乙而問焉。江乙曰：「二人之言皆善也，臣不敢言其後〔二〕，此謂慮賢也〔三〕。」

〔一〕彭城君：彭城，宋地。宋滅後，其地歸楚。在今江蘇徐州市。鮑彪以彭城君爲楚人。

〔二〕言其後：一本此下更有「言其後」三字。

〔三〕慮賢：疑慮賢者。

【繫年】

據江乙在楚之時推知，此亦當爲楚宣王十七年、周顯王十六年時事。

邯鄲之難昭奚恤謂楚王章

邯鄲之難〔一〕，昭奚恤謂楚王曰：「王不如無救趙，而以强魏〔二〕。魏强，其割趙必深矣。趙不能聽，則必堅守，是兩弊也。」景舍曰〔三〕：「不然。昭奚恤不知也。夫魏之攻趙也，恐楚之攻其後。今不救趙，趙有亡形，而魏無楚憂，是楚、魏共趙也〔四〕，害必深矣〔五〕，何以兩弊也？且魏令兵以深割趙，趙見亡形，而知楚之不救己也〔六〕，必與魏合而以謀楚。故王不如少出兵以爲趙援，趙恃楚勁，必與魏戰。魏怒於趙之勁，而見楚救之不足畏也，必不釋趙。趙、魏相弊，而齊、秦應楚〔七〕，則魏可破也。」楚因使景舍起兵救趙。邯鄲拔〔八〕，楚取睢濊之間〔九〕。

〔一〕邯鄲之難：趙成侯二十一年，魏圍趙都邯鄲。

〔二〕强魏：助魏使之强勁。

〔三〕景舍：楚人。

〔四〕楚、魏共趙：楚與魏共同攻趙。

〔五〕害必深矣：害，當作「割」，承上文「割趙必深」而言。

〔六〕知：姚本作「有」。劉本作「知」，從劉本作「知」義勝。

〔七〕齊、秦應楚：謂齊、秦乘楚救趙勢而起兵攻魏。

〔八〕邯鄲拔：邯鄲被魏攻下。魏拔邯鄲在趙成侯二十二年、魏惠王十八年。

〔九〕楚取睢濊之間：睢，睢水，古鴻溝支流。自今河南開封市東從鴻溝分出東南流，經杞縣、睢縣、寧陵、商丘市，東經夏邑、永城北，至江蘇宿遷市入泗水。濊，永城市東南有渙水，一名濊水。

【繫年】

此魏惠王十八年、楚宣王十八年時事，當周顯王十七年。

江尹欲惡昭奚恤章

江尹欲惡昭奚恤於楚王〔一〕，而力不能，故爲梁山陽君請封於楚〔二〕。楚王曰：「諾。」昭奚恤曰：「山陽君無功於楚國，不當封。」江尹因得山陽君，與之共惡昭奚恤。

〔一〕江尹欲惡昭奚恤於楚王：江尹，即江乙。楚王，楚宣王。

〔二〕山陽君：魏之封君，其人爲誰，不詳。山陽，魏地，今河南修武縣西。

魏氏惡昭奚恤於楚王，楚王告昭子〔一〕。昭子曰：「臣朝夕以事聽命，而魏入吾君臣之間，臣大懼。

臣非畏魏也，夫泄吾君臣之交〔二〕，而天下信之，是其爲人也近苦矣〔三〕。夫苟不難爲之外，豈忘爲之内乎〔四〕？臣之得罪無日矣。」王曰：「寡人知之，大夫何患？」

〔一〕昭子：昭奚恤。【補】此段范本、諸本均另成一策。

〔二〕泄吾君臣之交：泄露我們君臣間之關係。

〔三〕是其爲人也近苦矣：是其爲人，指泄露我們君臣之交的這個人。苦，當爲「君」字之訛。

〔四〕「夫苟」二句：外，指魏。内，指楚國群臣。

【繫年】

此與上章爲同時事，亦當繫於楚宣王十八年、周顯王十七年。

江乙惡昭奚恤章

江乙惡昭奚恤，謂楚王曰：「人有以其狗爲有執而愛之〔一〕。其狗嘗溺井〔二〕。其鄰人見狗之溺井也，欲入言之。狗惡之，當門而噬之〔三〕。鄰人憚之，遂不得入言。邯鄲之難，楚進兵，大梁拔矣，昭奚恤取魏之寶器，臣居魏知之，故昭奚恤常惡臣之見王。」

〔一〕執：言其筋力壯猛。「執」當「埶」之訛，「埶」即「勢」字。

〔二〕溺井：尿入水井。溺，尿。

〔三〕當門而噬之：當，抵。噬，咬。

【繫年】

此與前兩章時間相近，當繫於楚宣王十八年，齊敗魏桂陵之後。當周顯王十七年。

江乙欲惡昭奚恤於楚章

江乙欲惡昭奚恤於楚，謂楚王曰：「下比周則上危〔一〕，下分争則上安。王亦知之乎？願王勿忘也。且人有好揚人之善者，於王何如？」王曰：「此君子也，近之。」江乙曰：「有人好揚人之惡者，於王何如？」王曰：「此小人也，遠之。」江乙曰：「然則且有子殺其父，臣弑其主者，而王終已不知者〔二〕，何也？以王好聞人之美，而惡聞人之惡也。」王曰：「善。寡人願兩聞之。」

〔一〕比周：偏私之意。

〔二〕終已：猶言終身。

【繫年】

此亦楚宣王十八年時事，當周顯王十七年。

江乙説於安陵君章

江乙説於安陵君曰〔一〕：「君無咫尺之地，骨肉之親，處尊位受厚禄，一國之衆，見君莫不斂衽而拜〔二〕，撫委而服〔三〕，何以也？」曰：「王過舉而已〔四〕。不然，無以至此。」

〔一〕安陵君：楚之幸臣，名纏。《説苑》、《藝文類聚》作「安鄰纏」。《御覽》卷四五〇作「安陵纏」。安陵故城，在今河南漯河市郾陵區西北。李慈銘《越縵堂讀書記》云，《戰國策·楚策一》江乙所説之安陵君，即《楚策四》莊辛所言之鄢陵君也。「鄢」、「安」古通用，故「鄢」亦作「安」。鄢陵，楚地；安陵，魏地。鮑彪、吴師道合楚、魏安陵爲一地，皆誤。蓋安陵本春秋時鄭之鄢邑，戰國時屬魏，在今河南鄢陵縣西北十五里。楚之鄢陵即召陵，在今河南郾城縣東四十五里。

〔二〕衽：衣襟。

〔三〕撫委：撫，與「拊」同，以手按之。委，禮衣。《禮記·雜記》：委，武冠卷。《左傳》：弁冕端委。

〔四〕過舉：過，失。舉，提拔。

江乙曰：「以財交者，財盡而交絶；以色交者，華落而愛渝〔一〕。是以嬖女不敝席〔二〕，寵臣不辟軒〔三〕。今君擅楚國之勢，而無以深自結於王，竊爲君危之。」安陵君曰：「然則奈何？」江乙曰〔四〕：「願君必請從死，以身爲殉。如是，必長得重於楚國。」曰：「謹受令。」三年而弗言。

〔一〕華落而愛渝：華，菁華。比喻容貌顏色。華落，顏色衰老。渝，變。

〔二〕嬖女不敝席：嬖，賤而得幸爲嬖，寵愛之意。不敝席，言不久之意。

〔三〕寵臣不辟軒：寵臣，貴寵之臣。辟，「敝」字之訛。軒，曲輈藩車。不敝軒，謂所乘之軒車未敝而恩寵已衰。

〔四〕江乙曰：此三字姚本無，曾本有。《説苑·權謀》、《御覽》卷四五〇皆有此三字。今從之。

江乙復見曰：「臣所爲君道，至今未效。君不用臣之計，臣請不敢復見矣。」安陵君曰：「不敢忘先生之言，未得間也。」於是楚王遊於雲夢〔一〕，結駟千乘〔二〕，旌旗蔽日，野火之起也若雲蜺〔三〕，兕虎嘷之聲若雷霆〔四〕，有狂兕牂車依輪而至〔五〕，王親引弓而射，壹發而殪〔六〕。王抽旃旄而抑兕首〔七〕，仰天而笑，曰：「樂矣，今日之遊也。寡人萬歲千秋之後〔八〕，誰與樂此矣！」安陵君泣數行而進曰：「臣入則編席〔九〕，出則陪乘，大王萬歲千秋之後，願得以身試黄泉〔一〇〕，蓐螻蟻〔一一〕，又何如得此樂而樂之。」王大説，乃封壇爲安陵君〔一二〕。君子聞之曰：「江乙可謂善謀，安陵君可謂知時矣。」

〔一〕楚王遊於雲夢：楚王，楚宣王。雲夢，二澤名。雲在江北，夢在江南，大致包括今湖南益陽市、湘陰縣以北，江陵縣、安陸市以南，武漢市以西地區。

〔二〕結駟：結，連。駟，一車四馬。古人駕車，皆用四馬，兩服居中，兩驂在外，故謂之駟。

〔三〕蜺：與「霓」通，即虹。

〔四〕兕虎嘷之聲若雷霆：據《説苑·權謀》「虎狼之嘷若雷霆」，則「兕」字衍文。「虎」下當補「狼」字。「嘷」通「號」，獸叫聲。

〔五〕有狂兕牂車依輪：兕，犀屬，頂一角，文理細膩，可以製酒器；皮堅厚，可以製甲。牂，鮑本作「䍧」，《説苑》、《御覽》作「觸」。䍧，趨行。觸，接。

〔六〕壹發而殪：壹發，發射。殪，死。

〔七〕旃旄：旃，曲柄旗。旄牛尾繫於竿頭爲旄。

〔八〕萬歲千秋之後：謂死後。

〔九〕編席：《藝文類聚》卷三三引作「侍席」，《御覽》卷四九一引作「侍綸席」。

〔一〇〕試黄泉：試，當從一本作「式」。式，用也。李善注《文選》引作「式黄泉」。爲王用填黄泉。

〔一一〕蓐螻蟻：蓐，茵席、藉草，爲王作蓐以禦螻蟻。

〔一二〕乃封壇爲安陵君：壇，與「纏」、「纆」同字，安陵君之名。《古今人表》作「纆」，《藝文類聚》作「纏」，鄭玄注《周禮》以壥爲壇可證。

【繫年】

江乙使楚在楚宣王十七年，此策文有安陵君「三年而弗言」。據此當繫於楚宣王二十年，當周顯王十九年。

江乙爲魏使於楚章

江乙爲魏使於楚，謂楚王曰：「臣入竟〔一〕，聞楚之俗，不蔽人之善，不言人之惡，誠有之乎？」王曰：「誠有之。」江乙曰：「然則白公之亂得無遂乎〔二〕？誠如是，臣等之罪免矣。」楚王曰：「何也？」江乙曰：「州侯相楚〔三〕，貴甚矣，而主斷。左右俱曰無有，如出一口矣〔四〕。」

〔一〕竟：與「境」同，國土。

〔二〕白公之亂得無遂乎：白公，名勝，楚平王太子建之子。哀公十六年，太子建以受費無極之讒奔宋，又奔鄭，鄭殺之，勝遂奔吴。至楚惠王時召勝使處吴境爲白公（今河南息縣有白公城）。白公請伐鄭，令尹子西不從，至周敬王四十一年，白公勝殺子西，劫楚惠王。葉公沈諸梁討平之。遂，成。

〔三〕州侯：楚嬖人，封於州。《荀子·臣道》：「齊之蘇秦，楚之州侯，可謂態者也。」今湖北監利縣東有州城，即古州國故城。

〔四〕如出一口：《韓非子·孤憤》注：雷同是非，故曰一口。

【繫年】

江乙爲魏使楚，在魏惠王十八年，魏圍趙之邯鄲，恐楚救之，故使江乙於楚。當楚宣王十七年。

郢人有獄章

郢人有獄三年不決者〔一〕，故令請其宅以卜其罪〔二〕。客因爲之謂昭奚恤曰：「郢人某氏之宅，臣願之。」昭奚恤曰：「郢人某氏不當服罪，故其宅不得〔三〕。」客辭而去，昭奚恤已而悔之，因謂客曰：「奚恤得事公，公何爲以故與奚恤〔四〕？」客曰：「非用故也。」曰：「謂而不得，有說色，非故如何也〔五〕？」

〔一〕郢：楚都。

〔二〕故令請其宅以卜其罪：故，詐，下文四「故」字皆同，有罪則宅没入官，故可請爲己有。卜，測知此人是否真有罪。

〔三〕故其宅不得：當從一本作「故其宅不可得」，其意乃完。謂其人無罪，不可没入其宅以與别人。

〔四〕以故與奚恤：以詐對待我昭奚恤。

〔五〕非故如何：如，與「而」通。謂非詐而何。

【繫年】

此策與昭奚恤相關，推斷此與上章爲同時事，故亦附於楚宣王十七年、周顯王十六年。

城渾出周章

城渾出周〔一〕，三人偶行〔二〕，南遊於楚，至於新城〔三〕。城渾説其令曰：「鄭、魏者，楚之耎國〔四〕，而秦，楚之强敵也。鄭、魏之弱，而楚以上梁應之〔五〕；宜陽之大也，楚以弱新城圍之。蒲反、平陽相去百里〔六〕，秦人一夜而襲之，安邑不知；新城、上梁相去五百里，秦人一夜而襲之，上梁亦不知也。今邊邑之所恃者，非江南、泗上也〔七〕。故楚王何不以新城爲主郡也，邊邑甚利之。」

〔一〕城渾出周：城渾，周人。出周，自周都南出，此周當爲東周君所居之成周。

〔二〕三人偶行：偶，合，偕。以無車馬，故結夥以行。

〔三〕新城：韓地。在今河南伊川縣西南。久已入秦，不知何時爲楚所有。【補正】此新城當指今河南襄城縣。襄城，一作新城，今河南襄城縣。當時爲楚地，屬戰國楚邊邑。

〔四〕鄭、魏者，楚之耎國：鄭，即韓。戰國時韓國都於新鄭，故稱韓爲鄭。猶魏都大梁，稱爲梁也。耎，弱。

〔五〕上梁：即南梁，在今河南汝州市西南四十五里。

〔六〕蒲反、平陽：蒲反，即蒲阪。《睡虎地秦墓竹簡·大事記》：「昭王五年，歸蒲反。」《史記·六國年表》作「蒲阪」。蒲阪故城，在今山西永濟市東南。平陽，今山西臨汾市。

〔七〕泗上：指楚下東國泗水下游及淮北之地。

新城公大説。乃爲具駟馬乘車、五百金之楚。城渾得之，遂南交於楚，楚王果以新城爲主郡。

【繫年】

顧觀光附此策於周赧王十五年。

韓公叔有齊魏章

韓公叔有齊、魏〔一〕，而太子有楚、秦〔二〕，以争國。鄭申爲楚使於韓〔三〕，矯以新城、陽人予太子〔四〕。楚王怒，將罪之。對曰：「臣矯予之，以爲國也。臣爲太子得新城、陽人，以與公叔争國而得之，齊、魏必伐韓。韓氏急，必懸命於楚，又何新城、陽人之敢求？太子不勝，然而不死，今將倒冠而至，又安敢言地？」楚王曰：「善。」乃不罪也。

〔一〕韓公叔有齊、魏：公叔，《史記索隱》云：韓襄王子公叔伯嬰，亦即太子嬰。有齊、魏，得齊、魏二國之援助。

〔二〕太子有楚、秦：太子，亦韓襄王子幾瑟。有楚、秦，有楚、秦二國之助。

〔三〕鄭申：不詳。

〔四〕矯以新城、陽人予太子：矯，詐，擅自。陽人，在今河南汝州市西南八十里陽人聚。

【繫年】

《韓世家》韓公叔與幾瑟争國在韓襄王十二年、楚懷王二十九年，當周赧王十五年。

楚杜赫説楚王章

楚杜赫説楚王以取趙〔一〕。王且予之五大夫〔二〕，而令私行。陳軫謂楚王曰：「赫不能得趙，五大夫不可收也，得賞無功也。得趙而王無加焉，是無善也。王不如以十乘行之〔三〕，事成，予之五大夫。」王曰：「善。」乃以十乘行之。

〔一〕杜赫：周人。曾説周昭文君以安天下，見《吕氏春秋》。

〔二〕五大夫：爵位名，大夫之尊者。秦爵五大夫在第九級。

〔三〕以十乘行之：予之車十乘使杜赫行。

杜赫怒而不行。陳軫謂王曰：「是不能得趙也。」

【繫年】

顧觀光附此策於周赧王十六年，云此事當在前，因言「取趙」，故附於此。

楚王問於范環章

楚王問於范環曰〔一〕：「寡人欲置相於秦〔二〕，孰可？」對曰：「臣不足以知之。」王曰：「吾相甘茂可乎？」范環對曰：「不可。」王曰：「何也？」曰：「夫史舉，上蔡之監門也〔三〕，大不知事君，小不知處室〔四〕，以苛廉聞於世〔五〕，甘茂事之順焉。故惠王之明，武王之察，張儀之好譖，甘茂事之，取十官而無罪。茂，誠賢者也，然而不可相秦。秦之有賢相也，非楚國之利也。且王嘗用召滑於越〔六〕，而納句章〔七〕。昧之難〔八〕，越亂，故楚南察瀨胡而野江東〔九〕。計王之功，所以能如此者，越亂而楚治也。今王以用之於越矣，而忘之於秦，臣以爲王鉅速忘矣。王若欲置相於秦乎？若公孫郝者可〔一〇〕。夫公孫郝之於秦王，親也。少與之同衣，長與之同車，被王衣以聽事，真大王之相已。王相之，楚國之大利也。」

〔一〕范環：《史記·甘茂傳》作「范蜎」。徐廣云：一作「蠉」。《索隱》引《戰國策》作「蝝」。皆以音形相近而異。范環，其人身世不詳。

〔二〕置相於秦：爲秦立相。楚懷王新與秦爲婚而結好，秦聞甘茂在楚，使人謂楚懷王，使送甘茂於秦。懷王欲以甘茂爲秦相，故云，欲置相於秦。

〔三〕夫史舉，上蔡之監門也：史舉，甘茂之師。上蔡，《史記》作「下蔡」，《韓非子》作「上蔡」，當以「上蔡」爲是。今河南上蔡縣。

〔四〕兩「知」字：《史記》皆作「爲」，姚本作「如」，今從一本作「知」。

〔五〕苛廉：苛刻，過於廉潔。

〔六〕召滑：又作「卓滑」，《趙策》作「淖滑」，《韓非子》作「邵滑」。

〔七〕納句章：言納召滑於句章之地。句章，越地。今浙江慈溪市西南三十五里，有句章故城。

〔八〕昧之難：昧，蓋越地。其事不詳。【補正】昧之難，昧非越地名，而是指楚將唐昧。楚懷王二十八年，秦、齊、韓、魏共攻楚，殺昧。此言楚雖有唐昧之難而能得越地，以召滑亂之也。

〔九〕南察瀨胡而野江東：察瀨胡，《史記》作「塞厲門」。徐廣云：一作「瀨胡」。則「瀨胡」即「厲門」。乃度嶺南之要路。野江東，謂吴越之地皆爲楚所有也。長江自蕪湖以下作西南、東北流向，故自南京以東，江南岸地區，稱爲江東。

〔一〇〕公孫郝：《史記》作「向壽」。一云「公於赫」。

【繫年】

此策乃秦昭王二年秦與楚結親講和，甘茂亡秦在楚時事。當楚懷王二十四年、周赧王十年。

蘇秦爲趙合從説楚章

蘇秦爲趙合從〔一〕，説楚威王曰〔二〕：「楚，天下之强國也。大王，天下之賢王也。楚地西有黔中、巫郡〔三〕，東有夏州、海陽〔四〕，南有洞庭、蒼梧〔五〕，北有汾陘之塞、郇陽〔六〕，地方五千里，帶甲百萬，車千乘，騎萬匹，粟支十年，此霸王之資也。夫以楚之强與大王之賢，天下莫能當也。今乃欲西面而事秦，則諸侯莫不南面而朝於章臺之下矣〔七〕。秦之所害于天下莫如楚，楚强則秦弱，楚弱則秦强，此其勢不兩立。故爲王至計〔八〕，莫如從親以孤秦。大王不從親，秦必起兩軍，一軍出武關，一軍下黔中，若此則鄢、郢動矣〔九〕。

〔一〕爲趙合從：趙肅侯資蘇秦車馬、黄金、璧、帛，以約諸侯，故云爲趙合從。

〔二〕楚威王：名商，楚宣王之子。

〔三〕黔中、巫郡：黔中，郡名，故城在今湖南洪江市西南黔城鎮。巫郡，故城在今四川東巫山縣。

〔四〕夏州、海陽：夏州，今湖北荆州市東南二十五里有夏口城，距城數里有州，名夏州。海陽，今江蘇泰州市，古海陵，即楚海陽之地。

〔五〕洞庭、蒼梧：洞庭，即洞庭湖，在今湖南岳陽市西。蒼梧，即九嶷山，在今湖南寧遠縣南。

〔六〕汾陘之塞、郇陽：汾陘之塞，《史記·蘇秦傳》作「陘塞」是。陘山在今河南新鄭市西南三十里。郇陽，即順陽，今河南淅川縣南丹江水庫。戰國時楚北境。【補正】郇陽，非順陽。因順陽非楚之北境。春秋時，楚北伐東擴，楚之北境已達今河南之葉縣、襄城縣，並於方城縣、魯山縣築長城以固之，太子建守魯、汝，沈諸梁守葉，史不絕書。此郇陽，當指襄城縣的順陽故城。在今河南平頂山市東，是戰國楚之北邊，北即韓地，距陘塞百里之遥，古爲要塞之地。

〔七〕「則諸侯」句：南面，《史記·蘇秦傳》作「西面」。章臺，春秋時楚靈王有章臺之宫，又有章華之臺，在今湖北潛江市西南。此當是秦之章臺。故址在今陜西西安市長安區西南。

〔八〕至計：最好之計。至，極，善。

〔九〕鄢、郢：鄢，今湖北宜城市南。郢，今湖北荆州市東北有故紀南城。

「臣聞治之其未亂，爲之其未有也。患至而後憂之，則無及已。故願大王之早計之。大王誠能聽臣，臣請令山東之國，奉四時之獻，以承大王之明制，委社稷宗廟〔一〕，練士厲兵〔二〕，在大王之所用之。大王誠能聽臣之愚計，則韓、魏、齊、燕、趙、衛之妙音美人，必充後宫矣。燕、代良馬橐他〔三〕，必實於外廄〔四〕。故從合則楚王，横成則秦帝。今釋霸王之業，而有事人之名，臣竊爲大王不取也。

〔一〕委社稷宗廟：委置其宗廟社稷以託於楚。

〔二〕厲兵：厲，同「礪」，磨礪。兵，兵器。

〔三〕燕、代良馬橐他：燕，燕國之地，今河北北部。代，古國名，春秋末年爲趙襄子所滅，在今河北蔚縣。橐他，

《史記・蘇秦傳》作「橐駞」，《匈奴傳》作「橐駝」。「他」、「駞」、「駝」三字同聲通用。橐駝，即駱駝。《漢書・司馬相如傳》注，言其可負橐囊而駝物。燕、代之地産良馬、駱駝。

〔四〕廄：養馬房。

「夫秦，虎狼之國也，有吞天下之心。秦，天下之仇讎也。横人皆欲割諸侯之地以事秦，此所謂養仇而奉讎者也。夫爲人臣而割其主之地，以外交强虎狼之秦，以侵天下，卒有秦患，不顧其禍。夫外挾强秦之威，以内劫其主，以求割地，大逆不忠，無過此者。故從親，則諸侯割地以事楚；横合，則楚割地以事秦。此兩策者，相去遠矣，有億兆之數〔一〕。兩者大王何居焉？故弊邑趙王使臣效愚計〔二〕，奉明約，在大王命之。」

〔一〕相去遠矣，有億兆之數：相距很遠，有億兆數量之多。

〔二〕趙王：趙肅侯。

楚王曰：「寡人之國，西與秦接境，秦有舉巴蜀、并漢中之心〔一〕。秦，虎狼之國，不可親也。而韓、魏迫於秦患，不可與深謀〔二〕，與深謀，恐反人以入於秦〔三〕，故謀未發而國已危矣。寡人自料，以楚當秦，未見勝焉。内與群臣謀，不足恃也。寡人卧不安席，食不甘味，心摇摇如懸旌〔四〕，而無所終薄〔五〕。今君欲一天下，安諸侯，存危國，寡人謹奉社稷以從。」

〔一〕巴蜀、漢中：注見《秦策一》。

〔二〕與深謀：此三字，姚本無。今從集、劉、《史記》補。

〔三〕恐反人以入於秦：恐怕以楚之謀反入告於秦。

〔四〕心摇摇如懸旌：言如旌旗摇擺，比喻心神不安定。旌，旗。

〔五〕終薄：終，最後。薄，附着。

【繫年】

此策見《蘇秦傳》，而《楚世家》不載。吴師道定爲楚威王七年，當趙肅侯十七年、周顯王三十六年。

張儀爲秦破從連横章

張儀爲秦破從連横，説楚王曰〔一〕：「秦地半天下，兵敵四國〔二〕，被山帶河，四塞以爲固〔三〕。虎賁之士百餘萬〔四〕，車千乘，騎萬疋〔五〕，粟如丘山。法令既明，士卒安難樂死，主嚴以明，將知以武，雖無出兵甲〔六〕，席卷常山之險〔七〕，折天下之脊，天下後服者先亡。且夫爲從者，無以異於驅群羊而攻猛虎也。夫虎之與羊，不格明矣〔八〕。今大王不與猛虎而與群羊，竊以爲大王之計過矣。

〔一〕楚王：楚懷王熊槐。

〔二〕四國：四方之國。

〔三〕四塞以爲固：四面有關山之固。
〔四〕虎賁：若虎賁獸，言其猛勇。
〔五〕疋：同「匹」。
〔六〕雖無出兵甲：此言假令秦出兵甲，則天下不能當。雖，假令。無，同「毋」，語辭。
〔七〕席卷常山之險：席卷，謂收取如卷席那樣容易。常山，本名恒山，爲五岳中之北岳。在今河北曲陽縣西北，與太行山相連。
〔八〕格：胡三省注：擊也，鬭也。

「凡天下强國，非秦而楚，非楚而秦。兩國敵侔交争〔一〕，其勢不兩立。而大王不與秦，秦下甲兵據宜陽，韓之上地不通〔二〕；下河東，取成皋〔三〕，韓必入臣於秦。韓入臣秦，魏則從風而動。秦攻楚之西，韓、魏攻其北，社稷豈得無危哉？且夫約從者，聚群弱而攻至强也。夫以弱攻强，不料敵而輕戰，國貧而驟舉兵，此危亡之術也。臣聞之，兵不如者，勿與挑戰；粟不如者，勿與持久。夫從人者，飾辯虚辭〔四〕，高主之節行，言其利而不言其害，卒有秦禍〔五〕，無及爲已。是故願大王之熟計之也。

〔一〕敵侔：齊等。
〔二〕上地：韓上黨之地。
〔三〕成皋：韓地，在今河南滎陽市西汜水鎮，春秋時，鄭國之制邑，又名虎牢關。
〔四〕飾辯虚辭：飾，緣飾。虚辭，當作「曼辭」。《文選·報任少卿書》李善注引《戰國策》張儀曰「夫從人飾辯曼辭」可證。曼，美。

〔五〕卒有秦禍：卒，與「猝」通。秦禍，姚本作「楚禍」，非。曾、一、《史記》作「秦禍」，爲是。

「秦西有巴、蜀，方船積粟〔一〕，起於汶山〔二〕，循江而下，至郢三千餘里，舫船載卒〔三〕，一舫載五十人，與三月之糧，下水而浮，一日行三百餘里；里數雖多，不費馬汗之勞，不至十日而距扞關〔四〕；扞關驚，則從竟陵以東〔五〕，盡城守矣。黔中、巫郡非王之有已。秦舉甲出之武關〔六〕，南面而攻，則北地絕〔七〕。秦兵之攻楚也，危難在三月之内，而楚恃諸侯之救，在半歲之外，此其勢不相及也。夫恃弱國之救，而忘强秦之禍，此臣之所以爲大王之患也。且大王嘗與吴人五戰三勝而亡之〔八〕，陳卒盡矣〔九〕；偏守新城而居民苦矣〔一〇〕。臣聞之，攻大者易危，而民弊者怨於上。夫守易危之功，而逆强秦之心，臣竊爲大王危之。

〔一〕方：《說文》：方，並船也。

〔二〕汶山：即岷山。岷山北起今甘肅岷縣，南至四川青城山，連綿千里，皆名岷山。江出汶山，當在今四川茂縣一帶。

〔三〕舫：舟，兩船相並爲舫。或省作「方」。

〔四〕扞關：《楚世家》肅王四年，蜀伐楚，取兹方。於是楚爲扞關以距之。扞關，在今重慶奉節縣東赤甲山上。

〔五〕竟陵：在今湖北潛江市西北。【正】竟陵，疑信陵也。信陵，古巴東之古名（又名）。上句「扞關驚」，是說扞關之楚軍驚恐。「則從竟陵以東」，是說秦軍順巴東之信陵過西陵峽，那麽，黔中、巫郡的大片土地，就不是楚王的了。將竟陵注爲今湖北之潛江或天門、鍾祥，均離扞關太遠，與前後文不符。

〔六〕出之武關：「出」、「之」古字形相近，「之」乃「出」之誤複。【補】武關，在今陝西商南縣境，爲秦兵出關的重要隘塞。

〔七〕北地絶：北地，楚之北境，陳、蔡、汝、潁之地。絶，斷絶。

〔八〕與吴人五戰三勝而亡之：此事無考，不詳其始末。

〔九〕陳：古書「陣」爲「陳」。

〔一〇〕新城：未詳所在。謂伐吴之新得之城。

「且夫秦之所以不出甲於函谷關十五年以攻諸侯者〔一〕，陰謀有吞天下之心也。楚嘗與秦構難，戰於漢中，楚人不勝，通侯、執珪死者七十餘人〔二〕，遂亡漢中。楚王大怒，興師襲秦，戰於藍田〔三〕，又却。此所謂兩虎相搏者也〔四〕。夫秦、楚相弊，而韓、魏以全制其後，計無過於此者矣。是故願大王熟計之也。秦下兵攻衛、陽晋〔五〕，必開扃天下之匈〔六〕，大王悉起兵以攻宋，不至數月而宋可舉。舉宋而東指，則泗上十二諸侯盡王之有已〔七〕。

〔一〕「且夫秦」句：此非事實，乃辯士誇飾之詞。在此以前有連年攻趙之事。

〔二〕通侯、執珪：古爵位名。通侯，一名徹侯。楚爵功臣賜以圭，謂之執圭，比附庸。

〔三〕戰於藍田：秦惠王十三年取楚漢中，又敗之於藍田。

〔四〕兩虎相搏：《太平御覽·兵部》引此「搏」作「據」。王念孫以爲當從《御覽》作「據」。

〔五〕陽晉：注見《齊策一》。

〔六〕扃天下之匈：扃，關鎖之意。匈，即「胸」。以常山爲天下脊，則衛、陽晉當天下胸。蓋其地爲秦、魏、趙、齊之交道，秦兵據之，等於控扼天下之胸膛。

〔七〕泗上十二諸侯：戰國時沿泗水兩岸有十餘小國，滕、薛、邾、莒、宋、魯之屬。

「凡天下所信約從親堅者蘇秦，封爲武安君而相燕〔一〕，即陰與燕王謀破齊共分其地〔二〕。乃佯有罪，出走入齊，齊王因受而相之〔三〕。居二年而覺，齊王大怒，車裂蘇秦於市〔四〕。夫以一詐僞反覆之蘇秦，而欲經營天下，混一諸侯，其不可成也亦明矣。

〔一〕封爲武安君而相燕：按《蘇秦傳》，蘇秦既約六國從親，歸趙，趙肅侯封爲武安君。後爲趙使於燕。其相燕事不詳。

〔二〕陰與燕王謀破齊共分其地：《蘇秦傳》蘇秦説燕易王曰：臣居燕不能使燕重。而在齊則燕必重。於是蘇秦佯爲得罪於燕而亡走齊，欲破敝齊而爲燕。不聞有破齊共分其地之陰謀。

〔三〕齊王因受而相之：蘇秦由燕奔齊，齊宣王以爲客卿。

〔四〕車裂蘇秦於市：齊閔王車裂蘇秦，蓋欲以求刺殺蘇秦者，不是因發現蘇秦之陰謀，而以罪車裂之。此與《蘇秦傳》有異。

「今秦之與楚也，接境壤界，固形親之國也〔一〕。大王誠能聽臣，臣請秦太子入質於楚，楚太子入質於秦，請以秦女爲大王箕帚之妾〔二〕，效萬家之都，以爲湯沐之邑〔三〕，長爲昆弟之國，終身無相攻擊。臣以爲計無便於此者。故敝邑秦王〔四〕，使使臣獻書大王之從車下風〔五〕，須以決事。〔六〕」

〔一〕形親之國：按自然形勢，接境連界之鄰國，固當親近。

〔二〕箕帚之妾：簸箕、掃帚皆灑掃之工具。言嫁女於楚王，以任瑣事賤役。

〔三〕湯沐之邑：以其地所收賦税，供洗濯之費。

〔四〕秦王：秦惠王。

〔五〕從車下風：此謙辭，不敢言獻書楚王，而言站在下風獻給楚王之從車。

〔六〕須以決事：須，等待。決事，對此事做出決定。

楚王曰：「楚國僻陋，託東海之上〔一〕。寡人年幼，不習國家之長計。今上客幸教以明制〔二〕，寡人聞之，敬以國從。」乃遣使車百乘〔三〕，獻雞駭之犀〔四〕，夜光之璧於秦王〔五〕。

〔一〕託東海之上：此句義不可解。疑爲齊王對張儀之言，竄亂於此。東海之上，當指齊國而言，不當指楚國。

〔二〕上客幸教以明制：上客，指張儀。明制，指張儀所獻之書。

〔三〕遣使車百乘：王念孫云：「遣使車百乘」，文不成義。當作「遣車百乘」。《藝文類聚·獸部》、《北堂書鈔·政術部》、《太平御覽·人事部》、《珍寶部》、《獸部》引此俱無「使」字。

〔四〕雞駭之犀：王念孫云，當爲「駭雞之犀」。《文選·吴都賦》注、《北堂書鈔》、《藝文類聚》、《太平御覽》引此策俱作「駭雞之犀」。《後漢書·西域傳》云，大秦國有駭雞犀，注引《抱樸子》云：「通天犀有白理如線者，以盛米置群雞中，雞欲往啄米，至輒驚却。故南人名爲駭雞也。」

〔五〕夜光之璧：《尹文子》：「田父得寶玉徑尺，置於廡上，其夜明照一室。」

【繫年】

《張儀傳》稱，張儀以秦惠王後元十四年適楚，楚王囚之。儀因靳尚、鄭袖諫楚王，楚王後悔，赦出張儀。張儀出，因說楚王叛從約而合於秦。即此策文所言。秦惠王後元十四年，當楚懷王十八年、周赧王四年。

張儀相秦謂昭睢章

張儀相秦，謂昭睢曰〔一〕：「楚無鄢、郢、漢中，有所更得乎？」曰：「無有。」曰：「無昭睢、陳軫，有所更得乎？」曰：「無所更得。」張儀曰：「爲儀謂楚王，逐昭睢、陳軫，請復鄢、郢、漢中〔二〕。」昭睢歸報楚王，楚王說之〔三〕。

〔一〕昭睢：楚人。

〔二〕請復鄢、郢、漢中：秦惠王十三年取楚漢中地，至是以逐昭睢、陳軫爲條件，又復還給楚國。

〔三〕說：同「悅」。

有人謂昭雎曰〔一〕：「甚矣，楚王不察於争名者也。韓求相工陳籍而周不聽〔二〕，魏求相綦毋恢而周不聽〔三〕，何以也？周曰：『是列縣畜我也〔四〕。』今楚萬乘之强國也，大王天下之賢主也。今儀曰『逐君與陳軫』而王聽之，是楚自待不如周〔五〕，而儀重於韓、魏之王也。且儀之所行，有功名者秦也，所欲貴富者魏也〔六〕。欲爲攻於魏〔七〕，必南伐楚。故攻有道，外絶其交，内逐其謀臣。陳軫，夏人也〔八〕，習於三晉之事，故逐之，則楚無謀臣矣。今君能用楚之衆，故亦逐之，則楚衆不用矣。此所謂内攻之者也，而王不知察。今君何不見臣於王，請爲王使齊交不絶。齊交不絶，儀聞之，其效鄢、郢、漢中必緩矣。是昭雎之言不信也〔九〕。王必薄之。」

〔一〕昭雎：黄氏《札記》云：雎，鮑本作「過」。按上文四「雎」字皆作「過」者爲是。下文三「君」字，皆稱「過」也。故下文云「是昭雎之言不信也」。若謂雎，何得云爾？可爲明證。作「雎」者，相涉至誤耳。

〔二〕工陳籍：即《東周策》之「工師籍」。陳，乃「師」字之誤。

〔三〕綦毋恢：注見《西周策》。

〔四〕列縣畜我：春秋中期以後，秦、晉、楚各大國，滅國設縣，爲地方行政機構。列，等列。畜，待遇。

〔五〕待：姚本作「行」，鮑本作「待」。吴師道云：當是「待」。作「待」義順。

〔六〕有功名者秦也，所欲貴富者魏也：謂張儀欲立功名於秦，取貴富於魏。

〔七〕欲爲攻於魏：攻，與「功」通。謂張儀欲邀功於魏。

〔八〕夏：今山西夏縣，相傳爲夏禹所都，故稱此地爲夏。

〔九〕是昭雎之言不信也：謂張儀逐昭雎之言，不被楚王相信。

【繫年】

此策與上章爲同時事，當繫在秦惠王後元十四年、楚懷王十八年，當周赧王四年。

威王問於莫敖章

威王問於莫敖子華曰〔一〕：「自從先君文王以至不穀之身〔二〕，亦有不爲爵勸，不爲禄勉，以憂社稷者乎？」莫敖子華對曰：「如華不足知之矣〔三〕。」王曰：「不於大夫，無所聞之〔四〕。」莫敖子華對曰：「君王將何問者也？彼有廉其爵，貧其身，以憂社稷者；有崇其爵，豐其禄，以憂社稷者；有斷脰決腹〔五〕，壹瞑而萬世不視〔六〕，不知所益，以憂社稷者；有勞其身，愁其志，以憂社稷者；亦有不爲爵勸，不爲禄勉，以憂社稷者。」

〔一〕威王問於莫敖子華：威王，楚宣王子，熊商。莫敖，楚官名。

〔二〕文王：楚文王熊貲。

〔三〕如華：孫本「華」作「章」，爲是。後文「章聞之」可證。章，當是子華之名。

〔四〕不於大夫，無所聞之：謂不聆大夫之説，對祖先治國之事無所聞也。

〔五〕斷脰決腹：脰，脖頸。決腹，剖開肚子。

〔六〕瞑：鮑本、吴本、盧本「瞑」並作「瞑」。下文亦作「瞑」。不視，謂死。

王曰：「大夫此言，將何謂也？」莫敖子華對曰：「昔令尹子文〔一〕，緇帛之衣以朝〔二〕，鹿裘以處，未明而立於朝，日晦而歸食，朝不謀夕，無一日之積〔三〕。故彼廉其爵，貧其身，以憂社稷者，令尹子文是也。

〔一〕令尹子文：令尹，楚相，爵位最高，總全國之政務。子文，即鬥伯比之子鬥穀於菟，字子文。

〔二〕緇帛：染成黑色之帛。

〔三〕無一日之積：日，姚本作「月」，鮑本改爲「日」。《國語·楚語》：「昔鬬子文，三舍令尹，無一日之積。」則此處固當作「日」爲是。

「昔者葉公子高〔一〕，身獲於表薄〔二〕，而財於柱國〔三〕，定白公之禍〔四〕，寧楚國之事，恢先君以揜方城之外〔五〕，四封不侵〔六〕，名不挫於諸侯，當此之時也，天下莫敢以兵南鄉，葉公子高食田六百畛〔七〕。故彼崇其爵，豐其禄，以憂社稷者，葉公子高是也。

〔一〕葉公子高：姓沈，名諸梁，字子高，食采於葉，故稱葉公，春秋時楚左司馬沈尹戌之子。

〔二〕獲於表薄：獲，爲人所俘獲。薄，吴曾祺以爲當作「著」。表著，朝臣所立處。

〔三〕財於柱國：財，與「材」同。材於柱國，柱國以子高爲材。

〔四〕定白公之禍：白公，楚平王太子建之子名勝。爲亂，殺令尹子西而劫楚惠王，自立爲王月餘，葉公子高救楚，攻殺白公，復惠王之位，故云定白公之禍。

〔五〕恢先君以揜方城之外：言揜取方城以外之地，以擴大先君之封疆。恢，擴大。揜，復取。

〔六〕四封不侵：四境不受侵削。侵，鮑本作「廉」。孫詒讓云：廉，當讀爲「謙」，謂減少也。

〔七〕「天下」二句：鄉，即「嚮」，與「向」同。畛，《周禮》：十夫有溝，溝有畛。畛，田間阡陌。

「昔者吳與楚戰於柏舉〔一〕，兩御之間夫卒交〔二〕。莫敖大心撫其御之手〔三〕，顧而大息曰：『嗟乎子乎〔四〕，楚國亡之日至矣！吾將深入吳軍，若扑一人，若捽一人以與大心者也〔五〕。社稷其庶幾乎？』故斷脰決腹，壹瞑而萬世不視，不知所益，以憂社稷者，莫敖大心是也。

〔一〕吳與楚戰於柏舉：《春秋》魯定公四年，吳、楚戰於柏舉。柏舉故址在今湖北麻城市東北九龍山與舉水交接處。

〔二〕兩御之間夫卒交：言兩軍相對，打交手仗。御，鮑補爲「軍」字。夫，猶兵。

〔三〕莫敖大心：即沈尹戌，亦名左司馬戌，楚莊王曾孫，葉公沈諸梁之父。柏舉之戰，莫敖大心戰死，其臣吳句卑剄而裹之。

〔四〕嗟乎子乎：猶「嗟乎茲乎」。「子」、「茲」聲相近。嗟、茲，憂歎聲。

〔五〕若捽一人以與大心：若，汝。捽，捉住。與，猶助。

「昔吳與楚戰於柏舉，三戰入郢〔一〕。寡君身出〔二〕，大夫悉屬〔三〕，百姓離散。棼冒勃蘇曰〔四〕：『吾被堅執銳〔五〕，赴强敵而死，此猶一卒也，不若奔諸侯〔六〕。』於是嬴糧潛行，上崢山〔七〕，踰深谿，蹠穿膝暴〔八〕，七日而薄秦王之朝。雀立不轉〔九〕，晝吟宵哭，七日不得告，水漿無入口。瘨而殫悶〔一〇〕，旄不知人〔一一〕。秦王聞而走之〔一二〕，冠帶不相及，左奉其首，右濡其口，勃蘇乃蘇〔一三〕。秦王身問之：『子孰誰也？』棼冒勃蘇對曰：『臣非異，楚使新造盩棼冒勃蘇〔一四〕。吴與楚人戰於柏舉，三戰入郢，寡君身出，大夫悉屬，百姓離散，使下臣來告亡，且求救。』秦王顧令不起：『寡人聞之，萬乘之君，得罪一士，社稷其危，今此之謂也。』遂出革車千乘〔一五〕，卒萬人，屬之子滿與子虎〔一六〕，下塞以東，與吴人戰於濁水而大敗之〔一七〕，亦聞於遂浦〔一八〕。故勞其身，愁其思，以憂社稷者，棼冒勃蘇是也。

〔一〕三戰入郢：《左傳》定公四年作「五戰及郢」。

〔二〕寡君：王念孫云，寡君當爲「君王」。此涉下棼冒勃蘇之詞而誤。此是子華述昭王出奔之事，當稱君王，不當稱寡君。時楚昭王逃奔隨。

〔三〕屬：附。

〔四〕棼冒勃蘇：丁泰《尗廬札記》云，《困學紀聞》曰：棼冒勃蘇，即申包胥也。豈棼冒之裔，楚之同姓歟。按秦庭乞師，《左氏定四年傳》及《淮南子・脩務訓》俱作「申包胥」。則勃蘇即包胥矣。《史記集解》引服虔曰：楚大夫王孫包胥。惟包胥爲蚡冒后，故服氏以王孫稱之。申是其封邑，《史記・秦本紀正義》以爲封於申。「包胥」與「勃蘇」音近，可以通借。

〔五〕被堅執銳：被堅甲、執銳兵器。

〔六〕奔諸侯：奔告於諸侯以求救。

〔七〕峥山：山之峥嶸切雲者。

〔八〕蹠穿膝暴：蹠，腳掌。暴，露。

〔九〕雀立不轉：王念孫云，「雀」當爲「寉」字之誤。「寉」與「鶴」同。鶴立，謂悚身而立。《文選·求通親親表》李善注引此策作「鶴立不轉」。《初學記》、《太平御覽》引此並作「鶴立」。

〔一〇〕瘨而殫悶：瘨，同「蹎」，顛蹶。殫，同「癉」，癆病。悶，昏迷。

〔一一〕旄：與「眊」通，昏眊。

〔一二〕秦王：秦哀公。

〔一三〕蘇：死而復生爲蘇。

〔一四〕新造盩：盩，古「戾」字。戾，罪。新造戾，猶云罪臣。

〔一五〕千乘：《左傳》、《史記·秦本紀》皆作「五百乘」。

〔一六〕屬之子滿與子虎：子滿，當是「子蒲」之誤。《左傳》定公五年作「子蒲」，秦子蒲、子虎率車五百乘以救楚。

〔一七〕濁水：俗謂之弱溝水，上承白河，流經今河南鄧州市故城南。

〔一八〕遂浦：不詳所在。【補】遂浦，疑今河南遂平縣。古爲房縣、灈陽縣、遂寧縣。吴王闔閭引兵伐楚，以其弟夫概爲先鋒，然夫概戰敗，畏罪不敢見闔閭，於是逃回吴，自立爲王。吴軍勝歸，夫概出奔楚，楚於房縣封夫概後，遂平稱吴房縣。此「遂浦」疑「遂灈」之誤。

「吴與楚戰於柏舉，三戰入郢，君王身出，大夫悉屬，百姓離散，蒙穀給鬭於宫唐之上〔一〕，舍鬭奔郢曰：『若有孤〔二〕，楚國社稷其庶幾乎？』遂入大宫〔三〕，負雞次之典〔四〕，以浮於江，逃於雲夢之中。昭王反郢，五官失法，百姓昏亂。蒙穀獻典〔五〕，五官得法，而百姓大治。此蒙穀之功多〔六〕，與存國相若，封之執圭，田六百畛。蒙穀怒曰：『穀非人臣，社稷之臣，苟社稷血食，餘豈患無君乎〔七〕？』遂自弃於磨山之中〔八〕，至今無冒〔九〕。故不爲爵勸，不爲禄勉，以憂社稷者，蒙穀是也。」

〔一〕蒙穀給鬭於宫唐之上：蒙穀，楚人，《漢書·古今人表》列爲中中等。宫唐，不詳。

〔二〕若有孤：楚昭王出奔，生死未知。故言若有孤，謂有孤子可立爲王者。

〔三〕大宫：太廟。

〔四〕負雞次之典：負，背馱。雞，《後漢書·李通傳論》注引此策作「離」爲是。此時守典策者皆離其職守。故蒙穀得負其典策以逃。

〔五〕蒙穀獻典：獻其所負離次之典。

〔六〕此蒙穀之功多：王念孫云，「此」當爲「比」。言比較其功，與存國相等。《李通傳論》注引策文作「校蒙穀之功」可證。

〔七〕餘豈患無君乎：姚本作「餘豈悉無君乎」。《李通傳論》注引策文作「餘其患無君乎」，據以改正。

〔八〕磨山：今湖北當陽市東四十四里有磨城。

〔九〕無冒：王念孫云，「冒」當作「胄」，字之誤也。無胄，謂無後嗣。

王乃大息曰：「此古之人也。今之人焉能有之耶？」莫敖子華對曰：「昔者先君靈王好小要，楚士約食，馮而能立，式而能起〔一〕。食之可欲，忍而不入；死之可惡，就而不避〔二〕。章聞之〔三〕，其君好發者，其臣抉拾〔四〕。君王直不好，若君王誠好賢，此五臣者，皆可得而致之。」

〔一〕「昔者」四句：靈王，名圍。要，同「腰」。小腰，細腰。約，節，減。式，車前横木，與「軾」通。用以作馮據。《管子·七臣七主》：「夫楚王好小腰，而美人省食。」《韓非子》、《尹文子》亦有此記載。

〔二〕就：姚本作「然」，一本作「就」，今從一本作「就」義順。

〔三〕章：莫敖子華之名。

〔四〕其君好發者，其臣抉拾：發，射箭。抉，以象骨爲之，著於右手大指，所以鉤弦，俗名搬指。拾，射遂，以皮爲之，著於右臂以遂弦，故名遂。

【繫年】

策首載「威王問於莫敖子華」，當爲威王時事無疑。楚威王在位共十一年。姑附於威王元年，當周顯王三十年。

戰國策卷十五

楚二

魏相翟强死章

魏相翟强死〔一〕。爲甘茂謂楚王曰〔二〕：「魏之幾相者，公子勁也〔三〕。勁也相魏，魏、秦之交必善。秦、魏之交完，則楚輕矣。故王不如與齊約，相甘茂於魏。齊王好高人以名〔四〕，今爲其行人請魏之相〔五〕，齊必喜。魏氏不聽，交惡於齊；齊、魏之交惡，必争事楚。魏氏聽，甘茂與樗里疾貿首之讎也〔六〕；而魏、秦之交必惡，又交重楚也。」

〔一〕魏相翟强：魏襄王之相。翟强，事迹不詳。

〔二〕爲甘茂謂楚王：甘茂於秦昭王元年奔齊，又爲齊使楚。楚王，楚懷王。

〔三〕公子勁：魏公子，名勁。【補】幾相：幾，幾乎，差一點的意思，即差一點以公子勁爲相。

〔四〕齊王好高人以名：齊王，當是齊宣王。好高人以名，喜以名高於人。

〔五〕行人：外交使者。

〔六〕貿首之讎：貿首，以頭相貿易。貿，貿易。言其二人誓不兩立。

【繫年】

按《甘茂傳》，甘茂亡秦之齊，又爲齊使楚，在秦昭王元年。此策當爲此時事。應繫於秦昭王元年，當齊宣王十四年、楚懷王二十三年、周赧王九年。

齊秦約攻楚章

齊、秦約攻楚〔一〕，楚令景翠以六城賂齊，太子爲質〔二〕。昭睢謂景翠曰：「秦恐，且因景鯉、蘇厲而效地於楚。公出地以取齊，鯉與厲且以收地取秦，公事必敗。公不如令王重賂景鯉、蘇厲使入秦，齊恐〔三〕，必不求地而合於楚。若齊不求，是公與約也〔四〕。」

〔一〕齊、秦約攻楚：楚懷王二十六年以後背齊合秦，齊與韓、魏攻楚，至二十九年，楚、秦之交破裂，秦又攻楚，大敗楚軍。楚恐，乃使太子爲質於齊以求和。

〔二〕太子：楚懷王之太子，名横。

〔三〕齊：姚本作「秦」。吴師道云，「秦」宜作「齊」。

〔四〕與約：言景翠能和兩國之約。與，如「與國」之「與」，和好。

【繫年】

此策當爲楚懷王二十九年，以太子爲質於齊以求和，楚懷王入秦以前之事。楚懷王二十九年，當秦昭王七年、周赧王十五年。

術視伐楚章

術視伐楚〔一〕，楚令昭鼠以十萬軍漢中〔二〕。昭雎勝秦於重丘〔三〕，蘇厲謂宛公昭鼠曰〔四〕：「王欲昭雎之乘秦也，必分公之兵以益之。秦知公兵之分也，必出漢中。請爲公令辛戎謂王曰〔五〕：『秦兵且出漢中，則公之兵全矣。』」

〔一〕術視：秦將。其身世不詳。

〔二〕楚令昭鼠以十萬軍漢中：昭鼠，楚將。疑即昭雎。軍，軍隊駐紮。

〔三〕昭雎勝秦於重丘：《楚世家》懷王二十八年，「秦乃與韓、魏共攻楚，殺楚將唐眛，取我重丘」。《呂氏春秋》齊令章子與韓、魏、荆，荆使唐蔑將兵應之。夾泚而軍，章子夜襲之，斬蔑於泚水之上。「泚」即「泌」字。

重丘在泌水側，在今河南泌陽縣附近。昭雎勝秦事無考。

〔四〕宛公：當是昭鼠封號。宛，今河南南陽市。

〔五〕辛戎：吳師道云：辛，當作「芈」。芈戎，當是秦宣太后之同父弟，秦封爲華陽君者。

【繫年】

從于鬯說，繫此策於楚懷王二十三年、秦昭王元年，當周赧王九年。

四國伐楚章

四國伐楚〔一〕，楚令昭雎將以距秦〔二〕。楚王欲擊秦〔三〕，昭雎不欲〔四〕。桓臧爲昭雎謂楚王曰〔五〕：「雎戰勝秦〔六〕，三國惡楚之强也，恐秦之變而聽楚也，必深攻楚以勁秦。秦王怒於戰不勝，必悉起而擊楚，是王與秦相罷而以利三國也。戰不勝秦，秦進兵而攻。不如益昭雎之兵，令之示秦必戰。秦王惡與楚相弊而全天下〔七〕，秦可以少割而收害也〔八〕。秦、楚之合，而燕、趙、魏不敢不聽，三國可定也。」

〔一〕四國伐楚：《楚世家》懷王二十八年，秦乃與齊、韓、魏共攻楚。

〔二〕距：與「拒」通，抗拒。

〔三〕楚王：楚懷王。

〔四〕昭睢：姚本作「昭侯」，今從鮑本作「昭睢」。

〔五〕桓臧：不詳。

〔六〕秦：姚本無。從一本補「秦」字。

〔七〕全：姚、鮑本皆作「令」，黄氏《札記》云，「令」乃「全」字之訛，故改「令」爲「全」。

〔八〕害：一本無「害」字。「害」，乃上文「割」字之誤衍。

【繫年】

此乃楚懷王二十八年，秦與齊、韓、魏共攻楚，當周赧王十四年事。

楚懷王拘張儀章

楚懷王拘張儀〔一〕，將欲殺之。靳尚爲儀謂楚王曰〔二〕：「拘張儀，秦王必怒。天下見楚之無秦也，楚必輕矣。」又謂王之幸夫人鄭袖曰〔三〕：「子亦自知且賤於王乎？」鄭袖曰：「何也？」尚曰：「張儀者，秦王之忠信有功臣也。今楚拘之，秦王欲出之。秦王有愛女而美，又簡擇宮中佳麗好玩習音者〔四〕，以懽從之〔五〕，資之金玉寶器，奉以上庸六縣爲湯沐邑〔六〕，欲因張儀内之楚王。楚王必愛秦女〔七〕，依强秦以爲重，挾寶地以爲資，勢爲王妻以臨於楚。王惑於虞樂，必厚尊敬親愛之而忘子，子益賤而日疏矣。」

〔一〕楚懷王拘張儀：楚懷王十六年，張儀以商於之地六百里欺楚，使之絶齊。十七年楚攻秦，秦大敗楚軍於丹陽，又敗楚軍於藍田。十八年秦、楚講和，張儀復爲秦使楚。楚懷王怒張儀之欺，至則囚張儀，欲殺之。此即其事。

〔二〕靳尚：楚懷王之寵臣。

〔三〕鄭袖：楚懷王之幸姬。

〔四〕「又簡擇」句：簡，選。玩，習之久。玩習，乃連語。

〔五〕懽：即「歡」，喜悦。

〔六〕上庸：本古庸國，春秋時爲楚所滅。故城在今湖北竹山縣東四十四里。

〔七〕楚王必愛秦女：愛，當爲「受」，言楚王必接受秦女。

鄭袖曰：「願委之於公，爲之奈何？」曰：「子何不急言王，出張子。張子得出，德子無已時〔一〕，秦女必不來，而秦必重子。子内擅楚之貴，外結秦之交，畜張子以爲用〔二〕，子之子孫必爲楚太子矣。此非布衣之利也。」鄭袖遽説楚王出張子〔三〕。

〔一〕已：止。

〔二〕畜：養。

〔三〕遽：急，疾速。

【繫年】

據《楚世家》，此楚懷王十八年、秦惠王後元十四年事，當周赧王四年。

楚王將出張子章

楚王將出張子，恐其欺己也〔一〕，靳尚謂楚王曰：「臣請隨之。儀事王不善，臣請殺之。」楚小臣〔二〕，靳尚之仇也。謂張旄曰〔三〕：「以張儀之知，而有秦、楚之用，君必窮矣。君不如使人微要靳尚而刺之〔四〕，楚王必大怒儀也。彼儀窮，則子重矣。楚、秦相難，則魏無患矣。」張旄果令人要靳尚刺之。楚王大怒秦，構兵而戰。秦、楚爭事魏，張旄果大重。

〔一〕欺己：姚本作「敗己」，一本作「欺己」。今從一本。

〔二〕小臣：宮中伺候之僕隸。

〔三〕張旄：魏人，其身世不詳。

〔四〕微要：暗中劫持。

【繫年】

此與上章爲同時事，當在楚懷王十八年，當周赧王四年。

秦敗楚漢中章

秦敗楚漢中〔一〕。楚王入秦，秦王留之〔二〕。游騰爲楚謂秦王曰〔三〕：「王挾楚王而與天下攻楚，則傷行矣〔四〕；不與天下共攻之，則失利矣。王不如與之盟而歸之。楚王畏，必不敢倍盟。背盟〔五〕，王因與三國攻之〔六〕，義也。」

〔一〕秦敗楚漢中：楚懷王十七年，與秦戰於丹陽。《索隱》云：「此丹陽在漢中。」秦大敗楚軍，斬甲士八萬，虜大將軍屈匄、裨將軍逢侯丑等七十餘人，遂取漢中之郡。

〔二〕楚王入秦，秦王留之：楚懷王三十年，秦昭王約與楚懷王會武關，至則秦留楚懷王，要之以割巫、黔中之郡。

〔三〕游騰：注見《西周策》。

〔四〕傷行：有傷德行。

〔五〕背盟：此二字姚本無。鮑本補此二字，今從鮑本補「背盟」二字。

〔六〕三國：指齊、韓、魏三國。

【繫年】

楚懷王入秦，秦留之，乃楚懷王三十年、秦昭王八年、周赧王十六年事。

楚襄王爲太子之時章

楚襄王爲太子之時〔一〕，質於齊〔二〕。懷王薨，太子辭於齊王而歸〔三〕。齊王隘之〔四〕：「予我東地五百里，乃歸子。子不予我，不得歸。」太子曰：「臣有傅〔五〕，請退而問傅。」傅慎子曰〔六〕：「獻之地，所以爲身也。愛地不送死父，不義。臣故曰獻之便。」太子入，致命齊王曰：「敬獻地五百里。」齊王歸楚太子。

〔一〕楚襄王爲太子之時：襄王，楚頃襄王，名横。爲楚懷王太子。

〔二〕質於齊：《御覽》卷三八七引「質」上有「爲」字。《楚世家》懷王二十八年，乃使太子爲質於齊以求和。

〔三〕太子辭於齊王而歸：齊王，齊閔王。《御覽》卷三八七引此無「而歸」二字。

〔四〕隘：不通，阻止。

〔五〕傅：師傅。輔翼太子而教之德、義。

〔六〕傅慎子：襄王之師傅慎子。慎子，不詳。

太子歸，即位爲王。齊使車五十乘來取東地於楚。楚王告慎子曰：「齊使來求東地，爲之奈何？」慎子曰：「王明日朝群臣，皆令獻其計。」上柱國子良入見〔一〕。王曰：「寡人之得求反〔二〕，王墳墓，復群臣，歸社稷也，以東地五百里許齊。齊令使來求地〔三〕，爲之奈何？」子良曰：「王不可不與也。王身出玉聲〔四〕，許强萬乘之齊而不與，則不信，後不可以約結諸侯，請與而復攻之。與之信，攻之武。臣故曰與之。」子良出，昭常入見〔五〕。王曰：「齊使來求東地五百里，爲之奈何？」昭常曰：「不可與也。萬乘者，以地大爲萬乘。今去東地五百里，是去戰國之半也。有萬乘之號而無千乘之用也，不可。臣故曰勿與。常請守之。」昭常出，景鯉入見。王曰：「齊使來求東地五百里，爲之奈何？」景鯉曰：「不可與也。雖然，楚不能獨守。王身出玉聲，許萬乘之强齊也而不與，負不義於天下。楚亦不能獨守〔六〕。臣請西索救於秦。」景鯉出，慎子入。王以三大夫計告慎子曰：「子良見寡人曰：『不可不與也，與而復攻之。』常見寡人曰：『不可與也，常請守之。』鯉見寡人曰：『不可與也，雖然楚不能獨守也，臣請索救於秦。』寡人誰用於三子之計？」

〔一〕上柱國子良：上柱國，楚官位名。在令尹下，諸卿上。楚國有兩子良：春秋時有司馬子良，令尹子文之弟。此上柱國子良是另一人，其事迹不詳。

〔二〕求：當爲「來」。《御覽》卷四八〇引此策作「來」。

〔三〕令：一本作「令」。民按：作「令」者是。

〔四〕王身出玉聲：謂王出言貴重。

〔五〕昭常：楚大夫。其身世不詳。

〔六〕楚亦不能獨守：曾本圈去以上二十七字。

慎子對曰：「王皆用之。」王怫然作色曰〔一〕：「何謂也？」慎子曰：「臣請效其説，而王且見其誠然也。王發上柱國子良車五十乘，而北獻地五百里於齊。發子良之明日，遣昭常爲大司馬，令往守東地。遣昭常之明日，遣景鯉車五十乘，西索救於秦。」王曰：「善。」乃遣子良北獻地於齊；遣子良之明日，立昭常爲大司馬，使守東地；又遣景鯉西索救於秦。子良至齊，齊使人以甲受東地。昭常應齊使曰：「我典主東地〔二〕，且與死生。悉五尺至六十〔三〕，三十餘萬弊甲鈍兵，願承下塵〔四〕。」齊王謂子良曰：「大夫來獻地，今常守之何如？」子良曰：「臣身受命弊邑之王，是常矯也〔五〕。王攻之。」齊王大興兵，攻東地，伐昭常，未涉疆〔六〕，秦以五十萬臨齊右壤曰：「夫隘楚太子弗出，不仁；又欲奪之東地五百里，不義。其縮甲則可〔七〕，不然，則願待戰。」齊王恐焉。乃請子良南道楚，西使秦，解齊患。士卒不用，東地復全。

〔一〕怫然：怒變色，忿貌。

〔二〕典主東地：典主，職守。東地，楚淮北下東國之地。

〔三〕悉五尺至六十：蓋徵兵及於老弱。五尺，童子。六十，謂老人。【補】《論語》云：「可以託六尺之孤。」注曰：六尺謂年十五，則十五從徵，十四以下不從徵可知。《王制》云：「六十不與服戎。」此處「悉五尺至六十」，蓋徵及於老弱耳。可見昭常誓與齊戰之決心。

〔四〕承下塵：謙詞。言願對陣一戰。

〔五〕是常矯也：是子常詐託楚王之命令。

〔六〕未涉疆：謂未入東地之界域。涉，猶入。

〔七〕縮甲：縮，收，退。甲，兵。

【繫年】

此策乃楚懷王三十年、周赧王十六年時事。

女阿謂蘇子曰章

女阿謂蘇子曰〔一〕：「秦棲楚王〔二〕，危太子者，公也。今楚王歸，太子南〔三〕，公必危。公不如令人謂太子曰：『蘇子知太子之怨己也，必且務不利太子。太子不如善蘇子，蘇子必且爲太子入矣〔四〕。』」蘇子乃令人謂太子。太子復請善於蘇子。

〔一〕女阿謂蘇子：女阿，楚太子之保姆。蘇子，蘇秦。

〔二〕秦棲楚王：棲，止息。楚王，楚懷王。楚懷王入秦，秦留止之，故曰棲。

〔三〕太子南：太子，楚懷王之太子，即楚頃襄王。南，謂由齊歸楚。

〔四〕爲太子入：爲太子歸楚。

【繫年】

此與上章同，當繫於楚懷王三十年、周赧王十六年。

戰國策卷十六

楚三

蘇子謂楚王曰章

蘇子謂楚王曰〔一〕：「仁人之於民也，愛之以心，事之以善言。孝子之於親也，愛之以心，事之以財。忠臣之於君也，必進賢人以輔之。今王之大臣父兄，好傷賢以爲資，厚賦斂諸臣百姓，使王見疾於民〔二〕，非忠臣也。大臣播王之過於百姓，多賂諸侯以王之地，是故退王之所愛，亦非忠臣也，是以國危。臣願無聽群臣之相惡也，慎大臣父兄；用民之所善，節身之嗜，欲以百姓〔三〕。人臣莫難於無妬而進賢。爲主死易，垂沙之事〔四〕，死者以千數。爲主辱易，自令尹以下〔五〕，事王者以千數。至於無妬而進賢，未見一人也。故明主之察其臣也，必知其無妬而進賢也。賢之事其主也，亦必無妬而進賢。夫進賢之難者，賢者用，且使已廢；貴，且使已賤，故人難之。」

〔一〕蘇子謂楚王：蘇子，當爲蘇秦。楚王，楚懷王。

〔二〕見疾：被仇視。

〔三〕欲以百姓：「以」與「與」，古字通，鮑補「與」字，可不必增補。

〔四〕垂沙之事：按《史記·禮書》：「兵殆於垂陟，唐眛死焉。」《楚世家》齊、韓、魏攻楚，殺唐眛，取重丘。《秦本紀》攻方城，取唐眛。則垂陟、垂沙、重丘當是一地。在今河南泌陽之北，但其確址不詳。【補】垂沙，古垂沙邑。戰國楚地，在今河南唐河縣西南。

〔五〕令尹：楚國最高執政官。

【繫年】

此策年事無考。以唐眛垂沙之難推之，則當在楚懷王二十八年唐眛死之後，楚懷王入秦之前。

蘇秦之楚三日章

蘇秦之楚，三日乃得見乎王〔一〕。談卒，辭而行。楚王曰：「寡人聞先生，若聞古人〔二〕。今先生乃不遠千里而臨寡人〔三〕，曾不肯留，願聞其説。」

〔一〕三日：王念孫云，當作「三月」。《藝文類聚·火部》、《太平御覽·飲食部》及《文選·張協雜詩》注，引此並作「三月」。據下文「王難得見如天帝」，則亦謂時間久。當作「三月」。

〔二〕若聞古人：謂仰慕蘇秦如仰慕古人。

〔三〕不遠千里：不以千里爲遠。

對曰：「楚國之食貴於玉，薪貴於桂，謁者難得見如鬼〔一〕，王難得見如天帝。今令臣食玉炊桂，因鬼見帝，其可得乎〔二〕？」王曰：「先生就舍，寡人聞命矣。」

〔一〕謁者：官名，掌賓客告請之事。

〔二〕其可得乎：策文脱此四字。王念孫云：《藝文類聚》、《太平御覽》、《文選》注引此並有「其可得乎」四字。今據以補。

【繫年】

此策時不可考，姑從于鬯、顧觀光繫於楚威王七年，當周顯王三十六年。

楚王逐張儀於魏章

楚王逐張儀於魏〔一〕。陳軫曰：「王何逐張子？」曰：「爲臣不忠不信。」曰：「不忠，王無以爲臣；不信，王勿與爲約。且魏臣不忠不信，於王何傷？忠且信，於王何益？逐而聽則可，若不聽，是王令困也〔二〕。且使萬乘之國免其相〔三〕，是城下之事也〔四〕。」

〔一〕楚王：當是楚懷王。張儀相魏在秦惠王後元三年，相魏以爲秦。

〔二〕是王令困也：命令魏國逐張儀，魏國若不聽從，命令不行，故曰王令困。令，命令。

〔三〕萬乘之國：指魏國，言其大。

〔四〕城下之事：即城下之盟。在都城附近與敵國訂立和約，叫城下之盟。城下之盟是國家最大之恥辱。城下，指都城附近。

【繫年】

按《張儀傳》，秦惠王後元四年，使與齊、楚之相會齧桑。還而免相，相魏以爲秦。此時陳軫亦棄秦歸楚，故得諫楚王。秦惠王後元三年，當楚懷王七年、周顯王四十七年。

張儀之楚貧章

張儀之楚，貧。舍人怒而歸〔一〕。張儀曰：「子必以衣冠之敝，故欲歸。子待我爲子見楚王。」當是之時，南后、鄭袖貴於楚〔二〕。

〔一〕舍人：張儀之舍人。戰國時達官顯宦家皆有舍人，代替主人接待賓客，處理事務。

〔二〕南后、鄭袖：南后，楚懷王之后。鄭袖，楚懷王之幸姬。

張子見楚王，楚王不説。張子曰：「王無所用臣，臣請北見晉君〔一〕。」楚王曰：「諾。」張子曰：「王無求於晉國乎？」王曰：「黃金珠璣犀象出於楚〔二〕，寡人無求於晉國。」張子曰：「王徒不好色耳。」王曰：「何也？」張子曰：「彼鄭、周之女〔三〕，粉白黛黑〔四〕，立於衢閭〔五〕，非知而見之者以爲神。」楚王曰：「楚，僻陋之國也，未嘗見中國之女如此其美也。寡人之獨何爲不好色也？」乃資之以珠玉。

〔一〕晉君：指韓、趙、魏三晉之君。

〔二〕珠璣犀象：璣，珠之不圓者。犀，象屬，角生鼻端，俗名犀牛。

〔三〕鄭、周之女：鄭，指韓國，韓滅鄭而有其故地，都新鄭，故戰國時稱韓爲鄭。鄭國之女多美而善歌舞。周，指東周、西周君控制下之王城、洛陽之地，亦多美女。

〔四〕粉白黛黑：粉，白色，用以擦臉而增白。黛黑，姚本作「墨黑」，別本作「黛黑」。王念孫云：別本是也。《楚辭·大招》、《列子·周穆王》、《淮南子·脩務訓》並云「粉白黛黑」。郭璞《子虛賦》注、《史記·司馬相如傳正義》、《後漢書·班固傳》注、《藝文類聚·人部》、《太平御覽·人事部》引策文，並作「粉白黛黑」。黛，青黛也。青黑色，用以畫眉鬢而增光澤。

〔五〕衢閭：衢，四通八達之道路。閭，里門。

南后、鄭袖聞之大恐。令人謂張子曰：「妾聞將軍之晉國〔一〕，偶有金千斤〔二〕，進之左右，以供芻秣。」鄭袖亦以金五百斤。張子辭楚王曰：「天下關閉不通，未知見日也，願王賜之觴〔三〕。」王曰：「諾。」乃觴之。張子中飲，再拜而請曰：「非有他人於此也，願王召所便習而觴之〔四〕。」王曰：「諾。」乃召南后、鄭袖而觴之。張子再拜而請曰：「儀有死罪於大王。」王曰：「何也？」曰：「儀行天下遍矣，未嘗見人如此其美也。而儀言得美人，是欺王也。」王曰：「子釋之，吾固以爲天下莫若是兩人也。」

〔一〕將軍：《太平御覽》卷三八〇引策文作「君將」。按，「將軍」乃「君將」之誤。

〔二〕偶有金：詞不經見。偶，當是「竊」字之誤。

〔三〕觴：飲酒。

〔四〕便習：左右寵幸親昵之人。

【繫年】

策文言「當是之時，南后、鄭袖貴於楚」。此當爲張儀欺楚懷王以絶齊，楚、秦藍田之戰以後，張儀第二次之楚時事。故從于鬯繫此策於楚懷王十八年，當秦惠王後元十四年、周赧王四年。

楚王令昭雎之秦章

楚王令昭雎之秦重張儀〔一〕。未至，惠王死〔二〕。武王逐張儀〔三〕。楚王因收昭雎以取齊。桓臧爲雎謂楚王曰〔四〕：「横親之不合也〔五〕，儀貴惠王而善雎也〔六〕。今惠王死，武王立，儀走，公孫郝、甘茂貴〔七〕。甘茂善魏，公孫郝善韓，二人固不善雎也，必以秦合韓、魏。韓、魏之重儀，儀有秦而雎以楚重之。今儀困秦而雎收楚，韓、魏欲得秦，必善二人者。二人将收韓、魏，輕儀而伐楚，方城必危。王不如復雎而重儀於韓、魏〔八〕。儀據楚勢，挾魏重，以與秦争。魏不合秦，韓亦不從，則方城無患。」

〔一〕楚王令昭雎之秦重張儀：楚王，楚懷王。昭雎，楚人。重，抬高其政治地位。

〔二〕惠王：秦惠王，名駟。

〔三〕武王逐張儀：秦武王自爲太子時即不悦張儀，故即王位後而驅逐張儀。武王，秦武王，名蕩。

〔四〕桓臧：楚人，身世不詳。

〔五〕横親：此横親指秦、韓、魏三國。

〔六〕儀貴惠王：張儀爲秦惠王所信任，爲秦相，謂張儀貴於秦惠王。

〔七〕公孫郝：《國策》和《史記》記其名不一。又作「公孫赫」、「公孫顯」，《甘茂傳》作「公孫奭」。疑似音形相近而訛。吕祖謙《大事記》謂本一人記其名者不同耳。據《甘茂傳》，秦武王愛習公孫奭，則奭當是秦之公族。

〔八〕復睢：使昭睢恢復其故位。

【繫年】

據《張儀傳》，張儀説六國連横成功，歸報，未至咸陽而秦惠王卒，武王立。秦惠王後元十四年死，當周赧王四年。策文所言，當系其事於此年。

張儀逐惠施於魏章

張儀逐惠施於魏〔一〕。惠子之楚，楚王受之。馮郝謂楚王曰〔二〕：「逐惠子者，張儀也。而王親與約，是欺儀也，臣爲王弗取也。惠子爲儀者來，而惡王之交於張儀，惠子必弗行也。且宋王之賢惠子也〔三〕，天下莫不聞也。今之不善張儀也，天下莫不知也。今爲事之故，棄所貴於讎人〔四〕，臣以爲大王輕矣。且爲事耶？王不如舉惠子而納之於宋，而謂張儀曰：『請爲子勿納也。』儀必德王。而惠子窮人，而王奉之，又必德王。此不失爲儀之實，而可以德惠子。」楚王曰：「善。」乃奉惠子而納之宋。

〔一〕惠施：戰國時宋國人，曾做過魏惠王之相，尊魏惠王爲王。又是戰國時思想家，名辯學派之代表人物。

〔二〕馮郝：《漢書·古今人表》作「馮赫」，其身世不詳。

〔三〕宋王：名偃。

〔四〕棄所貴於讎人：棄，謂勿納。所貴，謂宋王賢惠施。意謂楚王不當爲與約之故，棄宋王所貴之惠施，而納讎人儀。

【繫年】

據《魏策一》及《韓非子·外儲説上》，張儀既相魏，欲以魏合於秦、韓而攻齊、楚，惠施欲以魏合於齊、楚以停止戰争，故張儀與惠施主張不同。魏襄王三年，魏迫於秦之軍事壓力，背縱約因張儀以求和於秦，而惠施失勢。此策當爲魏襄王三年時事。當秦惠王後元九年、周慎靚王五年。

五國伐秦魏欲和章

五國伐秦〔一〕。魏欲和，使惠施之楚。楚將入之秦而使行和〔二〕。杜赫謂昭陽曰〔三〕：「凡爲伐秦者楚也。今施以魏來，而公入之秦，是明楚之伐而信魏之和也。公不如無聽惠施，而陰使人以請德秦〔四〕。」昭子曰：「善。」因謂惠施曰：「凡爲攻秦者魏也，今子從楚爲和。楚得其利，魏受其怨。子歸，吾將使人因魏而和。」

〔一〕五國伐秦：魏、趙、韓、楚、燕共攻秦。
〔二〕楚將入之秦而使行和：楚使惠施至秦主和議之事。
〔三〕杜赫謂昭陽：杜赫，周人，曾以安天下説周昭文君。昭陽，楚人。
〔四〕德秦：德，姚本作「聽」，劉本作「德」。民按：作「德」爲是。德秦，有恩德於秦。

惠子反，魏王不説。杜赫謂昭陽曰：「魏爲子先戰，折兵之半，謁病不聽〔一〕，請和不得，魏折而入齊、秦，子何以救之？東有越纍〔二〕，北無晋，而交未定於齊、秦，是楚孤也。不如速和。」昭子曰：「善。」因令人謁和於魏。

〔一〕謁病：謁，請。病，困。
〔二〕越纍：越，國名。戰國時爲楚懷王所滅。纍，憂也。

【繫年】
此爲惠王後元七年，魏、趙、韓、楚、燕共攻秦事。當齊宣王二年、周慎靚王三年。

陳軫告楚之魏章

陳軫告楚之魏〔一〕。張儀惡之於魏王曰〔二〕：「軫猶善楚，爲求地甚力。」左爽謂陳軫曰〔三〕：「儀善於魏王，魏王甚信之。公雖百説之猶不聽也。公不如以儀之言爲資〔四〕，而得復楚〔五〕。」陳軫曰：「善。」因使人以儀之言聞於楚。楚王喜，果欲復之〔六〕。

〔一〕告：請謁，古者官吏休假爲告。

〔二〕魏王：魏惠王。

〔三〕左爽：其身世不詳。

〔四〕資：借助。

〔五〕復楚：復回楚國。

〔六〕果：姚本無，劉本有。

【繫年】

此爲張儀相魏時事。陳軫、公孫衍皆在魏，故儀得惡之於魏王。繫於魏惠王後元十四年、楚懷王八年，當周顯王四十八年。

秦伐宜陽楚王謂陳軫章

秦伐宜陽〔一〕。楚王謂陳軫曰：「寡人聞韓朋巧士也〔二〕，習諸侯事〔三〕，殆能自免也〔四〕。爲其必免，吾欲先據之以加德焉。」

〔一〕宜陽：韓邑，今河南宜陽縣西。

〔二〕韓朋：朋，姚本原作「侈」，鮑改「侈」爲「朋」。《戰國縱橫家書》作「倗」，或作「馮」。民按：「侈」蓋「倗」字之形誤。「倗」、「朋」同音假借，「馮」亦「朋」之同音假借字，當作「朋」爲是。韓朋爲韓國公族，故亦稱公仲朋。

〔三〕習諸侯事：習，熟悉。諸侯事，指各諸侯國家之間相互關係。

〔四〕自免：免於危亡。

陳軫對曰：「舍之〔一〕，王勿據也。以韓朋之知，於此困矣。今山澤之獸，無黠於麋〔二〕。麋知獵者張罔前而驅己也〔三〕，因還走而冒人〔四〕，至數獵者知其詐，僞舉罔而進之，麋因得矣。今諸侯明知此多詐，僞舉罔而進者必衆矣。舍之，王勿據也。韓朋之知，於此困矣。」楚王聽之，宜陽果拔。陳軫先知之也。

〔一〕舍：與「捨」同，捨棄。後文同。

〔二〕無黠於麋：黠，慧而狡。麋，鹿屬，似鹿而大。

〔三〕罔：同「網」。

〔四〕冒人：犯人而不投網。冒，犯。

【繫年】

甘茂爲秦武王伐韓宜陽，通車三川，在秦武王三年、楚懷王二十一年、韓襄王四年，當周赧王七年。策文所說當爲此年事。

唐且見春申君章

唐且見春申君曰〔一〕：「齊人飾身修行得爲益〔二〕，然臣羞而不學也。不避絶江河〔三〕，行千餘里來，竊慕大君之義〔四〕，而善君之業。臣聞之，賁、諸懷錐刃而天下爲勇〔五〕，西施衣褐而天下稱美〔六〕。今君相萬乘之楚，禦中國之難，所欲者不成，所求者不得，臣等少也。夫梟棊之所以能爲者，以散棊佐之也〔七〕。夫一梟之不勝五散亦明矣。今君何不爲天下梟，而令臣等爲散乎？」

〔一〕唐且見春申君：唐且，「且」與「雎」同，《秦策三》作「雎」。魏人。春申君，黄歇。春申，其封號。

〔二〕益：謂有禄位。

〔三〕絶：横渡江河爲絶。

〔四〕大君之義：高君之義。大，高。

〔五〕賁、諸：賁，孟賁。【補】戰國勇士。《孟子·公孫丑上正義》引《帝王世紀》：「秦武王好多力之士，齊孟賁之徒並歸焉。孟賁拔牛角，是謂之勇士也。」諸，專諸，吴人，爲公子光刺吴王僚者。

〔六〕西施衣褐：西施，吴國美女。褐，粗衣。《詩·七月》、《孟子·公孫丑上》、《書·禹貢》傳注並云「毛布」。按，苧布爲毛布。貧賤人之衣。

〔七〕梟棊、散棊：梟、散皆六博采名。梟，棊子上刻梟鳥形。梟，幺也，博頭，六博得梟者勝。散，其他五棊子，即五白。博得五白可以勝梟。

【繫年】

春申君黄歇定封地在楚考烈王十五年。此云「絶江河，行千餘里來」，當在春申君定封於江南，楚考烈王十五年之後。唐且由魏至楚見春申君，當是爲天下合縱抗秦之事，在楚考烈王二十二年，當秦始皇六年。【補】顧觀光附此策於周赧王五十三年，並云：凡春申君事附此。備一參。

戰國策卷十七

楚四

或謂楚王曰章〔一〕

或謂楚王曰〔二〕：「臣聞從者欲合天下以朝大王，臣願大王聽之也。夫因詘爲信〔三〕，奮患有成〔四〕，勇者義之；攝禍爲福，裁少爲多〔五〕，知者官之。夫報報之反〔六〕，墨墨之化〔七〕，唯大君能之。禍與福相貫〔八〕，生與亡爲鄰，不偏於死，不偏於生，不足以載大名〔九〕。無所寇艾〔一〇〕，不足以橫世。夫秦捐德絶命之日久矣，而天下不知。今夫橫人嚂口利機〔一一〕，上干主心〔一二〕，下牟百姓〔一三〕，公舉而私取利，是以國權輕於鴻毛，而積禍重於丘山。」

〔一〕王念孫云：此篇在十七卷之首，而《文選·爲齊明帝讓宣城郡公表》注引此作「唐睢謂楚王」，則合上卷末「唐且見春申君曰」云云爲一卷，是李善所見本，此處不分卷。而「謂楚王」之上亦無「或」字。

〔二〕楚王：楚考烈王熊完。

〔三〕因詘爲信：詘，與「屈」同。信，與「伸」同。

〔四〕奮患有成：奮，姚本作「舊」，今從鮑本作「奮」，謂有憂患而能振奮，可以成事。

〔五〕攝禍爲福，裁少爲多：攝，收。裁，制。

〔六〕報報之反：報報，反覆，謂屈伸禍福相反不已。

〔七〕墨墨之化：墨，同「默」。化，治理。

〔八〕貫：通，連。

〔九〕載：承受。

〔一〇〕寇艾：寇，侵暴。艾，通「刈」，斬割。

〔一一〕嚂：聲音，與「喊」字義近。

〔一二〕干：求。

〔一三〕牟：取。

【繫年】

此與上章爲同時事，在楚考烈王二十二年，春申君爲縱長以攻秦，當秦始皇六年。

魏王遺楚王美人章

魏王遺楚王美人〔一〕，楚王説之。夫人鄭袖知王之説新人也，甚愛新人。衣服玩好，擇其所喜而爲之；宫室卧具，擇其所善而爲之。愛之甚於王。王曰：「婦人所以事夫者，色也；而妒者〔二〕，其情也。今鄭袖知寡人之説新人也，其愛之甚於寡人，此孝子之所以事親，忠臣之所以事君也。」

〔一〕魏王遺楚王美人：魏王，當爲魏襄王。遺，贈送。楚王，楚懷王。

〔二〕妒：同「妬」，嫉妒。

鄭袖知王以己爲不妬也，因謂新人曰：「王愛子美矣。雖然，惡子之鼻。子爲見王〔一〕，則必揜子鼻〔二〕。」新人見王，因揜其鼻。王謂鄭袖曰：「夫新人見寡人則揜其鼻，何也？」鄭袖曰：「妾知也。」王曰：「雖惡，必言之。」鄭袖曰：「其似惡聞君王之臭也。」王曰：「悍哉〔三〕！」令劓之〔四〕，無使逆命。

〔一〕爲：猶若。

〔二〕揜：同「掩」，復蓋。

〔三〕悍：性情悍急。

〔四〕劓：古五刑之一，割掉鼻子。

【繫年】

此篇年代不詳。【補】顧觀光附此策於周赧王二年，曰：因上章鄭袖附此。可備一參。

楚王后死未立后章

楚王后死〔一〕，未立后也。謂昭魚曰〔二〕：「公何以不請立后也？」昭魚曰：「王不聽，是知困而交絶於后也。」「然則何不買五雙珥〔三〕？今其一善而獻之王，明日視善珥所在，因請立之。」

〔一〕楚王后：當爲楚懷王之后。【補正】此策與《齊策三·齊王夫人死章》事同，蓋傳聞異詞，編者兩存之。

〔二〕昭魚：楚懷王之相。

〔三〕何不買五雙珥：「何」字據文義補。吴師道云：「然則」下有「何」字。珥，婦人所戴耳墜。

【繫年】

此策爲楚懷王初年事。楚懷王有南后，此當是南后死，鄭袖未立爲后之前，昭魚爲懷王相國時事。其確切年代，不可考。【補】顧觀光附此策於周赧王二年，曰：因上二章，附此。備一參考。

莊辛謂楚襄王章

莊辛謂楚襄王曰〔一〕：「君王左州侯〔二〕，右夏侯〔三〕，輦從鄢陵君與壽陵君〔四〕，專淫逸侈靡，不顧國政，郢都必危矣。」襄王曰：「先生老悖乎〔五〕？将以爲楚國祅祥乎〔六〕？」莊辛曰：「臣誠見其必然者也，非敢以爲國祅祥也。君王卒幸四子者不衰，楚國必亡矣。臣請辟於趙〔七〕，淹留以觀之〔八〕。」莊辛去之趙，留五月，秦果舉鄢、郢、巫、上蔡、陳之地〔九〕，襄王流揜於城陽〔一〇〕。於是使人發騶〔一一〕，徵莊辛於趙。莊辛曰：「諾。」莊辛至，襄王曰：「寡人不能用先生之言，今事至於此，爲之奈何？」

〔一〕莊辛謂楚襄王：莊辛，楚莊王之後，以謚爲姓。楚襄王，《荀子》作「楚莊王」，誤。

〔二〕州侯：當是州地之封君。州，古國名，偃姓。故城在今湖北洪湖市東北，春秋時爲楚所滅。

〔三〕夏侯：夏地之封君。夏，地名，在今湖北武漢市武昌區。

〔四〕輦從鄢陵君與壽陵君：輦出則隨從，謂其受寵信。輦，國君、天子之所乘車。鄢陵君，即安陵君。楚安陵，在今河南漯河市偃城區東南，與魏之安陵有別。壽陵，其地未詳。

〔五〕悖：亂，惑。

〔六〕祅祥：祅，同「妖」，害物。祥，怪異之氣，吉凶之徵兆。

〔七〕辟於趙：避開楚國而往趙。辟，與「避」同。

〔八〕淹留：滯留，停留。

〔九〕秦果舉鄢、郢、巫、上蔡、陳之地：按《史記·楚世家》頃襄王二十一年，「秦將白起遂拔我郢，燒先王墓夷陵。楚襄王兵散，遂不復戰，東北保於陳城。二十二年，秦復拔我巫、黔中郡」。《白起傳》：「攻楚拔鄢、鄧五城。其明年攻楚，拔郢，燒夷陵，遂東至竟陵。楚王東走徙陳。」《秦本紀》：「昭王二十八年取鄢、鄧，二十九年取郢。」《雲夢秦簡大事記》秦昭王「二十七年攻鄧。廿八年攻鄢，廿九年攻安陸」。是楚失鄢、郢不在一年。自楚襄王十九年，楚割上庸、漢北地予秦，此後數年中，秦無取上蔡、陳之事。則上蔡、陳當是衍文。鄢，今湖北宜城市南。郢，今湖北荆州市紀南城。巫，今重慶巫山縣東。

〔一〇〕襄王流揜於城陽：揜，與「掩」通，言流徙而淹留於城陽。揜，困。城陽，鮑改「城」爲「成」。成陽故城在今河南息縣西界。張琦謂自成陽而至陳，非成陽即陳也。按城陽乃陳城之陽，在今河南淮陽城之東南。襄王死後葬於此（其墓葬和車馬坑已於一九八〇年被考古發掘出來），故云流揜於城陽。

〔一一〕騶：廄中所養之御馬。

莊辛對曰：「臣聞鄙語曰〔一〕：『見菟而顧犬〔二〕，未爲晚也；亡羊而補牢〔三〕，未爲遲也。』臣聞昔湯、武以百里昌，桀、紂以天下亡。今楚國雖小，絶長續短〔四〕，猶以數千里，豈特百里哉？

〔一〕鄙語：俗語，諺語。

〔二〕菟：與「兔」同。

〔三〕牢：養牛羊之圈。《新序》作「見兔而呼狗，亡羊而顧牢」。

〔四〕絶長續短：即截長補短。

「王獨不見夫蜻蛉乎〔一〕？六足四翼，飛翔乎天地之間，俛啄蚊䖟而食之〔二〕，仰承甘露而飲之，自以爲無患，與人無争也〔三〕。不知夫五尺童子，方將調飴膠絲〔四〕，加己乎四仞之上，而下爲螻蟻食也。夫蜻蛉其小者也〔五〕，黄雀因是以俯噣白粒〔六〕，仰棲茂樹，鼓翅奮翼，自以爲無患，與人無争也。不知夫公子王孫，左挾彈〔七〕，右攝丸〔八〕，將加己乎十仞之上，以其類爲招〔九〕，晝游乎茂樹，夕調乎酸醎〔一〇〕。倏忽之間，墜於公子之手〔一一〕。

〔一〕蜻蛉：即蜻蜓。一名桑根。

〔二〕䖟：與「虻」、「蝱」同，蠅類。

〔三〕與人無争：《新序》作「與民無争」。

〔四〕調飴膠絲：調，調治。飴，姚本作「鉛」，鮑改「鉛」爲「飴」。今從鮑本。飴，餳。膠，粘。加飴於絲，以粘取蜻蛉。【補】調飴膠絲，顔師古《急就章》注，以糵米取汁而煎之，渜弱者爲飴，形怡怡然。此謂調以膠絲也。

〔五〕夫蜻蛉其小者也：此七字鮑本無，《新序》有。

〔六〕黄雀因是以俯噣白粒：黄雀，《新序》爲「黄爵」。雀，即古「爵」字。「雀」、「爵」古通用。因是以，也是這樣。噣，通「啄」。

〔七〕挾彈：挾，執。彈，彈弓。

〔八〕攝丸：攝，捻取。丸，彈弓子。

〔九〕以其類爲招：類，乃「頸」字之誤。《文選》阮籍《詠懷詩》注《春秋後語》引此並作「以其頸爲的」。招，的，目標。

〔一〇〕調乎酸醎：以酸鹹調之以供饌食。醎，俗「鹹」字。

〔一一〕倏忽之間，墜於公子之手：錢、劉、集三本無此十字。王念孫云：無此十字者是也。《文選·詠懷詩》注及《藝文類聚》、《太平御覽》、《新序·雜事》引《國策》並無此十字。或曰：此十字錯簡，當在「爲招」下。

「夫黃雀其小者也〔一〕。黃鵠因是以游於江海，淹乎大沼〔二〕，俯噣鱶鯉〔三〕，仰嚙菱衡〔四〕，奮其六翮〔五〕，而凌清風，飄搖乎高翔，自以爲無患，與人無爭也。不知夫射者，方將脩其莽盧〔六〕，治其繒繳〔七〕，將加己乎百仞之上，被礛磻〔八〕，引微繳，折清風而抎矣〔九〕。故晝游乎江河，夕調乎鼎鼐〔一〇〕。

〔一〕夫黃雀：姚本、鮑本作「夫雀」，無「黃」字，今從一本。

〔二〕「黃鵠」二句：黃鵠，雁之屬，俗名天鵝，似雁而大，飛翔高遠。淹，停留。沼，池沼，方者爲池，曲者爲沼。

〔三〕鱶鯉：《新序》作「鰋鯉」。《藝文類聚·鳥部》、《太平御覽·羽族部》引此並作「鰋鯉」。鰋，魚名，身圓、白額，性好偃腹，平著於地。鱶，字書無此字。

〔四〕蔆衡：蔆，菱角，芰類。衡，杜衡，香草名。

〔五〕翮：羽毛根。

〔六〕茾盧：字書無「茾」字。黄氏《札記》云，「茾」當讀爲「蒲」。蒲，箭桿。盧，黑弓。

〔七〕繒繳：繒，與「矰」通。以生絲繫箭而射鳥雀者。繳，音「灼」。生絲線。

〔八〕礛磻：礛，治玉之石。用以磨矢使之鋭利。磻，以古鏃繫於繳。

〔九〕抎：與「隕」同，墜下。

〔一〇〕鼐：大鼎。

「夫黄鵠其小者也，蔡聖侯之事因是以〔一〕，南游乎高陂〔二〕，北陵乎巫山〔三〕，飲茹溪流〔四〕，食湘波之魚〔五〕，左抱幼妾，右擁嬖女，與之馳騁乎高蔡之中〔六〕，而不以國家爲事。不知夫子發方受命乎宣王〔七〕，繫己以朱絲而見之也。

〔一〕蔡聖侯：此蔡國非蔡仲之後遷於州來之蔡國，是另一蔡國，即下文所云之「高蔡」。聖侯，高蔡之國君。

【補】高蔡，戰國時蔡國都。又稱高蔡邑。故址在今湖南常德市南。

〔二〕陂：阪，高而坡斜。

〔三〕陵乎巫山：陵，登上。巫山注見前。

〔四〕飲茹溪流：當從《春秋後語》作「飲茹溪之流」。茹溪，巫山之溪。在今重慶巫山縣城北，俗謂之小溪。

〔五〕湘：水名，源出今廣西之陽海山，至興安東北入湖南，經永州、衡陽、岳陽等入洞庭湖。

〔六〕高蔡：《潘生和鼎》云：高蔡，乃蠻越之國。亦單稱蔡。其國境有今湖南澧縣北至重慶巫山之地，與楚接界，在楚之西境。

〔七〕子發方受命乎宣王：子發，楚宣王之將。《荀子·强國》云：「子發將西伐蔡，克蔡，獲蔡侯。」宣王，熊良夫，楚威王之父。《淮南子·道應訓》：「子發攻蔡，逾之，宣王郊迎。」

「蔡聖侯之事其小者也，君王之事因是以。左州侯，右夏侯，輦從鄢陵君與壽陵君〔一〕，飯封禄之粟〔二〕，而載方府之金〔三〕，與之馳騁乎雲夢之中，而不以天下國家爲事。不知夫穰侯方受命乎秦王〔四〕，填黽塞之内〔五〕，而投己乎黽塞之外。」

〔一〕輦：姚本作「輩」，誤。今從鮑本。

〔二〕飯封禄：飯，食。封禄，封邑之收入。

〔三〕載方府之金：載，姚本作「戴」，誤，今從鮑本。方府，當是楚之庫藏名，猶魯之長府。

〔四〕穰侯方受命乎秦王：穰侯，秦相，魏冉。秦王，秦昭襄王。

〔五〕填黽塞：填，杜塞。黽塞，即冥阸，亦作鄳隘，在今河南羅山縣南，俗名九里關。【補】《史記·春申君列傳》：「秦踰黽隘之塞而攻楚。」《蘇秦傳》：「塞鄳阸。」《正義》云，申州羅山縣，本漢鄳縣，州有清平關，蓋古鄳縣之阸塞。

襄王聞之，顏色變作〔一〕，身體戰慄。於是乃以執珪而授之，封之爲陽陵君〔二〕，與淮北之地也。

〔一〕顔色變作：作，當爲「怍」之同音假借字。顔色不和爲怍。變其容貌爲怍。

〔二〕封之爲陽陵君：「封之」二字姚本無，今從曾本。陽陵，《新序》作「成陵」。

【繫年】

《楚世家》頃襄王二十一年，秦將白起拔郢，燒先王墓、夷陵，楚頃襄王遂不復戰，東北保於陳城。與策文「穰侯方受命乎秦王，填黽塞之内，而投己乎黽塞之外」事實相符。楚頃襄王二十一年，當秦昭王三十二年、周赧王四十年。

齊明説卓滑以伐秦章

齊明説卓滑以伐秦〔一〕，滑不聽也。齊明謂卓滑曰：「明之來也，爲樗里疾卜交也〔二〕。明説楚大夫以伐秦，皆受明之説也，唯公弗受也，臣有辭以報樗里子矣。」卓滑因重之。

〔一〕齊明説卓滑：齊明，東周臣，後仕秦、楚及韓。卓滑，即淖滑，亦作「昭滑」、「召滑」。召，「卓」聲之轉。楚人。

〔二〕爲樗里疾卜交：樗里疾，秦惠王弟，秦武王之相。因其所居里有大樗，故號樗里子，名疾。卜交，占卜秦、楚之國交。

【繫年】

此策當爲樗里疾爲秦相時事。樗里疾爲左丞相在秦武王二年、楚懷王二十年、周赧王六年。

或謂黄齊曰章

或謂黄齊曰〔一〕：「人皆以謂公不善於富摯〔二〕，公不聞老萊子之教孔子事君乎〔三〕？示之其齒之堅也，六十而盡相靡也〔四〕。今富摯能而公重〔五〕，不相善也，是兩盡也。諺曰：『見君之乘，下之；見杖，起之〔六〕。』今也王愛富摯，而公不善也，是不臣也。」

〔一〕黄齊：身世不詳。

〔二〕富摯：不詳。【補】富摯，楚人。《渚宫舊事》卷三：「富摯有寵於懷王，黄齊惡之。」

〔三〕老萊子：司馬遷疑其即老子李耳。《史記·老子韓非列傳》云：「老萊子，亦楚人也。著書十五篇，言道家之用，與孔子同時云。」老萊子教孔子之事，不見於史書。老子教孔子之事，載於《老子本傳》，其内容與策文不同。

〔四〕相靡：「靡」與「摩」、「磨」同，磨滅，研磨。以牙齒之堅作比喻，相研磨以至於盡，以説明黄齊與富摯二人之相害。

〔五〕富摯能而公重：能，謂有才幹。重，謂國君信任。

〔六〕見君之乘，下之；見杖，起之：見國君之車乘，則下車。見國君之杖，則起立。表示尊敬。乘，指車乘。

【繫年】

此策年事皆不可考。姑從顧觀光説附於楚威王元年，當周顯王三十年。

長沙之難章

長沙之難〔一〕，楚太子橫爲質於齊〔二〕。楚王死〔三〕，薛公歸太子橫，因與韓、魏之兵隨而攻東國〔四〕。太子懼。昭蓋曰〔五〕：「不若令屈署以新東國爲和於齊以動秦〔六〕。秦恐齊之敗東國〔七〕，而令行於天下也，必將救我。」太子曰：「善。」遽令屈署以東國爲和於齊〔八〕。秦王聞之懼，令辛戎告楚曰〔九〕：「毋與齊東國，吾與子出兵矣〔一〇〕。」

〔一〕長沙之難：其事不詳，其地望亦難定。【補】長沙之難，即「垂沙之事」，于鬯謂「長」、「垂」一聲之轉。垂沙之事，即楚懷王二十八年四國敗楚於重丘之戰。明年，秦復伐楚，懷王乃使太子質於齊。

〔二〕楚太子橫爲質於齊：楚懷王之太子，名橫。據《楚世家》，楚懷王二十九年，「秦復攻楚，大破楚，楚軍死者二萬。殺我將軍景缺。懷王恐，乃使太子爲質於齊以求平」。

〔三〕楚王死：楚懷王三十年入秦，秦留楚懷王。楚頃襄王立三年，楚懷王死於秦。

〔四〕東國：楚東境淮北之地。

〔五〕昭蓋：楚人。

〔六〕「不若」句：屈署，楚人。新，鮑彪以爲衍文。

〔七〕敗東國：敗，當爲「取」，字形相似而誤。楚令屈署以東國之地和齊，不得言齊敗東國。

〔八〕遽：急，疾。

〔九〕辛戎：鮑改「辛」爲「芈」，當是。芈戎，秦宣太后之同父弟，號華陽君，又號新城君。

〔一〇〕與：猶爲。

【繫年】

此策爲追敘楚懷王入秦後之事，在楚懷王死之前，太子橫歸楚之後，當繫於楚懷王三十一年、秦昭王九年，當周赧王十七年。【正】此策顧觀光繫於周赧王十六年，即秦昭王八年、楚懷王三十年。楚懷王在位三十年，後頃襄王即位。此「三十一年」，不知何據！

有獻不死之藥章

有獻不死之藥於荊王者〔一〕，謁者操以入〔二〕，中射之士問曰〔三〕：「可食乎？」曰：「可。」因奪而食之。王怒，使人殺中射之士。中射之士使人説王曰：「臣問謁者，謁者曰：『可食。』臣故食之。是臣無罪，而罪在謁者也。且客獻不死之藥，臣食之，而王殺臣，是死藥也。王殺無罪之臣，而明人之欺王。」王乃不殺。

〔一〕荊王：即楚王。楚因建國於荊山之地，故稱荊，亦稱荊楚。

〔二〕謁者操以入：謁者，官名，掌賓客、受事，傳達國君命令。操，握持。

〔三〕中射之士：射人之給事宮中者。《周禮·夏官》有射人。【補】中射士，官名。分爲上、中、下三等。

【繫年】

此策年代不可考。【補】顧觀光繫此策爲周赧王二年，以備一參。

客說春申君章

客說春申君曰：「湯以亳〔一〕，武王以鄗〔二〕，皆不過百里以有天下。今孫子〔三〕，天下賢人也，君籍之以百里勢〔四〕，臣竊以爲不便，於君何如？」春申君曰：「善。」於是使人謝孫子。孫子去之趙，趙以爲上卿〔五〕。

〔一〕湯以亳：湯，商湯王。亳，在今山東曹縣南。【補正】亳，鮑注引《皇覽》：「亳，今梁穀熟。」吴師道曰，《史記正義》引《括地志》云：「宋州穀熟縣西南南亳故城，即湯都。宋州北大蒙城爲景亳，湯所盟地，所謂北亳。河東偃師爲西亳，帝嚳及湯所都。盤庚亦徙都云。湯即位後都南亳，後徙西亳。」

〔二〕鄗：與「鎬」通。周武王都鎬。在今陝西咸陽市東南。

〔三〕孫子：即荀卿，時爲楚蘭陵令。按劉向《孫卿書敘録》云：孫卿，趙人，名況。楚相春申君以爲蘭陵令。今其書稱《荀子》。司馬貞、顔師古並以爲避漢宣帝諱，改「荀」爲「孫」。

〔四〕籍：與「藉」通。古借字，憑借。

〔五〕趙以爲上卿：姚宏云，荀子未嘗爲上卿。《春秋後語》作「上客」，當是。《韓詩外傳》作「上卿」。趙孝成王待之如上卿。

客又説春申君曰：「昔伊尹去夏入殷〔一〕，殷王而夏亡；管仲去魯入齊，魯弱而齊强。夫賢者之所在，其君未嘗不尊，國未嘗不榮也。今孫子，天下賢人也，君何辭之？」春申君又曰：「善。」於是使人請孫子於趙。

〔一〕伊尹去夏入殷：伊尹，名摯，商湯薦之於夏桀。伊尹告桀以堯舜之道，不用，故復歸於亳。爲商湯相，號阿衡。

孫子爲書謝曰：「癘人憐王〔一〕，此不恭之語也。雖然，不可不審察也。此爲劫弑死亡之主言也〔二〕。夫人主年少而矜材，無法術以知奸，則大臣主斷國私以禁誅於己也〔三〕，故弑賢長而立幼弱，廢正適而立不義〔四〕。《春秋》戒之曰〔五〕：『楚王子圍聘於鄭，未出竟〔六〕，聞王病，反問疾，遂以冠纓絞王殺之〔七〕，因自立也。齊崔杼之妻美〔八〕，莊公通之，崔杼帥其君黨而攻莊公〔九〕。莊公請與分國，崔杼不許；欲自刃於廟，崔杼不許。莊公走出，踰於外牆，射中其股，遂殺之。而立其弟景公。』近代所見：李兑用趙，餓主父於沙丘〔一〇〕，百日而殺之；淖齒用齊，擢閔王之筋，縣於其廟梁，宿夕而死〔一一〕。夫癘雖癰腫胞疾〔一二〕，上比前世，未至絞纓射股；下比近代，未至擢筋而餓死也。夫劫弑死亡之主也，心之憂勞，形之困苦，必甚於癘矣。由此觀之，癘雖憐王可也。」

〔一〕癘人憐王：《韓非子》作「諺曰：癘憐王」。癘，癩病。謂癘雖惡疾，猶勝於被劫殺。

〔二〕劫弑死亡之主：被大臣劫殺死亡之君主。以下殺上爲弑。

〔三〕主斷國私以禁誅於己：《韓詩外傳》作「專斷圖私以禁誅己」。則「國」字乃「圖」之誤。

〔四〕正適：「適」與「嫡」通。正妻所生之子。

〔五〕戒：《韓非子》作「記」。

〔六〕「楚王子圍」二句：楚王子圍，楚康王之寵弟，楚共王之子。楚康王之子郟敖爲楚王，王子圍爲令尹，主兵事。郟敖四年，王子圍使於鄭。竟，與「境」同。

〔七〕以冠纓絞王殺之：冠纓，繫帽繩。絞，勒死。

〔八〕崔杼：齊惠公之寵臣。擁立齊莊公有功，掌齊國政權。

〔九〕君黨：指齊莊公之宦者賈舉之徒。

〔一〇〕李兑用趙，餓主父於沙丘：注見《秦策三》。

〔一一〕「淖齒用齊」四句：事詳見《齊策六》。

〔一二〕癰腫胞疾：癰，惡瘡。胞，衣胞，胎衣。胞疾，謂於胎胞中得疾。

因爲，《賦》曰：「寶珍隋珠〔一〕，不知佩兮。禕布與縣，不知異兮〔二〕。閭姝、子奢，莫知媒兮〔三〕。嫫母求之，又甚喜之兮〔四〕。以瞽爲明，以聾爲聰，以是爲非，以吉爲凶。嗚呼上天，曷惟其同！」《詩》曰：「上天甚神，無自瘵也〔五〕。」

〔一〕寶珍隋珠：隋侯之珠，爲世之所寶所珍。隋珠，隋侯之珠。隋侯見大蛇傷，療而愈之，蛇銜明珠以報之。

〔二〕禕布與縣，不知異兮：禕，孫、樸本作「褘」，是也。《荀子》及《韓詩外傳》並作「禕布與錦」。縣，蓋「錦」之訛。「褘布與錦，不知異兮」，言美惡不分也。

〔三〕閭姝、子奢，莫知媒兮：閭姝，《荀子》作「閭娵」，梁惠王之美女。子奢，《韓詩外傳》作「子都」。春秋時鄭國之美男子公孫惡字子都。莫知媒，《荀子》及《韓詩外傳》作「莫之媒」，言無人爲之媒也。

〔四〕嫫母求之，又甚喜之兮：嫫母，醜女人，黄帝之妻。求之，《荀子》、《韓詩外傳》作「力父」。

〔五〕上天甚神，無自瘵也：《詩·小雅·菀柳》之辭。瘵，病。

【繫年】

據《鹽鐵論·論儒》，荀子去齊適楚，在五國伐齊之前。《春申君傳》楚考烈王元年，以黄歇爲相，封爲春申君。春申君相楚八年，爲楚北伐滅魯，以荀卿爲蘭陵令。其去楚適趙，在楚考烈王八年、趙孝成王十一年、秦昭王五十二年。

天下合從章

天下合從，趙使魏加見楚春申君曰〔一〕：「君有將乎？」曰：「有矣，僕欲將臨武君〔二〕。」魏加曰：「臣少之時好射，臣願以射譬之可乎？」春申君曰：「可。」加曰：「異日者，更羸與魏王處京臺之下〔三〕，仰見飛鳥，更羸謂魏王曰：『臣爲王引弓虚發而下鳥。』魏王曰：『然則射可至此乎？』更嬴曰：『可。』有間，雁從東方來，更嬴以虛發而下之。魏王曰：『然則射可至此乎？』更嬴曰：『此孽也〔四〕。』王曰：『先生何以知之？』對曰：『其飛徐而鳴悲。飛徐者，故瘡痛也；鳴悲者，久失群也。故瘡未息而驚心未去也〔五〕。聞弦音引而高飛〔六〕，故瘡隕也〔七〕。』今臨武君嘗爲秦孽〔八〕，不可爲拒秦之將也。」

〔一〕趙使魏加見楚春申君：魏加，鮑注：趙人。身世不詳。春申君，黄歇。楚考烈王元年封爲春申君。

〔二〕臨武君：楚將。《荀子·議兵》曾與荀卿議兵於趙孝成王前。

〔三〕更嬴與魏王處京臺之下：更嬴，人名。京臺，《御覽》卷七四四引此作「庶」。臺名。

〔四〕孽：妾隸之子爲孽。孽，病也。有隱痛於身。

〔五〕未去：姚本作「未至」，誤。鮑本、《御覽》卷七四四皆作「未去」。今從之。

〔六〕音引：一本作「音烈」，鮑本作「者音烈」。黄丕烈云：烈者，「裂」之誤。當本在「瘡」字下，故云瘡裂而隕也。各本皆有誤。

〔七〕故瘡隕也：當如黄丕烈説，「故云瘡裂而隕也」。

〔八〕臨武君爲秦孽：言臨武君爲楚將，曾敗於秦。

【繫年】

據《春申君考》，春申君相楚二十二年，諸侯患秦攻伐無已時，乃相與合縱西伐秦，而楚王爲縱長，春申君用事。此蓋楚考烈王二十二年，秦始皇六年時事。

汗明見春申君章

汗明見春申君〔一〕，候間三月而後得見〔二〕，談卒，春申君大説之。汗明欲復談，春申君曰：「僕已知先生，先生大息矣〔三〕。」汗明憱焉曰〔四〕：「明願有問君而恐固〔五〕。不審君之聖孰與堯也？」春申君曰：「先生過矣，臣何足以當堯？」汗明曰：「然則君料臣孰與舜？」春申君曰：「先生即舜也。」汗明曰：「不然。臣請爲君終言之。君之賢實不如堯，臣之能不及舜。夫以賢舜事聖堯，三年而後乃相知也。今君一時而知臣〔六〕，是君聖於堯而臣賢於舜也。」春申君曰：「善。」召門吏爲汗先生著客籍〔七〕，五日一見。

〔一〕汗明：《太平御覽》卷四〇五、卷八九六引此並作「汗明」。春申君門客。

〔二〕候間：姚本作「候問」。一本、《御覽》卷四〇五作「候間」。今從之。等候時間。

〔三〕先生大息矣：《太平御覽》卷四〇五引此無「大」字。王念孫云：「息」上不當有「大」字，此因上文「大」字而衍耳。先生息矣，猶《齊策》孟嘗君説馮諼「先生休矣」。當休息解，與嘆息不同。

〔四〕憱：與「蹴」同。不安貌。

〔五〕固：固執不通。

〔六〕一時：鮑本與《御覽》皆作「一旦」，義勝。

〔七〕著客籍：著其名字於賓客之籍。

汗明曰：「君亦聞驥乎？夫驥之齒至矣〔一〕，服鹽車而上大行〔二〕，蹄申膝折〔三〕，尾湛胕潰〔四〕，漉汁灑地〔五〕，白汗交流〔六〕，中阪遷延〔七〕，負轅不能上。伯樂遭之〔八〕，下車攀而哭之，解紵衣以幂之〔九〕。驥於是俛而噴，仰而鳴，聲造於天〔一〇〕，若出金石聲者〔一一〕，何也？彼見伯樂之知己也〔一二〕。今僕之不肖，阨於州部〔一三〕，堀穴窮巷〔一四〕，沈洿鄙俗之日久矣，君獨無意湔拔僕也〔一五〕，使得爲君高鳴屈於梁乎〔一六〕？」

〔一〕驥之齒至矣：良馬以口齒論其年齡。至矣，謂口齒至老年。

〔二〕服鹽車而上大行：服，駕，套。大行，即太行，太行阪道。

〔三〕蹄申膝折：蹄筋伸，膝節折。

〔四〕尾湛胕潰：尾湛，謂尾爲汗所濕透。胕，同「膚」。膚潰，謂汗出如潰。

〔五〕漉汁：指馬之口沫。

〔六〕白汗：汗水蒸發而成鹽汗，故爲白汗。

〔七〕中阪遷延：在太行阪道上遷延不能前進。

〔八〕伯樂：姓孫名陽，善相馬、馭馬。春秋秦穆公時人。

〔九〕解紵衣以幂之：紵衣，麻布衣服。幂，複被。

〔一〇〕造：姚本、鮑本作「達」。《類聚》卷九十二、《御覽》卷八九六引此皆作「造」。今從之。造，至。

〔一一〕聲：乃衍文。

〔一二〕彼見：《御覽》卷八九六引此作「欣見」。

〔一三〕阨於州部：阨，困。州，古代五黨二千家爲州。部，州界。

〔一四〕堀穴窮巷：謂以窮巷爲窟穴。堀，窟。

〔一五〕湔拔：湔，洗刷。拔，提拔。

〔一六〕鳴屈於梁：梁，魏國。疑汗明嘗阨困於梁，故鳴其屈。【補】梁，非魏梁，應爲南梁。金正煒曰：「屈、梁並爲楚地也。」據金説，梁當爲南梁，即今河南汝州市西南古梁國。

【繫年】

汗明見春申君，當在春申君受封爲相之初，招致賓客之時，春申君受封爲相在楚考烈王元年。

楚考烈王無子章

楚考烈王無子〔一〕，春申君患之，求婦人宜子者進之〔二〕，甚衆，卒無子。

〔一〕楚考烈王無子：楚考烈王，楚頃襄王之子。無子，此時無子。

〔二〕婦人宜子者進之：女子之宜於產子者，進之於考烈王。

趙人李園，持其女弟，欲進之楚王，聞其不宜子，恐又無寵〔一〕。李園求事春申君爲舍人。已而謁歸〔二〕，故失期〔三〕，還謁，春申君問狀。對曰：「齊王遣使求臣女弟〔四〕，與其使者飲，故失期。」春申君曰：「聘入乎〔五〕？」對曰：「未也。」春申君曰：「可得見乎？」曰：「可。」於是園乃進其女弟，即幸於春申君。知其有身〔六〕，園乃與其女弟謀。

〔一〕又：曾本、《史記·春申君傳》作「久」，義勝。

〔二〕謁歸：請假歸家。

〔三〕故失期：故意到期不還。

〔四〕齊王：當指齊王建。乃假設之辭。

〔五〕聘：聘禮，幣帛之屬。古者男子向女方求婚，先納聘禮。

〔六〕有身：懷孕。

園女弟承間說春申君曰：「楚王之貴幸君，雖兄弟不如。今君相楚王二十餘年，而王無子，即百歲後〔一〕，將更立兄弟，即楚王更立，彼亦各貴其故所親，君又安得長有寵乎？非徒然也，君用事久，多失禮於王兄弟，兄弟誠立，禍且及身，奈何以保相印、江東之封乎〔二〕？今妾自知有身矣，而人莫知，妾之幸君未久，誠以君之重而進妾於楚王，王必幸妾。妾賴天而有男，則是君之子爲王也，楚國封盡可得〔三〕，孰與其臨不測之罪乎？」春申君大然爲之。乃出園女弟謹舍，而言之楚王。楚王召入，幸之。遂生子男，立爲太子〔四〕，以李園女弟立爲王后。楚王貴李園，李園用事。

〔一〕百歲後：言楚考烈王死後。

〔二〕江東之封：楚考烈王元年以黄歇爲相，封爲春申君，賜以淮北地十二縣。後十五年，春申君獻淮北十二縣於楚王，請封於江東。

〔三〕封：四封，全境。

〔四〕太子：名悍，即楚幽王。

李園既入其女弟爲王后，子爲太子，恐春申君語泄而益驕，陰養死士，欲殺春申君以滅口，而國人頗有知之者。春申君相楚二十五年，考烈王病。朱英謂春申君曰〔一〕：「世有無妄之福〔二〕，又有無妄之禍。今君處無妄之世，以事無妄之主，安不有無妄之人乎？」春申君曰：「何謂無妄之福？」曰：「君相楚二十餘年矣，雖名爲相國，實楚王也。五子皆相諸侯。今王疾甚，旦暮且崩，太子衰弱，疾而不起。而君相少主，因而代立當國，如伊尹、周公〔三〕。王長而反政，不即遂南面稱孤，因而有楚國。此所謂無妄之福也。」春申君曰：「何謂無妄之禍？」曰：「李園不治國，王之舅也。不爲兵將，而陰養死士之日久矣。楚王崩，李園必先入。據本議制斷君命〔四〕，秉權而殺君以滅口。此所謂無妄之禍也。」春申君曰：「何謂無妄之人？」曰：「君先仕臣爲郎中〔五〕，君王崩，李園先入，臣請爲君剸其胸殺之〔六〕。此所謂無妄之人也。」春申君曰：「先生置之，勿復言已。李園，軟弱人也，僕又善之，又何至此？」朱英恐，乃亡去。

〔一〕朱英：《春秋後語》謂，朱英，觀人，《史記》爲觀津人。《韓策》有觀鞅。觀，地名，今山東莘縣。戰國時屬魏。

〔二〕無妄：《史記》作「毋望」。按《史記》原文亦應作「無妄」，故《索隱》引《易經》「無妄」卦，以明其與此義不同。「無妄」與「毋望」音義皆同。謂不期望而忽然自來。

〔三〕伊尹、周公：《竹書紀年》謂伊尹相太甲，放太甲於桐而自立。《周本紀》武王崩，太子誦代立，是爲成王。成王少，周初定天下，周公恐諸侯叛，攝行政當國。

〔四〕制斷君命：謂矯楚王之命令，以獨斷專行。

〔五〕郎中：官名，國王宮中之侍衛。

〔六〕剷：亦作「⿰重刂」，音同「衝」，刺也。

後十七日，楚考烈王崩，李園果先入，置死士，止於棘門之內〔一〕。春申君後入，止棘門。園死士夾刺春申君，斬其頭，投之棘門外。於是使吏盡滅春申君之家。而李園女弟初幸春申君有身，而入之王所生子者，遂立爲楚幽王也。是歲，秦始皇立九年矣。嫪毐亦爲亂於秦〔二〕。覺，夷三族〔三〕，而呂不韋廢〔四〕。

〔一〕棘門：「棘」與「戟」通。以戟爲門。宮門，以戟保衛之，故名。

〔二〕嫪毐：吕不韋所進與始皇母之大陰人。始皇九年與太后謀爲亂，欲攻蘄年宮，被發覺。嫪毐被擒，車裂。

〔三〕夷三族：夷，誅滅。三族：父族、母族、妻族。

〔四〕吕不韋：陽翟賈人。以立太子子楚爲秦莊襄王，封文信侯，爲丞相。以嫪毐之罪受株連，被罷相，自殺。按《秦始皇本紀》吕不韋被廢，在秦始皇十年。

【繫年】

據策文繫在楚考烈王二十五年、秦始皇九年。

虞卿謂春申君曰章

虞卿謂春申君曰〔一〕：「臣聞之《春秋》〔二〕：『於安思危，危則慮安。』今楚王之春秋高矣，而君之封地，不可不早定也。爲主君慮封者，莫如遠楚。秦孝公封商君，孝公死，而後不免殺之。秦惠王封冉子〔三〕，惠王死，而後王奪之。公孫鞅，功臣也，冉子親姻也。然而不免奪、死者，封近故也。太公望封於齊，邵公奭封於燕，爲其遠王室矣。今燕之罪大而趙怒深〔四〕，故君不如北兵以德趙，踐亂燕以定身封〔五〕，此百代之一時也〔六〕。」

〔一〕虞卿謂春申君：《戰國縱横家書》無「虞卿」二字。虞卿，游説之士，仕趙孝成王爲上卿，食邑於虞，故號爲虞卿。著有《虞氏春秋》十五卷。

〔二〕春秋：此二字，吴師道以爲因下文而衍。《戰國縱横家書》無「春秋」二字，當删去。

〔三〕秦惠王封冉子：冉子，即穰侯魏冉。《戰國縱横家書》作「襄子」。「襄」當是「穰」字之省。按魏冉之封在秦昭王時，不在秦惠王時。魏冉之廢亦在昭王時。此有誤。

〔四〕燕之罪大而趙怒深：指燕王喜以栗腹之謀伐趙，引起燕、趙連年戰争。

〔五〕定身封：指春申君以楚考烈王十五年獻淮北十二縣而徙封於吴一事。

〔六〕百代：《戰國縱横家書》作「百世」爲是。

君曰：「所道攻燕，非齊則魏。魏、齊新怨楚〔一〕，楚君雖欲攻燕〔二〕，將道何哉〔三〕？」對曰：「請令魏王可。」君曰：「何如？」對曰：「臣請到魏而使所以信之〔四〕。」乃謂魏王曰〔五〕：「夫楚亦强大矣，天下無敵，乃且攻燕。」魏王曰：「鄉也〔六〕，子云天下無敵；今也，子云乃且攻燕者，何也？」對曰：「今爲馬多力，則有矣。若曰勝千鈞，則不然者，何也？夫千鈞非馬之任也。今謂楚强大則有矣，若越趙、魏而鬭兵於燕，則豈楚之任也哉〔七〕？非楚之任而楚爲之，是敝楚也。敝楚見强魏也〔八〕，其於王孰便也〔九〕？」

〔一〕怨：《戰國縱横家書》作「惡」。

〔二〕楚君：王念孫云，「君」字因上下文而誤衍。《戰國縱横家書》無「楚君」二字。

〔三〕將道何哉：王念孫云，當作「將何道哉」。道，從也。言楚攻燕，兵何從出？置「道」字於「何」字上，則文不成義。《戰國縱橫家書》作「將何道哉」。【補正】將道何哉，意即將取道於何哉！楚出兵伐燕，必取道於魏，所以應下文「對曰：『請令魏王可。』」這樣解，於後文之「若越趙、魏而鬬兵於燕」，則前後互應矣！

〔四〕而使所以信之：《戰國縱橫家書》作「便所以言之」。「使」、「信」二字有誤，當據以訂正。

〔五〕魏王：指魏安釐王。

〔六〕鄉：向也，往者謂之鄉。

〔七〕哉：姚本作「我」，一本作「哉」。《戰國縱橫家書》作「哉」。「哉」字是也。

〔八〕敝楚見强魏：見，鮑本作「是」。一本作「强楚、敝楚」。《戰國縱橫家書》作「强楚、敝楚」。當據以訂正。

〔九〕此句下，曾鞏校記云：「此下恐欠。」又按《韓策一》也有此章，前面也有殘缺。《戰國縱橫家書》亦有缺文。可見此文傳本在漢初已經不全。

【繫年】

春申君獻淮北十二縣以爲郡，徙封於吳，在楚考烈王十五年。當秦莊襄王二年。

戰國策卷十八

趙一

知伯從韓魏兵章

知伯從韓、魏兵以攻趙〔一〕，圍晉陽而水之〔二〕，城下不沉者三板〔三〕。郄疵謂知伯曰〔四〕：「韓、魏君必反矣。」知伯曰：「何以知之？」郗疵曰：「以其人事知之。夫從韓、魏之兵而攻趙，趙亡，難必及韓、魏矣。今約勝趙而三分其地〔五〕，今城不没者三板，臼竈生鼃〔六〕，人馬相食，城降有日，而韓、魏之君無喜志而有憂色，是非反如何也〔七〕？」

〔一〕知伯從韓、魏兵以攻趙：知，即智。智伯，名瑶。本姓荀，晉卿荀申之子，食邑於智，故又爲智氏。智瑶，謚襄子。古智城在今山西運城市。從，領也。韓、魏，晉卿韓虎、魏駒。領韓、魏二家之兵以攻趙無恤。

〔二〕圍晉陽而水之：晉陽，故址在今山西太原市晉源區。春秋晉邑，趙簡子家臣董安於所築。水之，以水灌晉陽城。晉水出晉陽縣西龍山，東南流注於汾水。智伯遏晉水以灌晉陽，其水分爲二：北瀆即智氏故渠。

〔三〕城下不沉者三板：金正煒云：「下」字即「不」字之誤衍。沉，淹没。三板，板築牆，高二尺爲一板，三板即六尺。

〔四〕郄疵：郄，《説文》作「絺」，《御覽》卷四五〇、《説苑·權謀》並作「絺」。《通鑒》作「絺」。絺，原爲地名，在今河南沁陽市。《姓譜》郄，姓，周蘇忿生支子封於絺，因以爲氏。「絺」即「郗」字。「郗」、「絺」二字音殊字異。後世因俗書字劃相混，不復分。當以「郗」爲正。郗疵，智伯之臣屬。

〔五〕今約勝趙：《御覽》卷四五〇、《説苑·權謀》並作「夫勝趙」。

〔六〕臼竈生鼃：臼，杵臼，舂米器。竈，炊竈。鼃，與「蛙」同，蝦蟆，俗稱田雞。

〔七〕如：猶「而」。古代「而」、「如」通用。

明日，知伯以告韓、魏之君曰：「郄疵言君之且反也。」韓、魏之君曰：「夫勝趙而三分其地，城今且將拔矣。夫二家雖愚〔一〕，不棄美利於前，背信盟之約，而爲危難不可成之事，其勢可見也。是疵爲趙計矣，使君疑二主之心，而解於攻趙也〔二〕。今君聽讒臣之言，而離二主之交，爲君惜之。」趨而出。郄疵謂知伯曰：「君又何以疵言告韓、魏之君爲？」知伯曰：「子安知之？」對曰：「韓、魏之君視疵端而趨疾。」郄疵知其言之不聽，請使於齊，知伯遣之。韓、魏之君果反矣。

〔一〕二家：姚本作「三家」。錢、劉本作「二」，《御覽》、《説苑》皆作「二」。作「二家」爲是。

〔二〕解：與「懈」同，怠也。

【繫年】

智伯率韓、魏之師圍趙襄子於晉陽在趙襄子四年，當周貞定王十五年。【正】趙襄子四年，爲公元前四七二年，時爲周元王四年。此處繫周貞定王十五年，爲公元前四五四年，當爲趙襄子二十二年。前後錯十八年。查《左傳》、《國語》等書，周敬王三十年（前四九〇），趙氏擊敗范氏、中行氏。周貞定王十一年（前四五八），智、趙、韓、魏四家分范氏、中行氏土地；十六年（前四五三），趙、韓、魏三家又滅智氏，三分其地。周威烈王二十三年（前四〇三），周天子正式承認韓、趙、魏三家爲諸侯。此策當爲周貞定王十六年事，趙襄子二十三年矣！

知伯帥趙韓魏章

知伯帥趙、韓、魏而伐范、中行氏〔一〕，滅之。休數年，使人請地於韓〔二〕。韓康子欲勿與〔三〕，段規諫曰〔四〕：「不可。夫知伯之爲人也，好利而鷙愎〔五〕，來請地不與，必加兵於韓矣。君其與之。與之彼狃〔六〕，又將請地於他國，他國不聽，必鄉之以兵，然則韓可以免於患難而待事之變。」康子曰：「善。」使使者致萬家之邑一於知伯，知伯說。又使人請地於魏，魏桓子欲勿與〔七〕。趙葭諫曰〔八〕：「彼請地於韓，韓與之。請地於魏，魏弗與，則是魏內自强，而外怒知伯也。然則其錯兵於魏必矣〔九〕。不如與之。」宣子曰：「諾。」因使人致萬家之邑一於知伯。知伯說。又使人之趙，請藺、皋狼之地〔一〇〕，趙襄子弗與〔一二〕。知伯因陰結韓、魏將以伐趙。

〔一〕范、中行氏：范，范吉射，晋大夫范鞅之後。中行，中行寅，荀林父之後。晋六卿之一。智伯與韓、趙、魏四家伐滅范氏、中行氏，分其地以爲邑，在晋出公十七年，趙襄子四年。**【正】**此處標「趙襄子四年」疑誤，似應爲趙襄子十七年以後。詳見上策「繫年」後之「正」文。

〔二〕請地：求索土地。請，求取。

〔三〕韓康子：名虎。韓宣子之後。

〔四〕段規：韓康子之相。

〔五〕鷙愎：姚注：四本只作「復」，姚注作「鷙復」，《韓非子·十過》作「鷔愎」。按「鷔」乃「鷙」之訛。吴師道引《韓非子》作「鷙復」。「復」乃「愎」之誤，作「愎」義順。鷙，猛鳥，鷹鸇之類。愎，狠而自是。

〔六〕狃：狎，習。

〔七〕魏桓子：姚注：《韓非子》、《説苑》皆作「魏宣子」，誤。《世本》襄子生桓子駒，《魏世家》作「魏桓子」。據以訂正。

〔八〕趙葭：魏桓子之謀臣。《通鑒》作「任章」。

〔九〕錯兵：加兵。錯，與「措」、「厝」通。置也。

〔一〇〕藺、皐狼：藺，姚本作「蔡」。「蔡」乃「藺」之訛。《史記·趙世家》：「先王取藺、郭狼。」郭狼即皐狼。藺與皐狼相近。藺在今山西吕梁市離石區西；皐狼在離石西北。

〔一一〕趙襄子：趙簡子之子，名無恤。

趙襄子召張孟談而告之曰〔一〕：「夫知伯之爲人，陽親而陰疏，三使韓、魏，而寡人弗與焉，其移兵寡人必矣。今吾安居而可〔二〕？」張孟談對曰：「夫董閼安于〔三〕，簡主之才臣也〔四〕，世治晉陽，而尹澤循之〔五〕。其餘政教猶存，君其定居晉陽。」君曰：「諾。」乃使延陵生將車騎先至晉陽〔六〕，君因從之。至，行城郭，案府庫〔七〕，視倉廩。召張孟談曰：「吾城郭之完，府庫足用，倉廩實矣，無矢奈何？」張孟談曰：「臣聞董子之治晉陽也，公宮之垣，皆以荻蒿苫楚廧之〔八〕。其高至丈餘，君發而用之。」於是發而試之，其堅則箘簵之勁不能過也〔九〕。君曰：「足矣〔一〇〕，吾銅少若何？」張孟談曰：「臣聞董子之治晉陽也，公宮之室，皆以鍊銅爲柱質〔一一〕，請發而用之，則有餘銅矣。」君曰：「善。」號令以定，備守以具。三國之兵乘晉陽城，遂戰。三月不能拔，因舒軍而圍之〔一二〕，決晉水而灌之。圍晉陽三年，城中巢居而處，懸釜而炊，財食將盡，士卒病羸。襄子謂張孟談曰：「糧食匱〔一三〕，財力盡，士、大夫病，吾不能守矣。欲以城下〔一四〕，何如？」張孟談曰：「臣聞之，亡不能存，危不能安，則無爲貴知士也，君釋此計，勿復言也。臣請見韓、魏之君。」襄子曰：「諾。」

〔一〕張孟談：趙襄子之宰。

〔二〕安居而可：謂將居何地以爲守禦。安，何。

〔三〕董閼安于：王念孫云：「閼」與「安」一字也。《左傳》定公十三年及《國語・晉語》、《呂氏春秋・愛士》、《史記・趙世家》、《漢書・古今人表》並作「董安于」；《韓子・十過》、《淮南子・道應訓》並作「董閼于」。

是「閼于」即「安于」也。「安」與「焉」古同聲而通用。今作「董閼安于」者，一本作「閼」，一本作「安」，而後人誤令之耳。董安于，趙簡子之家臣。

〔四〕簡主：簡，趙簡子，名鞅，晉國之正卿。春秋以後，大夫之家臣稱大夫爲主。

〔五〕尹澤循之：「澤」當爲「鐸」，《國語·晉語》、《韓非子·十過》、《吕氏春秋·愛士》並作「鐸」。循，遵也。謂尹鐸治晉陽，仍遵董安于之治也。

〔六〕延陵生：姚本作「延陵王」。「王」字誤，從《韓非子·十過》作「生」爲是。《元和姓纂》作「延陵正」。「正」亦「生」字之誤。

〔七〕案：與「按」同。視察。

〔八〕皆以荻蒿苫楚廧之：苫，策文作「苫」誤。《韓非子·十過》：「皆以荻蒿楛楚牆之。」荻蒿，亦名蕭荻，可以燃火照明。楛，木名，形似荆而赤莖似蓍，可作箭桿。楚，即荆。廧，與「牆」同。

〔九〕箘幹：姚本作「箘簬」。《藝文類聚》卷六十、《御覽》卷三五〇引此並作「幹」。顧廣圻云「作幹是也」。箘竹，黑色，可作箭桿。

〔一〇〕足矣：《韓非子》作「吾矢已足矣」。按此，「足」上當有「矢」字。

〔一一〕以錬銅爲柱質：錬，同「煉」，鍛冶精熟。質，《御覽》卷一八八引作「礩」。質，同「礩」，即礎。

〔一二〕舒軍：緩軍，圍而不戰。

〔一三〕匱：乏。

〔一四〕欲以城下：謂不守城而投降。

張孟談於是陰見韓、魏之君曰：「臣聞脣亡則齒寒。今知伯帥二國之君伐趙，趙將亡矣，亡則二君爲之次矣。」二君曰：「我知其然。夫知伯爲人也，粗中而少親〔一〕，我謀未遂而知，則其禍必至，爲之奈何？」張孟談曰：「謀出二君之口，入臣之耳，人莫之知也。」二君即與張孟談陰約三軍，爲之期日〔二〕，夜，遣入晋陽。張孟談以報襄子，襄子再拜之。

〔一〕粗中：疏也。顧廣圻云：「粗」當讀爲「怚」，心不精。

〔二〕期日：姚本作「期曰」，誤。《韓非子》作「期日」。《通鑑》：「爲之期日而遣之。」

二君以約遣張孟談〔一〕，因朝知伯而出，遇知過轅門之外〔二〕。知過入見知伯曰：「二主殆將有變！」君曰：「何如？」對曰：「臣遇張孟談於轅門之外，其志矜，其行高。」知伯曰：「不然。吾與二主約謹矣〔三〕，破趙三分其地，寡人所親之，必不欺也。子釋之，勿出於口。」知過出見二主，入說知伯曰：「二主色動而意變，必背君，不如令殺之。」知伯曰：「兵著晋陽三年矣〔四〕，旦暮當拔之而饗其利，乃有他心，不可。子慎勿復言。」知過曰：「不殺則遂親之。」知伯曰：「親之奈何？」知過曰：「魏宣子之謀臣曰趙葭〔五〕，康子之謀臣曰段規，是皆能移其君之計。君其與二君約，破趙則封二子者各萬家之縣一。如是則二主之心可不變，而君得其所欲矣。」知伯曰：「破趙而三分其地，又封二子者各萬家之縣一，則吾所得者少，不可。」知過見君之不用也，言之不聽〔六〕，出，更其姓爲輔氏，遂去不見。

〔一〕二君以約遺張孟談：《韓非子·十過》作「二君以約遺張孟談」，策文脱去「二君以約遺」五字，遂誤屬「張孟談」於下句。今據以訂正。

〔二〕遇知過轅門之外：知過，即知果，《漢書·古今人表》作「知過」，《説苑·貴德》、《國語·晉語》作「智果」。知瑶之族人。轅門，古代王者出行於外，止則以車爲藩，仰車轅相向以表門，謂之轅門。

〔三〕約謹：即約結，謂結約而謹信。

〔四〕兵著晉陽：兵圍晉陽。著，附着。

〔五〕魏宣子之謀臣曰趙葭：魏宣子，《史記·趙世家》、《吕氏春秋·義賞》及《秦策》並作「魏桓子」，唯《韓非子·十過》、《説苑·權謀》與此策作「魏宣子」，「宣」字誤，當爲「桓」。趙葭，魏桓子之謀臣。其身世不詳。

〔六〕君之不用也：王念孫云：「君之不用也」五字，乃衍文。《文選·爲曹公與孫權書》注、《後漢書·蘇競傳》注引此，皆無「君之不用也」五字。

張孟談聞之，入見襄子曰：「臣遇知過於轅門之外，其視有疑臣之心，入見知伯，出更其姓，今暮不擊，必後之矣。」襄子曰：「諾。」使張孟談見韓、魏之君，曰夜期殺守堤之吏〔一〕，而決水灌知伯軍。知伯軍救水而亂，韓、魏翼而擊之〔二〕，襄子將卒犯其前〔三〕，大敗知伯軍而禽知伯〔四〕。知伯身死，國亡地分，爲天下笑，此貪欲無厭也。夫不聽知過，亦所以亡也。知氏盡滅，惟輔氏存焉〔五〕。

〔一〕曰夜期：「曰」當爲「日」。日夜期，猶云期日之夜，《韓非子》作「至於期日之夜」。《淮南子·人間訓》作

「至其日之夜」。

〔二〕翼而擊之：左右夾擊。翼，左右側。

〔三〕將卒犯其前：將，將領。卒，兵卒。

〔四〕禽：與「擒」通。

〔五〕惟輔氏存焉：知過別族於太史爲輔氏，故知氏盡滅，而知過因更改族氏而未被滅。

【繫年】

《史記·六國年表》三晉滅知氏，在周貞定王十六年、楚惠王三十六年、齊宣公三年、趙襄子五年。【正】此「趙襄子五年」疑誤。查趙襄子五年，乃周元王五年、楚惠王十八年、齊平公十年。當爲趙襄子二十三年。

張孟談既固趙宗章

張孟談既固趙宗〔一〕，廣封疆，發五百〔二〕，乃稱簡之塗以告襄子曰〔三〕：「昔者，前國地君之御有之曰：『五百之所以致天下者，約兩〔四〕：主勢能制臣，無令臣能制主。故貴爲列侯者，不令在相位；自將軍以上，不爲近大夫。』今臣之名顯而身尊，權重而衆服，臣願捐功名，去權勢，以離衆。」

〔一〕宗：謂宗廟社稷。

〔二〕發五百：不詳其意。【補】百，鮑注爲伯、霸：「伯業不振，今復發之。」安井衡曰：發乃舉。「舉五伯之道，以告襄子。」日本橫田惟孝云：「五百，疑當作阡陌。」「阡陌」舊作「千百」。廣封疆，發阡陌，即商鞅「開阡陌封疆也」。

〔三〕稱簡之塗以告襄子：稱，舉其説。簡，趙簡子名鞅，襄子之父。此蓋張孟談稱述簡子之言以告趙襄子。

〔四〕約兩：約有兩端，即下云「主勢能制臣，無令臣能制主。」

襄子恨然曰：「何哉？吾聞輔主者名顯，功大者身尊，任國者權重，信忠在己而衆服焉。此先聖之所以集國家、安社稷乎〔一〕！子何爲然？」張孟談對曰：「君之所言，成功之美也，臣之所謂，持國之道也。臣觀成事，聞往古，天下之美同，臣主之權均之能美〔二〕，未之有也。前事之不忘，後事之師。君若弗圖，則臣力不足。」愴然有決色。襄子去之。卧三日，使人謂之曰：「晋陽之政，臣下不使者何如〔三〕？」對曰：「死僇〔四〕。」張孟談曰：「左司馬見使於國家〔五〕，安社稷，不辟其死，以成其忠，君其行之〔六〕。」君曰：「子從事〔七〕。」乃許之。張孟談便厚以便名〔八〕，納地釋事以去權尊，而耕於負親之丘〔九〕。故曰：賢人之行，明主之政也。

〔一〕集：與「輯」通，安也。

〔二〕之：猶是。

〔三〕不使：猶不從令。使，從。

〔四〕僇：與「戮」同。殺死。

〔五〕左司馬：掌軍政及賦税。此乃張孟談自稱其官。
〔六〕行之：猶許之。
〔七〕子從事：子，指張孟談。從事，從其所欲之事。
〔八〕便厚以便名：便，安。厚，與「後」通。位在下爲後，位在下則去權尊，去權尊所以遠怨，遠怨可以免謗，故曰「便厚以便名」。
〔九〕負親之丘：《潛夫論・志氏姓》：「張孟談相趙襄子以滅智伯，遂逃功賞耕於肙山。」此文涉下文「負親以謀趙」而淆誤。

耕三年，韓、魏、齊、燕負親以謀趙〔一〕，襄子往見張孟談而告之曰：「昔者知氏之地，趙氏分則多十城，而今諸侯復來〔二〕，孰謀我〔三〕，爲之奈何？」張孟談曰：「君其負劍〔四〕，而御臣以之國〔五〕，舍臣於廟，授吏大夫〔六〕，臣試計之。」君曰：「諾。」張孟談乃行，其妻之楚，長子之韓，次子之魏，少子之齊，四國疑而謀敗。

〔一〕韓、魏、齊、燕負親以謀趙：鮑本改「燕」爲「楚」，下文有「楚」而無「燕」，必有一誤。負親，背叛親與之國。
〔二〕而今諸侯復來：「復來」二字原在「而今諸侯」上，吴師道云，當爲「而今諸侯復來」句似順。
〔三〕孰謀我：孰，與「熟」通。【補】孰，疑問代詞，誰。孰謀我，即誰與我謀之意。
〔四〕君其負劍：謂君俯其身如負劍然。

〔五〕御臣以之國：御，馭車。臣，張孟談自稱。之國，往趙之國都。

〔六〕授吏大夫：「吏」與「事」通。「授事」與上文「釋事」相應。授事大夫，即授事爲大夫而行政事。

【繫年】

張孟談以趙襄子五年滅知氏，捐功名，去權勢，納地釋事而耕於負親之丘。耕三年而四國謀趙，此蓋趙襄子七年時事。當周定王十八年、楚惠王三十八年。【正】滅知氏在趙襄子二十三年，此繫年中趙襄子五年、七年均誤。「五年」應爲「二十三年」，「七年」當爲「二十五年」。

晉畢陽之孫章

晉畢陽之孫豫讓〔一〕，始事范、中行氏而不説〔二〕，去而就知伯，知伯寵之。及三晉分知氏，趙襄子最怨知伯，而將其頭以爲飲器〔三〕。豫讓遁逃山中曰：「嗟乎！士爲知己者死，女爲悦己者容〔四〕。吾其報知氏之讎矣〔五〕。」乃變姓名，爲刑人〔六〕，入宫塗厠，欲以刺襄子。襄子如厠心動，執問塗者，則豫讓也。刃其扞〔七〕，曰：「欲爲知伯報讎。」左右欲殺之。趙襄子曰：「彼義士也，吾謹避之耳！且知伯已死無後，而其臣至爲報讎，此天下之賢人也。」卒釋之。豫讓又漆身爲厲〔八〕，滅鬚去眉，自刑以變其容，爲乞人而往乞，其妻不識，曰：「狀貌不似吾夫，其音何類吾夫之甚也。」又吞炭爲啞變其音〔九〕。

其友謂之曰：「子之道甚難而無功。謂子有志則然矣，謂子智則否。以子之才，而善事襄子，襄子必近幸子；子之得近，而行所欲，此甚易而功必成。」豫讓乃笑而應之曰：「是爲先知報後知〔一〇〕，爲故君賊新君，大亂君臣之義者無此矣〔一一〕。凡吾所謂爲此者，以明君臣之義，非從易也。且夫委質而事人〔一二〕，而求弒之，是懷二心以事君也。吾所謂難，亦將以愧天下後世人臣懷二心者。」

〔一〕畢陽之孫豫讓：畢陽，晉國義士。《國語·晉語》晉伯宗索士庇州犂得畢陽，及欒弗忌之難，諸大夫害伯宗，畢陽實送伯宗之子於楚。豫讓，智伯瑶之臣，姓豫名讓。

〔二〕范、中行氏：范氏，晉卿范昭子吉射，士會之後。自士會食邑於范，後因以邑爲氏。中行氏，中行文子荀寅，荀林父之後。自荀林父將中行，後因以官爲氏。

〔三〕將其頭以爲飲器：《太平御覽》卷三六三引作「漆其頭以爲飲器」。《史記》亦作「漆其頭」。飲器，酒器。《韓非子·説難》：「此知伯之所以國亡而身死，頭爲飲杯之故也。」《吕氏春秋·義賞》：「斷其頭以爲觴。」晋灼以爲褻器，則非。《淮南子·道應訓》：「襄子大敗智伯，破其首以爲飲器。」證之以古代，匈奴以月氏王頭爲飲酒之器，則作飲酒之器爲是。

〔四〕容：修飾容貌顔色。

〔五〕吾其報知氏之讎矣：「之讎」二字，後人所加。王念孫云「吾其報知氏讎」者，承上「士爲知己者死」言之，謂報知之恩，非謂報知氏之讎也。下文「知伯以國士遇臣，臣故國士報之」，「而可以報知伯矣」，並與此句同義。《文選·報任少卿書》注引此無「之讎」二字。

〔六〕變姓名，爲刑人：刑人非可變姓名而爲者。「刑」疑當爲「圬」，塗修宮室之人。【補正】刑人，被刑之人，入宮而爲賤役。《周禮・秋官・司隸》：「掌五隸之法……役國中之辱事。」《説苑・復恩》云：「（豫讓）又盜爲抵罪被刑人，赭衣，入繕官。」可見「刑」非「圬」之誤。

〔七〕刃其扞：扞，曾本作「杅」。按「扞」與「杅」皆「杇」之訛。《説文》，杇，所以塗也。古文「杇」與「杅」同，因誤爲「扞」或「杅」。杇，塗器，蓋施刃於杇，欲以刺趙襄子也。

〔八〕漆身爲厲：漆有毒，近之多患疱腫，若癩病，故豫讓用漆塗其身使之瘡腫以變其形貌。厲，《御覽》卷四八一引作「癩」。「厲」、「癩」聲同，古多假「厲」爲「癩」。癩，惡瘡。

〔九〕吞炭爲啞變其音：王念孫云：「『爲啞』二字，乃後人據《史記》加之也。不知『爲啞』即是『變其音』。《史記索隱》引此策及《吕氏春秋・恃君》、《淮南子・主術訓》皆作『吞炭變音』而無『爲啞』二字。

〔一〇〕報：猶反。

〔一一〕無此矣：猶云無如此，無過此。

〔一二〕委質而事人：委質，猶言致身。質，身。【補】委，屈。猶言低三下四也。委其身體以事君也。

居頃之，襄子當出。豫讓伏所當過橋下。襄子至橋而馬驚，襄子曰：「此必豫讓也。」使人問之，果豫讓。於是趙襄子面數豫讓曰：「子不嘗事范、中行氏乎！知伯滅范、中行氏，而子不爲報讎，反委質事知伯，知伯已死〔一〕，子獨何爲報讎之深也？」豫讓曰：「臣事范、中行氏，范、中行氏以衆人遇臣，臣故衆人報之；知伯以國士遇臣〔二〕，臣故國士報之。」襄子乃喟然嘆泣曰：「嗟乎豫子之爲知伯〔三〕，名既成矣，寡人舍子亦以足矣〔四〕。子自爲計，寡人不舍子。」使兵環之。豫讓曰：「臣聞明主不掩人之義，忠臣不愛死以成名，君前已寬舍臣，天下莫不稱君之賢。今日之事，臣故伏誅〔五〕，然願請君之衣而擊之〔六〕，雖死不恨。非所望也，敢布腹心。」於是襄子義之。乃使使者持衣與豫讓。豫讓拔劍，三躍呼天擊之曰：「而可以報知伯矣。」遂伏劍而死。死之日，趙國之士聞之，皆爲涕泣〔七〕。

〔一〕知伯已死：《藝文類聚》卷三十三引此作「知伯亦已死」。

〔二〕國士：名蓋一國，優禮特厚之士。

〔三〕嗟乎豫子之爲知伯：姚本「豫子」二字重，《御覽》卷四八〇引此「豫子」二字不重爲是。

〔四〕以：與「已」通。

〔五〕臣故伏誅：「故」與「固」通。言固當伏誅。

〔六〕願請君之衣而擊之：《藝文類聚》卷三十三引此，於「而擊之」之下有「以致報讎之意」一句，傳寫誤奪，當據以補。

〔七〕皆爲涕泣：姚續云：司馬貞引《戰國策》有「衣盡血，襄子回車之輪未周而亡」。今本無此，乃後人所删。

【繫年】

此事自趙襄子五年滅知伯，豫讓逃遁山中，歷經多年爲知伯報仇未遂而死。豫讓之死，據《史記索隱》引此策，謂在趙襄子三十三年，當周威烈王元年。【補正】滅知伯在趙襄子二十三年，非「五年」。豫讓刺趙襄子不中而死，乃在趙襄子五十一年。「繫年」謂此策在趙襄子三十三年，誤，當爲五十一年。

魏文侯借道於趙章

魏文侯借道於趙攻中山〔一〕。趙侯將不許〔二〕。趙利曰：「過矣。魏攻中山而不能取，則魏必罷，罷則趙重。魏拔中山，必不能越趙而有中山矣。是用兵者，魏也；而得地者，趙也。君不如許之。許之大勸〔三〕，彼將知趙利之也，必輟〔四〕。君不如借之道，而示之不得已」。

〔一〕魏文侯借道於趙攻中山：魏文侯，名斯，《史記·魏世家》言其名都，魏桓子之孫。中山，古國名，春秋時白狄别族鮮虞所建，都於顧，今河北定州市東北。周威烈王二十年爲魏所攻滅。不久復國，徙都於靈壽，今河北平山縣東北，後爲趙武靈王所滅。

〔二〕趙侯：《韓非子》作「趙肅侯」。然魏文侯與趙肅侯在不同時代，「肅」字有誤。【補】此時的趙侯乃趙獻侯或趙烈侯。《韓非子》作「肅侯」誤。因魏借道伐中山時爲趙獻侯，滅中山時爲趙烈侯。

〔三〕勸：勉力。

〔四〕「彼將」二句：趙，姚本作「矣」誤，鮑本作「趙」爲是，今從之。輟，停止。

【繫年】

魏文侯以周定王二十三年即位，至周安王五年去世，共在位五十年。《魏世家》滅中山在魏文侯十七年。此當在十七年之前，從于鬯繫此策於魏文侯十四年，當周考王九年。【補正】魏文侯在位五十年，於三十八年以樂羊爲將，越趙而攻中山。四十年，滅中山。《史記·魏世家》記魏文侯即位三十八年卒，十七年伐中山，二十五年滅中山。《史記》取材記載有誤。此策當繫於魏文侯三十七年爲妥。見《中山策》。

秦韓圍梁燕趙救之章

秦、韓圍梁〔一〕，燕、趙救之。謂山陽君曰〔二〕：「秦戰而勝三國〔三〕，秦必過周、韓而有梁；三國而勝秦，三國之力雖不足以攻秦，足以拔鄭〔四〕。計者不如構三國攻秦。」

〔一〕梁：大梁，魏都。今河南開封市。

〔二〕山陽君：魏人。在韓用事。山陽，魏地，故城在今河南修武縣西北。今焦作市有山陽區。

〔三〕三國：指魏、燕、趙三國。

〔四〕鄭：新鄭，韓都城。今河南新鄭市韓故城遺址尚存。

【繫年】

此策年事皆不可考，唯山陽君在楚宣王時與江乙共惡昭奚事可徵。當東周顯王與趙成侯之世。其確切年代，殆不可知。【補正】張琦考《世家》云，秦圍大梁凡三見：一、昭王十三年，秦拔我安城，兵到大梁去；二、安釐王二年，秦軍大梁下；三、王假三年，秦灌大梁，而梁遂亡。惠王時無圍大梁之事。《趙世家》：成侯十二年，秦攻魏少梁，趙救之。趙成侯十二年，當魏惠王八年，此策蓋指此。

腹擊爲室章

腹擊爲室而鉅〔一〕，荆敢言之〔二〕。主謂腹子曰：「何故爲室之鉅也？」腹擊曰：「臣羈旅也，爵高而禄輕，宫室小而帑不衆〔三〕。主雖信臣，百姓皆曰：『國有大事，擊必不爲用。』今擊之鉅宫〔四〕，將以取信於百姓也。」主君曰：「善。」

〔一〕腹擊爲室而鉅：腹擊，他國人，仕趙。鉅，大。

〔二〕荆敢：人姓名，姓荆名敢，身世不詳。

〔三〕帑不衆：帑，藏金幣之府庫。【正】帑，通「孥」。子孫也。此處解爲「金幣」與「衆」義不協。

〔四〕鉅宫：《爾雅》室謂之宫。古代「宫」、「室」二字貴族、平民通用。不必從曾本，改「宫」爲「室」。

【繫年】

顧觀光據策文稱「主君」，謂在趙未稱王時。《史記·趙世家》五國相王，趙獨否，令國不謂己曰君。五國相王在趙武靈王三年，當周顯王四十六年。

蘇秦説李兑章

蘇秦説李兑曰〔一〕：「雒陽乘軒里蘇秦〔二〕，家貧親老，無罷車駑馬〔三〕，桑輪蓬篋，羸幐負書擔橐〔四〕，觸塵埃，蒙霜露，越漳河，足重繭〔五〕，日百而舍〔六〕，造外闕〔七〕，願見於前，口道天下之事。」李兑曰：「先生以鬼之言見我則可，若以人之事，兑盡知之矣。」蘇秦對曰：「臣固以鬼之言見君，非以人之言也。」李兑見之。

〔一〕蘇秦説李兑：據《戰國縱横家書》，此事在五國攻秦以前。李兑，趙臣，封爲奉陽君。

〔二〕雒陽乘軒里：雒陽，今河南洛陽市東成周故城。里，姚本、鮑本皆作「車」，誤。一本作「里」，《史記正義》引策文作「里」，今改爲「里」。

〔三〕罷車：「罷」與「疲」同，猶敝。敝車不能任用。

〔四〕羸幐：羸，當從鮑本作「羸」。羸，裹也。幐，即縢，緘。羸縢，束脛邪幅。

〔五〕足重繭：足傷皮皺如蠶繭。繭，足胝。

〔六〕日百而舍：日行百里乃止而息。舍，止。

〔七〕造外闕：造，至。闕，宫門。

蘇秦曰：「今日臣之來也暮，後郭門〔一〕，藉席無所得〔二〕，寄宿人田中，傍有大叢。夜半，土梗與木梗鬬曰：『汝不如我，我者，乃土也。使我逢疾風淋雨，壞沮〔三〕，乃復歸土。今汝非木之根，則木之枝耳。汝逢疾風淋雨，漂入漳河，東流至海，氾濫無所止。』臣竊以爲土梗勝也。今君殺主父而族之〔四〕，君之立於天下，危於累卵。君聽臣計則生，不聽臣計則死。」李兑曰：「先生就舍，明日復來見兑也。」蘇秦出。

〔一〕後郭門：日夕而郭門已閉，故云。郭門，外城之門。

〔二〕藉席：藉，薦席。用以鋪地，坐卧其上。

〔三〕沮：敗也，壞也。

〔四〕殺主父：趙武靈王自稱「主父」，傳國於次子，是爲惠文王。惠文王四年，公子章作亂，李兑起兵平亂，敗公子章。公子章逃奔主父於沙丘宫。李兑以兵圍公子章及主父於沙丘宫。殺公子章，餓死主父於沙丘宫。

李兑舍人謂李兑曰：「臣竊觀君與蘇公談也，其辯過君，其博過君，君能聽蘇公之計乎？」李兑曰：「不能。」舍人曰：「君即不能，願君堅塞兩耳，無聽其談也。」明日復見，終日談而去。舍人出送蘇君，蘇秦謂舍人曰：「昨日我談粗而君動，今日精而君不動，何也？」舍人曰：「先生之計大而規高，吾君不能用也。乃我請君塞兩耳，無聽談者。雖然，先生明日復來，吾請資先生厚用。」明日來，抵掌而談〔一〕。李兑送蘇秦明月之珠、和氏之璧、黑貂之裘、黄金百鎰。蘇秦得以爲用，西入於秦。

〔一〕抵掌：言距離近，接掌而談。抵，擊。

【繫年】

據《戰國縱横家書》第六章、第七章、第十三章、第十四章，蘇秦奉齊閔王之命赴趙説李兑，在聯合五國攻秦之前，齊閔王十一年、趙惠文王九年、周赧王二十五年時。

趙收天下且以伐齊章

趙收天下，且以伐齊〔一〕。蘇秦爲齊上書説趙王曰〔二〕：「臣聞古之賢君，德行非施於海内也；教順慈愛，非布於萬民也；祭祀時享，非當於鬼神也。甘露降，風雨時至〔三〕，農夫登，年穀豐盈〔四〕，衆人喜之，而賢主惡之〔五〕。今足下功力非數痛加於秦國，而怨毒積惡〔六〕，非曾深凌於韓也〔七〕。臣竊外聞大臣及下吏之議，皆言主前專據，以秦爲愛趙而憎韓〔八〕，臣竊以事觀之，秦豈得愛趙而憎韓哉〔九〕？欲亡韓，吞兩周之地，故以韓爲餌，先出聲於天下，欲鄰國聞而觀之也。恐其事不成，故出兵以佯示趙、魏〔一〇〕；恐天下之驚覺，故微伐韓以貳之〔一一〕；恐天下疑己，故出質以爲信。聲德於與國，而實伐空韓〔一二〕。臣竊觀其圖之也，議秦以謀計，必出於是。

〔一〕且以伐齊：吴師道、黄丕烈皆以「齊」字有誤。今據《戰國縱横家書》第二十一章，知「齊」字不誤。而策文此下有十「韓」字，皆「齊」字之誤。當據以訂正吴、黄之説。

〔二〕蘇秦：「秦」字《史記·趙世家》作「厲」，鮑本改「秦」爲「厲」，亦非。此蓋司馬遷誤將蘇秦活動之年代提前，故改此策之「蘇秦」爲「蘇厲」。

〔三〕風雨時至：《史記》及《戰國縱横家書》無「風」字，並作「時雨至」。

〔四〕年穀：《戰國縱横家書》作「禾穀」。

〔五〕惡之：《戰國縱横家書》同，疑有誤。《史記·趙世家》作「圖之」，義勝。

〔六〕積惡：《戰國縱横家書》作「積怒」。

〔七〕深淩於韓：「韓」字誤，當爲「齊」。

〔八〕愛趙而憎韓：愛，《戰國縱横家書》作「憂」，「韓」作「齊」，當據以訂正。

〔九〕秦豈得愛趙而憎韓：愛趙，當爲「憂趙」。憎韓，當爲「憎齊」。

〔一〇〕佯示：《戰國縱横家書》作「割革」。

〔一一〕故微伐韓以貳之：《史記·趙世家》作「故徵兵於韓以威之」。策文有誤，當從《趙世家》之文。

〔一二〕空韓：《戰國縱横家書》作「鄭韓」。

「且夫説士之計皆曰：『韓亡三川〔一〕，魏滅晋國，恃韓未窮〔二〕，而禍及於趙。』且物固有勢異而患同者，又有勢同而患異者。昔者，楚人久伐而中山亡〔三〕。今燕盡韓之河南〔四〕，距沙丘而至鉅鹿之界三百里〔五〕，距於扞關〔六〕，至於榆中千五百里。秦盡韓之上黨〔七〕，則地與國都邦屬而壤挈者七百里〔八〕。秦以三軍强弩坐羊唐之上〔九〕，即地去邯鄲二十里〔一〇〕。且秦以三軍攻王之上黨而危其北〔一一〕，則句注之西〔一二〕，非王之有也。今魯句注〔一三〕，禁常山而守三百里〔一四〕，通於燕之唐、曲吾〔一五〕，此代馬、胡駒不東〔一六〕，而崑山之玉不出也〔一七〕。此三寶者，又非王之有也。今從於强秦與之伐齊〔一八〕，臣恐其禍出於是矣。昔者，五國之王嘗合横而謀伐趙〔一九〕，參分趙國壤地〔二〇〕，著之盤盂〔二一〕，屬之讎柞〔二二〕，五國之兵有日矣〔二三〕，韓乃西師以禁强秦〔二四〕，使秦發令〔二五〕，素服而聽，反温、枳、高平於魏〔二六〕，反三公、什清於趙〔二七〕，此王之明知也。夫韓事趙〔二八〕，宜正爲上交；今乃以抵罪取伐，臣恐其後事王者之不敢自必也。今王收天下，必以王爲得〔二九〕。韓抱社稷以事王〔三〇〕，天下必重王。然則韓義〔三一〕，王以天下就之；下至韓慕〔三二〕，王以天下收之，是一世之命制於王已。臣願大王深與左右群臣卒計而重謀，先事成慮而熟圖之也。」

〔一〕三川：指黄河、伊水、洛水之間的土地。戰國時屬韓及東、西周。秦滅韓及東、西周，置三川郡。

〔二〕恃韓未窮：音、形有誤，《趙世家》作「市朝未變」，《戰國縱横家書》作「市朝未變」。「市」、「恃」音近，「朝」、「韓」形似。窮，與「終」通。市朝未終，與「市朝未變」、「市朝未罷」義同，比喻時間短暫。

〔三〕楚人久伐而中山亡：久伐，被攻伐的時間很久。楚懷王末年，秦、齊、韓、魏連年攻楚，趙武靈王乘機攻伐中山，於周赧王二十年滅中山國。

〔四〕今燕盡韓之河南：「韓」字誤，當爲「齊」。《戰國縱横家書》作「燕盡齊之河南」。《趙世家》作「燕盡齊之北地」。「河南」二字當是「北地」之誤。

〔五〕距沙丘而至鉅鹿：距，猶起，自。沙丘，沙丘宫所在。鉅鹿、沙丘皆在今河北平鄉縣境。

〔六〕扜關：《戰國縱横家書》作「麋關」。在今陝西東北部延安一帶。

〔七〕秦盡韓之上黨：《戰國縱横家書》「韓」下有「魏」字。蓋戰國時韓、魏兩國皆有上黨。

〔八〕邦屬而壤挈：《戰國縱横家書》作「布屬壤界」。屬，連也。挈，結也。言國境相連接。

〔九〕坐羊唐之上：坐，據守。羊唐，即羊腸，太行阪道名，在今山西壺關縣東南，東連河南沁陽市。

〔一〇〕地去邯鄲二十里：《戰國縱横家書》作「百二十里」。當補「百」字。

〔一一〕危：字誤。《戰國縱横家書》作「包」爲是。

〔一二〕句注：險塞名，句注山一名西陘山，在今山西代縣西北四十里。

〔一三〕魯句注：《趙世家》作「逾句注」，《戰國縱横家書》作「增注」。魯，當讀爲「旅」。拒也。

〔一四〕常山：《戰國縱横家書》作「恒山」。常山，本名恒山，漢避文帝劉恒諱，改「恒」爲「常」。常山在今河北曲陽縣西北。

〔一五〕燕之唐、曲吾：唐，即燕之陽地，「陽」、「唐」同音假借。在今河北省唐縣東北。曲吾，即曲逆。「吾」與「逆」聲相近，故「曲逆」或作「曲吾」。《戰國縱横家書》作「曲逆」。在今河北省順平縣東南。

〔一六〕胡駒：駒，《趙世家》作「犬」，《戰國縱横家書》作「狗」。策文作「駒」誤。胡駒，胡地野狗，似狐而小。

〔一七〕崑山之玉：崑山在今新疆于闐東北，産玉。《爾雅》：「西北之美者，有崑崙虚之璆琳琅玕焉。」

〔一八〕從於强秦與之伐齊：《戰國縱横家書》作「從强秦久伐齊」。則「之」當是「久」字之誤。

〔一九〕五國之王：謂秦、齊、韓、魏、燕五國。

〔二〇〕參分：參，《趙世家》作「三」。參與「三」同。《戰國縱横家書》作「疏分」爲是。五國伐趙，不當云三分其壤地。【正】三，乃指多的意思。三分，可解爲「衆分」、「群分」之意。

〔二一〕著之盤盂：將盟約銘刻在盤盂上以示不忘。著，銘，刻。盤、盂，皆禮器，以青銅製造。

〔二二〕屬之讎柞：謂五國約誓之言，書之册籍也。孫詒讓云：「讎柞」當讀爲「疇籍」。古代典册篇章稱「疇籍」。《戰國縱横家書》作「祝籍」，祭祀之册籍。「祝」與「讎」，「籍」與「柞」並音近假借。

〔二三〕五國之兵有日矣：《戰國縱横家書》「兵」下有「出」字，《趙世家》同。當補「出」字。

〔二四〕韓：乃「齊」字之誤。《史記》、《戰國縱横家書》並作「齊」。

〔二五〕使秦發令：「發」字《戰國縱横家書》作「廢」，爲是。廢令，廢去稱帝之令。

〔二六〕反温、枳、高平於魏：反，還。温，今河南温縣西南二十里有故温城。枳，與「軹」通。在今河南濟源市南十五里軹城鎮。高平，魏襄王四年，改向城曰高平。在今河南濟源市西南向城鎮。

〔二七〕反三公、什清於趙：三公，徐廣云，一作「王公」。《戰國縱横家書》作「王公」。三，乃「王」字之誤。什清，《戰國縱横家書》作「符逾」。《史記·趙世家》作「先俞」。王公、什清，皆地名，不詳所在。【補】《續漢志》云「三公」乃趙地之常山元氏之三公塞；《史記》改「什清」作「先俞」，雖均屬趙地，但證據不充分，備作一參。

〔二八〕韓：亦「齊」字之誤。

〔二九〕今王收天下，必以王爲得：《戰國縱横家書》作「今王收齊天下，必以王爲義矣」。《史記·趙世家》作「今王毋與天下攻齊，天下必以王爲義」。

〔三〇〕韓抱社稷以事王：韓，亦「齊」字之誤。抱，鮑本作「危」誤。

〔三一〕韓：亦「齊」字之誤。

〔三二〕下至韓慕：下至，乃衍文。韓，乃「齊」之誤改。慕，乃「暴」字之訛。《戰國縱横家書》作「齊逆」。《史記》作「秦暴」。

【繫年】

此策《趙世家》繫於趙惠文王十六年，並誤以爲蘇厲事。今據《戰國縱横家書》考證，此策確是蘇秦爲齊上書説趙惠文王事，年代應在趙惠文王十四年、齊閔王十六年，當周赧王三十年。

齊攻宋奉陽君不欲章

齊攻宋，奉陽君不欲〔一〕。客謂奉陽君曰：「君之春秋高矣〔二〕。而封地不定，不可不熟圖也。秦之貪，韓、魏危，衛、楚正，中山之地薄，宋罪重，齊怒深，殘伐亂宋，定身封，德强齊，此百代之一時也。」

〔一〕奉陽君：趙國司寇李兑的封號。

〔二〕春秋高：謂其年老。

【繫年】

齊閔王曾三次攻宋。第一次在齊閔王六年、趙惠王四年，欲以殘宋，取淮北。第二次在齊閔王十四年、趙惠王十二年，齊許以陶封奉陽君。第三次在齊閔王十五年，齊滅宋，宋王偃逃至魏，死於温。此策言奉陽君「春秋高」、「封地不定」、「齊怒深」等，當是齊閔王十四年第二次攻宋時事。

秦王謂公子他章

秦王謂公子他曰〔一〕：「昔歲殽下之事〔二〕，韓爲中軍，以與諸侯攻秦，韓與秦接境壤界，其地不能千里〔三〕，展轉不可約〔四〕。日者秦、楚戰於藍田〔五〕，韓出鋭師以佐秦，秦戰不利，因轉與楚，不固信盟〔六〕，唯便是從。韓之在我，心腹之疾。吾將伐之，何如？」公子他曰：「王出兵韓，韓必懼，懼則可以不戰而深取割。」王曰：「善。」乃起兵，一軍臨熒陽〔七〕，一軍臨太行。

〔一〕秦王謂公子他：秦王，秦昭王，名稷。公子他，即公子池，《韓非子·内儲説上》作「公子汜」。惠王之子，昭王之兄。

〔二〕殽下：殽，指崤山，在今河南洛寧、新安間。殽在函谷之東，五國攻秦，僅至函谷關外，正是殽地，故云「殽下」。

〔三〕能：猶及。

〔四〕展轉不可約：展轉，猶反復。約，結盟約。

〔五〕秦、楚戰於藍田：秦、楚藍田之戰，在秦惠王後元十三年。藍田，在今陝西藍田縣南。

〔六〕固：與「顧」通。

〔七〕熒陽：即滎陽，古「熒」與「滎」通。在今河南鄭州古滎鎮。

韓恐，使陽城君入謝於秦〔一〕，請效上黨之地以爲和。令韓陽告上黨之守靳⿰麥重曰〔二〕：「秦起二軍以臨韓，韓不能支〔三〕，今王令韓興兵以上黨入和於秦，使陽言之太守〔四〕，太守其效之。〔五〕」靳⿰麥重曰：「人有言，『挈瓶之知，不失守器〔六〕。』王則有令而臣失守，雖王與子，亦其猜焉〔七〕。臣請悉發守以應秦，若不能卒〔八〕，則死之。」韓陽趨以報王。王曰：「吾始已諾於應侯矣〔九〕，今不與，是欺之也。」乃使馮亭代靳⿰麥重。

〔一〕陽城君：不詳爲何人封號。

〔二〕靳⿰麥重：字書無「⿰麥重」字。鮑本改爲「黈」，亦非。其人身世不詳。

〔三〕支：姚本作「有」，今從鮑本作「支」義勝。

〔四〕太守：原名郡守，漢景帝年間始更名太守。《史記志疑》謂校寫《戰國策》者不通古今，妄增入，非原文。

〔五〕效：獻致也。

〔六〕挈瓶之知，不失守器：《左傳》昭公七年云：「雖有挈瓶之知，守不假器，禮也。」謂挈瓶汲者喻小知，爲人守器，猶知不以借人。守器，謂瓶。

〔七〕猜：嫌其不能守。

〔八〕不能卒：言不能最終守住上黨。

〔九〕應侯：秦相范雎之封號。

馮亭守三十日，陰使人請趙王曰：「韓不能守上黨，且以與秦，其民皆不欲爲秦，而願爲趙。今有城市之邑七十〔一〕，願拜内之於王〔二〕，惟王才之〔三〕。」趙王喜，召平原君而告之曰〔四〕：「韓不能守上黨，且以與秦，其吏民不欲爲秦而皆願爲趙。今馮亭令使者以與寡人，何如？」趙豹對曰：「臣聞聖人甚禍無故之利。」王曰：「人懷吾義，何謂無故乎？」對曰：「秦蠶食韓氏之地，中絶不令相通，故自以爲坐受上黨也。且夫韓之所以内趙者，欲嫁其禍也。秦被其勞，而趙受其利，雖强大不能得之於小弱，而小弱顧能得之强大乎？今王取之，可謂有故乎？且秦以牛田，水通粮，其死士皆列之於上地〔五〕，令嚴政行，不可與戰，王自圖之。」王大怒曰：「夫用百萬之衆，攻戰踰年歷歲，未見一城也〔六〕。今不用兵而得城七十，何故不爲？」

〔一〕城市之邑七十：七十，《史記·趙世家》作「十七」爲是。《秦策》云「上黨十七縣，皆秦之有也」是其證。

〔二〕内：與「納」通，入，進。

〔三〕才：與「裁」同，裁制，裁決。

〔四〕平原君：鮑改「原」爲「陽」，當作「陽」。《史記》作「平陽君趙豹」。

〔五〕列之於上地：秦施行軍功賞田制，戰士死有軍功，賞之以上等之地。

〔六〕未見一城：王念孫云：「見」當爲「㝵」，㝵，古「得」字，形與「見」相近，因訛爲「見」。《史記・趙世家》作「未得一城」，可證。

趙豹出，王召趙勝、趙禹而告之曰〔一〕：「韓不能守上黨，今其守以與寡人，有城市之邑七十〔二〕。」二人對曰：「用兵踰年，未見一城〔三〕，今坐而得城，此大利也。」乃使趙勝往受地。趙勝至曰：「敝邑之王，使使者臣勝，告太守有詔，使臣勝謂曰：『請以三萬户之都封太守，千户封縣令，諸吏皆益爵三級，民能相集者，賜家六金。』」馮亭垂涕而俛曰〔四〕：「是吾處三不義也：爲主守地而不能死，而以與人，不義一也；主内之秦〔五〕，不順主命，不義二也；賣主之地而食之〔六〕，不義三也。」辭封而入韓〔七〕，謂韓王曰：「趙聞韓不能守上黨，今發兵已取之矣。」

〔一〕趙勝、趙禹：趙勝，即平原君。趙禹，當亦趙之公族。

〔二〕七十：當爲「十七」。

〔三〕未見一城：見，當亦「得」字之訛。

〔四〕俛：原作「勉」，黄丕烈云，此以「勉」爲「俛」字也。今從之。

〔五〕内：與「納」通。

〔六〕賣主之地而食之：賣，謂出賣上黨於趙。食，謂食其封户三萬户之都。

〔七〕辭封而入韓：《漢書・馮奉世傳》：「趙封馮亭爲華陵君，與趙將括距秦，戰死於長平。」與此文不同。

韓告秦曰：「趙起兵取上黨。」秦王怒，令公孫起、王齮以兵遇趙於長平〔一〕。

〔一〕令公孫起、王齮以兵遇趙於長平：公孫起，即武安君白起。王齮，即王齕，爲白起之裨將。長平，故址在今山西高平市西北。

【繫年】

此策爲秦趙長平之戰前事，在趙孝成王四年、秦昭王四十五年，當周赧王五十三年。

蘇秦爲趙王使於秦章

蘇秦爲趙王使於秦〔一〕，反，三日不得見。謂趙王曰：「秦，乃者過柱山〔二〕，有兩木焉。一蓋呼侶，一蓋哭〔三〕。秦問其故，對曰：『吾已大矣，年已長矣，吾苦夫匠人，且以繩墨案規矩刻鏤我。』一蓋曰：『此非吾所苦也，是故吾事也〔四〕。吾所苦夫鐵鑽然〔五〕，自入而出夫人者〔六〕。』今臣使於秦，而三日不見，無有謂臣爲鐵鉆者乎？」

〔一〕趙王：趙惠文王。

〔二〕柱山：《元和志》云柱山俗名三門山。亦即砥柱山。在今河南三門峽市陝州區東四十里黄河中。【補】乃，猶「曩」。曩，昔，從前。

〔三〕一蓋呼侶，一蓋哭：蓋者，辜較之辭。辜較，猶梗概。此言一約略呼侶、一約略哭耳。

〔四〕是故吾事：故，與「固」通。事，猶分。

〔五〕鑽：段玉裁云，「鑽」與「櫼」同，楔也。

〔六〕自入而出夫人：言櫼入而木出也。

【繫年】

此策時不可考。【補】顧觀光隸此策於周顯王三十六年，可備一參。

甘茂爲秦約魏章

甘茂爲秦約魏以攻韓宜陽〔一〕，又北之趙，冷向謂强國曰〔二〕：「不如令趙拘甘茂勿出，以與齊、韓、秦市。齊王欲求救宜陽，必效縣狐氏〔三〕。韓欲有宜陽，必以路、涉、端氏賂趙〔四〕。秦王欲得宜陽，不愛名寶。且拘茂也，且以置公孫赫、樗里疾〔五〕。」

〔一〕甘茂爲秦約魏以攻韓宜陽：《史記·甘茂傳》：秦武王三年，謂甘茂曰：「寡人欲容車通三川，以窺周室，而寡人死不朽矣。」甘茂曰：「請之魏，約以伐韓。」

〔二〕冷向謂强國：冷，《秦策一》作「泠」是。泠向，秦臣。秦昭王時勸齊攻宋。强國，趙人。

〔三〕縣狐氏：地名，不詳所在。【補】《史記·建元以來侯者年表》中有「瓡」，《索隱》曰：「縣名，《志》屬北海。」顔師古曰：「即『狐』字。」疑即此地。

〔四〕路、涉、端氏：路，疑即「潞」，今山西黎城縣西南。涉，疑爲今河北涉縣地。端氏，今山西沁水縣東北。

〔五〕置公孫赫、樗里疾：置，立。公孫赫，《史記·甘茂傳》作「公孫奭」。時甘茂爲秦相，樗里疾相韓，公孫赫黨於韓，故云拘甘茂以立公孫赫、樗里疾。

【繫年】

此秦武王三年將攻韓宜陽時事。當周赧王七年。

謂皮相國章

謂皮相國曰：「以趙之弱而據之建信君、涉孟之讎〔一〕，然者何也〔二〕？以從爲有功也。齊不從，建信君知從之無功。建信君安能以無功惡秦哉？不能以無功惡秦，則且出兵助秦攻魏，以楚、趙分齊，則是强畢矣〔三〕。建信、春申從，則無功而惡秦〔四〕，分齊亡魏〔五〕，則有功而善秦。故兩君者，奚擇有功之無功爲知哉〔六〕？」

〔一〕建信君、涉孟之讎：孫詒讓云，建信君與涉孟，蓋皆趙臣。讎，與「儔」通，匹也，輩也。

〔二〕然者何也：蓋將申言上文之義而先爲設問之詞。然，如是也。

〔三〕則是强畢矣：謂不能害秦，則可助秦攻魏。怒齊之不從，則合楚以分齊，二策必居一焉，則强國之計畢於此矣。

〔四〕惡秦：謂見惡於秦。

〔五〕分齊亡魏：原作「秦分齊，齊亡魏」。吴師道以爲是「分齊亡魏」而衍「秦」、「齊」二字。今從之。

〔六〕之：猶與。

【繫年】

此策言趙建信君與楚春申君合縱以抗秦事。按，天下合縱，春申君爲縱長，在楚考烈王二十二年、趙悼襄王四年，當秦始皇六年。

或謂皮相國章

或謂皮相國曰：「魏殺呂遼而衛兵〔一〕，亡其北陽而梁危〔二〕，河間封不定而齊危〔三〕，文信不得志，三晉倍之憂也〔四〕。今魏恥未滅，趙患又起〔五〕，文信侯之憂大矣。齊不從，三晉之心疑矣。憂大者不計而構〔六〕，心疑者事秦急。秦、魏之構不待割而成〔七〕，秦從楚、魏攻齊，獨吞趙，齊、趙必俱亡矣。」

〔一〕魏殺呂遼而衛兵：呂遼，又作「呂遺」，其事迹不詳。衛，衛國，附屬於魏。衛兵，衛被兵受伐。

〔二〕亡其北陽而梁危：北，一本作「比」。北陽疑即河北之南陽。梁，指魏都大梁。【補正】北陽，疑爲衛之濮陽。于鬯注引潘和鼎曰：「北陽即濮陽。水北曰陽，謂之北陽；猶山南曰陽，謂之南陽也。始皇六年，秦併濮陽郡，即《策》所謂「亡其北陽矣」。」

〔三〕河間封不定而齊危：河間，地區名，戰國時屬趙，今河北獻縣、樂城、河間一帶。時趙方與諸侯合縱，欲收河間，故言「封不定」。

〔四〕三晉倍之憂也：倍，與「背」同。言文信侯不得志，以三晉背之爲憂。

〔五〕魏恥未滅，趙患又起：魏恥，謂魏殺呂遼。趙患，謂趙欲收河間。

〔六〕構：或作「搆」，或作「講」，三字通用，謂構和。

〔七〕秦、魏之構不待割而成：凡構和，必割地。今秦、魏急於講和，不等待割地而先立和約。

【繫年】

此策與上章爲同時事，亦當繫於秦始皇六年。

趙王封孟嘗君以武城章

趙王封孟嘗君以武城〔一〕。孟嘗君擇舍人以爲武城吏，而遣之曰：「鄙語豈不曰借車者馳之，借衣者被之哉？〔二〕」皆對曰：「有之。」孟嘗君曰：「文甚不取也。夫所借衣、車者，非親友，則兄弟也。夫馳親友之車，被兄弟之衣，文以爲不可。今趙王不知文不肖，而封之以武城，願大夫之往也，毋伐樹木，毋發屋室〔三〕，訾然使趙王悟而知文也〔四〕。謹使可全而歸之〔五〕。」

〔一〕武城：戰國趙地，又名東武城。在今山東武城縣西北。

〔二〕借車者馳之，借衣者被之：馳之、被之，均言借人之物，使用而不愛惜。

〔三〕毋發屋室：發，動也。《御覽》卷二〇一引此作「廢」。

〔四〕訾：省量。又與「孳」同，勉勵之意。

〔五〕謹：《御覽》二〇一引此作「僅」。

【繫年】

此策從顧觀光《國策編年》，附於趙惠文王十六年、齊襄王元年、秦昭王二十四年，當周赧王三十二年。

謂趙王曰三晉合章

謂趙王曰：「三晉合而秦弱，三晉離而秦强，此天下之所明也〔一〕。秦之有燕而伐趙，有趙而伐燕；有梁而伐趙，有趙而伐梁；有楚而伐韓，有韓而伐楚。此天下之所明見也。然山東不能易其路〔二〕，兵弱也。弱而不能相壹，是何秦之知，山東之愚也？是臣所爲山東之憂也。虎將即禽〔三〕，禽不知虎之即己也，而相鬭兩罷，而歸其死於虎。故使禽知虎之即己，決不相鬭矣。今山東之主，不知秦之即己也，而尚相鬭兩敝，而歸其國於秦，知不如禽遠矣。願王熟慮之也。

〔一〕天下之所明也：吴師道云，「明」下疑有「知」字。按下文「天下之所見也」，當有「知」字。

〔二〕山東不能易其路：言山東六國不能改易其合秦之道路。

〔三〕禽：鳥獸總名。二足而羽謂之禽。

「今事有可急者，秦之欲伐韓、梁，東闚於周室甚，惟寐亡之〔一〕。今南攻楚者，惡三晉之大合也〔二〕。今攻楚休而復之〔三〕，已五年矣，攘地千餘里。今謂楚王：『苟來舉玉趾而見寡人，必與楚爲兄弟之國，必爲楚攻韓、梁，返楚之故地〔四〕。』楚王美秦之語，怒韓、梁之不救己，必入於秦。有謀故發使之趙〔五〕，以燕餌趙，而離三晉。今王美秦之言而欲攻燕，攻燕，食未飽而禍已及矣。楚王入秦，秦楚爲一，東面而攻韓，韓南無楚，北無趙，韓不待伐割，挈馬兔而西走〔六〕，秦與韓爲上交，秦禍安移於梁矣〔七〕。以秦之强，有楚、韓之用，梁不待伐割〔八〕，挈馬兔而西走，秦與梁爲上交，秦禍案攘於趙矣〔九〕。以强秦之有韓、梁，楚與燕之怒，割必深矣。國之舉此〔一〇〕，臣之所爲來。臣故曰：事有可急爲者。

〔一〕惟寐亡之：寐，目閉神藏。亡，鮑改爲「忘」。此以借「亡」爲「忘」，不必改。

〔二〕惡三晋之大合：楚强三晋弱，先攻伐强者，則三晋沮而不敢合。合，合於楚。

〔三〕今攻楚休而復之：休，罷兵。復，除其賦役。

〔四〕返楚之故地：楚懷王十七年，與秦戰於丹陽、藍田，大敗，喪地六百里。楚懷王二十四年，楚懷王與秦昭王會黄棘，約爲兄弟，秦復與楚上庸，返楚之故地。

〔五〕有謀故發使之趙：有，讀爲「又」。發，姚本作「殺」，劉本作「發」。今從劉本改「殺」爲「發」。

〔六〕韓不待伐割，挈馬兔而西走：言韓不待伐割，即將挈馬而俛入於秦。挈，捉。兔，曾本作「免」。「免」與「俛」通。【補正】「割挈馬兔」，歷來標注衆説紛紜，莫衷一是。宋鮑彪注曰「割地挈而走秦，疾於馬兔」，實令人費解。清金正煒《補釋》云：「『挈馬』與『提馬』義同。『兔』當從曾本作『免』，『免』與『俛』通。言韓不待伐割即挈馬而俛入於秦地。又，或爲『挈國』之訛。俗書『國』作『国』、『馬』作『馬』，『国』右畫『亅』脱誤於下，因訛爲馬……『挐』與『攜』爲義同也。」金氏兩解牽强，難確疑難。清鍾鳳年《國策勘研》云：「『割』字不辭，因馬兔非必待割而始能挐走之物。以字理推之，恐是『則』字之訛。」但也難疏通文義。清于鬯《戰國策注》曰：「『割』、『挐』二字平列。割，割地。挐，謂其國也。」近代注此句時，也有將「割」屬上句讀。即便如此，也於事無補，難通文意。

「割挐馬兔」之所以難以讀懂，是因爲文字有訛誤。一九七三年出土之馬王堆漢墓帛書《戰國策縱横家書》，爲我們解決這一難題：

兵未出，謂辛梧：「以秦之强，有梁之勁，東面而伐楚。於臣也，楚不待伐，割縶馬兔而西走，秦餘楚爲上交，秦禍案還中梁矣。」

縶乃絆也。以繩索拴縛馬足。《廣韻・緝韻》：「縶，繫馬。」《詩・小雅・白駒》：「繫之維之，以永今朝。」毛傳：「繫，絆。維，繫也。」孔穎達《正義》：「縶之，謂絆其足。」縶，又可作爲名詞，指縛馬索（絆馬索）。《詩・周頌・有客》：「言授之縶，以縶其馬。」《左傳・成公二年》：「韓厥執縶馬前。」兔，當作「免」，同「逸」。脱逃，跑掉。漢李陵《答蘇武書》：「當此之時，猛將如雲，謀臣如雨，然猶七日不食，僅乃得免。」

「割縶馬兔」意即：割斷絆馬索，馬便脱逃；此過程極短，馬脱逃極快。「割縶馬兔而西走」的意思是：立即降秦，越快越好。秦在西邊，故西走以降秦。

綜上所述，策文中的「割挐馬兔」，乃「割縶馬兔」之誤。

〔七〕安：語詞，猶則，於是。

〔八〕梁不待伐割：「伐」下姚本有「矣」字。一本無「矣」字。今從一本删「矣」字。

〔九〕秦禍案攘於趙：案，與「安」同，猶則。攘，《埤蒼》作疾行貌。攘於，鮑改爲「環中」。孫詒讓云：「環」與「還」通，環中趙，言還中於趙，與上文「移於梁」意同而文則異。

〔一〇〕國之舉此：國，指趙國。舉，猶行。

「及楚王之未入也〔一〕，三晋相親相堅，出鋭師以戍韓、梁西邊，楚王聞之，必不入秦，秦必怒而循攻楚，是秦禍不離楚也，便於三晋。若楚王入，秦見三晋之大合而堅也，必不出楚王，即多割，是秦禍不離楚也，有利於三晋〔二〕。願王之熟計之也。急。」趙王因起兵南戍韓、梁之西邊。秦見三晋之堅也，果不出楚王卬而多求地〔三〕。

〔一〕及楚王之未入：楚懷王三十年，秦昭王約楚懷王會武關，面相結盟。楚懷王欲往，恐被欺；不往，恐秦怒。楚王，楚懷王。未入，未入秦相會盟。

〔二〕有：與「又」通。

〔三〕卬而多求地：言希望多求地。卬，《説文》：卬，望也。而，能也。

【繫年】

此策乃秦昭王誘楚懷王入秦時事。楚懷王入秦，在楚懷王三十年、秦昭王十年、趙惠文王二年，當周赧王十八年。

【正】楚懷王三十年，乃趙武靈王二十七年、秦昭王八年、周赧王十六年。此策講秦昭王誘楚懷王入秦，當爲楚懷王三十年，亦即秦昭王八年、趙武靈王二十七年、周赧王十六年事。

戰國策校注繫年補正 下

郭人民 著
孫順霖 補正

中州古籍出版社
·鄭州·

戰國策卷十九

趙二

蘇秦從燕之趙章

蘇秦從燕之趙，始合從〔一〕。説趙王曰：「天下之卿相人臣，乃至布衣之士，莫不高賢大王之行義，皆願奉教陳忠於前之日久矣。雖然，奉陽君妬〔二〕，大王不得任事，是以外客遊談之士〔三〕，無敢盡忠於前者。今奉陽君捐館舍〔四〕，大王乃今然後得與士民相親，臣故敢獻其愚，效愚忠〔五〕。爲大王計，莫若安民無事，請無庸有爲也。安民之本，在於擇交。擇交而得則民安；擇交不得則民終身不得安。請言外患：齊、秦爲兩敵〔六〕，而民不得安；倚秦攻齊，而民不得安；倚齊攻秦，而民不得安。故夫謀人之主，伐人之國，常苦出辭斷絶人之交〔七〕，願大王慎無出於口也。請屏左右曰言所以異陰陽而已矣〔八〕。

〔一〕蘇秦從燕之趙，始合從：據《戰國縱横家書》，蘇秦合縱，就是李兑約五國攻秦時。蘇秦活動的年代，比司馬遷《蘇秦傳》所叙述要晚四十五年。而《史記》和《戰國策》中關於蘇秦合縱的各篇，多是戰國末年縱横家之擬作。蘇秦真正事迹多被混淆。

〔二〕奉陽君妬：奉陽君，《史記·蘇秦傳》言趙肅侯令其弟成爲相，號奉陽君。蓋有誤。此奉陽君應是李兑之封號。妬，嫉賢。

〔三〕外客遊談之士：「外」下姚本有「賓」字。錢、劉本無「賓」字。王念孫云：錢、劉去「賓」字，是也。《文選·蜀都賦》注《上吴王書》引此並無「賓」字。今據以訂正。

〔四〕捐館舍：人死忌諱説死，謂之捐館舍。

〔五〕臣故敢獻其愚，效愚忠：按此文當作「獻其愚，效其忠」，次「愚」字涉上而誤。效，猶呈。

〔六〕齊、秦爲兩敵：趙以齊、秦兩國爲敵。

〔七〕苦：急也，快也。「快」與「急」同意。

〔八〕請屏左右曰言所以異陰陽：《索隱》引《戰國策》云：「請屏左右白言所以異陰陽。」此「曰」乃「白」字之訛。

「大王誠能聽臣，燕必致氈裘狗馬之地〔一〕，齊必致海隅魚鹽之地，楚必致橘柚雲夢之地〔二〕，韓、魏皆可使致封地湯沐之邑，貴戚父兄皆可以受封侯。夫割地效實，五伯之所以覆軍禽將而求也；封侯貴戚，湯武之所以放殺而爭也。今大王垂拱而兩有之，是臣之所以爲大王願也。大王與秦，則秦必弱韓、魏；與齊，則齊必弱楚、魏。魏弱則割河外〔三〕，韓弱則效宜陽。宜陽效，則上郡絶〔四〕，河外割則道不通，楚弱則無援。此三策者，不可不熟計也。夫秦下軹道則南陽動〔五〕，劫韓包周則趙自銷鑠〔六〕，據衛取淇則齊必入朝〔七〕。秦欲已得行於山東，則必舉甲而向趙。秦甲涉河踰漳，據番吾〔八〕，則兵必戰於邯鄲之下矣。此臣之所以爲大王患也。

〔一〕氈裘：《史記·蘇秦傳》作「旃裘」。「旃」與「氈」通。

〔二〕雲夢：古澤藪名。在今湖北東北部。

〔三〕河外：戰國時魏人稱河南、河西爲河外，今陝西大荔縣、華陰市至河南三門峽市陝州區一帶。

〔四〕上郡絶：上郡，疑「上黨」之訛，戰國時上郡屬魏。宜陽與上黨屬韓。宜陽與上黨隔河相近。故云「宜陽效，則上黨絶」。

〔五〕秦下軹道則南陽動：軹道，古道路名。【補】又稱軹關陘，太行南端隘道。在今河南濟源市境，是越過太行，進入山西之孔道。南陽，朝歌以南至軹爲晋之南陽，戰國時屬魏，總指河内之地。南陽城故址在今河南修武縣。

〔六〕劫韓包周則趙自銷鑠：宜陽在周都西，滎陽、成皋在周都東，皆屬韓。劫韓則包圍兩周。趙，疑當作「魏」，劫韓則逼魏。下云舉甲向趙，則此是主魏而言，不當作「趙」。

〔七〕據衛取淇：衛，時都濮陽。淇，淇水。源出百泉山，至今河南浚縣入河。

〔八〕番吾：古地名，亦作「蒲吾」。戰國時趙地。在今河北磁縣鄴城之古蒲池。

「當今之時，山東之建國〔一〕，莫如趙强。趙地方二千里，帶甲數十萬，車千乘，騎萬匹，粟支十年；西有常山〔二〕，南有河、漳〔三〕，東有清河〔四〕，北有燕國。燕固弱國，不足畏也。且秦之所畏害於天下者，莫如趙。然而秦不敢舉兵甲而伐趙者，何也？畏韓、魏之議其後也。然則韓、魏，趙之南蔽也。秦之攻韓、魏也，則不然。無有名山大川之限，稍稍蠶食之，傅之國都而止矣〔五〕。韓、魏不能支秦，必入臣。韓、魏臣於秦〔六〕，秦無韓、魏之隔，禍必中於趙矣〔七〕。此臣之所以爲大王患也。

〔一〕建國：猶言立國。

〔二〕常山：即恒山。在今河北曲陽縣西北。

〔三〕河、漳：河，黄河。漳，漳水。

〔四〕清河：古河名。戰國時介於齊、趙兩國間。源出今河南内黄縣南。

〔五〕傅：與「附」同，近也。

〔六〕韓、魏臣於秦：「韓」、「魏」、「臣」三字，鮑本無。《史記》亦無。疑衍，當删去。

〔七〕必：姚本無，鮑本、《史記》有。今從鮑本補「必」字。

「臣聞，堯無三夫之分，舜無咫尺之地，以有天下。禹無百人之聚，以王諸侯。湯、武之卒，不過三千人，車不過三百乘，立爲天子。誠得其道也。是故明主外料其敵國之强弱，内度其士卒之衆寡，賢與不肖，不待兩軍相當，而勝敗存亡之機固已見於胸中矣，豈掩於衆人之言〔一〕，而以冥冥決事哉〔二〕！

【補】此處説之堯、舜、禹之得天下前事，乃遊説之士無據之詞。吴師道曰：「且舜，顓頊後，有國於虞，其側微，特在下爾。禹乃崇伯鯀子，亦有國土者。今日云云，豈足信哉！」

〔一〕掩：蔽，蒙蔽。

〔二〕冥冥：闇昧。

「臣竊以天下地圖案之〔一〕。諸侯之地，五倍於秦，料諸侯之卒〔二〕，十倍於秦。六國并力爲一，西面而攻秦，秦破必矣。今見破於秦，西面而事之，見臣於秦。夫破人之與破於人也，臣人之與臣於人也，豈可同日而言之哉！夫橫人者，皆欲割諸侯之地以與秦成。與秦成，則高臺榭〔三〕，美宮室，聽竽瑟之音，察五味之和。前有軒轅〔四〕，後有長庭，美人巧笑，卒有秦患，而不與其憂。是故橫人日夜務以秦權恐猲諸侯〔五〕，以求割地。願大王之熟計之也。

〔一〕案：視，察。

〔二〕料：數。

〔三〕榭：姚本無。《史記》有。鮑補「榭」字。今從鮑本，補「榭」字。榭，建在高臺上之敞屋。

〔四〕軒轅：顧炎武云：軒轅，當爲「軒縣」。《周禮》：「小胥正樂縣之位：王宮縣，諸侯軒縣。」軒縣者，缺其南面。

〔五〕恐猲：猲，與「喝」、「愒」通。恐嚇，迫脅。

「臣聞，明主絶疑去讒，屏流言之迹，塞朋黨之門，故尊主廣地强兵之計，臣得陳忠於前矣。故竊爲大王計，莫如一韓、魏、齊、楚、燕、趙，六國從親，以擯畔秦〔一〕。令天下之將相，相與會於洹水之上〔二〕，通質刑白馬以盟之〔三〕。約曰：『秦攻楚，齊、魏各出鋭師以佐之，韓絶食道，趙涉河漳，燕守常山之北。秦攻韓、魏，則楚絶其後，齊出鋭師以佐之，趙涉河漳，燕守雲中。秦攻齊，則楚絶其後，韓守成皋〔四〕，魏塞午道〔五〕，趙涉河漳、博關〔六〕，燕出鋭師以佐之。秦攻燕，則趙守常山，楚軍武關〔七〕，齊涉渤海，韓、魏出鋭師以佐之。秦攻趙，則韓軍宜陽，楚軍武關，魏軍河外，齊涉渤海〔八〕，燕出鋭師以佐之。諸侯有先背約者，五國共伐之。』六國從親以擯秦〔九〕，秦必不敢出兵於函谷關以害山東矣。如是則伯業成矣。」

〔一〕以擯畔秦：黄丕烈云：此句「擯」字，當是因下句而衍，《史記》無。畔，與「叛」同，反也。反秦之所爲。

〔二〕洹水：今名安陽河。源出今河南林州市林慮山，東流經安陽市北，到内黄縣北入衛河。

〔三〕通質刑白馬以盟之：通質，溝通交質之情誼。刑，殺，宰割。盟，盟誓。

〔四〕成皋：古邑名，戰國時屬韓，春秋時鄭國之虎牢。故址在今河南滎陽市西汜水鎮。

〔五〕午道：地名。《索隱》云：當在趙東齊西。《史記·蘇秦傳》作「其道」。《索隱》云：即河内之道。一從一横爲午。道，交道。

〔六〕博關：今山東聊城市東北博平鎮古博陵，即博關所在地。

〔七〕武關：在今陝西商南縣西北。

〔八〕齊涉渤海：王念孫云：齊之救趙，無需涉渤海。渤海，《史記》作「清河」是也。今作「渤海」者，因上文有「齊涉渤海」而誤。

〔九〕擯：排斥。

趙王曰：「寡人年少，莅國之日淺，未嘗得聞社稷之長計，今上客有意存天下，安諸侯，寡人敬以國從。」乃封蘇秦爲武安君〔一〕，飾車百乘、黄金千鎰〔二〕、白璧百雙、錦繡千純〔三〕，以約諸侯。

〔一〕乃封蘇秦爲武安君：據《戰國縱横家書》，趙封蘇秦爲武安君，在趙惠文王十二年，五國攻秦時。

〔二〕黄金千鎰：《索隱》引《戰國策》作「萬鎰」。鎰，二十兩爲鎰。

〔三〕純：匹端名。綢帛一匹爲一純。

【繫年】

《史記·蘇秦傳》謂燕文侯資蘇秦車馬以至趙，説趙肅侯。而《趙世家》不記此事。今據《戰國縱横家書》記載，蘇秦至趙，説奉陽君李兑，約五國伐秦，趙封蘇秦爲武安君，在趙惠文王十二年，司馬遷誤將蘇秦事迹提前四十餘年，故《蘇秦傳》所敘年代，多與史實不符。今採用《戰國縱横家書》繫此事於趙惠文王十二年、燕昭王二十六年、齊閔王十六年，當周赧王二十九年。【正】此策爲蘇秦由燕至趙而説趙王，應以趙紀年爲準。趙惠文王十二年，乃燕昭王二十五年、齊閔王十四年、周赧王二十八年。

秦攻趙蘇子謂秦王章

秦攻趙，蘇子謂秦王曰〔一〕：「臣聞明王之於其民也，博論而技藝之〔二〕，是故官無乏事，而力不困。於其言也，多聽而時用之，是故事無敗業，而惡不章。臣願王察臣之所謁，而效之於一時之用也。臣聞懷重寶者，不以夜行；任大功者，不以輕敵。是以賢者任重而行恭，知者功大而辭順。故民不惡其尊，而世不妬其業。臣聞之：百倍之國者，民不樂後也〔三〕；功業高世者，人主不再行也；力盡之民，仁者不用也；求得而反静，聖主之制也；功大而息民，用兵之道也。今用兵終身不休，力盡不罷，怒趙必於其己邑〔四〕，趙僅存哉！然而四輪之國也〔五〕，今雖得邯鄲，非國之長利也。意者，地廣而不耕，民羸而不休，又嚴之以刑罰，則雖從而不止矣〔六〕。語曰：『戰勝而國危者，物不斷也〔七〕；功大而權輕者，地不入也。』故過任之事，父不得於子；無已之求，君不得於臣。故微之爲著者强，察乎息民之爲用者伯，明乎輕之爲重者王。」

〔一〕蘇子謂秦王：「謂」上姚本有「爲」字，一本、鮑本無「爲」字。今從一本删去「爲」字。

〔二〕博論而技藝之：試之以事。

〔三〕百倍之國者，民不樂後：百倍，謂地廣。地既廣矣，民不樂其後之復有事也。
〔四〕怒趙必於其己邑：怒趙，姚本作「趙怒」。吴師道云：當作「怒趙」，今從鮑本。己邑，疑是「亡邑」之誤。
〔五〕四輪之國：四面通達之國。輪，通達。
〔六〕雖從而不止：從，服從。止，留止。
〔七〕物不斷：謂戰事不止。物，事。斷，止。

秦王曰：「寡人案兵息民〔一〕，則天下必爲從，將以逆秦。」蘇子曰：「臣有以知天下之不能爲從以逆秦也。臣以田單、如耳爲大過也〔二〕。豈獨田單、如耳爲大過哉？天下之主亦盡過矣。夫慮收亡齊、罷楚、敝魏與不可知之趙〔三〕，欲以窮秦、折韓，臣以爲至愚也。夫齊威、宣，世之賢主也。德博而地廣，國富而民用，將武而兵强。宣王用之，後富韓威魏〔四〕，以南伐楚，西攻秦，秦爲齊兵困於殽塞之上〔五〕，十年攘地，秦人遠迹不服，而齊爲虚戾〔六〕。夫齊兵之所以破，韓、魏之所以僅存者，何也？是則伐楚攻秦而後受其殃也。今富非有齊威、宣之餘也，精兵非有富韓勁魏之軍也〔七〕，而將非有田單、司馬之慮也〔八〕。收破齊、罷楚、弊魏、不可知之趙，欲以窮秦折韓，臣以爲至誤。臣以從一不可成也。客有難者，今臣有患於世。夫刑名之家皆曰〔九〕：『白馬非馬也〔一〇〕。』已如白馬實馬〔一一〕，乃使有白馬之爲也。此臣之所患也。』

〔一〕案：止也。
〔二〕田單、如耳：田單，齊之公族，守即墨，敗燕軍，復齊國者。如耳，姓如名耳，魏大夫。

〔三〕亡齊、罷楚、敝魏與不可知之趙：亡齊，齊閔王時爲燕所破亡。不可知之趙，謂趙國存亡未可知。

〔四〕宣王用之，後富韓威魏：宣王，當作「閔王」，按上所言，皆閔王時事。富，鮑改爲「破」，吴師道云疑爲「逼」。「富」字古音讀「逼」。

〔五〕秦爲齊兵困於殽塞之上：齊、燕、趙、韓、魏五國攻秦時，齊閔王爲縱長。「秦」字姚本無。依鮑本補。殽塞，鮑本作「殽函」。

〔六〕齊爲虚戾：齊國爲燕破亡爲虚戾。虚戾，居宅無人爲虚，死而無後爲厲，「厲」與「戾」同。

〔七〕富韓勁魏之軍：富，亦「逼」字之誤。軍，姚本作「庫」，乃「軍」字之誤。

〔八〕司馬：指齊將司馬穰苴。

〔九〕刑名之家：《漢書·藝文志》有名家，如惠施、公孫龍等。

〔一〇〕白馬非馬：劉向《别録》云：公孫龍持白馬之論以度關。今存《公孫龍子》六篇，有《白馬》一篇。其言曰：「白馬非馬，可乎？曰：可。曰：何哉？曰：馬者，所以命形也；白者，所以命色也。命色者非命形也。故曰：白馬非馬。」

〔一一〕已如白馬實馬：已，當作「亡」。「亡」與「無」同。言刑名家雖執白馬非馬之説，無如白馬之實馬也。

「昔者秦人下兵攻懷〔一〕，服其人，三國從之。趙奢、鮑接將〔二〕，楚有四人起而從之。臨懷而不救，秦人去而不從〔三〕。不識三國之憎秦而愛懷邪？忘其憎懷而愛秦邪〔四〕？夫攻而不救，去而不從，是以三國之兵困，而趙奢、鮑接之能也。故裂地以敗於齊〔五〕。田單將齊之良，以兵横行於中十四年，終身不敢設兵以攻秦折韓也，而馳於封内，不識從之一成惡存也。」於是秦王解兵不出於境，諸侯休，天下安，二十九年不相攻〔六〕。

〔一〕下兵攻懷：秦昭王四十二年秦用范雎之謀，伐魏取懷。懷，古邑名。戰國時屬魏。今河南武陟縣西南有懷故城。

〔二〕趙奢、鮑接：趙奢，趙之名將，封爲馬服君。鮑接，接，姚本作「佞」，下文作「接」。一本作「接」，故改爲「接」。其人身世不詳。

〔三〕秦人去而不從：去，退兵。從，迫擊之。

〔四〕亡其：姚本作「忘其」。今從鮑本作「亡其」爲是。亡其，轉語詞。

〔五〕裂地以敗於齊：當指五國伐齊之事。三國之不救懷，卒裂地以敗齊，皆言從之不能合。

〔六〕二十九年不相攻：乃説士誇大之辭。

【繫年】

按策文「雖得邯鄲，非國之長利也」，則此當是秦、趙長平之戰後，秦軍圍趙邯鄲時事。當繫於秦昭王四十八年、趙孝成王七年，當周赧王五十六年。

張儀爲秦連橫説趙章

張儀爲秦連橫，説趙王曰〔一〕：「敝邑秦王使臣敢獻書於大王御史〔二〕。大王收率天下以擯秦〔三〕，秦兵不敢出函谷關十五年矣。大王之威行於天下山東〔四〕，敝邑恐懼懾伏〔五〕，繕甲厲兵，飾車騎〔六〕，習馳射，力田積粟。守四封之内，愁居懾處，不敢動摇，唯大王有意督過之也〔七〕。今秦以大王之力，西舉巴蜀，并漢中，東收兩周而西遷九鼎〔八〕，守白馬之津〔九〕。秦雖辟遠〔一〇〕，然而心忿悁含怒之日久矣〔一一〕。今寡君有敝甲鈍兵〔一二〕，軍於澠池〔一三〕，願渡河踰漳，據番吾，迎戰邯鄲之下。願以甲子之日合戰，以正殷紂之事〔一四〕。敬使臣先以聞於左右。

〔一〕趙王：據《張儀傳》當是趙武靈王。但《趙世家》不載此事。

〔二〕御史：官名，戰國時爲史官，傳達國君命令，掌記國事。【補正】御史，猶言「執事」、「左右」，不斥言王。是當時習用之敬詞。

〔三〕收率天下以擯秦：率，率領。擯，排斥。

〔四〕天下山東：一本無「山東」，《史記》有「山東」，無「天下」二字。

〔五〕懾：恐怖，失常。

〔六〕飾：《史記正義》音「勑」。當是「飭」字，或作「飾」。修治、整備之意。

〔七〕督過：深責其過。言趙王有意責過於秦。

〔八〕「今秦」四句：西舉巴蜀，在周慎靚王五年。并漢中，在周赧王二年。遷九鼎，在周赧王五十九年。然秦遷九鼎，是張儀死後五十年事。【補】此説史不書。據吴師道云：「遷鼎之説，大言之也。」梁玉繩《史記志疑》：「包兩周，遷九鼎，此不過大言之爾。收取兩周，非惠王；遷鼎，亦無其事。」

〔九〕白馬之津：黄河渡口，在白馬城西北，今河南滑縣故城之西北。

〔一〇〕辟：與「僻」同，偏僻。

〔一一〕悁：忿怒。

〔一二〕今寡君有敝甲鈍兵：寡，姚本作「宣」，鮑改「宣」作「寡」。按「宣」乃「寡」字之誤。唐人書「寡」字作「宣」，因誤爲「宣」。敝甲，姚本作「微甲」。鮑改「微」爲「敝」。《史記》作「敝甲」，今從《史記》改爲「敝」。

〔一三〕澠池：古邑名，戰國屬韓，後入於秦。在今河南澠池縣西。

〔一四〕甲子之日合戰，以正殷紂之事：《尚書·牧誓》言周武王伐殷，以甲子日戰於牧野，滅殷，殺殷紂王。今以趙王比紂王之辭。

「凡大王之所信以爲從者，恃蘇秦之計。熒惑諸侯〔一〕，以是爲非，以非爲是，欲反覆齊國而不能，自令車裂於齊之市〔二〕。夫天下之不可一亦明矣。今楚與秦爲昆弟之國，而韓、魏稱爲東蕃之臣，齊獻魚鹽之地，此斷趙之右臂也。夫斷右臂而求與人鬭，失其黨而孤居，求欲無危，豈可得哉？今秦發三將軍，一軍塞午道，告齊使興師度清河，軍於邯鄲之東；一軍軍於成皋，敺韓、魏而軍於河外；一軍軍於澠池，約曰：『四國爲一以攻趙，破趙而四分其地。』是故不敢匿意隱情，先以聞於左右，臣竊爲大王計，莫如與秦遇於澠池，面相見而身相結也。臣請案兵無攻，願大王之定計。」

〔一〕熒惑：猶眩惑，迷惑。

〔二〕自令車裂於齊之市：蘇秦車裂於齊，在齊閔王十七年，當秦昭王二十三年。張儀死於秦武王二年，當齊宣王之年。蘇秦之死，張儀不及見也。

趙王曰：「先王之時，奉陽君相，專權擅勢，蔽晦先王，獨制官事。寡人宮居，屬於師傅，不得與國謀。先王弃群臣，寡人年少，奉祠祭之日淺，私心固竊疑焉。以爲一從不事秦，非國之長利也。乃且願變心易慮，剖地謝前過以事秦。方將約車趨行，而適聞使者之明詔。」於是乃以車三百乘入朝澠池，割河間以事秦。

【繫年】

張儀連横之策文共六篇，都是張儀以後縱横士之擬作與假託。而策文中所言史實，也多是張儀死後之事，故其年代無法確定。《史記·張儀傳》繫此策於秦惠王後元十四年，當趙武靈王十五年、周赧王四年。

武靈王平晝章

武靈王平晝閒居〔一〕，肥義侍坐〔二〕。曰：「王慮世事之變，權甲兵之用〔三〕，念簡、襄之迹〔四〕，計胡狄之利乎？」王曰：「嗣立不忘先德。君之道也；錯質務明主之長〔五〕，臣之論也。是以賢君靜而有道，民便事之教，動有明古先世之功〔六〕。爲人臣者，窮有弟長辭讓之節〔七〕，通有補民益主之業。此兩者，君臣之分也。今吾欲繼襄主之業，啟胡翟之鄉〔八〕，而卒世不見也〔九〕。敵弱者用力少而功多，可以無盡百姓之勞，而享往古之勳。夫有高世之功者，必負遺俗之累〔一〇〕，有獨知之慮者，必被庶人之怨〔一一〕。今吾將胡服騎射以教百姓，而世必議寡人矣。」

〔一〕武靈王平晝閒居：武靈王，名雍，趙肅侯之子。晝，白天。居，坐。平日無事閒坐。

〔二〕肥義侍坐：肥義，趙之賢人，武靈王以爲相國。死於武靈王沙丘之難。侍，站立。謂武靈王坐，肥義侍立。

〔三〕權：衡量，料度。

〔四〕念簡、襄之迹：念，追思。簡，簡子趙鞅。襄，襄子趙無恤，武靈王之先祖。迹，事業。

〔五〕錯質務明主之長：交相質證以明國君之長處。錯，交。質，討論。

〔六〕先：猶高。

〔七〕窮有弟長辭讓之節：窮，困。弟，即悌，順也。

〔八〕啟胡翟之鄉：啟，開拓。翟，與「狄」同。

〔九〕卒世不見：卒，盡。見，猶知。

〔一〇〕負遺俗之累：當爲「遺負俗之累」。遺，留。負，背。俗，風俗。累，譴責。

〔一一〕怨：姚本作「恐」，曾本、《史記》作「怨」。今從曾本。

肥義曰：「臣聞之，疑事無功，疑行無名。今王即定負遺俗之慮，殆毋顧天下之議矣。夫論至德者，不和於俗；成大功者，不謀於衆。昔舜舞有苗〔一〕，而禹袒入裸國〔二〕，非以養欲而樂志也，欲以論德而要功也。愚者闇於成事，智者見於未萌，王其遂行之。」王曰：「寡人非疑胡服也，吾恐天下笑之。狂夫之樂，知者哀焉；愚者之笑，賢者戚焉。世有順我者，則胡服之功未可知也。雖驅世以笑我〔三〕，胡地、中山吾必有之。」

〔一〕舜舞有苗：《尚書・大禹謨》：「舞干羽於兩階，七旬，有苗格。」言不用兵，舞干羽而修文德，以服異俗之苗族。

〔二〕禹袒入裸國：《淮南子》：「禹之裸國，解衣而入，衣帶而出，因之也。」《後漢書・東夷傳》：「自朱儒東南，行船一年，至裸國。」

〔三〕驅世：驅逐，驅使。

王遂胡服。使王孫緤告公子成曰〔一〕：「寡人胡服，且將以朝，亦欲叔之服之也。家聽於親，國聽於君，古今之公行也；子不反親，臣不逆主，先王之通誼也〔二〕。今寡人作教易服，而叔不服〔三〕，吾恐天下議之也。夫制國有常，而利民爲本；從政有經，而令行爲上。故明德在於論賤，行政在於信貴〔四〕。今胡服之意，非以養欲而樂志也。事有所出，功有所止〔五〕。事成功立，然後德且見也。今寡人恐叔逆從政之經，以輔公叔之議。且寡人聞之，事利國者行無邪，因貴戚者名不累。故寡人願募公叔之義〔六〕，以成胡服之功，使緤謁之叔請服焉〔七〕。」

〔一〕王孫緤：《史記·趙世家》作「王緤」。

〔二〕誼：古「義」字，宜也。

〔三〕服：穿着。

〔四〕明德在於論賤，行政在於信貴：德欲其下及，故先論於賤。卑賤者戚其德，則德廣所及可知。法行自貴近始，故先信於貴。貴近者奉法，則法之必行可知。

〔五〕事有所出，功有所止：出，猶成。止，至也。

〔六〕募：鮑本作「慕」，《史記》作「慕」。按，當作「慕」。

〔七〕謁：告，請。

公子成再拜曰：「臣固聞王之胡服也。不佞寢疾〔一〕，不能趨走，是以不先進。王今命之，臣固敢竭其愚忠。臣聞之，中國者，聰明睿知之所居也〔二〕，萬物財用之所聚也，賢聖之所教也，仁義之所施也，《詩》、《書》禮樂之所用也，異敏技藝之所試也〔三〕，遠方之所觀赴也，蠻夷之所義行也〔四〕。今王釋此，而襲遠方之服，變古之教，易古之道，逆人之心，畔學者，離中國〔五〕，臣願大王圖之。」

〔一〕不佞寢疾：不佞，不才。自謙之辭。佞，才也。【補】寢疾，卧病，《禮記·檀弓上》：「成子高寢疾，慶遺入請曰：子之病革也。」

〔二〕睿知：睿，思考深遠。知，同「智」。

〔三〕異敏：異，出類，特異。敏，疾於事。

〔四〕義行：義，當讀爲「儀」，準則。行，當爲「刑」，即「型」，楷模。

〔五〕畔學者，離中國：畔，背。離，違。

使者報王〔一〕。王曰：「吾固聞叔之病也。」即之公叔成家〔二〕，自請之曰：「夫服者，所以便用也；禮者，所以便事也。是以聖人觀其鄉而順宜，因其事而制禮，所以利其民而厚其國也。祝髮文身〔三〕，錯臂左衽〔四〕，甌越之民也〔五〕；黑齒雕題〔六〕，鯷冠秫縫〔七〕，大吴之國也。禮服不同，其便一也。是以鄉異而用變，事異而禮易。是故聖人苟可以利其民，不一其用；果可以便其事，不同其禮。儒者一師而禮異，中國同俗而教離〔八〕，又況山谷之便乎？故去就之變，知者不能一；遠近之服，賢聖不能同。窮鄉多異〔九〕，曲學多辨〔一〇〕，不知而不疑〔一一〕，異於己而不非者，公於求善也。今卿之所言者，俗也；吾之所言者，所以制俗也。今吾國東有河薄洛之水〔一二〕，與齊、中山同之，而無舟檝之用。

自常山以至代、上黨，東有燕、東胡之境〔一三〕，西有樓煩、秦、韓之邊〔一四〕，而無騎射之備。故寡人且聚舟檝之用，求水居之民，以守河薄洛之水；變服騎射，以備其參胡、樓煩、秦、韓之邊〔一五〕。且昔者簡主不塞晉陽〔一六〕，以及上黨，而襄王兼戎取代，以攘諸胡，此愚知之所明也。先時中山負齊之强兵，侵掠吾地，係累吾民〔一七〕，引水圍鄗〔一八〕，非社稷之神靈，即鄗幾不守。先王忿之，其怨未能報也。今騎射之服〔一九〕，近可以備上黨之形，遠可以報中山之怨。而叔也順中國之俗，以逆簡、襄之意，惡變服之名，而忘國事之恥，非寡人所望於子。」

〔一〕使者：指王孫緤。

〔二〕即之公叔成家：之，往。成，公子成，武靈王之叔父，故云公叔。

〔三〕祝髮文身：即斷髮文身。《漢書·地理志》：「越俗斷髮文身，以辟蛟龍之害，故刻其肌以丹青涅之。」祝，三本皆作「祝」，姚本作「被」，《史記》作「剪」。按，當作「祝」。《穀梁》哀十三年傳：「仲雍居吳，祝髮文身。」《列子·湯問》：「南國之人，祝髮而裸。」《廣雅·釋詁》：祝，斷也。文身，謂以丹青文飾其身。

〔四〕錯臂左衽：錢、劉本無「錯臂」二字。按，錯臂亦是文身，謂刻肌錯畫其臂也。錢、劉本以「錯臂」與「文身」意有重複，故删去二字。衽，衣襟。左衽，衣襟向左開。謂戎狄之俗。《論語》「吾其被髮左衽」，即其意。

〔五〕甌越之民：甌，西甌，今廣東瓊山、海南儋州市等地。越，指百粵，今福建、廣東、廣西一帶。

〔六〕黑齒雕題：黑齒，謂以草染齒爲黑色。雕，刻。題，額。謂刻其額，塗丹青以爲飾。此指民俗。

〔七〕鯷冠秫縫：一本作「鮭冠黎緤」，《史記》作「却冠秫絀」。鯷，大鮎，以其皮爲冠。《漢書·地理志》：「會稽海外有東鯷人，鯰冠。」秫縫，謂女功鍼鏤之粗拙。秫，乃「鉥」之假借字。鉥者，綦鍼，用以縫紝。

〔八〕離：分離。

〔九〕異：謂異俗。

〔一〇〕曲：辟也。

〔一一〕不知而不疑：謂各不知其奇異而不惑疑。

〔一二〕河薄洛之水：今河北寧晋泊，一名廣阿澤，即古河薄洛水。【補】顧祖禹曰：「薄洛水，一名胡盧河，即《禹貢》大陸澤，亦謂之廣阿澤。酈道元以爲即楊紆藪，在今寧晋縣東南二十里。」

〔一三〕東胡：烏桓之先，其後爲鮮卑。在匈奴東，故曰東胡。張琦云：東胡即林胡。在今山西大同市東北。

〔一四〕樓煩：古部族名，戰國時居於今山西寧武、岢嵐等地。

〔一五〕參胡：《史記》作「三胡」。「三」、「參」同。據上文則「參胡」應作「東胡」。

〔一六〕不塞：志在略地擴張。

〔一七〕係累：係，與「系」同。累，與「縲」、「纍」通，繩索。

〔一八〕部：古邑名，戰國屬趙。在今河北柏鄉縣北二十二里。

〔一九〕服：《趙世家》作「備」。「服」、「備」古同音相通。

公子成再拜稽首曰：「臣愚不達於王之議，敢道世俗之聞〔一〕。今欲繼簡、襄之意，以順先王之志，臣敢不聽令〔二〕。」再拜。乃賜胡服。

〔一〕聞：姚本作「間」，一本、鮑本、《史記》作「聞」。今從一本、鮑本作「聞」爲是。

〔二〕令：姚本作「令」，誤。今從鮑本作「令」爲是。

趙文進諫曰〔一〕：「農夫勞而君子養焉，政之經也；愚者陳意而知者論焉，教之道也；臣無隱忠，君無蔽言，國之祿也〔二〕。臣雖愚，願竭其忠。」王曰：「慮無惡擾，忠無過罪，子其言乎？」趙文曰：「當世輔俗〔三〕，古之道也。衣服有常，禮之制也。脩法無愆〔四〕，民之職也。三者，先聖之所以教。今君釋此而襲遠方之服，變古之教，易古之道，故臣願王之圖之。」王曰：「子言世俗之間，常民溺於習俗，學者沈於所聞。此兩者，所以成官而順政也，非所以觀遠而論始也。且夫三代不同服而王，五伯不同教而政〔五〕。知者作教，而愚者制焉〔六〕；賢者議俗，不肖者拘焉。夫制於服之民，不足與論心；拘於俗之衆，不足與致意。故勢與俗化，而禮與變俱，聖人之道也。承教而動，循法無私，民之職也。知學之人，能與聞遷〔七〕，達禮之變，能與時化。故爲己者不待人，制今者不法古，子其釋之。」

〔一〕趙文：蓋趙之公族。

〔二〕祿：猶福。

〔三〕當：猶順。

〔四〕脩法：乃「循法」之誤。唐人書「脩」似「循」，故「脩」、「循」通用不別。此文「脩」，即「循」字之訛。

〔五〕政：言治行於下。

〔六〕制：受制，被制。

〔七〕能與聞遷：有所聞，則改前之爲。

趙造諫曰〔一〕：「隱忠不竭，奸之屬也。以私誣國，賊之類也〔二〕。犯姦者身死，賊國者族宗〔三〕。反此兩者〔四〕，先聖之明刑，臣下之大罪也。臣雖愚，願盡其忠，無遁其死。」王曰：「竭意不諱，忠也。上無蔽言，明也。忠不辟危，明不距人〔五〕。子其言乎！」趙造曰：「臣聞之，聖人不易民而教，知者不變俗而動。因民而教者，不勞而成功；據俗而動者，慮徑而易見也〔六〕。今王易初不循俗，胡服不顧世，非所以教民而成禮也。且服奇者志淫，俗辟者亂民〔七〕。是以莅國者不襲奇辟之服，中國不近蠻夷之行，非所以教民而成禮者也。且循法無過，脩禮無邪〔八〕。臣願王之圖之。」

〔一〕趙造：亦趙之公族。

〔二〕賊：姚本作「賤」，劉本改「賤」爲「賊」。按文意，作「賊」爲是。

〔三〕賊國者族宗：賊，姚本作「賤」，今從劉本改爲「賊」。族宗，族滅其宗。

〔四〕反：鮑本改「反」爲「有」。按「反」即「友」字之形誤。「友」與「有」通。當作「有」。

〔五〕距：與「拒」通，拒絕，不納。

〔六〕慮徑而易見：言考慮省便而易於見功。徑，小路。

〔七〕辟：與「僻」通，偏，邪。

〔八〕脩：一本作「循」，《史記·商君傳》作「循」。當作「循」。

王曰：「古今不同俗，何古之法？帝王不相襲，何禮之循？宓戲、神農〔一〕，教而不誅，黄帝、堯、舜，誅而不怒。及至三王，觀時而制法，因事而制禮，法度制令，各順其宜；衣服器械，各便其用。故禮世不必一其道〔二〕，便國不必法古。聖人之興也，不相襲而王。夏、殷之衰也，不易禮而滅。然則反古未可非，而循禮未足多也。且服奇而志淫，是鄒、魯無奇行也〔三〕；俗辟而民易，是吴、越無俊民也。是以聖人利身之謂服，便事之謂教，進退之謂節，衣服之制，所以齊常民，非所以論賢者也。故聖與俗流，賢與變俱。諺曰：『以書爲御者，不盡於馬之情；以古制今者，不達於事之變。』故循法之功，不足以高世；法古之學，不足以制今。子其勿反也。」

〔一〕宓戲：即伏羲，又作「庖羲」、「包羲」、「虙羲」，古代氏族之酋長，風姓。被後世推崇爲聖王。宓，即古「伏」字。

〔二〕禮世不必一其道：禮，一本作「理」。一本無「其」字。《史記》「世」字作「也」。則「禮」字並不誤，不必改爲「理」。「世」與「也」二字字形相近，必有一誤。

〔三〕奇行：奇，錢本作「邪」。奇，謂邪、不正。奇行，猶邪行。

【繫年】

趙武靈王變服制，改軍備，胡服騎射，《史記·趙世家》叙其事於武靈王十九年、秦武王四年，當周赧王八年。

王立周紹爲傅章

王立周紹爲傅〔一〕，曰：「寡人始行縣〔二〕，過番吾〔三〕，當子爲子之時，踐石以上者皆道子之孝〔四〕。故寡人問子以璧，遺子以酒食，而求見子。子謁病而辭〔五〕。人有言子者曰：『父之孝子，君之忠臣也。』故寡人以子之知慮，爲辨足以道人，危足以持難〔六〕，忠可以寫意〔七〕，信可以遠期〔八〕。《詩》云：『服難以勇，治亂以知，事之計也。立傅以行，教少以學，義之經也。』循計之事，失而不累〔九〕，訪議之行，窮而不憂〔一〇〕。故寡人欲子之胡服以傅王乎。」

〔一〕周紹：《史記》作「周袑」。趙國人。

〔二〕行縣：視察縣之政治、經濟、教化情況。行，巡行，視察。

〔三〕番吾：《趙世家》作「播吾」，《六國年表》作「鄱吾」，一作「蒲吾」。「番」、「播」、「蒲」同聲，故可通假，戰國趙地。在今河北磁縣境。

〔四〕踐石：《韓非子·外儲説》：「趙主父令工施鉤梯而緣播吾，故見王者必踐石以上。」謂番吾之謁王者，歷鉤梯而升，歷階而上也。踐石，王公乘車腳踏石也。

〔五〕謁病：告病。

〔六〕危：高，正。
〔七〕寫：猶宣。
〔八〕遠期：鮑注：久而不渝。
〔九〕失而不累：姚本無「不」字。以下句例之，當有「不」字，今補。此言循計謀之事雖有過失而無累。
〔一〇〕窮而不憂：訪謀議之行，雖有窮急而不憂。

周紹曰：「王失論矣〔一〕。非賤臣所敢任也。」王曰：「選子莫若父，論臣莫若君。君，寡人也。」周紹曰：「立傅之道六。」王曰：「六者何也？」周紹曰：「知慮不躁達於變，身行寬惠達於禮，威嚴不足以易於位〔二〕，重利不足以變其心，恭於教而不快〔三〕，和於下而不危〔四〕。六者，傅之才，而臣無一焉。隱中不竭〔五〕，臣之罪也。傅命僕官，以煩有司，吏之恥也。王請更論。」王曰：「知此六者，所以使子。」周紹曰：「乃國未通於王胡服。雖然，臣，王之臣也。而王重命之，臣敢不聽令乎？」再拜，賜胡服。

〔一〕論：猶擇。下文「論臣莫若君」、「王請更論」，「論」字義並如「擇」。
〔二〕威嚴不足以易於位：素位而行，不爲威嚴所移。
〔三〕快：放縱。
〔四〕和於下而不危：危，與「詭」通。詭異於衆人。
〔五〕隱中不竭：隱，自匿。中，謂内心之情實。

王曰：「寡人以王子爲子任，欲子之厚愛之，無所見醜〔一〕。御道之以行義，勿令溺苦於學〔二〕。事君者，順其意，不逆其志。事先者，明其高，不倍其孤。故有臣可命，其國之禄也。子能行是，以事寡人者畢矣。《書》曰：『去邪無疑，任賢勿貳〔三〕。』寡人與子，不用人矣〔四〕。」遂賜周紹胡服衣冠，具帶、黄金師比〔五〕，以傅王子也。

〔一〕無所見醜：謂厚愛之勿使見醜事。醜，惡事。

〔二〕勿令溺苦於學：以行義導之，勿使沉溺困苦於誦習之事。

〔三〕去邪無疑，任賢勿貳：此二句，見《尚書·大禹謨》。

〔四〕不用人矣：謂不用別人之言，以間我君臣之關係。

〔五〕具帶、黄金師比：具，《史記·匈奴傳》和《淮南子》皆作「具」。宜作「貝」。貝帶，腰中大帶，以貝爲飾。師比，《漢書》作「犀比」，《史記》作「胥紕」。「師」、「犀」、「胥」同聲。師比，胡帶之鉤。

【繫年】

《史記·趙世家》云，趙武靈王二十五年，使周紹胡服，傅王子何。當周赧王十四年。

趙燕後胡服章

趙燕後胡服〔一〕，王令讓之曰〔二〕：「事主之行，竭意盡力，微諫而不譁〔三〕，應對而不怨，不逆上以自伐〔四〕，不立私以爲名。子道順而不拂〔五〕，臣行讓而不争。子用私道者家必亂，臣用私義者國必危。反親以爲行，慈父不子；逆主以自成，惠主不臣也〔六〕。寡人胡服，子獨弗服，逆主，罪莫大焉。以從政爲累〔七〕，以逆主爲高，行私莫大焉。故寡人恐親犯刑戮之罪〔八〕，以明有司之法。」

〔一〕趙燕後胡服：趙燕，亦趙之公族。即《趙世家》中之「趙後」。後，遲，晚。
〔二〕讓之：責而數之。
〔三〕微諫而不譁：微，不顯。譁，讙。
〔四〕伐：誇矜。
〔五〕拂：違，逆。
〔六〕惠主不臣：惠，猶慈。不臣，不以爲臣。
〔七〕政：胡服之政。
〔八〕親犯：親身犯之。

趙燕再拜稽首曰：「前吏命胡服，施及賤臣，臣以失令過期，更不用侵辱教〔一〕，王之惠也。臣敬脩衣服〔二〕，以待今日〔三〕。」

〔一〕更不用侵辱教：更，一本作「史」。更，改也。侵辱教，刑也。

〔二〕脩：姚本作「循」，一本作「脩」。脩，整飭。作「脩」爲是。

〔三〕今日：姚本作「今日」。今從鮑本。

【繫年】

《趙世家》趙武靈王十九年，出胡服令。趙燕過期不服，仍繫於武靈王十九年爲當。

王破原陽章

王破原陽以爲騎邑〔一〕。牛贊進諫曰：「國有固籍〔二〕，兵有常經〔三〕。變籍則亂，失經則弱。今王破原陽以爲騎邑，是變籍而棄經也。且習其兵者輕其敵〔四〕，便其用者易其難〔五〕。今民便其用而王變之，是損君而弱國也。故利不百者不變俗，功不什者不易器。今王破卒散兵，以奉騎射，臣恐其攻獲之利，不如所失之費也。」

〔一〕王破原陽以爲騎邑：王，趙武靈王。破，變。變步卒爲騎兵。原陽，趙邑。在今内蒙古固陽縣、五原縣一帶。程恩澤注引《水經注》云：「芒干水西南逕武臯縣，又南逕原陽縣故城西。」騎邑，騎士所居。

〔二〕「牛贊進諫」二句：牛贊，趙臣。固，與「故」通。籍，謂徵兵之户籍。

〔三〕兵有常經：謂制兵之常法。

〔四〕習其兵者輕其敵：熟習於敵人之兵者，則輕視敵人。

〔五〕便其用：言於本國器械使用方便。

王曰：「古今異利，遠近易用。陰陽不同道，四時不一宜。故賢人觀時而不觀於時〔一〕，制兵而不制於兵。子知官府之籍，不知器械之利；知兵甲之用，不知陰陽之宜〔二〕。故兵不當於用，何兵之不可易？教不便於事，何俗之不可變？昔者先君襄主與代交地，城境封之〔三〕，名曰無窮之門〔四〕，所以昭後而期遠也。今重甲循兵〔五〕，不可以踰險；仁義道德，不可以來朝。吾聞信不棄功，知不遺時。今子以官府之籍，亂寡人之事，非子所知。」

〔一〕觀時而不觀於時：時，猶俗。視俗而變，不爲時俗所囿。

〔二〕陰陽之宜：謂天地氣運之變化，人事剛柔進退之節制。

〔三〕城境封之：城境，在邊界築城。封，厚也，猶言「加强」。

〔四〕無窮之門：梁玉繩云：無窮，疑是無終。春秋有無終子國，則此「無窮」當即「無終」。「終」、「窮」，古字通用。

〔五〕重甲循兵：謂被重甲，執長兵，不可以踰險。循，一本作「脩」。脩，長也，作「脩」爲是。

牛贊再拜稽首曰：「臣敢不聽令乎？」至遂胡服，率騎入胡，出於遺遺之門〔一〕，踰九限之固，絶五俓之險〔二〕，至榆中〔三〕，辟地千里。

〔一〕遺遺：《正字通》，「遺遺」與「委蛇」通，言其路逶迤。

〔二〕五俓：按俓即「徑」字。【補】九限，金正煒曰：「九限，疑本作『九阮』，即九原也。《趙世家》：武靈王攘地，北至燕、代，西至雲中、九原。《通典》：趙置九原郡，秦因之。……故『九原』亦或作『九阮』，『限』又『阮』字之訛也。」

〔三〕榆中：古地區名。今内蒙古河套東北岸，其北有榆谿塞。

【繫年】

趙武靈王變胡服，招騎射。本爲一事，皆在十九年。《趙世家》武靈王二十年，西略胡地至榆中。破原陽以爲騎邑亦在十九年。

戰國策卷二十

趙三

趙惠文王三十年章

趙惠文王三十年〔一〕，相都平君田單問趙奢曰〔二〕：「吾非不説將軍之兵法也，所以不服者，獨將軍之用衆。用衆者，使民不得耕作，糧食輓賃〔三〕，不可給也。此坐而自破之道也，非單之所爲也。單聞之，帝王之兵，所用者不過三萬，而天下服矣。今將軍必負十萬、二十萬之衆乃用之，此單之所不服也。」

〔一〕趙惠文王：名何，武靈王之庶子。武靈王二十七年，立王子何爲王。是爲惠文王。

〔二〕相都平君田單問趙奢：都平，即安平。田單在齊，封爲安平君，按趙惠文王三十年，田單尚未相趙，仍在齊。按《史記·趙世家》趙孝成王元年，齊安平君田單將趙師攻燕及韓。二年，田單爲相。疑「三十年」有誤。

或「相」字上脱「齊」字。趙奢，趙之大將，趙惠文王二十九年，大破秦軍閼與下，賜號爲馬服君。

〔三〕賃：《集韻》云：賃，或作「任」。任，負載。不作傭賃解。

馬服曰〔一〕：「君非徒不達於兵也，又不明其時勢。夫吴干之劍〔二〕，肉試則斷牛馬，金試則截盤匜〔三〕；薄之柱上而擊之〔四〕，則折爲三；質之石上而擊之〔五〕，則碎爲百。今以三萬之衆，而應强國之兵，是薄柱擊石之類也。且夫吴干之劍材，難夫無脊之厚，而鋒不入；無脾之薄〔六〕，而刃不斷。兼有是兩者，無鉤罕鐔蒙須之便〔七〕，操其刃而刺，則未入而手斷。君無十餘、二十萬之衆，而爲此鉤罕鐔蒙須之便，而徒以三萬行於天下，君焉能乎？且古者四海之内，分爲萬國。城雖大，無過三百丈者；人雖衆，無過三千家者。而以集兵三萬，距此奚難哉！今取古之爲萬國者，分以爲戰國七，能具數十萬之兵，曠日持久數歲，即君之齊已。齊以二十萬之衆攻荆，五年乃罷。趙以二十萬之衆攻中山，五年乃歸。今者齊、韓相方〔八〕，而國圍攻焉，豈有敢曰：『我其以三萬救是者乎哉？』今千丈之城，萬家之邑相望也，而索以三萬之衆，圍千丈之城，不存其一角，而野戰不足用也，君將以此何之？」都平君喟然太息曰：「單不至也〔九〕！」

〔一〕馬服：趙奢之賜號，馬服君。

〔二〕吴干之劍：王念孫云：干，即吴。引《文選・江賦》注、《莊子・刻意》司馬彪注、《荀子・勸學》楊倞注、《淮南子・原道訓》高誘注作證。孫詒讓云：干，「邗」之借字。邗，吴本二國，後邗爲吴所滅，遂稱爲干吴。《管子·内業》云：「昔者吴干戰。」吴、干先爲敵國，後干並於吴。干爲吴滅，而吴亦稱干。猶鄭爲韓滅，而韓亦稱鄭。吴王夫差稱邗王，見於《邗王壺銘》「禺邗王於黄池爲趙孟庎邗王之惖金臺爲祠器」。蓋吴、干皆國名，其民善鑄劍，故言劍必稱吴干。《吕氏春秋·疑似》云：「相劍者之患，患劍之似吴干者。」

〔三〕盤匜：青銅器。匜，用以盥洗。

〔四〕薄之：迫之。

〔五〕質之石上：以石爲椹礩。質，同「礩」。

〔六〕脾：劍之近刃處。

〔七〕鉤罕鐔蒙須：鉤，姚本作「鈞」，今從鮑本，作「鉤」。鉤，劍之頭環。罕，孫詒讓云，當作「票」，即「鏢」之省。鏢，刀劍鞘下飾。鐔，珥鼻也。蒙須，劍繩。

〔八〕方：猶比，猶敵。

〔九〕單不至：言知慮所不及。至，猶及。

【繫年】

此章當據策文繫於趙惠文王三十年。其田單相趙，雖與史實不符，然《趙策四》有趙求安平君爲將事，亦足證田單之趙在此時也。

趙使仇郝之秦章

趙使仇郝之秦〔一〕，請相魏冉。宋突謂仇郝曰〔二〕：「秦不聽，樓緩必怨公〔三〕。公不若陰辭樓子曰〔四〕：『請無急秦王。』秦王見趙之相魏冉之不急也，且不聽公言也，是事而不成，魏冉固德公矣。」

〔一〕仇郝：姚本作「机郝」。《史記索隱》云：《戰國策》作「机郝」，《東周策》作「仇赫」。蓋「机」者「杌」之别體。「杌」即「仇」字。「郝」、「赫」同音。仇郝、杌郝、机郝、仇赫，是一人而記别也。

〔二〕宋突：《史記索隱》云：《戰國策》作「宋交」。

〔三〕樓緩：趙人。初爲趙武靈王臣，贊其胡服騎射以教百姓。武靈王死，遂入秦，事秦昭王。秦昭王十年爲秦丞相，十二年免相。長平之戰後，入趙，誘趙王入城於秦以講和。

〔四〕陰辭：陰，暗中。辭，解説。

【繫年】

據《史記·秦本紀》，秦昭王十年，樓緩爲丞相。《穰侯傳》云，十二年，趙使仇郝之秦，請相魏冉。秦果免樓緩而魏冉相秦。則此策當繫於秦昭王十二年、趙惠文王四年，當周赧王二十年。【補】《通鑑》記年與此同。林春溥《戰國紀年》、黄式三《周編季略》及于鬯《戰國策年表》同此。顧觀光隸此策爲周赧王十五年，當秦昭王七年、趙武靈王二十六年，可備一參。

齊破燕趙欲存章

齊破燕〔一〕，趙欲存之。樂毅謂趙王曰〔二〕：「今無約而攻齊〔三〕，齊必讎趙。不如請以河東易燕地於齊〔四〕。趙有河北，齊有河東，燕、趙必不争矣。是二國親也。以河東之地强齊，以燕以趙輔之，天下憎之，必皆事王以伐齊，是因天下以破齊也。」王曰：「善。」乃以河東易齊，楚、魏憎之，令昭滑、惠施之趙〔五〕，請伐齊而存燕。

〔一〕齊破燕：齊破燕事，史籍所載多有分歧。據考訂在燕王噲七年、趙武靈王十二年、齊宣王五年冬。《燕策一》云：「王因令章子將五都之兵，以因北地之衆以伐燕。」五旬而舉之。

〔二〕樂毅謂趙王：樂毅，靈壽人，先屬中山，後屬趙。齊破燕時，樂毅尚在趙，未仕燕。趙王，趙武靈王。

〔三〕無約而攻齊：不約與國而獨攻齊。

〔四〕以河東易燕地於齊：趙與齊以河東之地，易齊所得燕河北之地。

〔五〕昭滑、惠施：昭滑，《史記·秦本紀》作「召滑」，楚人。惠施，戰國時宋人，曾做魏國宰相。此時當是由魏之趙。

【繫年】

按齊破燕在周赧王元年冬。周赧王三年，諸侯謀救燕。《史記·魏世家》襄王七年，攻齊；《秦本紀》惠文王後元十三年，秦使庶長疾助韓東攻齊；《魏策》云，楚許魏六城，與之伐齊而存燕。《孟子·梁惠王下》「齊宣王曰：諸侯多謀伐寡人者」，即指此。據此則此策當繫於周赧王三年、齊宣王八年、趙武靈王十四年。【補】顧觀光隸此策於周赧王元年，曰：「此即宣王所謂諸侯多謀伐寡人者。」似應是。

秦攻趙藺離石祁拔章

秦攻趙，藺、離石、祁拔〔一〕。趙以公子部爲質於秦，而請内焦、黎、牛狐之城〔二〕，以易藺、離石、祁於秦〔三〕。趙背秦，不予焦、黎、牛狐。秦王怒，令公子繒請地〔四〕。趙王乃令鄭朱對曰〔五〕：「夫藺、離石、祁之地，曠遠於趙，而近於大國。有先王之明與先臣之力，故能有之。今寡人不逮〔六〕，其社稷之不能恤，安能收恤藺、離石、祁乎？寡人有不令之臣，實爲此事也，非寡人之所敢知。」卒倍秦。

〔一〕藺、離石、祁：離石，即今山西吕梁市離石區。祁，今山西祁縣。

〔二〕焦、黎、牛狐：戰國時趙國之焦、黎、牛狐，皆不詳所在。【補】諸本考之者多，但均因證據不足或屬地不確定而被否定。今存疑。

〔三〕秦：姚本作「趙」，鮑改「趙」爲「秦」。按文意當是「秦」字。今從鮑本。

〔四〕公子繒：秦公族，其世系不詳。

〔五〕鄭朱：趙人。

〔六〕今寡人不逮：言功業不及先王。逮，及也。

秦王大怒，令衛胡易伐趙〔一〕，攻閼與〔二〕。趙奢將救之，魏令公子咎以鋭師居安邑以挾秦。秦敗於閼與，反攻魏幾〔三〕，廉頗救幾〔四〕，大敗秦師。

〔一〕易：誤，當作「昜」。《史記·秦本紀》作「傷」。胡昜，即客卿胡昜。「昜」、「傷」同字。【補】衛，乃官名，即衛尉。《漢書·百官公卿表》：「衛尉，秦官，掌宫門衛屯兵。」

〔二〕閼與：趙邑。在今河北武安市西南五十里。

〔三〕幾：邑名，屬魏。今河北大名縣東有幾邑。

〔四〕廉頗：趙之良將。

【繫年】

按《西周策》，蘇厲謂周君云：「敗韓、魏，殺犀武，攻趙，取藺、離石、祁者皆白起。」見《西周策》之《蘇厲謂周君章》。秦攻趙，取藺、離石共三次，第一次在秦惠王十年，第二次在秦惠王後元十二年，皆白起所不及。此次取藺、離石是第三次。白起將兵攻拔，事在秦昭王二十六年、趙惠文王十八年，當周赧王三十四年。

富丁欲以趙合齊魏章

富丁欲以趙合齊、魏〔一〕，樓緩欲以趙合秦、楚。富丁恐主父之聽樓緩而合秦、楚也，司馬淺爲富丁謂主父曰〔二〕：「不如以順齊。今我不順齊伐秦，秦、楚必合而攻韓、魏。韓、魏告急於齊，齊不欲伐秦，必以趙爲辭，則伐秦者趙也，韓、魏必怨趙。齊之兵不西，韓必聽秦違齊。違齊而親，兵必歸於趙矣。今我順而齊不西，韓、魏必絶齊，絶齊則皆事我。且我順齊，齊無而西〔三〕。日者，樓緩坐魏三月，不能散齊、魏之交。今我順而齊、魏果西，是罷齊敝秦也，趙必爲天下重國。」主父曰：「我與三國攻秦，是俱敝也。」曰：「不然。我約三國而告之秦〔四〕，以未構中山也〔五〕。三國欲伐秦之果也，必聽我，欲和我，中山聽之，是我以王因饒中山而取地也〔六〕。中山不聽，三國必絶之，是中山孤也。三國不能和我，雖少出兵可也。我分兵而孤樂中山〔七〕，中山必亡。我已亡中山，而以餘兵與三國攻秦，是我一舉而兩取地於秦、中山也。」

〔一〕富丁：越人。【正】富丁，趙人。鮑彪注爲趙人。

〔二〕司馬淺：不詳其人。鮑彪注曰趙人。

〔三〕齊無而西：鮑改「而」爲「不」。此句有誤。

〔四〕我約三國而告之秦：鮑彪、吴師道衍「秦」字。

〔五〕未構中山：《史記·趙世家》記載趙武靈王曾四次攻中山。此當是二十六年第三次攻中山以後，尚未構和。

〔六〕是我以王因饒中山：鮑彪改「王因」爲「三國」。王念孫云：改「王因」爲「三國」是也。按「饒」當爲「撓」，干撓。

〔七〕我分兵而孤樂中山：鮑彪衍「樂」字。按「樂」當是「爍」字之缺損。爍，銷爍。

【繫年】

此策乃孟嘗君以韓、魏攻秦，而富丁欲以趙合於齊、魏以攻秦，而趙武靈王想先滅中山，然後以餘兵合齊、魏、韓三國攻秦，可以一舉而得兩國之土地。當繫此策於趙武靈王傳國之後，中山未滅之前，即趙惠文王元年、秦昭王九年，當周赧王十七年。

魏因富丁且合於秦章

魏因富丁且合於秦，趙恐〔一〕，請效地於魏而聽薛公〔二〕。教子欬謂李兑曰〔三〕：「趙畏横之合也，故欲效地於魏而聽薛公。公不如令主父以地資周最〔四〕，而請相之於魏。周最以天下辱秦者也，今相魏，魏、秦必虛矣。齊、魏雖勁，無秦不能傷趙。魏王聽〔五〕，是輕齊也。秦、魏雖勁，無齊不能得趙。此利於趙而便於周最也。」

〔一〕趙恐：上章富丁本欲以趙合齊、魏。今魏欲背齊，因富丁以合於秦，故趙恐。

〔二〕聽薛公：時薛公田文合齊、魏而攻秦。

〔三〕教子欬：金正煒云：按《呂氏春秋·無義》「趙急，求李欬」，疑「子欬」即「李欬」之誤。

〔四〕以地資周最：因周最重齊輕秦。

〔五〕王：當是「不」字訛。

【繫年】

此與上章爲同時事，亦當繫於趙惠文王元年，即魏襄王二十一年、周赧王十七年。【補】此篇姚本與上篇合爲一篇，鮑本則分爲另一篇。今從鮑本。

魏使人因平原君請從章

魏使人因平原君請從於趙〔一〕。三言之，趙王不聽。出遇虞卿曰〔二〕：「爲入必語從〔三〕。」虞卿入。王曰：「今者平原君爲魏請從，寡人不聽，其於子何如？」虞卿曰：「魏過矣。」王曰：「然，故寡人不聽。」虞卿曰：「王亦過矣。」王曰：「何也？」曰：「凡强弱之舉事，强受其利，弱受其害。今魏求從，而王不聽，是魏求害，而王辭利也。臣故曰，魏過，王亦過矣。」

〔一〕平原君：趙勝，趙惠文王之弟，相趙惠文王及孝成王，平原君是其封號。

〔二〕虞卿：《史記·虞卿傳》云：遊説之士。説趙孝成王，再見爲上卿，故號虞卿。譙周云：食邑於虞。

〔三〕爲入必語從：爲入，爲我入見王。必語從，必談合縱之主張。

【繫年】

此策顧觀光繫於趙孝成王元年，于鬯繫於趙孝成王十二年，黄式三《周季編略》繫於趙孝成王十三年。越明年，平原君卒。黄説近是。當秦昭王五十三年。

平原君請馮忌章

平原君請馮忌曰〔一〕：「吾欲北伐上黨〔二〕，出兵攻燕，何如？」馮忌對曰：「不可。夫以秦將武安君公孫起乘七勝之威〔三〕，而與馬服子戰於長平之下〔四〕，大敗趙師，因以其餘兵圍邯鄲之城。趙以七敗之餘衆〔五〕，收破軍之敝〔六〕，而秦罷於邯鄲之下，趙守而不可拔者，以攻難而守者易也。今趙非有七克之威也，而燕非有長平之禍也。今七敗之禍未復，而欲以罷趙攻强燕，是使弱趙爲强秦之所以攻，而使强燕爲弱趙之所以守。而强秦以休兵承趙之敝，此乃强吴之所以亡，而弱越之所以霸，故臣未見燕之可攻也。」平原君曰：「善哉！」

〔一〕平原君請馮忌：請，鮑本作「謂」。《御覽》卷三一七引此作「謂」。但作「請」亦通。請，問也。馮忌，身世不詳。

【補正】〔二〕北伐上黨，《御覽》無此四字。鍾鳳年云：「上黨地居趙之西南，趙若伐之，豈宜曰北？燕位於趙之東北，去上黨甚遠，且方位懸殊，趙何能自上黨出兵攻燕？……『上黨』字必誤，當是『上谷』之譌。上谷亦爲燕地，近於趙之代郡。」鍾説是也。

〔三〕武安君公孫起：白起，郿人，秦之公族，故又名公孫起。秦昭王二十九年封爲武安君。

〔四〕馬服子：原作「馬服之子」。今從《御覽》卷三一七所引及王念孫説，删去「之」字。當時人稱趙括爲馬服子，沿其父號而稱子。馬服子，猶言馬服君。

〔五〕七敗之餘衆：七，原作「亡」。據下文及《御覽》所引皆不作「亡」。當時趙未亡，不得言亡敗之餘衆。據王念孫説改「亡」爲「七」。

〔六〕收破軍之敝：鮑本「敝」字下有「守」字。王念孫云：「『敝守』二字文不成義。『守』字衍文，今删去。

【繫年】

此策當附於秦攻邯鄲之後，栗腹使趙之前。即趙孝成王十四年、燕王喜三年、秦昭王五十五年。【補】顧觀光繫此策於周赧王五十六年，並曰：「因言長平事附此。」誤。

平原君謂平陽君章

平原君謂平陽君曰〔一〕：「公子牟遊於秦〔二〕，且東，而辭應侯。應侯曰：『公子將行矣，獨無以教之乎？』曰：『且微君之命命之也〔三〕，臣固且有效於君。夫貴不與富期，而富至；富不與粱肉期，而粱肉至；粱肉不與驕奢期，而驕奢至；驕奢不與死亡期，而死亡至。累世以前，坐此者多矣。』應侯曰：『公子之所以教之者厚矣。僕得聞此，不忘於心，願君之亦勿忘也。』」平陽君曰：「敬諾。」

〔一〕平陽君：趙惠文王之母弟趙豹，封爲平陽君。

〔二〕公子牟：即魏公子牟，因封於中山，也叫中山公子牟，與公孫龍交好，孫詒讓以爲即《孟子》之子莫。

〔三〕且微君之命：且，且如，假設之辭。猶云，假如無君之命。

【繫年】

從顧觀光，附此策於趙孝成王元年，當周赧王四十九年，而范雎爲相封應侯，亦在此年。【正】顧觀光隸此策於周赧王五十年，非四十九年。趙孝成王元年即周赧王五十年。

秦攻趙於長平章

秦攻趙於長平〔一〕，大破之，引兵而歸。因使人索六城於趙而講〔二〕。趙計未定。樓緩新從秦來，趙王與樓緩計之曰：「與秦城何如？不與何如〔三〕？」樓緩辭讓曰：「此非人臣之所能知也〔四〕。」王曰：「雖然，試言公之私〔五〕。」樓緩曰：「王亦聞夫公甫文伯母乎〔六〕？公甫文伯官於魯，病死，婦人爲之自殺於房中者二八〔七〕，其母聞之，不肯哭也。相室曰〔八〕：『焉有子死而不哭者乎？』其母曰：『孔子賢人也，逐於魯，是人不隨。今死，而婦人爲死者十六人〔九〕。若是者，其於長者薄，而於婦人厚。』故從母言之，之爲賢母也；從婦言之，必不免爲妬婦也。故其言一也，言者異，則人心變矣。今臣新從秦來，而言勿與，則非計也；言與之，則恐王以臣之爲秦也。故不敢對。使臣得爲王計之，不如予之。」王曰：「諾。」

〔一〕長平：古城名，戰國時屬趙。故址在今山西高平縣西北。

〔二〕索六城於趙而講：索，求。講，和解。

〔三〕與秦城何如？不與何如：民按：此句當爲「與秦城何如勿與？」《太平御覽》卷四五〇引此無下「何如」二字。王念孫云：「何如」二字是後人誤加。

〔四〕此非人臣之所能知也：鮑衍「人」字是也。《史記》、《新序·善謀》皆無「人」字。《御覽》卷四五〇引此策亦無「人」字。

〔五〕私：謂私心。

〔六〕公甫文伯母：公甫文伯，名歜，春秋時魯國人，季孫氏之族，季康子之從伯、叔。其母，季康子之從祖母。

〔七〕二八：此文「八」蓋「人」字之誤。《史記》、《新序》皆作「人」。下文「十六」亦沿此而訛。

〔八〕相室：大夫之家相，謂傅姆之類。

〔九〕十六人：蓋亦「二人」之訛。十六者，蓋承前文「二八」而訛。

虞卿聞之，入見王，王以樓緩言告之。虞卿曰：「此飾說也。」秦既解邯鄲之圍，而趙王入朝，使趙郝約事於秦，割六縣而講〔一〕。王曰：「何謂也？」虞卿曰：「秦之攻趙也，倦而歸乎？王以其力尚能進，愛王而不攻乎？」王曰：「秦之攻我也，不遺餘力矣，必以倦而歸也。」虞卿曰：「秦以其力攻其所不能取，倦而歸。王又以其力之所不能攻，以資之，是助秦自攻也。來年秦復攻王，王無以救矣。」王又以虞卿之言告樓緩〔二〕。樓緩曰：「虞卿能盡知秦力之所至乎？誠知秦力之不至，此彈丸之地猶不予也。令秦來年復攻，王得無割其内而媾乎〔三〕？」王曰：「誠聽子割矣，子能必來年秦之不復攻我乎？」樓緩對曰：「此非臣之所敢任也。昔者三晉之交於秦，相善也。今秦釋韓、魏而獨攻王，王之所以事秦，必不如韓、魏也。今臣爲足下解負親之攻〔四〕，啟關通敝齊〔五〕，交韓、魏。至來年而王獨不取於秦，王之所以事秦者，必在韓、魏之後也。此非臣之所敢任也。」

〔一〕秦既解邯鄲之圍，而趙王入朝，使趙郝約事於秦，割六縣而講：據《史記·平原君傳》、《新序·善謀》，此策實非邯鄲解圍後之事。此二十四字乃衍文，當刪去。

〔二〕樓緩：《史記》、《新序》皆作「趙郝」。

〔三〕媾：此書「媾」、「構」、「講」三字通用，和解之義。

〔四〕負親：親身受到。

〔五〕敝：《新序》、《史記》皆作「幣」。

王以樓緩之言告虞卿〔一〕。曰：「樓緩言不媾，來年秦復攻王，得無更割其内而媾。今媾，樓緩又不能必秦之不復攻也，雖割何益？來年復攻，又割其力之所不能取而媾也，此自盡之術也。不如無媾。秦雖善攻，不能取六城；趙雖不能守，而不至失六城〔二〕。秦倦而歸，兵必罷。我以五城收天下，以攻罷秦，是我失之於天下，而取償於秦也。吾國尚利，孰與坐而割地，自弱以强秦？今樓緩曰：『秦善韓、魏而攻趙者，必王之事秦不如韓、魏也。』是使王歲以六城事秦也，即坐而地盡矣。來年秦復求割地，王將予之乎？不與，則是弃前資而挑秦禍也〔三〕；與之，則無地而給之。語曰：『强者善攻，而弱者不能自守。』今坐而聽秦，秦兵不敝而多得地，是强秦而弱趙也。以益愈强之秦，而割愈弱之趙，其計固不止矣。且秦，虎狼之國也，無禮義之心。其求無已，而王之地有盡。以有盡之地，給無已之求，其勢必無趙矣。故曰此飾説也。王必勿與。」王曰：「諾。」

〔一〕王以樓緩之言告虞卿：鮑在「虞卿」下補「虞卿」二字。《史記》、《新序》復有「虞卿」二字。當補。

〔二〕而：鮑改「而」爲「亦」。《新序》作「亦」。民按：「而」當爲「亦」。
〔三〕資：姚本作「貴」，意不可通。今從鮑本改爲「資」。

樓緩聞之，入見於王，王又以虞卿言告之。樓緩曰：「不然。虞卿得其一，未知其二也。夫秦、趙構難，而天下皆説，何也？曰：『我將因强而乘弱。』今趙兵困於秦，天下之賀戰者，則必盡在於秦矣。故不若亟割地求和，以疑天下，慰秦心。不然，天下將因秦之怒，乘趙之敝〔一〕，而瓜分之。趙且亡，何秦之圖？王以此斷之，勿復計也。」虞卿聞之，又入見王曰：「危矣，樓子之爲秦也！夫趙兵困於秦，又割地爲和，是愈疑天下，而何慰秦心哉？是不亦大示天下弱乎？且臣曰勿予者，非固勿予而已也。秦索六城於王，王以五城賂齊。齊、秦之深讎也〔二〕，得王五城，併力而西擊秦〔三〕，齊之聽王，不待辭之畢也。是王失於齊而取償於秦〔四〕，一舉結二國之親〔五〕，而與秦易道也。」趙王曰：「善。」因發虞卿東見齊王，與之謀秦。虞卿未反，秦之使者已在趙矣。樓緩聞之，逃去。

〔一〕乘：姚本作「秦」。今從一本、《史記》、《新序》改作「乘」。
〔二〕齊、秦之深讎：齊有宣王、閔王以來，皆親楚而讎秦。孟嘗君曾率諸侯伐秦至函谷。
〔三〕西擊秦：姚本「秦」字下有「也」字。今據《御覽》、《史記》、《新序》、劉本删去「也」字。
〔四〕是王失於齊而取償於秦：《御覽》卷四五〇引此策，無此十字。孫本抹去此十字。按上下文意，亦不當有此十字。當删去。
〔五〕二國：姚本作「三國」。此指齊、趙二國結好，不應是「三」字。《御覽》引此作「二國」。今從之。

【繫年】

秦破趙於長平，引兵而歸，在秦昭王四十八年、趙孝成王七年、齊王建六年，當周赧王五十六年。

秦攻趙平原君使人請救於魏章

秦攻趙，平原君使人請救於魏。信陵君發兵至邯鄲城下〔一〕，秦兵罷。虞卿爲平原君請益地〔二〕。謂趙王曰：「夫不鬭一卒，不頓一戟，而解二國患者，平原君之力也。用人之力而忘人之功，不可。」趙王曰：「善。」將益之地。

〔一〕信陵君：即魏公子無忌。魏安釐王之弟，封爲信陵君。

〔二〕請益地：請求增加封地。

公孫龍聞之〔一〕，見平原君曰：「君無覆軍殺將之功，而封以東武城〔二〕，趙國豪傑之士，多在君之右，而君爲相國者以親故〔三〕。夫君封以東武城，不讓無功；佩趙國相印，不辭無能，一解國患，欲求益地，是親戚受封而國人計功也〔四〕。爲君計者，不如勿受便。」平原君曰：「謹受令。」乃不受封。

〔一〕公孫龍：戰國趙人。平原君之門客。是戰國時名辯思想家之代表。著有《公孫龍子》六篇。有「白馬論」和

「堅白論」等。

〔二〕東武城：戰國趙地。在今山東武城縣西北。趙孝成王封平原君於此。

〔三〕而君爲相國者以親故：《史記·平原君傳》云，平原君相趙惠文王及孝成王，三去相，三復位。

〔四〕親戚受封而國人計功：親戚無功受封，國人則計功受賞。謂輕重薄厚不同。

【繫年】

秦圍趙邯鄲，魏信陵君竊符救趙，解邯鄲之圍，在趙孝成王九年、秦昭王五十年、魏安釐王二十年，當周赧王五十八年。《史記·趙世家》云：「楚來救，及魏公子無忌亦來救，秦圍邯鄲乃解。」

秦趙戰於長平章

秦、趙戰於長平，趙不勝，亡一都尉〔一〕。趙王召樓昌與虞卿曰〔二〕：「軍戰不勝，尉復死，寡人使卷甲而趨之，何如？」樓昌曰：「無益也。不如發重使而爲媾。」虞卿曰：「夫言媾者，以爲不媾者軍必破，而制媾者在秦。且王之論秦也，欲破王之軍乎？其不邪〔三〕？」王曰：「秦不遺餘力矣，必且破趙軍。」虞卿曰：「王聊聽臣，發使出重寶以附楚、魏。楚、魏欲得王之重寶，必入吾使。趙使入楚、魏，秦必疑天下合從也，且必恐。如此，則媾乃可爲也。」

〔一〕都尉：武官，軍尉。

〔二〕樓昌：顧炎武云：樓昌、樓緩，恐是一人。

〔三〕不：即「否」字。

趙王不聽，與平陽君爲媾〔一〕。發鄭朱入秦〔二〕，秦内之。趙王召虞卿曰：「寡人使平陽君媾秦，秦已内鄭朱矣。子以爲奚如？」虞卿曰：「王必不得媾，軍必破矣，天下之賀戰勝者皆在秦矣。鄭朱，趙之貴人也，而入於秦，秦王與應侯必顯重以示天下。楚、魏以趙爲媾，必不救王。秦知天下不救王，則媾不可得成也。」趙卒不得媾，軍果大敗。王入秦，秦留趙王，而后許之媾。

〔一〕平陽君：趙豹，惠文王母弟。

〔二〕鄭朱：趙之貴人。其事迹不詳。

【繫年】

秦、趙戰於長平在趙孝成王六年、秦昭王四十七年，當周赧王五十五年。

秦圍趙之邯鄲章

秦圍趙之邯鄲。魏安釐王使將軍晉鄙救趙〔一〕。畏秦，止於蕩陰不進〔二〕。魏王使客將軍辛垣衍間入邯鄲〔三〕，因平原君謂趙王曰：「秦所以急圍趙者，前與齊閔王争强爲帝，已而復歸帝〔四〕，以齊故。今齊閔王已益弱〔五〕，方今唯秦雄天下，此非必貪邯鄲，其意欲求爲帝。趙誠發使尊秦昭王爲帝，秦必喜，罷兵去。」平原君猶豫未有所決。此時魯仲連適遊趙〔六〕，會秦圍趙。聞魏將欲令趙尊秦爲帝，乃見平原君曰：「事將奈何矣？」平原君曰：「勝也何敢言事？百萬之衆折於外，今又内圍邯鄲而不能去。魏王使客將軍辛垣衍令趙帝秦〔七〕，今其人在是。勝也何敢言事？」魯連曰：「始吾以君爲天下之賢公子也，吾乃今然後知君非天下之賢公子也。梁客辛垣衍安在？吾請爲君責而歸之。」平原君曰：「勝請召而見之於先生。」平原君遂見辛垣衍，曰：「東國有魯連先生，其人在此。勝請爲紹介而見之於將軍〔八〕。」辛垣衍曰：「吾聞魯連先生，齊國之高士也。衍，人臣也，使事有職〔九〕。吾不願見魯連先生也。」平原君曰：「勝已泄之矣〔一〇〕。」辛垣衍許諾。

〔一〕魏安釐王使將軍晉鄙救趙：魏安釐王，名圉，魏昭王之子，信陵君之異母兄。晉鄙，魏國之武將。

〔二〕蕩陰：即湯陰。錢、劉本改「蕩」爲「湯」。即今河南湯陰縣。當時爲趙、魏國界。

〔三〕魏王使客將軍辛垣衍間入邯鄲：客將軍，他國入仕於魏爲將軍，故稱客將軍。辛垣衍，人名。姓辛垣，名衍。辛，姚本作「新」，鮑本作「辛」。下文皆作「辛」。今從鮑本改爲「辛」。間入，由間道潛入。

〔四〕前與齊閔王争强爲帝，已而復歸帝：秦昭王十九年，與齊閔王約同時稱帝。昭王爲西帝，閔王爲東帝。後齊閔王聽蘇代勸告，廢去帝號，秦昭王也除去西帝稱號。復歸帝，即廢去西帝稱號。

〔五〕今齊閔王已益弱：鮑彪衍「閔王」二字。秦圍邯鄲時，齊閔王已死，齊襄王在位。不當有「閔王」二字，鮑衍此二字，當删去。【補正】鮑彪曰：「稱謚非當時語。」吴師道曰：「追書之辭。」金正煒曰：「按生而稱謚，皆後人追述之辭，或本旁注，誤入正文。」錢穆曰：「然則此文自出後人追記文飾，語已多誤，決非魯連當日之言，更非魯連親筆所記。」金、錢之説當是。

〔六〕魯仲連：齊人，姓魯，名仲連。亦稱魯連、魯仲子。

〔七〕客：姚本無，鮑本有。今從鮑本補「客」字。

〔八〕紹介：猶媒介。按禮，賓至，必因介以傳辭。紹者繼也，介非一人，故禮云紹介而傳命。

〔九〕使事有職：因事做使節，有職務在身。

〔一〇〕泄：言已經將帝秦之事告訴給魯仲連。

魯連見辛垣衍而無言。辛垣衍曰：「吾視居此圍城之中者〔一〕，皆有求於平原君者也。今吾視先生之玉貌，非有求於平原君者，曷爲久居此圍城之中而不去也〔二〕？」魯連曰：「世以鮑焦無從容而死者〔三〕，皆非也。今衆人不知，則爲一身〔四〕。彼秦者，棄禮義而上首功之國也〔五〕。權使其士〔六〕，虜使其民〔七〕。彼則肆然而爲帝〔八〕，過而遂正於天下〔九〕，則連有赴東海而死矣，吾不忍爲之民也。所爲見將軍者，欲以助趙也。」辛垣衍曰：「先生助之奈何？」魯連曰：「吾將使梁及燕助之，齊、楚則固助之矣。」辛垣衍曰：「燕則吾請以從矣〔一〇〕，若乃梁，則吾乃梁人也，先生惡能使梁助之耶？」魯連曰：「梁未睹秦稱帝之害故也。使梁睹秦稱帝之害，則必助趙矣。」辛垣衍曰：「秦稱帝之害將奈何？」魯仲連曰：「昔齊威王嘗爲仁義矣，率天下諸侯而朝周。周貧且微，諸侯莫朝，而齊獨朝之。居歲餘，周烈王崩。諸侯皆弔，齊後往。周怒，赴於齊曰〔一一〕：『天崩地坼，天子下席〔一二〕。東藩之臣田嬰齊後至〔一三〕，則斮之〔一四〕。』威王勃然怒曰：『叱嗟〔一五〕，而母婢也〔一六〕。』卒爲天下笑。故生則朝周，死則叱之，誠不忍其求也。彼，天子，固然，其無足怪！」

〔一〕此：姚本作「北」。雅雨堂本改爲「此」。《史記》作「此」，「此」字是也。今改「北」爲「此」。

〔二〕此：鮑本作「若」。若，猶「此」也。

〔三〕鮑焦無從容而死：鮑焦，周時隱士，飾行非世，廉潔自守，采樵拾橡爲生，見《莊子》及《韓詩外傳》。無從容而死，不能寬緩而取死。從容，寬緩。

〔四〕今衆人不知，則爲一身：謂衆人不理解鮑焦恥居濁世而死，以爲他是爲個人而死。今，姚本作「令」，誤，當爲「今」。

〔五〕上首功：秦用商鞅，制爵二十等，以戰獲首級多少而計功受爵。胡三省注：以戰而能斬首有功者爲上，故曰上首功。上，尚也。

〔六〕權使其士：權，詐。士，戰士。《史記索隱》云：以權詐使其戰士。

〔七〕虜使其民：《史記索隱》云：以奴隸使其人民。虜，俘虜，奴隸。

〔八〕肆然而爲帝：肆其志而稱帝。

〔九〕過而遂正於天下：過，甚，進一步。正於天下，以政令統治天下各國。正，與「政」通。【正】過，失也。《史記正義》：舊讀「帝過」句，謂「編行天子之禮，過，失也」。《史記》注，司馬貞曰：謂以過惡而爲政也。張守節曰：肆然其志意也。言秦得肆志爲帝，恐有烹醢納筦，徧行天子之禮。過，失也。又曰：若趙、魏帝秦，得行政教於天下，魯連蹈東海而溺死，不忍爲秦百姓。

〔一〇〕燕則吾請以從矣：言燕國已聽從吾約請，尊秦爲帝。以，與「已」同。

〔一一〕赴：與「訃」通，告訴。

〔一二〕天子下席：天子，指烈王之子顯王。下席，謂其服喪，不敢居正位。

〔一三〕田嬰齊：齊威王，名因齊，姓田氏。嬰，蓋「因」之同音字。

〔一四〕靳：與「斫」同，斬。

〔一五〕叱嗟：怒斥聲。

〔一六〕而母婢也：謂顯王非嫡婦人所生，言其賤。而，汝。婢，卑也。

辛垣衍曰：「先生獨未見夫僕乎？十人而從一人者，寧力不勝，智不若耶？畏之也。」魯仲連曰：「然。梁之比於秦，若僕耶？」辛垣衍曰：「然。」魯仲連曰：「然。吾將使秦王烹醢梁王！〔一〕」辛垣衍怏然不悦〔二〕曰：「嘻！亦太甚矣，先生之言也！先生又惡能使秦王烹醢梁王？」魯仲連曰：「固也，待吾言之。昔者鬼侯、鄂侯、文王，紂之三公也〔三〕，鬼侯有子而好，故入之於紂，紂以爲惡，醢鬼侯。鄂侯争之急，辨之疾，故脯鄂侯〔四〕。文王聞之，喟然而嘆，故拘之於牖里之庫百日〔五〕，而欲舍之死〔六〕。曷爲與人俱稱帝王，卒就脯醢之地也？齊閔王將之魯，夷維子執策而從〔七〕。謂魯人曰：『子將何以待吾君？』魯人曰：『吾將以十太牢待子之君〔八〕。』維子曰：『子安取禮而來待吾君〔九〕？彼吾君者，天子也。天子巡狩，諸侯辟舍〔一〇〕，納於筦鍵〔一一〕。攝衽抱几〔一二〕，視膳於堂下。天子已食，退而聽朝也。』魯人投其籥〔一三〕，不果納，不得入於魯。將之薛，假涂於鄒〔一四〕。當是時，鄒君死。閔王欲入弔，夷維子謂鄒之孤曰〔一五〕：『天子弔，主人必將倍殯柩〔一六〕，設北面於南方，然后天子南面弔也。』鄒之群臣曰：『必若此，吾將伏劍而死。』故不敢入於鄒。鄒、魯之臣，生則不得事養，死則不得飯含〔一七〕，然且欲行天子之禮於鄒、魯之臣，不果納。今秦萬乘之國，梁亦萬乘之國，俱據萬乘之國，交有稱王之名，睹其一戰而勝〔一八〕，欲從而帝之，是使三晋之大臣，不如鄒、魯之僕妾也。且秦無已而帝〔一九〕，則且變易諸侯之大臣。彼將奪其所謂不肖，而予其所謂賢；奪其所憎，而與其所愛。彼又將使其子女讒妾爲諸侯妃姬，處梁之宫，梁王安得晏然而已乎？而將軍又何以得故寵乎？」

〔一〕醢：剁成肉醬。

〔二〕怏然：心中不服而怨懟之貌。

〔三〕鬼侯、鄂侯：鬼侯，《史記·殷本紀》、《魯仲連傳》、《竹書紀年》並作「九侯」。「鬼」、「九」同聲。「鬼侯」

下，姚本有「之」字。《史記》、鮑本無。今從鮑本删「之」字。鄂，一作「邗」。鬼侯、鄂侯，皆殷代諸侯。鬼侯城，在今河北臨漳縣。鄂侯城在今河南沁陽市邘城。

〔四〕脯：肉熟爲脯，此用作動詞，烹煮。

〔五〕牖里之庫：牖里，亦作「羑里」。牖里，地名，今河南湯陰縣北九里有羑里城。庫，姚本作「車」，鮑本、《史記》作「庫」，今從鮑本改「車」爲「庫」。庫，牢獄。

〔六〕舍之死：舍，鮑本、《史記》皆作「令」。當從鮑本作「令」爲是。舍，置也，「舍之死」作「置之死」亦通。

〔七〕夷維子執策而從：夷維子，齊國人。夷維本齊國地名，今山東高密市有古安城，即萊夷維邑。夷維子，蓋以邑爲氏。策，馬箠。

〔八〕太牢：牛、羊、豬三牲具備爲太牢。

〔九〕子安取禮而來待吾君：言子於何典取此禮法。安，何。取，採取。來，出自。

〔一〇〕辟舍：謂辟正朝而外舍，表示不敢以國家最高統治者自居。

〔一一〕納於筦鍵：把鎖鑰交給天子。筦，鑰匙。鍵，鎖。

〔一二〕攝衽抱几：攝衽，攬其衣襟。抱几，搬置几案。

〔一三〕投其籥：籥，即鑰匙。投鑰匙於地，表示拒絶。

〔一四〕假涂於鄒：假涂，借路。「涂」與「途」通。鄒，國名，在今山東鄒城市。

〔一五〕孤：君、父死，臣、子稱孤。

〔一六〕倍殯柩：改變靈柩方位。將靈柩改爲居南朝北，使天子南面而吊。倍，與「背」同。殯柩，棺柩。

【補】〔一七〕飯含，《史記》作「賻襚」。張守節曰：衣服曰襚，貨財曰賻，皆助生送死之禮。《周禮・春官・典瑞》云：「大喪，共飯玉、含玉，贈玉。」鄭注：「飯玉，碎玉以雜米也。含玉，柱左右顛及口中者。」《白虎通義》：「所以有飯唅何？緣生食，今死不欲虛其口，故唅。」

〔一七〕睹：姚本作「賭」，鮑本作「睹」，從鮑本作「睹」爲是。

〔一八〕無已：言欲爲之而不止。

於是辛垣衍起，再拜，謝曰：「始以先生爲庸人，吾乃今日而知先生爲天下之士也！吾請去，不敢復言帝秦！」秦將聞之，爲却軍五十里。適會魏公子無忌奪晋鄙軍，以救趙擊秦。秦軍引而去。於是平原君欲封魯仲連。魯仲連辭讓者三，終不肯受。平原君乃置酒。酒酣，起，前以千金爲魯連壽〔一〕。魯連笑曰：「所貴於天下之士者，爲人排患釋難，解紛亂而無所取也。即有所取者〔二〕，是商賈之人也。仲連不忍爲也。」遂辭平原君而去。終身不復見。

〔一〕壽：猶讎，報酬。

〔二〕即：如。

【繫年】

據《史記・秦本紀》秦昭王四十八年十月，王陵攻趙邯鄲。《趙世家》趙孝成王七年，秦圍邯鄲。秦攻邯鄲十七月不下。邯鄲解圍當在趙孝成王九年、秦昭王五十年，當周赧王五十八年。

説張相國曰章

説張相國曰〔一〕：「君安能少趙人，而令趙人多君〔二〕？君安能憎趙人，而令趙人愛君乎？夫膠漆，至黏也〔三〕，而不能合遠；鴻毛，至輕也，而不能自舉。夫飃於清風，則横行四海。故事有簡而功成者，因也。今趙萬乘之强國也，前漳滏〔四〕，右常山，左河間，北有代，帶甲百萬，嘗抑强齊〔五〕，四十餘年而秦不能得所欲。由是觀之，趙之於天下也不輕。今君易萬乘之强趙，而慕思不可得之小梁，臣竊爲君不取也。」君曰：「善。」自是之後，衆人廣坐之中，未嘗不言趙人之長者也，未嘗不言趙俗之善者也。

〔一〕張相國：魏人，相趙，常懷魏輕視趙。

〔二〕少趙人而令趙人多君：少，輕視。多，尊重。

〔三〕黏：黏也。

〔四〕滏：滏水，發源於今河北磁縣石鼓山，東北流注於漳水，謂滏口。自明永樂中漳水北決入滏後，故道淹没。

〔五〕齊：鮑本改爲「秦」。

【繫年】

此策不知爲何時事。吴師道以爲「抑强齊」，當是齊閔王時事，然無確證。姑從顧觀光附於周赧王四十六年、趙惠文王三十年、齊襄王十五年、魏安釐王八年。

鄭同北見趙王章

鄭同北見趙王〔一〕。趙王曰：「子南方之博士也〔二〕，何以教之？」鄭同曰：「臣南方草鄙之人也〔三〕，何足問？雖然，王致之於前，安敢不對乎？臣少之時，親嘗教以兵。」趙王曰：「寡人不好兵。」鄭同因撫手仰天而笑之，曰：「兵固天下之狙喜也〔四〕，臣故意大王不好也。臣亦嘗以兵説魏昭王，昭王亦曰：『寡人不喜。』臣曰：『王之行能如許由乎？許由無天下之累，故不受也。今王既受先王之傳，欲宗廟之安，壤地不削，社稷之血食乎？』王曰：『然。』今有人操隨侯之珠，持丘之環〔五〕，萬金之財，時宿於野，内無孟賁之威，荆慶之斷〔六〕，外無弓弩之禦，不出宿夕，人必危之矣。今有强貪之國，臨王之境，索王之地，告以理則不可，説以義則不聽，王非戰國守圉之具，其將何以當之。王若無兵，鄰國得志矣。」趙王曰：「寡人請奉教。」

〔一〕鄭同北見趙王：鄭同，鄭人。北見，鄭在趙之南，故云。趙王，惠文王。

〔二〕博士：博，姚本作「傳」。今從一本、鮑本作「博」。孫詒讓以爲「傳」乃「儒」字之誤。博士，掌通古今。

〔三〕草鄙：草莽鄙野，言其人粗陋。

〔四〕兵固天下之狙喜也：狙，狡黠之獸。又詐也。言兵固詐者之所喜。

〔五〕持丘之環：鮑彪云：「持」下脱一字。按《慎子·内篇》有「持百丘之環」。

〔六〕荆慶：荆，成荆，古勇士。慶，慶忌，吴王僚之子，能足躡麋鹿，手搏兕虎。亦勇捷之士。

【繫年】

因事涉魏昭王，故暫附於魏昭王十九年、趙惠文王二十二年，當周赧王三十八年。

建信君貴於趙章

建信君貴於趙〔一〕。公子魏牟過趙〔二〕，趙王迎之，顧反至坐〔三〕，前有尺帛，且令工以爲冠。工見客來也，因辟〔四〕。趙王曰：「公子乃驅後車，幸以臨寡人，願聞所以爲天下。」魏牟曰：「王能重王之國若此尺帛，則王之國大治矣。」趙王不説，形於顔色〔五〕，曰：「先王不知寡人不肖〔六〕，使奉社稷，豈敢輕國若此？」魏牟曰：「王無怒，請爲王説之。」曰：「王有此尺帛，何不令前郎中以爲冠〔七〕？」王曰：「郎中不知爲冠。」魏牟曰：「爲冠而敗之，奚虧於王之國？而王必待工而後乃使之。今爲天下之工，或非也。社稷爲虚戾，先王不血食，而王不以予工，乃與幼艾〔八〕。且王之先帝，駕犀首而驂馬服〔九〕，以與秦角逐，秦當時適其鋒〔一〇〕。今王憧憧〔一一〕，乃輦建信以與强秦角逐，臣恐秦折王之椅也〔一二〕。」

〔一〕建信君：趙幸臣，不詳其姓名。

〔二〕公子魏牟：即魏公子牟。與公孫龍交好。主張「縱情性，安恣睢」。是戰國時思想家。

〔三〕顧反至坐：還反至坐。顧，還也。

〔四〕辟：與「避」同。

〔五〕形：見也。不悦貌。

〔六〕王：姚本作「生」，誤。今從一本作「王」，爲是。

〔七〕前郎中：前，伺候於前。郎中，官名，近侍宫廷，管理國王之門户。

〔八〕艾：美好之人。【補】指偏愛喜歡之近幸之臣。艾，古人呼男色爲之。《左傳》：「既定爾婁豬，盍歸吾艾豭。」《國語》：「國君好艾大夫殆，好内適子殆。」

〔九〕駕犀首而驂馬服：以犀首駕御車馬，以馬服君驂乘。

〔一〇〕適：鮑改「適」爲「辟」。吴師道云：恐當作「辟」。

〔一一〕憧憧：昏愚貌。

〔一二〕椅：「輢」之同音假借字。輢，車旁可倚之處。

衛靈公近雍疽、彌子瑕〔一〕。二人者，專君之勢以蔽左右。復塗偵謂君曰〔二〕：「昔日臣夢見君。」君曰：「子何夢？」曰：「夢見竈君〔三〕。」君忿然作色曰：「吾聞夢見人君者，夢見日。今子曰夢見竈君而言君也，有説則可，無説則死。」對曰：「日，并燭天下者也。一物不能蔽也。若竈則不然，前之人煬〔四〕，則後之人無從見也。今臣疑人之有煬於君者也，是以夢見竈君。」君曰：「善。」於是，因廢雍疽、彌子瑕，而立司空狗〔五〕。

〔一〕衛靈公近雍疽、彌子瑕：按鮑彪注本將「衛靈公」以上作爲一章，編在《趙策》。「衛靈公」以下另爲一章編在《衛策》。此不當分爲兩章。蓋公子魏牟引春秋時衛事以告趙王，當與上連接爲一章。衛靈公，春秋時衛君，名元，衛襄公之子，出公之父。雍疽，衛國之瘍醫，幸於衛靈公。《孟子》作「癰疽」，《韓非子》作「雍鉏」。彌子瑕，衛靈公之幸臣。

〔二〕復塗偵：《韓非子》作「侏儒」，其人身世不詳。

〔三〕竈君：竈神，古五祀之一。鄭玄《周禮》注：顓頊氏有子曰黎，祀爲竈神。炎帝作火，死爲竈神。見《淮南子・氾論訓》。俗名竈君。

〔四〕煬：炊也。炊而向竈，蔽於火前。

〔五〕司空狗：即史狗，史朝之子。司空，官名。

【繫年】

按建信君與文信侯、春申君同時，爲趙悼襄王之幸臣。吴師道斷其在趙孝成王時，恐誤。今據《希寫見建信君章》，附此策於趙悼襄王元年、魏安釐王三十三年，當秦始皇三年。

或謂建信君章

或謂建信〔一〕：「君之所以事王者，色也。葺之所以事王者〔二〕，知也。色老而衰，知老而多。以日多之知，而逐衰惡之色〔三〕，君必困矣。」建信君曰：「奈何？」曰：「並驥而走者，五里而罷；乘驥而御之，不倦而取道多。君令葺乘獨斷之車，御獨斷之勢，以居邯鄲；令之内治國事，外刺諸侯〔四〕，則葺之事有不言者矣〔五〕。君因言王而重責之，葺之軸今折矣〔六〕。」建信君再拜受命，入言於王，厚任葺以事能重責之〔七〕，未期年而葺亡走矣。

〔一〕建信：即建信君。鮑本「信」下補「君」字。

〔二〕葺：字書解「葺」字作「葺」。《魏策》「咠中」，一本作「茸中」；「茸雲」，一本作「咠雲」。蓋唐人書「咠」多作「茸」、「月」、「耳」相混。葺，趙人名。

〔三〕逐：角逐，競争。

〔四〕刺：探候。

〔五〕事有不言：所治之事多，不暇悉言於上。

〔六〕葺之軸今：今，姚本作「令」。方望溪云：令，當作「今」。故改爲「今」。

〔七〕能：鮑改爲「而」。「能」與「而」古音相近，此借「能」爲「而」，不煩改字。

【繫年】

此與上章爲同時事，亦當附於趙悼襄王元年。

苦成常謂建信君章

苦成常謂建信君曰〔一〕：「天下合從，而獨以趙惡秦〔二〕，何也？魏殺呂遺而天下交之〔三〕。今收河間〔四〕，是與殺呂遺何以異？君唯釋虛僞疾〔五〕，文信猶且知之也。從而有功乎，何患不得收河間？從而無功乎，收河間何益也？」

〔一〕苦成常：苦成，氏。常，其名。春秋時晋大夫郤犨爲苦成氏。

〔二〕獨以趙惡秦：而世獨以趙最惡秦。

〔三〕魏殺呂遺而天下交之：天下惡秦，秦重呂遺，故魏殺呂遺而諸國交之。遺，鮑改爲「遼」。

〔四〕河間：趙地。呂不韋欲攻趙以廣河間之封地。

〔五〕釋虛僞疾：釋，舍。虛，虛與之河間。僞疾，猶言託疾，以示不復有河間。

【繫年】

此策與文信侯欲廣河間爲同時事，在秦始皇八年、趙悼襄王六年。

希寫見建信君章

希寫見建信君〔一〕。建信君曰：「文信侯之與僕也〔二〕，甚無禮。秦使人來仕，僕官之丞相，爵五大夫〔三〕。文信侯之於僕也，甚矣其無禮也。」希寫曰：「臣以爲今世用事者，不如商賈。」建信君悖然曰〔四〕：「足下卑用事者而高商賈乎？」曰：「不然。夫良商不與人爭買賣之賈〔五〕，而謹司時。時賤而買，雖貴已賤矣；時貴而賣，雖賤已貴矣。昔者文王之拘於牖里，而武王羈於玉門〔六〕，卒斷紂之頭而縣於太白者〔七〕，是武王之功也。今君不能與文信侯相伉以權，而責文信侯少禮，臣竊爲君不取也。」

〔一〕希寫：人名，不詳其身世。【補】鮑注爲趙人，恐非。范祥雍按：「似爲秦之使趙者，故建信告以文信侯之無禮於己。」

〔二〕文信侯：秦相呂不韋之封號。

〔三〕官之丞相，爵五大夫：官之丞相，即仕之於丞相。官，猶仕也。丞相，百官之長。五大夫，爵位名。在秦二十級軍功爵中爲第九級。在趙則不知爲何級。

〔四〕悖：與「勃」同，懟也。

〔五〕賈：與「價」同。

〔六〕武王羈於玉門：此事不見於史，《韓非子·喻老》有「文王見詈於玉門」，《吕氏春秋》有「武王事之，夙夜不懈，亦不忘玉門之辱」。玉門，成皋北門。

〔七〕縣於太白：縣，與「懸」同，太白，旗名。

【繫年】

此策與上章爲同時事，附於秦始皇八年，當趙悼襄王六年。

魏魀謂建信君章

魏魀謂建信君曰〔一〕：「人有置係蹄者而得虎〔二〕。虎怒，決蹯而去〔三〕。虎之情非不愛其蹯也。然而不以環寸之蹯，害七尺之軀者，權也。今有國，非直七尺軀也。而君之身於王，非環寸之蹯也。願公之熟圖之也。」

〔一〕魏魀：人名。王念孫云：《説文》、《玉篇》、《廣韻》、《集韻》、《類篇》皆無「魀」字。「魀」當爲「魁」，「魁」隸書或作「鬿」，其右半與「介」字相近，故訛爲「魀」。《文選》陳琳《檄吴將校部曲文》注，引此正作「魁」。

〔二〕置係蹄：設繩索爲機以繫獸蹄而得獸。

〔三〕決蹯：決，斷。蹯，虎足。

【繫年】

此與上章爲同時事，亦當繫於趙悼襄王六年，當秦始皇八年。

秦攻趙鼓鐸之音章

秦攻趙，鼓鐸之音聞於北堂〔一〕。希卑曰〔二〕：「夫秦之攻趙，不宜急如此。此召兵也〔三〕。必有大臣欲衡者耳〔四〕。王欲知其人，旦日贊群臣而訪之〔五〕，先言横者則其人也。」建信君果先言横。

〔一〕鼓鐸之音聞於北堂：《説文》云：鐸，大鈴也。軍法云，五人爲伍，五伍爲兩，兩有司馬執鐸。【補】北堂，關修齡云：「北堂，蓋深宫也。」于鬯引戴文光云：「北堂近城公廟。」堂之内室爲北堂。室半以北爲北堂，爲婦人所處。

〔二〕希卑：人名。不詳。

〔三〕此召兵也：此謂趙兵爲内應，以鼓鐸爲信號以召外兵。

〔四〕衡：與「横」同，連横。

〔五〕旦日贊群臣而訪之：旦日，明日。贊，進，見。

【繫年】

趙悼襄王九年、秦始皇十一年，秦大舉攻趙，拔鄴、閼與九城。策文所言當爲此時事。故附此策於趙悼襄王九年。

齊人李伯見孝成王章

齊人李伯見孝成王〔一〕。成王説之，以爲代郡守。而居無幾何，人告之反。孝成王方饋，不墮食〔二〕。無幾何，告者復至，孝成王不應。已，乃使使者言〔三〕：「齊舉兵擊燕，恐其以擊燕爲名，而以兵襲趙，故發兵自備。今燕、齊已合〔四〕，臣請要其敝〔五〕，而地可多割。」自是之後，爲孝成王從事於外者，無自疑於中者〔六〕。

〔一〕孝成王：趙孝成王，名丹。

〔二〕方饋，不墮食：此言孝成王方進食，聞告反之言而不爲之廢食。饋，進食也。墮，廢也。

〔三〕乃使使者言：李伯使使者言於孝成王。

〔四〕今燕、齊已合：燕、齊兩國軍隊已合戰。

〔五〕要其敝：兩國戰，必有一國疲敝，因以兵邀擊之。要，劫。

〔六〕中：内心。

【繫年】

從顧觀光，附此策於趙孝成王元年，當周赧王五十年。

戰國策卷二十一

趙四

爲齊獻書趙王章

爲齊獻書趙王，使臣與復丑曰〔一〕：「臣一見而能令王坐而天下致名寶〔二〕。而臣竊怪王之不試見臣，而窮臣也〔三〕。群臣必多以臣爲不能者，故王重見臣也〔四〕。以臣爲不能者非他，欲用王之兵，成其私者也。非然，則交有所偏者也；非然，則知不足者也；非然，則欲以天下之重恐王，而取行於王者也〔五〕。臣以齊循事王，王能亡燕，能亡韓、魏，能攻秦，能孤秦。臣以爲齊致尊名於王〔六〕，天下孰敢不致尊名於王？臣以齊致地於王，天下孰敢不致地於王？臣以齊爲王求名於燕及韓、魏，孰敢辭之？臣之能也，其前可見已〔七〕。齊先重王，故天下盡重王；無齊，天下必盡輕王也。秦之彊，以無齊之故重王，燕、魏自以無齊故重王〔八〕。今王無齊，獨安得無重天下？故勸王無齊者，非知不足也，則不忠者也；非然，則欲用王之兵成其私者也；非然，則欲輕王以天下之重取行於王者也；非然，則位尊而能卑者也。願王之熟慮無齊之利害也。」

〔一〕使臣與復丑：曾本、鮑本無此五字。吴師道云：與，猶爲也。復者，重有言也。丑，蓋「王」字之訛。使臣既獻書，又爲齊復言於王也。此策所言，皆使臣致命畢，而以私意陳於王者。鮑本缺此五字，蓋誤脱也。復，請也。

〔二〕名實：謂名器重寶，或尊名寶器。

〔三〕窮：鮑注：窮，猶困也。困於不得見。

〔四〕重：鮑注：重，猶難也。

〔五〕取行於王：使王信行其説。

〔六〕爲：衍文。

〔七〕其前可見：前，當前，目前。見，顯。

〔八〕燕、魏自以無齊故重王：趙得齊，故燕、魏無齊而重趙。

【繫年】

鮑彪謂此策時不可考，而編次於趙孝成王時。顧觀光附此策於趙孝成王元年、齊襄王十九年，當周赧王五十年。

齊欲攻宋秦令起賈章

齊欲攻宋，秦令起賈禁之〔一〕。齊乃收趙以伐宋〔二〕。秦王怒，屬怨於趙。李兑約五國以伐秦〔三〕，無功，留天下之兵於成皋，而陰構於秦。又欲與秦攻魏，以解其怨而取封焉〔四〕。

〔一〕起賈：按《呂氏春秋·應言》，秦令起賈爲孟卬求司徒於魏王，孟卬稱起賈爲秦客，則起賈當是秦人。【補】據《戰國縱横家書》第十七章云「胃起賈曰」，又云「願御史之孰慮之也」，知起賈當爲秦國之御史。

〔二〕收：姚本作「捄」，鮑改「捄」爲「援」。一本作「收」。今從一本。收，取，聯合。

〔三〕李兑約五國以伐秦：李兑用蘇秦之計，約齊、燕、韓、趙、魏以伐秦，以禁秦稱帝。李兑，趙相。

〔四〕以解其怨而取封焉：解其怨，解秦之怨。取封，取封地。齊閔王收趙以攻宋，把定陶許給李兑爲封地。故云取封。下文言取陰定封，即指此。

魏王不説。之齊〔一〕，謂齊王曰：「臣爲足下謂魏王曰：『三晋皆有秦患。今之攻秦也，爲趙也。五國伐趙，趙必亡矣。秦逐李兑，李兑必死。今之伐秦也，以救李子之死也。今趙留天下之甲於成皋，而陰鬻之於秦，已講，則令秦攻魏以成其私封，王之事趙也何得矣？且王嘗濟於漳，而身朝於邯鄲〔二〕，抱陰、成，負、蒿、葛、薜〔三〕，以爲趙蔽，而趙無爲王行也。今又以河陽、姑密封其子〔四〕，而乃令秦攻王，以便取陰〔五〕。人比然而後知賢不〔六〕，如王若用所以事趙之半收齊，天下有敢謀王者乎？王之事齊也，無入朝之辱，無割地之費。齊爲王之故，虚國於燕、趙之前，用兵於二千里之外，故攻城野戰，未嘗不爲王先被矢石也。得二都〔七〕，割河東〔八〕，盡效之於王。自是之後，秦攻魏，齊甲未嘗不歲至於王之境也。請問王之所以報齊者可乎？韓呡處於趙〔九〕，去齊三千里，王以此疑齊，曰有秦陰〔一〇〕。今王又挾故薛公以爲相〔一一〕，善韓徐以爲上交〔一二〕，尊虞商以爲大客〔一三〕，王固可以反疑於齊乎〔一四〕？』魏王聽此言也甚詘〔一五〕，其欲事王也甚循，甚怨於趙〔一六〕。臣願王之日聞魏而無庸見惡也〔一七〕。臣請爲王推其怨於趙，願王之陰重趙，而無使秦之見王之重趙也。秦見之，且亦重趙。齊、秦交重趙，臣必見燕與韓、魏亦且重趙也。皆且無敵與趙治〔一八〕。五國事趙，趙從親以合於秦，必爲王高矣。臣故欲王之偏劫天下，而皆私甘之也〔一九〕。王使臣以韓、魏與燕劫趙，使丹也甘之〔二〇〕；以趙劫韓、魏，使臣也甘之；以三晉劫秦，使順也甘之〔二一〕；以天下劫楚，使呡也甘之〔二二〕。則天下皆偪秦以事王，而不敢相私也。交定然後王擇焉。」

〔一〕之齊：吴師道云：「之齊」上有缺文，當是人姓名。

〔二〕王嘗濟於漳，而身朝於邯鄲：王，魏昭王。濟，涉。漳，漳河。身朝於邯鄲，魏昭王親自朝見奉陽君於邯鄲。《戰國縱横家書》第八章有薛公「身率梁王與成陽君北面而朝奉陽君於邯鄲」，約在齊閔王七年、魏昭王元年。《魏策三》亦記此事。

〔三〕抱陰、成、負、蒿、葛、薛：陰，乃「陶」之誤，即定陶。成，今山東菏澤東北成陽。蒿，乃「葛」字之誤衍，當删去。葛，即古葛國，今河南寧陵縣西。薛，鮑本作「薛」爲是。《魏策三》作「孽」。「薛」與「孽」通。薛，即孟嘗君之封地，今山東棗莊市薛城區。【補】陰、成均魏地，不當注爲齊邑。應下文「今又以河陽」之義。疑「陰」非城邑名，爲地域所指。按《左傳·宣公二年》「遂自陰地及諸侯之師侵鄭」，杜注：「晋河南山北，自上洛以東，至陸渾（今嵩縣）。」其地南阻終南，北臨大河，故曰陰地。顧祖禹曰：自焦（三門峽）以東，河南山地之處，皆陰地也。今山西靈石縣西南有陰地關，可備一參。

〔四〕以河陽、姑密封其子：河陽，魏地，故城在今河南孟州西南三十里。姑密，當是今河南之新密。其子，當是奉陽君李兑之子。

〔五〕以便取陰：陰，即「陶」之訛。取陶以爲封地。【補】此陰，見注三補文。以陰地爲是。

〔六〕人比然而後知賢不：知，姚本作「如」，誤。今從鮑本作「知」。不，即否。

〔七〕得二都：指五國伐秦，秦反温、軹、高平於魏之事。

〔八〕割河東：指秦反王公、符逾於趙之事。

〔九〕韓呡處於趙：韓呡，一本作「韓珉」，《史記》作「韓聶」，《戰國縱横家書》作「韓貴」，實是一人。韓呡，韓國之公族，親秦，爲秦昭王所信任。代孟嘗君爲齊相。

〔一〇〕有秦陰：魏王疑齊王暗中與秦勾結。

〔一一〕今王又挾故薛公以爲相：故薛公，即孟嘗君。孟嘗君於齊閔王八年罷相，被魏昭王聘而相魏。

〔一二〕善韓徐以爲上交：韓徐，《史記》作「韓徐爲」，爲趙將，而有怨於齊。趙惠文王十三年韓徐爲曾爲趙將攻齊。嘗與魏相孟嘗君暗約以攻齊。魏親韓徐爲，故以齊之名義責之。

〔一三〕虞商：人名，不詳其身世。

〔一四〕王固可以反疑於齊乎：「於」字姚本在「乎」字下。今從鮑本移在「疑」字下。

〔一五〕詘：辭塞，理詘。

〔一六〕甚：姚本作「其」。黄丕烈云：「其」乃「甚」字之誤。故改「其」爲「甚」。

〔一七〕臣願王之日聞魏而無庸見惡也：日，姚本、鮑本皆作「曰」，一本作「重」。鮑改「曰」爲「亟」，皆非。按「曰」字蓋「日」之誤，齊不善魏則惡言魏，今魏甚欲事齊，故願齊王日聞魏而無庸見惡也。

〔一八〕治：《漢書·韓安國傳》注：治，謂當敵也，今人猶云對治。

〔一九〕偏劫天下，而皆私甘之也：偏劫者，以衆威脅之。私甘者，獨説之以甘言。

〔二〇〕使丹也甘之：丹，當是公玉丹，齊閔王之幸臣，曾作齊閔王使者，到趙國向李兑致蒙邑。甘，甘心，快意。

〔二一〕順：當指順子，大概是齊閔王之子侄，曾在趙國作質子。

〔二二〕岷：指韓岷。

【繫年】

齊攻宋，共三次，《史記》只載一次。據《戰國縱横家書》，此章齊欲攻宋，秦令御史起賈禁之。李兑約五國攻秦兵留於成皋，是齊閔王十四年，第二次攻宋時事。此策應繫於此時。當趙惠文王十一年、魏昭王八年、周赧王二十七年。

【補】此策《大事記》列於周赧王二十九年齊滅宋之前，顧觀光《國策編年》、黄式三《周季編略》從之。林春溥《戰國紀年》次五國伐秦事於周赧王二十七年與二十九年。留此備考。

齊將攻宋而秦陰禁之章

齊將攻宋，而秦陰禁之〔一〕。齊因欲與趙，趙不聽。齊乃令公孫衍說李兑〔二〕，以攻宋而定封焉。李兑乃謂齊王曰〔三〕：「臣之所以堅三晋以攻秦者，非以爲齊得利秦之毁也〔四〕，欲以使攻宋也。而宋置太子以爲王，下親其上而守堅，臣是以欲足下之速歸休士民也。今太子走〔五〕，諸善太子者，皆有死心〔六〕。若復攻之，其國必有亂，而太子在外，此亦舉宋之時也。

〔一〕陰：姚本、鮑本作「楚」。今從一本作「陰」。陰，暗中。

〔二〕公孫衍：此另一人，非犀首。

〔三〕李兑乃謂齊王曰：顧千里云：「李兑」下有缺文，下文有「臣令孫衍説李兑」。此言「李兑謂齊王」則不通。此當爲蘇秦謂齊王之語。

〔四〕非以爲齊得利秦之毁：不以毁壞秦爲齊之利。

〔五〕今太子走：謂宋太子不敢守國而逃亡。

〔六〕諸善太子者，皆有死心：太子之心腹人，將以死報之。

「臣爲足下使公孫衍説奉陽君曰：『君之身老矣，封不可不早定也。爲君慮封，莫若於宋，他國莫可。夫秦人貪，韓、魏危，燕、楚辟，中山之地薄，莫如於陶〔一〕。失今之時，不可復得已。宋之罪重，齊之怒深，殘亂宋，得大齊，定身封，此百代之一時也。』以奉陽君甚食之〔二〕。雖得大封〔三〕，齊無大異〔四〕。臣願足下之大發攻宋之舉，而無庸致兵，姑待已耕，以觀奉陽君之應足下也。縣陶以甘之〔五〕，循有燕以臨之〔六〕，而臣待忠之封〔七〕，事必大成。臣又願足下有地效於襄安君以資臣也〔八〕。足下果殘宋，此兩地之時也〔九〕，足下何愛焉？若足下不得志於宋，與國何敢望也？足下以此資臣也。臣循燕觀趙，則足下擊潰而決天下矣〔一〇〕」。

〔一〕陶：原作「陰」，誤。改爲「陶」。

〔二〕以奉陽君甚食之：以，四庫本作『已』。言甚受納公孫衍之説。金其源云：食，猶受納也。鮑改「食」爲「貪」，亦通。

〔三〕雖：原作「唯」。今從曾本作「雖」。

〔四〕齊無大異：言奉陽君雖得大封，而齊待之未有差異。

〔五〕縣陶以甘之：縣，即懸。鮑注：許之而未與，故曰懸。陶，原作「陰」，據上文改爲「陶」。陶，即陶邑，齊許以封奉陽君者。

〔六〕循有燕以臨之：循，順。臨，猶親。

〔七〕待忠之封：王待之以封己而臣爲之兑現，使之定封。忠，猶實。

〔八〕襄安君：未詳。鮑注：蓋趙人。

〔九〕此兩地之時：言齊與趙並可得宋地。

〔一〇〕擊潰而決天下：謂擊潰壞之宋而決制天下。潰，壞也，此指宋。決，猶制。

【繫年】

此章乃齊閔王第二次攻宋後，宋太子出走以前，齊閔王許以平陵封薛公、以陶封奉陽君李兑，作爲交易條件，使趙、魏不干涉齊國，在齊閔王十四年，與上章爲同時事。

五國伐秦無功罷於成皋章

五國伐秦無功〔一〕，罷於成皋。趙欲搆於秦，楚與魏、韓將應之，秦弗欲。蘇代謂齊王曰〔二〕：「臣以爲足下見奉陽君矣。臣謂奉陽君曰：『天下散而事秦，秦必據宋。魏冉必妬君之有陶也〔三〕。秦王貪，魏冉妬，則陶不可得已矣。君無搆，齊必攻宋。齊攻宋，則楚必攻宋，魏必攻宋，燕、趙助之。五國據宋，不至一二月，陶必得矣。得陶而搆，秦雖有變，則君無患矣。若不得已而必搆，則願五國復堅約。願得趙，足下雄飛，與韓氏大吏東免〔四〕，齊王必無召呡也〔五〕。使臣守約〔六〕，若與有倍約者，以四國攻之。無倍約者，而秦侵約，五國復堅而賓之〔七〕。今韓、魏與齊相疑也，若復不堅約而講，臣恐與國之大亂也。齊、秦非復合也，必有踦重者矣〔八〕。復合與踦重者〔九〕，皆非趙之利也。且天下散而事秦，是秦制天下也。秦制天下，將何以天下爲？臣願君之蚤計也。

〔一〕五國伐秦無功：趙、燕、韓、魏、齊五國攻秦。因各國彼此觀望，互相猜疑，所以無功。

〔二〕蘇代：此「蘇代」當是「蘇秦」。據《戰國縱横家書》，五國攻秦是蘇秦倡导，並主張齊閔王攻宋。蘇代雖與蘇秦是兄弟，但兩人宗旨不同，蘇代是主張燕與秦聯合攻齊，而反對助齊伐宋。故「蘇代」當是「蘇秦」之誤。

〔三〕陶：原作「陰」，據上篇及此章事實所言。「陰」皆是「陶」字之誤。下文「陰」，亦皆改爲「陶」。

〔四〕免：勉力。勉力齊王共合從。

〔五〕齊王必無召呡也：韓呡原爲齊相，主張秦、齊聯合，因秦反對齊閔王攻宋，閔王聯趙攻秦，而韓呡罷相去趙。現因五國攻秦無功，趙、魏、韓皆欲與秦講和。齊閔王怕三晋與秦講和對齊不利，故欲召回親秦之韓呡，通過韓呡先與秦講和。此則是勸齊閔王堅決維持五國聯合，不要召回韓呡。

〔六〕臣：當爲「堅」之壞文。

〔七〕賓：與「擯」同，排斥。

〔八〕踦：偏。

〔九〕復：原作「後」，據上文知爲「復」字形近之訛，故改爲「復」。

「『天下事秦有六舉〔一〕，皆不利趙矣。天下事秦，秦王受負海内之國〔二〕，合負親之交，以據中國，而求利於三晋，是秦之一舉也。秦行是計，不利於趙，而君終不得陶，一矣。天下事秦，秦王内韓呡於齊，内成陽君於韓，相魏懷於魏，復合衍交兩王〔三〕，王賁、韓他之曹，皆起而行事，是秦之一舉也。

秦行是計也，不利於趙，而君又不得陶，二矣。天下事秦，秦王受齊受趙，三强三親，以據魏而求安邑，是秦之一舉也。秦行是計，齊、趙應之，魏不待伐，抱安邑而倍秦〔四〕。秦得安邑之饒，魏爲上交，韓必入朝秦，過趙已安邑矣，是秦之一舉也。秦行是計，不利於趙，而君必不得陶，三矣。天下事秦，秦堅燕、趙之交，以伐齊收楚，與韓呡而攻魏，是秦之一舉也。秦行是計，而燕、趙應之。燕、趙伐齊，兵始用，秦因收楚而攻魏，不至一二月，魏必破矣。秦舉安邑而塞女戟〔五〕，韓之太原絶〔六〕，下軹道、南陽而伐魏〔七〕，絶韓，包二周，即趙自消爍矣〔八〕。國燥於秦，兵分於齊，非趙之利也，而君終身不得陶，四矣。天下事秦，秦堅三晋之交攻齊，國破財屈〔九〕，而兵東分於齊，秦按兵攻魏，取安邑，是秦之一舉也。秦行是計也，君按救魏，是以攻齊之已弊，與秦争戰也〔一〇〕。君不救也，韓、魏焉免西合，國在謀之中，而君有終身不得陶〔一一〕，五矣。天下事秦，秦按爲義〔一二〕，存亡繼絶，固危扶弱，定無罪之君，必起中山與勝焉〔一三〕。秦起中山與勝，而趙、宋同命，何暇言陶？六矣。故曰君必無講，則陶必得矣。』奉陽君曰：『善。』乃絶和於秦，而收齊、魏以成取陶。」

〔一〕事：姚本、鮑本作「争」，一本作「事」。按上文「且天下散而事秦」，此當作「事」。「争」乃「事」字之譌。從一本作「事」，此下六「争」字皆改爲「事」。

〔二〕負海内之國：「内」字，鮑本衍。負海之國，指齊國。

〔三〕復合衍交兩王：衍，即上章之公孫衍。兩王，謂燕、趙。

〔四〕倍：姚本作「信」，今從鮑本作「倍」。倍，益也。

〔五〕女戟：趙地，在太行山之西。【補】女戟，又曰「垂棘」，太行西側之隘關，產美玉，稱垂棘之玉。

〔六〕太原：《史記正義》以爲「太行」當是。【補正】太原，即「大原」。古「太」、「大」通用。原，即古原國之地。古原國，商封之國，周封之同姓國，在今河南濟源市北原城。春秋時，先爲鄭邑，後爲晉邑。原東遷於卷縣稱原武，戰國屬趙。

【補】〔七〕下軹道、南陽而伐魏：軹道，今河南濟源市軹城鎮。南陽，太行山之陽，今孟州、温縣、沁陽、武陟一帶。而，姚本作「高」，今從鮑本作「而」。

〔八〕趙自消爍：消，與「銷」同，鑠金爲銷。爍，與「鑠」通。鑠，銷也。

〔九〕財：姚本作「曹」，今從一本作「財」。

〔一〇〕與：此字上原有「救」字，一本無「救」字，今從一本删去「救」字。

〔一一〕有：與「又」通，當讀爲「又」。

〔一二〕秦按爲義：王念孫云：按，語詞，猶於是也。「秦按兵攻魏」、「君按救魏」、「秦按爲義」，三「按」字義並同。「按」字或作「案」，又作「安」，又作「焉」。

〔一三〕必起中山與勝焉：起，立也。勝，當是「滕」字之訛。中山滅於趙，滕滅於宋。秦復起中山與滕二國。故下文云「趙、宋同命」。

【繫年】

五國伐秦無功，五國之兵留於成皋，事在齊閔王十四年、趙惠文王十二年、燕昭王二十五年、魏昭王九年、韓釐王九年，當周赧王二十八年。

樓緩將使伏事章

樓緩將使，伏事〔一〕，辭行，謂趙王曰：「臣雖盡力竭知，死不復見於王矣。」王曰：「是何言也？固且爲書而厚寄卿。」樓子曰：「王不聞公子牟夷之於宋乎〔二〕？非肉不食。文張善宋〔三〕，惡公子牟夷，寅然〔四〕。今臣之於王非宋之於公子牟夷也，而惡臣者過文張。故臣死不復見於王矣。」王曰：「子勉行矣，寡人與子有誓言矣。」樓子遂行。後以中牟反〔五〕，入梁。候者來言，而王弗聽，曰：「吾已與樓子有言矣。」

〔一〕伏事：伏，與「服」同，行，任。【補】伏事，隱秘之事也。即樓緩將因隱秘之事出使，恐趙王疑之，辭曰以事要王，使信己也。

〔二〕公子牟夷：牟夷，即目夷。春秋時，宋襄公庶兄名目夷。

〔三〕文張：不詳。

〔四〕寅然：猶擯斥焉。寅，《說文》：寅，髕。擯斥之義。然，焉。

〔五〕中牟：趙邑，故城在今河南鶴壁市西。

【繫年】

吴師道云，此章時不可考。顧觀光附此章於秦、趙長平之戰後，周赧王五十五年，當趙孝成王六年。【補】據諸祖耿《戰國策集注彙考》云「顧觀光附此於赧王五十六年」，當趙孝成王七年。

虞卿請趙王章

虞卿請趙王曰〔一〕：「人之情，寧朝人乎？寧朝於人也？」趙王曰：「人亦寧朝人耳，何故寧朝於人？」虞卿曰：「夫魏爲從主，而違者范座也〔二〕。今王能以百里之地，若萬户之都，請殺范座於魏。范座死，則從事可移於趙。」趙王曰：「善。」乃使人以百里之地，請殺范座於魏。魏王許諾，使司徒執范座而未殺也〔三〕。

〔一〕請：一本、鮑本作「謂」。

〔二〕范座：魏人。座，《史記·魏世家》作「痤」，魏本作「痤」。民按：「座」、「痤」古通。

〔三〕司徒：官名，掌管國家之土地和人口，負責徵發徒役。但戰國時，魏不應有司徒之官。春秋時晋以僖侯名司徒而廢司徒之官。曾、劉本作「司空」，當是。

范座獻書魏王曰：「臣聞趙王以百里之地，請殺座之身。夫殺無罪范座，薄故也〔一〕；而得百里之地，大利也。臣竊爲大王美之。雖然，而有一焉，百里之地不可得，而死者不可復生也，則主必爲天下笑矣！臣竊以爲與其以死人市，不若以生人市使〔二〕。」

〔一〕薄故：鮑注：猶言細事。與下句「大利」爲對文。

〔二〕使：姚本作「使」，鮑改「使」爲「便」。一本無「使」字。吴曾祺改「使」爲「也」。

又遺其後相信陵君書曰〔一〕：「夫趙、魏，敵戰之國也。趙王以咫尺之書來，而魏王輕爲之殺無罪之座。座雖不肖，故魏之免相也〔二〕。嘗以魏之故，得罪於趙。夫國内無用臣〔三〕，外雖得地，勢不能守。然今能守魏者，莫如君矣。王聽趙殺座之後，强秦襲趙之欲〔四〕，倍趙之割〔五〕，則君將何以止之？此君之累也。」信陵君曰：「善。」遽言之王而出之。

〔一〕後相：謂信陵君在范座免相之後，繼范座爲相。

〔二〕故魏之免相：姚本「相」下有「望」字。劉本作「室」字。《史記·魏世家》作「故魏之免相」。今從《史記》，删去「望」字。

〔三〕用：言可任用。

〔四〕强秦襲趙之欲：言秦國襲用趙國這種想法。

〔五〕倍趙之割：趙請割地百里要魏殺范座。秦國襲趙之欲，以加倍割地爲條件。

【繫年】

《史記·魏世家》敘趙請獻地於魏以殺范痤事在魏安釐王十一年、趙惠文王三十三年、周赧王四十九年。

燕封宋人榮蚠章

燕封宋人榮蚠爲高陽君〔一〕，使將而攻趙。趙王因割濟東三城，令盧、高唐、平原陵地城邑市五十七〔二〕，命以與齊，而以求安平君而將之〔三〕。馬服君謂平原君曰：「國奚無人甚哉！君致安平君而將之，乃割濟東三城市邑五十七以與齊〔四〕，此夫子與敵國戰〔五〕，覆軍殺將之所取割地於敵國者也。今君以此與齊，而求安平君而將之，國奚無人甚也！且君奚不將奢也？奢嘗抵罪居燕，燕以奢爲上谷守〔六〕，燕之通谷要塞，奢習知之。百日之内，天下之兵未聚，奢已舉燕矣，然則君奚求安平君而爲將乎？」

〔一〕封宋人榮蚠爲高陽君：榮蚠，身世不詳。高陽，地名。故址在今河北高陽縣東。

〔二〕令盧、高唐、平原：令盧，不詳所在。鮑改「令」爲「合」。高唐，今山東高唐縣。平原，今山東平原縣西南。【補】令盧，即濟北之盧縣。程恩澤曰：「案三城，今俱屬濟南府，其實皆在濟北，而曰濟東者，皆趙自濟西觀之，則皆在濟水之東也。」《左傳》「尋盧之盟」，杜注：「盧，齊地，今濟北盧縣故城。」

〔三〕安平君：齊將田單以破燕復齊，封爲安平君。

〔四〕乃割濟東三城市邑：姚本「三」字下有「令」字，今從一本删去。鮑本「三」字下補「城」字。按上文當有「城」字。

〔五〕此夫子與敵國戰：夫，語辭。子，指平原君。

〔六〕燕以奢爲上谷守：《史記·匈奴列傳》：燕置上谷郡。《括地志》云：「燕上谷，秦因不改，漢爲沮陽縣。」故城在今北京市懷柔區南。

平原君曰：「將軍釋之矣，僕已言之僕主矣。僕主幸以聽僕也。將軍無言已。」馬服君曰：「君過矣！君之所以求安平君者，以齊之於燕也，茹肝涉血之仇耶〔一〕。其於奢不然。使安平君愚，固不能當榮蚠；使安平君知，又不肯與燕人戰。此兩言者，安平君必處一焉。雖然，兩者有一也。使安平君知，則奚以趙之强爲？趙强則齊不復霸矣。今得强趙之兵以杜燕，將曠日持久數歲，令士大夫餘子之力盡於溝壘〔二〕，車甲羽毛裂敝〔三〕，府庫倉廩虚，兩國交敝〔四〕，乃引其兵而歸。夫盡兩國之兵無明此者矣。」夏軍也縣釜而炊〔五〕。得三城也，城大無能過百雉者〔六〕，果如馬服之言也。

〔一〕茹肝涉血之仇：茹，食。涉血，猶喋血。【補】金正煒引《易·泰》：「拔毛茹」。注曰：「相牽引之貌也。」是茹肝猶抽肝，非服食之義。

〔二〕令士大夫餘子之力盡於溝壘：餘子，士大夫之庶子。壘，軍壘，軍隊屯駐之所。

〔三〕車甲羽毛裂敝：羽毛，指箭。裂，即「裂」字。

〔四〕交敝：姚本作「交以習之」。曾、劉本作「交敝」，今從之。

〔五〕夏：鮑改爲「是」。其意未詳。恐上下有缺文。

〔六〕百雉：長高各一丈爲堵，三堵爲雉。百雉，三百丈。

【繫年】

此章與《趙策三·趙惠文王三十年章》爲同時事，附於趙惠文王三十年、齊襄王十五年，當周赧王四十六年。

三國攻秦章

三國攻秦〔一〕，趙攻中山，取扶柳〔二〕，五年以擅呼沲〔三〕。齊人戎郭〔四〕，宋突謂仇郝曰〔五〕：「不如盡歸中山之新地〔六〕。中山案此言於齊曰：『四國將假道於衛，以過章子之路〔七〕。』齊聞此，必效鼓〔八〕。」

〔一〕三國攻秦：三國，魏、齊、韓。《史記·魏世家》魏襄王二十一年，與齊、韓共敗秦軍於函谷。

〔二〕扶柳：在今河北衡水市冀州區西南。

〔三〕擅呼沲：擅，專有。呼沲，即滹沱。

〔四〕齊人戎郭：金正煒云：以全章文意求之，疑當作「齊人戍郭」。齊以趙擅呼沲，故戍鼓以逼趙。郭，即鼓。《説文》：鼓城之，郭也。鼓，即狄鼓子國。

〔五〕宋突謂仇郝：宋突，不詳。仇郝，即机郝。

〔六〕地：原作「埊」，古「地」字。今改爲「地」。

〔七〕以過章子之路：章子，指齊將匡章，曾爲齊宣王將伐燕。過章子之路，謂匡章由齊伐燕所經過之路。

〔八〕必效鼓：鼓，齊邑。本春秋時鼓子國，白狄别種。故城在今河北晋州。

【繫年】

按《史記·魏世家》，魏、齊、韓三國攻秦是魏襄王二十一年時事，當趙惠文王元年。正主父連年攻中山之後。當齊閔王九年、周赧王十七年。【正】周赧王十七年，當爲齊閔王三年，齊、魏、韓攻秦至函谷關。

趙使趙莊合從章

趙使趙莊合從〔一〕，欲伐齊。齊請效地，趙因賤趙莊。齊明爲謂趙王曰〔二〕：「齊畏從人之合也，故效地。今聞趙莊賤，張懃貴〔三〕，齊必不效地矣。」趙王曰：「善。」乃召趙莊而貴之。

〔一〕趙莊：《史記·趙世家》趙武靈王十三年，「秦拔我藺，虜將軍趙莊」。據此，則趙莊乃趙人。

〔二〕齊明：東周臣。

〔三〕張懃：不詳。

【繫年】

此策年事不可考。姑依《史記·趙世家》趙武靈王十三年趙莊被秦所虜，附此章在武靈王十三年之前。

翟章從梁來章

翟章從梁來〔一〕，甚善趙王。趙王三延之以相，翟章辭不受。田駟謂柱國韓向曰〔二〕：「臣請爲卿刺之。客若死〔三〕，則王必怒而誅建信君〔四〕。建信君死，則卿必爲相矣。建信君不死，以爲交，終身不敝。卿因以德建信君矣。」

〔一〕翟章：從梁來，稱之爲客，當是梁人。

〔二〕田駟謂柱國韓向：田駟，姓田名駟。其身世不詳。柱國，官名，楚有此官，初以保衛國都，後成爲最高武官。趙設此官，其時間、職務，皆不詳。韓向，亦不詳其人。

〔三〕客：指翟章。

〔四〕王必怒而誅建信君：建信君有寵於趙悼襄王。翟章被刺而死，趙王疑建信君畏翟章爲相，與之爭寵而刺殺之。故怒建信君。

【繫年】

因此章與建信君相聯，故與趙悼襄王四年《苦成常謂建信君章》、《建信君輕韓熙章》同時。當秦始皇六年。【補】顧觀光隸此策於秦始皇三年、趙悼王元年。備考。

馮忌爲廬陵君章

馮忌爲廬陵君謂趙王曰〔一〕：「王之逐廬陵君，爲燕也。」王曰：「吾所以重者，無燕、秦也〔二〕。」對曰：「秦三以虞卿爲言，而王不逐也。今燕一以廬陵君爲言，而王逐之，是王輕强秦而重弱燕也。」王曰：「吾非爲燕也，吾固將逐之。」「然則王逐廬陵君，又不爲燕也。行逐愛弟，又兼無燕、秦〔三〕，臣竊爲大王不取也。」

〔一〕馮忌爲廬陵君謂趙王：馮忌，身世不詳。廬陵君，趙孝成王母弟。趙王，趙孝成王。

〔二〕無燕、秦：無視燕、秦。言不畏懼燕、秦。

〔三〕又兼無燕、秦：按文意，此處不當有「秦」字。此當是涉上文而衍。

【繫年】

此章與《平原君請馮忌章》爲同時事。附於趙孝成王十四年、燕王喜三年、秦孝文王三年。【正】秦孝文王元年立，當年死。何言「三年」？此篇爲趙策，當以趙編年爲主。趙孝成王十四年，爲燕王喜三年、秦昭王五十五年。

馮忌請見趙王章

馮忌請見趙王，行人見之〔一〕。馮忌接手免首〔二〕，欲言而不敢。王問其故，對曰：「客有見人於服子者〔三〕，已而請其罪。服子曰：『公之客獨有三罪：望我而笑，是狎也〔四〕；談語而不稱師，是倍也〔五〕；交淺而言深，是亂也。』客曰：『不然。夫望人而笑，是和也；言而不稱師，是庸説也；交淺而言深，是忠也。昔者堯見舜於草茅之中，席隴畝而廕庇桑〔六〕，陰移而受天下。伊尹負鼎俎而干湯〔七〕，姓名未著而受三公。使夫交淺者不可以深談，則天下不傳，而三公不得也。』」趙王曰：「甚善。」馮忌曰：「今外臣交淺而欲深談，可乎？」王曰：「請奉教。」於是馮忌乃談。

〔一〕行人見之：行人，掌外交之官。見之，使之見趙王。

〔二〕接手免首：接手，交兩手，謂拱手。免，與「俛」通。

〔三〕服子：《淮南子·齊俗訓》作「宓子」。「宓」與「服」古同音通假。【補】如「宓義」，又稱「伏義」可知。「伏」、「服」同字。高誘注云：「宓子，子賤。」宓子賤，孔子弟子。

〔四〕狎：輕視。

〔五〕倍：背其師説。

〔六〕席隴畝而廕庇桑：席，設席。隴畝，田野。廕庇桑，桑樹之蔭能庇人者。

〔七〕伊尹負鼎俎而干湯：《史記·殷本紀》：伊尹爲有莘氏媵臣，負鼎俎以滋味説湯。

【繫年】

此馮忌初至趙之言，應在《平原君請馮忌章》之前。平原君死於趙孝成王十四年，姑附於趙孝成王十四年、秦孝文王三年。【正】趙孝文王十四年，乃秦昭王五十五年。史上無「秦孝文王三年」，因孝文王元年立，當年卒。按于鬯云，此章當與上策倒轉。謂忌初見趙王之談也。顧觀光隸於周赧王五十六年，似誤。

客見趙王章

客見趙王曰：「臣聞王之使人買馬也，有之乎？」王曰：「有之。」「何故至今不遣？」王曰：「未得相馬之工也〔一〕。」對曰：「王何不遣建信君乎？」王曰：「建信君有國事，又不知相馬。」曰：「王何不遣紀姬乎〔二〕？」王曰：「紀姬，婦人也。不知相馬。」對曰：「買馬而善，何補於國？」王曰：「無補於國。」「買馬善而惡，何危於國？」王曰：「無危於國。」對曰：「然則買馬善而若惡，皆無危補於國。然而王之買馬也，必將待工。今治天下舉錯非也〔三〕，國家爲虚戾〔四〕，而社稷不血食，然而王不待工，而與建信君，何也？」趙王未之應也。

〔一〕未得相馬之工也：相馬，鮑本作「買馬」。一本作「相馬」。工，善相馬者。

〔二〕紀姬：趙悼襄王之幸姬。

〔三〕舉錯：興廢。指設施、措置。

〔四〕虛戾：與「虛厲」同。居宅無人爲虛，死而無後爲厲。

客曰：「郭燕之法〔一〕，有所謂柔癰者〔二〕，王知之乎？」王曰：「未之聞也。」「所謂柔癰者，便辟左右之近者，及夫人優愛孺子也〔三〕。此皆能乘王之醉昏，而求所欲於王者也。是能得之乎內，則大臣爲之枉法於外矣。故日月暉於外〔四〕，其賊在於內，謹備其所憎，而禍在於所愛。」

〔一〕郭燕之法：郭燕，姚本、鮑本皆作「燕郭」。劉本、曾本作「郭偃」。王念孫云：「燕」字當在「郭」字下。「燕」、「偃」聲相近。郭燕之法，即「郭偃之法」。郭偃，春秋時晉掌卜大夫卜偃也。

〔二〕柔癰：姚本、鮑本作「桑雍」。劉本作「柔癰」。王念孫云：作「矛癰」者是也。便辟左右夫人孺子皆柔媚其君以爲患於內，故曰柔癰。「癰」、「雍」字通。「桑」、「柔」字之誤耳。

〔三〕便辟、優愛、孺子：便辟，即便嬖。賤而得近幸爲嬖。優愛，言愛之甚。優，饒也。孺子，幼艾美女也。

〔四〕暉：光也。今字作「暈」。暈氣圍繞日周匝，有似軍營相圍守，故曰暈也。

【繫年】

此策文言及建信君，知爲趙悼襄王時事。此當與《苦成常謂建信君章》爲同時事。附於趙悼襄王四年，當秦始皇六年。【補】顧觀光隸此策於秦始皇三年、趙悼襄王元年。備參。

秦攻魏取寧邑章

秦攻魏，取寧邑〔一〕，諸侯皆賀。趙王使往賀，三反不得通。趙王憂之，謂左右曰：「以秦之强，得寧邑以制齊、趙，諸侯皆賀，吾往賀而獨不得通，此必加兵我，爲之奈何？」左右曰：「使者三往不得通者，必所使者非其人也。曰諒毅者〔二〕，辯士也，大王可試使之。」

〔一〕寧邑：戰國魏邑。在今河南修武縣東。

〔二〕諒毅：不詳其身世。

諒毅親受命而往。至秦，獻書秦王曰：「大王廣地寧邑，諸侯皆賀，敝邑寡君亦竊嘉之，不敢寧居，使下臣奉其幣物三至王廷，而使不得通。使若無罪，願大王無絶其歡；若使有罪，願得請之。」秦王使使者報曰：「吾所使趙國者，小大皆聽吾言，則受書幣。若不從吾言，則使者歸矣。」諒毅對曰：「下臣之來，固願承大國之意也，豈敢有難？大王若有以令之，請奉而西行之〔一〕，無所敢疑。」

於是秦王乃見使者曰：「趙豹、平原君數欺弄寡人。趙能殺此二人，則可。若不能殺，請今率諸侯受命邯鄲城下〔二〕。」諒毅曰：「趙豹、平原君〔三〕，親寡君之母弟也，猶大王之有葉陽、涇陽君也〔四〕。大王以孝治聞於天下，衣服之便於體，膳啗之嗛於口〔五〕，未嘗不分於葉陽、涇陽君。葉陽君、涇陽君之車馬衣服，無非大王之服御者。臣聞之：『有覆巢毁卵，而鳳凰不翔；刳胎焚夭〔六〕，而騏驎不至。』今使臣受大王之令以還報，敝邑之君，畏懼不敢不行，無乃傷葉陽君、涇陽君之心乎！」秦王曰：「諾。勿使從政。」諒毅曰：「敝邑之君，有母弟不能教誨，以惡大國，請黜之，勿使與政事，以稱大國。」秦王乃喜，受其幣而厚遇之。

〔一〕西：疑訛或衍。

〔二〕受命邯鄲城下：欲攻趙而言受命，謙辭也。邯鄲，趙都。

〔三〕趙豹、平原君：趙豹，趙惠文王二十七年封爲平陽君。平原君，趙勝，惠文王元年封爲平原君。

〔四〕葉陽、涇陽君：葉陽君即公子悝。《史記·秦本紀》云：高陵君一曰葉陽君。涇陽君名市。二人皆秦昭王之同母弟。

〔五〕膳啗之嗛於口：啗，食。嗛，通作「慊」，愜也。

〔六〕刳胎焚夭：胎，腹中未生者。夭，胎已出少長者。

【繫年】

此策顧觀光據蘇轍《古史》刊在魏昭王九年與秦取魏安邑混爲一事。應糾正。當以秦圍趙邯鄲不拔，師歸而取魏寧邑爲是。事在秦昭王五十年、趙孝成王九年，當周赧王五十八年。

趙使姚賈約韓魏章

趙使姚賈約韓、魏〔一〕，韓、魏以反之〔二〕。舉茅爲姚賈謂趙王曰〔三〕：「賈也，王之忠臣也。韓、魏欲得之，故反之，將使王逐之，而己因受之。今王逐之，是韓、魏之欲得，而王之忠臣有罪也。故王不如勿逐，以明王之賢，而折韓、魏招之〔四〕。」

〔一〕姚賈：梁監門子，嘗盜於梁，臣於趙而被逐。

〔二〕反之：拒而不納。反，姚、鮑本皆作「友」，劉本作「反」。今從劉本。反，背叛。

〔三〕舉茅：舉姓，茅名。其身世不詳。鮑彪注改「舉茅」爲「茅舉」。

〔四〕招之：曾本作「之招」。招，來之也。

【繫年】

此姚賈不知與謀殺韓非之姚賈爲一人否。如是一人，則此章應繫在秦始皇十四年前，當趙悼襄王之末年。

魏敗楚於陘山章

魏敗楚於陘山〔一〕，禽唐明〔二〕。楚王懼，令昭應奉太子以委和於薛公〔三〕。主父欲敗之，乃結秦連楚宋之交。令仇郝相宋，樓緩相秦。楚王禽〔四〕，趙、宋、魏之和卒敗。

〔一〕魏敗楚於陘山：據《史記·楚世家》，楚威王十一年，魏伐楚，取陘山。陘山，關隘名。在今河南新鄭市西南三十里。

〔二〕禽唐明：楚懷王二十八年，秦與齊、魏、韓共攻楚，殺楚將唐昧，取重丘。唐明，疑是唐昧之誤。

〔三〕令昭應奉太子以委和於薛公：楚懷王二十九年，乃使太子爲質於齊以求平。昭應，楚公族。

〔四〕楚王禽：疑是楚懷王入秦受擒事。禽，鮑本作「合」。

【繫年】

據《史記·楚世家》，此策當繫於楚懷王二十九年、齊閔王元年、趙武靈王二十六年，當周赧王十五年。

秦召春平侯章

秦召春平侯〔一〕，因留之。世鈞爲之謂文信侯曰〔二〕：「春平侯者，趙王之所甚愛也，而郎中甚妬之〔三〕，故相與謀曰：『春平侯入秦，秦必留之。』故謀而入之秦。今君留之，是空絶趙而郎中之計中也。故君不如遣春平侯而留平都侯〔四〕。春平侯者言行於趙王，必厚割趙以事君，而贖平都侯。」文信侯曰：「善。」因與接意而遣之〔五〕。

〔一〕春平侯：趙悼襄王太子。侯，《史記·趙世家》作「君」。

〔二〕世鈞：《史記·趙世家》作「泄鈞」。鮑改「世」爲「泄」。「世」、「泄」，古或通借。

〔三〕郎中：侍從宿衛之官。

〔四〕平都侯：趙人。事迹不詳。疑趙王族，否則，恐難換質。

〔五〕與接意而遣之：與春平侯厚意相接而遣送之。

【繫年】

此章所言事，《史記·趙世家》繫於趙悼襄王二年，「秦召春平君，因而留之」。當秦始皇四年，正文信侯用事時。

趙太后新用事章

趙太后新用事〔一〕，秦急攻之。趙氏求救於齊。齊曰：「必以長安君爲質〔二〕，兵乃出。」太后不肯，大臣强諫。太后明謂左右〔三〕：「有復言令長安君爲質者，老婦必唾其面。」

〔一〕趙太后新用事：趙太后，孝成王母。孝成王方即位，太后掌政，故云新用事。古「新」、「親」相通。新用事，亦可解爲「親用事」。

〔二〕長安君：孝成王母弟，太后之少子。長安，其封號。

〔三〕明謂：顯言之。

左師觸龍言願見太后〔一〕。太后盛氣而胥之〔二〕。入而徐趨，至而自謝，曰：「老臣病足，曾不能疾走，不得見久矣。竊自恕〔三〕。而恐太后玉體之有所郄也〔四〕，故願望見太后。」太后曰〔五〕：「老婦恃輦而行。」曰〔六〕：「食飲得無衰乎？」曰：「恃鬻耳〔七〕！」曰：「老臣今者殊不欲食，乃自强步，日三四里，少益耆食〔八〕，和於身也。」太后曰：「老婦不能。」太后之色少解。

〔一〕左師觸龍言：左師，官名。春秋時，宋設左師，爲執政官。戰國趙設此官，職掌不明。觸龍言，「龍言」二字姚、鮑本皆誤合爲一，作「讋」字。今據《史記·趙世家》、《漢書·古今人表》、《太平御覽》引此策，《續資治通覽長編》卷一六三、《荀子·議兵》注及《戰國縱横家書》皆作「觸龍言」而改。

〔二〕太后盛氣而胥之：胥，原作「揖」，誤。《史記·趙世家》、《戰國縱横家書》皆作「胥」。今據以改。胥，等待。王念孫云：此時觸龍尚未入，太后無緣揖之也。

〔三〕恕：推己及人之謂恕。

〔四〕而恐太后玉體之有所郄也：而，《戰國縱横家書》作「與」。郄，本作「郤」，疲羸也。「郄」與「郤」、「卻」通。讀爲「隙」。

〔五〕太后曰：鮑本及《戰國縱横家書》無「太后」二字。

〔六〕曰：此字下原有「日」字，乃「曰」字之誤衍。《戰國縱横家書》無「日」字。故删去。

〔七〕鬻：與「粥」同。

〔八〕耆：《史記》作「嗜」。《戰國縱横家書》作「耆」。「耆」、「嗜」，古通。

左師公曰〔一〕：「老臣賤息舒祺〔二〕，最少，不肖。而臣衰，竊愛憐之。願令得補黑衣之數〔三〕，以衛王宫〔四〕，昧死以聞〔五〕。」太后曰：「敬諾。年幾何矣？」對曰：「十五歲矣。雖少，願及未填溝壑而託之。〔六〕」太后曰：「丈夫亦愛憐其少子乎？」對曰：「甚於婦人。」太后笑曰：「婦人異甚〔七〕。」對曰：「老臣竊以爲媪之愛燕后賢於長安君〔八〕。」曰：「君過矣，不若長安君之甚。」左師公曰〔九〕：「父母之愛子，則爲之計深遠。媪之送燕后也，持其踵〔一〇〕，爲之泣，念悲其遠也〔一一〕，亦哀之矣。已行，非弗思也。祭祀必祝之曰〔一二〕：『必勿使反。』豈非計久長，有子孫相繼爲王也哉？」太后曰：「然。」左師公曰：「今三世以前，至於趙之爲趙，趙主之子侯者〔一三〕，其繼有在者乎？」曰：「無有。」曰：「微獨趙〔一四〕，諸侯有在者乎？」曰：「老婦不聞也。」曰：「此其近者禍及身，遠者及其子孫。豈人主之子侯則必不善哉〔一五〕？位尊而無功，奉厚而無勞，而挾重器多也〔一六〕。今媪尊長安君之位，而封之以膏腴之地，多與之重器，而不及今令有功於國，一旦山陵崩〔一七〕，長安君何以自託於趙？老臣以媪爲長安君計短也，故以爲其愛不若燕后。」太后曰：「諾。恣君之所使之。」於是爲長安君約車百乘質於齊，齊兵乃出。

〔一〕左師公：《戰國縱橫家書》作「左師觸龍」。按作「觸龍」爲是。

〔二〕賤息舒祺：息，子。舒祺，觸龍兒子之名。

〔三〕黑衣之數：黑衣，衛士之服，戎服。數，《史記》作「缺」。《續資治通鑑長編》卷一六三引此亦作「缺」。

〔四〕宮：姚本作「官」，誤。鮑本、《史記》、《戰國縱橫家書》、《續資治通鑑長編》皆作「宮」。作「宮」爲是。今從之。

〔五〕昧：姚本、鮑本皆作「没」。一本、《史記》、《戰國縱橫家書》皆作「昧」。今改爲「昧」。

〔六〕填溝壑：喻死。溝壑，《戰國縱橫家書》作「壑谷」。

〔七〕婦人異甚：異於丈夫而又甚焉。

〔八〕媪之愛燕后賢於長安君：媪，女老之尊稱。燕后，太后女嫁於燕王者。賢，猶勝。

〔九〕左師公：《戰國縱橫家書》作「左師觸龍」。

〔一〇〕持其踵：持，《戰國縱横家書》作「攀」。踵，車後之横木。

〔一一〕念悲其遠也：《戰國縱横家書》無「悲」字。

〔一二〕祝之：此下姚本、鮑本復有「祝」字。《戰國縱横家書》無，今删去。

〔一三〕子：此下原有「孫」字。《史記》、《戰國縱横家書》皆無「孫」字。

〔一四〕微：非。

〔一五〕子：此下原有「孫」字，據《史記》、《戰國縱横家書》删去「孫」字。

〔一六〕重器：謂鐘鼎彝器。

〔一七〕山陵崩：比喻太后死。山陵，喻其尊貴。

子義聞之曰〔一〕：「人主之子也，骨肉之親也，猶不能恃無功之尊，無勞之奉，而守金玉之重也〔二〕，而況人臣乎？」

〔一〕子義：趙國之賢人。

〔二〕金玉之重：即鐘鼎、圭璧，所謂重器也。

【繫年】

按《史記·趙世家》，繫此策於趙孝成王元年、齊襄王十九年、秦昭王四十二年，當周赧王五十年。

秦王使王翦攻趙章

秦王使王翦攻趙〔一〕，趙使李牧、司馬尚禦之〔二〕。李牧數破走秦軍，殺秦將桓齮〔三〕。王翦惡之，乃多與趙王寵臣郭開等金〔四〕，使爲反間，曰：「李牧、司馬尚欲與秦反趙，以多取封於秦。」趙王疑之，使趙葱及顔聚代將〔五〕，斬李牧，廢司馬尚。後三月，王翦因急擊，大破趙，殺趙軍〔六〕，虜趙王遷及其將顔聚，遂滅趙。

〔一〕秦王使王翦攻趙：秦王，嬴政。王翦，秦將，頻陽人。

〔二〕李牧、司馬尚：皆趙將。李牧以數破秦軍，封爲武安君。

〔三〕桓齮：秦將。

〔四〕郭開：趙王之幸臣。

〔五〕趙葱及顔聚：趙葱，趙將。顔聚，本齊將，後仕於趙爲趙將。聚，原作「冣」，即「聚」之古文。

〔六〕軍：《史記·李牧傳》作「葱」爲是。

【繫年】

《史記·趙世家》繫此事於趙幽王七年，當秦始皇十八年。【補】諸祖耿《戰國策集注彙考》「按」中曰：「顧觀光隸此策於始皇十九年，是年秦滅趙。」當確。秦十八年攻趙，十九年滅趙。趙王遷之子公子嘉奔代，稱代王。嘉在位六年亡。

戰國策卷二十二

魏一

知伯索地於魏章

知伯索地於魏桓子〔一〕，魏桓子弗予。任章曰〔二〕：「何故弗予？」桓子曰：「無故索地，故弗予。」任章曰：「無故索地，鄰國必恐；重欲無厭〔三〕，天下必懼。君予之地，知伯必憍〔四〕。憍而輕敵，鄰國懼而相親。以相親之兵，待輕敵之國，知氏之命不長矣！《周書》曰〔五〕：『將欲敗之，必姑輔之；將欲取之，必姑與之。』君不如與之，以驕知伯。君何釋以天下圖知氏〔六〕，而獨以吾國爲知氏質乎〔七〕？」君曰：「善。」乃與之萬家之邑一。知伯大說。因索蔡、皐梁於趙〔八〕，趙弗與，因圍晉陽〔九〕。韓、魏反於外，趙氏應之於内，知氏遂亡。

〔一〕知伯索地於魏桓子：知伯名瑶，晉卿荀申之子。索，求。魏桓子，名駒。

〔二〕任章：魏桓子之相。《説苑·權謀》作「任增」。《淮南子·人間訓》作「任登」。《韓非子·外儲説左上》作「王登」。「王」乃「壬」之誤。

〔三〕重欲無厭：重，猶多。厭，滿足。意謂知氏貪多無厭也。

〔四〕憍：即「驕」字。「憍」、「驕」古通用。

〔五〕《周書》：逸書。現存《逸周書》無此文。【補】《周書》，吴師道云：「王應麟曰：『《周書》云云，此豈蘇秦所讀《周書·陰符》者歟？老氏之言出於此。』朱子曰：老子爲柱下史，故見此書。」

〔六〕君何釋以天下圖知氏：釋，舍。圖，謀。

〔七〕而獨以吾國爲知氏質乎：質，準的，射候，質的受矢。意即爲什麽以我國當知氏的射箭的靶子呢？

〔八〕蔡、皐梁：蔡，乃「藺」字之訛，古文「藺」字與「蔡」相近。皐梁，即「皐狼」，亦作「郭狼」，二地皆在今山西吕梁市離石區西。

〔九〕晉陽：趙襄子所守以禦知伯。

【繫年】

知伯索地於魏桓子，在趙襄子三年、周貞定王十四年。【正】周貞定王十四年，爲晉出公二十年、趙襄子二十一年。此處之「趙襄子三年」，不詳出處。疑誤。

韓趙相難章

韓、趙相難。韓索兵於魏曰：「願得借師以伐趙。」魏文侯曰〔一〕：「寡人與趙兄弟，不敢從。」趙又索兵以攻韓，文侯曰：「寡人與韓兄弟，不敢從。」二國不得兵，怒而反。已乃知文侯以講於己也〔二〕，皆朝魏。

〔一〕魏文侯：文侯名都。《世本》名斯。魏桓子之孫。

〔二〕講：和。

【繫年】

《史記·魏世家》云，魏文侯與周威王同時，魏文侯元年，秦靈公元年也。在位三十八年。《史記·魏世家索隱》引《竹書紀年》云：文侯在位五十年。較《史記》多出十二年。則《史記》所云「魏文侯元年，秦靈公元年也」，乃魏斯立十二年之後，稱侯之元年也，當周威烈王時。此策當爲三晋始侯時事。姑依顧觀光繫此策於周威烈王二十三年。當韓景侯六年、趙烈侯六年、魏文侯四十四年。【正】周威烈王二十三年，當韓景侯六年、趙烈侯六年、魏文侯四十三年。

樂羊爲魏將而攻中山章

樂羊爲魏將而攻中山〔一〕。其子在中山，中山之君烹其子而遺之羹，樂羊坐於幕下而啜之〔二〕，盡一盃〔三〕。文侯謂覩師贊曰〔四〕：「樂羊以我之故，食其子之肉。」贊對曰：「其子之肉尚食之，其誰不食！」樂羊既罷中山，文侯賞其功而疑其心。

〔一〕樂羊爲魏將而攻中山：樂羊，樂姓。中山，春秋白狄别種鮮虞之國。在今河北定州市，後遷於靈壽。被趙武靈王所滅。

〔二〕啜：飲也。

〔三〕盃：與「杯」同。

〔四〕覩師贊：覩師，複姓。覩，一作「堵」。贊，其名。

【繫年】

《魏世家》文侯十七年伐中山，乃文侯稱侯之十七年也。魏子立十二年稱侯，故十七年實魏文侯二十九年，當周威烈王九年。

西門豹爲鄴令章

西門豹爲鄴令〔一〕，而辭乎魏文侯。文侯曰：「子往矣，必就子之功，而成子之名。」西門豹曰：「敢問就功成名亦有術乎？」文侯曰：「有之。夫鄉邑老者而先受坐之〔二〕，士子入，而問其賢良之士而師事之，求其好掩人之美而揚人之醜者而參驗之。夫物多相類而非也。幽莠之幼也似禾〔三〕，驪牛之黄也似虎〔四〕，白骨疑象〔五〕，武夫類玉〔六〕。此皆似之而非者也。」

〔一〕西門豹爲鄴令：西門，複姓。名豹，魏人。鄴，地名，戰國魏邑，故城在今河北臨漳縣西南鄴鎮東。

〔二〕鄉邑老者而先受坐之：尊長老。老者坐先於衆人。

〔三〕幽莠：幽，顔色幽深，形容莠草之茂盛。莠，狗尾草。

〔四〕驪牛：即黧牛。黧，黄黑色。《説文》無「黧」字。驪，深黑色馬。古或借「驪」爲「黧」。

〔五〕象：謂象牙。

〔六〕武夫類玉：武夫，亦作「碔砆」，赤地白采，石之似玉者。【補】《山海經·南山經》：「會稽之山……其下多砆石。」郭注：「砆，武夫石，似玉。今長沙臨湘出之，赤地白文，色蘢葱不分明。」

【繫年】

西門豹爲鄴令，史書但言其在魏文侯時，不載何年。顧觀光繫此策於周威烈王十九年，當魏文侯即位三十九年。

文侯與虞人期獵章

文侯與虞人期獵〔一〕。是日飲酒樂，天雨。文侯將出，左右曰：「今日飲酒樂，天又雨，公將焉之？」文侯曰：「吾與虞人期獵，雖樂，豈可不一會期哉〔二〕？」乃往，身自罷之〔三〕。魏於是乎始强。

〔一〕與虞人期獵：虞人，掌山澤之官。期獵，約定日期打獵。

〔二〕會期：昔日約期，今往會之。

〔三〕身自罷之：親自往告虞人，以雨而罷獵。

【繫年】

《通鑑》附此事於周威烈王二十三年。

魏文侯與田子方章

魏文侯與田子方飲酒而稱樂〔一〕。文侯曰：「鍾聲不比乎？左高〔二〕。」田子方笑。文侯曰：「奚笑？」子方曰：「臣聞之，君明則樂官，不明則樂音〔三〕。今君審於聲〔四〕，臣恐君之聾於官也。」文侯曰：「善。敬聞命。」

〔一〕與田子方飲酒而稱樂：田子方，名無擇。戰國時人，曾受學於子貢，爲魏文侯師。稱，舉。

〔二〕鍾聲不比乎？左高：鍾，樂器，通「鐘」。不比，不協和。左高，編鐘之懸左高，故其聲不和。

〔三〕明則樂官，不明則樂音：兩「則」字，疑爲兩「明」字之訛衍，胡三省云：明樂官，知其才不才。明樂音，知其和不和。

〔四〕今君審於聲：對聲音聽得仔細。

【繫年】

此策時不可考，《通鑑》於周威烈王二十三年追敘此事。實不在此年。顧觀光繫於周威烈王十九年，亦不足據。

魏武侯與諸大夫浮於西河章

魏武侯與諸大夫浮於西河〔一〕，稱曰：「河山之險，豈不亦信固哉！」王错侍王曰〔二〕：「此晉國之所以强也。若善脩之，則霸王之業具矣。」吴起對曰〔三〕：「吾君之言，危國之道也；而子又附之，是重危也〔四〕。」武侯忿然曰：「子之言有説乎？」吴起對曰：「河山之險，信不足保也〔五〕；霸王之業，不從此也〔六〕。昔者，三苗之居，左彭蠡之波〔七〕，右洞庭之水〔八〕，文山在其南〔九〕，而衡山在其北〔一〇〕。恃此險也，爲政不善，而禹放逐之。夫夏桀之國，左天門之陰〔一一〕，而右天谿之陽〔一二〕，廬睪在其北〔一三〕，伊、洛出其南。有此險也，然爲政不善，而湯伐之。殷紂之國，左孟門〔一四〕，而右漳釜〔一五〕，前帶河，後被山。有此險也，然爲政不善，而武王伐之。且君親從臣而勝降城，城非不高也，人民非不衆也，然而可得并者，政惡故也。從是觀之，地形險阻，奚足以霸王矣？」

〔一〕魏武侯與諸大夫浮於西河：魏武侯，文侯之子，名擊。西河，指今山西、陝西之間自北而南流之黄河。【補】浮，王逸《楚辭·哀郢》注：「船獨流爲浮。」泛舟而過也。

〔二〕王錯侍王：錯，姚、鮑本作「鐘」。一本作「錯」，是。《吕氏春秋·長見》云：吴起治西河之外，王錯譖之於魏武侯。《魏世家》云：魏瑩得王錯，挾上黨，固半國也。《汲冢紀年》云：惠王二年，魏大夫王錯出奔韓。即此人。作「鐘」者，形近之訛。

〔三〕吳起：衛人，嘗學於曾子，先仕魯，後仕魏。魏文侯以爲將。文侯以吳起善用兵，盡能得士心，乃以爲西河守。魏文侯卒，起事其子武侯。

〔四〕重：姚本無，鮑本有。有者當是。今從鮑本。

〔五〕信不足保：一本無「信」字。保，猶恃也。

〔六〕從：自。

〔七〕彭蠡：彭蠡，古藪澤名。即今江西鄱陽湖。

〔八〕洞庭：即今湖南洞庭湖。武陵、長沙、桂陵之水匯爲洞庭，周七百里。【補】鮑本「右」下有「有」字。一本無。金正煒云：「『有』即『右』之誤衍。」金說是也。

〔九〕文山在其南：文山，即汶山。讀若「岷」，即岷山。大江出汶山。在今四川西北部。

〔一〇〕衡山在其北：衡山，南岳。在今湖南衡山縣西。「北」字與上「南」字誤倒。

〔一一〕天門：不詳。【補】天門，《通鑑地理通釋》云：「上黨天井關，即天門也。此地正在桀都安邑之東，鮑據以注《策》，未爲不可。」可備參。

〔一二〕天谿：不詳。【補】天谿，鮑彪注曰：天谿即河、濟，彼言左，故此言右之陽。可作一參。

〔一三〕廬睪：不詳所指。

〔一四〕孟門：即太行山。

〔一五〕漳釜：漳，即漳河。釜，即滏水，源出今河北臨漳西北石鼓山，東流匯於漳水。

武侯曰：「善。吾乃今日聞聖人之言也。西河之政〔一〕，委之子矣。」

〔一〕西河之政：西河，郡名，戰國魏置，一稱「河西」。轄境相當於今陝西華陰以北，洛河以東，黄河以西地區。以吴起爲西河守，故云：西河之政，委之子矣。

【繫年】

《通鑑》敘此事於魏武侯即位之初，周安王五年。周安王五年乃魏文侯之卒年，次年乃武侯元年。此當爲魏武侯元年事，當周安王六年。【正】魏文侯卒於周安王六年，子擊立，是爲武侯，魏武侯紀元從周安王七年始。

魏公叔痤爲魏將章

魏公叔痤爲魏將〔一〕，而與韓、趙戰澮北〔二〕，禽樂祚〔三〕。魏王説，迎郊，以賞田百萬禄之〔四〕。公叔痤反走，再拜辭曰：「夫使士卒不崩，直而不倚〔五〕，撓棟而不辟者〔六〕，此吴起餘教也，臣不能爲也。前脈形地之險阻〔七〕，決利害之備，使三軍之士不迷惑者，巴寧、爨襄之力也〔八〕。縣賞罰於前，使民昭然信之於後者，王之明法也。見敵之可也鼓之不敢怠倦者，臣也。王特爲臣之右手不倦賞臣，可也。若以臣之有功，臣何力之有乎？」王曰：「善。」於是索吴起之後，賜之田二十萬；巴寧、爨襄田各十萬。

〔一〕公叔痤：魏之公族，以公叔爲氏，名痤。曾爲魏惠王相。
〔二〕與韓、趙戰澮北：《魏世家》魏惠王九年伐韓敗於澮。《六國年表》敗趙、韓於澮，在惠王九年。澮，澮水，源出山西絳縣治交東高山，西南入汾。
〔三〕禽樂祚：禽，與「擒」同。樂祚，趙將。
〔四〕賞田：賞賜之田。鮑注：閑田以待賞有功者。
〔五〕直而不倚：直，直前。倚，斜行。
〔六〕棟：鮑本作「棟」。當作「揀」，擊也。棟，折也。
〔七〕脈：視也。
〔八〕巴寧、爨襄：二人名。其事迹不詳。

王曰：「公叔豈非長者哉！既爲寡人勝强敵矣，又不遺賢者之後，不揜能士之迹，公叔何可無益乎？」故又與田四十萬，加之百萬之上，使百四十萬。故老子曰：「聖人無積〔一〕。既以爲人〔二〕，己愈有；既以與人，己愈多。」公叔當之矣。

〔一〕無積：積，聚也。無聚，謂不私爲己，有則散以與人。
〔二〕既：盡也。

【繫年】

據《六國年表》及《魏世家》，魏敗韓、趙於澮，在魏惠王九年、韓懿侯九年、趙成侯十三年，當周顯王七年。【補

【正】周顯王七年，當韓昭侯元年、魏惠王八年、趙成侯十三年。是年，魏公叔痤破趙軍於澮水北岸。

魏公叔痤病章

魏公叔痤病，惠王往問之。曰：「公叔病，即不可諱〔一〕，將奈社稷何？」公叔痤對曰：「痤有御庶子公孫鞅〔二〕，願王以國事聽之也。爲弗能聽〔三〕，勿使出竟〔四〕。」王弗應，出而謂左右曰：「豈不悲哉！以公叔之賢，而謂寡人必以國事聽鞅，不亦悖乎！」

〔一〕即不可諱：即，猶若，假設之詞。諱，謂死。死者人所諱言，不可諱，謂死。

〔二〕御庶子公孫鞅：御庶子，公叔痤之家臣，掌公族之官。御，僕。庶子，《史記》作「中庶子」。公孫鞅，衛國之公族支庶，以公孫爲氏。即商鞅。

〔三〕爲：猶若。

〔四〕竟：與「境」同。

公叔痤死，公孫鞅聞之，出奔西之秦〔一〕。孝公受而用之。秦果日以强，魏日以削。此非公叔之悖也，惠王之悖也。悖者之患，固以不悖者爲悖。

〔一〕出奔：姚、鮑本皆作「已葬」。今從劉本作「出奔」，義勝。

【繫年】

公叔痤死，公孫鞅入秦，在秦孝公元年、梁惠王後元十年，當周顯王八年。

蘇子爲趙合從説魏章

蘇子爲趙合從〔一〕，説魏王曰：「大王之地，南有鴻溝、陳、汝南、許、鄢、昆陽、邵陵、舞陽、新郪〔二〕，東有淮、潁、沂、黄、煮棗、海鹽、無疏〔三〕，西有長城之界〔四〕，北有河外、卷、衍、燕、酸棗〔五〕，地方千里，地名雖小，然而廬田廡舍〔六〕，曾無所芻牧牛馬之地〔七〕。人民之衆，車馬之多，日夜行不休已，無以異於三軍之衆。臣竊料之，大王之國，不下於楚。然横人謀王〔八〕，外交强虎狼之秦，以侵天下，卒有國患，不被其禍。夫挾强秦之勢，以内劫其主，罪無過此者。且魏，天下之强國也；大王，天下之賢主也。今乃有意西面而事秦，稱東藩〔九〕，築帝宫〔一〇〕，受冠帶〔一一〕，祠春秋〔一二〕。臣竊爲大王媿之〔一三〕。

〔一〕蘇子爲趙合從：蘇子，指蘇秦。合從，《漢書音義》云：以利曰從。或曰：南北曰從。從者連南北爲一，西鄉以擯秦。

〔二〕南有鴻溝、陳、汝南、許、鄢、昆陽、邵陵、舞陽、新郪：「汝南」下姚本有「有」字，乃衍文。今删去。鴻溝，在河南滎陽市，東南至淮陽入潁河。陳，今河南淮陽縣故陳國。汝南，今河南汝南縣。許，今河南許昌故許國。鄢，今河南鄢陵縣西北。昆陽，今河南葉縣昆陽鎮。邵陵，即召陵，今河南漯河市郾城區東邵陵崗。舞陽，今河南舞陽縣西。新郪，今安徽太和縣西北新郪邑。

〔三〕東有淮、潁、沂、黄、煮棗、海鹽、無疏：淮，淮水。潁，潁水。沂，恐字有誤或衍文。沂水發源於泰山蓋縣，距魏太遠。【補】沂，疑沂州誤。沂州，即北徐州。黄，黄溝，水名。春秋時吴王夫差鑿泗水、濟水至封丘，稱爲黄溝。煮棗，在今山東菏澤市西北。海鹽、無疏，不知所指。【補】無疏，姚注曾作「無踈」、「無胥」。《史記》同。疑「宿，胥之口」。黄，即外黄，在今河南杞縣東北六十里。

〔四〕西有長城之界：自今河南原陽縣北卷城，西南經武陟、温縣過河至新密，有長城，乃韓、魏之界。魏惠王十二年，魏將龍賈所築。又自今陝西華陰北至固陽，有長城，乃秦、魏之界。魏惠王十九年所築。

〔五〕北有河外、卷、衍、燕、酸棗：河外，謂河南鄭州以下的古黄河以南之地。卷，在今河南原陽縣北。酸棗，在今河南延津縣北。衍，在今河南鄭州市北。

〔六〕廬田廡舍：廬，田間屋。廡，堂下周屋。

〔七〕曾無所芻牧：芻，割草。牧，放牧牛馬。蓋形容魏國居民蕃庶。

〔八〕横人謀王：謀，《史記·蘇秦傳》作「怵」。横人爲王謀，義雖可通，然下文云：「夫挾强秦之勢，以内劫其主。」則作「怵」義勝。怵，惕懼。横人，持連横説之人。

〔九〕東藩：東方藩屬。

〔一〇〕築帝宫：爲秦王築宫，備其巡狩之用。

〔一一〕受冠帶：受秦國之衣服、制度。

〔一二〕祠春秋：祠，祭祀。春秋貢奉以助秦王之祭祀。

〔一三〕媿：與「愧」同，羞恥。

「臣聞越王勾踐以散卒三千，禽夫差於干遂〔一〕；武王卒三千人，革車三百乘，斬紂於牧之野〔二〕。豈其士卒衆哉！誠能振其威也。今竊聞大王之卒，武力二十餘萬〔三〕，蒼頭二十萬〔四〕，奮擊二十萬〔五〕，廝徒十萬〔六〕，車六百乘，騎五千疋。此其過越王勾踐、武王遠矣。今乃劫於辟臣之説〔七〕，而欲臣事秦。夫事秦必割地效質〔八〕，故兵未用而國已虧矣。凡群臣之言事秦者，皆姦臣，非忠臣也。夫爲人臣，割其主之地以求外交，偷取一旦之功，而不顧其後，破公家而成私門，外挾彊秦之勢，以内劫其主，以求割地，願大王之熟察之也。

〔一〕禽夫差於干遂：禽，與「擒」通。夫差，春秋末吴國君，吴王闔閭之子。干遂，地名，在今江蘇蘇州市西北四十里太湖岸上。

〔二〕牧之野：即牧野。在今河南新鄉市北。

〔三〕武力：即《荀子·議兵》所説魏之武卒。《漢書·刑法志》云：魏之武卒，衣三屬之甲，操十二石之弩，負矢五十，置戈其上，冠冑帶劍，贏三日之糧，日中而趨百里。

〔四〕蒼頭：異軍，以青巾裹頭以異於衆。

〔五〕奮擊：軍之勇士敢奮力擊敵者。

〔六〕厮徒：謂炊烹供養雜役之兵。

〔七〕辟臣：魏本作「群臣」。《史記》作「群臣」。民按：辟，乃「群」字形近之誤。

〔八〕割地效質：質，劉本、《史記》作「實」。謂割地送質子。

「《周書》曰：『緜緜不絶〔一〕，縵縵奈何〔二〕，毫毛不拔〔三〕，將成斧柯〔四〕。』前慮不定，後有大患，將奈之何？大王誠能聽臣，六國從親，專心并力，則必無强秦之患，故敝邑趙王使使臣獻愚計，奉明約，在大王詔之〔五〕。」魏王曰：「寡人不肖，未嘗得聞明教。今主君以趙王之詔詔之，敬以國從。」

〔一〕緜緜：謂細微薄弱，不絶貌。

〔二〕縵縵奈何：縵，《史記》、今本《周書》作「蔓」。「蔓」、「縵」字通假。縵縵，謂長大也。奈，今本《周書》作「若」，鮑本作「若」。

〔三〕毫毛不拔：毛，《史記》作「氂」。拔，《史記》作「伐」。

〔四〕將成斧柯：成，《史記》作「用」。以上四句，乃《周書·和寤解》文。

〔五〕詔：教。

【繫年】

《史記·蘇秦傳》謂爲蘇秦説魏襄王。然《魏世家》不載此事。此策亦非出自蘇秦之手。乃託蘇秦而模擬之文。姑從《史記·蘇秦傳》所言説燕、説趙之時間推算，當繫於梁惠王後元三年、趙肅侯十八年、周顯王三十七年。

張儀爲秦連横説魏章

張儀爲秦連横，説魏王曰：「魏地方不至千里，卒不過三十萬人，地四平，諸侯四通，條達輻湊〔一〕，無有名山大川之阻。從鄭至梁〔二〕，不過百里；從陳至梁，二百餘里。馬馳人趨，不待倦而至。梁南與楚境，西與韓境，北與趙境，東與齊境，卒戍四方，守亭障者參列〔三〕。粟粮漕庾〔四〕，不下十萬。魏之地勢，故戰場也。魏南與楚而不與齊，則齊攻其東；東與齊而不與趙，則趙攻其北；不合於韓，則韓攻其西；不親於楚，則楚攻其南。此所謂四分五裂之道也。

〔一〕條達輻湊：條達，如木枝分布。湊，聚也。輻湊，如車輻之聚於轂也。「湊」同「凑」、「輳」。

〔二〕從鄭至梁：鄭，新鄭，韓都。梁，大梁，魏都。

〔三〕守亭障：亭，道路所舍也。障，隔。築城壘以隔塞敵人。

〔四〕漕庾：漕，水運。庾，貯糧倉。

「且夫諸侯之爲從者，以安社稷、尊主、强兵、顯名也。合從者，一天下，約爲兄弟，刑白馬以盟於洹水之上，以相堅也。夫親昆弟，同父母，尚有争錢財。而欲恃詐僞反覆蘇秦之餘謀〔一〕，其不可以成亦明矣。大王不事秦，秦下兵攻河外，拔卷、衍、燕、酸棗〔二〕，劫衛取陽晉〔三〕，則趙不南；趙不南，則魏不北；魏不北，則從道絶〔四〕；從道絶，則大王之國欲求勿危，不可得也。秦挾韓而攻魏，韓劫於秦，不敢不聽。秦、韓爲一國，魏之亡可立而須也。此臣之所以爲大王患也。爲大王計，莫如事秦。事秦則楚、韓必不敢動；無楚、韓之患，則大王高枕而卧，國必無憂矣。

〔一〕欲恃詐僞反覆蘇秦之餘謀：蘇秦詐僞反覆，是張儀所不能知者。張儀早於蘇秦約四十餘年，張儀連横之活動，也早於蘇秦。據《戰國縱横家書》可證。此策亦非出自張儀。

〔二〕燕：古南燕國，在今河南延津縣胙城乡。

〔三〕陽晉：古隘道，在今山東巨野縣西。

〔四〕從道：胡三省云：謂從約之道也。

「且夫秦之所欲弱莫如楚，而能弱楚者莫若魏。楚雖有富大之名，其實空虛。其卒雖衆，多言而輕走易北〔一〕，不敢堅戰。魏之兵南面而伐，勝楚必矣。夫虧楚而益魏，攻楚而適秦〔二〕，内嫁禍安國〔三〕，此善事也。大王不聽臣，秦甲出而東，雖欲事秦而不可得也。

〔一〕多言而輕走易北：多言，謂喧囂。北，敗北。

〔二〕適：悦也。

〔三〕内嫁禍安國：内，《史記·張儀傳》無。疑「内」當是「而」之誤。嫁禍，謂交楚。安國，謂適秦。

「且夫從人多奮辭而寡可信〔一〕，説一諸侯之王，出而乘其車，約一國而反，而成封侯之基。是故天下之遊士，莫不日夜搤腕瞋目切齒以言從之便〔二〕，以説人主。人主覽其辭，牽其説，惡得無眩哉？臣聞積羽沉舟，群輕折軸，衆口鑠金〔三〕。故願大王之熟計之也。」魏王曰：「寡人惷愚〔四〕，前計失之。請稱東藩，築帝宫，受冠帶，祠春秋，效河外。」

〔一〕奮：强也。

〔二〕搤腕瞋目切齒：搤，把。腕，手。瞋，張目。切齒，齒相摩切，奮怒之意。

〔三〕衆口鑠金：謂衆口所毁，金石可銷。

〔四〕惷：亦愚也。

【繫年】

據《史記·張儀傳》，張儀以秦惠王後元七年相魏。留魏四歲，而魏惠王卒，襄王立，張儀説襄王。襄王二年，乃倍從約而因儀請成於秦。策文所言即此時事。魏襄王二年、秦惠王後元八年，當周慎靚王四年。

齊魏約而伐楚章

齊、魏約而伐楚，魏以董慶爲質於齊〔一〕。楚攻齊，大敗之，而魏弗救。田嬰怒，將殺董慶。旴夷爲董慶謂田嬰曰〔二〕：「楚攻齊，大敗之，而不敢深入者，以魏爲將内之於齊而擊其後。今殺董慶，是示楚無魏也。魏怒合於楚，齊必危矣。不如貴董慶以善魏，而疑之於楚也。」

〔一〕董慶：魏人。其身世不詳。

〔二〕盱夷：劉本作「干夷」，鮑本作「盱夷」，一本作「吁夷」。《史記·孟子荀卿列傳》有「吁子」。

【繫年】

此策當即犀首説梁王陽與齊而陰結於楚時事。田嬰怒魏不救齊，其爲徐州之役可知。在梁惠王後元三年、齊威王二十四年，當周顯王三十六年。

蘇秦拘於魏章

蘇秦拘於魏〔一〕，欲走而之韓，魏氏閉關而不通。齊使蘇厲爲之謂魏王曰〔二〕：「齊請以宋地封涇陽君〔三〕，而秦不受也。夫秦非不利有齊而得宋地也，然其所以不受者，不信齊王與蘇秦也。今秦見齊、魏之不合也，如此其甚也，則齊必不欺秦，而秦信齊矣。齊、秦合，而涇陽君有宋地，則非魏之利也。故王不如復東蘇秦，秦必疑齊而不聽也。夫齊、秦不合，天下無憂〔四〕，伐齊成則地廣矣。」

〔一〕蘇秦：《燕策》及《史記》皆作「蘇代」。

〔二〕蘇厲爲之謂魏王：蘇厲，《史記·蘇秦傳》謂爲蘇秦之弟，誤，當是蘇秦之兄。魏王，魏昭王。

〔三〕涇陽君：秦昭王之同母弟，名芾。秦昭王七年質於齊。八年自齊歸。

〔四〕天下無憂：憂，一本、《史記》作「變」。作「變」爲是。《燕策》云：「齊、秦不合，天下無變，伐齊之形成矣。」與此文義相同。

【繫年】

齊請以宋地封涇陽君，乃齊閔王欲伐宋不欲秦干涉，故以得宋地封涇陽君爲交易條件。此蓋齊閔王十四年第二次攻宋以前事，當魏昭王八年、秦昭王十九年、周赧王二十七年。

陳軫爲秦使於齊章

陳軫爲秦使於齊〔一〕，過魏，求見犀首〔二〕。犀首謝陳軫〔三〕。陳軫曰：「軫之所以來者，事也。公不見軫，軫且行，不得待異日矣。」犀首乃見之。陳軫曰：「公惡事乎？何爲飲食而無事？無事必來〔四〕。」犀首曰：「衍不肖，不能得事焉，何敢惡事？」陳軫曰：「請移天下之事於公。」犀首曰：「奈何？」陳軫曰：「魏王使李從以車百乘使於楚〔五〕，公可以居其中而疑之。公謂魏王曰：『臣與燕、趙故矣，數令人召臣也，曰無事必來。今臣無事，請謁而往。無久，旬、五之期。〔六〕』王必無辭以止公。公得行，因自言於廷曰：『臣急使燕、趙，急約車爲行具。』」犀首曰：「諾。」謁魏王，王許之。即明言使燕、趙。

〔一〕陳軫爲秦使於齊：陳軫，夏人，與張儀俱事秦惠王。秦惠王相張儀，而陳軫奔楚。秦，《史記》作「楚」。楚王使陳軫之秦，過梁而見犀首。

〔二〕犀首：姓公孫，名衍，號犀首。魏之陰晋人。事秦惠王，後與相張儀不善，去秦之魏。

〔三〕謝：辭而不見。

〔四〕無事必來：鮑彪以此四字爲衍文。此當有誤。

〔五〕李從：《史記·陳軫傳》作「田需」。

〔六〕旬、五之期：旬，十日。期以十日、五日。

諸侯客聞之，皆使人告其王曰：「李從以車百乘使楚，犀首又以車三十乘使燕、趙。」齊王聞之，恐後天下得魏，以事屬犀首。犀首受齊事，魏王止其行使〔一〕。燕、趙聞之，亦以事屬犀首。楚王聞之曰：「李從約寡人，今燕、齊、趙皆以事因犀首，犀首必欲寡人，寡人欲之。」乃倍李從而以事因犀首。魏王曰：「所以不使犀首者，以爲不可。今四國屬以事，寡人亦以事因焉。」犀首遂主天下之事，復相魏。

〔一〕魏王止其行使：鮑本無「行」字。陳軫以請謁而行，非王使之，不得言「止其使」。當以「止其行」義勝。

【繫年】

陳軫爲楚使秦，又由秦之齊，在楚懷王十七年、秦惠王後元十三年、魏襄王七年，當周赧王三年。

張儀惡陳軫於魏章

張儀惡陳軫於魏王曰：「軫善事楚，爲求壤地也甚力〔一〕。」左華謂陳軫曰〔二〕：「儀善於魏王，魏王甚愛之，公雖百説之，猶不聽也。公不如以儀之言爲資〔三〕，而反於楚王〔四〕。」陳軫曰：「善。」因使人先言於楚王。

〔一〕爲求壤地也甚力：「壤」當爲「攘」，取也。「力」字下姚本有「之」字。乃衍文，今删去。

〔二〕左華：《楚策》作「左爽」。

〔三〕公不如以儀之言爲資：「如」下鮑本補「以」字。姚本無。今從鮑本。

〔四〕而反於楚王：王念孫云：「楚」下本無「王」字，此因下文而衍。反，訓爲歸。《楚策》云：公不如以儀之言爲資而得復楚。可爲此證。

【繫年】

此章著陳軫由楚使秦，由秦之齊，過魏時事。當在魏惠王後元十三年、楚懷王七年、周顯王四十七年。

張儀欲窮陳軫章

張儀欲窮陳軫，令魏王召而相之，來將悟之〔一〕。將行，其子陳應止其公之行，曰：「物之湛者〔二〕，不可不察也。」鄭强出秦曰〔三〕：「應爲知〔四〕。夫魏欲絶楚、齊，必重迎公。郢中不善公者，欲公之去也，必勸王多公之車。公至宋，道稱疾而毋行，使人謂齊王曰：『魏之所以迎我者，欲以絶齊、楚也。』」齊王曰：「子果無之魏而見寡人也，請封子。」因以魯侯之車迎之。

〔一〕來將悟之：悟，曾本作「梏」，黄丕烈云，此以「悟」爲「圄」字耳。金其源云：悟者，言其可驚悟。悟者，覺也。謂來將驚覺之也。

〔二〕湛：謂其謀之深。

〔三〕鄭强出秦：《韓策》鄭强載金入秦，請伐韓。此自秦出在楚。

〔四〕應爲知：應，陳軫之子，名應。知，曾本作「之」。

【繫年】

此策蓋與上章爲同時事，姑附於梁惠王後元十四年。因張儀相魏在魏惠王後元十三年，不久即以公孫衍代之。至魏襄王二年因請成於秦歸相秦。其在魏乃惠王時事。

張儀走之魏章

張儀走之魏〔一〕，魏將迎之。張丑諫於王，欲勿内，不得於王〔二〕。張丑退，復諫於王曰：「王亦聞老妾事其主婦者乎？子長色衰，重嫁而已〔三〕。今臣之事王，若老妾之事其主婦者。」魏王因不納張儀。

〔一〕張儀走之魏：張儀在秦，秦武王爲太子時，即不善張儀。惠王死，武王即位，群臣惡之，故張儀走之魏。

〔二〕不得於王：諫勿納張儀，王不聽，故云不得。

〔三〕重嫁而已：重，猶再。嫁，姚本作「家」。今從鮑本作「嫁」。

【繫年】

按《秦本紀》、《張儀傳》，張儀出之魏在秦武王元年、魏襄王九年，當周赧王五年。

張儀欲以魏合於秦韓章

張儀欲以魏合於秦、韓，而攻齊、楚。惠施欲以魏合於齊、楚以案兵〔一〕。人多爲張子於王所〔二〕。惠子謂王曰：「小事也，謂可者謂不可者正半，况大事乎？以魏合於秦、韓而攻齊、楚，大事也，而王之群臣皆以爲可。不知是其可也，如是其明耶？亡群臣之知術也〔三〕，如是其同耶？是其可也，未如是其明也，而群臣之知術也，又非皆同也，是有其半塞也〔四〕。所謂劫主者〔五〕，失其半者也。」

〔一〕惠施欲以魏合於齊、楚以案兵：惠施，宋國人，戰國時名辯家，魏國之相。案，止。主張以魏聯合齊、楚停止戰争。

〔二〕人多爲張子於王所：所，處。人多贊成張儀之計，在王面前替張儀辯説。

〔三〕亡群臣之知術也：亡，姚本作「而」，鮑本作「亡」。黄丕烈云，作「亡」當是。按「亡」轉語詞，與「抑」字義同。

〔四〕塞：下情不上通。

〔五〕劫主：事不通（明），而欲王必從，是劫主也。鮑本「主」作「王」。

【繫年】

此策言欲以魏合於秦、韓，亦當是魏惠王時事。繫於魏惠王後元十四年，當周顯王四十八年。

張儀以秦相魏章

張儀以秦相魏〔一〕，齊、楚怒而欲攻魏。雍沮謂張子曰〔二〕：「魏之所以相公者，以公相則國家安，而百姓無患。今公相而魏受兵，是魏計過也。齊、楚攻魏，公必危矣。」張子曰：「然則奈何？」雍沮曰：「請令齊、楚解攻。」雍沮謂齊、楚之君曰：「王亦聞張儀之約秦王乎？曰：『王若相儀於魏，齊、楚惡儀，必攻魏。魏戰而勝，是齊、楚之兵折，而儀固得魏矣；若不勝魏〔三〕，魏必事秦以持其國，必割地以賂王。若欲復攻，其敝不足以應秦。』此儀之所以與秦王陰相結也。今儀相魏而攻之，是使儀之計當於秦也，非所以窮儀之道也。」齊、楚之王曰：「善。」乃遽解攻於魏。

〔一〕張儀以秦相魏：「張」下姚本有「子」字，乃衍文，今刪去。據《張儀傳》，秦惠王後元三年，免相相魏以爲秦。

〔二〕雍沮：不詳。

〔三〕魏：衍文，當刪去。

【繫年】

張儀既相魏，欲以魏合於秦、韓而攻齊、楚，事在秦惠王後元三年、魏惠王後元十三年，當周顯王四十七年。

張儀欲并相秦魏章

張儀欲并相秦、魏〔一〕，故謂魏王曰：「儀請以秦攻三川〔二〕，王以其間約南陽〔三〕，韓氏亡。」史厭謂趙獻曰〔四〕：「公何不以楚佐儀求相之於魏，韓恐亡，必南走楚。儀兼相秦、魏，則公亦必并相楚、韓也。」

〔一〕張儀欲并相秦、魏：張儀相魏在魏惠王後元十三年、秦惠王後元三年。相秦在秦惠王八年，免秦相而來相魏以爲秦。

〔二〕三川：韓地，伊、洛、河。

〔三〕南陽：韓地，今河南南陽市。【正】南陽，韓地。在今河南省沁陽、温縣、修武一帶，古懷慶府地，以處大河之北，太行之南，故稱南陽。非今河南南陽市。策文「王以其間約南陽」，謂使韓以此地與魏。言張儀攻三川，魏乘其間以急伐舉南陽矣！

〔四〕史厭謂趙獻：史厭，與《周策》之「史黶」，當是一人。趙獻，疑即「昭獻」。「昭」、「趙」一聲之轉。《韓策》楚昭獻相韓，與此文「并相楚、韓」，亦正相符合。

【繫年】

此章乃魏惠王後元十三年、秦惠王後元三年時事，當周顯王四十七年。

魏王將相張儀章

魏王將相張儀，犀首弗利〔一〕，故令人謂韓公叔曰〔二〕：「張儀以合秦、魏矣。其言曰：『魏攻南陽，秦攻三川，韓氏必亡。』且魏王所以貴張子者，欲得地，則韓之南陽舉矣。子盍少委焉〔三〕，以爲衍功〔四〕，則秦、魏之交可廢矣。如此，則魏必圖秦而棄儀，收韓而相衍。」公叔以爲信〔五〕，因而委之犀首以爲功，果相魏。

〔一〕魏王將相張儀，犀首弗利：犀首初事秦惠王爲大良造。後與張儀不善，故去秦而之魏。魏將相張儀，故犀首弗利。

〔二〕韓公叔：韓之公族，名伯嬰。

〔三〕子盍少委焉：使韓公叔以南陽與魏。

〔四〕以爲衍功：衍，犀首之名。魏得韓南陽，乃犀首之功。

〔五〕信：劉本作「信」，曾本作「便」，《史記》作「便」，鮑本作「然」。

【繫年】

據《張儀傳》，秦惠王後元三年相魏，魏不事秦。策文所言魏將相張儀，即此時事。在魏惠王後元十三年。

楚許魏六城章

楚許魏六城，與之伐齊而存燕。張儀欲敗之，謂魏王曰：「齊畏三國之合也〔一〕，必反燕地以下楚〔二〕，楚、趙必聽之，而不與魏六城。是王失謀於楚、趙，而樹怨於齊、秦也。齊遂伐趙，取乘丘〔三〕，收侵地，虛、頓丘危。楚破南陽、九夷〔四〕，内沛，許、鄢陵危〔五〕。王之所得者，新觀也〔六〕。而道塗宋、衛爲制〔七〕，事敗爲趙驅，事成功縣宋、衛。」魏王弗聽也。

〔一〕三國：楚、魏、燕。

〔二〕必反燕地以下楚：《趙策三·齊破燕趙欲存章》楚、魏憎之，令淖滑、惠施之趙，請伐齊而存燕。則「楚」下疑脱「趙」字。

〔三〕取乘丘：張琦以爲乘丘非趙地。疑是「斥丘」之訛。在今河北邱縣北。

〔四〕南陽、九夷：南陽之九夷，《李斯傳》包九夷，制鄢郢。即屬楚之夷方。

〔五〕内沛：地名。疑即「沛」地。【補】沛，注爲「疑即『沛』地」誤。沛地，古屬徐州；策文中之「内沛，許、鄢陵危」，明顯是指豫州界内。鮑注：沛，豫州郡。爲是。内沛，即取沛地。内，同「納」。

〔六〕新觀：張琦云：大名府清豐縣南有觀澤城。新觀或當在此。

〔七〕而道塗宋、衛爲制：謂雖得新觀，道途又爲宋、衛二國所限制。

張儀告公仲〔一〕，令以饑故賞韓王以近河外〔二〕。魏王懼，問張子。張子曰：「秦欲救齊，韓欲攻南陽〔三〕，秦、韓合而欲攻南陽，無異也。且以遇卜王，王不遇，秦、韓之卜也決矣。」魏王遂尚遇秦〔四〕，信韓，廣魏，救趙〔五〕，尺楚人〔六〕，遽於萆下〔七〕，伐齊之事遂敗。

〔一〕公仲：公仲朋，韓相。

〔二〕令以饑故賞韓王以近河外：金其源云：賞，遺也。王，往也。「以」與「已」同。此謂張儀告公仲朋，令以饑，故將粟遺韓，因饑流亡之往魏而已近河外者，所以使魏聞而懼秦、韓之合也。

〔三〕南陽：魏地，今河南沁陽、温縣、修武縣一帶。

〔四〕尚：猶乃。

〔五〕信韓，廣魏，救趙：言魏以遇秦取信於韓。廣魏，寬魏之憂也。

〔六〕尺：，即「斥」之借字。「尺」與「斥」古通。

〔七〕遽於萆下：萆，鮑本作「革」。金其源云：革下，謂未及下馬而在轡下，猶馬上也。謂及其未來而拒之，斥楚人之以傳遽來與六城者於馬上也。

【繫年】

此蓋齊宣王伐燕，諸侯救燕伐齊時事。在齊宣王六年、趙武靈王十二年、魏襄王五年，當周赧王元年。

徐州之役犀首謂梁王章

徐州之役〔一〕，犀首謂梁王曰：「何不陽與齊而陰結於楚？二國恃王，齊、楚必戰。齊戰勝楚，而與齊乘之〔二〕，必取方城之外〔三〕；楚戰勝齊，而與乘之，是太子之讎報矣〔四〕。」

〔一〕徐州之役：《楚世家》載：楚威王七年，田嬰欺楚，楚威王伐齊敗之於徐州。徐州，戰國屬齊，故址在今山東棗莊市薛城區境。

〔二〕而與齊乘之：鮑注：與齊乘楚。

〔三〕方城之外：方城，方城山，在今河南葉縣南。戰國時楚地。方城之外，指方城山以北，葉、許之地。

〔四〕太子之讎：太子，梁惠王之太子，名申，馬陵之戰爲齊所殺。梁惠王對孟子説：「東敗於齊，長子死焉。」即指此事。

【繫年】

《楚世家》載此事於楚威王七年、魏惠王後元二年、齊威王二十四年，當周顯王三十六年。而《田齊世家》、《孟嘗君傳》載其事於齊宣王十年，蓋誤。

秦敗東周與魏戰章

秦敗東周，與魏戰於伊闕，殺犀武。魏令公孫衍乘勝而留於境〔一〕，請卑辭割地以講於秦。爲竇屢謂魏王曰〔二〕：「臣不知衍之所以聽於秦之少多〔三〕，然而臣能半衍之割而令秦講於王。」王曰：「奈何？」對曰：「王不若與竇屢關内侯而令之趙〔四〕，王重其行而厚奉之。因揚言曰：『聞周、魏令竇屢以割魏於奉陽君，而聽秦矣。』夫周君、竇屢、奉陽君之與穰侯，貿首之仇也〔五〕。今行和者，竇屢也；制割者，奉陽君也。太后恐其不因穰侯也〔六〕，而欲敗之，必以少割請合於王，而和於東周與魏也。」

〔一〕魏令公孫衍乘勝而留於境：此句文字有錯亂。「乘勝而留於境」六字，當在「魏令公孫衍」以上。言秦兵既勝魏而仍留於周境，欲進一步攻魏，故魏使公孫衍卑辭割地以講於秦。

〔二〕竇屢：不詳。鮑注爲「魏人」。

〔三〕不知衍之所以聽於秦之少多：衍，公孫衍。聽於秦，聽割地於秦。

〔四〕關内侯：爵位名。戰國時韓、魏、秦皆有，凡國皆有關，以關内之地封有食邑户數。

〔五〕貿首之仇：貿，交易。言竇屢、奉陽君、穰侯三人拼死相爭封地，如以頭顱相貿易。

〔六〕太后恐其不因穰侯：太后，秦昭王母宣太后。穰侯，秦昭王舅魏冉。

【繫年】

《魏世家》魏昭王三年，秦將白起敗魏軍於伊闕二十四萬，策文即此時事。在秦昭襄王十四年，當周赧王二十二年。

齊王將見燕趙楚章

齊王將見燕、趙、楚之相於衛〔一〕，約外魏〔二〕。魏王懼，恐其謀伐魏也，告公孫衍。公孫衍曰：「王與臣百金，臣請敗之。」王爲約車，齎百金〔三〕。犀首期齊王至之日，先以車五十乘至衛，間齊行以百金〔四〕，以請先見齊王，乃得見。因久坐，安從容談〔五〕，三國之相怨。謂齊王曰：「王與三國約外魏，魏使公孫衍來，今久與之談，是王謀三國也。」齊王曰：「魏王聞寡人來，使公孫子勞之，寡人無與之語也。」三國之相不信齊王之遇〔六〕，遇事遂敗。

〔一〕齊王：齊威王，田因齊。

〔二〕約外魏：不與魏約。外，排斥於外。

〔三〕齎：持以與人。

〔四〕間齊行以百金：間，私。行，行人。【補】間齊，即離間齊王之意。行，即賄也。行以百金，即以百金賄於齊王。

〔五〕安從容談：安，猶乃。從容，緩舒貌。

〔六〕遇：約合。

【繫年】

齊王見燕、趙、楚三國之相，《史記》不載此事。今以公孫衍事迹推之，當在魏以公孫衍代張儀爲相之後。事在魏惠王後元十四年、齊威王三十六年，當周顯王四十八年。

魏令公孫衍請和於秦章

魏令公孫衍請和於秦，綦母恢教之語曰：「無多割。曰和成，固有秦重，和以與王遇；和不成，則後必莫能以魏合於秦者矣。」

【繫年】

此章因與綦母恢相涉，知爲犀武敗於伊闕，魏令公孫衍以講於秦爲一事。即魏昭王三年、秦昭王十四年，當周赧王二十二年。

公孫衍爲魏將章

公孫衍爲魏將，與其相田需不善〔一〕。季子爲衍謂梁王曰〔二〕：「王獨不見夫服牛驂驥乎〔三〕？不可以行百步。今王以衍爲可使將，故用之也；而聽相之計，是服牛驂驥也。牛馬俱死，而不能成其功，王之國必傷矣！願王察之。」

〔一〕田需：魏相。姚本「需」作「繻」，鮑改为「需」。

〔二〕季子：不詳。【補】據范祥雍《戰國策箋證》按引《釋文》「季子，魏臣」，與犀首並時。又引《荀子·成相》：「慎、墨、季、惠，百家之説誠不詳。」楊倞注引或説季即季子，又引韓侍郎云：「或曰季梁也。」季梁見本策四《魏王欲攻邯鄲章》。

〔三〕服牛驂驥：服，駕也。古者一車四馬，駕轅兩馬爲服，兩旁爲驂。服牛驂驥，言牛與良馬共駕一車。

【繫年】

此與《魏策二》犀首、田盼欲得齊、魏之兵以伐趙爲一時事。在魏惠王後元三年、齊威王二十五年，當周顯王三十七年。

戰國策卷二十三

魏二

犀首田盼欲得齊魏章

犀首、田盼欲得齊、魏之兵以伐趙，梁君與田侯不欲〔一〕。犀首曰：「請國出五萬人，不過五月而趙破。」田盼曰：「夫輕用其兵者，其國易危；易用其計者，其身易窮。公今言破趙大易，恐有後咎〔二〕。」犀首曰：「公之不慧也。夫二君者，固已不欲矣。今公又言難以懼之，是趙不伐，而二士之謀困也。且公直言易，而事已去矣。夫難搆而兵結，田侯、梁君見其危，又安敢釋卒不我予乎〔三〕？」田盼曰：「善。」遂勸兩君聽犀首。犀首、田盼遂得齊、魏之兵。兵未出境，梁君、田侯恐其至而戰敗也，悉起兵從之。大敗趙氏。

〔一〕梁君與田侯：梁君，魏王。魏都大梁，故稱其王爲梁君。吴正：梁君，梁惠王。田侯，齊王。齊王爲田氏，故稱田侯。田侯，齊威王。

〔二〕咎：過，災。

〔三〕安敢釋卒不我予：安，何。釋，置，捨。

【繫年】

按《趙世家》，趙肅侯十八年，齊、魏伐趙，趙決河水灌之，兵去。《田齊世家》敘在齊宣王十一年，誤。當在齊威王二十四年、梁惠王後元三年、周顯王三十六年。【補正】《史記·趙世家》：「（肅侯）二十三年，韓舉與齊、魏戰，死於桑丘。」《古本竹書紀年》：「（魏惠王後元）十年，齊田盼及邯鄲韓舉戰於平邑，邯鄲之師敗逋，獲韓舉，取平邑、新城。」魏惠王後元十年，當趙肅侯之二十四年，與《趙世家》相差一年。疑戰役始於歲尾，終於明歲之春，而周正夏正或有參差，故所記稍異。由此推之，《紀年》與《趙世家》所記爲一事，而韓舉爲趙將無疑。再以此策較之，齊、魏伐趙，其合一；田盼爲將，其合二；擒韓舉大敗趙氏，其合三。則此策爲惠王後元十年平邑之役審矣！當齊威王三十二年、周顯王四十四年。

犀首見梁君章

犀首見梁君曰：「臣盡力竭知，欲以爲王廣土取尊名〔一〕，田需從中敗君〔二〕，王又聽之，是臣終無成功也。需亡，臣將侍；需侍，臣請亡。」王曰：「需，寡人之股掌之臣也〔三〕。爲子之不便也，殺之亡之，毋謂天下何；内之〔四〕，無若群臣何也！今吾爲子外之，令毋敢入子之事〔五〕，入子之事者，吾爲子殺之亡之，胡如？」犀首許諾。於是東見田嬰，與之約結；召文子而相之魏〔六〕，身相於韓。

〔一〕尊名：謂稱王稱帝之事。

〔二〕君：一本作「臣」，又作「之」。當從一本作「臣」爲是。

〔三〕股掌之臣：金正煒云：言可玩於股掌之上，魏王之寵臣、弄臣。

〔四〕内之：謂親之。

〔五〕入：謂参與，或干預。

〔六〕文子：疑即田文。

【繫年】

蓋田需乃魏惠王之寵臣，曾作魏相。故田需死，而楚昭奚恤以爲魏必相張儀、犀首、田文。有一人相魏，皆不利於楚，故使蘇代往説魏王，以太子爲相，於楚爲便。太子即魏襄王。此策在田需死之前，魏惠王之末，襄王尚爲太子之時。當繫於魏惠王後元十七年、齊宣王二年，當周愼靚王二年。【補正】魏惠王於後元十六年死，子襄王立，史上並無魏惠王後元十七年之實。此策應隸於魏惠王十六年、齊宣王一年、周慎靚王二年。

蘇代爲田需説魏王章

蘇代爲田需説魏王曰：「臣請問文之爲魏〔一〕，孰與其爲齊也？」王曰：「不如其爲齊也。」「衍之爲魏〔二〕，孰與其爲韓也！」王曰：「不如其爲韓也。」蘇代曰：「衍將右韓而左魏〔三〕，文將右齊而左魏。二人者，將用王之國，舉事於世，中道而不可〔四〕，王且無所聞之矣〔五〕。王之國雖操藥而從之可也〔六〕。王不如舍需於側〔七〕，以稽二人者之所爲〔八〕。二人者曰：『需非吾人也，吾舉事而不利於魏，需必挫我於王〔九〕。』二人者必不敢有外心矣。二人者之所爲利於魏與不利於魏，王厝需於側以稽之〔一〇〕，臣以爲便於事。」王曰：「善。」果厝需於側。

〔一〕問文之爲魏：文，田文。爲，姚注：爲，助也。

〔二〕衍：公孫衍。

〔三〕衍將右韓而左魏：右，助，親。左，抑，疏。

〔四〕中道：中立，不偏於一國。

〔五〕王且無所聞之：公孫衍與田文有外心，王不得聞而提防之。

〔六〕操藥而從之：操藥，原作「滲樂」。黃丕烈云：當作「操藥」，形近之訛也。言公孫衍、田文爲魏相，國將病甚，須操藥以治之。

〔七〕舍需於側：舍，放置。需，田需。置田需於其側。

〔八〕以稽二人者之所爲：稽，考核，監視。二人，指公孫衍、田文。

〔九〕挫：折，傷。

〔一〇〕厝：與「措」同，安置。

【繫年】

與上章爲同時事。故亦附於魏惠王後元十七年，當周慎靚王二年。【補正】見上章之「補正」。

史舉非犀首於王章

史舉非犀首於王〔一〕，犀首欲窮之。謂張儀曰：「請令王讓先生以國，王爲堯舜矣；而先生弗受，亦許由也〔二〕。衍因令王致萬户邑於先王。」張儀説〔三〕，因令史舉數見犀首。王聞之而弗任也〔四〕，史舉不辭而去。

〔一〕史舉：下蔡人。曾作下蔡門監，大不爲事君，小不爲家室，以苟賤不廉聞於世。甘茂曾從其學百家之術。

〔二〕許由：古代隱士。相傳堯要把帝位讓給許由，許由不受，逃至箕山下，自耕而食。

〔三〕張儀説：張儀喜悦。

〔四〕王聞之而弗任也：任，信也。史舉既非公孫衍於魏王，而又數見公孫衍，故魏王疑而不信史舉。

【繫年】

吴師道云：此恐是惠王時事。故附之於魏惠王後元十六年。

楚王攻梁南章

楚王攻梁南〔一〕，韓氏因圍薔〔二〕。成恢爲犀首謂韓王曰〔三〕：「疾攻薔，楚師必進矣。魏不能支，交臂而聽楚，韓氏必危。故王不如釋薔。魏無韓患，必與楚戰，戰而不勝，大梁不能守，而又況存薔乎？若戰而勝，兵罷敝，大王之攻薔易矣。」

〔一〕梁南：指大梁之南。下文「戰而不勝，大梁不能守」可證。

〔二〕薔：魏地。未詳所指。【補】薔，程恩澤曰：薔，一作「薔」，鮑作「黄」。按《左傳·昭公二十三年》：「劉子取牆人、直人。」《彙纂》：「墻，一作『嗇』」。《路史》：「嗇，嗇也，今河南府新安縣東北有白墻村，疑是其處。」

〔三〕成恢：人名，不詳。

【繫年】

吴師道云：此策時不可考。顧觀光附於昭陽爲楚伐魏得八城之時，事在魏惠王後元十二年、楚懷王六年、韓宣惠王十年，當周顯王四十六年。

魏惠王死章

魏惠王死，葬有日矣。天大雨雪，至於牛目，壞城郭，且爲棧道而葬〔一〕。群臣多諫太子者，曰：「雪甚如此，而喪行，民必甚病之。官費又恐不給，請弛期更日〔二〕。」太子曰：「爲人子而以民勞與官費用之故，而不行先王之喪，不義也。子勿復言。」群臣皆不敢言，而以告犀首。犀首曰：「吾未有以言之也〔三〕，是其唯惠子乎〔四〕！請告惠子。」惠子曰：「諾。」

〔一〕棧道：編木而鋪於路以爲行道。【補】牛目，于鬯注引戴文光曰：「牛目離地約四尺，故舉爲雪深之證。」金正煒云：「牛目，疑是半月之譌。雨雪及十五日之久，故至壞城郭，將爲棧道而葬也。」此兩説以于説爲是。

〔二〕弛期更日：孫詒讓云：弛期，猶云改易葬期。更日，更擇新日。

〔三〕吾未有以言之：未，疑是「末」之誤。末，無也。無理由以説太子弛期更日。

〔四〕惠子：惠施。

駕而見太子曰：「葬有日矣。」太子曰：「然。」惠子曰：「昔王季歷葬於楚山之尾〔一〕，欒水齧其墓〔二〕，見棺之前和〔三〕，文王曰：『嘻！先君必欲一見群臣百姓也夫！故使欒水見之。』於是出而爲之張於朝〔四〕，百姓皆見之，三日而後更葬。此文王之義也。今葬有日矣，而雪甚及牛目，難以行。太子爲及日之故，得毋嫌於欲亟葬乎？願太子更日，先王必欲少留而扶社稷安黔首也〔五〕，故使雪甚，因弛期而更爲日。此文王之義也。若此而弗爲，意者羞法文王乎？」太子曰：「甚善！敬弛期，更擇日。」惠子非徒行其説也，又令魏太子未葬其先王而因又説文王之義。説文王之義以示天下，豈小功也哉。

〔一〕王季歷葬於楚山之尾：王季歷，周文王之父。楚山，一名濡山，户縣之南山。

〔二〕欒水齧其墓：姚注：欒水，漏流也。一曰漬也。墓爲漏流所漬。

〔三〕見棺之前和：見，露出。和，棺前之木，棺材頭。

〔四〕張：設帳。

〔五〕黔首：猶云黎民百姓。

【繫年】

魏惠王立三十六年，改元稱一年。改元後十六年卒。當繫於魏惠王後元十六年，當周慎靚王二年。

五國伐秦無功而還章

五國伐秦〔一〕，無功而還。其後，齊欲伐宋，而秦禁之。齊令宋郭之秦〔二〕，請合而以伐宋。秦王許之〔三〕。魏王畏齊、秦之合也〔四〕，欲講於秦。謂魏王曰：「秦王謂宋郭曰：『分宋之城，服宋之强者，六國也。乘宋之敝，而與王争得者，楚、魏也。請爲王毋禁楚之伐魏也，而王獨舉宋。王之伐宋也，請剛柔而皆用之。如宋者，欺之不爲逆，殺之不爲讎者也。王無與之講以取地，既已得地矣，又以力攻之，期於啗宋而已矣〔五〕。』臣聞此言，而竊爲王悲，秦必且用此於王矣。又必且因王以求地〔六〕，既已得地，又且以力攻王。又必講王因使王輕齊，齊、魏之交已醜，又且收齊以更索於王。秦嘗用此於楚矣，又嘗用此於韓矣，願王之深計之也。秦善魏不可知也已。故爲王計，太上伐秦，其次賓秦〔七〕，其次堅約而詳講〔八〕，與國無相離也。秦、齊合，國不可爲也已。王其聽臣也，必無與講。

〔一〕五國伐秦：五國，趙、齊、韓、魏、燕。約攻秦去帝號。

〔二〕宋郭：宋人，仕齊。

〔三〕秦王：秦昭王。

〔四〕魏王：魏昭王。

〔五〕期於啗宋：期，希望。啗宋，吞滅宋國。

〔六〕又必且因王以求地：因，原作「曰」。黄丕烈云：「曰」當作「因」，形近之訛也。

〔七〕賓：與「擯」同。

〔八〕堅約而詳講：堅約，五國聯合之期約不能破壞。詳講，詳，與「佯」通，佯與秦講和。

「秦權重魏，魏冉明孰〔一〕，是故又爲足下傷秦者，不敢顯也。天下可令伐秦，則陰勸而弗敢圖也。見天下之傷秦也，則先鬻於國而以自解也。天下可令賓秦，則爲劫於與國而不得已者〔二〕。天下不可，則先去，而以秦爲上交以自重也。如是人者，鬻王以爲資者也，而焉能免國於患？免國於患者，必窮三節〔三〕，而行其上，上不可，則行其中；中不可，則行其下；下不可，則明不與秦，而生以殘秦〔四〕，使秦皆無百怨百利，唯已之曾安〔五〕。令足下鬻之以合於秦〔六〕，是免國於患者之計也。臣何足以當之？雖然，願足下之論臣之計也。

〔一〕魏冉明孰：冉，姚本作「再」，鮑本作「冉」。今從鮑本。孰，與「熟」同。與《陘山之事章》「穰侯智而習於事」義同。

〔二〕則爲劫於與國而不得已者：爲，讀作「僞」。與國，指聯盟攻秦之其他四國。

〔三〕必窮三節：窮，盡。三節，指上文「太上伐秦，其次賓秦，其次堅約而詳講」。

〔四〕而生以殘秦：與秦誓鬬俱生，以殘之。

〔五〕唯已之曾安：已，止。曾，乃。

〔六〕令足下鬻之以合於秦：出賣與國以講和於秦。

「燕、齊讎國也〔一〕；秦，兄弟之交也〔二〕。合讎國以伐婚姻，臣爲之苦矣〔三〕。黄帝戰於涿鹿之野〔四〕，而西戎之兵不至〔五〕；禹攻三苗，而東夷之民不起〔六〕。以燕伐秦，黄帝之所難也，而臣以致燕甲而起齊兵矣〔七〕。臣又偏事三晋之吏，奉陽君、孟嘗君、韓呡、周㝡、韓餘〔八〕，爲徒從而下之〔九〕，恐其伐秦之疑也。又身自醜於秦〔一〇〕，扮之請焚天下之秦符者〔一一〕，臣也；次傳焚符之約者，臣也；欲使五國約閉秦關者〔一二〕，臣也。奉陽君、韓餘爲既和矣〔一三〕，蘇脩、朱嬰既皆陰在邯鄲〔一四〕，臣又説齊王而往敗之。天下共講，因使蘇脩遊天下之語，而以齊爲上交，兵請伐魏，臣又争之以死。而果西因蘇脩重報〔一五〕。臣非不知秦勸之重也，然而所以爲之者，爲足下也。」

〔一〕燕、齊讎國也：齊宣王因燕喪而伐燕。燕欲報齊之仇，故云讎國。

〔二〕秦，兄弟之交也：齊宣王伐燕，殺燕王噲。秦使樂池以兵送公子職入燕，立爲燕昭王。故云，秦，兄弟之交也。

〔三〕合讎國以伐婚姻，臣爲之苦矣：合讎國，指聯合燕、齊。伐婚姻，指燕昭王乃秦昭王之婿，燕、秦爲婚姻之國。苦，言其困難。

〔四〕黄帝戰於涿鹿之野：《史記·五帝本紀》載：黄帝乃徵師諸侯，與蚩尤戰於涿鹿之野，遂擒殺蚩尤。涿鹿，涿鹿山，在今河北涿鹿縣東南。

〔五〕西戎之兵不至：言西戎之人不應黄帝之徵，共伐蚩尤也。

〔六〕東夷之民不起：謂東夷之人不起兵以應禹也。起，發也。

〔七〕以：與「已」同。

〔八〕「奉陽君」句：奉陽君，李兌，趙相。孟嘗君，田文，此時爲魏相。韓呡，即韓珉，曾爲齊閔王相。此時已免齊相而仕趙。周冣，即周最，代韓珉而相齊。冣，古「聚」字，訛爲「最」。韓餘，即韓徐，韓相。

〔九〕爲徒從而下之：爲其徒從而折節爲之下。

〔一〇〕身自醜於秦：醜，惡。自惡於秦。

〔一一〕扮之請焚天下之秦符：扮，當作「初」，形近之訛也。焚天下之秦符，言不與秦通外交。

〔一二〕欲使五國約閉秦關：欲，當從鮑本改爲「次」。閉秦關，不與秦通。

〔一三〕韓餘爲：即韓徐，《史記》作「韓徐爲」。

〔一四〕蘇脩、朱嬰：不詳。

〔一五〕果西因蘇脩重報：西，指邯鄲在齊之西。報以齊不伐魏。

【繫年】

按《戰國縱横家書》，此策蓋蘇秦奔走遊説約五國攻秦之具體自白。事在魏昭王九年、齊閔王二十一年、趙惠文王十三年，當周赧王二十八年。【補正】五國伐秦，在周赧王二十八年。聯軍至成皋，無功而返，此年當秦昭王二十年、魏昭王九年、趙惠文王十二年、齊閔王十四年。齊閔王於周赧王三十一年爲楚淖齒所殺，在位十七年。史無「齊閔王二十一年」之説。

魏文子田需周宵章

魏文子、田需、周宵相善〔一〕，欲罪犀首，犀首患之。謂魏王曰：「今所患者，齊也。嬰子言行於齊王〔二〕，王欲得齊，則胡不召文子而相之〔三〕！彼必務以齊事王。」王曰：「善。」因召文子而相之。犀首以倍田需、周宵〔四〕。

〔一〕魏文子、田需、周宵相善：「文子」二字因下文而衍。蓋文子此時尚未至魏。田需，魏相。周宵，疑即《孟子》之「周霄」，魏人。

〔二〕嬰子言行於齊王：嬰子，齊靖郭君田嬰，孟嘗君之父。齊王，齊宣王。田嬰之言，齊宣王聽之。

〔三〕文子：田嬰之子田文。

〔四〕倍：與「背」通。

【繫年】

此蓋魏襄王時事。姑附於魏襄王元年、齊宣王二年，當周慎靚王三年。

魏王令惠施之楚章

魏王令惠施之楚，令犀首之齊。鈞二子者，乘數鈞〔一〕，將測交也〔二〕。楚王聞之〔三〕，施因令人先之楚，言曰：「魏王令犀首之齊，惠施之楚，鈞二子者〔四〕，將測交也。」楚王聞之，因郊迎惠施。

〔一〕鈞二子者，乘數鈞：鈞，與「均」同。二子，惠施、公孫衍。乘數鈞，車乘之數相等。

〔二〕測交：測，猶卜。交，外交。

〔三〕楚王聞之：此以上五字及此四字，涉下文而衍。

〔四〕鈞二子者：此下當有「乘數」二字而誤脱也。

【繫年】

此章與上章爲同時事，當繫梁襄王元年。

魏惠王起境内衆章

魏惠王起境内衆，將太子申而攻齊〔一〕。客謂公子理之傅曰〔二〕：「何不令公子泣王太后〔三〕，止太子之行？事成則樹德，不成則爲王矣。太子年少，不習於兵。田盼，宿將也，而孫子善用兵〔四〕。戰必不勝，不勝必禽。公子争之於王，王聽公子，公子必封，不聽公子，太子必敗；敗，公子必立；立，必爲王也。」

〔一〕將太子申：使太子申爲將。

〔二〕傅：姚本作「傳」，誤。今從鮑本「傅」爲是。

〔三〕泣王太后：泣以告太后，使太子勿行。

〔四〕孫子：指孫臏。

【繫年】

據《魏世家》，魏惠王三十年，魏遂大興師而令太子申爲上將軍，以攻齊。策文即言此事。在齊威王十六年，當周顯王二十八年。【正】齊威王十六年、周顯王二十八年，當魏惠王二十九年。

齊魏戰於馬陵章

齊、魏戰於馬陵〔一〕，齊大勝魏，殺太子申，覆十萬之軍。魏王召惠施而告之曰：「夫齊，寡人之讎也，怨之至死不忘。國雖小，吾常欲悉起兵而攻之，何如？」對曰：「不可。臣聞之，王者得度，而霸者知計。今王所以告臣者，疏於度而遠於計。王固先屬怨於趙，而後與齊戰。今戰不勝，國無守戰之備，王又欲悉起而攻齊，此非臣之所謂也。王若欲報齊乎？則不如因變服折節而朝齊〔二〕，楚王必怒矣。王遊人而合其鬬〔三〕，則楚必伐齊，以休楚而伐罷齊，則必爲楚禽矣。是王以楚毀齊也。」魏王曰：「善。」乃使人報於齊，願臣畜而朝〔四〕。

〔一〕馬陵：古地名。戰國時屬齊。在今山東鄄城縣東北。

〔二〕變服折節：更换人君之服，自屈以下人。

〔三〕王遊人而合其鬬：魏王使人遊説於齊、楚之間，使之發生戰争。

〔四〕畜：積，養之待遇。

田嬰許諾。張丑曰〔一〕：「不可。戰不勝魏，而得朝禮，與魏和而下楚，此可以大勝也。今戰勝魏，覆十萬之軍，而禽太子申，臣萬乘之魏，而卑秦、楚，此其暴戾定矣〔二〕。且楚王之爲人也〔三〕，好用兵而甚務名。終爲齊患者，必楚也。」田嬰不聽，遂内魏王，而與之並朝齊侯再三〔四〕。趙氏醜之，楚王怒，自將而伐齊，趙應之，大敗齊於徐州。

〔一〕張丑：齊臣。

〔二〕此其暴戾定矣：定，止。言秦、楚二國怒止於齊。

〔三〕楚王：楚威王。

〔四〕齊侯：齊威王。

【繫年】

此章爲齊、魏馬陵之戰以後，楚、齊徐州之戰以前事。當繫於魏惠王三十五年、齊威王二十一年、楚威王四年、趙肅侯十四年，當周顯王三十三年。**【正】** 魏惠王三十五年，當齊威王二十二年、楚威王五年、趙肅侯十五年、周顯王三十四年。

惠施爲韓魏交章

惠施爲韓、魏交〔一〕。令太子鳴爲質於齊〔二〕。王欲見之〔三〕，朱倉謂王曰〔四〕：「何不稱病？臣請説嬰子曰〔五〕：『魏王之年長矣，今有疾，公不如歸太子以德之。不然，公子高在楚，楚將內而立之，是齊抱空質而行不義也。』」王從之，太子得還〔六〕。

〔一〕惠施爲韓、魏交：鮑改「韓」爲「齊」。民按：當作「齊」。鮑注：爲，猶合。

〔二〕太子鳴：魏惠王之太子。鳴，《御覽》卷四六〇引作「明」。

〔三〕王：魏王。

〔四〕朱倉：身世不詳。鮑注爲「魏人。」

〔五〕嬰子：齊靖郭君田嬰。

〔六〕王從之，太子得還：此七字據《御覽》卷四六〇引策文而補。

【繫年】

此章乃惠施合齊、魏之交。事在魏惠王因田嬰朝齊威王之前，與上章爲同時事。當繫於魏惠王三十五年，當周顯王三十四年。【補】顧觀光附此於周顯王二十九年，曰：《魏策》言馬陵敗後，惠施令魏王入朝於齊，疑即此事。備參。

田需貴於魏王章

田需貴於魏王〔一〕，惠子曰：「子必善左右〔二〕。今夫楊，橫樹之則生，倒樹之則生，折而樹之又生。

然使十人樹楊，一人拔之，則無生楊矣。故以十人之衆，樹易生之物，然而不勝一人者，何也？樹之難而去之易也。今子雖自樹於王，而欲去子者衆，則子必危矣。」

〔一〕田需：《韓非子》作「陳軫」。

〔二〕子必善左右：按《初學記》卷十八引策文，此句上有「勉哉」二字。當據以補。

【繫年】

此策當是魏襄王初即位時事。姑附於魏襄王元年，當周慎靚王三年。

田需死昭魚謂蘇代章

田需死，昭魚謂蘇代曰〔一〕：「田需死，吾恐張儀、薛公、犀首之有一人相魏者。」代曰：「然則相者以誰而君便之也？」昭魚曰：「吾欲太子之自相也〔二〕。」代曰：「請爲君北見梁王，必相之矣。」昭魚曰：「奈何？」代曰：「君其爲梁王，代請説君。」昭魚曰：「奈何？」對曰：「代也從楚來，昭魚甚憂。代曰：『君何憂？』曰：『田需死，吾恐張儀、薛公、犀首有一人相魏者。』代曰：『勿憂也。梁王，長主也，必不相張儀。張儀相魏，必右秦而左魏。薛公相魏，必右齊而左魏。犀首相魏，必右韓而左魏。梁王，長主也，必不使相也。』代曰：『莫如太子之自相。是三人皆以太子爲非固相也〔三〕，皆將務以其國事魏，而欲丞相之璽〔四〕。以魏之强，而三萬乘之國輔之〔五〕，魏必安矣，故曰，不如太子之自相也。』」遂北見梁王，以此語告之，太子果自相。

〔一〕昭魚：楚懷王相，即昭奚恤。【補】原本此章爲上章連屬。鮑本、吴本、盧本分提，今從之。

〔二〕太子：魏惠王之太子，襄王。

〔三〕固：猶久。《史記》作「常」。

〔四〕欲丞相之璽：丞，與「承」通，受也，繼也。璽，印。

〔五〕而三萬乘之國輔之：「而」下姚本有「持」字，一本無「持」字，今從一本。三萬乘之國，指秦、齊、韓三國。

【繫年】

此蓋魏惠王末年時事，而《魏世家》敘於魏哀（襄）王九年，恐時間有誤。當繫於魏惠王後元十六年、楚懷王十年，當周慎靚王二年。【補】顧觀光將此策隸於周赧王五年，晚十年矣！以備一參。

秦召魏相信安君章

秦召魏相信安君〔一〕，信安君不欲往。蘇代爲説秦王曰：「臣聞之，忠不必黨〔二〕，黨必不忠。今臣願大王陳臣之愚意，恐其不忠於下吏，自使有要領之罪〔三〕。願大王察之。今大王令人執事於魏〔四〕，以完其交，臣恐魏交之益疑也。將以塞趙也。臣又恐趙之益勁也。夫魏王之習愛魏信也甚矣〔五〕，其智能而任用之也厚矣，其畏惡嚴尊秦也明矣〔六〕。今王之使人入魏而不用，則王之使人入魏無益也。若用，魏必舍所愛習而用所畏惡，此魏王之所以不安也。夫舍萬乘之事而退，此魏信之所難行也。夫令人之君，處所不安，令人之相，行所不能，以此爲親，則難久矣。臣故恐魏交之益疑也。且魏信舍事〔七〕，則趙之謀者必曰：『舍於秦〔八〕，秦必令其所愛信者用趙。』是趙存而我亡也，趙安而我危也。則上有野戰之氣，下有堅守之心，臣故恐趙之益勁也。

〔一〕信安君：魏相。當是魏之公族。

〔二〕黨：姚本作「當」，今從一本、鮑本作「黨」。

〔三〕要領：要，即「腰」字。領，脖項。腰領，謂斬刑。

〔四〕令人執事於魏：謂别置相以代信安君。

〔五〕魏信：即信安君。

〔六〕惡：猶憚。

〔七〕舍：去也。

〔八〕舍：方望溪云：「舍」當作「合」。

「大王欲完魏之交，而使趙小心乎？不如用魏信而尊之以名。魏信事王，國安而名尊；離王，國危而權輕。然則魏信之事王也，上所以爲其主者忠矣，下所以自爲者厚矣，彼其事王必完矣。趙之用事者必曰：『魏氏之名族不高於我，土地之實不厚於我。魏信以輔魏事秦〔一〕，秦甚善之，國得安焉，身取尊焉。今我搆難於秦，兵爲招質〔二〕，國處削危之形，非得計也。結怨於外，生患於中〔三〕，身處死亡之地，非完事也。』彼將傷其前事，而悔其過行，冀其利，必多割地以深下王。則是大王垂拱多割地以爲利重〔四〕，堯舜之所求而不能得也。臣願大王察之。」

〔一〕魏信以輔魏事秦：輔魏，姚、鮑本皆作「韓魏」。黄丕烈云：此「韓」當作「輔」，形近之譌也。

〔二〕兵爲招質：招者的也，所以召射者也。招質，言秦兵獨伐趙，猶矢集的也。

〔三〕生：姚本作「主」。今從鮑本作「生」爲是。

〔四〕垂拱多割地以爲利重：多，姚本作「之」。今從一本、鮑本作「多」。利重，得地則益重。

【繫年】

此章時不可考。顧觀光附於周赧王四年，當魏襄王八年。于鬯繫策於周赧王五十六年，當魏安釐王十八年。從秦、魏國勢之發展考察，以于鬯説爲近是。

秦楚攻魏圍皮氏章

秦、楚攻魏，圍皮氏〔一〕。爲魏謂楚王曰〔二〕：「秦、楚勝魏，魏王之恐也見亡矣，必合於秦〔三〕，王何不倍秦而與魏王？魏王喜，必内太子，秦恐失楚，必效城地於王，王雖復與之攻魏可也。」楚王曰：「善。」乃倍秦而與魏。魏内太子於楚。

〔一〕皮氏：古邑名。戰國魏地。在今山西河津市西。

〔二〕楚王：楚懷王。

〔三〕合：姚本作「舍」，誤。今從一本、鮑本作「合」。

秦恐，許楚城地，欲與之復攻魏。樗里疾怒，欲與魏攻楚，恐魏之以太子在楚不肯也。爲疾謂楚王曰：「外臣疾使臣謁之曰：『敝邑之王欲效城地，而爲魏太子之尚在楚也，是以未敢。王出魏質，臣請效之，而復固秦、楚之交，以疾攻魏。』」楚王曰：「諾。」乃出魏太子。秦因合魏以攻楚。

【繫年】

《魏世家》魏哀（襄）王十二年，秦來伐魏皮氏，未拔而解。《六國年表》秦昭王元年，魏哀（襄）王十三年，秦擊皮氏，未拔而解。策文即言此事。惟《表》與《世家》相差一年。當以魏襄王十三年爲是。時樗里疾爲秦相，此役蓋樗里疾指揮。

龐葱與太子質章

龐葱與太子質於邯鄲〔一〕。謂魏王曰：「今一人言市有虎，王信之乎？」王曰：「否。」「二人言市有虎，王信之乎？」王曰：「寡人疑之矣。」「三人言市有虎，王信之乎？」王曰：「寡人信之矣。」龐葱曰：「夫市之無虎明矣，然而三人言而成虎。今邯鄲去大梁也遠於市，而議臣者過於三人矣。願王察之矣。」王曰：「寡人自爲知〔二〕。」於是辭行，而讒言先至。後太子罷質，果不得見。

〔一〕龐葱：孫本作「龐恭」。《新序·雜事二》、《韓非子·内儲説上》並作「龐恭」。《事類賦》引作「龐共」，共，即「恭」。「恭」、「葱」同音通假。不詳其人身世。

〔二〕自爲知：不信别人之言。

【繫年】

策文言邯鄲去大梁遠，則此爲魏徙都大梁以後事。魏徙都大梁有二説：《魏世家》在惠王三十一年，誤。《竹書紀年》在惠王六年。而此策應是魏惠王六年以後事。顧觀光附於周顯王二十九年，當魏惠王三十年、趙肅侯十年。不知當否。

梁王魏嬰觴諸侯章

梁王魏嬰觴諸侯於范臺〔一〕。酒酣，請魯君舉觴〔二〕。魯君興〔三〕，辟席擇言曰〔四〕：「昔者，帝女儀狄作酒而美〔五〕，進之禹，禹飲而甘之，遂疏儀狄，絶旨酒〔六〕，曰：『後世必有以酒亡其國者。』齊桓公夜半不嗛〔七〕，易牙乃煎敖燔炙〔八〕，和調五味而進之，桓公食之而飽，至旦不覺，曰：『後世必有以味亡其國者。』晉文公得南之威〔九〕，三日不聽朝，遂推南之威而遠之，曰：『後世必有以色亡其國者。』楚王登强臺而望崩山〔一〇〕，左江而右湖，以臨彷徨〔一一〕，其樂忘死，遂盟强臺而弗登，曰：『後世必有以高臺陂池亡其國者。』今主君之尊，儀狄之酒也；主君之味，易牙之調也；左白台而右閭須〔一二〕，南威之美也；前夾林而後蘭臺〔一三〕，强臺之樂也。有一於此，足以亡其國。今主君兼此四者，可無戒與！」梁王稱善相屬〔一四〕。

〔一〕梁王魏嬰觴諸侯於范臺：梁王，魏王。魏遷都於大梁，故魏亦稱梁，魏王亦稱梁王。魏嬰，史載魏惠王名罃，此作「嬰」，乃同音之假借字。觴，飲酒器。諸侯，指魯、衛、宋、韓之君。《魏世家》魏惠王十五年，魯、衛、宋、鄭君來朝。《竹書紀年》作「十四年」。范臺，後文作「蘭臺」，《御覽》卷四六八引作「蘭臺」。其地址不詳。

〔二〕魯君：魯共公。

〔三〕興：立起。

〔四〕辟席擇言：辟席，離開原位。擇言，擇善言而祝酒。

〔五〕儀狄：《博物志》謂禹時人。【補】諸祖耿案：《書鈔》卷一四八引作「昔者黄帝女令儀狄作酒而美，進之禹」。又有傳説爲舜之女，善造酒，進酒於禹。

〔六〕旨：味美。

〔七〕嗛：快也。

〔八〕易牙乃煎敖燔炙：易牙，雍巫字。齊桓公倖臣。敖，與「熬」同。

〔九〕晋文公得南之威：南之威，美女。《抱朴子》：南威青琴姣冶之極，而俟盛飾以增麗。

〔一〇〕楚王登强臺而望崩山：楚王，《説苑》作「楚昭王」。强臺，作「荆臺」，一本同。「荆」、「强」，一聲之轉。崩山，一本作「崇山」，《淮南子》作「料山」，《説苑》作「獵山」。「料」、「獵」，一聲之轉。

〔一一〕以臨彷徨：自上觀下曰臨。徬徨，徘徊也。

〔一二〕左白台而右閭須：白台，不詳。【補】范祥雍按：白台，美人名。「台」當讀作「怡」。「台」字從「已」，蓋即「已」之借字。閭須，美人。

〔一三〕前夾林而後蘭臺：皆不詳。【補】夾林，《魏世家索隱》引劉云：「林，地名，蓋春秋時鄭地之棐林，在大梁之西北。」

〔一四〕稱善相屬：相屬，相連也。謂連連稱善不止。

【繫年】

《史記·魏世家索隱》引《竹書紀年》惠成王十四年，魯恭侯、宋桓侯、衛成侯、鄭釐侯來朝。是時，魏方强，諸侯相率而朝之，故惠王觴之。時魏惠王十四年，當周顯王十三年。

戰國策卷二十四

魏三

秦趙約而伐魏章

秦、趙約而伐魏，魏王患之〔一〕。芒卯曰〔二〕：「王勿憂也，臣請發張倚使謂趙王曰〔三〕：『夫鄴〔四〕，寡人固刑弗有也〔五〕。今大王收秦而攻魏，寡人請以鄴事大王。』」趙王喜，召相國而命之曰：「魏王請以鄴事寡人，使寡人絶秦。」相國曰：「收秦攻魏，利不過鄴。今不用兵而得鄴，請許魏。」

〔一〕魏王：魏昭王。

〔二〕芒卯：高誘《淮南子》注作「孟卯，齊人」。《戰國縱横家書》作「孟卯」。「芒」、「孟」聲近互通。

〔三〕臣請發張倚使謂趙王：張倚，魏人。趙王，趙惠文王。

〔四〕鄴：都邑名，戰國屬魏。在今河北臨漳縣西南鄴鎮。

〔五〕固刑弗有也：「刑」與「形」通，示也。固示人以弗有也。

張倚因謂趙王曰：「敝邑之吏效城者，已在鄴矣。大王何且以報魏？」趙王因令閉關絶秦。秦、趙大惡。芒卯應趙使曰：「敝邑所以事大王者，爲完鄴也。今效鄴者〔一〕，使者之罪也，卯不知也。」趙王恐魏承秦之怒，遽割五城以合於魏而支秦〔二〕。

〔一〕效：姚本作「郊」，誤。今從一本、孫本作「效」。

〔二〕支：猶拒。

【繫年】

《史記·魏世家》魏昭王六年，芒卯以詐重。當指此以詐欺趙而重於魏。魏昭王六年，當趙惠文王九年、秦昭王十七年、周赧王二十五年。

芒卯謂秦王章

芒卯謂秦王曰〔一〕：「王之士未有爲之中者也〔二〕。臣聞明王不背中而行〔三〕，王之所欲於魏者，長羊、王屋、洛林之地也〔四〕。王能使臣爲魏之司徒〔五〕，則臣能使魏獻之。」秦王曰：「善。」因任之以爲魏之司徒。謂魏王曰：「王所患者上地也〔六〕。秦之所欲於魏者，長羊、王屋、洛林之地也。王獻之秦，則上地無憂患。因請以下兵東擊齊，攘地必遠矣。」魏王曰：「善。」因獻之秦。地入數月而秦兵不下。

〔一〕秦王：秦昭王。

〔二〕中：謂用事於諸國之内部者，從中爲内應。

〔三〕背：姚本作「骨」。今從鮑本改爲「背」。

〔四〕長羊、王屋、洛林：王屋故城在今河南濟源市西八十里。張琦云：長羊、洛林二地與王屋並言，地必相近。應在今濟源西北，山西垣曲、曲陰之間。【補】長羊，即長平。今河南濟源西八十里之王屋附近，後魏置縣，北周時合於王屋縣。

〔五〕使臣爲魏之司徒：按《吕氏春秋·應言》，秦王令起賈爲孟印（卯）求司徒於魏王。孟卯，即此策之芒卯。司徒，掌土地之官。

〔六〕王所患者上地也：上地，指國都上游之地。春秋戰國時，皆以國都西、北爲上，南、東爲下。魏之上地，即上文長羊、王屋、洛林以西之地。

魏王謂芒卯曰：「地已入數月，而秦兵不下，何也？」芒卯曰：「臣有死罪。雖然，臣死則契折於秦〔一〕，王無以責秦。王因赦其罪，臣爲王責約於秦。」乃之秦，謂秦王曰：「魏之所以獻長羊、王屋、洛林之地者，有意欲以下大王之兵東擊齊也。今地已入，而秦兵不可下〔二〕，臣則死人也。雖然，後山東之士，無以利事王者矣。」秦王懼然曰〔三〕：「國有事，未澹下兵也〔四〕，今以兵從。」後十日秦兵下。芒卯并將秦、魏之兵以東擊齊，啓地二十二縣。

〔一〕契折於秦：契，券證。折，毁。

〔二〕可：肯也。

〔三〕懼然：驚懼貌。

〔四〕澹：即「贍」字，給也。

【繫年】

此策與上章爲同時事。仍當繫於魏昭王六年、秦昭王十七年、齊閔王十一年，當周赧王二十五年。

秦敗魏於華走芒卯章

秦敗魏於華〔一〕，走芒卯〔二〕，而圍大梁。須賈爲魏謂穰侯曰〔三〕：「臣聞魏氏大臣父兄皆謂魏王曰：『初時，惠王伐趙〔四〕，戰勝乎三梁〔五〕，十萬之軍拔邯鄲〔六〕，趙氏不割，而邯鄲復歸。齊人攻燕〔七〕，殺子之，破故國〔八〕，燕不割，而燕國復歸。燕、趙之所以國全兵勁而地不并乎諸侯者，以其能忍難而重出地也。宋、中山，數伐數割，而隨以亡〔九〕。臣以爲燕、趙可法，而宋、中山可無爲也。夫秦，貪戾之國也〔一〇〕，而無親，蠶食魏，盡晉國〔一一〕，戰勝暴子〔一二〕，割八縣，地未畢入而兵復出矣。夫秦何厭之有哉！今又走芒卯，入北宅〔一三〕，此非但攻梁也，且劫王以多割也，王必勿聽也。今王循楚、趙而講，楚、趙怒而與王爭事秦，秦必受之。秦挾楚、趙之兵以復攻，則國救亡不可得也已〔一四〕。願王之必無講也。王若欲講，必少割而有質，不然，必欺。』是臣之所聞於魏也。願君之以是慮事也。《周書》曰：『維命不於常〔一五〕。』此言幸之不可數也。

〔一〕秦敗魏於華：華，華陽，春秋鄭邑。戰國屬韓。在今河南新鄭市北五十里，故城猶在。

〔二〕芒：《戰國縱橫家書》作「孟」。

〔三〕須賈：魏中大夫，害范睢者。

〔四〕惠王：魏惠王。

〔五〕三梁：張琦云：三，恐爲「曲」之訛。曲梁，趙地。在今河北邯鄲市永年區。

〔六〕拔邯鄲：魏惠王十八年拔趙邯鄲。

〔七〕齊人攻燕：齊宣王五年伐燕。

〔八〕破故國：破，《戰國縱橫家書》作「拔」，「拔故國」三字在「殺子之」句之上。

〔九〕宋、中山，數伐數割，而隨以亡：齊閔王三次伐宋，前兩次皆割地以和，最後於齊閔王十五年滅宋。趙武靈王十九年、二十年、二十一年、二十三年、二十六年數攻中山，至趙惠文王三年滅中山。

〔一〇〕也：姚、鮑本皆無，今據《戰國縱橫家書》補「也」字。

〔一一〕盡晋國：言魏所得晋國之地，必被蠶食且盡。河東、河西、河內並是魏地，即故晋國之域。

〔一二〕暴子：姚本作「睪子」，今據《戰國縱橫家書》、《穰侯傳》、《秦本紀》、《韓世家》改爲「暴子」。即韓將暴鳶。【補】《史記·秦本紀》：「穰侯攻魏，至大梁而破暴鳶，斬首四萬，鳶走。魏入三縣請和。」此處說八縣，不知孰是。

〔一三〕北宅：宅，姚本作「地」。今據《戰國縱橫家書》、《史記》、《竹書紀年》改爲「宅」。北宅，一名宅陽。故城在今河南滎陽市南十七里。

〔一四〕則國救亡不可得也已：《戰國縱橫家書》作「則國求毋亡，不可得已」，當據以訂正。

〔一五〕維命不於常：此《尚書·康誥》語，謂天命無常。

「夫戰勝暴子而割八縣，此非兵力之精，非計之工也，天幸爲多矣。今又走芒卯入北宅，以攻大梁，是以天幸自爲常也。知者不然。臣聞魏氏悉其百縣，勝兵以上以成大梁〔一〕，臣以爲不下三十萬。以三十萬之衆，守十仞之城〔二〕，臣以爲雖湯、武復生，弗易攻也。夫輕信楚、趙之兵〔三〕，陵十仞之城，犯三十萬之衆〔四〕，而志必舉之，臣以爲自天下之始分以至於今，未之嘗有也〔五〕。攻而不能拔，秦兵必罷，陶必亡〔六〕，則前功必棄矣。今魏方疑，可以少割收也。願君逮楚、趙之兵未至於大梁也〔七〕，亟以少割收魏。魏方疑〔八〕，而得以少割爲和，必欲之，則君得所欲矣。楚、趙怒於魏之先已講也，必爭事秦。從是以散〔九〕，而君後擇焉。且君之嘗割晉國取地也，何必以兵哉？夫兵不用而魏效絳、安邑，又爲陶啟兩幾盡故宋〔一〇〕，衛必效單父〔一一〕，秦兵可全而君制之〔一二〕，何求而不得？何爲而不成？臣願君之熟計而無行危也。」穰侯曰：「善。」乃罷梁圍。

〔一〕勝兵以上以成大梁：姚本、鮑本作「勝兵以止成大梁」。止，《戰國縱橫家書》、《史記》作「上」。今據以改。

「以戍」之「以」字，姚、鮑本皆無，今據《戰國縱横家書》補「以」字。

〔二〕十：《戰國縱横家書》作「七」，下同。

〔三〕信：《戰國縱横家書》作「倍」爲是。「倍」與「背」通，離也。

〔四〕犯：姚本、鮑本作「戴」，一本、《史記》作「戰」。今從《戰國縱横家書》改爲「犯」。

〔五〕未之嘗有：原作「未嘗之有」。古無此語式。據《戰國縱横家書》改。

〔六〕陶：原作「陰」，誤。今據《戰國縱横家書》、《史記》改爲「陶」。

〔七〕願君逮楚、趙之兵未至於大梁：願君逮，姚本作「願之及」，今據《戰國縱横家書》、《史記》改爲「願君逮」。未至，姚本、鮑本作「未任」，「任」乃「至」字形訛。據《戰國縱横家書》改爲「至」。

〔八〕魏方疑：「魏」字，姚本無。鮑本及《戰國縱横家書》有「魏」字。今據以補。

〔九〕從是以散：從，即「縱」字。東方合縱，因此而散。

〔一〇〕爲陶啟兩幾盡故宋：陶，原作「陰」，字之誤。「兩」下疑脱「道」字。幾，原作「機」。《史記》、《戰國縱横家書》作「幾」，《索隱》音「祈」，今據以改。

〔一一〕單父：原作「尤憚」，鮑本作「憚尤」。《戰國縱横家書》作「蟬尤」。「憚」、「蟬」，古與「單」字通。「尤」乃「父」字之形訛。單父，今山東單縣。

〔一二〕可全：鮑本作「已合」，《史記》作「可全」，《戰國縱横家書》作「苟全」。「苟」、「已」，乃「可」之誤。今據以改。

【繫年】

據《戰國縱横家書》，此策應繫於魏安釐王四年、秦昭王三十四年，當周赧王四十二年。《史記》、《六國年表》繫於魏安釐王二年、秦昭王三十二年，蓋誤。

秦敗魏於華魏王且入朝章

秦敗魏於華〔一〕，魏王且入朝於秦〔二〕。周訢謂王曰：「宋人有學者，三年反而名其母。其母曰：『子學三年，反而名我者，何也？』其子曰：『吾所賢者，無過堯、舜，堯、舜名。吾所大者，無大天地，天地名。今母賢不過堯、舜，母大不過天地，是以名母也。』其母曰：『子之於學者，將盡行之乎？願子之有以易名母也。子之於學也，將有所不行乎？願子之且以名母爲後也。』今王之事秦，尚有可以易入朝者乎？願王之有以易之，而以入朝爲後。」魏王曰：「子患寡人入而不出邪？許綰爲我祝曰〔三〕：『入而不出，請殉寡人以頭。』」周訢對曰：「如臣之賤也，今人有謂臣曰『入不測之淵而必出，不出，請以一鼠首爲女殉』者，臣必不爲也。今秦不可知之國也，猶不測之淵也；而許綰之首，猶鼠首也。内王於不可知之秦，而殉王以鼠首，臣竊爲王不取也。且無梁孰與無河内急？」王曰：「梁急。」「無梁孰與無身急？」王曰：「身急。」曰：「以三者，身，上也；河内，其下也。秦未索其下，而王效其上，可乎？」王尚未聽也。

〔一〕華：即華陽，韓邑。在今河南新鄭市北五十里。
〔二〕魏王：魏安釐王。
〔三〕許綰爲我祝：《呂氏春秋・應言》云：「令許綰誕魏王。」誕，詐也。許綰，蓋親秦者。祝，詛也。猶今言賭咒。

支期曰〔一〕：「王視楚王〔二〕。楚王入秦，王以三乘先之；楚王不入，楚、魏爲一，尚足以捍秦。」王乃止。王謂支期曰：「吾始已諾於應侯矣〔三〕。今不行者欺之矣。」支期曰：「王勿憂也。臣使長信侯請無内王〔四〕，王待臣也。」

〔一〕支期：不詳。
〔二〕楚王：楚頃襄王。
〔三〕應侯：秦相范雎之封號。
〔四〕長信侯：魏相親秦者。

支期説於長信侯曰：「王命召相國。」長信侯曰：「王何以臣爲？」支期曰：「臣不知也，王急召君。」長信侯曰：「吾内王於秦者，寧以爲秦邪？吾以爲魏也。」支期曰：「君無爲魏計，君其自爲計。且安死乎？安生乎？安窮乎？安貴乎？君其先自計爲，後爲魏計。」長信侯曰：「樓公將入矣，臣今從〔一〕。」支期曰：「王急召君，君不行，血濺君襟矣。」長信侯行，支期隨其後。且見王，支期先入謂王曰：「僞病者乎而見之，臣已恐之矣。」長信侯入見王，王曰：「病甚奈何？吾始已諾於應侯矣，意雖道死，行乎〔二〕？」長信侯曰：「王毋行矣！臣能得之於應侯〔三〕，願王無憂。」

〔一〕樓公將入矣，臣今從：樓公，蓋指樓緩。樓緩親秦，居魏，爲散齊、魏之交。今從，欲與之商議。

〔二〕意雖道死，行乎：雖死於路猶將赴秦。

〔三〕能得之於應侯：能使應侯范雎止魏王之行。

【繫年】

秦敗魏於華陽時，應侯范雎尚未入秦。則封應侯更在此後。《呂氏春秋》亦載此事，謂秦雖大勝於長平，三年然後決。並言兩周尚全。考范雎封應侯在秦昭王四十一年，長平之戰在秦昭王四十七年，西周滅亡，在秦昭王五十一年，則此章應繫於秦昭王四十八年、魏安釐王十八年，當周赧王五十六年。

華軍之戰魏不勝章

華軍之戰〔一〕，魏不勝秦。明年，將使段干崇割地而講〔二〕。孫臣謂魏王曰〔三〕：「魏不以敗之上割〔四〕，可謂善用不勝矣；而秦不以勝之上割，可謂不能用勝矣。今處期年乃欲割，是群臣之私，而王不知也〔五〕。且夫欲璽者〔六〕，段干子也，王因使之割地；欲地者，秦也，而王因使之受璽〔七〕。夫欲璽者制地，而欲地者制璽，其勢必無魏矣。且夫姦臣固皆欲以地事秦。以地事秦，譬猶抱薪而救火也。薪不盡，則火不止。今王之地有盡，而秦之求無窮。是薪火之説也。」

〔一〕華軍之戰：「華」下，一本有「陽」字。華陽，即韓之華陽邑。此指秦、魏華陽之戰。
〔二〕段干崇：段干，複姓。崇，名。
〔三〕孫臣謂魏王：孫臣，魏人。魏王，魏安釐王。
〔四〕上：鮑注：上，謂當其時。
〔五〕知：與「智」同。
〔六〕欲璽者：璽，印。謂段干崇欲得秦相印，故請魏割地。
〔七〕受：鮑改爲「授」，授予。

魏王曰：「善。雖然，吾已許秦矣，不可以革也〔一〕。」對曰：「王獨不見夫博者之用梟邪〔二〕！欲食則食，欲握則握〔三〕。今君劫於群臣而許秦，因曰不可革，何用智之不若梟也。」魏王曰：「善。」乃案其行〔四〕。

〔一〕革：變，更改。
〔二〕博者之用梟：博，局戲。以五方木爲骰，刻梟、盧、雉、犢、塞五種形而塗以采。擲得梟者爲勝。
〔三〕欲食則食，欲握則握：食，行棋。欲食則食，得梟者當食其子，不食則行棋。握，止。
〔四〕案：猶止。

【繫年】

《魏世家》魏安釐王四年，秦伐魏，及韓、趙，走魏將芒卯。魏將段干子請予秦南陽以和，此策即其事。魏安釐王四年，當周赧王四十二年、秦昭王三十四年。

齊欲伐魏魏使人謂淳于髡章

齊欲伐魏，魏使人謂淳于髡曰：「齊欲伐魏，能解魏患，唯先生也。敝邑有寶璧二雙，文馬二駟〔一〕，請致之先生。」淳于髡曰：「諾。」入説齊王曰：「楚，齊之仇敵也〔二〕；魏，齊之與國也〔三〕。夫伐與國使仇敵制其餘敝，名醜而實危〔四〕，爲王弗取也。」齊王曰：「善。」乃不伐魏。

〔一〕文馬二駟：鮑注：文，毛色成文。馬四匹爲駟。

〔二〕楚，齊之仇敵：魏在馬陵之敗後，魏惠王朝齊，而楚威王怒而伐齊，故云仇敵。

〔三〕魏，齊之與國：魏已屈服於齊，故齊、魏爲與國。

〔四〕醜：惡。

客謂齊王曰：「淳于髡言不伐魏者，受魏之璧馬也。」王以謂淳于髡曰：「聞先生受魏之璧馬，有諸？」曰：「有之。」「然則先生之爲寡人計之何如？」淳于髡曰：「伐魏之事便，魏雖刺髡，於王何益？若誠不便，魏雖封髡，於王何損？且夫王無伐與國之誹，魏無見亡之危，百姓無被兵之患，髡有璧馬之寶，於王何傷乎？」

【繫年】

此策蓋魏惠王臣畜朝齊，齊、楚徐州之戰以後事。當繫於魏惠王後元三年、齊威王二十五年，當周顯王三十七年。

【補】顧觀光附此策於周赧王元年，錯此十八年矣！諸祖耿謂鮑彪曾移此策入《齊策》。

秦將伐魏魏王聞之章

秦將伐魏，魏王聞之，夜見孟嘗君，告之曰：「秦且攻魏，子爲寡人謀，奈何？」孟嘗君曰：「有諸侯之救，則國可存也。」王曰：「寡人願子之行也。」重爲之約車百乘。

孟嘗君之趙，謂趙王曰：「文願借兵以救魏。」趙王曰：「寡人不能。」孟嘗君曰：「夫敢借兵者，以忠王也〔一〕。」王曰：「可得聞乎？」孟嘗君曰：「夫趙之兵，非能强於魏之兵；魏之兵，非能弱於趙也。然而趙之地不歲危，而民不歲死，而魏之地歲危，而民歲死者，何也？以其西爲趙蔽也〔二〕。今趙不救魏，魏歃盟於秦，是趙與强秦爲界也。地亦且歲危，民亦且歲死矣。此文之所以忠於大王也。」

趙王許諾，爲起兵十萬，車三百乘。

〔一〕王：趙王，趙惠文王。

〔二〕爲趙蔽：爲趙之蔽以阻秦。

又北見燕王曰：「先日公子常約兩王之交矣〔一〕。今秦且攻魏，願大王之救之。」燕王曰：「吾歲不熟二年矣，今又行數千里而以助魏，且奈何？」田文曰：「夫行數千里而救人者，此國之利也。今魏王出國門而望見軍，雖欲行數千里而助人，可得乎？」燕王尚未許也。田文曰：「臣效便計於王，王不用臣之忠計，文請行矣。恐天下之將有大變也。」王曰：「大變可得聞乎？」曰：「秦攻魏，未能克之也，而臺已燔，游已奪矣〔二〕。而燕不救魏，魏王折節割地，以國之半與秦，秦必去矣。秦已去魏，魏王悉韓、魏之兵，又西借秦兵以因趙之衆，以四國攻燕，王且何利？利行數千里而助人乎？利出燕南門而望見軍乎？則道里近而輸又易矣〔三〕，王何利？」燕王曰：「子行矣，寡人聽子。」乃爲之起兵八萬，車二百乘，以從田文。

〔一〕先日公子常約兩王之交：常，疑爲「牟」字之訛。或「公子」下有脱文。鮑注謂田文稱其父嬰爲公子，不近情理，不可從。

〔二〕臺已燔、游已奪：臺，臺榭。燔，燒。游，離宫下苑，游觀處。

〔三〕輸又易：輸以餉軍。

魏王大説曰：「君得燕、趙之兵甚衆且亟矣。」秦王大恐，割地請講於魏。因歸燕、趙之兵，而封田文。

【繫年】

孟嘗君去齊相魏，在魏昭王五年以後。據《秦本紀》，秦昭王二十四年，秦取魏安城，至大梁，燕、趙救之，秦軍去。《魏世家》載此事於魏昭王十三年。當周赧王三十二年。

魏將與秦攻韓朱己章

魏將與秦攻韓，朱己謂魏王曰〔一〕：「秦與戎翟同俗，有虎狼之心，貪戾好利而無信，不識禮義德行。苟有利焉，不顧親戚兄弟，若禽獸耳。此天下之所同知也，非所施厚積德也。故太后母也，而以憂死；穰侯舅也，功莫大焉，而竟逐之；兩弟無罪，而再奪之國〔二〕。此於其親戚兄弟若此，而又況於仇讎之敵國乎〔三〕？今大王與秦伐韓而益近秦，臣甚惑之。而王弗識也，則不明矣；群臣知之，而莫以此諫，則不忠矣。今夫韓氏以一女子承一弱主〔四〕，內有大亂，外安能支强秦、魏之兵，王以爲不破乎〔五〕？韓亡，秦盡有鄭地〔六〕，與大梁鄰，王以爲安乎？王欲得故地，而今負强秦之禍也，王以爲利乎？秦非無事之國也，韓亡之後，必將更事〔七〕。更事，必就易與利。就易與利，必不伐楚與趙矣。是何也？夫越山踰河，絶韓之上黨而攻强趙，則是復閼與之事也〔八〕，秦必不爲也。若道河内，倍鄴、朝歌〔九〕，絶漳、滏之水，而以與趙兵決勝於邯鄲之郊，是受智伯之禍也〔一〇〕，秦又不敢。伐楚，道涉谷行三千里而攻黽隘之塞〔一一〕，所行者甚遠，而所攻者甚難〔一二〕，秦又弗爲也。若道河外〔一三〕，背大梁，而右上蔡、召陵〔一四〕，以與楚兵決於陳郊，秦又不敢也。故曰：秦必不伐楚與趙矣。又不攻燕與齊矣〔一五〕。韓亡之後，兵出之日，非魏無攻矣。秦固有懷、茅、邢丘〔一六〕，城垝津〔一七〕，而以之臨河内，河内之共、汲，莫不危矣〔一八〕。秦有鄭地，得垣雍〔一九〕，決熒澤而水大梁〔二〇〕，大梁必亡矣。王之使者大過矣〔二一〕，乃惡安陵氏於秦〔二二〕。秦之欲許久矣〔二三〕。然而秦之葉陽、昆陽與舞陽、高陵鄰〔二四〕，聽使者之惡也，墮安陵氏而欲亡之〔二五〕，秦繞舞陽之北以東臨許，則南國必危矣。南國雖無危，則魏國豈得安哉！且夫憎韓，不愛安陵氏〔二六〕，可也。夫不患秦之不愛南國，非也。異日者秦乃在河西，晉國之去梁也千里〔二七〕，有河山以闌之，有周、韓而間之，從林軍以至於今，秦七攻魏〔二八〕，五入囿中〔二九〕，邊城盡拔，文臺墮〔三〇〕，垂都焚〔三一〕，林木伐，麋鹿盡，而國繼以圍。又長驅梁北，東至陶、衛之郊，北至乎闞〔三二〕。所亡乎秦者，山南、山北〔三三〕，河外、河内，大縣數十，名都數百〔三四〕。秦乃在河西，晉國之去大梁也尚千里，而禍若是矣。又況於使秦無韓而有鄭地，無河山以闌之，無周、韓以間之，去大梁百里，禍必百此矣。異日者，從之不成矣，楚、魏疑而韓不可得而約也。今韓受兵三年矣〔三五〕，秦撓之以講〔三六〕，韓識亡猶弗聽〔三七〕，投質於趙，而請爲天下雁行頓刃〔三八〕，以臣之觀之，則楚、趙必與之攻矣。此何也？則皆知秦之欲無窮也〔三九〕。非盡亡天下之兵而臣海内之民，必不休矣。是故臣願以從事乎王，王速受楚、趙之約，而挾韓之質，以存韓爲務，因求故地於韓，韓必效之。如此，則士民不勞而故地得。其功多於與秦共伐韓，然而無與强秦鄰之禍。夫存韓、安魏而利天下，此亦王之大時已。通韓之上黨於共、莫〔四〇〕，使道已通，因而關之，出入者賦之〔四一〕，是魏重質韓以其上黨也。共有其賦，足以富國。韓必德魏、愛魏、重魏、畏魏，韓必不敢反魏。韓是魏之縣也。魏得韓以爲縣，則衛大梁〔四二〕，河北必安矣〔四三〕。今不存韓，則二周必危，安陵必易〔四四〕，楚、趙大破，燕、齊甚畏〔四五〕，天下之西鄉而馳秦，入朝爲臣之日不久矣〔四六〕。」

〔一〕朱己謂魏王：朱己，《魏世家》作「無忌」。《荀子·强國》楊倞注引《史記》作「朱忌」。【補】「無」古作「无」。與「朱」字古形近。「朱」與「無」形近而誤，「己」與「忌」通，疑當以「無忌」爲是。無忌即信陵君，此時正相魏。魏王，魏安釐王。

〔二〕而再奪之國：秦昭王四十二年，令涇陽君、高陵君出關就封邑。之，其。

〔三〕乎：姚、鮑本作「也」。今據一本、《史記》、《戰國縱横家書》改爲「乎」。

〔四〕韓氏以一女子承一弱主：一女子，指韓太后。弱主，謂韓宣惠王。指韓主弱，太后執政。

〔五〕破：《戰國縱横家書》作「亡」爲是。

〔六〕秦盡有鄭地：盡，鮑本、《史記》、《戰國縱横家書》皆無，當删去。鄭，指韓，韓都鄭，故稱鄭。

〔七〕更事：更，姚、鮑本皆作「便」，今據《史記》、《戰國縱横家書》改爲「更」。更事，再生事。

〔八〕復閼與之事：秦昭王三十七年，秦攻趙閼與，爲趙奢所敗。閼與，在今山西省武鄉縣。

〔九〕鄴、朝歌：鄴，今河北臨漳縣鄴鎮。朝歌，今河南淇縣。

〔一〇〕受智伯之禍：智伯，即智瑶。指韓、趙、魏三家合謀滅智氏。

〔一一〕道涉谷行三千里而攻黽隘之塞：涉谷，鮑、姚本皆作「涉而谷」，《魏世家》作「涉山谷」，並誤。今據《史記索隱》、《史记正義》、《戰國縱横家書》删「而」字。涉谷，地名，秦往楚之險路。三千，姚本作「三十」，誤。《史記》、《戰國縱横家書》皆作「三千」，今從之。黽隘，亦作「冥阸」。姚本作「危隘」。「危」乃「黽」字之形訛。《史記》、《戰國縱横家書》作「冥阸」爲是。冥阸，古險塞名。在今河南信陽與湖北應山縣之間。俗名九里關。【補】涉谷，朱起鳳曰：涉谷即斜谷，陝西終南山之谷也。「斜」作「涉」，此形之誤。

〔一二〕攻：亦作「致」，形似之誤。當作「攻」。

〔一三〕道河外：道，經行。河外，指魏國黄河南岸一帶，與河内相對而言。

〔一四〕右上蔡、召陵：謂上蔡、召陵在右方。上蔡，今河南上蔡縣。召陵，今河南漯河市郾城區東。

〔一五〕燕：姚本和《史記》皆誤爲「衛」。今從《戰國縱横家書》改爲「燕」。

〔一六〕秦固有懷、茅、邢丘：懷，今河南省武陟縣。【補】《史記·秦本紀》，南陽，徐廣注曰：河内修武，古曰南陽。秦始皇更名河内，屬魏地。茅，姚、鮑本誤作「地」。今從《史記》、《戰國縱横家書》改爲「茅」。茅，地名，在今河南獲嘉縣東北二十五里。邢丘，在今河南温縣東平皋城。

〔一七〕城垝津：「城」字上鮑、姚本皆有「之」字。今據《戰國縱横家書》删去。垝津，地名，在今河南滑縣東南。城，築城。

〔一八〕河内之共、汲、莫不危：共，今河南輝縣市。古共國，共城。汲，今河南衛輝市。莫，《戰國縱横家書》作

「墓」，疑「牧」字之誤。牧，即牧野，在今河南衛輝市南。牧、共、汲三地呈鼎足形，相距不到百里。不危，《戰國縱橫家書》作「必危」。

〔一九〕垣雍：地名，在今河南原陽縣原武鎮西北五里。

〔二〇〕決熒澤而水大梁：「熒」與「滎」同。滎澤，在今河南滎陽市東，古滎鎮。在大梁之上游，決熒澤之水可以灌大梁城。

〔二一〕大：《魏世家》作「出」，誤。姚本、鮑本、《戰國縱橫家書》作「大」。

〔二二〕安陵：戰國末年一個小國，魏襄王時分封。在今河南鄢陵縣西北。

〔二三〕秦之欲許久矣：許，《史記》作「誅」，誤。「許」下姚本有「之」字。「之」當「亦」字之訛。《戰國縱橫家書》無此「之」字。許，即故許國，在今河南許昌東。

〔二四〕葉陽、昆陽與舞陽、高陵：葉陽，今河南葉縣故城。昆陽，在今葉縣故城北二十五里。舞陽，在今舞陽縣西。高陵，《史記》、《戰國縱橫家書》皆無「高陵」二字。或者「高」乃「召」字之誤。【補正】高陵，據《郡國志》引《地道紀》曰：「定陵有高陵山，汝水所出。」在今舞陽縣東北。

〔二五〕墮：原作「隨」，誤。今據《戰國縱橫家書》改爲「墮」。墮，壞。「墮」、「隨」古通用。

〔二六〕不愛安陵氏：愛，原作「受」，誤。今從《史記》、《戰國縱橫家書》改爲「愛」。【補】安陵，即鄢陵。李奇云六國時爲安陵也。

〔二七〕晉國之去梁也千里：「里」下，姚、鮑本有「有餘」二字。「餘」乃衍文，《戰國縱橫家書》、《史記》皆無「餘」字。今刪去。「有」字屬下句讀。

〔二八〕秦七攻魏：七，原作「十」，誤。今據《戰國縱横家書》改。言自秦昭王二十四年林之戰，至此時魏安釐王十一年，秦七次攻魏。

〔二九〕囿中：囿，原作「國」，誤。《戰國縱横家書》、《史記》作「囿」。囿，乃「域」之假借字。囿中，即魏境域中。

〔三〇〕文臺：《戰國縱横家書》作「支臺」。地名，在今山東菏澤市西北。

〔三一〕垂都：在今山東曹縣北。

〔三二〕闞：《戰國縱横家書》作「監」。「監」、「闞」同音通用。闞，地名。在今山東汶上縣西南。

〔三三〕山南、山北：原無「山南」二字，今據《史記》、《戰國縱横家書》補「山南」二字。山，指中條山。

〔三四〕大縣數十，名都數百：原作「大縣數百，名都數十」。今據《戰國縱横家書》、《史記》改。

〔三五〕韓受兵三年矣：據《范雎傳》，秦昭王用范雎遠交近攻之策，在秦昭王四十二年，東伐韓少曲、高陵，拔之。四十三年，攻韓汾陘，拔之。四十四年，白起攻韓南陽，太行道絶之。是韓連續三年受秦攻伐也。

〔三六〕秦撓之以講：撓，與「繞」通，糾纏。講，講和。

〔三七〕識亡：原作「知亡」，《史記》、《戰國縱横家書》作「識亡」，爲是。識亡，即知亡。

〔三八〕請爲天下雁行頓刃：雁行，像雁飛行。行，首也，爲前鋒。頓，整頓。謂築營壘，整軍隊。

〔三九〕欲：姚本無。據《史記》、《戰國縱横家書》補。

〔四〇〕通韓之上黨於共、莫：莫，《戰國縱横家書》作「寧」。寧，在今河南修武縣東故寧城。言魏開通共、莫之道，使韓上黨得直路通行。

〔四一〕出入者賦之：行經共、莫之道，徵取其税賦。

〔四二〕則衛大梁：則，《戰國縱横家書》作「以」爲是。衛，捍蔽。

〔四三〕北：原作「外」。《戰國縱横家書》作「北」。今從之。

〔四四〕易：《史記》作「危」。《戰國縱横家書》作「弛」。「易」與「弛」義近，輕，廢。

〔四五〕燕：原作「衛」，誤。從《戰國縱横家書》改「衛」爲「燕」。

〔四六〕矣：姚、鮑本皆無，集本、《史記》、《戰國縱横家書》有「矣」字，今據以補。

【繫年】

《魏世家》將此策列於魏安釐王十一年之後。而策文言秦廢穰侯與華陽君、涇陽君，在秦昭王四十二年，當魏安釐王十二年；韓受兵三年，乃秦昭王四十二、四十三、四十四年事。當繫於魏安釐王十五年、秦昭王四十五年、周赧王五十三年。

奉陽君約魏章

奉陽君約魏〔一〕，魏王將封其子〔二〕。謂魏王曰：「王嘗身濟漳，朝邯鄲〔三〕，抱葛、薛、陶、成以爲趙養邑〔四〕，而趙無爲王有也〔五〕。王能又封其子河陽、姑密乎〔六〕？臣爲王不取也。」魏王乃止。

〔一〕奉陽君約魏：奉，姚本、鮑本原作「葉」，誤。據《趙策四》和《戰國縱横家書》知爲奉陽君李兑，故改爲「奉」。約魏以攻秦。

〔二〕魏王將封其子：魏王，魏昭王。封其子，以地封奉陽君李兑之子。

〔三〕王嘗身濟漳，朝邯鄲：濟，涉。漳，漳河。朝邯鄲，朝李兑於邯鄲。《戰國縱横家書》第八章有薛公「欲以取趙，身率梁王與成陽君北面而朝奉陽君於邯鄲」，即指此事。

〔四〕抱葛、薛、陶、成以爲趙養邑：葛，古葛國。故城在今河南寧陵縣西。薛，今山東棗莊市薛城區。陶，原作「陰」，誤。改爲「陶」，今山東菏澤市定陶區。成，成陽。《史記·貨殖列傳》：昔堯作游成陽。故城在今山東菏澤東北。養邑，以其地之賦税收入爲奉養。

〔五〕而趙無爲王有也：言趙於魏王無所奉。

〔六〕河陽、姑密：河，姚本作「問」。密，姚本作「衣」。今據《趙策四》及《戰國縱横家書》改「問」爲「河」，改「衣」爲「密」。河陽，在今河南孟州市西南三十里。姑密，當是今河南新密市。

【繫年】

此策乃五國攻秦以前事，在魏昭王九年、趙惠文王十二年，當周赧王二十八年。

秦使趙攻魏魏謂趙王章

秦使趙攻魏，魏謂趙王曰：「攻魏者，亡趙之始也。昔者，晉人欲亡虞而伐虢〔一〕，伐虢者，亡虞之始也。故荀息以馬與璧假道於虞〔二〕，宫之奇諫而不聽〔三〕，卒假晉道。晉人伐虢，反而取虞〔四〕。故《春秋》書之，以罪虞公〔五〕。今國莫强於趙，而并齊、秦〔六〕，王賢而有聲者相之，所以爲腹心之疾者，趙也。魏者，趙之虢也；趙者，魏之虞也。聽秦而攻魏者，虞之爲也。願王之熟計之也。」

〔一〕晉人欲亡虞而伐虢：晉，姬姓，周成王弟唐叔虞之後。虞，姬姓，虞仲之後。虢，西虢，文王弟虢叔之後。虞，今山西平陸縣北。虢，今河南三门峡市有其城垣遺址。

〔二〕荀息以馬與璧假道於虞：荀息，晋大夫荀叔。馬，屈地之良馬。璧，垂棘之美玉。自晋適虢，途經於虞，故借道。

〔三〕宫之奇：虞國之賢人。

〔四〕晋人伐虢，反而取虞：《左傳》魯僖公五年冬十二月，晋滅虢。師還，遂襲虞滅之。

〔五〕故《春秋》書之，以罪虞公：魯僖公五年冬，《春秋》書曰：「晋人執虞公。」

〔六〕而并齊、秦：而，讀爲「能」。并，并也。言趙之强，能比并於齊、秦。

魏太子在楚〔一〕。謂樓子於鄢陵公曰〔二〕：「公必且待齊、楚之合也，以救皮氏〔三〕。今齊、楚之理，必不合矣。彼翟子之所惡於國者，無公矣〔四〕。其人皆欲合齊、秦外楚以輕公，公必謂齊王曰〔五〕：『魏之受兵，非秦實首伐之也，楚惡魏之事王也，故勸秦攻魏。』齊王故欲伐楚，而又怒其不己善也，必令魏以地聽秦而爲和。以張子之强〔六〕，有秦、韓之重，齊王惡之，而魏王不敢據也〔七〕。今以齊、秦之重，外楚以輕公，臣爲公患之。鈞之出地以爲和於秦也，豈若由楚乎？秦疾楚，楚還兵〔八〕，魏王必懼。公因寄汾北以予秦而爲和〔九〕，合親以孤齊，秦、楚重公，公必爲相矣。臣意秦王與樗里疾之欲之也，臣請爲公説之。」

〔一〕魏太子在楚：蓋此時楚背秦，親魏，故魏太子在楚。【補】金正煒曰：「魏太子在楚」以下，鮑本別爲一章，次於秦、楚攻皮氏章之後，蓋太子之在楚，即楚背秦與魏時也。姚本此章與上章連篇。顧觀光隸此於赧王九年。今從姚本而連章。

〔二〕謂樓子於鄢陵公：樓子，樓庳，主合縱以謀秦。鄢陵，魏地。鄢陵公，不詳。【補】又名安陵。魏封之附庸小國。鄢陵公，即安陵公。

〔三〕皮氏：魏邑。在今山西河津市西。

〔四〕翟子之所惡於國者，無公矣：翟子，翟强，魏相。公，指樓庳。

〔五〕公必謂齊王曰：「公」字，承上文而誤衍。此乃設爲其人之言，不當有「公」字。當删去。

〔六〕以張子之强：張子，指張儀。强，謂張儀有秦、韓之重。

〔七〕不敢據：魏不敢仗恃張儀以爲安。

〔八〕秦疾楚，楚還兵：秦疾楚，秦怒楚之合於魏。楚還兵，楚引兵而還，則魏失楚之助。

〔九〕寄汾北以予秦而爲和：寄，猶委。汾北，汾水之北，皮氏附近之地。

乃請樗里子曰：「攻皮氏，此王之首事也，而不能拔，天下且以此輕秦。且有皮氏於以攻韓、魏，利也。」樗里子曰：「吾已合魏矣，無所用之〔一〕。」對曰：「臣願以鄙心意公，公無以爲罪。有皮氏，國之大利也，而以與魏，公終自以爲不能守也，故以與魏。今公之力有餘守之，何故而弗有也？」樗里子曰：「奈何？」曰：「魏王之所恃者，齊、楚也；所用者，虜、翟强也。今齊王謂魏王曰：『欲講攻於齊王兵之辭也〔二〕，是弗救矣。』楚王怒於魏之不用樓子，而使翟强爲和也，怨顏已絶之矣〔三〕。魏王之懼也見亡，翟强欲合齊、秦外楚以輕樓虜，樓虜欲合秦、楚外齊以輕翟强。公不如按魏之和〔四〕，使人謂樓子曰：『子能以汾北與我乎？請合於楚外齊以重公也，此吾事也。』樓子與楚王必疾矣。又謂翟子：『子能以汾北與我乎？必爲合於齊外於楚，以重公也。』翟强與齊王必疾矣。是公外得齊、楚以爲用，內得樓虜、翟强以爲佐，何故不能有地於河東乎？」

〔一〕吾已合魏矣，無所用之：樗里疾與楚攻魏皮氏，楚背秦而合於魏。皮氏未拔而解。樗里疾乃謀合魏以攻楚。

〔二〕欲講攻於齊王兵之辭也：講，與「搆」通。搆攻，猶言搆兵。王兵，疑是「止兵」之誤。

〔三〕怨顏已絶之矣：怨顏，怨怒形於顔色。怨魏而已絶之。

〔四〕按魏之和：按，止。停止與魏講和。

【繫年】

據《樗里子傳》，秦武王薨，昭王即位。樗里疾益尊重，爲丞相。《魏世家》魏哀（襄）王十二年，秦來伐皮氏，未拔而解，策文所言即指其事。在秦昭王元年、魏襄王十三年，當周赧王九年。

戰國策卷二十五

魏四

獻書秦王曰章

獻書秦王曰：「昔竊聞大王之謀出事於梁〔一〕，謀恐不出於計矣，願大王之熟計之也。梁者，山東之要也〔二〕。有虵於此〔三〕，擊其尾，其首救；擊其首，其尾救；擊其中身，首尾皆救。今梁者〔四〕，天下之中身也。秦攻梁者，是示天下要斷山東之脊也，是山東首尾皆救中身之時也。山東見亡，必恐，恐必大合。山東尚强，臣見秦之必大憂可立而待也。臣竊爲大王計，不如南，出事於南方，其兵弱，天下必不能救〔五〕，地可廣大，國可富，兵可强，主可尊。王不聞湯之伐桀乎？試之弱密須氏以爲武教〔六〕，得密須氏，而湯知服桀矣〔七〕。今秦欲與山東爲讎〔八〕，不先以弱爲武教，兵必大挫，國必大憂。」秦果南攻藍田、鄢、郢。

〔一〕謀出事：計劃攻伐之事。【補】此策卷首有闕文，否則，不知所云。諸本、范本於卷首均標以「闕文」二字。「昔」字，鮑本、吴本均作「臣」。按《廣雅·釋詁》：「昔，始也。」二解均通。事，謂攻伐也。

〔二〕要：與「腰」同。

〔三〕虵：俗寫「蛇」字。

〔四〕者：姚本作「王」，今從鮑本作「者」。

〔五〕不：姚本無。從鮑本補「不」字，語順。

〔六〕密須氏：密須，姞姓國。在今甘肅靈臺縣西，爲周文王所滅。策文謂湯伐密須，誤。

〔七〕知：姚本作「之」。今從鮑本作「知」爲是。

〔八〕欲：姚本作「國」。從鮑本作「欲」爲是。

【繫年】

據《秦本紀》、《白起傳》、《雲夢秦簡》、《大事記》秦昭王二十八年，楚頃襄王二十年，秦大良造白起攻楚，拔鄢、郢。此策所言蓋指其事。

八年謂魏王曰章

八年〔一〕（闕文）謂魏王曰：「昔曹恃齊而輕晋，齊伐釐、莒而晋人亡曹〔二〕。繒恃齊以悍越〔三〕，齊和子亂而越人亡繒〔四〕。鄭恃魏以輕韓，魏伐榆關而韓氏亡鄭〔五〕。原恃秦、翟以輕晋〔六〕，秦、翟年穀大凶，而晋人亡原〔七〕。中山恃齊、魏以輕趙，齊、魏伐楚而趙亡中山〔八〕。此五國所以亡者，皆其所恃也。非獨此五國爲然而已也。天下之亡國皆然矣。

〔一〕八年：「八」上鮑補「十」字。「年」下有缺文。

〔二〕曹恃齊而輕晋，齊伐釐、莒而晋人亡曹：曹，姬姓國，周文王子振鐸封此，都於定陶。釐，即萊，姜姓，子爵。今山東龍口市東有萊子城。莒，古國名，春秋時遷於莒。今山東莒縣。晋人亡曹，曹滅於宋，在周敬王三十三年。此指晋文公伐曹，分曹、衛田以與諸侯事，在魯僖公二十八年。

〔三〕繒恃齊以悍越：繒，即鄫，姒姓。今山東棗莊市東有繒城。悍，與「捍」通。

〔四〕齊和子亂而越人亡繒：齊和子，齊太公田和。繒，爲莒所滅，非滅於越。

〔五〕魏伐榆關而韓氏亡鄭：榆關，在大梁西南，新鄭之南，不詳其確切地址。《韓非子·飾邪》：鄭恃魏而不聽韓，魏攻荆而韓滅鄭。韓哀侯二年滅鄭。

〔六〕原恃秦、翟以輕晉：原，古原國，在今河南濟源市西。恃秦、翟，不詳。【補】翟，疑今山西稷山縣翟店，道通河津市，西連於秦，東連原國，各相距數百里。翟，音「狄」。周宣王時，由敦煌一帶遷太原南。後其土地甚廣，稱群狄，活躍在今河北、山西之間，春秋時伐邢入衛。蘇忿生失原地後，曾聯狄叛周。

〔七〕晉人亡原：周襄王以原地賜晉。魯僖公二十五年晉文公伐原降之。

〔八〕齊、魏伐楚而趙亡中山：魏襄王十八年秦、韓、魏、齊共攻楚，敗楚將唐昧。趙以此時攻中山，中山君出亡於齊。

「夫國之所以不可恃者多，其變不可勝數也。或以政教不脩，上下不輯〔一〕，而不可恃者；或有諸侯鄰國之虞，而不可恃者；或以年穀不登〔二〕，稸積竭盡〔三〕，而不可恃者；或化於利，比於患〔四〕。臣以此知國之不可必恃也。今王恃楚之强，而信春申君之言〔五〕，以是質秦，而久不可知〔六〕。即春申君有變，是王獨受秦患也。即王有萬乘之國，而以一人之心爲命也。臣以此爲不完，願王之熟計之也。」

〔一〕輯：和睦。

〔二〕年穀不登：登，成熟。俗語年景不好，五穀歉收。

〔三〕稸：與「蓄」同。積蓄。

〔四〕化於利，比於患：鮑注：化，猶移。比，猶近。

〔五〕春申君：楚相黄歇。【補】春申君於楚考烈王元年後爲相（約前二六〇），死於公元前二三八年。鮑注此策爲魏安釐王八年，即公元前二六九年，春申君未封，誤。當爲魏安釐王十八年（前二五九）。「八」前缺「十」。

〔六〕以是質秦，而久不可知：質，與「鑕」通，椹質。久，猶後。

【繫年】

秦始皇六年，天下合縱攻秦，春申君爲縱長，無功而還。策文所言，即指其事。在魏景湣王二年。

魏王問張旄曰章

魏王問張旄曰〔一〕：「吾欲與秦攻韓，何如？」張旄對曰：「韓且坐而胥亡乎〔二〕？且割而從天下乎？」王曰：「韓且割而從天下。」張旄曰：「韓怨魏乎？怨秦乎？」王曰：「怨魏。」張旄曰：「韓强秦乎，强魏乎〔三〕？」王曰：「强秦。」張旄曰：「韓且割而從其所强與所不怨乎？且割而從其所不强與其所怨乎？」王曰：「韓將割而從其所强與其所不怨。」張旄曰：「攻韓之事，王自知矣。」

〔一〕張旄：魏人，曾刺殺楚靳尚，大重於魏。

〔二〕胥：鮑本作「㬰」，一本作「腎」，鮑注：與「胥」同。待也。

〔三〕韓强秦乎，强魏乎：韓以秦爲强，還是以魏爲强？

【繫年】

此策與《魏將與秦攻韓朱己章》爲一事。在魏安釐王十五年，當周赧王五十三年。【補】顧觀光《國策編年》與

《魏將與秦攻韓章》並次於周赧王四十九年。若是，則當次於周赧王五十二年，説詳彼章。備參。

客謂司馬食其章

客謂司馬食其曰〔一〕：「慮久以天下爲可一者〔二〕，是不知天下者也。欲獨以魏支秦者〔三〕，是又不知魏者也。謂茲公不知此兩者〔四〕，又不知茲公者也。然而茲公爲從，其説何也？從則茲公重，不從則茲公輕，茲公之處重也，不以實爲期〔五〕。子何不疾及三國方堅也，自賣於秦，秦必受子。不然，横者將圖子以合於秦，是取子之資，而以資子之讎也〔六〕。」

〔一〕司馬食其：司馬，姓；食其，名，音「異基」。魏人。

〔二〕慮久：熟慮。慮，大計。

〔三〕支：猶拒。

〔四〕茲公：人名，不可考。

〔五〕期：要求。

〔六〕而以資子之讎：資，憑藉。讎，謂横者。此謂食其之所憑藉，將爲横者所利用。

【繫年】

此策時不可考。姑附於秦始皇六年，春申君率韓、趙、魏攻秦之時。

魏秦伐楚魏王不欲章

魏、秦伐楚，魏王不欲〔一〕。樓緩謂魏王曰：「王不與秦攻楚，楚且與秦攻王。王不如令秦、楚戰，王交制之也〔二〕。」

〔一〕魏王：魏襄王。

〔二〕交制之：交，俱。制，控制。

【繫年】

此蓋樗里疾與楚圍魏皮氏時事。楚背秦，樗里疾合於魏，故秦、魏伐楚。魏太子在楚，故魏王不欲。當繫於魏襄王十三年、秦昭王元年，當周赧王九年。

穰侯攻大梁章

穰侯攻大梁，乘北郢〔一〕，魏王且從〔二〕。謂穰侯曰：「君攻楚得宛、穰以廣陶〔三〕，攻齊得剛、博以廣陶〔四〕，得許、鄢陵以廣陶〔五〕，秦王不問者，何也？以大梁之未亡也。今日大梁亡，許、鄢陵必議〔六〕，議則君必窮。爲君計者，勿攻便。」

〔一〕乘北郢：《史記·穰侯傳》作「入北宅」。當從《史記》。

〔二〕魏王且從：魏王，魏昭王。從，順服。

〔三〕得宛、穰以廣陶：按魏冉封穰在前，益封陶在後。説士之辭，往往與事實不符，策文多如此。廣陶，以廣定陶之封地。

〔四〕剛、博：剛，今山東寧陽縣之故剛城。博，當爲博關。

〔五〕得許、鄢陵以廣陶：按上文語式，「得許」上當有「攻魏」，二字缺脱。

〔六〕許、鄢陵必議：議許與鄢陵應否封給穰侯。

【繫年】

據《穰侯傳》，秦昭王三十二年，穰侯爲相國，將兵攻魏，走芒卯，入北宅，遂圍大梁。策文所言即指此事，與《須賈説穰侯章》爲同一事。在魏安釐王二年，當周赧王四十年。

白珪謂新城君章

白珪謂新城君曰〔一〕：「夜行者能無爲姦，不能禁狗使無吠已也。故臣能無議君於王，不能禁人議臣於君也。」

〔一〕白珪謂新城君：白珪，劉本作「白圭」。戰國時周人，以貨殖致富。又《孟子》云，白圭名丹，字圭。善於修築堤坊，興修水利。策文和《孟子》謂爲梁惠王、襄王時人。《新序》謂其爲魏文侯時人。《新序》多沿襲《史記》，蓋襲《史記·貨殖列傳》「當魏文侯時，李克務盡地力，而白圭樂觀時變」之文。實在此句特與李克對論，不是説白圭就生在這時。而以策文所記在戰國後期梁惠王、襄王之世爲確。新城君，秦昭王封芈戎爲新城君。此策所言，不知是此人否。如是芈戎，則此篇當歸之秦策。

【繫年】

此策時不可考。如以新城君爲芈戎，則事當在穰侯用事，范雎相秦之前。姑附於秦昭王四十一年、魏安釐王十一年。

秦攻韓之管章

秦攻韓之管〔一〕，魏王發兵救之〔二〕。昭忌曰〔三〕：「夫秦强國也，而韓、魏壤秦〔四〕，不出攻則已，若出攻，非於韓也必魏也。今幸而於韓，此魏之福也。王若救之，夫解攻者，必韓之管也；致攻者，必魏之梁也。」魏王不聽。曰：「若不因救韓，韓怨魏，西合於秦，秦、韓爲一，則魏危。」遂救之。

〔一〕韓之管：管，西周管叔所封地。戰國屬韓。在今鄭州市管城區。

〔二〕魏王：當是魏安釐王。

〔三〕昭忌：其人不詳。

〔四〕韓、魏壤秦：秦，姚本作「梁」。今從劉本改「梁」爲「秦」。壤秦，地與秦相接。

秦果釋管而攻魏。魏王大恐，謂昭忌曰：「不用子之計而禍至，爲之奈何？」昭忌乃爲之見秦王曰：「臣聞明主之聽也，不以挾私爲政，是參行也〔一〕。願大王無攻魏，聽臣也。」秦王曰：「何也？」昭忌曰：「山東之從，時合時離，何也？」秦王曰：「不識也。」曰：「天下之合也，以王之不必也〔二〕；其離也，以王之必也〔三〕。今攻韓之管，國危矣，未卒而移兵於梁，合天下之從，無精於此者矣〔四〕。以爲秦之求索，必不可支也。故爲王計者，不如齊、趙〔五〕。秦已制趙，則燕不敢不事秦，荆、齊不能獨從。天下争敵於秦，則弱矣〔六〕。」秦王乃止。

〔一〕不以挾私爲政，是參行也：政，與「正」同。參行，參之衆説而行之。

〔二〕不必：謂不一定攻伐某一國。

〔三〕必：謂伐一國而不轉移，則别國不急於合縱。

〔四〕精：猶甚。

〔五〕不如齊、趙：鮑本作「齊」爲「制」。下文有「秦已制趙」句，則此應從鮑彪改爲「制」。

〔六〕天下争敵於秦，則弱矣：敵，疑「適」字之誤。適，歸也。天下争歸秦，而縱約散，則六國日益削弱矣。

【繫年】

《秦本紀》秦昭王三十二年，穰侯攻魏，至大梁，破暴鳶，魏入三縣請和。《韓世家》韓襄王二十一年，使暴鳶救魏，爲秦所敗，鳶走大梁。《魏世家》魏安釐王二年，秦軍大梁下，韓來救，予秦温以和。秦攻韓之管，當在此時。秦攻大梁，韓使暴鳶來救；秦攻韓之管，故魏救之。此周赧王四十年事。

秦趙構難而戰章

秦、趙構難而戰〔一〕。謂魏王曰：「不如齊、趙而構之秦〔二〕。王不構趙，趙不以毁構矣〔三〕；而構之秦，趙必復鬭，鬭必重魏；是並制秦、趙之事也。王欲焉而收齊、趙攻荆〔四〕，欲焉而收荆、趙攻齊，欲王之東長之待之也〔五〕。」

〔一〕秦、趙構難而戰：構，交構。難，爲難。

〔二〕不如齊、趙而構之秦：「齊」上蓋有脱文。此句意爲聯齊助趙以與秦構難。

〔三〕趙不以毁構：毁，殘破。趙不以自身殘破而與秦構難。

〔四〕欲：想。

〔五〕欲王之東長之待之也：東，謂魏東向以聯齊、楚。長之，爲齊、楚縱約之長。待之，等待魏王從事。

【繫年】

此策時不可考。既言秦、趙構難而戰，則趙勢方强，敢與秦對抗。又言趙不以毁構，則趙國勢已受挫。揆其勢當是長平之戰時事。姑附於魏安釐王十七年、秦昭王四十七年，當周赧王五十五年。

長平之役平都君章

長平之役〔一〕，平都君説魏王曰〔二〕：「王胡不爲從？」魏王曰：「秦許吾以垣雍〔三〕。」平都君曰：「臣以垣雍爲空割也。」魏王曰：「何謂也？」平都君曰：「秦、趙久相持於長平之下而無決，天下合於秦則無趙，合於趙則無秦。秦恐王之變也，故以垣雍餌王也。秦戰勝趙，王敢責垣雍之割乎？」王曰：「不敢。」「秦戰不勝趙，王能令韓出垣雍之割乎？」王曰：「不能。」「臣故曰垣雍空割也。」魏王曰：「善。」

〔一〕長平之役：秦、趙長平之戰。

〔二〕平都君説魏王：平都君，不知何人封號。魏王，魏安釐王。【補】據《趙策四·秦召春平侯章》世鈞謂文信侯：「君不如遣春平侯而留平都侯。」平都侯，趙臣。事在悼襄王初，與此相距不遠，疑平都君即平都侯。

〔三〕垣雍：韓所得魏地。在今河南原陽縣原武鎮北。

【繫年】

秦、趙長平之戰在秦昭王四十七年、趙孝成王六年、魏安釐王十七年，當周赧王五十五年。

樓梧約秦魏章

樓梧約秦、魏〔一〕，將令秦王遇於境〔二〕。謂魏王曰〔三〕：「遇而無相，秦必置相〔四〕。不聽之，則交惡於秦；聽之，則後王之臣將皆務事諸侯之能令於王之上者〔五〕。且遇於秦而相秦者〔六〕，是無齊也，秦必輕王之强矣。有齊者〔七〕，不若相之，齊必喜，是以有齊者與秦遇〔八〕，秦必重王矣。」

〔一〕梧：一本作「郚」，又作「𨙸」。

〔二〕將令秦王遇於境：魏襄王十一年，與秦武王會應。十二年，太子朝秦。十七年，與秦會臨晋。

〔三〕魏王：魏襄王。

〔四〕秦必置相：魏王無相，秦王必與魏王置相。

〔五〕將皆務事諸侯之能令於王之上者：能使魏王從令，而勢在魏王之上者。

〔六〕遇於秦而相秦者：與秦王相遇，而相秦王所置之相。

〔七〕有齊者：臣下有爲齊所相信者。

〔八〕是以有齊者與秦遇：齊，姚本作「雍」，鮑本作「齊」。「雍」乃「齊」字形似之誤。今從鮑本作「齊」。

【繫年】

依《魏世家》，繫此策於魏襄王十一年、秦武王三年，當周赧王七年。

芮宋欲絶秦趙之交章

芮宋欲絶秦、趙之交〔一〕，故令魏氏收秦太后之養地於秦〔二〕。芮宋謂秦王曰：「魏委國於王，而王不受，故委國於趙也。李郝謂臣曰〔三〕：『子言無秦，而養秦太后以地，是欺我也。故敝邑收之。』」秦王怒，遂絶趙也。爲魏謂楚王曰：「索攻魏於秦，秦必不聽王矣，是智困於秦，而交疏於魏也。楚、魏有怨，則秦重矣。故王不如順天下，遂伐齊，與魏便地〔四〕，兵不傷，交不變，所欲必得矣。」

〔一〕芮宋：魏人。

〔二〕收秦太后之養地：秦太后，秦昭王母，宣太后。養地，魏獻地於秦以奉養秦太后者。

〔三〕李郝：趙人。其身世不詳。

〔四〕與魏便地：便，疑「更」字之誤，策文多有此例。言楚以伐齊所得齊地更換於魏。【補】此章鮑本分爲兩章，上章至「遂絶趙也」，下章自「爲魏謂楚王曰」起新章。二章實敍同時事，今從姚本合爲一章。

【繫年】

此策時不可考。因言收秦太后養地，姑附於秦昭王四十年，秦廢太后之前，當魏安釐王十年、周赧王四十八年。

【補】鮑本分章隸後章於周赧王三十一年。

管鼻之令翟强章

管鼻之令翟强與秦事〔一〕，謂魏王曰：「鼻之與强，猶晋人之與楚人也。晋人見楚人之急，帶劍而緩之；楚人惡其緩而急之。令鼻之入秦之傳舍〔二〕，舍不足以舍之〔三〕。强之入，無蔽於秦者〔四〕。强，王貴臣也，而秦若此其甚，安可？」

〔一〕管鼻之令翟强：管鼻，恐即樓廙。翟强，魏相。吴師道云：翟强欲合齊、秦外楚以輕樓廙，樓廙欲合秦、楚外齊以輕翟强。鼻、强不合，而使强與秦事，欲以輕强也。

〔二〕傳舍：止息傳置之舍。猶後之驛站，今之招待所。【補正】帶劍而緩之，言管鼻與翟强二人性行相反，帶劍緩急不同。又謂帶劍之緊固與舒緩也。

〔三〕舍不足以舍之：侍衛人多，傳舍容納不下。

〔四〕無蔽於秦者：蔽，鮑本作「蘇」。言無人從之。

【繫年】

管鼻恐即樓廪。在魏襄王十三年、秦昭王元年，當周赧王九年。

成陽君欲以韓魏聽秦章

成陽君欲以韓、魏聽秦〔一〕，魏王弗利。白圭謂魏王曰：「不如陰使人説成陽君曰：『君入秦，秦必留君，而以多割於韓矣〔二〕。韓不聽，秦必留君而伐韓矣。故君不如安行求質於秦〔三〕。』成陽君必不入秦，秦、韓不敢合，則王重矣。」

〔一〕成陽君：韓相。曾與孟嘗君、魏昭王朝邯鄲，約李兑攻秦。

〔二〕多割於韓：秦要求韓多割地。

〔三〕安行求質：安，徐，緩。求質，求秦質子作保證。

【繫年】

《秦本紀》秦昭王十七年，成陽君入朝於秦，策文蓋此時事。秦昭王十七年、魏昭王六年、韓釐王六年，當周赧王二十五年。

秦拔寧邑章

秦拔寧邑〔一〕，魏王令人謂秦王曰〔二〕：「王歸寧邑，吾請先天下構。」魏冉曰〔三〕：「王無聽。魏王見天下之不足恃也，故欲先構。夫亡寧者，宜割二寧以求構；夫得寧者，安能歸寧乎？」

〔一〕寧邑：魏地，在今河南修武縣。

〔二〕魏王令人謂秦王：魏王，魏安釐王。令人，姚本作「令之」，今從鮑本作「令人」。秦王，秦昭王。

〔三〕魏冉：冉，姚本作「王」，鮑本作「冉」。黄丕烈云：「冉」字當是。今從鮑本作「冉」。【補】魏冉乃「魏王」之誤。魏王指魏安釐王。

【繫年】

據《穰侯傳》，秦昭王三十三年，魏背秦，秦使穰侯伐魏，得魏三縣。冉益封。拔寧邑當在此時，然下章明言罷邯鄲，攻魏取寧邑。此二章當爲同時事，仍當繫於魏安釐王二十年、秦昭王五十年。唯與魏冉事迹不符。魏冉在秦昭王四十一年罷相，或「魏冉」二字有誤。

秦罷邯鄲攻魏章

秦罷邯鄲〔一〕，攻魏取寧邑。吴慶恐魏王之構於秦也〔二〕，謂魏王曰：「秦之攻王也，王知其故乎？天下皆曰王近也〔三〕。王不近秦，秦之所去〔四〕。皆曰王弱也。王不弱二周〔五〕，秦人去邯鄲，遇二周而攻王者，以王爲易制也。王亦知弱之召攻乎？」

〔一〕秦罷邯鄲：罷攻邯鄲。

〔二〕吴慶：不詳其人。

〔三〕王近也：近，親。謂魏王親秦也。

〔四〕秦之所去：秦所欲攻去。

〔五〕王不弱二周：言魏不弱於東、西二周也。

【繫年】

秦罷邯鄲在秦昭王五十年、趙孝成王九年、魏安釐王二十年，當周赧王五十八年。【補】吴師道曰：邯鄲，趙都。凡攻趙皆言邯鄲。此策罷邯鄲，必非赧王五十八年解邯鄲圍時事。且《秦本紀》書拔寧、新中在次年，即赧王五十九年。

魏王欲攻邯鄲章

魏王欲攻邯鄲，季梁聞之〔一〕，中道而反，衣焦不申〔二〕，頭塵不去〔三〕，往見王曰：「今者臣來，見人於大行〔四〕，方北面而持其駕，告臣曰：『我欲之楚。』臣曰：『君之楚，將奚爲北面？』曰：『吾馬良。』臣曰：『馬雖良，此非楚之路也。』曰：『吾用多〔五〕。』臣曰：『用雖多，此非楚之路也。』曰：『吾御者善。』『此數者愈善，而離楚愈遠耳。』今王動欲成霸王，舉欲信於天下〔六〕。恃王國之大，兵之精鋭，而攻邯鄲，以廣地尊名，王之動愈數，而離王愈遠耳。猶至楚而北行也。」

〔一〕季梁：不詳。

〔二〕衣焦不申：焦，與「燋」通，縮也。申，舒展也。謂衣縮而不申之也。

〔三〕頭塵不去：王念孫云：《文選》阮籍《詠懷詩》注引此作「頭塵不浴」，此「去」乃「浴」字之訛。作「浴」爲是。

〔四〕大行：行，路。大行，大路也。

〔五〕吾用多：資費充裕。

〔六〕信：與「伸」通。

【繫年】

此策言「王動欲成霸王，舉欲信於天下」蓋魏惠王時事。當繫於魏惠王十八年、趙成侯二十三年，當周顯王十七年。

周肖謂宮他章

周肖謂宮他曰〔一〕：「子爲肖謂齊王曰：『肖願爲外臣。令齊資我於魏〔二〕。』」宮他曰：「不可，是示齊輕也。夫齊不以無魏者以害有魏者〔三〕。故公不如示有魏。公曰：『王之所求於魏者，臣請以魏聽。』齊必資公矣。是公有齊，以齊有魏也。」

〔一〕周肖：肖，《孟子》作「霄」，《韓非子·說林下》作「趮」。顧廣圻云：「肖」、「趮」同字。魏人。

〔二〕令齊資我於魏：使齊資助見重於魏。

〔三〕不以無魏者以害有魏者：無魏，在魏不被重用。有魏，在魏受重用。

【繫年】

按《孟子》，周霄與孟子及魏襄王同時，又與魏襄王之相翟强、田需同時。姑附於魏襄王七年宮他使魏之時。

周冣善齊章

周冣善齊，翟强善楚。二子者，欲傷張儀於魏。張子聞之，因使其人爲見者嗇夫〔一〕，間見者〔二〕，因無敢傷張子。

〔一〕爲見者嗇夫：見者，爲引見傳命之官。嗇夫，古官名。《管子·君臣上》：「吏嗇夫任事，人嗇夫任教。」尹知章注：使嗇夫，謂檢群吏之官也；人嗇夫，亦謂檢束百姓之官。

〔二〕間：姚本作「聞」，今從鮑本作「間」是。間，候伺，監視。

【繫年】

此策當繫於張儀由秦復出相魏時。在秦武王元年、魏襄王九年，當周赧王五年。

周㝡入齊章

周㝡入齊，秦王怒〔一〕，令姚賈讓魏王〔二〕。魏王爲之謂秦王曰：「魏之所以爲王通天下者，以周㝡也。今周㝡遁寡人入齊，齊無通於天下矣。敝邑之事王，亦無齊累矣。大國欲急兵，則趣趙而已〔三〕。」

〔一〕秦王：秦昭王。

〔二〕令姚賈讓魏王：姚賈，梁監門子，蓋魏人仕秦者。與李斯共害韓非之姚賈不是此人。「姚賈」疑「起賈」之誤。

〔三〕大國欲急兵，則趣趙而已：大國，謂秦。急兵，以兵伐齊。趙，促使。趣趙，促使趙應秦。

【繫年】

此爲李兑約五國伐秦時，魏欲和於秦。周㝡是親齊反秦者，故去魏而之齊。齊閔王以爲相，曾派人説趙國之金投，不要攻齊。當繫於魏昭王十年、秦昭王二十一年，當周赧王二十九年。

秦魏爲與國齊楚約章

秦、魏爲與國〔一〕。齊、楚約而欲攻魏，魏使人求救於秦，冠蓋相望〔二〕，秦救不出。魏人有唐且者〔三〕，年九十餘，謂魏王曰：「老臣請西説秦〔四〕，令兵先臣出可乎？」魏王曰：「敬諾。」遂約車而遣之。唐且見秦王〔五〕，秦王曰：「丈人芒然乃遠至此〔六〕，甚苦矣。魏來求救數矣，寡人知魏之急矣。」唐且對曰：「大王已知魏之急，而救不至者，是大王籌筴之臣無任矣〔七〕。且夫魏一萬乘之國，稱東藩，受冠帶，祠春秋者，以爲秦之强足以爲與也。今齊、楚之兵已在魏郊矣，大王之救不至，魏急則且割地而約齊、楚，王雖欲救之，豈有及哉？是亡一萬乘之魏，而强二敵之齊、楚也。竊以爲大王籌筴之臣無任矣。」

〔一〕與國：相與同禍福之國。

〔二〕冠蓋相望：冠蓋，車子上之頂蓋。相望，言使者之車在路上絡繹不絶。

〔三〕唐且：《史記·魏世家》作「唐雎」，「且」、「雎」古同。

〔四〕老臣請西説秦：「請」下姚本、鮑本皆有「出」字。王念孫云：「請」下不當有「出」字。《史記·魏世家》、《新序·雜事》俱無「出」字，《藝文類聚》、《太平御覽·人事部》引策文亦無「出」字。今删去

「出」字。

〔五〕秦王：秦昭王。

〔六〕芒然：疲倦之貌。

〔七〕籌筴之臣無任矣：籌，劃。「筴」與「策」同，謀也。無任，不堪任事，言無能。

秦王喟然愁悟〔一〕，遽發兵〔二〕，日夜赴魏。齊、楚聞之，乃引兵而去。魏氏復全，唐且之説也。

〔一〕喟然愁悟：喟，歎聲。愁，變色貌。

〔二〕遽發兵：遽，一本作「遂」，《太平御覽》卷三八三引此作「遂」，《新序·雜事》作「遽」，《史記》作「遽」。

【繫年】

《魏世家》叙此事於魏安釐王十一年之下，在秦昭王四十一年，當周赧王四十九年。

信陵君殺晉鄙章

信陵君殺晉鄙〔一〕，救邯鄲，破秦人，存趙國，趙王自郊迎。唐且謂信陵君曰〔二〕：「臣聞之曰：事有不可知者，有不可不知者；有不可忘者，有不可不忘者。」信陵君曰：「何謂也？」對曰：「人之憎我也，不可不知也；吾憎人也，不可得而知也。人之有德於我也，不可忘也；吾有德於人也，不可不忘也。今君殺晋鄙，救邯鄲，破秦人，存趙國，此大德也。今趙王自郊迎，卒然見趙王〔三〕，臣願君之忘之也。」信陵君曰：「無忌謹受教。」

〔一〕信陵君殺晋鄙：秦圍趙都邯鄲，信陵君聽侯嬴之計，竊魏王兵符矯奪晋鄙軍，殺晋鄙以救趙，退秦兵。晋鄙，魏安釐王之將。

〔二〕唐且謂信陵君：《史記·魏公子傳》不言是唐且，而言「客有説公子曰」。恐此有舛誤。

〔三〕卒然見趙王：卒，與「猝」同，倉促，突然。趙王，趙孝成王。

【繫年】

《魏世家》和《魏公子傳》皆叙此事於魏安釐王二十年。當秦昭王五十年、趙孝成王九年、周赧王五十八年。

魏攻管而不下章

魏攻管而不下〔一〕。安陵人縮高〔二〕，其子爲管守。信陵君使人謂安陵君曰：「其遣縮高，吾將仕之以五大夫〔三〕，使爲持節尉〔四〕。」安陵君曰：「安陵小國也，不能必使其民。使者自往，請使道使者至縮高之所〔五〕，復信陵君之命〔六〕。」縮高曰：「君之幸高也〔七〕，將使高攻管也。夫以父攻子守，人大笑也。是臣而下〔八〕，是倍主也。父教子倍，亦非君之所喜也。敢再拜辭。」

〔一〕管：韓地，在今河南鄭州市管城區。

〔二〕安陵：《御覽》卷四二二引策文皆作「鄢陵」。在今河南鄢陵縣西北。

〔三〕五大夫：爵位。秦爵第九級。魏則不詳。

〔四〕持節尉：節，符節。尉，軍官。

〔五〕請使道使者至縮高之所：「請使」下，一本、《御覽》有「吏」字。道，讀爲「導」。縮，姚本誤爲「縞」。

〔六〕復：申述。

〔七〕幸：《御覽》卷四二二作「命」。

〔八〕是：當是「因」字之誤。

使者以報信陵君，信陵君大怒，遣大使之安陵〔一〕，曰：「安陵之地，亦猶魏也，今吾攻管而不下，則秦兵及我，社稷必危矣。願君之生束縮高而致之〔二〕。若君弗致也，無忌將發十萬之師，以造安陵之城〔三〕。」安陵君曰：「吾先君成侯受詔襄王〔四〕，以守此地也，手受大府之憲〔五〕。憲之上篇曰：『子弑父，臣弑君，有常不赦〔六〕。國雖大赦，降城亡子不得與焉〔七〕。』今縮高謹解大位，以全父子之義。而君曰必生致之，是使我負襄王詔而廢大府之憲也。雖死終不敢行。」

〔一〕大使：重使。

〔二〕生束縮高而致之：生束，生而執之。致之，送至信陵君之所。

〔三〕造：至也。鮑本作「告」。

〔四〕吾先君成侯受詔襄王：成侯，安陵始封之君。安陵，在大梁之南二百里。襄王，魏襄王。吕祖謙、鮑彪、吴師道皆以「襄王」爲魏襄子，誤。

〔五〕受大府之憲：大府，藏策書、盟約、法令之所。憲，法令。

〔六〕有常不赦：《逸周書·大匡》：「有常不赦。」《左傳》文公十八年：「有常無赦。」皆謂常爲常刑。

〔七〕降城亡子：降城，以城降人。亡子，逃亡人。

縮高聞之曰：「信陵君爲人悍而自用也。此辭反，必爲國禍。吾已全己之爲人臣之義矣〔一〕，豈可使吾君有魏患也。」乃之使者之舍，刎頸而死。信陵君聞縮高死，素服縞素辟舍〔二〕，使使者謝安陵君曰：「無忌，小人也，困於思慮〔三〕，失言於君，敢再拜釋罪。」

〔一〕吾已全己之爲人臣之義：之，姚本作「無」，一本作「之」。孫詒讓云：一本是也。此縮高言己之義已全也。鮑改「爲」作「違」，亦非。

〔二〕素服縞素辟舍：素服之「素」，乃衍文，或變字之訛。辟舍，辟正舍以自責也。

〔三〕困：猶不通。

【繫年】

此章蓋信陵君由趙歸魏，率五國之兵攻秦，敗秦於河外，逐秦軍，至函谷關時事，在魏安釐王三十年、秦莊襄王三年。

魏王與龍陽君章

魏王與龍陽君共船而釣〔一〕，龍陽君得十餘魚而涕下。王曰：「有所不安乎？如是，何不相告也？」對曰：「臣無敢不安也。」王曰：「然則何爲涕出？」曰：「臣爲臣之所得魚也〔二〕。」王曰：「何謂也？」對曰：「臣之始得魚也，臣甚喜，後得又益大，今臣直欲棄臣前之所得矣。今以臣之凶惡〔三〕，而得爲王拂枕席，今臣爵至人君，走人於庭〔四〕，辟人於途〔五〕，四海之內，美人亦甚多矣，聞臣之得幸於王也，必褰裳而趨王。臣亦猶曩臣之所得魚也〔六〕，臣亦將棄矣，臣安能無涕出乎？」

〔一〕龍陽君：魏王之幸姬。【補正】龍陽君，魏王寵幸之男妓也。故後世以龍陽作男妓之代稱。《佞幸傳》：「以婉佞貴幸，與上卧起。」《詩·邶風·簡兮》：「云誰之思？西方美人。」美人謂「周室之賢者」。（鄭箋）《齊風·盧令》「其人美且仁」「其人美且鬈」「其人美且偲」者，《毛傳》指男子，是其證。

〔二〕臣爲臣之所得魚也：下「臣」字姚本作「王」，鮑本作「臣」。《藝文類聚》卷八四引策文作「臣」。今從鮑本改「王」爲「臣」。

〔三〕今以臣之凶惡：之，姚本無，鮑本有，《藝文類聚》卷八四引策文有「之」字。今從鮑本補「之」字。凶惡，言貌醜。

〔四〕走人於庭：在庭，人爲之趨走。

〔五〕辟人於途：辟，與「避」同，避開。在路途行走，則呼行人避開之義。

〔六〕臣亦猶曩臣之所得魚也：「之」下姚、鮑本皆有「前」字。王念孫云：曩即前也。上既言曩，下不得復言前。《藝文類聚》卷八四、《太平御覽·資産部》、《文選》阮籍《詠懷詩》注引策文並無「前」字。

魏王曰：「誒〔一〕！有是心也，何不相告也？」於是布令於四境之内曰：「有敢言美人者族〔二〕。」

由是觀之，近習之人，其摯諂也固矣〔三〕，其自纂繫也完矣〔四〕。今由千里之外欲進美人，所效者庸必得幸乎〔五〕？假之得幸，庸必爲我用乎？而近習之人相與怨我，見有禍，未見有福，見有怨，未見有德，非用知之術也。

〔一〕誒：原作「誤」。王引之云：「誤」當爲「誒」，形近而訛也。誒，歎聲。

〔二〕族：族誅。

〔三〕摯諂：摯，握持。諂，媚。

〔四〕纂繫：繫，原作「繄」，鮑改爲「繫」。吳師道云：當作「繫」。纂繫，固結之義。

〔五〕庸：詎，豈。

【繫年】

此策時不可考。顧觀光附此策於魏安釐王二十三年、燕王喜元年，當秦昭王五十三年。

秦攻魏急或謂魏王章

秦攻魏急。或謂魏王曰：「棄之不如用之之易也，死之不如棄之之易也。能棄之弗能用之，能死之弗能棄之，此人之大過也。今王亡地數百里，亡城數十，而國患不解，是王棄之非用之也。今秦之强也，天下無敵，而魏之弱也甚，而王以是質秦〔一〕，王又能死而弗能棄之，此重過也。今王能用臣之計，虧地不足以傷國，卑體不足以苦身，解患而怨報。秦自四境之内，執法以下，至於長輓者〔二〕，故畢曰：『與嫪氏乎？與吕氏乎〔三〕？』雖至於門閭之下，廊廟之上，猶之如是也。今王割地以賂秦，以爲嫪毐功〔四〕；卑體以尊秦，以因嫪毐。王以國贊嫪毐，以嫪毐勝矣〔五〕。王以國贊嫪毐，太后之德王也深於骨髓，王之交最爲天下上矣〔六〕。秦、魏百相交也，百相欺也。今由嫪氏善秦，而交爲天下上，天下孰不棄吕氏而從嫪氏？天下必舍吕氏而從嫪氏，則王之怨報矣。」

〔一〕質：猶當也。質，射者之的。

〔二〕執法以下，至於長輓者：執法，執政之臣。長輓，長爲挽車之人。

〔三〕嫪氏、吕氏：嫪氏，謂嫪毐，秦始皇母之私人。吕氏，吕不韋。

〔四〕以爲嫪毐功：魏通過嫪毐割地於秦，故功在嫪毐。

〔五〕以嫪毐勝：以魏地割於秦而助嫪毐，以嫪毐之力而勝秦。

〔六〕王之交最爲天下上：言魏與秦交，地位在其他各國之上。

【繫年】

吕不韋爲秦相國在秦始皇元年，《吕不韋傳》言吕不韋陰進嫪毐，和嫪毐當權，在秦始皇七年之前。而嫪毐封爲長信侯在秦始皇八年。此策當從吕子《大事記》繫於秦始皇八年，當魏景湣王四年。

秦王使人謂安陵君章

秦王使人謂安陵君曰〔一〕：「寡人欲以五百里之地易安陵，安陵君其許寡人！」安陵君曰：「大王加惠，以大易小，甚善。雖然，受地於先王〔二〕，願終守之，弗敢易。」秦王不説。安陵君因使唐且使於秦〔三〕。秦王謂唐且曰：「寡人以五百里之地易安陵，安陵君不聽寡人，何也？且秦滅韓亡魏，而君以五十里之地存者，以君爲長者，故不錯意也〔四〕。今吾以十倍之地請廣於君，而君逆寡人者，輕寡人與？」唐且對曰：「否，非若是也。安陵君受地於先王而守之，雖千里不敢易也，豈直五百里哉〔五〕！」

〔一〕秦王：秦始皇。時秦尚未統一稱皇帝，故稱秦王。

〔二〕受地於先王：王，姚本作「生」，誤。今從鮑本作「王」。先王，指成侯受封於魏襄王。

〔三〕唐且：即唐雎。鮑本作「雎」，《古今人表》作「雎」，魏人。

〔四〕錯：與「措」通，置也。

〔五〕直：猶特。

秦王怫然怒，謂唐且曰：「公亦嘗聞天子之怒乎？」唐且對曰：「臣未嘗聞也。」秦王曰：「天子之怒，伏尸百萬，流血千里。」唐且曰：「大王嘗聞布衣之怒乎？」秦王曰：「布衣之怒，亦免冠徒跣，以頭搶地爾〔一〕。」唐且曰：「此庸夫之怒也，非士之怒也。夫專諸之刺王僚也〔二〕，彗星襲月〔三〕；聶政之刺韓傀也〔四〕，白虹貫日；要離之刺慶忌也〔五〕，倉鷹擊於殿上。此三子者，皆布衣之士也。懷怒未發，休祲降於天〔六〕，與臣而將四矣。若士必怒，伏尸二人，流血五步，天下縞素，今日是也。」挺劍而起。秦王色撓〔七〕，長跪而謝之〔八〕，曰：「先生坐！何至於此？寡人諭矣〔九〕。夫韓、魏滅亡而安陵以五十里之地存者，徒以有先生也〔一〇〕。」

〔一〕以頭搶地：搶，突也。謂以頭觸地。

〔二〕專諸之刺王僚：專諸，春秋時吴國堂邑人，事公子光，藏匕首於魚腹中，爲公子光刺殺吴王僚。王僚，吴王余昧之子。

〔三〕彗星襲月：彗星，掃帚星。襲月，彗星當侵掩月光。

〔四〕聶政之刺韓傀：聶政，戰國時軹城深井里人。韓傀，韓國之相。聶政爲嚴仲子刺殺韓傀。

〔五〕要離之刺慶忌：要離，春秋時吴人。慶忌，吴王僚之子。吴王闔閭欲殺王子慶忌。要離以詐見王子慶忌，以劍刺之。

〔六〕休祲降於天：休，祥，吉兆。祲，厲氣，凶兆。

〔七〕撓：慢，屈也。

〔八〕長跪：挺直身軀而跪。

〔九〕諭：曉得。

〔一〇〕徒：猶特。

【繫年】

秦始皇十七年滅韓，二十二年滅魏。策文有滅韓亡魏之語，事在魏亡後可知。安陵乃魏之封君，封地五十里，距魏都約百里。而秦以五百里易安陵，當在滅魏之年。此策當繫於秦始皇二十二年、魏王假三年。

戰國策卷二十六

韓一

三晉已破智氏章

三晉已破智氏〔一〕，將分其地。段規謂韓王曰〔二〕：「分地必取成皋〔三〕。」韓王曰：「成皋，石溜之地也〔四〕，寡人無所用之。」段規曰：「不然。臣聞一里之厚〔五〕，而動千里之權者，地利也。萬人之衆，而破三軍者，不意也。王用臣言，則韓必取鄭矣。」王曰：「善。」果取成皋。至韓之取鄭也〔六〕，果從成皋始。

〔一〕智氏：謂智伯瑶。

〔二〕段規謂韓王：段規，韓康子臣。韓王，謂韓康子，晋大夫。韓康子與趙、魏共滅智伯，至其孫韓虔始列爲諸侯，後六世，韓宣惠王乃稱王。此乃後世追敘之文，故稱韓康子爲王。

〔三〕成皋：即鄭之制邑，亦名虎牢。在今河南滎陽市汜水鎮。

〔四〕石溜之地：石間有水曰石留。留，或作「溜」。謂土地多石，水所溜也。

〔五〕厚：大也。

〔六〕韓之取鄭：韓取鄭，在韓哀侯二年，當周烈王二年。

【繫年】

三晉滅智氏，三分其地，在趙襄子五年，韓康子時無紀年，當周貞定王十六年。

大成午從趙來章

大成午從趙來，謂申不害於韓曰〔一〕：「子以韓重我於趙，請以趙重子於韓，是子有兩韓，而我有兩趙也。」

〔一〕大成午從趙來，謂申不害於韓：大成午，《史記·趙世家》作「大戊午」。《韓非子·内儲説下》作「大成牛」。則「戊」、「牛」二字與「成」、「午」形近而譌。當以「大成午」爲是。王念孫云：「來」字後人所加。大成午在趙，申不害在韓，而大成午寄言於申不害。非謂從趙來韓而與之言也。《韓非子·内儲説下》無「來」字。申不害，鄭國京人，主張法術政治。曾任韓昭侯之相十五年。

【繫年】

大成午，趙肅侯時仕趙。申不害在韓昭侯初年相韓。則此策當在趙肅侯元年、韓昭侯十年左右，當周顯王二十年。

【正】趙肅侯元年，當韓昭侯十四年、周顯王二十年。趙、周之紀年確，韓自三家分晋後，韓康子無紀年，至韓武子開始紀年（前四二四），至昭侯十年（前三五三），已七十餘年矣！獨韓之紀年爲「昭侯十年左右」，不知爲何？

魏之圍邯鄲章

魏之圍邯鄲也〔一〕，申不害始合於韓王〔二〕，然未知王之所欲也。恐言而未必中於王也。王問申子曰：「吾誰與而可〔三〕？」對曰：「此安危之要，國家之大事也。臣請深惟而苦思之〔四〕。」乃微謂趙卓、韓鼂曰〔五〕：「子皆國之辯士也。夫爲人臣者，言可必用〔六〕，盡忠而已矣。」二人各進議於王以事。申子微視王之所説以言於王。王大説之。

〔一〕魏之圍邯鄲：魏圍趙之邯鄲，在魏惠王十六年。

〔二〕申不害始合於韓王：韓王，謂韓昭侯。【補】始合於，即與韓昭侯開始合作。申不害於韓昭侯八年爲相。此策爲昭侯九年事，故曰「始合」。

〔三〕吾誰與而可：與，猶助。誰與，助魏還是助趙，選擇未定。

〔四〕惟：思索。

〔五〕趙卓、韓鼂：《韓非子·内儲説下》作「趙紹、韓沓」。並韓臣。

〔六〕言可必用：可，豈可。可必用，謂不可必用。

【繫年】

魏惠王十七年圍邯鄲，乃趙成侯二十一年、韓昭侯九年，當周顯王十五年。【正】周顯王十五年，魏救衛，圍趙邯鄲。此趙成侯二十一年、韓昭侯九年事。顯王十六年魏破趙邯鄲。十八年，以邯鄲還趙。此「繫年」中之魏惠王十七年圍邯鄲，誤。應爲十六年。

申子請仕其從兄章

申子請仕其從兄官〔一〕，昭侯不許也。申子有怨色。昭侯曰：「非所謂學於子者也〔二〕。聽子之謁〔三〕，而廢子之道乎？又亡其行子之術，而廢子之謁乎？子嘗教寡人循功勞，視次第。今有所求此〔四〕，我將奚聽乎？」申子乃辟舍請罪，曰：「君真其人也。」

〔一〕申子請仕其從兄官：申子，即申不害。從兄，同祖之兄弟曰從兄弟。

〔二〕非所謂學於子者也：申不害講法術，因任而授官，循名而責實，不爲私請。今請仕其從兄。與申子之法術相反，故云非所謂學於子者。

〔三〕謁：私請。

〔四〕此：如此。指仕其從兄。

【繫年】

《韓世家》韓昭侯八年，申不害相韓，修術行道，國内以治。策文所言當爲此時事。韓昭侯八年，當周顯王十五年。

【補正】申不害於韓昭侯八年始爲相，絶不能剛爲相，即舉其從兄之理。既講「申不害相韓，修術行道，國内以治」，當爲相數年之後事。故隸此策不應以昭侯八年，應冠以「任相數年後」。

蘇秦爲楚合從説韓章

蘇秦爲楚合從〔一〕，説韓王曰〔二〕：「韓北有鞏、洛、成皋之固〔三〕，西有宜陽、常阪之塞〔四〕，東有宛、穰、洧水〔五〕，南有陘山〔六〕，地方千里，帶甲數十萬。天下之强弓勁弩，皆自韓出。谿子、少府、時力、距來〔七〕，皆射六百步之外。韓卒超足而射〔八〕，百發不暇止，遠者達胸，近者掩心〔九〕。韓卒之劍戟，皆出於冥山、棠谿、墨陽、合膊〔一〇〕。鄧師、宛馮、龍淵、太阿〔一一〕，皆陸斷馬牛，水擊鵠雁，當敵即斬堅甲盾、鞮鍪、鐵幕、革抉、㕛芮〔一二〕，無不畢具。以韓卒之勇，被堅甲，蹠勁弩，帶利劍，一人當百，不足言也。夫以韓之勁，與大王之賢，乃欲西面事秦，稱東藩，築帝宮，受冠帶，祠春秋，交臂而服焉〔一三〕。夫羞社稷而爲天下笑，無過此者矣。是故願大王之熟計之也。

〔一〕蘇秦爲楚合從：鮑改「楚」爲「趙」。吴師道云：字誤，當作「趙」。

〔二〕説韓王：《史記·蘇秦傳》作「韓宣王」。

〔三〕鞏、洛、成皋：鞏，地名，東周君居鞏，在今河南鞏義市西，洛河西岸原上。洛，洛河由西南來入鞏義市，折而東北入黄河。

〔四〕宜陽、常阪：宜陽，今河南洛寧縣東十四里。常阪，《史記》作「商阪」。《集解》云：「商，一作『常』。」常阪即商阪，亦即商山，又名楚山。在今陝西商洛市商州區南。

〔五〕宛、穰、洧水：宛，今河南南陽市故城。穰，在今河南鄧州市穰東鎮。洧水，源出今河南登封市北陽城山，東流經新密市，至新鄭市合溱水爲雙洎河，又東南經鄢陵、扶溝、西華，至商水入潁河。【正】宛，非楚之南陽。《水經注》：溟水又東南逕長社縣故城西北，又東南逕宛亭西，鄭大夫宛射犬之故邑也。當屬韓地之宛。穰，疑爲「襄」字誤。襄在韓地，今河南唐河縣。南陽之宛、穰，當時屬楚，非韓地。

〔六〕陘山：在今河南新鄭市西南三十里。

〔七〕谿子、少府、時力、距來：皆弓名。谿子，許慎注《淮南子·俶真訓》云：南方谿子蠻夷柘弩，皆善材。韓有谿子弩。少府，官府名，少府所造之弩。時力，作之得時，力倍於常，故名時力。距來，王念孫云：當作「鉅黍」。「距」、「鉅」古通用。《荀子·性惡》：「繁弱、鉅黍，古之良弓也。」《廣雅》：「繁弱、鉅黍，弓也。」「來」當是「黍」字之訛。

〔八〕超足而射：超足，謂足踏弩機之上。放箭時，坐而舉足踏弩而後發之。

〔九〕掩心：穿透心胸。

〔一〇〕冥山、棠谿、墨陽、合膊：冥山，當即冥阨，在今河南信陽羅山之南。棠谿，古邑名，戰國韓地，在今河南西平縣西北。其地産劍，甚堅利。故《鹽鐵論》云：「有棠谿之劍。」墨陽，地名，不詳所在。《淮南子·脩務訓》：「墨陽之莫邪。」則墨陽亦韓國産劍之地。合膊，姚本作「合伯膊」。曾本無「伯」字。不詳。

【補】墨陽，疑今河南省内鄉縣北五十里之墨山之陽。合膊，疑「合水」之誤。合水邑，在今河南西平縣西洪河南岸，此處古代冶鐵鑄劍，今稱鐵爐合莊。

〔一一〕鄧師、宛馮、龍淵、太阿：皆劍名。鄧師，鄧國有工鑄劍，因名鄧師。宛馮，宛人于馮池鑄劍，故號宛馮。馮池，在今滎陽。龍淵，今河南西平有龍泉水，亦名龍淵，可以淬刀劍，特堅利，故劍號龍淵，又稱龍泉。太阿，劍名。《吴趙春秋》：「吴有干將，越有歐冶，寡人欲因子請此二人作劍。」二人所作之劍，一曰龍淵，二曰太阿。

〔一二〕鞮鍪、鐵幕、革抉、吠芮：鞮鍪，首鎧，頭盔。鐵幕，以鐵鎧覆於衣外。革抉，抉以革爲之，著於右手大拇指，用以鉤弦發箭。吠芮，鮑本作「㕹芮」，《史記》作「㕹芮」。「㕹」與「瞂」同，音「伐」，即盾牌。芮，繫盾之帶。

〔一三〕交臂：謂拱手交臂，屈服投降。

「大王事秦，秦必求宜陽、成皋。今兹效之，明年又益求割地。與之，即無地以給之；不與，則棄前功而後更受其禍。且夫大王之地有盡，而秦之求無已。夫以有盡之地，而逆無已之求〔一〕，此所謂市怨而買禍者也，不戰而地已削矣。臣聞鄙語曰：『寧爲雞尸，不爲牛從。〔二〕』今大王西面交臂而臣事秦，何以異於牛從乎〔三〕？夫以大王之賢，挾强韓之兵，而有牛從之名，臣竊爲大王羞之。」

〔一〕而逆無已之求：《藝文類聚》卷二五、《太平御覽》引此策「逆」作「應」、「已」作「厭」，爲是。今本作「逆」、作「已」者，後人據《史記》篡改耳。

〔二〕寧爲雞尸，不爲牛從：原作「寧爲雞口，無爲牛後」。《索隱》引《戰國策》作「寧爲雞尸，不爲牛從」。《顔氏家訓・書證》、李善注《文選》所引並同。延篤《戰國策音義》云：「尸，雞中主。從，牛子也。」《爾雅翼》云：蘇秦説韓王「寧爲雞尸，無爲牛從」。則「口」乃「尸」之訛，「後」乃「從」之誤。故據以改。

〔三〕從：原作「後」，據上文當改爲「從」。

韓王忿然作色，攘臂按劍，仰天太息曰〔一〕：「寡人雖死，必不能事秦。今主君以楚王之教詔之〔二〕，敬奉社稷以從。」

〔一〕太息：大聲歎氣。

〔二〕今主君以楚王之教詔之：主君，指蘇秦。楚王，《史記》作「趙王」。詔，亦教也。

【繫年】

《蘇秦傳》謂此策爲説韓宣惠王。然《韓世家》不載其事。姑附於韓宣惠王元年、趙肅侯十八年、楚威王八年，當周顯王三十七年。

張儀爲秦連横説韓章

張儀爲秦連横説韓王曰〔一〕：「韓地險惡山居〔二〕，五穀所生，非麥而豆〔三〕；民之所食，大抵豆飯藿羹〔四〕；一歲不收，民不饜糟糠〔五〕。地方不滿九百里，無二歲之所食。料大王之卒，悉之不過三十萬，而厮徒負養在其中矣〔六〕。爲除守徼亭鄣塞〔七〕，見卒不過二十萬而已矣。秦帶甲百餘萬，車千乘，騎萬匹，虎摯之士〔八〕，跿跔、科頭〔九〕，貫頤奮戟者〔一〇〕，至不可勝計也。秦馬之良，戎兵之衆，探前趹後〔一一〕，蹄間三尋騰者〔一二〕，不可稱數也。山東之卒，被甲冒胄以會戰〔一三〕，秦人捐甲徒裎以趨敵〔一四〕，左挈人頭，右挾生虜。夫秦卒之與山東之卒也，猶孟賁之與怯夫也；以重力相壓，猶烏獲之與嬰兒也。夫戰孟賁、烏獲之士，以攻不服之弱國，無以異於墮千鈞之重，集於鳥卵之上，必無幸矣。諸侯不料兵之弱，食之寡，而聽從人之甘言好辭，比周以相飾也，皆言曰：『聽吾計則可以强霸天下。』夫不顧社稷之長利，而聽須臾之説，詿誤人主者〔一五〕，無過於此者矣。

〔一〕韓王：當爲韓襄王。

〔二〕韓地險惡山居：韓東有宜陽、成皐，北有上黨，南盡魯陽，皆山險之地。

〔三〕非麥而豆：《史記》、《春秋後語》作「非菽而麥」。

〔四〕豆飯藿羹：豆飯，《史記》作「飯菽」。古語只稱「菽」，漢以後方呼爲豆。藿，豆葉。

〔五〕饜：飽足也。

〔六〕厮徒負養：厮徒，服雜役者。負養，負擔以給養公家。

〔七〕徼亭鄣塞：徼，巡邏。亭，供瞭望。鄣，與「障」同，障，蔽。塞，險要之處。

〔八〕虎摯之士：摯，《史記》作「賁」。王念孫云：作「賁」是也。此蓋「賁」誤爲「贄」，又訛爲「摯」耳。《御覽·兵部》引此策作「賁」。

〔九〕跿跔、科頭：跿跔，跳躍也。偏舉一足曰跿跔。科頭，不著兜鍪。

〔一〇〕貫頤奮戟：貫，讀爲「彎」，謂滿弓也。頤，《廣韻》作「弓臣」，弓名。奮戟，言執戟奮而入陣也。

〔一一〕探前趹後：謂馬前足探向前，後足趹於後。趹，謂抉地，言馬走勢疾。

〔一二〕蹄間三尋騰者：八尺曰「尋」。騰，躍。馬走之疾，前後蹄間一躍而過三尋。

〔一三〕冒胄：冒，覆蓋。胄，兜鍪。

〔一四〕捐甲徒裎：徒，跣也。裎，袒而見肉。謂棄甲徒跣袒肩而戰。

〔一五〕詿：亦誤也。

「大王不事秦，秦下甲據宜陽，斷絶韓之上地〔一〕；東取成皋、宜陽〔二〕，則鴻臺之宮〔三〕，桑林之苑〔四〕，非王之有已。夫塞成皋，絶上地，則王之國分矣。先事秦則安矣，不事秦則危矣。夫造禍而求福，計淺而怨深，逆秦而順楚，雖欲無亡，不可得也。故爲大王計，莫如事秦。秦之所欲，莫如弱楚，而能弱楚者莫如韓。非以韓能强於楚也，其地勢然也。今王西面而事秦，以攻楚爲敝邑〔五〕，秦王必喜。夫攻楚而私其地，轉禍而説秦，計無便於此者也。是故秦王使使臣獻書大王御史，須以決事。」韓王曰：「客幸而教之，請比郡縣，築帝宫，祠春秋，稱東藩，效宜陽。」

〔一〕上地：古以北爲上，謂韓在黄河以北、山西上黨之地。

〔二〕宜陽：當從《張儀傳》作「滎陽」爲是。

〔三〕鴻臺之宫：韓之宫室。

〔四〕桑林之苑：韓之苑囿，不詳其地。【補】桑林苑，在今河南滎陽汜水鎮之東原之上桑林村。湯代夏，天大旱，湯王剪髮修甲，禱於桑林，天降大雨。即此地。今有古碑存證。

〔五〕以攻楚爲敝邑：爲，猶助也。諸侯自稱其國曰敝邑。

【繫年】

此策蓋張儀自楚之韓，説韓王之辭。張儀在楚懷王十八年由楚之韓，説韓襄王。在韓襄王元年、秦惠王後元十四年，當周赧王四年。

宣王謂摎留曰章

宣王謂摎留曰〔一〕：「吾欲兩用公仲、公叔〔二〕，其可乎？」對曰：「不可。晉用六卿而國分〔三〕，簡公用田成、監止而簡公弒〔四〕，魏用犀首、張儀而西河之外亡〔五〕。今王兩用之，其多力者內樹其黨，其寡力者藉外權。群臣或內樹其黨以擅其主，或外爲交以裂其地，則王之國必危矣。」

〔一〕宣王謂摎留：宣王，韓宣惠王。摎留，韓人。《韓非子·説林上》：「韓宣王謂樛留」。「摎」、「樛」同字。

〔二〕公仲、公叔：公仲，公仲朋，韓相國。公叔，即公叔伯嬰，韓之公族。公仲朋親秦，公叔伯嬰親楚。

〔三〕晉用六卿而國分：晉國自晉文公以後，趙氏、魏氏、韓氏、智氏、中行氏、范氏六家大夫迭相執政，其後强大，瓜分晉國，晉國亡。

〔四〕簡公用田成、監止：簡公，齊簡公，名壬。田成，即田成子，名常，亦名陳恒。監止，《左傳》作「闞止」。田常殺監止而弒簡公。

〔五〕魏用犀首、張儀而西河之外亡：張儀於魏惠王後元十三年相魏。魏不事秦，以公孫衍代張儀爲相。二人相互用事，魏西河之地盡亡於秦。

【繫年】

此策爲韓宣惠王時事，其具體年代不可考。顧觀光附於周顯王四十七年，當韓宣惠王十一年。

張儀謂齊王曰章

張儀謂齊王曰〔一〕：「王不如資韓朋〔二〕，與之逐張儀於魏。魏因相犀首，因以齊、魏廢韓朋，而相公叔以伐秦〔三〕。公仲聞之〔四〕，必不入於齊。據公於魏〔五〕，是公無患。」

〔一〕張儀謂齊王曰：此句上有缺文。鮑本「張」上補「謂」字，「儀」下補「臣」字。

〔二〕資韓朋：資，助。韓朋，即公仲朋，韓相。

〔三〕公叔：公叔伯嬰，韓襄王之子。

〔四〕公仲：即韓相公仲朋，亦稱韓朋。

〔五〕公：指張儀。

【繫年】

此策與公仲朋、公叔伯嬰争爲韓相有關，並言逐張儀、魏因相犀首，則此在魏惠王時可知。魏惠王後元十三年張儀相魏，欲以魏事秦。魏不事秦，免張儀，以犀首爲相。在魏王後元十四年，當周顯王四十七年。

楚昭獻相韓章

楚昭獻相韓〔一〕。秦且攻韓，韓廢昭獻。昭獻令人謂公叔曰〔二〕：「不如貴昭獻以固楚，秦必曰楚、韓合矣。」

〔一〕楚昭獻相韓：昭獻，楚相。楚、韓結爲與國，韓恃楚以抗秦，故以昭獻爲相。

〔二〕公叔：韓之公族，親楚。

【繫年】

此策未知何時。《周策》：「昭獻在陽翟，周君將令相國往。」又韓公叔與幾瑟争國，楚昭獻扶植公叔。皆在韓襄王時。顧觀光附此策於韓襄王五年，于鬯繫於韓襄王十二年。未知孰是。

秦攻陘韓使人章

秦攻陘〔一〕，韓使人馳南陽之地〔二〕。秦已馳，又攻陘，韓因割南陽之地。秦受地，又攻陘。陳軫謂秦王曰：「國形不便故馳，交不親故割。今割矣而交不親，馳矣而兵不止，臣恐山東之無以馳割事王者矣〔三〕。且王求百金於三川而不可得，求千金於韓，一旦而具。今王攻韓，是絶上交而固私府也〔四〕。竊爲王弗取也。」

〔一〕陘：陘城，韓地。在今山西曲沃縣西北二十里，汾水之旁。

〔二〕韓使人馳南陽之地：馳，王念孫云：「馳」，讀爲「移」。移，易也。謂以南陽之地易秦地也。「馳」字或作「施」，或作「弛」，皆讀爲「移」。南陽，韓地，今河南南陽市。【正】南陽，謂太行山之陽。即今河南濟源、沁陽一帶。策文「秦攻陘，韓使人馳南陽之地」，是謂秦兵出太行軹陘，韓王急忙派兵馳援南陽之地。《韓世家》韓桓惠王九年，秦拔陘，城汾旁，可證此南陽非今河南南陽市。

〔三〕以馳割事王：以易地、割地事秦王。

〔四〕固私府：固，與「錮」通。私府，藏貨財之處。

【繫年】

此策秦攻陘與《秦策三》秦攻韓圍陘、《韓世家》韓桓惠王九年「秦拔我陘，城汾旁」，乃同時同地。韓桓惠王九年，當秦昭王四十三年、周赧王五十一年。然與陳軫所生之年代不符，待考。

五國約而攻秦楚王爲從長章

五國約而攻秦〔一〕，楚王爲從長〔二〕，不能傷秦，兵罷而留於成皋。魏順謂市丘君曰〔三〕：「五國罷，必攻市丘以償兵費。君資臣〔四〕，臣請爲君止天下之攻市丘。」市丘君曰：「善。」因遣之。

〔一〕五國約而攻秦：《楚世家》作「蘇秦約從山東六國共攻秦」。按《戰國縱横家書》言五國攻秦，是趙、魏、韓、齊、燕五國。並無楚國。下文有「五國重王」，明並楚爲六國。此蓋將五國攻秦和六國合縱混爲一事。

〔二〕楚王爲從長：楚王，楚懷王。從長，縱約長。

〔三〕魏順謂市丘君：魏順，《孔叢子》以爲孔子順，恐不足信。市丘，韓地。《漢書·地理志》：河南古有故市縣，在今鄭州西北三十里，或即其地。孫詒讓謂：市丘，乃「帝丘」之誤。但帝丘距韓太遠。不可信。

〔四〕君：鮑本作「若」。

魏順南見楚王曰：「王約五國而西伐秦，不能傷秦，天下且以是輕王而重秦，故王胡不卜交乎？」楚王曰：「奈何？」魏順曰：「天下罷，必攻市丘以償兵費，王令之勿攻市丘。五國重王，且聽王之言，而不攻市丘；不重王，且反王之言而攻市丘。然則王之輕重必明矣。」故楚王卜交而市丘存。

【繫年】

《六國年表》於楚懷王十一年書五國擊秦。而《楚世家》書約從山東六國共攻秦。茲從《楚世家》繫此策於楚懷王十一年、韓宣惠王十五年，當周慎靚王三年。

鄭彊載八百金章

鄭彊載八百金入秦〔一〕，請以伐韓。泠向謂鄭彊曰〔二〕：「公以八百金請伐人之與國，秦必不聽公。公不如令秦王疑公叔〔三〕。」鄭彊曰：「何如？」曰：「公叔之攻楚也，以幾瑟之存焉〔四〕，故言先楚也。今已令楚王奉幾瑟以車百乘居陽翟〔五〕，令昭獻轉而與之處〔六〕，旬有餘，彼已覺。而幾瑟，公叔之讎也；而昭獻，公叔之人也。秦王聞之，必疑公叔爲楚也。」

〔一〕鄭彊：韓人。游説秦、楚之間，曾請秦伐韓。《魏策》亦有此人。【補】鄭彊，原鄭遺民。韓滅鄭後，鄭人雠韓，屢有人赴秦、楚游説以欲請兵滅韓。此鄭彊載八百金入秦之緣由。

〔二〕泠向：秦臣，秦昭王時人。

〔三〕令秦王疑公叔：秦王，秦昭王。公叔，韓公子伯嬰。

〔四〕幾瑟：《史記·韓世家》作「蟣虱」。韓襄王子，與公叔伯嬰争國，故二人相讎。

〔五〕楚王奉幾瑟以車百乘居陽翟：楚王，楚懷王。幾瑟此時質於楚，楚王奉之歸韓。陽翟，韓邑。今河南禹州市。

〔六〕令昭獻轉而與之處：昭獻，楚相，善公叔伯嬰，令轉而與幾瑟處，蓋使秦王疑公叔伯嬰親楚而背秦也。

【繫年】

此策言楚昭獻與幾瑟居陽翟，楚、韓相親，蓋與昭獻相韓爲同時事。在韓襄王十二年、秦昭王七年、楚懷王二十九年，當周赧王十五年。

鄭彊之走張儀於秦章

鄭彊之走張儀於秦，曰：「儀之使者必之楚矣。」故謂太宰曰〔一〕：「公留儀之使者，彊請西圖儀於秦。」故因而請秦王曰：「張儀使人致上庸之地〔二〕，故使使臣再拜謁秦王。」秦王怒，張儀走。

〔一〕太宰：掌管王家内外事務，出納王命。

〔二〕致上庸之地：上庸，本春秋時庸國，楚滅庸，置上庸縣。在今湖北竹山縣西南。

【繫年】

此策許言張儀使使者致上庸之地於楚。上庸故楚地，其入秦當在秦惠王後元十三年，攻楚漢中取地六百里，置漢中郡時。秦惠王後元十四年使使約復與楚親，分漢中之半以和楚。策言致上庸之地與楚，當在此時，乃韓襄王元年，當周赧王四年。

宜陽之役楊達謂章

宜陽之役〔一〕，楊達謂公孫顯曰〔二〕：「請爲公以五萬攻西周，得之，是以九鼎印甘茂也〔三〕。不然，秦攻西周，天下惡之，其救韓必疾，則茂事敗矣。」

〔一〕宜陽之役：此甘茂伐韓宜陽之戰役。【補】此策鮑本兩見。一在《韓策》襄王下，一在《秦策》武王下。吴本依舊次列於此。

〔二〕楊達謂公孫顯：楊達，韓人。公孫顯，秦入仕韓者。《秦策二》有「召公孫顯於韓」。

〔三〕以九鼎印甘茂：印，錢、劉本作「印」。鮑改「印」爲「抑」。一本作「市」。甘茂與公孫顯争權，公孫顯攻西周得九鼎，其功大，秦必廢甘茂而用公孫顯。

【繫年】

此秦武王三年，韓襄王四年，甘茂攻韓宜陽時事。當周赧王七年。

秦圍宜陽游騰謂公仲章

秦圍宜陽，游騰謂公仲曰〔一〕：「公何不與趙藺、離石、祁〔二〕，以質許地〔三〕，則樓緩必敗矣〔四〕。收韓、趙之兵以臨魏，樓鼻必敗矣〔五〕。韓、趙爲一，魏必倍秦，甘茂必敗矣。以成陽資翟强於齊〔六〕，楚必敗之。須秦必敗，秦失魏，宜陽必不拔矣。」

〔一〕游騰：説士。不詳其身世。

〔二〕藺、離石、祁：藺，故城在今山西吕梁市離石區西。離石，今山西吕梁市離石區。祁，今山西祁縣。皆趙地，不聞屬韓。【補】鮑注，藺、離石、祁，趙地，韓嘗取之。今使歸之。

〔三〕以質許地：以質子而許之地。【補】許，地名，春秋時屬鄭，戰國時韓滅鄭，許地入韓。後魏亦有許，與韓分據此地。今河南許昌市東舊許國地。

〔四〕樓緩：連趙以親秦者。

〔五〕樓鼻：連魏以親秦者。鼻，亦作，「廩」。樓鼻，又作樓廩。

〔六〕以成陽資翟强於齊：成陽，地名，在今山東曹縣東北。翟强，曾爲魏相，合齊、魏以外楚者。

【繫年】

此策與上章同時，韓襄王四年，秦武王三年甘茂攻宜陽時事。

公仲以宜陽之故仇甘茂章

公仲以宜陽之故仇甘茂〔一〕。其後，秦歸武遂於韓〔二〕，已而，秦王固疑甘茂之以武遂解於公仲也。杜赫爲公仲謂秦王曰〔三〕：「朋也願因茂以事王〔四〕。」秦王大怒於甘茂，故樗里疾大説於杜聊〔五〕。

〔一〕公仲以宜陽之故仇甘茂：公仲，公仲朋，韓相。甘茂攻韓宜陽，拔之，故公仲仇之。

〔二〕秦歸武遂於韓：武遂，韓地。今山西臨汾市西有武遂城。甘茂拔宜陽，遂涉河城武遂以逼韓。甘茂言於秦昭王，以武遂復歸於韓。【補正】武遂，近宜陽之韓邑也。注中山西臨汾之武遂城，距宜陽太遠，且此武遂當時疑爲魏邑。武遂當以今山西垣曲縣東南、夏縣東之武遂爲宜。此武遂距臨汾西之武遂約四百里，此邑時爲韓邑。「涉河城武遂」，恐此地。

〔三〕杜赫爲公仲謂秦王：杜赫，鮑本作「杜聊」，周人，以安天下説周昭文君。秦王，秦昭王。

〔四〕朋：姚本作「明」，誤，改爲「朋」。韓相公仲朋。

〔五〕樗里疾大説於杜聊：樗里疾與甘茂不善，杜聊獻計以傾甘茂，故樗里疾大悦之。杜聊，疑即上文「杜赫」，但「赫」、「聊」二字必有一誤。

【繫年】

秦復與韓武遂在秦昭王元年、韓襄王六年，《秦本紀》、《韓世家》、《六國年表》皆記此事。當周赧王九年。

秦韓戰於濁澤章

秦、韓戰於濁澤〔一〕，韓氏急。公仲朋謂韓王曰〔二〕：「與國不可恃。今秦之心欲伐楚，王不如因張儀爲和於秦，賂之以一名都〔三〕，與之伐楚。此以一易二之計也。」韓王曰：「善。」乃儆公仲之行〔四〕，將西講於秦。

〔一〕濁澤：韓地。在今河南長葛市西。濁澤之戰，在韓宣惠王十六年。

〔二〕公仲朋謂韓王：朋，姚本作「明」，誤。鮑本作「朋」，《戰國縱横家書》作「倗」，又誤爲「侈」。他書又作「馮」。今從鮑本作「朋」。韓王，韓宣惠王。

〔三〕名都：《戰國縱横家書》作「名縣」。

〔四〕儆：亦作「警」，義同，警戒。

楚王聞之大恐，召陳軫而告之。陳軫曰：「秦之欲伐我久矣，今又得韓之名都一而具甲〔一〕，秦、韓并兵南鄉〔二〕，此秦所以廟祠而求也。今已得之矣，楚國必伐矣〔三〕。王聽臣爲之，儆四境之内，選師言救韓，令戰車，滿道路〔四〕；發信臣，多其車，重其幣，使信王之救己也。韓爲不能聽我〔五〕，韓必德王也〔六〕，必不爲鴈行以來〔七〕，是秦、韓不和。兵雖至楚，國不大病矣。爲能聽我，絶和於秦，秦必大怒，以厚怨於韓。韓得楚救，必輕秦。輕秦，其應秦必不敬。是我困秦、韓之兵，而免楚國之患也。」

〔一〕得韓之名都一而具甲：以一都之賦爲兵備。具，備。甲，甲士。

〔二〕鄉：與「向」通，方向。

〔三〕矣：鮑本、《戰國縱横家書》無。

〔四〕滿道路：《戰國縱横家書》作「盈夏路」。《韓非子·十過》作「陳之下路」。

〔五〕韓爲不能聽我：「韓」上姚本有「縱」字。《戰國縱横家書》無「縱」字。《史記索隱》引策文亦無「縱」字，故删去。

〔六〕必：鮑本作「之」，《戰國縱横家書》作「之」，《索隱》引策文亦作「之」。

〔七〕鴈行：《戰國縱横家書》作「逆行」。

楚王大悦，乃儆四境之内，選師言救韓；發信臣〔一〕，多其車，重其幣，謂韓王曰：「弊邑雖小〔二〕，已悉起之矣，願大國遂肆意於秦，弊邑將以楚殉韓。」韓王大悦，乃止公仲〔三〕。公仲曰：「不可。夫以實苦我者〔四〕，秦也；以虛名救我者，楚也。恃楚之虛名，輕絶强秦之敵，必爲天下笑矣。且楚、韓非兄弟之國也，又非素約而謀伐秦也〔五〕。秦欲伐楚，楚因以起師言救韓，此必陳軫之謀也。且王以使人報於秦矣，今弗行，是欺秦也。夫輕强秦之禍，而信楚之謀臣，王必悔之矣。」

〔一〕信臣：王所親信之臣。

〔二〕弊邑：《戰國縱横家書》作「不穀」。

〔三〕乃止公仲：「公仲」下，《戰國縱横家書》有「之行」二字，當據以補。

〔四〕以實苦我：苦，姚本作「告」，一本作「困」。顧廣圻云：「告，當作『苦』，形近之訛。」《戰國縱横家書》正作「苦」。今從之，改「告」爲「苦」。

〔五〕非素約而謀伐秦也：素，豫，先。也，姚本作「矣」。一本、劉本、《戰國縱横家書》、《史記·韓世家》皆作「也」，故改爲「也」。

韓王弗聽，遂絶和於秦。秦果大怒，興師，與韓氏戰於岸門〔一〕，楚救不至，韓氏大敗。韓氏之兵非削弱也，民非愚蒙也，兵爲秦禽，智爲楚笑，過聽於陳軫，失計於韓朋也。故曰：「計聽知順，逆雖王可〔二〕。」

〔一〕岸門：韓地。在今河南長葛市北。【補】《水經注》：「湨水又逕東，西武亭間，兩城相對，疑是古之岸門。史遷所謂走犀首於岸門者也。」《史記正義》：岸門在許州長社縣西北二十八里，今名西武亭。

〔二〕計聽知順，逆雖王可：此句據《戰國縱横家書》第二十四章補。《秦策二·楚絶齊章》亦有此二句。謂定計謀，聽意見，能分辨順逆之人，即便稱王，也可以。

【繫年】

《史記·韓世家》、《六國年表》皆記秦、韓岸門之戰，在韓宣惠王十九年、秦惠王後元十一年，當周赧王元年。

顔率見公仲章

顔率見公仲〔一〕，公仲不見。顔率謂公仲之謁者曰〔二〕：「公仲必以率爲陽也〔三〕，故不見率也。公仲好内〔四〕，率曰好士；公仲嗇於財，率曰散施；公仲無行，率曰好義。自今以來〔五〕，率且正言之而已矣。」公仲之謁者以告公仲，公仲遽起而見之。

〔一〕顔率見公仲：顔率，周人。公仲，公仲朋，韓相。

〔二〕謁者：掌管賓客，傳達命令。

〔三〕陽：一本、劉本作「傷」。陽，與「佯」同，不實也。

〔四〕公仲好内：内，婦人。好内，猶好色。

〔五〕自今以來：來，猶往。謂自今以及將來。

【繫年】

公仲朋相韓，歷宣惠王、襄王兩世，其前有犀首作韓相，在宣惠王九年，其後有昭獻相韓，在襄王十二年。此策不能確知其年代。顧觀光附此策於宣惠王十一年，當周顯王四十七年。

韓公仲謂向壽章

韓公仲謂向壽曰〔一〕：「禽困覆車〔二〕，公破韓，辱公仲，公仲收國復事秦，自以爲必可以封〔三〕。今公與楚解，中封小令尹以桂陽〔四〕。秦、楚合，復攻韓，韓必亡。公仲躬率其私徒以鬭於秦，願公之熟計之也。」向壽曰：「吾合秦、楚，非以當韓也，子爲我謁之。」公仲曰：「秦、韓之交可合也。」對曰：「願有復於公〔五〕。諺曰：『貴其所以貴者貴〔六〕。』今王之愛習公也，不如公孫郝〔七〕，其知能公也，不如甘茂。今二人者，皆不得親於事矣，而公獨與王主斷於國者，彼有以失之也。公孫郝黨於韓，而甘茂黨於魏，故王不信也。今秦、楚争强，而公黨於楚，是與公孫郝、甘茂同道也。公何以異之？人皆言楚之多變也，而公必之，是自爲責也〔八〕。公不如與王謀其變也，善韓以備之。若此，則無禍矣。韓氏先以國從公孫郝，而後委國於甘茂，是韓，公之讎也，今公言善韓以備楚，是外舉不辟讎也。」

〔一〕韓公仲謂向壽：《史記・甘茂傳》作「韓公仲使蘇代謂向壽」。向壽，楚人，秦宣太后之外族。

〔二〕禽困覆車：逐獸困急，能奔觸傾覆獵人之車。

〔三〕自以爲必可以封：公仲自以爲必可得秦封地。

〔四〕今公與楚解，中封小令尹以桂陽：公，指向壽。解，和好。《史記》作「解口」，非是。中封，言使楚自封之國中。小令尹，楚官，掌管國家政治、軍事。桂陽，《史記》作「杜陽」，爲是。杜陽，秦地。

〔五〕願有復於公：復，白，說。公，指向壽。

〔六〕貴其所以貴者貴：貴其所當貴者與之同貴。【補】貴其所當貴者與之同貴，橫田惟孝云：「必以爲無變，非所在貴，而獨自爲貴也。」安井衡云：「向壽所以貴於秦，以其無黨也。今以多變之楚爲必可信，是棄己所以貴，而反自爲貴也。」

〔七〕公孫郝：《史記》作「公孫奭」。秦公族。

〔八〕是自爲責也：責，姚本作「貴」。《方望溪全集·外文補遺》卷二云：「貴」當爲「責」。《史記·甘茂傳》作「責」。今據以改。

向壽曰：「吾甚欲韓合。」對曰：「甘茂許公仲以武遂，反宜陽之民〔一〕，今公徒令收之甚難。」向子曰：「然則奈何？武遂終不可得已。」對曰：「公何不以秦爲韓求潁川於楚〔二〕，此乃韓之寄地也〔三〕。公求而得之，是令行於楚，而以其地德韓也。公求而弗得，是韓、楚之怨不解，而交走秦也。秦、楚爭强，而公過楚以攻韓〔四〕，此利於秦。」向子曰：「奈何？」對曰：「此善事也。甘茂欲以魏取齊，公孫郝欲以韓取齊，今公取宜陽以爲功，收楚、韓以安之，而誅齊、魏之罪〔五〕，是以公孫郝、甘茂之無事也〔六〕。」

〔一〕反宜陽之民：宜陽，韓地，秦攻取之，而出其民。今欲和韓，令其民反歸居之。

〔二〕求潁川於楚：潁川，地名，以潁水得名，今河南許昌附近之地，原爲韓地，楚伐取之。

〔三〕寄地：寄托之地，韓地爲楚所取，冀歸於韓，故云寄地。

〔四〕而公過楚以攻韓：公，指向壽。過楚，齎楚。攻，當爲「收」。收韓，爲合韓於秦。

〔五〕誅齊、魏之罪：誅，責也。公孫郝、甘茂皆欲以秦挾韓、魏而收齊。今向壽取宜陽以爲己功，收楚、韓以事秦，而責齊、魏之罪。

〔六〕無事：言失其權勢，不能親國事。

【繫年】

向壽守宜陽，甘茂以武遂歸韓，向壽、公孫郝争之不能得，公仲以宜陽之故仇甘茂，在秦昭王元年、韓襄王六年，當周赧王九年。

或謂公仲曰聽者章

或謂公仲曰：「聽者聽國，非必聽實也〔一〕。故先王聽諺言於市，願公之聽臣言也。公求中立於秦〔二〕，而弗能得也。善公孫郝以難甘茂，勸齊兵以勸止魏〔三〕，楚、趙皆公之讎也〔四〕。臣恐國之以此爲患也，願公之復求中立於秦也。」公仲曰：「奈何？」對曰：「秦王因公孫郝爲黨於公而弗之聽，甘茂不善於公而弗爲公言，公何不因行願以與秦王語〔五〕？行願之爲秦王臣也公，臣請爲公謂秦王曰：『齊、魏合與離，於秦孰利？齊、魏別與合，於秦孰强？』秦王必曰：『齊、魏離則秦重，合則秦輕。齊、魏別則秦强，合則秦弱。』臣即曰：『今王聽公孫郝，以韓、秦之兵應齊而攻魏，魏不敢戰，歸地而合於齊，是秦輕也，臣以公孫郝爲不忠。今王聽甘茂，以韓、秦之兵據魏而攻齊，齊不敢戰，不求割地而合於魏，是秦輕也，臣以甘茂爲不忠。故王不如令韓中立以攻齊、齊〔六〕，王言救魏以勁之，齊、魏不能相聽，久離兵史〔七〕。王欲，則信公孫郝於齊〔八〕，爲韓取南陽，易穀川以歸〔九〕，此惠王之願也。王欲，則信甘茂於魏，以韓、秦之兵據魏以却齊，此武王之願也。臣以爲令韓以中立以勁齊，最秦之大急也。公孫郝黨於齊而不肯言，甘茂薄而不敢謁也〔一〇〕，此二人，王之大患也，願王之熟計之也。』」

〔一〕聽者聽國，非必聽實也：聽國，聽於國人。實，乃「貴」字之訛。聽貴，聽於貴族，猶《韓非子·亡徵》云「聽爵」。亦猶趙武靈王之「明德在於論賤，行政在於信貴」。

〔二〕求中立於秦：謂不親齊、魏而求中立。

〔三〕勸齊兵以勸止魏：勸，勉。止魏，攻魏。

〔四〕楚、趙皆公之讎也：楚、趙不善齊，而公仲善公孫郝以勸齊伐魏，故二國讎公仲。

〔五〕因行願以與秦王語：因，通過。行願，秦臣。秦王，秦昭王。

〔六〕令韓中立以攻齊、齊：下「齊」字，當作「魏」。以攻齊、魏，使齊、魏相攻。

〔七〕久離兵史：離，與「罹」通，遭也。史，當作「事」。

〔八〕信：與「伸」通。

〔九〕取南陽，易穀川：南陽，魏地，在今河南修武縣。穀川，即穀水，源出新安縣西北山，東南會澗水入洛。此言爲韓取魏之南陽，而以韓穀川之地與秦。

〔一〇〕甘茂薄而不敢謁：薄，附也。「薄」下當有「於魏」二字。言甘茂附於魏。謁，請也。

【繫年】

此策與上章同時，皆甘茂亡秦以前，秦拔宜陽以後事。當繫於秦昭王元年、韓襄王六年，當周赧王元年。

韓公仲相齊楚之交善章

韓公仲相齊楚之交善〔一〕。秦與魏遇〔二〕，且以善齊而絕齊乎楚。王使景鯉之秦〔三〕，鯉與於秦、魏之遇。楚王怒景鯉，恐齊以楚遇，爲有陰於秦、魏也〔四〕，且罪景鯉。

〔一〕韓公仲相齊楚之交善：此文當以「韓公仲相齊」爲一句，「齊楚之交善」爲一句。「齊」下當復有「齊」字而誤脱也。韓公仲，即韓朋，亦稱韓珉，《戰國縱横家書》作「韓𡚬」。韓珉相齊，屢見於策文、《史記》及《戰國縱橫家書》。

〔二〕秦與魏遇：與，姚本作「秦」。今從鮑本作「與」。諸侯不以時相見曰遇。

〔三〕王使景鯉之秦：「王」上鮑補「楚」字。吴師道云：當補「楚」字。

〔四〕恐齊以楚遇，爲有陰於秦、魏也：齊、楚之交善，楚使參與秦、魏之遇會，楚王恐齊以此謂楚有私於秦、魏，而不利於齊。

爲謂楚王曰〔一〕：「臣賀鯉之與於遇也。秦、魏之遇也，將以合齊、秦而絶齊於楚也。今鯉與於遇，齊無以信魏之合己於秦而攻於楚也，齊又畏楚之有陰於秦、魏也，必重楚。故鯉之與於遇，王之大資也。今鯉不與於遇，魏之絶齊於楚明矣。齊、楚信之〔二〕，必爲輕王，故王不如無罪景鯉，以視齊於有秦、魏〔三〕，齊必重楚，而且疑秦、魏於齊。」王曰：「諾。」因不罪而益其列〔四〕。

〔一〕爲謂楚王：爲景鯉謂楚王。楚王，楚頃襄王。

〔二〕齊、楚信之：鮑衍「楚」字，是。

〔三〕以視齊於有秦、魏：視，與「示」同。示齊以楚有秦、魏二國。

〔四〕益其列：益，增。列，位。謂不罪景鯉而反增其爵位。

【繫年】

此章蓋李兑約五國攻秦時事。齊閔王在罷孟嘗君以後，欲與秦和好，用韓珉爲相而背趙。齊閔王伐宋而秦禁之，故齊閔王廢韓珉而相周冣，以合於趙。而韓珉適趙。公仲即韓珉相齊，就在此時。及五國攻秦無功，兵留成皐，魏國動摇。

《魏策》五國攻秦，魏欲和，即此策秦、魏相遇之事。在齊閔王十六年、韓釐王十年、楚頃襄王十年，當周赧王二十九年。【補正】五國攻秦，無功，兵罷於成皋，當周赧王二十八年事。亦即秦昭王二十年、魏昭王九年、韓釐王九年、趙惠文王十二年、楚頃襄王十二年、齊閔王十四年。

王曰向也子曰章

王曰：「向也子曰『天下無道〔一〕』，今也子曰『乃且攻燕』者，何也？」對曰：「今謂馬多力則有矣，若曰勝千鈞則不然者，何也？夫千鈞，非馬之任也。今謂楚强大則有矣，若夫越趙、魏而鬬兵於燕，則豈楚之任也哉？且非楚之任，而楚爲之，是弊楚也。强楚弊楚，其於王孰便也？」

〔一〕天下無道：道，當作「適」，讀如「敵」。《楚策》正作「天下無敵」。

【繫年】

此乃《楚策四·虞卿謂春申君曰章》末之文，脱簡誤錯，入《韓策》中。鮑彪將此段與上章連爲一篇，移於《楚策》。但不應將此段文字序在《韓公仲相齊楚之交善章》之末。【補】《戰國縱横家書》第二十三章，有此全文，具詳《楚策四》。

或謂魏王王儆四疆章

或謂魏王：「王儆四疆之内，其從於王者〔一〕，十日之内備不具者死。王因取其游之舟上繫之〔二〕。臣爲王之楚，王胥臣反，乃行。」春申君聞之，謂使者曰：「子爲我反，無見王矣〔三〕。十日之内，數萬之衆，今涉魏境。」秦使聞之，以告秦王。秦王謂魏王曰：「大國有意必來，以是而足矣〔四〕。」

〔一〕王儆四疆之内，其從於王者：儆，敕戒之。從於王，兵械之當從魏王者。

〔二〕取其游之舟上繫之：游，旌旗旒。之，猶於。舟，當是「輈」之省，車轅也。取游繫之輈上，以張戎車之盛，所以信楚而威秦。繫，姚本作「擊」，今從鮑本改爲「繫」。

〔三〕無見王矣：無見楚王。

〔四〕以是而足：秦恐楚、魏合，故言以魏兵攻秦自足，不必待楚。

【繫年】

黄丕烈云：此策與上章皆本在《楚策四・虞卿謂春申君章》之後，誤錯入《韓策》。黄説是也。當移之《楚策》。

【補】鮑彪移此策於魏安釐王下。顧觀光《國策編年》繫此章於周赧王五十八年、魏安釐王二十年。存疑。

觀鞅謂春申君章

觀鞅謂春申君曰〔一〕：「人皆以楚爲强，而君用之弱，其於鞅也不然。先君者〔二〕，二十餘年未嘗見攻。今秦欲踰兵於澠隘之塞〔三〕，不使〔四〕，假道兩周，倍韓以攻楚，不可。今則不然，魏且旦暮亡矣，不能愛其許、鄢陵與梧〔五〕，割以予秦，去百六十里〔六〕，臣之所見者，秦、楚鬭之日也已。」

〔一〕觀鞅：觀，一本、鮑本作「魏」，乃「觀」字之訛。《史記·春申君傳》作「觀津人朱英」。黄丕烈云：「觀，觀津也。『鞅』即『英』字。」

〔二〕先君者：先於春申君用事者。

〔三〕澠：鮑改「澠」爲「鄳」，《史記》作「黽」。楚險塞。在今羅山縣之南。

〔四〕使：《史記》作「便」，是。「使」乃「便」字形近之訛。

〔五〕不能愛其許、鄢陵與梧：《史記》無「與梧」二字。梧，地名。韓地，與虎牢相近。《左傳》襄公十年「晋師城梧及制」。杜注：「皆鄭舊地。」制即虎牢，與梧必相近。【補】《中國歷史地名辭典》：梧邑條云，梧邑，春秋地名，在今河南滎陽市西。高士奇曰：「《隋書》滎陽縣有梧桐澗，疑即梧也。」

〔六〕去百六十里：《史記》作「秦兵去陳百六十里」，此脱去「秦兵」「陳」三字。陳在許、鄢陵東南，相距百六十里。此時楚頃襄王徙於陳。

【繫年】

《春申君傳》春申君相楚二十二年，諸侯相與合縱伐秦，兵敗。楚考烈王以咎春申君，春申君以此益疏。觀聊説春申君即在此時。《楚世家》楚考烈王二十二年，與諸侯共伐秦，不利而去。春申君於楚考烈王元年爲相，至此時恰二十二年。此章應繫於楚考烈王二十二年，當秦始皇六年。按吴師道云：詳此文當入《楚策》。黄丕烈云：吴説是也。當移入《楚策》。【補】鮑彪移此策於《魏策》安釐王下。顧觀光隸此策於始皇六年。

公仲數不信於諸侯章

公仲數不信於諸侯。諸侯錮之〔一〕。南委國於楚，楚王弗聽〔二〕。蘇代爲謂楚王曰：「不若聽而備於其反也〔三〕。朋之反也，常仗趙而畔楚，仗齊而畔秦。今四國錮之，而無所入矣，亦甚患之。此方其爲尾生之時也〔四〕。」

〔一〕錮：禁錮不行其説。

〔二〕楚王：當是楚懷王。

〔三〕聽而備於其反：反，反覆。聽之而防備其反覆。

〔四〕方其爲尾生之時：尾生，姓尾，名高，即《論語》之微生高，魯人，與孔子同時。《燕策》《莊子·盜跖》皆記其事，謂與女子期於橋下，水至不去，抱橋柱而死，言其守小信而至死不變。

【繫年】

此策時不可考。從顧觀光附此事於公仲復求中立於秦之年，當韓襄王六年、周赧王九年。

戰國策卷二十七

韓二

楚圍雍氏五月章

楚圍雍氏五月〔一〕。韓令使者求救於秦，冠蓋相望也，秦師不下殽〔二〕。韓又令尚靳使秦〔三〕，謂秦王曰：「韓之於秦也，居爲隱蔽，出爲雁行〔四〕，今韓已病矣，秦師不下殽。臣聞之，脣揭者其齒寒〔五〕，願大王之熟計之。」

〔一〕雍氏：地名，韓邑。故城在今河南禹州東北。【補】河南禹州東北之雍，稱雍梁。《左傳·襄公十八年》：楚蔿子馮率鋭師侵雍梁。杜注：「河南陽翟縣東北有雍氏城。」蓋雍氏在陽翟，而此言合軍南鄭，殊不相涉。據「秦師不下殽」之文意，當知雍氏不在陽翟，疑即今河南洛陽市西北二十里之古雍州，亦即河南新安縣北之雍陵。

〔二〕秦師不下殽：殽，山名。殽山有二：東殽山，在今河南洛寧縣北。西殽山，在今河南三門峽陝州區東，相距二十五里。有阸道在二殽之間。

〔三〕尚靳：韓人。

〔四〕雁行：謂前鋒。《淮南子·人間訓》作「鋒行」。

〔五〕脣揭者其齒寒：揭，舉也。脣，同唇。

宣太后曰〔一〕：「使者來者衆矣，獨尚子之言是。」召尚子入。宣太后謂尚子曰：「妾事先王也〔二〕，先王以其髀加妾之身〔三〕，妾困不支也〔四〕；盡置其身妾之上，而妾弗重也，何也？以其少有利焉。今佐韓〔五〕，兵不衆，糧不多，則不足以救韓。夫救韓之危，日費千金，獨不可使妾少有利焉？」尚靳歸書報韓王〔六〕，韓王遣張翠〔七〕。張翠稱病，日行一縣。張翠至，甘茂曰：「韓急矣，先生病而來。」張翠曰：「韓未急也，且急矣。」甘茂曰：「秦重國知王也，韓之急緩莫不知。今先生言不急，可乎？」張翠曰：「韓急則折而入於楚矣，臣安敢來？」甘茂曰：「先生毋復言也。」

〔一〕宣太后：秦昭王之母。

〔二〕先王：秦惠王。

〔三〕髀：股也。

〔四〕支：姚本作「疲」，誤。錢、劉、鮑本皆作「支」。《御覽》卷三二五、卷四五〇引此策皆作「支」。今據以改。

〔五〕佐：助也。

〔六〕尚靳歸書報韓王：王念孫云「『歸』下不當有『書』字」。《御覽》兩引此策文皆無「書」字。當删去。【補】尚靳，《太平御覽》卷三二五及卷四五引「尚靳」作「靳尚」。下同。靳尚，楚臣。《御覽》誤也。

〔七〕張翠：韓人。

甘茂入言秦王曰：「公仲柄得秦師〔一〕，故敢捍楚。今雍氏圍而秦師不下殽，是無韓也。公仲且抑首而不朝〔二〕，公叔且以國南合於楚〔三〕。楚、韓爲一，魏氏不敢不聽，是楚以三國謀秦也。如此則伐秦之形成矣。不識坐而待伐，孰與伐人之利？」秦王曰：「善。」果下師於殽以救韓。

〔一〕柄：猶杖也，謂依任。

〔二〕抑首：抑，《甘茂傳》作「仰」。仰首，猶反首。

〔三〕公叔：公叔親楚，公仲親秦。

【繫年】

梁玉繩云：雍氏之役，莫定何年。《六國年表》不書也，《楚世家》不書也，惟周、秦二《紀》及齊、韓二《世家》，《甘茂傳》書之。然時既各殊，事頗不合。《秦紀》書於惠文王後元十三年，與《齊世家》書於閔王十二年，同是周赧王三年。《韓世家》書於襄王十二年，是赧王十五年。《紀年》與《韓世家》同，皆誤也。而注《國策》、注《史記》者不復詳考，遂謂楚兩度圍雍氏。其實圍雍氏只有一役，楚未嘗再舉。其時非赧王三年、十五年也，《周紀》、《茂傳》可據也。《周紀》書於赧王八年之後次年即秦昭王元年。故《史記志疑》云：「昭王新立，太后楚人，不肯救韓。茂爲言於王，乃下師穀以救之。而救韓之師，《傳》敘於茂伐魏蒲阪之先，蒲阪未拔，茂亡奔齊，皆昭王元年事也。然則圍雍一役，其在赧王九年，秦昭元年，韓襄六年，楚懷王二十三年乎？」按梁氏所考是也。今從之。

楚圍雍氏韓令冷向章

楚圍雍氏，韓令冷向借救於秦〔一〕，秦爲發使公孫昧入韓〔二〕。公仲曰：「子以秦爲將救韓乎？其不乎？」對曰：「秦王之言曰：『請道於南鄭、藍田以入攻楚〔三〕，出兵於三川以待公。』殆不合軍於南鄭矣〔四〕。」公仲曰：「奈何？」對曰：「秦王必祖張儀之故謀。楚威王攻梁，張儀謂秦王曰：『與楚攻梁，魏折而入於楚。韓固其與國也，是秦孤也。故不如出兵以劲魏。』於是攻皮氏〔五〕，魏氏劲，威王怒，楚與魏大戰，秦取西河之外以歸。今也其將揚言救韓，而陰善楚，公恃秦而劲，必輕與楚戰。楚陰得秦之不用也〔六〕，必易與公相支也。公戰勝楚，遂與公乘楚，易三川而歸。公戰不勝楚，塞三川而守之，公不能救也。臣甚惡其事。司馬康三反之郢矣〔七〕，甘茂與昭獻遇於境，其言曰收璽〔八〕，其實猶有約也。」公仲恐，曰：「然則奈何？」對曰：「公必先韓而後秦，先身而後張儀〔九〕。公不如亟以國合於齊、楚，秦必委國於公以解伐。是公之所以外者儀而已〔一〇〕，其實猶之不失秦也。」

〔一〕冷向：秦臣。

〔二〕秦爲發使公孫昧入韓：《韓世家》「秦」下有「未」字，當是。未爲發，未爲韓發兵，而使公孫昧入韓。公孫昧，秦人。

〔三〕請道於南鄭、藍田：南鄭，本蜀地，戰國時楚國兼之。楚懷王時，秦略取之。故城在今陜西漢中市南鄭區東。言分兵兩路：一由南鄭，一由藍田，出商洛以入楚地攻楚。【補】南鄭，《水經注》：「故褒之附庸。周顯王之世，蜀有褒漢之地。至六國，楚人兼之。」但此南鄭，非秦兵出商洛之南鄭。秦出兵出商洛攻楚，取一道南鄭，乃今陜西東華陰市古鄭地也。鄭，古稱棫林，在今陜西渭南市華州區西北。南鄭、藍田之間隔較近，爲出兵長安救韓攻楚之必經之地。

〔四〕殆不合軍於南鄭矣：南，蓋涉上文而衍。秦言出兵三川，是不與鄭合軍矣。鄭，即韓。

〔五〕於是攻皮氏：皮氏，魏邑，後獻於秦。秦不可能以攻皮氏勁魏。此有誤。《秦策》楚攻魏，張儀謂秦王曰：「不如與魏以勁之。魏戰勝，復聽於秦，必入西河之外。不勝，魏不能守，王必取之。王用儀言，取皮氏卒萬人、車百乘以與魏。犀首戰勝威王，魏兵罷弊，恐畏秦，果獻西河之外。」此即所謂張儀之故謀。

〔六〕楚陰得秦之不用也：言楚暗知秦不爲韓用。

〔七〕司馬康三反之郢：司馬康，《韓世家》作「司馬庚」。徐廣云：「一作『唐』。」秦人，事秦昭王。郢，楚都。

〔八〕甘茂與昭獻遇於境，其言曰收璽：昭獻，《韓世家》作「昭魚」，楚相國。境，秦境。收璽，詐言來秦，欲得秦官之印璽。收，取也。

〔九〕先身而後張儀：先以身謀存韓，而後知張儀爲秦勁魏之計。

〔一〇〕外：猶後也。

【繫年】

此與上章爲同時事。當繫於韓襄王六年、楚懷王二十三年、秦昭王元年，當周赧王九年。

公仲爲韓魏易地章

公仲爲韓、魏易地〔一〕，公叔争之而不聽，且亡〔二〕。史惕謂公叔曰〔三〕：「公亡，則易必可成矣。公無辭以復反〔四〕，且示天下輕公，公不若順之。夫韓地易於上〔五〕，則害於趙；魏地易於下〔六〕，則害於楚。公不如告楚、趙。楚、趙惡之。趙聞之，起兵臨羊腸〔七〕，楚聞之，發兵臨方城〔八〕，而易必敗矣。」

〔一〕韓、魏易地：易，交换。《西周策》云：「韓、魏易地……魏有南陽、鄭地、三川而包二周，則楚方城之外危；韓兼兩上黨以臨趙，即趙羊腸以上危。」

〔二〕且亡：將逃亡，出奔外國。

〔三〕史惕：不詳。

〔四〕復：姚本作「後」，誤。今從錢、劉、一、鮑本改爲「復」。

〔五〕上：北爲上方。

〔六〕下：下爲南方。

〔七〕羊腸：太行山險道，曲繞如羊腸。在今山西晋城市南。

〔八〕方城：今河南方城縣。

【繫年】

此策時不可考。姑從顧觀光附此章於周顯王四十七年、韓宣惠王十一年。

錡宣之教韓王取秦章

錡宣之教韓王取秦〔一〕，曰：「爲公叔具車百乘，言之楚，易三川。因令公仲謂秦王曰：『三川之言曰，秦王必取我〔二〕，韓王之心不可解矣。王何不試以襄子爲質於韓〔三〕，令韓王知王之不取三川也。』因以出襄子而德太子。」

〔一〕錡宣之教韓王取秦：錡宣，韓人。韓王，當是韓襄王。取，言與之合。

〔二〕秦王必取我：秦王，秦昭王。我，指三川。

〔三〕襄子：鮑注：秦諸公子不善太子者。

【繫年】

此章年不可考。顧觀光附於周赧王十五年、韓襄王十二年、秦昭王七年。

襄陵之役章

襄陵之役〔一〕，畢長謂公叔曰〔二〕：「請毋用兵，而楚、魏皆德公之國矣。夫楚欲置公子高〔三〕，必以兵臨魏。公何不令人説昭子曰〔四〕：『戰未必勝，請爲子起兵以之魏。』子有辭以毋戰〔五〕，於是以太子扁、昭揚、梁王皆德公矣〔六〕。」

〔一〕襄陵之役：襄陵，春秋時宋地，後入於魏。在今河南睢縣。《魏世家》襄王十二年，楚敗魏襄陵，即此襄陵之役。

〔二〕畢長謂公叔：畢長，魏人。公叔，韓相公叔伯嬰。

〔三〕公子高：魏惠王之子，爲質於楚。

〔四〕昭子：昭揚，楚相。

〔五〕子有辭以毋戰：子，指昭揚。有，讀爲「又」。

〔六〕以太子扁、昭揚、梁王：「以」字衍文。太子扁，吴師道云：「扁，此『高』字訛。」昭揚，即昭陽，音同而訛。梁王，梁惠王。

【繫年】

此策乃楚納公子高於魏事。鮑、吴皆就韓言，故所注全誤。按《魏策》惠施爲齊、魏交，令太子鳴爲質於齊，王欲見之。朱倉謂王曰：「何不稱病？臣請説嬰子曰：『魏王年長矣，今有疾，公不如歸太子以德之。不然，公子高在楚，楚將内而立之，是齊抱空質而行不義也。』」《魏世家》魏襄王十二年，楚敗魏襄陵，即此襄陵之役。當韓宣惠王九年，周顯王四十五年。

公叔使馮君於秦章

公叔使馮君於秦〔一〕，恐留，教陽向説秦王曰〔二〕：「留馮君以善韓辰〔三〕，非上知也。主君不如善馮君而資之以秦。馮君廣王而不聽公叔〔四〕，以與太子争則王澤布〔五〕，而害於韓矣。」

〔一〕馮君：金正煒云：疑即公仲馮。《史記·田齊世家》作「韓馮」。徐廣曰：即公仲侈。「侈」乃「倗」字之訛。馮、朋、倗，古字通。故策文「韓朋」，《史記》作「韓馮」，其實一人。

〔二〕陽向説秦王：陽向，不詳。秦王，秦昭王。

〔三〕韓辰：姚本作「韓臣」，今從集、錢、劉、曾本改「臣」爲「辰」。韓辰，不詳其人。

〔四〕馮君廣王：廣，猶寬也。言馮自寬其心於秦王，不聽公叔也。

〔五〕以與太子争：公仲朋本黨於幾瑟。與，猶助也。助幾瑟而與太子嬰争爲太子。

【繫年】

此策言「不聽公叔，以與太子争」，乃韓公叔與幾瑟争國時事。當繫在韓襄王十二年、秦昭王七年，當周赧王十五年。

謂公叔曰公欲得武遂章

謂公叔曰：「公欲得武遂於秦，而不患楚之能揚河外也〔一〕。公不如令人恐楚王，而令人爲公求武遂於秦。謂楚王曰：『發重使爲韓求武遂於秦。秦王聽，是令得行於萬乘之主也。韓得武遂以恨秦〔二〕，毋秦患而德楚。韓、楚之縣而已。秦不聽，是秦、韓之怨深而交楚也〔三〕』。」

〔一〕揚：吴師道云：揚，疑「傷」之訛。

〔二〕韓得武遂以恨秦：恨，鮑改爲「限」。吴師道云：疑當爲「限」。

〔三〕交楚：「交」下恐有缺字。鮑補「事」字。金正煒云：「交」下當有「走」字。

【繫年】

按《六國年表》，韓襄王五年秦拔宜陽，涉河城武遂。六年，秦復與韓武遂。《韓策一》甘茂許公仲以武遂。則此策當是歸武遂前之事，當繫於韓襄王六年、秦昭王元年，當周赧王九年。

謂公叔曰乘舟章

謂公叔曰：「乘舟，舟漏而弗塞，則舟沉矣。塞漏舟，而輕陽侯之波〔一〕，則舟覆矣。今公自以爲辯於薛公而輕秦〔二〕，是塞漏舟而輕陽侯之波也。願公之察也。」

〔一〕陽侯之波：陵陽國之侯，溺死於水，其神能爲大波，有所傷害。

〔二〕自以爲辯於薛公：辯，與「辨」同，能力高於薛公。薛公，孟嘗君田文。

【繫年】

策文無時間可考。從顧觀光附於公叔欲得武遂之時，當韓襄王六年。

齊令周最使鄭章

齊令周最使鄭〔一〕，立韓擾而廢公叔〔二〕。周最患之，曰：「公叔之與周君交也〔三〕，令我使鄭，立韓擾而廢公叔。語曰：『怒於室者色於市〔四〕。』今公叔怨齊無奈何也，必絶周君而深怨我矣〔五〕。」史舍曰〔六〕：「公行矣，請令公叔必重公。」

〔一〕齊令周最使鄭：周最，周之公子，親齊而仕於齊。鄭，即韓，韓滅鄭而徙都於新鄭，故稱鄭。猶魏都大梁稱梁，趙都邯鄲稱趙爲邯鄲。

〔二〕韓擾：韓之公子。

〔三〕公叔之與周君交也：交，交好。言公叔與周君相善，而最乃周之公子，不可以廢之。

〔四〕怒於室者色於市：室，家内。色，怒之顏色。

〔五〕絶：姚本無，鮑本有。無「絶」字則義不完。今從鮑本補「絶」字。

〔六〕史舍：史姓，舍名。與周最同使韓者。

周最行至鄭，公叔大怒。史舍入見曰：「周最固不欲來，使臣竊强之。周最不欲來，以爲公也。臣之强之也，亦以爲公也。」公叔曰：「請聞其説？」對曰：「齊大夫諸子有犬，犬猛不可叱，叱之必噬人〔一〕。客有請叱之者，疾視而徐叱之，犬不動；復叱之，犬遂無噬人之心。今周最固得事足下，而以不得已之故來使，彼將禮陳其辭而緩其言，鄭王必以齊王爲不急〔二〕，必不許也。今周最不來，他人必來。來使者無交於公，而欲得於韓擾，其使之必疾，言之必急，則鄭王必許之矣。」公叔曰：「善。」遂重周最，王果不許韓擾。

〔一〕噬：咬，食。

〔二〕鄭王：韓襄王。

【繫年】

此策乃公叔爲韓相，親楚、善秦而不利於齊，故齊使周最往廢之。韓襄王十二年，有太子嬰朝秦。時太子嬰即公叔伯嬰，則此策即韓襄王十二年事，當周赧王十五年。

韓公叔與幾瑟争國鄭强爲楚章

韓公叔與幾瑟争國〔一〕。鄭强爲楚王使於韓，矯以新城、陽人合世子〔二〕，以與公叔争國。楚怒，將罪之，鄭强曰：「臣之矯與之，以爲國也。臣曰世子得新城、陽人〔三〕，以與公叔争國，而得全，魏必急韓氏；韓氏急，必縣命於楚〔四〕，又何新城、陽人敢索？若戰而不勝，走而不死，今且以至，又安敢言地？」楚王曰：「善。」乃弗罪。

〔一〕争國：争立爲相以當國。

〔二〕矯以新城、陽人合世子：矯，擅，詐。新城，戰國韓地，在今河南伊川縣西南。陽人，在今河南汝州市西。合，鮑本作「命」。世子，謂幾瑟。

〔三〕臣曰：二字義不相屬，疑有誤。

〔四〕縣：與「懸」通。

【繫年】

時公叔當國，而幾瑟爲質於楚，楚欲納之，故使鄭强使於韓。公叔死於韓襄王十二年。此策當即韓襄王十二年、楚懷王二十九年事。

韓公叔與幾瑟争國中庶子章

韓公叔與幾瑟争國。中庶子强謂太子曰〔一〕：「不若及齊師未入，急擊公叔。」太子曰：「不可。戰之於國中必分〔二〕。」對曰：「事不成，身必危，尚何足以圖國之全爲？」太子弗聽，齊師果入，太子出走。

〔一〕中庶子强謂太子：中庶子，侍御左右之臣。强，疑即鄭强。太子，謂幾瑟。

〔二〕戰之於國中必分：「中」下鮑本有「國」字，當據以補。

【繫年】

此亦韓襄王十二年事，當齊閔王元年、周赧王十五年。

齊明謂公叔曰章

齊明謂公叔曰〔一〕：「齊逐幾瑟〔二〕，楚善之。今楚欲善齊甚，公何不令齊王謂楚王：『王爲我逐幾瑟以窮之。』楚聽，是齊、楚合，而幾瑟走也；楚王不聽，是有陰於韓也〔三〕。」

〔一〕齊明：東周臣。

〔二〕齊逐幾瑟：上章，齊師入韓，太子出走。故云齊逐幾瑟。

〔三〕有陰於韓：暗中與韓有約。

【繫年】

此與上章爲同時事。在韓襄王十二年，當周赧王十五年。

公叔將殺幾瑟章

公叔將殺幾瑟也，或謂公叔曰：「太子之重公也〔一〕，畏幾瑟也。今幾瑟死，太子無患，必輕公。韓大夫見王老，冀太子之用事也，固欲事之。太子外無幾瑟之患〔二〕，而内收諸大夫以自輔也，公必輕矣。不如無殺幾瑟以恐太子。太子必終身重公矣。」

〔一〕太子：當指太子嬰。

〔二〕太子外無幾瑟之患：時幾瑟亡在楚，故云外。

【繫年】

此章亦韓襄王十二年事，當周赧王十五年。

公叔且殺幾瑟也章

公叔且殺幾瑟也，宋赫爲謂公叔曰〔一〕：「幾瑟之能爲亂也，内得父兄〔二〕，而外得秦、楚也〔三〕。今公殺之，太子無患，必輕公。韓大夫知王之老而太子定，必陰事之，秦、楚若無韓，必陰事伯嬰。伯嬰，亦幾瑟也。公不如勿殺。伯嬰恐，必保於公。韓大夫不能必其不入也，必不敢輔伯嬰以爲亂。秦、楚挾幾瑟以塞伯嬰〔四〕，伯嬰外無秦、楚之權，内無父兄之衆，必不能爲亂矣。此便於公。」

〔一〕宋赫爲謂公叔：宋赫，無考。公叔，由此策看，則公叔不名伯嬰。伯嬰，乃韓襄王太子嬰。謂公叔名伯嬰者，乃誤合耳。《韓策一》宣王謂摎留曰：「吾欲兩用公仲、公叔，其可乎？」則公叔必非伯嬰。蓋史失其名，而誤以伯嬰附之。待考。

〔二〕父兄：指公仲朋。

〔三〕外得秦、楚：公仲朋親秦，幾瑟親楚，故恃外援以爲亂。

〔四〕秦、楚挾幾瑟以塞伯嬰：塞，障礙，阻止。伯嬰，即太子嬰。

【繫年】

此亦韓襄王十二年事。

謂新城君曰章

謂新城君曰〔一〕：「公叔、伯嬰恐秦、楚之内幾瑟也，公何不爲韓求質子於楚？楚王聽而入質子於韓〔二〕，則公叔、伯嬰必知秦、楚之不以幾瑟爲事也，必以韓合於秦、楚矣。秦、楚挾韓以窘魏，魏氏不敢東，是齊孤也。公又令秦求質子於楚，楚不聽，則怨結於韓。韓挾齊、魏以眄楚〔三〕，楚王必重公矣。公挾秦、楚之重，以積德於韓，則公叔、伯嬰必以國事公矣。」

〔一〕新城君：秦宣太后弟芈戎之封號。

〔二〕楚王聽而入質子於韓：《史記正義》：當云楚王不聽入質子於韓。此「王」下脱「不」字。

〔三〕韓挾齊、魏以眄楚：眄，姚本作「盱」。金正煒云：當作「眄」。恨視也。【補】金正煒曰：按此策文多淆誤，故致義不可通。《史記索隱》曰：《正義》乃以上文爲韓求質於楚，謂更以别人爲質以替幾瑟，又以楚王聽而入質子於韓，謂脱「不」字。紆曲其説以顧此文，皆非也。疑當作「公又令魏求質子於楚，楚不聽，則怨結於魏。秦挾韓、魏以眄楚，楚王必重公矣」。若如原文，秦求質而楚不聽，何爲怨結於韓？且韓亦惡能挾齊、魏以眄楚哉！

【繫年】

此與韓公叔、幾瑟爭國事相關。當繫於韓襄王十年，當秦昭王五年。

胡衍之出幾瑟於楚章

胡衍之出幾瑟於楚也〔一〕，教公仲謂魏王曰〔二〕：「太子在楚〔三〕，韓不敢離楚也。公何不試奉公子咎〔四〕，而爲之請太子？因令人謂楚王曰：『韓立公子咎而棄幾瑟，是王抱虛質也。王不如亟歸幾瑟，幾瑟入，必以韓權報讎於魏而德王矣。』」

〔一〕胡衍：韓人。

〔二〕魏王：魏襄王。

〔三〕太子：謂幾瑟。時太子嬰死，幾瑟立爲韓太子，爲質於楚。

〔四〕公子咎：韓襄王子，幾瑟之兄弟。

【繫年】

此章蓋太子嬰死後，幾瑟立爲太子而質於楚時事。太子嬰死於韓襄王十二年，《魏世家》云：太子嬰死，公子咎、公子幾瑟爭爲太子。時幾瑟質於楚。繫於韓襄王十二年、魏襄王十九年、楚懷王二十九年、當周赧王十五年。

幾瑟亡之楚章

幾瑟亡之楚，楚將收秦而復之。謂羋戎曰〔一〕：「廢公叔而相幾瑟者楚也〔二〕，今幾瑟亡之楚，楚又收秦而復之，幾瑟入鄭之日，韓、楚之縣已〔三〕。公不如令秦王賀伯嬰之立也〔四〕，韓絶於楚，其事秦必疾，秦挾韓親魏，齊、楚後至者先亡。此王業也。」

〔一〕羋戎：秦宣太后弟，新城君。

〔二〕相：助也。

〔三〕已：姚本作「邑」。當是「已」字之譌。策文如此句法甚多。

〔四〕伯嬰：韓太子嬰。

【繫年】

齊師入韓，幾瑟亡走之楚，《謂新城君曰章》「公何不爲韓求質子於楚」，與此策蓋同時事。皆在韓襄王十二年。

冷向謂韓咎曰章

冷向謂韓咎曰〔一〕：「幾瑟亡在楚，楚王欲復之甚。今楚兵十餘萬在方城之外〔二〕。臣請令楚築萬家之都於雍氏之旁，韓必起兵以禁之，公必將矣。公因以楚、韓之兵奉幾瑟而内之鄭，幾瑟得入而德公，必以韓、楚奉公矣。」

〔一〕韓咎：即韓公子咎，與幾瑟爭國者。【補】冷向，吴師道曰：《史》「冷向」作「蘇代」。愚謂咎即太子咎，豈有内幾瑟之理？當是謂公仲之辭。《史記志疑》卷二十四：公子咎與韓咎是二人，故蘇氏説韓咎奉幾瑟也。

〔二〕今：姚本作「令」。從《史記》改爲「今」。

【繫年】

此與上章爲同時事，亦在韓襄王十二年，當周赧王十五年。

楚令景鯉入韓章

楚令景鯉入韓〔一〕，韓且内伯嬰於秦，景鯉患之。冷向謂伯嬰曰：「太子入秦〔二〕，秦必留太子而合楚，以復幾瑟也，是太子反棄之〔三〕。」

〔一〕景鯉：楚懷王相。

〔二〕太子：謂伯嬰。

〔三〕是太子反棄之：已立爲太子而反自棄之。

【繫年】

此亦韓襄王十二年事。

韓咎立爲君而未定也章

韓咎立爲君而未定也〔一〕，其弟在周，周欲以車百乘重而送之。恐韓咎入韓之不立也，綦母恢曰〔二〕：「不如以百金從之〔三〕。韓咎立，因曰以爲戒〔四〕；不立，則曰來效賊也〔五〕。」

〔一〕韓咎：即韓襄王子，立爲韓釐王。【補】此章原連屬上章，今從鮑本分列之。顧觀光隸此策於周赧王十五年。

〔二〕綦母恢：周臣。

〔三〕不如以百金從之：金正煒云：按「百金」與下文「以爲戒」及「來效賊也」文不相應。疑上文「以車百乘」當作「以百金」，此乃當作「以車百乘」，文誤淆也。《韓非子·説林下》作「不若以車百乘送之」。可據以訂證。

〔四〕因曰以爲戒：曰，姚本作「也」。王念孫云：因也，當爲「因曰」。與下文「則曰」相對爲文。《韓非子·説林下》「因曰爲戒」是其證。

〔五〕來效賊：以咎弟爲賊而送致韓。

【繫年】

韓襄王十二年，公子咎與公子幾瑟争立，楚圍雍氏，以内幾瑟。次年，魏襄王與齊閔王會於韓，立咎爲太子。此策必其争立之時。若既即位，則何言未定。仍當繫於韓襄王十二年。

史疾爲韓使楚章

史疾爲韓使楚〔一〕。楚王問曰：「客何方所循〔二〕？」曰：「治列子圉寇之言〔三〕。」曰：「何貴？」曰：「貴正。」王曰：「正亦可爲國乎？」曰：「可。」王曰：「楚國多盜，正可以圉盜乎〔四〕？」曰：「可。」曰：「以正圉盜，奈何？」頃間，有鵲止於屋上者，曰：「請問楚人謂此鳥何？」王曰：「謂之鵲。」曰：「謂之烏可乎？」曰：「不可。」曰：「今王之國有柱國、令尹、司馬、典令〔五〕，其任官置吏，必曰廉潔勝任。今盜賊公行而弗能禁也，此烏不爲烏、鵲不爲鵲也〔六〕。」

〔一〕史疾：韓人。【補】鮑彪曾移此章於《楚策》考烈王下。吴師道云：「史疾爲韓使楚，故在韓從舊可。」

〔二〕客何方所循：方，法術。循，當爲「脩」，形近之訛。脩，治也。謂治何方術也。

〔三〕列子圉寇之言：列子，名圉寇，鄭穆公時人。學貴虛静，屬道家。

〔四〕圉：與「禦」通。

〔五〕柱國、令尹、司馬、典令：柱國，官名。原爲楚國保衛國都之官，後爲最高武官，也稱「上柱國」。令尹，楚之宰相，掌國家軍、政大權。司馬，掌管國家軍事和軍賦。典令，主掌政令。

〔六〕爲：《廣雅·釋詁》：爲，成也。

【繫年】

此策時不可考。顧觀光附於赧王十四年，當韓襄王十一年。不知何據。

韓傀相韓章

韓傀相韓〔一〕，嚴遂重於君〔二〕，二人甚相害也。嚴遂政議直指〔三〕，舉韓傀之過，韓傀以之叱之於朝〔四〕，嚴遂拔劍趨之，以救解。於是嚴遂懼誅，亡去，遊，求人可以報韓傀者。至齊，齊人或言：「軹深井里聶政〔五〕，勇敢士也。避仇隱於屠者之間。」嚴遂陰交於聶政，以意厚之。聶政問曰：「子欲安用我乎？」嚴遂曰：「吾得爲役之日淺，事今薄〔六〕，奚敢有請？」於是嚴遂乃具酒，觴聶政母前。仲子奉黄金百鎰〔七〕，前爲聶政母壽。聶政驚，愈怪其厚，固謝嚴仲子。仲子固進，而聶政謝曰：「臣有老母，家貧，客遊以爲狗屠，可旦夕得甘脆以養親。親供養備，義不敢當仲子之賜。」嚴仲子辟人，因爲聶政語曰：「臣有仇，而行遊諸侯衆矣。然至齊，聞足下義甚高。故直進百金者，特以爲夫人粗糲之費〔八〕，以交足下之驩〔九〕，豈敢以有求邪？」聶政曰：「臣所以降志辱身居市井者，徒幸而養老母。老母在，政身未敢以許人也。」嚴仲子固讓，聶政竟不肯受。然仲子卒備賓主之禮而去。

〔一〕韓傀相韓：傀，《韓非子·内儲説下》作「廆」。《御覽》卷四七三作「傫」。「傀」、「廆」同字。「累」、「傫」同字。「傀」、「累」聲之轉。《史記》作「韓相俠累」。《史記索隱》在《韓世家》單刻本「俠」下有「侯」字。疑「俠侯」是其爵號。韓傀，韓之公族。

〔二〕嚴遂：亦名嚴翁仲，字仲子。

〔三〕政議直指：政，與「正」通。指，斥也。

〔四〕韓傀以之叱之於朝：《史記·刺客列傳索隱》引《戰國策》無「以之」二字。此蓋「叱之」二字之誤衍也。

〔五〕軹深井里聶政：軹，地名，在今河南濟源市南三十里軹城鎮古軹國。深井，里名。

〔六〕事今薄：事，服侍。薄，厚薄之薄。

〔七〕仲子：嚴遂之字。

〔八〕特以爲夫人粗糲之費：夫人，鮑本作「丈人」。糲，粗米。

〔九〕驩：與「歡」通。

久之，聶政母死，既葬，除服〔一〕。聶政曰：「嗟乎！政乃市井之人，鼓刀以屠，而嚴仲子乃諸侯之卿相也，不遠千里，枉車騎而交臣，臣之所以待之至淺鮮矣，未有大功可以稱者，而嚴仲子舉百金爲親壽，我雖不受，然是深知政也。夫賢者以感忿睚眦之意〔二〕，而親信窮僻之人，而政獨安可嘿然而止乎〔三〕？且前日要政，政徒以老母。老母今以天年終，政將爲知己者用。」遂西至濮陽〔四〕，見嚴仲子曰：「前所以不許仲子者，徒以親在。今親不幸已死〔五〕，仲子所欲報仇者爲誰？」嚴仲子具告曰：

「臣之仇，韓相傀。傀又韓君之季父也，宗族盛，兵衛設，臣使人刺之，終莫能就。今足下幸而不棄，請益具車騎壯士以爲羽翼。」政曰：「韓與衛中間不遠〔六〕，今殺人之相，相又國君之親，此其勢不可以多人。多人不能無生得失〔七〕，生得失則語泄，語泄則韓舉國而與仲子爲讎也，豈不殆哉！」遂謝車騎人徒，辭，獨行，仗劍至韓。

〔一〕除服：服，喪服。治喪完畢而服除。

〔二〕睚眦：瞋目怒視貌。

〔三〕嘿：與「默」同。

〔四〕濮陽：衛都。在今河南濮陽市。

〔五〕今親不幸已死：「已死」二字，姚本無，鮑本有，《藝文類聚》卷三三引有「已亡」二字，今據鮑本補此二字。

〔六〕韓與衛中間不遠：此時韓遷陽翟。衛，指濮陽。言陽翟與濮陽相距不太遠。

〔七〕多人不能無生得失：謂人多恐有泄密之失。《韓世家索隱》引《戰國策》作「多人不能無生情」。王念孫云：「失」字乃後人以意加之也。當删去。

韓適有東孟之會〔一〕，韓王及相皆在焉，持兵戟而衛者甚衆。聶政直入，上階刺韓傀。韓傀走而抱哀侯〔二〕，聶政刺之，兼中哀侯，左右大亂。聶政大呼，所殺者數十人。因自皮面抉眼〔三〕，自屠出腸，遂以死。

〔一〕東孟之會：東孟，地名。不詳所在。【補】程恩澤謂衛之東孟。又引《水經注》曰即今河南省延津縣（古爲酸棗縣）。

〔二〕哀侯：鮑改「哀侯」爲「列侯」，是也。此與《韓世家》之哀侯非一人。

〔三〕自皮面抉眼：皮面，鮑本作「面皮」，誤。《列女傳》作「自皮其面」。謂以刀剺面而揭其皮。抉眼，抉出其眼睛。

韓取聶政屍於市〔一〕，縣購之千金〔二〕。久之，莫知誰子。政姊聞之〔三〕，曰：「弟至賢，不可愛妾之軀，滅吾弟之名，非弟意也。」乃之韓。視之曰：「勇哉！氣矜之隆〔四〕，是其軼賁、育而高成荆矣〔五〕。今死而無名，父母既殁矣，兄弟無有，此爲我故也。夫愛身不揚弟之名，吾不忍也。」乃抱屍而哭之曰：「此吾弟軹深井里聶政也。」亦自殺於屍下。晋、楚、齊、衛聞之曰：「非獨政之能，乃其姊者亦列女也〔六〕。」聶政之所以名施於後世者，其姊不辟菹醢之誅〔七〕，以揚其名也。

〔一〕韓取聶政屍於市：「屍」下鮑本有「暴」字，《史記》同。《列女傳》作「韓暴其屍於市」。當補「暴」字。

〔二〕縣購之：募賞識其姓名者。

〔三〕姊：姚本皆訛爲「姉」。

〔四〕氣矜之隆：矜，自持也。隆，高也。

〔五〕是其軼賁、育而高成荆：軼，超越。賁，孟賁。育，夏育。皆古之勇士。成荆，不詳。

〔六〕列：與「烈」通。

〔七〕菹醢：菹，腌菜。謂剉切之如治腌菜。醢，剁成肉醬。

【繫年】

此策聶政爲嚴遂殺韓傀，爲韓列侯時事。而殺韓哀侯者乃韓嚴而非嚴遂。兩事相去十七年，《史記·刺客列傳》誤合嚴遂、韓嚴爲一人，蓋由此策文「聶政刺之，兼中哀侯」而致誤。《史記·韓世家》分爲二事。「列侯三年，聶政殺韓相俠累。」俠累即韓傀，不云弑王。「哀侯六年，韓嚴弑其君哀侯。」其事與嚴遂、聶政無涉也。今從《史記·韓世家》繫此策於韓列侯三年，當周安王五年。

戰國策卷二十八

韓三

或謂韓公仲曰章

或謂韓公仲曰：「夫孿子之相似者〔一〕，唯其母知之而已；利害之相似者，唯智者知之而已。今公國，其利害之相似，正如孿子之相似也。得以其道爲之，則主尊而身安；不得其道，則主卑而身危。今秦、魏之和成，而非公適束之〔二〕，則韓必謀矣。若韓隨魏以善秦，是爲魏從也〔三〕，則韓輕矣，主卑矣。秦已善韓，必將欲置其所愛信者，令用事於韓以完之，是公危矣。今公與安成君爲秦、魏之和〔四〕，成固爲福，不成亦爲福。秦、魏之和成，而公適束之，是韓爲秦、魏之門户也。是韓重而主尊矣。安成君東重於魏，而西貴於秦，操右契而爲公責德於秦、魏之主〔五〕，裂地而爲諸侯，公之事也。若夫安韓、魏而終身相，公之下服〔六〕，此主尊而身安矣。秦、魏不終相聽者也。齊怒於不得魏〔七〕，必欲善韓以塞魏。魏不聽秦，必務善韓以備秦，是公擇布而割也〔八〕。秦、魏和，則兩國德公；不和，則兩國争事公。所謂成爲福，不成亦爲福者也。願公之無疑也。」

〔一〕彎子：雙生子。

〔二〕秦、魏之和成，而非公適束之：公，謂公仲。束，約也。言秦、魏之和，而公仲爲之主約也。

〔三〕是爲魏從：從，從魏。非自主約。

〔四〕安成君：韓人。

〔五〕操右契：操，持。右契可責取。

〔六〕下服：服，猶事。以裂地爲諸侯爲上，作相爲下也。

〔七〕齊怒：按文意當作「秦怒」爲是。

〔八〕擇布而割：布，比喻秦、魏。割，比喻公仲可以制約二國。

【繫年】

此策時不可考。顧觀光附於周赧王二十七年，當韓釐王八年。于鬯繫於赧王二十二年，當韓釐王三年。未知孰是。

或謂公仲曰今有一舉章

或謂公仲曰：「今有一舉而可以忠於主，便於國，利於身，願公之行之也。今天下散而事秦，則韓最輕矣；天下合而離秦，則韓最弱矣，合離之相續，則韓最先危矣。此君國長民之大患也。今公以韓先合於秦，天下隨之，是韓以天下事秦，秦之德韓也厚矣。韓與天下朝秦，而獨厚取德焉，公行之計〔一〕，是其於主也至忠矣。天下不合秦，秦令而不聽，秦必起兵以誅不服。秦久與天下結怨構難，而兵不決，韓息士民以待其舋〔二〕，公行之計，是其於國也大便也。昔者周佼以西周善於秦〔三〕，而封於梗陽〔四〕；周啟以東周善於秦〔五〕，而封於平原〔六〕。今公以韓善秦，韓之重於兩周也無計〔七〕，而秦之争機也萬於周之時〔八〕。今公以韓爲天下先合於秦，秦必以公爲諸侯，以明示天下，公行之計，是其於身大利也。願公之加務也。」

〔一〕之：猶此。

〔二〕舋：罅隙，漏洞。

〔三〕周佼：周人。

〔四〕梗陽：春秋晋大夫祁氏邑。戰國屬趙。今山西清徐縣南有梗陽城。

〔五〕周敵：亦周人。

〔六〕平原：亦趙地。今山東平原縣西南三十里。

〔七〕無計：計，算。無計，猶云不可數計。

〔八〕萬：《吕氏春秋·貴當》注：萬，倍也。

【繫年】

顧觀光云，策言周佼以西周善秦而封於梗陽。據《六國年表》秦拔趙梗陽在周赧王二十七年，當韓釐王八年、魏昭王八年、秦昭王十九年。【補】此策之繫年無考。張琦曰：「梗陽、平原皆趙地，而以善於秦封，此等處不可曉。」諸祖耿云：《史記·趙世家》：（惠文王）十一年，秦取梗陽。當秦昭王十九年始有此地。時公仲不秉韓政（恐已老死），豈能更在前時封周佼哉？若以趙地封人，趙何能聽之？張氏疑之是也。此策當在周赧王二十七年後事，但公仲已死，恐爲後人追述之誤。

韓人攻宋章

韓人攻宋〔一〕，秦王大怒曰〔二〕：「吾愛宋與新城、陽晋同也〔三〕。韓珉與我交〔四〕，而攻我甚所愛，何也？」蘇秦爲韓説秦王曰：「韓珉之攻宋，所以爲王也。以韓之强，輔之以宋，楚、魏必恐。恐必西面事秦。王不折一兵，不殺一人，無事而割安邑〔五〕，此韓珉之所以禱於秦也〔六〕。」秦王曰：「吾固患韓之難知，一從一横，此其説何也？」對曰：「天下固令韓可知也。韓故已攻宋矣，其西面事秦，以萬乘自輔；不西事秦，則宋地不安矣。中國白頭游敖之士〔七〕，皆積智欲離秦、韓之交，伏軾結靷西馳者〔八〕，未有一人言善韓者也；伏軾結靷東馳者，未有一人言善秦者也。皆不欲韓、秦之合者，何也？則晉、楚智而韓、秦愚也。晉、楚合，必伺韓、秦；韓、秦合，必圖晉、楚。請以決事。」秦王曰：「善。」

〔一〕韓人攻宋：吴師道云：蓋韓珉爲齊伐宋也。不云韓攻宋，而云韓人，疑「人」即「珉」之訛。黄丕烈云：此下「韓」字《田齊世家》皆作「齊」。此策文本亦作「齊」，因韓珉而在《韓策》後，人誤改之耳。

〔二〕秦王大怒：秦王，秦昭王。

〔三〕新城、陽晉：新城，在今河南伊川縣西南。秦封芈戎於此。陽晉，衛地，後屬齊。故城在今山東曹縣北。【補正】此處之「新城」，疑非「今河南伊川縣西南」之新城，似應爲宋之新城。吴師道引《括地志》云：「新城故城在宋州宋城縣界。」循此，當知新城在宋矣。《左傳·文公十四年》：「同盟於新城。」杜注：「宋地。在梁國穀熟縣西。」在今河南省商丘市東南。

〔四〕韓珉與我交：韓珉，《史記·田齊世家》作「韓聶」，《戰國縱横家書》作「韓貴」，實是一人。韓珉親秦而與秦昭王友好。

〔五〕無事而割安邑：據《六國年表》，秦昭王二十一年，魏納安邑於秦。

〔六〕以禱於秦：禱，祭神祈福之名。禱於秦，言爲秦祈福。

〔七〕白頭游敖之士：敖，與「遨」通，出游也。

〔八〕伏軾結靷：軾，車廂前横木。靷，車上駕牛馬之具，在胸曰靷，所以引車前行也。

【繫年】

此策乃韓珉爲齊攻宋事。策文「韓」字皆當爲「齊」。《史記・田齊世家》引此策敘於齊閔王之三十八年。《史記・田齊世家》記齊閔王之紀年是錯誤的。閔王實在位十八年，而《史記》誤爲四十年。據《戰國縱横家書》，韓珉爲齊伐宋，在齊閔王十五年、秦昭王二十一年、宋王偃四十三年，當周赧王二十九年。蓋齊第三次攻宋也。此年韓珉適爲齊相。

或謂韓王曰章

或謂韓王曰〔一〕：「秦王欲出事於梁〔二〕，而欲攻絳、安邑〔三〕，韓計將安出矣？秦之欲伐韓以東闚周室甚，唯寐忘之。今韓不察，因欲與秦〔四〕，必爲山東大禍矣。秦之欲攻梁也，欲得梁以臨韓，恐梁之不聽也，故欲病之以固交也。王不察，因欲中立，梁必怒於韓之不與已，必折爲秦用，韓必舉矣。願王熟慮之也，不如急發重使之趙、梁，約復爲兄弟，使山東皆以鋭師戍韓、梁之西邊。非爲此也，山東無以救亡，此萬世之計也。秦之欲并天下而王之也，不與古同。事之雖如子之事父，猶將亡之也。行雖如伯夷，猶將亡之也。行雖如桀、紂，猶將亡之也。雖善事之無益也不可以爲存，適足以自令亟亡也。然則山東非能從親，合而相堅如一者，必皆亡矣。」

〔一〕韓王：韓襄王。

〔二〕秦王欲出事於梁：秦王，秦昭王。出事於梁，謂將出兵攻魏。

〔三〕絳、安邑：皆魏地。絳，今山西新絳縣。安邑，今山西夏縣。

〔四〕與：助也。

【繫年】

秦伐魏，攻絳、安邑，事在秦昭王八年、韓襄王十三年、魏襄王二十年，當周赧王十六年。

謂鄭王曰昭釐侯章

謂鄭王曰〔一〕：「昭釐侯〔二〕，一世之明君也；申不害，一世之賢士也。韓與魏敵侔之國也〔三〕，申不害與昭釐侯執珪而見梁君〔四〕，非好卑而惡尊也，非慮過而議失也。申不害之計事，曰：『我執珪於魏，魏君必得志於韓，必外靡於天下矣〔五〕，是魏弊矣。諸侯惡魏必事韓，是我免於一人之下〔六〕，而信於萬人之上也〔七〕。夫弱魏之兵，而重韓之權，莫如朝魏。』昭釐侯聽而行之，明君也；申不害慮事而言之，忠臣也。今之韓弱於始之韓，而今之秦强於始之秦〔八〕。今秦有梁君之心矣〔九〕，而王與諸臣不事爲尊秦以定韓者，臣竊以爲王之明爲不如昭釐侯，而王之諸臣忠莫如申不害也。

〔一〕鄭王：即韓王。

〔二〕昭釐侯：《史記》作「昭侯」。《竹書紀年》作「釐侯」。即韓昭侯。

〔三〕敵侔之國：敵，相當。侔，相等。

〔四〕執珪而見梁君：珪，瑞玉，上圓下方。君須賜臣下，臣執珪以朝君主。梁君，梁惠王。《竹書紀年》梁惠成王十七年，鄭釐侯來朝中陽。當即此事。

〔五〕外靡於天下：靡，靡費虛耗。謂梁惠王必用兵征伐各國以虛耗魏國。

〔六〕免：與「俛」通。低首於人。

〔七〕信：與「伸」通。

〔八〕今之秦强於始之秦：審文意，始之秦，當作「始之梁」。

〔九〕秦有梁君之心：有梁惠王之心，靡費國家使各國朝服於魏。

「昔者穆公一勝於韓原〔一〕，而霸西州〔二〕；晋文公一勝於城濮〔三〕，而定天下。此以一勝立尊令，成功名於天下。今秦數世强矣，大勝以十數，小勝以百數，大之不王，小之不霸，名尊無所立，制令無所行，然而春秋用兵者〔四〕，非以求主尊成名於天下也？昔先王之攻，有爲名者，有爲實者。爲名者攻其心，爲實者攻其形〔五〕。昔者吳與越戰，越人大敗，保於會稽之上〔六〕，吳人入越而户撫之。越王使大夫種行成於吴〔七〕，請男爲臣，女爲妾，身執禽而隨諸御〔八〕。吴人果聽其辭，與成而不盟，此攻其心者也。

其後越與吳戰，吳人大敗，亦請男爲臣，女爲妾，反以越事吳之禮事越。越人不聽也，遂殘吳國而禽夫差，此攻其形者也。今將攻其心乎，宜使如吳；攻其形乎，宜使如越。夫攻形不如越，而攻心不如吳，而君臣、上下、少長、貴賤畢呼霸王，臣竊以爲猶之井中而謂曰：我將爲爾求火也。

〔一〕穆公一勝於韓原：穆公，秦穆公任好。曾與晉惠公夷吾戰於韓原。秦勝晉，俘晉惠公。韓原，在今山西芮城縣。韓原之戰，在春秋魯僖公十五年。

〔二〕西州：猶言西方、西土。

〔三〕晉文公一勝於城濮：晉文公重耳與楚將子玉戰於城濮，敗楚軍，周襄王命晉文公爲侯伯。城濮，春秋時衛地。在今山東鄄城縣西南臨濮集。

〔四〕春秋用兵者：言秦年年用兵，終歲戰爭。

〔五〕形：謂土地與人民。

〔六〕保於會稽之上：《史記·越王勾踐世家》越王勾踐興師伐吳，吳王夫差發兵擊越，敗之夫椒。越王乃以餘兵五千人保棲會稽。吳王追圍之。會稽，會稽山。在今浙江紹興境。

〔七〕大夫種行成於吳：大夫種，即文種。字少禽，楚南郢人。仕越王勾踐。勾踐滅吳，文種賜死。行成，與吳講和。

〔八〕身執禽而隨諸御：執禽，執禽鳥爲贄。御，執事以服役於吳王。

「東孟之會〔一〕，聶政、陽堅刺相兼君〔二〕，許異蹴哀侯而殪之〔三〕，立以爲鄭君〔四〕。韓氏之衆無不聽令者，則許異爲之先也。是故哀侯爲君〔五〕，而許異終身相焉。而韓氏之尊許異也，猶其尊哀侯也。今曰鄭君不可得而爲也，雖終身相之焉，然而吾弗爲云者，豈不爲過謀哉？昔齊桓公九合諸侯，未嘗不以周襄王之命〔六〕。然則雖尊襄王，桓公亦定霸矣。九合之尊桓公也，猶其尊襄王也。今日天子不可得而爲也，雖爲桓公，吾弗爲云者，豈不爲過謀而不知尊哉？韓氏之士數十萬，皆戴哀侯以爲君，而許異獨取相焉者，無他，諸侯之君無不任事於周室也，而桓公獨取霸者，亦無他也。今强國將有帝王之亹〔七〕，而以國先者，此桓公、許異之類也。豈可不謂善謀哉？夫先與强國之利，强國能王，則我必爲之霸；强國不能王，則可以辟其兵，使之無伐我。然則强國事成，則我立帝而霸〔八〕；强國之事不成，猶之厚德我也。今與强國，强國之事成則有福，不成則無患。然則先與强國者，聖人之計也。」

〔一〕東孟之會：此以下，鮑本連上文爲一章。姚本及一本自爲一章，恐非。今從鮑本，合爲一章。

〔二〕聶政、陽堅刺相兼君：《魏世家》列侯三年，聶政殺韓相俠累。哀侯六年，韓嚴弑其君哀侯，而子懿侯立。聶政刺韓相而不及君。韓嚴弑其君，陽堅與焉，而不及相。而策文皆謂哀侯時。此蓋傳聞各異，誤合二事爲一耳。

〔三〕許異蹴哀侯而殪之：蹴，鮑本作「蹵」。「蹴」與「蹵」通。蹴，躡，蹈也。殪，死。蹴而使哀侯佯死。《史記索隱》引《竹書紀年》云：晋桓公邑哀侯於鄭，韓山堅賊其君哀侯，而韓若山立。若山即懿侯也。則韓嚴爲韓山堅也。

〔四〕鄭君：即韓國君。

〔五〕哀侯：當爲懿侯。

〔六〕周襄王：名鄭，周惠王子。

〔七〕今强國將有帝王之亹：强國，指秦。亹，與「釁」同，漏，隙。有帝王之釁，蓋謂秦稱帝，而五國隘之，又去帝號。【正】亹，兆也。龜裂之兆。此處言有帝王之兆。

〔八〕我立帝而霸：我，謂韓。立帝，韓尊立秦爲帝。霸，與「伯」通，諸侯之長。

【繫年】

此策言秦有帝王之釁，蓋秦昭王稱帝去帝以後事。秦昭王十九年稱西帝，又去之。秦昭王五十年，秦圍邯鄲，辛垣衍亦提出尊秦爲帝。而此策又言，先與强國之利。則韓欲尊秦爲帝，應在魏辛垣衍之前。而顧觀光附此策於秦昭王五十三年、韓桓惠王十九年。不知何據。【補】鮑彪則隸此策於韓釐王下，似顯太早。存疑。

韓陽役於三川章

韓陽役於三川而欲歸〔一〕，足强爲之説韓王曰〔二〕：「三川服矣，王亦知之乎？役且共貴公子〔三〕。」王於是召諸公子役於三川者而歸之。

〔一〕韓陽役於三川：韓陽，韓之公族。役，即「役」字，征伐之役。

〔二〕足强：人名。不詳其身世。

〔三〕役且共貴公子：役人將立公子爲君。

【繫年】

《秦本紀》秦莊襄王元年，使蒙驁伐韓。韓獻成臯、鞏。初置三川郡。《韓世家》桓惠王二十四年，秦拔韓成臯、滎陽。則韓陽役於三川，當在此年。

秦大國也章

秦，大國也。韓，小國也。韓甚疏秦。然而見親秦，計之非金無以也〔一〕。故賣美人，美人之賈貴，諸侯不能買，故秦買之三千金。韓因以其金事秦，秦反得其金與韓之美人。韓之美人因言於秦曰：「韓甚疏秦。」從是觀之，韓亡美人與金，其疏秦乃始益明。故客有説韓者曰：「不如止淫用〔二〕，以是爲金以事秦，是金必行，而韓之疏秦不明。美人知內行者也〔三〕，故善爲計者，不見內行。」

〔一〕以：曾本作「已」。以，由也。

〔二〕淫：侈，邪。謂賣美人以得金事秦。

〔三〕內行：猶言內情，國中之隱事。

【繫年】

此章年事不可考。顧觀光附於秦昭王五十三年、韓桓惠王十九年。

張丑之合齊楚章

張丑之合齊、楚講於魏也〔一〕，謂韓公仲曰：「今公疾攻魏之運〔二〕，魏急，則必以地和於齊、楚，故公不如勿攻也。魏緩則必戰，戰勝，攻運而取之易矣。戰不勝，則魏且内之。」公仲曰：「諾。」張丑因謂齊、楚曰：「韓已與魏矣。以爲不然，則蓋觀公仲之攻也。」公仲不攻，齊、楚恐，因講於魏而不告韓。

〔一〕張丑：齊臣。

〔二〕魏之運：鮑改「運」爲「鄆」。但鄆非魏地。不詳其地。【補】運，當魏舊邑安邑西南十五里之運城。但此時運城已入秦邑，是書寫之誤還是傳之訛，待考。策文中常有誤、訛。《説文》：「鄆，河内沁水鄉，從邑軍聲。」可備一參。

【繫年】

此章時不可考。然張丑在齊閔王時曾爲質於燕。吴師道云：因涉及公仲事。當附於襄王時。【補】顧觀光隸此策於周顯王三十六年。曰：「因與張丑相涉，附此。」

或謂韓相國章

或謂韓相國曰：「人之所以善扁鵲者〔一〕，爲有臃腫也。使善扁鵲而無臃腫也，則人莫之爲之也。今君以所事善平原君者〔二〕，爲惡於秦也。而善平原君，乃所以惡於秦也。願君之熟計之也。」

〔一〕善扁鵲：善，嘉許。扁鵲，鄭人。姓秦，名越人。春秋時良醫。爲醫或在齊，或在趙，當晉定公時，名聞天下。

〔二〕平原君：趙惠文王弟，趙勝。

【繫年】

此策時不可考。鮑彪以韓相國爲公仲朋，次於韓釐王時。顧觀光繫於秦圍邯鄲，平原君請救於魏、楚，解邯鄲之圍時。然皆無實據。

公仲使韓珉之秦章

公仲使韓珉之秦求武隧〔一〕，而恐楚之怒也。唐客謂公仲曰〔二〕：「韓之事秦也，且以求武隧也，非弊邑之所憎也。韓已得武隧，其形乃可以善楚。臣願有言，而不敢爲楚計。今韓之父兄得衆者〔三〕，每相韓不能獨立，勢必善楚〔四〕。王曰：『吾欲以國輔韓珉而相之可乎？父兄惡珉，珉必以國保楚。』」公仲說，士唐客於諸公〔五〕，而使之主韓、楚之事。

〔一〕公仲使韓珉之秦求武隧：公仲，韓相公仲朋。韓珉，《史記》作「韓聶」，《戰國縱横家書》作「韓𥌾」。武隧，即武遂，韓地。在今山西臨汾市西南。【補】姚本此策與下《韓相公仲珉使韓侈章》、《客卿爲韓謂秦王曰章》連篇，鮑本分爲三篇，今從鮑本。

〔二〕唐客：楚人。

〔三〕韓之父兄：韓之公族。

〔四〕勢必善楚：「必」下姚、鮑本皆有「不」字，審文意，不當有「不」字，乃衍文，故删去。

〔五〕士唐客於諸公：士，與「仕」通。仕唐客於公朝。

【繫年】

據《秦本紀》及《甘茂傳》，秦拔韓武遂在秦武王四年、韓襄王五年。秦昭王元年、韓襄王六年，秦復與韓武遂。韓珉之秦求武遂應在此時。

韓相公仲珉使韓侈章

韓相公仲珉使韓侈之秦〔一〕，請攻魏，秦王説之〔二〕。韓侈在唐〔三〕，公仲珉死〔四〕。韓侈謂秦王曰：「魏之使者謂後相韓辰曰：『公必爲魏罪韓侈。』韓辰曰：『不可。秦王仕之，又與約事。』使者曰：『秦之仕韓侈也，以重公仲也。今公仲死，韓侈之秦，秦必弗入。入又奚爲挾之以恨魏王乎？』韓辰患之，將聽之矣。今王不召韓侈，韓侈且伏於山中矣。」秦王曰：「何意寡人如是之權也〔五〕。令安伏召韓侈而任之。」

〔一〕韓相公仲珉使韓侈之秦：此句「珉」與「侈」二字相互混淆。「韓相公仲珉」應作「韓相公仲侈」。侈，即「倗」之訛。公仲侈，即韓朋。長期爲韓相。韓侈，應作「韓珉」，珉不曾爲韓相。韓珉善於秦昭王，故下文云：「秦王仕之，又與約事。」此策「珉」、「侈」二字顛倒混淆，故下文凡「珉」、「侈」二字皆當互易。

〔二〕秦王：秦昭王。

〔三〕韓侈在唐：韓侈，當爲「韓珉」，下同。唐，地名，不詳所指。【補】唐，地名。地處秦、韓之間。《左傳·昭公二十三年》：尹辛敗劉師於唐。杜注：周地。《郡國志》云河南尹雒陽有唐聚。《路史》亦云，在今河南洛陽縣東。此自韓之秦必經之地，當是韓侈所在。

〔四〕公仲珉死：公仲珉，當爲「公仲侈」，下同。公仲侈爲韓相，公仲侈死，故韓辰繼之。

〔五〕何意寡人如是之權也：權者，稱之權，所以知輕重也。謂韓珉權其公仲之死亡也爲輕重也。

【繫年】

按上章公仲爲相，韓珉爲使之秦。此策公仲爲相而死，韓辰繼之，韓珉使秦，請以伐魏，當在韓襄王之末年。姑附於韓襄王十六年，當秦昭王十一年、魏襄王二十三年。

客卿爲韓謂秦王曰章

客卿爲韓謂秦王曰：「韓珉之議，知其君不知異君，知其國不知異國。彼公仲者，秦勢能詘之〔一〕。秦之强，首之者珉爲疾矣〔二〕。進齊、宋之兵至首垣〔三〕，遠薄梁郭，所以不及魏者，以爲成而過南陽之道〔四〕，欲以四國西首也〔五〕。所以不者，皆曰以燕亡於齊，魏亡於秦，陳、蔡亡於楚，此皆絶地形，群臣比周以蔽其上，大臣爲諸侯輕國也。今王位正〔六〕，張儀之貴，不得議公孫郝，是從臣不事大臣也；

公孫郝之貴，不得議甘茂，則大臣不得事近臣矣。貴賤不相事，各得其位，輻湊以事其上，則群臣之賢不肖，可得而知也。王之明一也。公孫郝嘗疾齊、韓而不加貴，則爲大臣不敢爲諸侯輕國矣。齊、韓嘗因公孫郝而不受，則諸侯不敢因群臣以爲能矣。外内不相爲，則諸侯之情僞，可得而知也。王之明二也。公孫郝、樗里疾請無攻韓，陳四辟去〔七〕，王猶攻之也。甘茂約楚、趙而反敬魏，是其講我。茂且攻宜陽，王猶校之也〔八〕。群臣之知，無幾於王之明者〔九〕，臣故願公仲之國以侍於王，而無自左右也。」

〔一〕詘：與「黜」同，貶下。

〔二〕首之者珉爲疾矣：首，向也。疾，力。

〔三〕首垣：即今長垣。故城在今河南長垣縣東北三十里。

〔四〕以爲成而過南陽之道：成，劉本作「戍」是。南陽之道，由河南修武通向太行山西之道。

〔五〕欲以四國西首也：四國，韓、宋、齊、魏。西首，西向。

〔六〕今王位正：王念孫云：位，讀爲「涖」。正，讀爲「政」。【補】魏亡，指魏都安邑亡，秦攻魏，取魏安邑，魏東遷大梁。

〔七〕陳四辟去：陳，與「陣」同。四，當作「而」。辟，同「避」。避去，謂軍陣以不攻而解散。

〔八〕校：謂計其攻講之利害。

〔九〕幾：猶近。

【繫年】

此策文所言甘茂、公孫郝以及攻宜陽，皆秦武王時事。而攻宜陽在秦武王三年。此策在攻宜陽之後，當繫於秦武王四年、韓襄王五年，當周赧王八年。

韓珉相齊章

韓珉相齊〔一〕，令吏逐公疇豎〔二〕，大怒於周之留成陽君也〔三〕。謂韓珉曰：「公以二人者爲賢人也，所入之國，因用之乎？則不如其處小國，何也？成陽君爲秦去韓，公疇豎楚王善之〔四〕。今公因逐之，二人者必入秦、楚，必爲公患。且明公之不善於天下〔五〕。天下之不善公者與欲有求於齊者，且收之以臨齊而市公。」

〔一〕韓珉相齊：據《戰國縱横家書》，韓珉曾兩次相齊。一次在齊閔王十一年，爲相一年而去齊之楚，又適趙。第二次在五國攻秦之後，齊閔王十五年。

〔二〕公疇豎：不詳其人。

〔三〕周之留成陽君：成陽君，韓人，秦昭王曾爲之求相韓、魏。韓、魏不聽，故去。策文云，成陽君爲秦去韓，止於周，故周留之。

〔四〕楚王：楚頃襄王。

〔五〕明：顯示。

【繫年】

據策文所言成陽君去韓，乃五國攻秦無功，各國與秦講和，而韓珉由趙返齊，再爲齊相時事。當繫於齊閔王十五年、韓釐王十年、楚頃襄王十三年，當周赧王二十九年。

或謂山陽君曰章

或謂山陽君曰〔一〕：「秦封君以山陽，齊封君以莒。齊、秦非重韓，則賢君之行也。今楚攻齊取莒〔二〕，上不交齊，次弗納於君。是棘齊、秦之威而輕韓也〔三〕。」山陽君因使之楚。

〔一〕山陽君：韓人親秦者。山陽，魏地，在今河南修武縣西北。魏安釐王四年與秦。

〔二〕今楚攻齊取莒：莒，在今山東莒縣。周考王十年爲楚簡王所滅。其後歸於齊，今楚攻齊取莒，又入於楚。

〔三〕棘：急，猶難也。

【繫年】

周赧王三十五年樂毅伐齊，下齊七十城，唯莒、即墨不下，而太子法章逃於莒，此時莒仍屬齊。今楚攻齊取莒，當在田單復齊之後，從顧觀光附於周赧王三十九年、韓釐王二十年、齊襄王八年。

趙魏攻華陽韓謁急章

趙、魏攻華陽〔一〕，韓謁急於秦〔二〕。冠蓋相望，秦不救。韓相國謂田苓曰〔三〕：「事急，願公雖疾，爲一宿之行。」田苓見穰侯〔四〕，穰侯曰：「韓急乎？何故使公來？」田苓對曰：「不急也。」穰侯怒曰：「是何以爲公之王使乎〔五〕？冠蓋相望，告弊邑甚急，公曰未急，何也？」田苓曰：「彼韓急則將變矣。」穰侯曰：「公無見王矣，臣請令發兵救韓〔六〕。」八日中，大敗趙、魏於華陽之下。

〔一〕華陽：韓邑，今新鄭市北五十里有華陽故城。

〔二〕韓謁急於秦：謁，告也。告急於秦也。

〔三〕田苓：《史記·韓世家》作「陳筮」。《索隱》引《戰國策》作「田茶」。徐廣云：一作「荃」。

〔四〕穰侯：秦相，魏冉。

〔五〕是何以爲公之王使乎：何，《史記》作「可」。王，作「主」。公，指田苓。言田苓如此說，可以作王之使者乎？

〔六〕令：當爲「今」，猶即也。

【繫年】

《韓世家》韓釐王二十三年，趙、魏攻韓華陽。事在秦昭王三十四年，當周赧王四十二年。

秦招楚而伐齊章

秦招楚而伐齊，冷向謂陳軫曰：「秦王必外向楚之齊者〔一〕，知西不合於秦，必且務以楚合於齊。齊、楚合，燕、趙不敢不聽。齊以四國敵秦，是齊不窮也〔二〕。」向曰：「秦王誠必欲伐齊乎？不如先收於楚之齊者，楚之齊者，先務以楚合於齊，則楚必即秦矣〔三〕。以强秦而有晋、楚〔四〕，則燕、趙不敢不聽，是齊孤矣。向請爲公説秦王。」

〔一〕秦王必外向楚之齊者：秦王，秦惠王。外向，向他國，不專一合於楚國。之齊者，與齊親善者。【補】此章鮑本入於《楚策》懷王下。鍾鳳年曰：「此乃冷向爲秦謀，且事又發之於秦，宜隸秦策。」此章無韓事，疑因向爲韓人而隸之韓策歟？

〔二〕不窮：兵力不屈。

〔三〕即：就也。

〔四〕晋：鮑本衍「晋」字，當是。

【繫年】秦招楚伐齊，事不可考。然其時陳軫尚在秦，則爲秦惠王時也。秦惠王後元十二年，張儀欺楚，楚絶齊；秦招之以伐齊，當在此時，當周赧王二年、韓宣惠王二十年。

韓氏逐向晋章

韓氏逐向晋於周〔一〕，周成恢爲之謂魏王曰〔二〕：「周必寛而反之〔三〕，王何不爲之先言，是王有向晋於周也。」魏王曰：「諾。」成恢因爲謂韓王曰：「逐向晋者韓也，而還之者魏也。豈如道韓反之哉〔四〕！是魏有向晋於周，而韓王失之也。」韓王曰：「善。」亦因請復之。

〔一〕韓氏逐向晋於周：向晋，周人。韓使周逐之。【補】韓氏非韓桓惠王，疑爲韓珉。因時韓已僭王，不得復稱氏。「珉」字疑脱損爲「民」，因誤爲「氏」。逐晋者珉，故成恢得説韓王復之。

〔二〕成恢：周人。

〔三〕周必寛而反之：寛，緩。反，還。

〔四〕道：犹由。

【繫年】

此策時不可考。從顧觀光附此策於周赧王四十五年，當韓桓惠王三年。

張登請費緤章

張登請費緤曰〔一〕：「請令公子年謂韓王曰〔二〕：『費緤，西周是之，東周寶之〔三〕。此其家萬金，王何不召之，以爲三川之守。讎緤以三川與西周戒也〔四〕，必盡其家以事王。西周惡之，必效先王之器以止王〔五〕。』韓王必爲之。西周聞之，必解子之罪，以止子之事。」

〔一〕張登請費緤：張登，中山人。請，告。費緤，韓人，身世不詳。

〔二〕公子年：鮑本作「公子牟」。不詳其人。

〔三〕東周寶之：寶，重也。【補正】西周是之，誤，與下文不應。鮑本、姚本均爲「西周讎之。」讎之，爲是，與下文形成對稱。

〔四〕戒：警敕軍事。

〔五〕效先王之器以止王：效，獻。止，止韓王不要以費緤爲三川守。

【繫年】

此策亦不知何時事。顧觀光附於周顯王四十六年，當韓宣惠王十年。

安邑之御史死章

安邑之御史死〔一〕，其次恐不得也〔二〕。輸人爲之謂安令曰〔三〕：「公孫綦爲人請御史於王〔四〕，王曰：『彼固有次乎！吾難敗其法。』」因遽置之。

〔一〕安邑之御史死：安邑，戰國初年魏國都。在今山西夏縣西北。然韓亦有安邑。韓安邑，當在今山西運城東北。御史，官名，職掌監郡。【補】此策言之「安邑」，乃韓安邑，非魏安邑。《史記·白起傳》中云，取韓安邑以東，到乾河，在戰伊闕後，故附此。鮑氏因「安邑」二字，移入《魏策》。吴注不知糾正，不知爲何？

〔二〕其次恐不得也：次，謂御史之副。恐不得立爲御史。

〔三〕輸人爲之謂安令：輸人，不詳。「安」下當有「邑」字。

〔四〕公孫綦：不詳其人。

【繫年】

《白起傳》秦昭王十四年，涉河取韓安邑以東。然則此策當秦昭王十四年以前，而不能確定爲何年。

魏王爲九里之盟章

魏王爲九里之盟〔一〕，且復天子〔二〕。房喜謂韓王曰〔三〕：「勿聽之也。大國惡有天子，而小國利之。王與大國弗聽，魏安能與小國立之？」

〔一〕魏王爲九里之盟：魏王，魏惠王。九里，成周之地。《韓非子·説林下》作「血里」。「九」、「血」同聲。鮑本作「九重」，誤。

〔二〕且復天子：覲下文，「復」下當有「立」字而誤脱也。《韓非子》作「復立天子」。復立周天子之尊位。

〔三〕房喜謂韓王：房，《韓非子》作「彭」。「房」、「彭」同聲通假。房喜，不詳其人。韓王，當是韓昭侯。

【繫年】

《史記·六國年表》云，魏惠王二十九年會諸侯於蓬澤。雷學淇《竹書紀年義證》卷三八考證，魏惠王爲九里之盟，驅十二諸侯以朝天子，在魏惠王二十六年、周顯王二十五年。今從之。

建信君輕韓熙章

建信君輕韓熙〔一〕，趙敖爲謂建信侯曰〔二〕：「國形有之而存，無之而亡者，魏也。不可無而從者〔三〕，韓也。今君之輕韓熙者，交善楚、魏也。秦見君之交反善於楚、魏也，其收韓必重矣。從則韓輕，横則韓重，則無從輕矣〔四〕。秦出兵於三川，則南圍鄢〔五〕，蔡、邵之道不通矣〔六〕。魏急，其救趙必緩矣。秦舉兵破邯鄲，趙必亡矣。故君收韓，可以無亹〔七〕。」

〔一〕建信君輕韓熙：建信君，趙幸臣。韓熙，韓人。

〔二〕趙敖爲謂建信侯：趙敖，趙人。侯，鮑改爲「君」，是。

〔三〕不可無而從：謂欲爲從，不可無韓。

〔四〕無從輕矣：無從者輕，指趙。

〔五〕鄢：鄢陵，故城在今河南漯河市鄢陵區西北。

〔六〕蔡、邵之道：蔡，謂上蔡。今河南上蔡縣西南。邵，即召陵，在今河南郾城縣東。

〔七〕亹：與「釁」同，罅隙。

【繫年】

建信君乃趙悼襄王幸臣，用事於趙。與呂不韋、春申君同時。此策當繫於春申君合縱攻秦之時，即秦始皇六年，當韓桓惠王三十二年。

段産謂新城君章

段産謂新城君曰〔一〕：「夫宵行者能無爲奸〔二〕，而不能令狗無吠已。今臣處郎中〔三〕，能無議君於王，而不能令人毋議臣於君。願君察之也。」

〔一〕段産謂新城君：段産，秦人。《通志·氏族略》云：秦有大夫改産。「改」、「段」形近而訛，疑即此人。新城君，秦宣太后弟芈戎也。

〔二〕宵：昏，夜。

〔三〕郎中：官名，掌管宫殿門户，充侍衛等。

【繫年】

芈戎事秦，始於秦昭王八年。其後與穰侯、宣太后，並稱三貴。其權勢最高時，在秦昭王二十六年魏冉復爲秦相時。故將此策繫於秦昭王二十六年，當韓釐王十五年、周赧王三十四年。【補正】鮑彪移此策與下章於《秦策》昭王下，云：

「（段產）秦人。（新城君）韓襄王十二年注：羋戎也。」吴師道云：「（二章）皆不見羋戎寵衰之意，爲秦亦無明徵，當從舊次。」鍾鳳年云：「考《文選》十六張茂光勵志詩善注引此（下章）作段干越人謂韓相新城君曰云云，可證鮑改隸《秦策》誤。」鮑移二章於《秦策》，主要以新城君爲羋戎。然下章段干越人稱君爲相國，《文選》注引亦作「韓相新城君」，羋戎未嘗相韓，亦本爲秦相，則此新城君非戎審矣。新城地名，同者非一，此自是韓相封號。

段干越人謂新城君章

段干越人謂新城君曰〔一〕：「王良之弟子駕〔二〕，云取千里馬〔三〕。遇造父之弟子〔四〕。造父之弟子曰：『馬不千里。』王良弟子曰：『馬，千里之馬也；服，千里之服也〔五〕。而不能取千里，何也？』曰：『子纆牽長〔六〕。故纆牽於事，萬分之一也，而難千里之行。』今臣雖不肖，於秦亦萬分之一也，而相國見臣不釋塞者〔七〕，是纆牽長也。」

〔一〕段干越人：魏人，時在秦。

〔二〕王良之弟子駕：王良，趙簡子之御者。駕，乘也。

〔三〕云取千里馬：取，趣也。馬，乃「焉」字之訛。作「馬」與上下文意不通。

〔四〕造父：周穆王時善御者。

〔五〕服，千里之服也：服，謂車裀。

〔六〕子纆牽長：纆，御馬繩。牽，引。【補】據范祥雍按，纆，亦作纆。《文選·鵩鳥賦》：「何異糾纆。」李善注引《字林》曰：「糾，兩合繩。纆，三合繩。」

〔七〕而相國見臣不釋塞：相國，謂芈戎。疑戎曾爲秦丞。塞，障蔽。言被人障蔽而芈戎不解。

【繫年】

此與上章爲同時事。亦當繫於秦昭王二十六年、周赧王三十四年。

戰國策卷二十九

燕一

蘇秦將爲從章

蘇秦將爲從，北説燕文侯曰〔一〕：「燕東有朝鮮、遼東〔二〕，北有林胡、樓煩〔三〕，西有雲中、九原〔四〕，南有呼沱、易水〔五〕。地方二千餘里，帶甲數十萬，車七百乘，騎六千匹，粟支十年。南有碣石、雁門之饒〔六〕，北有棗栗之利，民雖不由田作，棗栗之實足食於民矣。此所謂天府也。夫安樂無事，不見覆軍殺將之憂，無過燕矣。大王知其所以然乎？夫燕之所以不犯寇被兵者，以趙之爲蔽於南也。秦、趙五戰，秦再勝而趙三勝。秦、趙相弊，而王以全燕制其後，此燕之所以不犯難也。且夫秦之攻燕也，踰雲中、九原，過代、上谷〔七〕，彌地踵道數千里〔八〕，雖得燕城，秦計固不能守也。秦之不能害燕亦明矣。今趙之攻燕也，發號出令〔九〕，不至十日，而數十萬之衆，軍於東垣矣〔一〇〕。度呼沱，涉易水，不至四五日距國都矣〔一一〕。故曰：秦之攻燕也，戰於千里之外；趙之攻燕也，戰於百里之内。夫不憂百里之患，而重千里之外，計無過於此者。是故願大王與趙從親，天下爲一，則國必無患矣。」

〔一〕燕文侯：《竹書紀年》謂之「燕成侯」。名載。

〔二〕朝鮮、遼東：朝鮮，箕子封地。在今朝鮮國。遼東，今遼寧省遼陽市一帶。

〔三〕林胡、樓煩：二國名。林胡，在今山西朔州市朔城区以北。樓煩，在今山西静樂县西南一帶。

〔四〕雲中、九原：雲中，地名，在今内蒙古托克托縣東北。九原，地名，在今内蒙古包頭市以西。

〔五〕呼沱、易水：二水名。呼沱河源出今山西代縣東。南經河北正定縣東流入海。易水發源於河北易縣，東流與呼沱河會，又東至文安入海。

〔六〕碣石、雁門：碣石，山名。在今河北昌黎縣西北二十里，有碣石山。雁門，地名。在今山西右玉縣南。姚宏云：碣石在燕東，海中之貨，自此入河。雁門在西北，沙漠之貨，自此入路，皆達燕，故有其饒也。

〔七〕上谷：地名，在今河北懷來縣東南。

〔八〕彌地踵道：彌，猶連互。踵，接也。猶言躡其踵。

〔九〕發號出令：原作「發興號令」。「興號」二字，鮑本作「號出」，《史記》同。作「發號出令」爲是。故據以改。

〔一〇〕東垣：在今河北正定縣南八里故常山城。

〔一一〕距：至也。

燕王曰：「寡人國小，西迫强秦，南近齊、趙，齊、趙强國也。今主君幸教詔之，合從以安燕，敬以國從。」於是齎蘇秦車馬金帛以至趙。

【繫年】

此篇乃蘇秦以後，説士之擬作。姑從《燕世家》文公二十八年，蘇秦至燕説燕文公。當周顯王三十五年。據《戰國縱横家書》考證，實際蘇秦至燕在燕昭王初年、齊宣王末年。

奉陽君李兑章

奉陽君李兑甚不取於蘇秦〔一〕。蘇秦在燕，李兑因爲蘇秦謂奉陽君曰〔二〕：「齊、燕離則趙重，齊、燕合則趙輕。今君之齊〔三〕，非趙之利也。臣竊爲君不取也。」

〔一〕奉陽君李兑甚不取於蘇秦：奉陽君，即李兑封號。不取於蘇秦，即與蘇秦不善。

〔二〕李兑因爲蘇秦謂奉陽君：吴師道云：此「李兑」二字誤衍。

〔三〕今君之齊：君，謂奉陽君李兑。之，猶向也。

奉陽君曰：「何吾合燕於齊〔一〕？」對曰：「夫制於燕者，蘇子也〔二〕。而燕弱國也，東不如齊，西不如趙，豈能東無齊，西無趙哉？而君甚不善蘇秦，蘇秦能抱弱燕而孤於天下哉？是驅燕而使合於齊也。且燕，亡國之餘也〔三〕，其以權立〔四〕，以外重以事貴〔五〕，故爲君計，善蘇秦則取之，不善亦取之，以疑燕、齊。燕、齊疑則趙重矣。齊王疑蘇秦則君多資〔六〕。」奉陽君曰：「善。」乃使使與蘇秦結交。

〔一〕何吾合燕於齊：問合燕於齊何以如此？

〔二〕制於燕者，蘇子也：言蘇秦掌握燕國。

〔三〕燕，亡國之餘：此指齊宣王五年破燕，燕昭王復國事。

〔四〕以權立：謂燕被齊破亡，燕昭王以權宜立爲王而復國。

〔五〕以外重以事貴：燕國微弱，必藉外力以爲重。聯合別國以取貴。

〔六〕齊王：齊閔王。

【繫年】

此策蓋蘇秦爲燕離間齊、趙，說李兑以攻齊，當繫於五國攻秦罷於成皋時，在燕昭王二十六年、齊閔王十五年、趙惠文王十三年，當周赧王二十九年。

權之難燕再戰章

權之難〔一〕，燕再戰不勝，趙弗救。噲子謂文公曰〔二〕：「不如以地請合於齊，趙必救我。若不吾救，不得不事〔三〕。」文公曰：「善。」令郭任以地請講於齊〔四〕。趙聞之，遂出兵救燕。

〔一〕權之難：權，地名，不詳所在。難，燕、齊爲難而戰於權地。【補】權邑，戰國燕地，在今河北省正定縣北。

〔二〕噲子謂文公：噲子，即燕王噲，易王之子。文公，燕文公。權之戰在燕昭王十六年。噲子與燕文公早已死去。此有誤。

〔三〕不得不事：不事，猶言無事。趙不救燕，燕敗，與齊合，而趙將不能無事。

〔四〕郭任：燕人，不詳其事迹。

【繫年】

此燕、齊權之戰，據考證在燕昭王十六年、齊閔王五年、趙惠文王三年，當周赧王十九年。

燕文公時章

燕文公時，秦惠王以其女爲燕太子婦〔一〕。文公卒，易王立。齊宣王因燕喪攻之〔二〕，取十城。武安君蘇秦爲燕説齊王〔三〕，再拜而賀，因仰而弔。齊王桉戈而却曰〔四〕：「此一何慶弔相隨之速也？」對曰：「人之飢所以不食烏喙者〔五〕，以爲雖偷充腹〔六〕，而與死同患也。今燕雖弱小，强秦之少婿也。王利其十城而深與强秦爲仇。今使弱燕爲雁行，而强秦制其後，以招天下之精兵，此食烏喙之類也。」

〔一〕秦惠王以其女爲燕太子婦：燕太子，當是燕易王。【補正】秦惠王元年，當燕文公二十五年。三年，惠王始冠，則其時惠王亦不過二十；越二年，燕文公卒，豈秦惠王即有女爲燕易王妻哉？惠王十年前，魏未盡納上郡，秦與趙地不相接，豈遽遠嫁其女爲燕婦哉？策士造説者，謂蘇秦相燕倡合縱，秦畏之，故嫁女於燕以納歡。齊復畏燕，而歸十城。其實，秦在當時，猶不足畏，其勢遠不及齊威王、宣王之盛，蘇秦合縱之説亦烏有，何論秦嫁女事耶？

〔二〕齊宣王因燕喪攻之：齊宣王伐燕，在齊宣王五年、燕王噲七年，然非燕文公時事。策文有誤。

〔三〕武安君蘇秦爲燕説齊王：趙惠文王封蘇秦爲武安君。齊王，齊宣王。

〔四〕齊王桉戈而却：桉，與「按」同。《廣雅·釋詁》云：却，讓也。謂責讓也。

〔五〕烏喙：《本草經》云：烏頭，一名烏喙。毒藥。

〔六〕以爲雖偷充腹：《太平御覽》卷四六〇引此策作「以爲雖愈飢充腹」。《藝文類聚》引作「以爲雖愈飢充腸」。則「偷」或爲「愈」之訛。

齊王曰：「然則奈何？」對曰：「聖人之制事也，轉禍而爲福，因敗而爲功。故桓公負婦人而名益尊〔一〕，韓獻開罪而交愈固〔二〕，此皆轉禍而爲福，因敗而爲功者也。王能聽臣，莫如歸燕之十城，卑辭以謝秦。秦知王以己之故歸燕城也，秦必德王。燕無故而得十城，燕亦德王。是棄强仇而立厚交也〔三〕。且夫燕、秦之俱事齊，則大王號令天下皆從，是王以虛辭附秦，而以十城取天下也。此霸王之業矣。所謂轉禍爲福，因敗成功者也。」齊王大説，乃歸燕城。以金千斤謝其後，頓首塗中，願爲兄弟而請罪於秦。

〔一〕桓公負婦人而名益尊：桓公，齊桓公小白。負，背棄。名益尊，謂齊桓公尊王責楚而稱霸王。《史記·管晏列傳》云：其爲政也，善因禍而爲福，轉敗而爲功。貴輕重，慎權衡。桓公實怒少姬，南襲蔡，管仲因而伐楚，責苞茅不入貢於周室。即指此事。

〔二〕韓獻開罪而交愈固：韓獻，獻子韓厥，晋靈公時人。《國語·晋語五》云：趙宣子言韓獻子於靈公，以爲司馬。河曲之役，趙孟使人以其乘車干犯軍行，韓厥執而戮之。衆皆曰韓厥必不得其死。趙宣子召而禮之，曰：「吾聞事君者，比而不黨。……苟從是行也，臨長晋國者，非汝其誰。」

〔三〕是棄强仇而立厚交：《藝文類聚》卷二五引此「是」下有「王」字。觀此處，似奪「王」字。當據以補。

【繫年】

此策乃燕王噲七年，齊宣王乘燕内亂伐燕，殺子之以後事，當繫於齊宣王取燕之後。事在燕王噲七年、齊宣王六年，當周赧王元年。

人有惡蘇秦於燕王者章

人有惡蘇秦於燕王者〔一〕，曰：「武安君，天下不信人也。王以萬乘下之，尊之於廷，示天下與小人群也。」武安君從齊來，而燕王不館也〔二〕。謂燕王曰：「臣東周之鄙人也，見足下身無咫尺之功，而足下迎臣於郊，顯臣於廷。今臣爲足下使，利得十城，功存危燕，足下不聽臣者，人必有言臣不信，傷臣於王者。臣之不信，是足下之福也。使臣信如尾生，廉如伯夷，孝如曾參，三者天下之高行，而以事足下可乎〔三〕？」燕王曰：「可。」曰：「有此，臣亦不事足下矣。且夫孝如曾參〔四〕，義不離親一夕宿於外，足下安得使之之齊？廉如伯夷，不取素飡〔五〕，汙武王之義而不臣，焉辭孤竹之君，餓而死於首陽之山〔六〕。廉如此者，何肯步行數千里，而事弱燕之危主乎？信如尾生，期而不來，抱梁柱而死。信至如此，何肯揚燕、秦之威於齊而取大功乎哉？且夫信行者，所以自爲也，非所以爲人也。皆自覆之術〔七〕，非進取之道也。且夫三王代興，五霸迭盛，皆不自覆也。君以自覆爲可乎？則齊不益於營丘〔八〕，足下不踰楚境〔九〕，不窺於邊城之外。且臣有老母於周，離老母而事足下，去自覆之術，而謀進取之道，臣之趣固不與足下合者。足下皆自覆之君也，僕者進取之臣也，所謂以忠信得罪於君者也。」

〔一〕惡蘇秦於燕王：燕王，當是燕易王。【補正】此章蘇秦語燕王尾生、伯夷、曾參及妾棄藥酒，與後《蘇代謂燕昭王曰章》蘇代告燕昭王語大致相同。劉向蓋明知其爲重複，而無從取決，兩存之者也。《戰國縱横家書》第五章「胃燕王曰：今日願藉於王前」一段二百九十七字，亦言增參（曾參）、犀星（尾生）、相夷（伯夷）事，亦言自覆之術與進取之道，與此策前後兩章相同，唯不及妾棄藥酒。又文無主名，事不完具，其爲截取一段而略去其餘可知。帛書埋藏在前，司馬遷之所見與劉向之所録，並在其後。觀文字之多寡，可以見撰作之後先矣！

〔二〕燕王不館：不館，《史記》作「不官」。按「館」、「官」古通用。《吕氏春秋·期賢》云：乃致禄百萬而時往館之。謂時往詣其館也。此云不館，謂燕王不詣館存恤蘇秦。

〔三〕而以事足下可乎：「可」上姚本有「不」字，鮑本無。按此不當有「不」字。故從鮑本去「不」字。

〔四〕且夫孝如曾參：「且夫」上姚本有「蘇秦曰」三字，鮑本無。按無者爲是。故從鮑本去此三字。

〔五〕不取素飡：素，空，白。飡，食。

〔六〕首陽之山：首陽山，亦名中條山，在今山西永濟市東南十五里。一説在今河南偃師西北十里。

〔七〕自覆：覆，蓋。自掩蓋。

〔八〕營丘：即臨淄，姜尚始封之地。

〔九〕楚：鮑本衍「楚」字。

燕王曰：「夫忠信，又何罪之有也？」對曰：「足下不知也。臣鄰家有遠爲吏者，其妻私人。其夫且歸，其私之者憂之，其妻曰：『公勿憂也，吾已爲藥酒以待之矣。』後二日，夫至。妻使妾奉卮酒進之。妾知其藥酒也，進之則殺主父〔一〕，言之則逐主母，乃陽僵棄酒〔二〕。主父大怒而笞之，故妾一僵而棄酒，上以活主父，下以存主母也。忠至如此，然不免於笞，此以忠信得罪者也。臣之事，適不幸而有類妾之棄酒也。且臣之事足下，亢義益國〔三〕，今乃得罪，臣恐天下後事足下者，莫敢自必也。且臣之説齊，曾不欺之也。使之説齊者，莫如臣之言也，雖堯、舜之智，不敢取也。」

〔一〕主父：家長。男子稱父。

〔二〕陽僵棄酒：陽，《史記》作「詳」。「陽」、「詳」皆「佯」之假借字，詐也。僵，顛仆。

〔三〕亢義益國：亢，高極。益國，謂使齊歸燕十城。

【繫年】

此與上章爲同時事。當繫於燕王噲七年、齊宣王六年，當周赧王元年。

張儀爲秦破從連横章

張儀爲秦破從連横，謂燕王曰〔一〕：「大王之所親莫如趙。昔趙王以其姊爲代王妻〔二〕，欲并代，約與代王遇於句注之塞〔三〕。乃令工人作爲金斗，長其尾〔四〕，令之可以擊人。與代王飲，而陰告厨人曰：『即酒酣樂，進熱歠〔五〕，即因反斗擊之。』於是酒酣樂進取熱歠。厨人進斟羹，因反斗而擊之，代王腦塗地。其姊聞之，摩笄以自刺也〔六〕。故至今有摩笄之山，天下莫不聞。夫趙王之狼戾無親，大王之所明見知也。且以趙王爲可親邪？趙興兵而攻燕，再圍燕都而劫大王〔七〕，大王割十城乃却以謝。今趙王已入朝澠池〔八〕，效河間以事秦〔九〕。大王不事秦，秦下甲雲中、九原，驅趙而攻燕，則易水、長城非王之有也〔一〇〕。且今時趙之於秦，猶郡縣也，不敢妄興師以征伐。今大王事秦，秦王必喜，而趙不敢妄動矣。是西有强秦之援，而南無齊、趙之患，是故願大王之熟計之也。」

〔一〕燕王：燕昭王職。

〔二〕趙王以其姊爲代王妻：趙王，趙之先王趙襄子無恤。代王，北狄之别種，立國於代。今河北蔚縣。

〔三〕句注：山名，在今山西代縣境。

〔四〕作爲金斗，長其尾：斗，酒器，用以酌酒。《史記·趙世家》作「枓」。方形。尾，斗柄。

〔五〕即酒酣樂，進熱歠：即，至。酒酣樂，飲酒合樂之時。熱歠，謂羹湯，熱而啜之。歠，飲也。

〔六〕摩笄以自刺：摩，與「磨」通。笄，簪。婦人之首飾。摩笄山，在今河北涿鹿縣西北。

〔七〕趙興兵而攻燕，再圍燕都而劫大王：按《燕世家》、《趙世家》皆不載此事。

〔八〕趙王已入朝澠池：趙王入朝事，不詳。秦昭王與趙惠文王會澠池，時間晚於此三十年。澠池，戰國韓地，後入於秦。在今河南澠池縣西。

〔九〕效河間以事秦：趙割河間以予秦，在秦始皇時，更晚。

〔一〇〕長城：燕長城，在今河北易縣、安新縣界。

燕王曰：「寡人蠻夷辟處，雖大男子，裁如嬰兒〔一〕，言不足以求正，謀不足以決事。今大客幸而教之，請奉社稷西面而事秦，獻常山之尾五城〔二〕。」

〔一〕裁：僅也。

〔二〕常山之尾：常山，北嶽恒山。尾，山後。【補】尾，吴師道曰：猶末也，恒山之東。胡三省云：常山即北嶽恒山也。漢文帝諱恒，改曰常山郡。班《志》常山在常山郡上曲陽縣西北。其尾則燕之西南界。

【繫年】

張儀連橫説各國在秦惠王後元十四年、燕昭王元年，當周赧王四年。

宫他爲燕使魏章

宫他爲燕使魏〔一〕，魏不聽，留之數月。客謂魏王曰〔二〕：「不聽燕使何也？」曰：「以其亂也〔三〕。」對曰：「湯之伐桀，欲其亂也。故大亂者可得其地，小亂者可得其實。今燕客之言曰：『事苟可聽，雖盡寶地，猶爲之也。』王何爲不見？」魏王説，因見燕客而遣之。

〔一〕宫他：西周臣，曾仕於魏。

〔二〕魏王：魏襄王。

〔三〕以其亂也：以燕國政治混亂。

【繫年】

宫他曾仕西周，又仕魏，與周宵同時。其去燕，蓋在燕昭王初年，築黄金臺卑身厚幣以招賢者，士争趨燕之時。顧觀光附此策於周赧王八年，當燕昭王五年、魏襄王十二年。與史實相符。

蘇秦死其弟蘇代章

蘇秦死〔一〕，其弟蘇代欲繼之，乃北見燕王噲曰〔二〕：「臣東周之鄙人也，竊聞王義甚高甚順，鄙人不敏，竊釋鉏耨而干大王〔三〕。至於邯鄲，所聞於邯鄲者，又高於所聞東周。臣竊負其志，乃至燕廷。觀王之群臣下吏，大王天下之明主也。」王曰：「子之所謂天下之明主者，何如者也？」對曰：「臣聞之，明主者務聞其過，不欲聞其善。臣請謁王之過〔四〕。夫齊、趙者，王之仇讎也；楚、魏者，王之援國也。今王奉仇讎以伐援國，非所以利燕也。王自慮此則計過，無以諫者，非忠臣也。」

〔一〕蘇秦死：據《史記·蘇秦傳》及《戰國縱横家書》，蘇秦死，在齊閔王十七年、燕昭王二十八年。

〔二〕燕王噲：燕易王子，曾讓王位於其臣子之，釀成燕國内亂。在燕昭王之前。故吕祖謙《大事記》及吴師道皆以此策爲説燕昭王之辭。

〔三〕釋鉏耨而干大王：鉏，與「鋤」同，耘田器。耨，如鏟，柄長三尺，刃廣二寸，用以除草。干，犯也，求也。

〔四〕謁：告也。

王曰：「寡人之於齊、趙也，非所敢欲伐也。」曰：「夫無謀人之心，而令人疑之，殆；有謀人之心，而令人知之，拙；謀未發而聞於外，則危。今臣聞王居處不安，食飲不甘，思念報齊，身自削甲扎〔一〕，曰有大數矣〔二〕，妻自組甲絣〔三〕，曰有大數矣，有之乎？」王曰：「子聞之，寡人不敢隱也。我有深怨積怒於齊，而欲報之二年矣。齊者，我讎國也，故寡人之所欲伐也。直患國弊，力不足矣。子能以燕敵齊，則寡人奉國而委之於子矣。」對曰：「凡天下之戰國七，而燕處弱焉。獨戰則不能，有所附則無不重。南附楚，則楚重；西附秦，則秦重；中附韓、魏，則韓、魏重。且苟所附之國重，此必使王重矣。今夫齊王，長主也〔四〕，而自用也。南攻楚五年〔五〕，稸積散。西困秦三年〔六〕，民憔瘁，士罷弊。北與燕戰，覆三軍，獲二將〔七〕。而又以其餘兵南面而舉五千乘之勁宋〔八〕，而包十二諸侯〔九〕。此其君之欲得也，其民力竭也，安猶取哉〔一〇〕？且臣聞之，數戰則民勞，久師則兵弊。」

〔一〕削甲扎：扎，當作「札」，甲札，以革爲之。

〔二〕大數：《禮記·月令》：「凡舉大事，毋逆大數。」大數，謂天道法則。

〔三〕自組甲絣：組，絲縧。絣，穿甲之繩。

〔四〕齊王，長主也：齊王，齊閔王。長主，年長之主。【補】長主，金正煒引《呂覽·正名》：齊湣王，周室之孟侯也。注云：孟，長也。長主，亦猶孟侯。古兄弟排行孟、仲、叔、季，孟爲長也。

〔五〕南攻楚五年：齊宣王末年，孟嘗君相齊，聯韓、魏攻楚五年。

〔六〕西困秦三年：齊閔王二年，孟嘗君入相秦，逃歸。聯韓、魏攻秦三年。

〔七〕北與燕戰，覆三軍，獲二將：齊閔王五年，齊國曾派陳璋伐燕，齊覆三軍，獲燕二將。

〔八〕舉五千乘之勁宋：舉，言滅之。勁，强。齊閔王伐宋，《史記·田齊世家》只載一次。實際齊閔王伐宋共三次。第一次伐宋在齊閔王八年，第二次在齊閔王十四年，第三次在齊閔王十五年。《燕策二》：齊興師伐宋，三覆宋，宋遂舉。即其證。此「舉五千乘之勁宋」，不在三次伐宋之內。當指齊閔王七年，齊伐宋，殘宋，取淮北地。

〔九〕包十二諸侯：即《史記》所謂泗上諸侯鄒魯之君皆稱臣。

〔一〇〕安猶取哉：安，何。取，爲。言齊何能復有所爲？

王曰：「吾聞齊有清濟、濁河〔一〕，可以爲固；有長城、鉅防〔二〕，足以爲塞。誠有之乎？」對曰：「天時不與，雖有清濟、濁河，何足以爲固？民力窮弊，雖有長城、鉅防，何足以爲塞？且異日也，濟西不役〔三〕，所以備趙也；河北不師〔四〕，所以備燕也。今濟西、河北盡以役矣，封内弊矣。夫驕主必不好計，而亡國之臣貪於財。王誠能毋愛寵子、母弟以爲質，寶珠玉帛以事其左右，彼且德燕而輕亡宋，則齊可亡已。」王曰：「吾終以子受命於天矣。」曰：「内寇不與〔五〕，外敵不可距〔六〕。王自治其外〔七〕，臣自報其内〔八〕，此乃亡之之勢也。」

〔一〕清濟、濁河：濟水清，河水濁，二水皆在齊西北境。

〔二〕長城、鉅防：《竹書紀年》梁惠王二十年齊築防以爲長城。《太山記》云：太山西有長城，緣汶河經太山千餘里，至琅邪臺入海。

〔三〕濟西不役：濟西，今山東省高唐、聊城等地。不役，免於徵求，養兵以備敵。

〔四〕河北不師：河北，今河北省滄、景等地。不師，與「不役」同義。

〔五〕内寇不與：寇，猶亂。《廣雅·釋詁》云：與，生也。

〔六〕外敵不可距：不可，言不能。距，與「拒」同。

〔七〕外：謂謀敵齊。

〔八〕内：謂燕間齊，以蔽其内。

【繫年】

此策言蘇秦死，蘇代説燕王噲，皆不符合史實。此實蘇秦説燕昭王之辭，所以稱齊閔王爲長主。蓋蘇秦爲燕昭王謀以燕敵齊之計劃，在燕昭王十八年、齊閔王七年，當周赧王二十一年。

燕王噲既立章

燕王噲既立，蘇秦死於齊〔一〕。蘇秦之在燕也，與其相子之爲婚〔二〕，而蘇代與子之交。及蘇秦死，而齊宣王復用蘇代。燕噲三年，與楚、三晋攻秦〔三〕，不勝而還。子之相燕，貴重主斷。蘇代爲齊使於燕〔四〕，燕王問之曰：「齊宣王何如〔五〕？」對曰：「必不霸。」燕王曰：「何也？」對曰：「不信其臣。」蘇代欲以激燕王以厚任子之也。於是燕王大信子之。子之因遺蘇代百金，聽其所使。

〔一〕燕王噲既立，蘇秦死於齊：此句時間上有錯亂。蘇秦死於燕昭王二十八年，燕王噲時，蘇秦尚未至燕。

〔二〕子之：燕王噲之相。

〔三〕燕噲三年，與楚、三晉攻秦：燕王噲三年，當秦惠王後元七年。《秦本記》惠文王後元七年，樂池相秦，韓、趙、魏、燕、齊率匈奴共攻秦，秦使庶長疾與戰修魚，虜其將申差，敗趙公子渴、韓太子奂，斬首八萬二千。此即指其事。

〔四〕蘇代爲齊使於燕：《索隱》引《戰國策》曰：子之使蘇代侍質子於齊，齊使代報燕是也。

〔五〕齊宣王何如：《韓非子・外儲説》「何如」下有「主」字。當據以補，文義乃完。

鹿毛壽謂燕王曰〔一〕：「不如以國讓子之。人謂堯賢者，以其讓天下於許由，由必不受，有讓天下之名，實不失天下。今王以國讓相子之，子之必不敢受，是王與堯同行也。」燕王因舉國屬子之〔二〕，子之大重，或曰：「禹授益而以啟爲吏〔三〕，及老，而以啟爲不足任天下，傳之益也。啟與支黨攻益而奪之天下〔四〕，是禹名傳天下於益，其實令啟自取之。今王言屬國子之，而吏無非太子人者，是名屬子之，而太子用事。」王因收印自三百石吏而效之子之〔五〕。子之南面行王事，而噲老不聽政，顧爲臣〔六〕，國事皆決子之。

〔一〕鹿毛壽：徐廣云：一作「厝毛」。鹿，當作「厝」。《路史・國名紀》云：甘陵，故厝也。有厝氏，有厝壽。

〔二〕屬：付與，付託。

〔三〕禹授益而以啟爲吏：禹傳位於伯益，而以啟爲伯益之吏。

〔四〕啟與支黨攻益而奪之天下：《晉書・束皙傳》稱《竹書》云：「益干啟位，啟殺之。」《楚辭・天問》：「啟代益作后，卒然離孽。」

〔五〕收印自三百石吏而效之子之：十斗爲石。每石重百二十斤。官吏計俸禄之單位。效，呈也。以印呈與子之。

〔六〕顧爲臣：顧，猶反。謂燕王噲反爲子之之臣。

子之三年，燕國大亂，百姓恫怨。將軍市被、太子平謀將攻子之〔一〕。儲子謂齊宣王：「因而仆之，破燕必矣〔二〕。」王因令人謂太子平曰：「寡人聞太子之義，將廢私而立公，飭君臣之義〔三〕，正父子之位。寡人之國小，不足先後。雖然，則唯太子所以令之。」太子因數黨聚衆，將軍市被圍公宮，攻子之，不克；將軍市被及百姓乃反攻太子平。將軍市被死，已殉國，構難數月，死者數萬衆，燕人恫怨，百姓離意。孟軻謂齊宣王曰：「今伐燕，此文武之時，不可失也〔四〕。」王因令章子將五都之兵〔五〕，以因北地之衆以伐燕〔六〕。士卒不戰，城門不閉，燕王噲死。齊大勝燕，子之亡。二年，燕人立公子平，是爲燕昭王〔七〕。

〔一〕太子平：燕王噲之太子。

〔二〕「儲子謂齊宣王」句：儲子，齊相。仆，音「赴」。謂以兵赴之，必破燕。

〔三〕飭君臣之義：飭，整也，治也。胡三省云：言太子平將整治子之僭王之罪也。

〔四〕「孟軻謂齊宣王曰」句：孟軻，字子輿，鄒人，戰國時儒家代表。此時游齊。今伐燕，此文武之時，此語與《孟子》不同。《孟子》作「取之而燕民悦，則取之，古之人，有行之者，武王是也；取之而燕民不悦，則勿取，古之人有行之者，文王是也」。

〔五〕令章子將五都之兵：章子，即匡章，齊人。五都之兵，齊國政治區劃是都邑制。兵出於都邑。五家爲伍以編制軍隊，故稱五都之兵。

〔六〕北地：齊之北邊近燕之地。

〔七〕燕人立公子平，是爲燕昭王：公子平在子之之亂中已被殺。所以《六國年表》云：噲及太子、相子之皆死。燕昭王名職，原爲質於韓。《趙世家》云：齊破燕，趙召公子職於韓，立以爲燕王，即昭王也。

初，蘇秦弟厲〔一〕，因燕質子而求見齊王。齊王怨蘇秦〔二〕，欲囚厲，燕質子爲謝乃已，遂委質爲臣。燕相子之與蘇代婚，而欲得燕權，乃使蘇代侍質子於齊。齊使代報燕，燕王噲問曰：「齊王其伯也乎？」曰：「不能。」曰：「何也？」曰：「不信其臣。」於是燕王專任子之，已而讓位，燕大亂。齊伐燕，殺王噲、子之。燕立昭王。而蘇代、厲遂不敢入燕，皆終歸齊，齊善待之。

〔一〕蘇秦弟厲：據近人考證，蘇厲乃蘇秦之兄。

〔二〕齊王怨蘇秦：蘇秦間齊，被車裂，在齊閔王時。齊王，當是齊閔王，然下言燕王噲問「齊王其伯也乎」，則又當是齊宣王。《史記》與策文，對燕、齊之事，多誤，相傳已久。

【補】此章末段原本與上章合爲一章，鮑本移於下章《蘇代過魏魏爲燕執代章》之前。今從原本分立。

【繫年】

此策乃敘齊宣王乘燕國内亂伐燕事。破燕在周赧王元年，齊宣王六年，燕王噲七年。而燕昭王回國在此二年以後。燕昭王元年，當周赧王四年。

蘇代過魏魏爲燕執代章

蘇代過魏，魏爲燕執代。齊使人謂魏王曰：「齊請以宋封涇陽君，秦不受。秦非不利有齊而得宋地也，不信齊王與蘇子也。今齊、魏不和，如此其甚，則齊不欺秦。秦信齊，齊、秦合，涇陽君有宋地，非魏之利也。故王不如東蘇子〔一〕，秦必疑而不信蘇子矣。齊、秦不合，天下無變，伐齊之形成矣。」於是出蘇代之宋〔二〕，宋善待之。

〔一〕東蘇子：使蘇代東行。

〔二〕出蘇代之宋：代，姚本作「伐」，誤。《史記》、鮑本作「代」，今從之。《史記》「代」下復有「代」字。鮑本補「代」，於義乃完。

【繫年】

蘇代過魏被拘之事在孟嘗君相魏，齊、秦稱帝時，在秦昭王十九年、燕昭王二十四年、魏昭王八年、齊閔王十三年，當周赧王二十七年。

燕昭王收破燕章

燕昭王收破燕後即位〔一〕，卑身厚幣，以招賢者，欲將以報讎。故往見郭隗先生曰〔二〕：「齊因孤國之亂，而襲破燕，孤極知燕小力少，不足以報。然得賢士與共國，以雪先王之耻，孤之願也。敢問以國報讎者奈何？」郭隗先生對曰：「帝者與師處，王者與友處，霸者與臣處，亡國與役處〔三〕。詘指而事之〔四〕，北面而受學，則百己者至〔五〕。先趨而後息，先問而後嘿，則什己者至。人趨己趨，則若己者至。馮几據杖，眄視指使，則厮役之人至。若恣睢奮擊〔六〕，呴籍叱咄〔七〕，則徒隸之人至矣。此古服道致士之法也〔八〕。王誠博選國中之賢者，而朝其門下，天下聞王朝其賢臣，天下之士必趨於燕矣。」

〔一〕燕昭王收破燕後即位：燕昭王名職。收，當爲「於」字之誤。《史記·燕世家》云：燕昭王於破燕之後即位。是其證。燕昭王即位在周赧王四年。

〔二〕郭隗：燕昭王之謀臣。

〔三〕亡國與役處：亡國之君，與僕役相處。

〔四〕詘指而事之：詘，屈也，猶言折節。指，乃「恉」字假借，意志。

〔五〕百己者至：言才能百倍於己者。

〔六〕恣睢：暴戾也。

〔七〕呴籍叱咄：呴，呵。籍，蹈，踐。咄，亦呵也。

〔八〕服道致士：服，猶事。事有道者。

燕昭王曰：「寡人將誰朝而可？」郭隗先生曰：「臣聞古之人君〔一〕，有以千金求千里馬者，三年不能得。涓人言於君曰〔二〕：『請求之。』君遣之。三月得千里馬，馬已死，買其首五百金〔三〕，反以報君。君大怒曰：『所求者生馬，安事死馬而捐五百金？』涓人對曰：『死馬且買之五百金，況生馬乎？天下必以王爲能事馬，馬今至矣。』於是不能期年，千里之馬至者三。今王誠欲致士，先從隗始。隗且見事，況賢於隗者乎？豈遠千里哉？」於是昭王爲隗築宮而師之〔四〕。樂毅自魏往〔五〕，鄒衍自齊往〔六〕，劇辛自趙往〔七〕，士争湊燕〔八〕。

〔一〕古之人君：姚本原作「君人」，誤倒。今據《新序·雜事》、《藝文類聚·居處部》、《御覽·資産部》及《文選·論盛孝章書》注引此並作「人君」而改。

〔二〕涓人：黄式三《周季編略》卷三云：涓人，養獸官也。

〔三〕買其首五百金：首，《新序·雜事》作「骨」。作「骨」爲是。「首」乃「骨」字之訛誤。

〔四〕築宮而師之：宮，《藝文類聚》卷六三作「館」。「館」古作「官」，因誤爲「宮」也。

〔五〕樂毅自魏往：樂毅，中山人，後爲燕昭王率五國之師伐齊，封昌國君。

〔六〕鄒衍自齊往：鄒衍，亦作騶衍。戰國末哲學家，陰陽家之代表。齊國人。歷游魏、燕、趙等國，受各諸侯之尊重。倡五德終始説及大九州説。《漢書·藝文志》著録有《鄒子》四十九篇、《鄒子終始》五十六篇，皆不傳。

〔七〕劇辛：本趙人，仕燕。後爲燕伐趙，爲趙將龐煖所殺。

〔八〕湊：聚也，趨也。

燕王弔死問生，與百姓同其甘苦二十八年，燕國殷富，士卒樂佚輕戰〔一〕。於是遂以樂毅爲上將軍，與秦、楚、三晋合謀以伐齊〔二〕。齊兵敗，閔王出走於外。燕兵獨追北入至臨淄〔三〕，盡取齊寶，燒其宫室宗廟。齊城之不下者，唯獨莒、即墨。

〔一〕佚：與「逸」同，安逸不勞。

〔二〕與秦、楚、三晋合謀以伐齊：五國攻齊，無楚國。以燕爲主，聯合秦和三晋以伐齊。

〔三〕燕兵獨追北：五國伐齊，濟西一戰，齊閔王潰敗。樂毅謝秦、趙、韓、魏之兵使歸，帶燕軍連下齊七十餘城。

【繫年】

此策乃追敘燕昭王由即位至報齊破國之恥，前後二十八年之事。燕昭王元年當周赧王四年。燕昭王二十八年，以樂毅爲上將軍攻齊，敗之濟西，當周赧王三十一年。攻齊四年，下齊七十餘城，在燕昭王三十二年，當周赧王三十五年。

齊伐宋宋急章

齊伐宋〔一〕，宋急。蘇代乃遺燕昭王書曰〔二〕：「夫列在萬乘，而寄質於齊，名卑而權輕。奉齊助之伐宋〔三〕，民勞而實費。破宋，殘楚淮北，肥大齊，讎强而國弱也。此三者，皆國之大敗也，而足下行之，將欲以除害取信於齊也〔四〕。而齊未加信於足下，而忌燕也愈甚矣。然則足下之事齊也失所爲矣。夫民勞而實費，又無尺寸之功，破宋肥讎，而世負其禍矣〔五〕。足下以宋加淮北，强萬乘之國也，而齊并之，是益一齊也。北夷方七百里〔六〕，加之以魯、衛，此所謂强萬乘之國也，而齊并之，是益二齊也。夫一齊之强，而燕猶不能支也，今乃以三齊臨燕，其禍必大矣。

〔一〕齊伐宋：此齊閔王十四年第二次攻宋。

〔二〕蘇代乃遺燕昭王書曰：《戰國縱横家書》作「謂燕王曰」。

〔三〕奉：姚本作「秦」，誤。《史記·蘇秦傳》、《戰國縱横家書》皆作「奉」。鮑本改爲「奉」，今從之。奉，與也。

〔四〕害：猶忌也。

〔五〕負：荷，擔。

〔六〕北夷：王念孫云：當作「九夷」，《戰國縱横家書》作「九夷」，當據以訂正。九夷，地區名，在淮、泗之間。《論語・子罕》：「子欲居九夷。」

「雖然，臣聞智者之舉事也，轉禍而爲福，因敗而爲功者也〔一〕。齊人紫敗素也〔二〕，而賈十倍。越王勾踐棲於會稽，而後殘吴霸天下。此皆轉禍而爲福，因敗而爲功者也。今王若欲轉禍而爲福，因敗而爲功乎？則莫如遥伯齊而厚尊之〔三〕，使使盟於周室〔四〕，盡焚天下之秦符〔五〕，約曰：『夫上計破秦，其次長賓之〔六〕。』秦挾賓以待破〔七〕，秦王必患之。秦五世以結諸侯〔八〕，今爲齊下，秦王之志，苟得窮齊，不憚以一國都爲功〔九〕。然而王何不使布衣之人，以窮齊之説説秦，謂秦王曰：『燕、趙破宋肥齊，尊齊而爲之下者，燕、趙非利之也。弗利而勢爲之者，何也？以不信秦王也。今王何不使可以信者接收燕、趙〔一〇〕？今涇陽君若高陵君先於燕、趙〔一一〕，秦有變，因以爲質，則燕、趙信秦矣。秦爲西帝，趙爲中帝，燕爲北帝，立爲三帝而以令諸侯。韓、魏不聽，則秦伐之；齊不聽，則燕、趙伐之。天下孰敢不聽？天下服聽，因驅韓、魏以攻齊，曰，必反宋地，而歸楚之淮北。夫反宋地，歸楚之淮北，燕、趙之所同利也。並立三帝，燕、趙之所同願也。夫實得所利，名得所願，則燕、趙之棄齊也，猶釋弊躧〔一二〕。今王之不收燕、趙，則齊伯必成矣。諸侯戴齊，而王獨弗從也，是國伐也。諸侯戴齊，而王從之，是名卑也。王不收燕、趙，名卑而國危；王收燕、趙，名尊而國寧。夫去尊寧而就卑危，知者不爲也。』秦王聞若説也，必如刺心。然則王何不務使知士以若此言説秦〔一三〕？秦伐齊必矣。夫取秦，上交也；伐齊，正利也。尊上交，務正利，聖王之事也。」

〔一〕轉禍而爲福，因敗而爲功：「轉」、「因」二字，《戰國縱横家書》倒位，「轉」作「因」，「因」作「轉」。

〔二〕齊人紫敗素：人，《戰國縱横家書》無。齊桓公好服紫，一國盡服紫，當時十素不得一紫。敗素，故弊白繒，染以爲紫。

〔三〕遥：《史記》作「挑」。《戰國縱横家書》作「招」。「遥」、「挑」、「招」三字音近古通。

〔四〕盟：《戰國縱横家書》作「明」。「盟」、「明」通用。

〔五〕盡焚天下之秦符：符，節信。焚秦符，絶秦不與交往也。

〔六〕其次長賓之：賓，與「擯」同。「之」下姚本有「秦」字。《史記》、《戰國縱横家書》皆無「秦」字。今據以删。

〔七〕秦挾賓以待破：挾，帶也。「賓」下姚本有「客」字，《史記》、《戰國縱横家書》皆無「客」字。故删去。

〔八〕秦五世以結諸侯：結，《史記》、《戰國縱横家書》作「伐」爲是。五世，秦自獻公、孝公、惠王、武王，至昭王五世。

〔九〕不憚以一國都爲功：憚，難也。以國都爲功，賭國求勝也。

〔一〇〕接收：結合。

〔一一〕令涇陽君若高陵君先於燕、趙：令，姚本作「今」，誤。《戰國縱横家書》作「如」。今從鮑本作「令」爲是。涇陽君名市，高陵君名悝，秦昭王之同母弟。「趙」下《戰國縱横家書》有「曰」字。當據以補，文義乃完。

〔一二〕弊躧：一本作「脱屣」，《戰國縱橫家書》作「脱躧」。「屣」與「躧」同字，草履也。

〔一三〕以若此言説秦：劉本去「此」字，《戰國縱横家書》無「此言」二字。

燕昭王善其書曰：「先人嘗有德蘇氏，子之之亂，而蘇氏去燕。燕欲報仇於齊，非蘇氏莫可。」乃召蘇氏，復善待之。與謀伐齊，竟破齊，閔王出走。

【繫年】

此策乃齊閔王十四年第二次攻宋時事。蘇代過魏，魏執之，既而出蘇代，代之宋。齊伐宋，蘇代乃爲此書以説燕王。在齊閔王十四年、燕昭王二十五年，當周赧王二十八年。

蘇代謂燕昭王章

蘇代謂燕昭王曰：「今有人於此，孝如曾參、孝己，信如尾生高，廉如鮑焦、史鰌〔一〕，兼此三行以事王，奚如？」王曰：「如是足矣。」對曰：「足下以爲足，則臣不事足下矣。臣且處無爲之事，歸耕乎周之上地，耕而食之，織而衣之。」王曰：「何故也？」對曰：「孝如曾參、孝己，則不過歸養其親耳〔二〕。信如尾生高，則不過不欺人耳。廉如鮑焦、史鰌，則不過不竊人之財耳。今臣爲進取者也。臣以爲廉不與身俱達〔三〕，義不與生俱立。仁義者，自完之道也，非進取之術也。」王曰：「自憂不足乎〔四〕？」對曰：「以自憂爲足，則秦不出殽塞，齊不出營丘，楚不出疏章〔五〕。三王代位，五伯改政，皆以不自憂故也。若自憂而足，則臣亦周之負籠耳〔六〕，何爲煩大王之廷耶？昔者楚取章武〔七〕，諸侯北面而朝。秦取西山〔八〕，諸侯西面而朝。曩者使燕毋去周室之上〔九〕，則諸侯不爲別馬而朝矣〔一〇〕。臣聞之，善爲事者，先量其國之大小，而揆其兵之强弱，故功可成而名可立也。不能爲事者，不先量其國之大小，不揆其兵之强弱，故功不可成而名不可立也。今王有東嚮伐齊之心，而愚臣知之。」

〔一〕史鰌：春秋時衛人，字子魚，亦稱史魚。死以屍諫衛靈公。

〔二〕歸養其親耳：耳，姚本作「其」，誤。鮑本作「耳」。黄丕烈云：「耳」字是也。改爲「耳」。

〔三〕達：通「顯」。

〔四〕憂：「優」之借字，寬，完。

〔五〕疏章：《戰國縱横家書》作「沮章」。「疏」、「沮」音近。水名，今湖北省漢水西有章水和沮水，合爲沮漳河，在江陵西入長江。

〔六〕亦周之負籠耳：負，荷，擔。籠，筐屬，受土器。

〔七〕章武：地名，不詳所指。【補】章武，地名。舊注均云渤海郡，誤。張琦曰：楚無由取渤海之邑。且秦言西面，楚即不得言北面。按《楚策》，且王嘗用召滑於越而納句章。《十三州志》云：勾踐並吴大城句無，以章武功，故名句章。此云章武，疑即此地。范祥雍按曰：「句章」與「章武」，名不同也。存疑。

〔八〕西山：《韓世家》昭侯元年，「秦敗我西山」。洛陽龍門山向西北延至洛陽西，俗稱西山。

〔九〕曩者使燕毋去周室之上：上，上地。燕嘗攻得而不取也。

〔一〇〕別馬：鮑本作「別駕」爲是。

王曰：「子何以知之？」對曰：「矜戟砥劍〔一〕，登丘東嚮而歎，是以愚臣知之。今夫烏獲舉千鈞之重〔二〕，行年八十，而求扶持。故齊雖强國也，西勞於宋，南罷於楚，則齊軍可敗，而河間可取。」燕王曰：「善。吾請拜子爲上卿，奉子車百乘，子以此爲寡人東游於齊，何如？」對曰：「足下以愛之故與，則何不與愛子與諸舅、叔父、負床之孫〔三〕，不得〔四〕，而乃以與無能之臣，何也？王之論臣，何如人哉？今臣之所以事足下者，忠信也。恐以忠信之故，見罪於左右。」

〔一〕矜戟砥劍：矜，持。砥，磨礪。

〔二〕烏獲舉千鈞：烏獲，古之力士。鈞，三十斤。

〔三〕負床之孫：言倚床而立，未能行也。

〔四〕不得：語畢反詞。謂反不與之車乘。

王曰：「安有爲人臣盡其力，竭其能，而得罪者乎？」對曰：「臣請爲王譬。昔周之上地，嘗有之。其丈夫官三年不歸，其妻愛人。其所愛者曰：『子之丈夫來，則且奈何乎？』其妻曰：『勿憂也，吾已爲藥酒而待其來矣。』已而其丈夫果來，於是因令其妾酌藥酒而進之。其妾知之，半道而立。慮曰：『吾以此飲吾主父，則殺吾主父；以此事告吾主父，則逐吾主母。與殺吾主父、逐吾主母者〔一〕，寧佯躓而覆之〔二〕。』於是因佯僵而仆之。其妻曰：『爲子之遠行來之，故爲美酒，今妾奉而仆之。』其丈夫不知，縛其妾而笞之。故妾所以笞者，忠信也。今臣爲足下使於齊，恐忠信不諭於左右也。臣聞之曰：『萬乘之主，不制於人臣。十乘之家，不制於衆人。疋夫徒步之士〔三〕，不制於妻妾。』而又況於當世之賢主乎？臣請行矣，願足下之無制於群臣也。」

〔一〕與殺吾主父：「主」字姚本無。今從鮑本補。

〔二〕佯躓：佯，詐。躓，跪倒。

〔三〕疋：與「匹」同。

【繫年】

此蓋蘇秦説燕昭王之辭，而誤爲蘇代。蘇秦爲燕昭王東游於齊，據《戰國縱横家書》當在燕昭王六年、齊宣王十四年，當周赧王十二年。【補正】顧觀光隸此策於周赧王二十九年。此處繫於燕昭王六年，當齊宣王十四年，乃周赧王九年矣，書赧王十二年，差三年矣！

燕王謂蘇代曰章

燕王謂蘇代曰：「寡人甚不喜訑者言也〔一〕」。蘇代對曰：「周地賤媒，爲其兩譽也。之男家曰『女美』，之女家曰『男富』。然而周之俗〔二〕，不自爲取妻。且夫處女無媒，老且不嫁；舍媒而自衒〔三〕，弊而不售〔四〕。順而無敗，售而不弊者，唯媒而已矣。且事非權不立，非勢不成。夫使人坐受成事者，唯訑者耳。」王曰：「善矣。」

〔一〕訑：《説文》作「詑」。詭言也。或作「誕」。兖州謂欺曰訑。

〔二〕周：指洛陽地區。

〔三〕舍媒而自衒：舍，棄也。衒，自媒，自賣。《越絶書》云：衒女不貞。

〔四〕弊：猶敗。

【繫年】

此策燕王，蓋指燕昭王。然確切時間不可考。姑附於燕昭王謀齊，燕、齊交質，齊閔王攻宋，五國聯合攻秦之時。在燕昭王二十四年、齊閔王十三年，當周赧王二十七年。

戰國策卷三十

燕二

秦召燕王章

秦召燕王〔一〕，燕王欲往。蘇代約燕王曰〔二〕：「楚得枳而國亡〔三〕，齊得宋而國亡〔四〕，齊、楚不得以有枳、宋事秦者，何也？是則有功者，秦之深讎也。秦取天下，非行義也，暴也。秦之行暴於天下，正告楚曰：『蜀地之甲，輕舟浮於汶，乘夏水而下江〔五〕，五日而至郢。漢中之甲，乘舟出於巴〔六〕。乘夏水而下漢〔七〕，四日而至五渚〔八〕。寡人積甲宛東下隨〔九〕，知者不及謀，勇者不及怒，寡人如射隼矣〔一〇〕。王乃待天下之攻函谷，不亦遠乎？』楚王爲是之故，十七年事秦。

〔一〕燕王：燕昭王。

〔二〕約：要也，猶止。

〔三〕楚得枳而國亡：徐廣云：巴郡有枳縣。枳，今重慶市涪陵區。秦昭王二十八年，秦拔楚鄢、西陵，楚國失郢都而國亡。

〔四〕齊得宋而國亡：齊閔王十五年滅宋。十七年，樂毅率五國之師擊齊，敗之濟西，齊閔王走莒而國亡。

〔五〕輕舟浮於汶，乘夏水而下江：汶，謂岷江，《禹貢》云：岷山導江。夏水，沔水自江出至華容名夏水。

〔六〕巴：謂巴江。閬、白二水曲折似「巴」字，故謂之巴。

〔七〕漢：漢水。

〔八〕五渚：洞庭北會大江，名之五渚。《索隱》云：五處洲也。

〔九〕積甲宛東下隨：宛，今河南南陽市。隨，春秋隨國，滅於楚。今湖北隨縣。

〔一〇〕如射隼：隼，若今之鶻。《易·解卦》云：射隼於高墉之上。比喻容易。

「秦正告韓曰：『我起乎少曲〔一〕，一日而斷太行〔二〕。我起乎宜陽而觸平陽〔三〕，二日而莫不盡繇〔四〕。我離兩周而觸鄭〔五〕，五日而國舉。』韓氏以爲然，故事秦。

〔一〕少曲：黄式三云：沁水，一名少水。沁水之曲，故址在今河南孟州市西北。

〔二〕斷太行：斷絶太行道。太行羊腸阪道，北過韓上黨。

〔三〕起乎宜陽而觸平陽：宜陽、平陽，皆韓大都，隔河相峙。平陽故址，在今山西臨汾市西南。

〔四〕二日而莫不盡繇：繇，繇役，言韓莫不盡繇役戍守。《索隱》云：繇，音摇，動也。亦通。

〔五〕我離兩周而觸鄭：兩周，東周、西周。鄭，新鄭，韓國都。

「秦正告魏曰：『我舉安邑，塞女戟〔一〕，韓氏太原卷〔二〕。我下枳道南陽、封、冀〔三〕，包兩周，乘夏水〔四〕，浮輕舟，强弩在前，銛戈在後〔五〕，決滎口〔六〕，魏無大梁；決白馬之口〔七〕，魏無濟陽〔八〕；決宿胥之口〔九〕，魏無虛、頓丘〔一〇〕。陸攻則擊河内，水攻則滅大梁。』魏氏以爲然，故事秦。

〔一〕女戟：魏地，在太行山之西。【補】疑即垂棘，在太行山西，以産美玉而得名。

〔二〕韓氏太原卷：韓氏，韓國。太原，當作「太行」。卷，席卷，斷絶。【補正】韓氏太原卷，此處不僅標點誤，注釋亦誤。應標爲「韓氏太原、卷」。太原與卷均爲地名。太原，多家注及《史記》三家注均誤。此非今山西太原市。注太原市不僅方位錯，與秦軍舉安邑之兵，東越太行伐魏過韓之行軍路線也相悖。太原即大原，「太」、「大」古通用假借。原即古原國。姬姓。故城在今河南濟源市西北。《水經注》濟水東源出原城東北。昔晋文公伐原以信而原降，即此城也。卷，地名。非作動詞爲「席卷」，也不作「斷絶」，乃卷城也。戰國魏邑。《史記·秦本紀》：「昭襄王三十二年，客卿吴傷攻魏卷，取之。」故城在今河南原陽縣西。

〔三〕下枳道南陽、封、冀：枳道，在今河南濟源市。南陽，即河南修武。封，封陵，今山西河津市。冀，今山西河津冀亭。皆魏地。【正】封、冀，即封鎮、冀亭，以防趙、魏之援軍。冀，非今冀亭，乃原陽縣北之小冀鎮。此解與地形、戰事、方位符。

〔四〕夏水：夏潦之水。

〔五〕銛：利也。

〔六〕滎口：滎澤之口。滎澤渠首，起滎陽市西北二十里。在今河南鄭州市西北古滎鎮。

〔七〕白馬之口：白馬津，在今河南滑縣南。黄河東西渡口。

〔八〕濟陽：濟水之陽。濟陽故城在今河南蘭考縣東北。

〔九〕宿胥之口：在今河南浚縣西南遮害亭東。

〔一〇〕虚、頓丘：虚，殷墟，在今河南安陽市。頓丘，在今河南内黄縣。【正】虚，非安陽之殷墟。乃古虚邑。一作郊邑，春秋地名，在今河南省封丘縣北。

「秦欲攻安邑，恐齊救之，則以宋委於齊，曰：『宋王無道〔一〕，爲木人以寫寡人〔二〕，射其面。寡人地絶兵遠，不能攻也。王苟能破宋有之，寡人如自得之。』已得安邑，塞女戟，因以破宋爲齊罪。秦欲攻齊〔三〕，恐天下救之，則以齊委於天下曰：『齊王四與寡人約，四欺寡人，必率天下以攻寡人者三。有齊無秦，無齊有秦，必伐之，必亡之。』已得宜陽、少曲，致藺石〔四〕，因以破齊爲天下罪。秦欲攻魏，重楚，則以南陽委於楚〔五〕，曰：『寡人固與韓且絶矣，殘均陵〔六〕，塞鄳隘，苟利於楚，寡人如自有之。』魏棄與國而合於秦，因以塞鄳隘爲楚罪。

〔一〕宋王：宋王偃。

〔二〕寫：鮑本作「象」，《史記》作「寫」。當作「象」也。

〔三〕齊：《史記》作「韓」，鮑本作「韓」。

〔四〕致藺石：藺、離石，二地名，非韓地。疑有誤。姚注：石，三本同作「君」。金正煒云：藺君，蓋韓之質秦者。

〔五〕以南陽委於楚：此韓之南陽。今河南南陽市。【正】今河南之南陽市，戰國前非韓地，爲楚之郡縣。此處之南陽，非今南陽市，也非今修武之南陽。乃殽山之南，汝水之北的地域。戰國屬韓地。古山南、水北皆稱陽。

〔六〕殘均陵：均陵，今湖北丹江口均縣鎮。【補】張琦曰：「南陽本韓地，屬秦舊矣。均陵、黽隘亦原屬楚，未聞韓曾有之，不可曉也。均陵即今均州。」疑均陵即今河南省之禹州市。禹州有夏均臺，古爲均州。

「兵困於林中〔一〕，重燕、趙〔二〕，以膠東委於燕〔三〕，以濟西委於趙〔四〕。趙得講於魏〔五〕，至公子延〔六〕，因犀首屬行而攻趙〔七〕。兵傷於離石，遇敗於馬陵〔八〕，而重魏，則以葉、蔡委於魏〔九〕。已得講於趙，則劫魏，魏不爲割。困則使太后、穰侯爲和，嬴則兼欺舅與母。適燕者曰以膠東〔一〇〕，適趙者曰以濟西，適魏者曰以葉、蔡，適楚者曰以塞鄳隘，適齊者曰以宋。此必令其言如循環，用兵如刺蜚繡〔一一〕，母不能制，舅不能約。龍賈之戰〔一二〕，岸門之戰〔一三〕，封陸之戰〔一四〕，高商之戰〔一五〕，趙莊之戰〔一六〕，秦之所殺三晉之民數百萬。今其生者，皆死秦之孤也。西河之外，上雒之地，三川，晉國之禍〔一七〕，三晉之半。秦禍如此其大，而燕、趙之秦者〔一八〕，皆以爭事秦説其主，此臣之所大患。」

〔一〕林中：今河南新鄭東有故林鄉城，即林中也。

〔二〕重燕、趙：重，難也。恐燕、趙擊其秦。

〔三〕膠東：今山東膠河以東，文登、萊蕪等地。

〔四〕濟西：齊地，今山東鄆城、壽張等地。

〔五〕趙：鮑本作「已」，《史記》作「趙」。「趙」字承上而誤，鮑本作「已」是也。

〔六〕至公子延：至，與「致」通，送至。公子延，魏公子。

〔七〕因犀首屬行而攻趙：屬行，謂兵、車相續也。【補】横田惟孝云：「屬行，謂相屬而起兵也。言秦使公子延因犀首相屬起兵而攻趙也。」范祥雍云：「横田説可通。今讀從之。如此，公子延當爲秦子。」「犀首爲魏官名，（見《張儀列傳集解》），不必定其爲何人。」

〔八〕離石、馬陵：《史記》作譙石、陽馬。並趙地，非縣邑名。【正】離石，秦昭王二十五年，攻趙，取藺（今山西呂梁市離石區西）。秦昭王二十六年，攻趙，取石城（今山西呂梁市離石區）。即此。

〔九〕葉、蔡：楚地。葉，今河南葉縣。蔡，今河南上蔡縣。

〔一〇〕適：與「謫」同。責其罪。

〔一一〕刺蜚繡：一本作「刺繡」，《史記》作「刺蜚」。此蓋策文作「繡」，史文作「蜚」而兩存也。當删去「蜚」字。

〔一二〕龍賈之戰：秦、魏戰争。在魏惠王後元二年。

〔一三〕岸門之戰：秦、韓戰争。在韓宣惠王十九年。

〔一四〕封陸之戰：陸，《史記》作「陵」。封陵之戰，在魏襄王十六年。

〔一五〕高商之戰：此戰事不見於史書。

〔一六〕趙莊之戰：趙肅侯二十二年，趙莊與秦戰敗，秦殺趙莊河西。

〔一七〕西河、上雒、三川：西河、上雒，魏地。三川，韓地。

〔一八〕燕、趙之秦者：方望溪云：之秦，謂奉使於秦者。

燕昭王不行，蘇代復重於燕。燕反約諸侯從親，如蘇秦時，或從或不，而天下由此宗蘇氏之從約。代、厲皆以壽死，名顯諸侯。

【補】范本按曰「蘇代復重於燕」以下乃徒人襲《史記》之文而增益之，策文不當有。然吴氏（吴汝綸）因此以疑《國策》之書則非。

【繫年】

《史記·蘇秦傳》敘此策文於五國破齊之後。破齊在燕昭王二十九年。樂毅下齊七十餘城，當燕昭王三十二年。此策當繫於燕昭王三十三年，當周赧王三十六年。

蘇代爲奉陽君章

蘇代爲奉陽君説燕於趙以伐齊〔一〕，奉陽君不聽。乃入齊惡趙，令齊絶於趙。齊已絶於趙，因之燕，謂昭王曰：「韓爲謂臣曰〔二〕：『人告奉陽君曰：使齊不信趙者，蘇子也；令齊王召蜀子使不伐宋〔三〕，蘇子也；與齊王謀道取秦以謀趙者〔四〕，蘇子也；令齊守趙之質子以甲者，又蘇子也。請告子以請齊〔五〕，果以守趙之質子以甲，吾必守子以甲。』其言惡矣。雖然，王勿患也。臣故知入齊之有趙累也〔六〕。出爲之以成所欲〔七〕，臣死而齊大惡於趙，臣猶生也。令齊、趙絶，可大紛已〔八〕。持臣非張孟談也〔九〕，使臣也如張孟談也，齊、趙必有爲智伯者矣〔一〇〕。

〔一〕蘇代爲奉陽君説燕於趙以伐齊：蘇代，《戰國縱横家書》作「蘇秦」爲是。奉陽君，趙司寇李兑。

〔二〕韓爲：《戰國縱横家書》作「韓徐爲」。趙將。親魏而反齊。

〔三〕令齊王召蜀子使不伐宋：此齊閔王八年第一次攻宋。蜀子，齊將。《吕氏春秋》之《權勛》、《貴直》皆作「觸子」。

〔四〕道：鮑本作「遁」，疑爲「循」字之訛。循，順也，善也。

〔五〕請告子以請齊：子，指韓爲。【正】鮑注爲告子名不害，誤也。

〔六〕累：憂累也。

〔七〕出爲之以成所欲：知其有憂累而反爲之者欲以利燕。

〔八〕紛：亂。

〔九〕持臣非張孟談：持，疑當爲「特」字。鮑釋「持」爲「使」，與下句「使臣」義重複不可通。張孟談，趙襄子臣，約韓、魏以反攻智伯者。

〔一〇〕姚本此以上爲一章，鮑本連下篇「奉陽君告朱讙」合爲一章。審上下之義，當從鮑本合爲一章。

「奉陽君告朱讙與趙足曰〔一〕：『齊王使公王曰命説曰〔二〕，必不反韓珉，今召之矣。必不任蘇子以事，今封而相之。必不合燕，今以燕爲上交。吾所恃者順也〔三〕，今其言變有甚於其父，順始與蘇子爲讎。見之知無厲〔四〕，今賢之兩之〔五〕，已矣，吾無齊矣。』奉陽君之怒甚矣。如齊王王之不信趙〔六〕，而小人奉陽君也，因是而倍之，不以今時大紛之，解而復合，則後不可奈何也。故齊、趙之合苟可循也〔七〕，死不足以爲臣患，逃不足以爲臣恥，爲諸侯不足以爲臣榮，被髮自漆爲厲不足以爲臣辱。然而臣有患也，臣死而齊、趙不循，惡交分於臣也，而後相效〔八〕，是臣之患也。若臣死而必相攻也〔九〕，臣必勉之而求死焉。堯、舜之賢而死，禹、湯之知而死，孟賁之勇而死，烏獲之力而死，生之物固有不死者乎？在必然之物以成所欲〔一〇〕，王何疑焉？

〔一〕朱讙與趙足：並趙人。

〔二〕齊王使公王曰命説：齊王，齊閔王。公王曰，鮑本作「公玉曰」。「曰」乃「丹」字之誤。《風俗通》作「公玉冉」，「冉」亦「丹」字之訛。《新序》作「公玉丹」爲是。齊閔王十一年，齊使公玉丹之趙致蒙邑，奉陽君受之。見《戰國縱横家書》第四篇。説，乃「兑」字之訛。

〔三〕吾所恃者順也：順，亦稱順子。齊之公子，爲質於趙。《齊策》云：以陽武合於趙，而以順子爲質。即指此人。

〔四〕無厲：無害也。

〔五〕賢之兩之：賢之，謂以蘇代（秦）爲賢。兩之，謂與之並處。兩，偶也。

〔六〕如齊王王：衍一「王」字。當删去。

〔七〕循：順也，善也。

〔八〕而後相效：齊、趙二國合順而互相效力。

〔九〕相攻：齊、趙相攻。

〔一〇〕在必然之物：物，事。死者，人必然之事。

「臣以爲不若逃而去之〔一〕。臣以韓、魏循自齊而爲之取秦〔二〕，深結趙以勁之。如是則近於相攻，臣雖爲之累燕，奉陽君告朱讙曰：『蘇子怒於燕王之不以吾故，弗予相，又不予卿也，殆無燕矣〔三〕。』其疑至於此，故臣雖爲之不累燕，又不欲王〔四〕。伊尹再逃湯而之桀〔五〕，再逃桀而之湯，果與鳴條之戰〔六〕，而以湯爲天子。伍子胥逃楚而之吳〔七〕，果與柏舉之戰〔八〕，而報其父之讎。今臣逃而紛齊、趙，始可著於《春秋》〔九〕。且舉大事者，孰不逃？桓公之難，管仲逃於魯〔一〇〕；陽虎之難，孔子逃於衛〔一一〕；張儀逃於楚〔一二〕；白珪逃於秦〔一三〕；望諸相中山也使趙〔一四〕，趙劫之求地，望諸攻關而出逃；外孫之難〔一五〕，薛公釋戴逃出於關〔一六〕，三晉稱以爲士〔一七〕。故舉大事，逃不足以爲辱矣。」卒絕齊於趙，趙合於燕以攻齊，敗之。

〔一〕逃而去之：詐以罪逃去。

〔二〕以韓、魏循自齊而爲之取秦：以韓、魏循自齊，言假韓、魏而至齊。爲之取秦，言爲齊以交秦。

〔三〕殆無燕矣：疑蘇代之不爲燕。

〔四〕又不欲王：欲，猶須也。言其自相攻，不須燕去攻齊。王，指燕昭王。

〔五〕伊尹再逃湯而之桀：謂伊尹五就湯王就桀。

〔六〕果與鳴條之戰：果，終也。鳴條，地名。在今山西運城安邑鎮北。

〔七〕伍子胥逃楚而之吳：伍子胥，名員，春秋楚人。以費無忌之譖，楚平王殺伍員之父伍奢、兄伍尚，伍子胥奔吴。

〔八〕柏舉之戰：吴伐楚，戰於柏舉，在春秋魯定公四年。楚人五戰五敗，吴師入郢。柏舉在今湖北麻城東北柏子山。

〔九〕著於《春秋》：《春秋》，古史書記事之總稱。猶「史册」。

〔一〇〕管仲逃於魯：齊無知殺齊襄公，管仲奉公子糾逃於魯，桓公小白逃於莒。無知死，桓公自莒先入，魯送公子糾未至。桓公發兵拒之，戰於干時。魯師敗，殺公子糾，而管仲歸於桓公。

〔一一〕陽虎之難，孔子逃於衛：魯定公八年，季氏家臣陽虎爲亂，欲廢三桓之嫡子，而更立其庶子。不勝，陽虎逃於晉。孔子並非逃陽虎之難而適衛。孔子適衛在魯定公十四年。陽虎，即陽貨。

〔一二〕張儀逃於楚：事情經過不詳。疑儀之楚之事。

〔一三〕白珪逃於秦：不詳。【補】金正煒云，《史記·魯仲連鄒陽列傳》曰：「白圭戰，亡六城。」注引張晏曰：「君欲殺之，亡入魏，文侯厚遇之，還拔中山。」疑即此事。「秦」字蓋誤。

〔一四〕望諸相中山：其事不詳。【補】鮑彪云：此（望諸）與樂毅同號。《史記·樂毅傳》云「望諸君」。《索隐》云：《戰國策》「望」作「藍」也。可備一参。望諸，即望都。在今河北省中部。

〔一五〕外孫之難：未詳。

〔一六〕薛公釋戴逃出於關：薛公，孟嘗君田文。釋，舍。戴，鮑本作「載」爲是。載，車。釋載，棄車而走也。關，謂函谷關。逃出於關，由秦逃出。

〔一七〕三晋稱以爲士：以才智見用者謂之士。

【繫年】

蘇秦爲燕間齊，破齊、趙之交以孤齊。據《戰國縱横家書》考證，此策當是燕昭王二十二年，薛公、韓徐爲約燕攻齊，奉陽君李兑不從，當齊閔王十一年時事。【補】顧觀光隸此策於周赧王三十一年，當燕昭王二十八年、齊閔王十七年。備參。

蘇代爲燕説齊章

蘇代爲燕説齊，未見齊王〔一〕，先説淳于髡曰：「人有賣駿馬者，比三旦立市〔二〕，人莫之知。往見伯樂曰：『臣有駿馬欲賣之，比三旦立於市，人莫與言，願子還而視之〔三〕，去而顧之，臣請獻一朝之賈〔四〕。』伯樂乃還而視之，去而顧之，一旦而馬價十倍。今臣欲以駿馬見於王，莫爲臣先後者〔五〕，足下有意爲臣伯樂乎？臣請獻白璧一雙，黄金千鎰，以爲馬食。」淳于髡曰：「謹聞命矣。」入言之王而見之，齊王大説蘇子。

〔一〕蘇代爲燕説齊，未見齊王：蘇代，當爲蘇秦。齊王，齊閔王。

〔二〕比三旦：比，連。旦，朝。比三旦，意即連續三天。

〔三〕還而視之：還，讀爲「旋」。周圍環視。

〔四〕賈：鮑改「賈」爲「費」。吴師道云：疑當爲「費」。

〔五〕先後：與左右義同，助之也。

【繫年】

蘇秦與燕昭王計，如何以燕敵齊。燕昭王使蘇秦於齊，治燕、齊之交，使蘇秦博得齊閔王之信任和重用。此策乃蘇秦藉淳于髡之力，使齊王大悦蘇子。當是齊閔王七年，説齊閔王伐宋時事，當燕昭王十八年、周赧王二十一年。【補】顧觀光隸此策於周慎靚王二年，於此書郭氏繫年早二十六年矣！附此備考。

蘇代自齊使人謂燕昭王章

蘇代自齊使人謂燕昭王曰：「臣間離齊、趙〔一〕，齊、趙已孤矣，王何不出兵以攻齊？臣請王弱之。」燕乃伐齊攻晋〔二〕。

〔一〕臣間離齊、趙：間，姚本作「聞」，誤。當從鮑本作「間」。間，傾也。間離齊、趙，所以爲燕傾齊也。

〔二〕燕乃伐齊攻晋：晋，地名。不詳所指。【補】晋，疑即晋州，在今河北省晋州市以東。燕伐齊必經之地。「攻晋」，乃「次晋」之形誤。次，疑兵不進，與下文「燕兵在晋而不進」而互文。

令人謂閔王曰：「燕之攻齊也，欲以復振古地也〔一〕。燕兵在晋而不進，則是兵弱而計疑也。王何不令蘇子將而應燕乎？夫以蘇子之賢，將而應弱燕，燕破必矣。燕破則趙不敢不聽，是王破燕而服趙也。」閔王曰：「善。」乃謂蘇子曰：「燕兵在晋，今寡人發兵應之，願子爲寡人爲之將。」對曰：「臣之於兵，何足以當之，王其改舉〔二〕。王使臣也，是敗王之兵而以臣遺燕也。戰不勝，不可振也〔三〕。」王曰：「行，寡人知子矣。」

〔一〕欲以復振古地：振，收也。古，故也，謂舊時也。謂燕王噲時，齊伐燕，燕所失之地。

〔二〕王其改舉：别用他人爲將。

〔三〕振：救。

蘇子遂將，而與燕人戰於晋下，齊軍敗。燕得甲首二萬人〔一〕。蘇子收其餘兵以守陽城〔二〕，而報於閔王曰：「王過舉，令臣應燕。今軍敗亡二萬人，臣有斧質之罪〔三〕，請自歸於吏以戮。」閔王曰：「此寡人之過也，子無以爲罪。」明日又使燕攻陽城，及狸〔四〕。又使人謂閔王曰：「日者齊不勝於晋下，此非兵之過，亦不幸而燕有天幸也。今燕又攻陽城及狸，是以天幸自爲功也。王復使蘇子應之，蘇子先敗王之兵，其後必務以勝報王矣。」王曰：「善。」乃復使蘇子，蘇子固辭，王不聽。遂將以與燕戰於陽城。燕人大勝，得首三萬。齊君臣不親，百姓離心。燕因使樂毅大起兵伐齊，破之。

〔一〕甲首：按甲者之首。

〔二〕陽城：燕地名。《趙世家》云：攻燕，取陽城。《韓非子·飾邪》云：趙又嘗北伐燕，至陽城。在今河北唐縣東北。

〔三〕有斧質之罪：「質」與「鑕」同。謂置之鑕上，受斧鉞之誅。

〔四〕狸：《趙世家》悼襄王九年攻燕，取狸及陽城。則狸是燕地，與陽城相近。【補】狸，疑爲「蠡」字之同音通假。蠡即蠡吾、蠡縣。後改博陸、博野。距陽城不遠。

【繫年】

此章蘇代，亦當爲蘇秦。蘇秦爲燕圖齊，極盡欺詐之能事。此言間離齊、趙，齊、趙孤立，燕出兵攻齊，當在燕昭王二十八年樂毅率五國之師攻齊以前，二十六年五國攻秦分散之後。應繫於燕昭王二十七年、齊閔王十六年，當周赧王三十年。

蘇代自齊獻書於燕王章

蘇代自齊獻書於燕王曰〔一〕：「臣之行也，固知將有口事〔二〕，故獻御書而行〔三〕。曰：『臣貴於齊，燕大夫將不信臣；臣賤，將輕臣；臣用，將多望於臣；齊有不善，將歸罪於臣。天下不攻齊，將曰善爲齊謀；天下攻齊，將與齊兼鄮臣〔四〕。臣之所處，重卵也〔五〕。』王謂臣曰：『吾必不聽衆口與讒言，吾信汝也，猶剗刘者也〔六〕。上可以得用於齊，次可以得信於下〔七〕，苟無死，女無不爲也。以女自信，可也。』與之言曰：『去燕之齊。可也〔八〕。』期於成事而已。臣受任以令齊及五年〔九〕，齊數出兵，未嘗謀燕。齊、趙之交，一合一離。燕不與齊謀趙〔一〇〕，則與趙謀齊。齊之信燕也，至於虛北地行其兵〔一一〕。今王信田伐與參去疾之言〔一二〕，且攻齊，使齊犬馬駿而不言燕〔一三〕。今王又使慶令臣曰〔一四〕：『吾欲用所善。』王苟欲用之，則臣請爲王事之。王欲醳臣，剸任所善〔一五〕，則臣請歸醳事。臣苟得見，則盈願。」

〔一〕蘇代自齊獻書於燕王：蘇代，《戰國縱横家書》無「蘇代」二字，而下文有「臣秦拜辭事」，則此策乃蘇秦爲燕間齊報告燕昭王之書。而書之内容，《戰國縱横家書》保存完整，而策文只存三段，次序不同，文字亦有出入。

〔二〕將有口事：謂有讒言譖之。

〔三〕御書：進於君者。

〔四〕鄮：鮑本作「貿」。《戰國縱横家書》作「棄」。貿，猶賣。與「棄」義近。

〔五〕重卵：猶累卵，危也。

〔六〕猶剗刘者也：「剗刘者」三字，鮑本作「列眉」。《戰國縱横家書》作「猶齕也」。吴師道云：刘，即「刈」字。剗刘者，斬斷果決之意。金其源云：「攝提二星似人眉。列眉有列星也。列眉也者，猶列星之可信也。齡，嚙也。凡咬斷食物，上下齒必相對。用以比兩人之情投意合。」

〔七〕於：《戰國縱横家書》無「於」字，是也。

〔八〕可也：《戰國縱横家書》此下有「甚者，與謀燕」五字。當據以補策文之脱落。

〔九〕臣受任以令齊及五年：《戰國縱横家書》作「臣受教任齊交五年」。則「及」當是「交」之誤，任，事也。「任」與「以令」，疑有顛倒。當是「臣受令以任齊交五年」。

〔一〇〕燕不與齊謀趙：「燕」下姚本有「王」，鮑本無，《戰國縱横家書》無，今删去「王」字。

〔一一〕虚北地行其兵：虚，空虚，不設備。北地，齊國北部近燕之地區。行其兵，盡役北地之兵以出任戰争。

〔一二〕田伐與參去疾：皆人名。燕臣。

〔一三〕使齊犬馬駿而不言燕：駿，鮑本無。犬馬，《戰國縱横家書》作「大戒」爲是。言，《戰國縱横家書》作「信」。當據以訂證策文之誤。

〔一四〕慶：盛慶，燕臣。

〔一五〕王欲醳臣，剸任所善：《戰國縱横家書》作「王若欲剸舍臣而槫任所善」。醳，即釋，舍也。剸，通「專」。言燕王若欲捨棄蘇子而信任其所親善之人。

自齊獻書於燕王曰：「燕、齊之惡也久矣！臣處於燕、齊之交，固知必將不信。臣之計曰：齊必爲燕大患。臣循用於齊，大者可以使齊毋謀燕；次者可以惡齊、勺（趙）之交，以便王之大事：是王之所與臣期也。臣受教任齊交五年，齊兵數出，未嘗謀燕。齊、勺（趙）之交，壹美壹惡，壹合壹離，燕非與齊謀趙，則與趙謀齊。齊之信燕，□□□北地□其甲，王信田代、繰去□之言功（攻）齊，使齊大戒而不信燕。臣秦拜辭事。王怒而不敢强。勺（趙）疑燕而不功齊，王使襄安君東，以便事也，臣豈敢强王哉！齊、勺（趙）遇於阿，王憂之。臣與于遇，約功秦去帝，雖費，毋齊、趙之患，除群臣之醜。齊殺張庴，臣請屬事辭爲臣於齊。王使慶謂臣：『不之齊危國。』臣以死之圍，治齊、燕之交。後，薛公、韓徐爲與王約攻齊，奉陽君鬻臣，歸罪於燕以定其封於齊。公玉丹之勺（趙）致蒙，奉陽君受之。王憂之，故强臣之齊。臣之齊，惡齊、勺（趙）之交，使毋予蒙而通宋使。故王能材之，臣以死任事。之後，秦受兵矣，齊、勺（趙）皆嘗謀。齊、勺（趙）未嘗謀燕，而俱諍（争）王於天下。臣雖無大功，自以爲免於罪矣。今齊有過辭，王不論齊王多不忠也。而以爲臣罪，臣甚懼。庴之死也，王辱之。襄安君之不歸哭也，王苦之。齊改葬其後而召臣，臣欲毋往，使齊棄臣。王曰：『齊王之多不忠也，殺妻逐子，不以其罪，何可怨也。』故强臣之齊，二者大物也。而王以赦臣，臣受賜矣。臣之行也，固知必將有口，故獻御書而行。曰：『臣貴於齊，燕大夫將不信臣；臣賤，將輕臣；臣用，將多望於臣；齊有不善，將歸罪於臣。天下不功齊，將曰善與齊謀；天下功齊，將與齊兼棄臣。臣之所處者重卵也。』王謂臣曰：『魚必不聽衆口與造言，魚信若猶齕也！大，可以得用於齊；次，可以得信；下，苟毋死，若無不爲也。以奴自信，可；與言去燕之齊，可；甚者，與謀燕，可。期於成事而已。』臣恃之詔，是故無不以口齊王而得用焉。今王以衆口與造言罪臣，臣甚懼。王之於臣也，賤而貴之，蓐而顯之，臣未有以報王。以求卿與封，不中意，王爲臣有之兩，臣舉天下使臣之封不塹。臣止於勺（趙），王謂韓徐：『止某不道，道（猶）免寡人之冠也。』以振臣之死。臣之德王，罙（深）於骨髓，臣甘死、蓐，可以報王，願爲之。今王使慶令（命）臣曰：『魚欲用所善。』王苟有所善而欲用之，臣請爲王事之。王若欲剸舍臣而槫任所善，臣請歸擇事。句得時見，盈願矣。』

【繫年】

【補】此策文說辭見《戰國縱横家書》第四章。本策之說，只是《戰國縱横家書》中之一段，且前後文混淆。爲瞭解全貌，現將《戰國縱横家書》第四章抄録於後，以備參。

據《戰國縱横家書》第四章，知此策是在齊閔王十五年，蘇秦由趙返齊，阻止閔王封奉陽君以蒙邑，離齊、趙之交時事。當燕昭王二十六年、趙惠文王十三年。

陳翠合齊燕章

陳翠合齊、燕〔一〕，將令燕王之弟爲質於齊〔二〕，燕王許諾。太后聞之大怒曰：「陳公不能爲人之國，亦則已矣，焉有離人子母者，老婦欲得志焉〔三〕。」

〔一〕陳翠：燕臣。

〔二〕燕王之弟：燕王，當是燕昭王。燕王之弟，疑即燕昭王之弟襄安君。權之戰以後，襄安君曾爲質於齊。

〔三〕老婦欲得志焉：得志於陳翠，謂殺辱之以快意志。

陳翠欲見太后，王曰：「太后方怒子，子其待之。」陳翠曰：「無害也。」遂入見太后曰：「何臞也〔一〕？」太后曰：「賴得先王鴈鶩之餘食，不宜臞。臞者，憂公子之且爲質於齊也。」陳翠曰：「人主之愛子也，不如布衣之甚也。非徒不愛子也，又不愛丈夫子獨甚。」太后曰：「何也？」對曰：「太后嫁女諸侯，奉以千金，齎地百里〔二〕，以爲人之終也。今王願封公子，百官持職〔三〕，群臣效忠，曰：

『公子無功不當封。』今王之以公子爲質也，且以爲公子功而封之也。太后弗聽，臣是以知人主之不愛丈夫子獨甚也。且太后與王幸而在，故公子貴，太后千秋之後，王棄國家，而太子即位，公子賤於布衣。故非及太后與王封公子，則公子終身不封矣。」太后曰：「老婦不知長者之計。」乃命公子束車制衣爲行具〔四〕。

〔一〕臞：身體瘦，少肉。臞，同「癯」。

〔二〕齎：資送。

〔三〕持：守也。

〔四〕束車：猶約車。

【繫年】

此策當爲燕昭王使襄安君爲質於齊，結燕、齊之好，乃齊閔王十三年、燕昭王二十四年時事。【補】顧觀光隸此策於周慎靚王二年，早此近二十年，不知何據。

燕昭王且與天下伐齊章

燕昭王且與天下伐齊，而有齊人仕於燕者，昭王召而謂之曰：「寡人且與天下伐齊，旦暮出令矣。

子必争之，争之而不聽，子因去而之齊。寡人有時復合和也〔一〕，且以因子而事齊。」當此之時也，燕、齊不兩立，然而常獨欲有復收之之志若此也〔二〕。

〔一〕有時復合和也：合，和也。此文「和也」二字疑是「合」之舊注誤入正文。

〔二〕有復收之之志：收，猶合。不兩立，則不可復合，不能有合之之志。

【繫年】

此章爲燕昭王二十八年、齊閔王十七年事。燕昭王聯趙絶齊，聯秦以結合韓、魏，組織成五國伐齊之師。

燕饑趙將伐之章

燕饑，趙將伐之。楚使將軍之燕〔一〕，過魏，見趙恢〔二〕。趙恢曰：「使除患無至〔三〕，易於救患。伍子胥、宫之奇不用〔四〕，燭之武、張孟談受大賞〔五〕。是故謀者皆從事於除患之道，而先使除患無至者。今予以百金送公也，不如以言。公聽吾言而説趙王曰〔六〕：『昔者吴伐齊，爲其饑也，伐齊未必勝也，而弱越乘其弊以霸。今王之伐燕也，亦爲其饑也，伐之未必勝，而强秦將以兵承王之西，是使弱趙居强吴之處，而使强秦處弱越之所以霸也。願王之熟計之也。』」

〔一〕楚使將軍之燕：按此句當作「楚使者將之趙」爲是。「燕」字，因上文而誤。知「燕」字當爲「趙」者，下文「使者乃以説趙王」,「燕昭王聞之」等語,可知使者乃之趙,非之燕也。

〔二〕趙恢:蓋趙人之仕魏者。

〔三〕使除患無至:除之使患不至。

〔四〕伍子胥、宫之奇:伍子胥諫吴王夫差伐齊,以爲後有越患。吴王不聽,反使使賜伍子胥死。宫之奇諫虞公假道於晋以伐虢,虞公不聽,宫之奇以其族行。

〔五〕燭之武、張孟談:燭之武,春秋鄭大夫。魯僖公三十年,秦、晋圍鄭,鄭伯使燭之武説秦穆公退師。張孟談,趙襄子臣,以約韓康子、魏桓子,合謀滅智伯瑶。二人皆受封賞。

〔六〕趙王:當爲趙惠文王。

使者乃以説趙王,趙王大悦,乃止。燕昭王聞之,乃封之以地〔一〕。

〔一〕封之以地:燕封趙恢以地。

【繫年】

策文言以燕昭王,蓋燕昭王晚年事。從顧觀光附此策於燕昭王二十九年、趙惠文王十六年,當周赧王三十一年。

昌國君樂毅章

昌國君樂毅爲燕昭王合五國之兵而攻齊〔一〕，下七十餘城，盡郡縣之以屬燕。三城未下〔二〕，而燕昭王死。惠王即位，用齊人反間〔三〕，疑樂毅，而使騎劫代之將。樂毅奔趙，趙封以爲望諸君〔四〕。齊田單欺詐騎劫，卒敗燕軍，復收七十城以復齊。燕王悔，懼趙用樂毅承燕之弊以伐燕。燕王乃使人讓樂毅，且謝之曰：「先王舉國而委將軍，將軍爲燕破齊，報先王之讎，天下莫不振動，寡人豈敢一日而忘將軍之功哉！會先王棄群臣，寡人新即位，左右誤寡人。寡人之使騎劫代將軍者，爲將軍久暴露於外〔五〕，故召將軍且休計事。將軍過聽，以與寡人有隙〔六〕，遂捐燕而歸趙。將軍自爲計則可矣，而亦何以報先王之所以遇將軍之意乎？」

〔一〕昌國君樂毅爲燕昭王合五國之兵：昌國君，樂毅之封號。昌國城，在今山東淄博市淄川區東北四十里。五國，趙、韓、魏、秦、燕五國，無楚國。

〔二〕三城未下：三，當爲「二」。二城未攻下，即莒與即墨。

〔三〕用齊人反間：田單縱反間於燕曰，齊城不下者兩城耳，然所以不早拔者，以樂毅欲久仗兵威以服齊人，南面而王耳。

〔四〕趙封以爲望諸君：望諸，澤名，本齊地。樂毅自齊奔趙，趙人以此號之，本其所從來也。【補正】望諸，非澤名。《史》謂趙封毅於觀津，號望諸君。程恩澤云：「毅所封地在觀津，望諸持其號耳，非地也。似與望諸澤無涉。」范祥雍按：「趙境亦不得遠至齊、宋之交，且封爵皆以邑名，無以澤名者。望諸蓋即《漢志》中山國之望都縣，爲燕、趙接壤之所，故趙以之封樂毅，與青州澤藪無涉。」「諸」、「都」古讀音近，「諸」、「都」同部，「都」屬端紐，「諸」屬照紐。二字可通。

〔五〕暴：與「曝」同。日曬也。

〔六〕有隙：有間隙。隙，不合。

望諸君乃使人獻書報燕王曰：「臣不佞，不能奉承先王之教，以順左右之心，恐抵斧質之罪，以傷先王之明，而又害於足下之義，故遁逃奔趙。自負以不肖之罪，故不敢爲辭說。今王使使者數之罪，臣恐侍御者之不察先王之所以畜幸臣之理〔一〕，而又不白於臣之所以事先王之心〔二〕，故敢以書對。

〔一〕所以畜幸：畜，好也，寵也。幸，親愛之。

〔二〕白：猶明。

「臣聞賢聖之君，不以禄私其親，功多者授之。不以官隨其愛，能當之者處之。故察能而授官者，成功之君也；論行而結交者，立名之士也。臣以所學者觀之，先王之舉錯，有高世之心〔一〕，故假節於魏王〔二〕，而以身得察於燕。先王過舉，擢之乎賓客之中〔三〕，而立之乎群臣之上，不謀於父兄，而使臣爲亞卿〔四〕。臣自以爲奉令承教，可以幸無罪矣，故受命而不辭。先王命之曰：『我有積怨深怒於齊，不量輕弱，而欲以齊爲事。』臣對曰：『夫齊霸國之餘教也〔五〕，而驟勝之遺事也〔六〕，閑於兵甲〔七〕，習於戰攻。王若欲攻之，則必舉天下而圖之。舉天下而圖之，莫徑於結趙矣〔八〕。且又淮北、宋地，楚、魏之所同願也〔九〕，趙若許，約楚、魏、宋盡力，四國攻之，齊可大破也。』先王曰：『善。』臣乃口受令，具符節，南使臣於趙。顧反命〔一〇〕，起兵隨而攻齊。以天之道，先王之靈，河北之地，隨先王舉而有之於濟上〔一一〕。濟上之軍，奉令擊齊，大勝之。輕卒鋭兵，長驅至國〔一二〕。齊王逃遁走莒，僅以身免。珠玉財寶，車甲珍器，盡收入燕。大呂陳於元英〔一三〕，故鼎反於歷室〔一四〕，齊器設於寧臺〔一五〕，薊丘之植植於汶皇〔一六〕。自五伯以來，功未有及先王者也。先王以爲愜其志〔一七〕，以臣爲不頓命〔一八〕，故裂地而封之〔一九〕，使之得比乎小國諸侯。臣不佞，自以爲奉令承教，可以幸無罪矣，故受命而弗辭。

〔一〕高世之心：自高尊世上人主之心。高，超越。

〔二〕假節於魏王：節，信符。出關以信符傳之。《樂毅傳》云，毅爲魏昭王使燕。故云假節於魏王。

〔三〕擢之乎賓客之中：樂毅至燕，燕昭王以客禮待之。擢，提拔。

〔四〕亞：次也。

〔五〕齊霸國之餘教：「教」字《新序》作「業」。齊自桓公稱霸，國以强大。戰國田氏藉其餘業。

〔六〕驟勝：驟，數也。驟勝，數勝也。

〔七〕閑於兵甲：閑，習也。閑，同「嫻」，熟悉。兵甲，謂戰爭。

〔八〕莫徑於結趙：徑，近，直接。結，交好。

〔九〕淮北、宋地，楚、魏之所同願：楚欲得淮北，魏欲得宋地，此時二地皆屬齊。

〔一〇〕顧反命：顧，猶反。顧反者，還反也。

〔一一〕河北之地，隨先王舉而有之於濟上：河北之地，指黄河以北燕失於齊之土地。舉，拔。濟上，濟水之上。

〔一二〕國：錢本、《新序》作「齊」。《文選》之《東京賦》注、《爲曹洪與魏文帝書》注、《晋紀總論》注，引策文並作「齊」。作「齊」是也。作「國」者，後人據《史記·樂毅傳》改之也。

〔一三〕大吕陳於元英：大吕，齊之鐘律。元英，燕宫殿名。

〔一四〕故鼎反於歷室：故鼎，齊宣王伐燕時所得燕鼎，今由齊又歸於燕。歷室，亦燕宫名，在天津市薊州區西寧臺之下。

〔一五〕齊器設於寧臺：齊器，燕得齊之重器。寧臺，燕臺名。在天津市薊州區西四里。

〔一六〕薊丘之植植於汶皇：薊丘，燕都，今北京市。於，爲也。汶，汶水，出泰山萊蕪市東北原山，西南流，至兖州城西入泗水。皇，即「篁」之省。竹田曰篁。謂汶上之篁移植於薊丘之上。

〔一七〕愜：與「慊」同義。快也，滿意。

〔一八〕頓：猶墜。

〔一九〕故裂地而封之：封樂毅爲昌國君。

「臣聞賢明之君，功立而不廢，故著於《春秋》；蚤知之士〔一〕，名成而不毁，故稱於後世。若先王之報怨雪恥，夷萬乘之强國，收八百歲之蓄積〔二〕，及至棄群臣之日，餘令詔後嗣之遺義，執政任事之臣，所以能循法令，順庶孽者〔三〕，施及萌隸，皆可以教於後世。臣聞善作者，不必善成；善始者，不必善終。昔者伍子胥説聽乎闔閭〔四〕，故吴王遠迹至於郢〔五〕。夫差弗是也〔六〕，賜之鴟夷而浮之江〔七〕。故吴王夫差不悟先論之可以立功，故沈子胥而不悔。子胥不蚤見主之不同量，故入江而不改。夫免身全功，以明先王之迹者，臣之上計也。離毁辱之非〔八〕，墮先王之名者，臣之所大恐也。臨不測之罪，以幸爲利者，義之所不敢出也。臣聞古之君子，交絶不出惡聲〔九〕，忠臣之去也，不潔其名〔一〇〕。臣雖不佞，數奉教於君子矣。恐侍御者之親左右之説，而不察疏遠之行也。故敢以書報，唯君之留意焉！」

〔一〕蚤知：「蚤」與「早」同。早知，先見也。

〔二〕收八百歲之蓄積：謂齊從姜太公立國至樂毅下齊歷時八百年。蓄積，謂名器重寶。

〔三〕順庶孽：謂不亂嫡庶之分。

〔四〕闔閭：一作「闔廬」，名光，春秋末年吴國君。

〔五〕遠迹至於郢：言自吴至郢，其道里甚遠而行迹得至。吴王闔閭聽信伍子胥而用之。故能伐楚而入郢都。

〔六〕夫差弗是也：夫差，闔閭之子。不以子胥之言爲是。

〔七〕賜之鴟夷而浮之江：鴟夷，革囊。夫差怨子胥，故以革囊盛子胥之屍而投之江中。

〔八〕離：與「罹」通。遭遇。

〔九〕交絶不出惡聲：不説己長而談彼短。

〔一〇〕忠臣之去也，不潔其名：言忠臣離去本國，不毁其君以自潔白。

【繫年】

燕昭王三十三年死，燕惠王立，疑樂毅，而以騎劫代之，樂毅奔趙。後燕惠王責讓樂毅，故樂毅以書報之，事在燕惠王元年、趙惠文王十七年，當周赧王三十六年。【補正】燕惠王元年，據《中國歷史大事年表》、《中國歷史紀年表》，當周赧王三十七年、趙惠文王二十一年。

或獻書燕王章

或獻書燕王〔一〕：「王而不能自恃〔二〕，不惡卑名以事强〔三〕，事强可以令國安長久，萬世之善計。以事强而不可以爲萬世，則不如合弱。將奈何合弱而不能如一〔四〕，此臣之所爲山東苦也。比目之魚〔五〕，不相得則不能行，故古之人稱之，以其合兩而如一也。今山東合弱而不能如一，是山東之知不如魚也。又譬如車士之引車也。三人不能行，索二人，五人而車因行矣。今山東三國弱而不能敵秦〔六〕，索二國，因能勝秦矣。然而山東不知相索，智固不如車士矣。胡與越人，言語不相知，志意不相通，同舟而凌波，至其相救助如一也。今山東之相與也，如同舟而濟，秦之兵至，不能相救助如一，智又不如胡、越之人矣。三物者，人之所能爲也，山東之主遂不悟，此臣之所爲山東苦也。願大王之熟慮之也。

〔一〕燕王：燕昭王。

〔二〕王而不能自恃：言弱國如不能自恃。而，猶如。
〔三〕惡：即「恓」字，音「棲」。煩惱之貌。古隸爲「恶」，與「惡」同。
〔四〕將奈何合弱而不能如一：將，猶其。奈何，傷痛之詞。
〔五〕比目之魚：《爾雅》云：東方有比目魚，不比不行，謂之鰈。
〔六〕三國：韓、趙、魏。

「山東相合，之主者不卑名〔一〕，之國者可長存，之卒者出士以戍韓、梁之西邊〔二〕，此燕之上計也。不急爲此，國必危矣，主必大憂。今韓、梁、趙三國以合矣，秦見三晋之堅也，必南伐楚。趙見秦之伐楚也，必北攻燕。物固有勢異而患同者。秦久伐韓，故中山亡〔三〕；今久伐楚，燕必亡。臣竊爲王計。不如以兵南合三晋，約戍韓、梁之西邊。山東不能堅爲此，此必皆亡。」燕果以兵南合三晋也。

〔一〕之：此也。
〔二〕之卒者：之，猶其。卒，與「猝」同。
〔三〕秦久伐韓，故中山亡：趙滅中山，中山君奔齊，在趙武靈王二十六年。韓，中山之與國。是年秦伐韓，取穰。中山失韓助，故趙攻滅之。

【繫年】

鮑以此策爲燕王噲三年時事，吴師道以爲當是燕昭王時，顧觀光以此策與《魏策·秦伐魏章》、《魏策·陳軫合三晋而東章》爲同時事。在周赧王十六年，當燕昭王十三年。

客謂燕王曰章

客謂燕王曰〔一〕：「齊南破楚〔二〕，西屈秦〔三〕，用韓、魏之兵，燕、趙之衆，猶鞭筴也〔四〕。使齊北面伐燕，即雖五燕不能當。王何不陰出使，散游士，頓齊兵，弊其衆，使世世無患。」燕王曰：「假寡人五年，寡人得其志矣。」蘇子曰〔五〕：「請假王十年。」燕王説，奉蘇子車五十乘，南使於齊。

〔一〕客謂燕王：客，即蘇秦。燕王，燕昭王。

〔二〕齊南破楚：齊宣王末年，孟嘗君爲相，聯韓、魏攻楚三年。

〔三〕西屈秦：齊閔王十四年，齊與趙、魏、韓、燕五國攻秦，以禁秦强，秦請去帝號而請服。

〔四〕猶鞭筴：「筴」與「策」同，馬箠繫馬繩索。

〔五〕蘇子：即蘇秦。

謂齊王曰〔一〕：「齊南破楚，西屈秦，用韓、魏之兵，燕、趙之衆，猶鞭筴也。臣聞當世之舉王〔二〕，必誅暴正亂，舉無道，攻不義。今宋王射天笞地〔三〕，鑄諸侯之象，使侍屏匽〔四〕，展其臂，彈其鼻，此天下之無道不義，而王不伐，王名終不成。且夫宋，中國膏腴之地，鄰民之所處也〔五〕，與其得百里於燕，不如得十里於宋。伐之，名則義，實則利，王何爲弗爲？」齊王曰：「善。」遂興兵伐宋，三覆宋〔六〕，宋遂舉。

〔一〕齊王：齊閔王。

〔二〕當世之舉王：舉王，謂興起之王。王念孫云：「王」上不當有「舉」字。《御覽・人事部》引此無「舉」字。

〔三〕宋王射天笞地：宋王，宋王偃。《史記・宋世家》云：君偃十一年，自立爲王。盛血以韋囊，懸而射之，命曰射天。《通鑒》卷四云：宋王偃欲霸之亟成，故射天笞地斬社稷而焚滅之，以示威服鬼神。笞，擊也。

〔四〕鑄諸侯之象，使侍屏匽：秦昭王云：宋王無道，爲木人以象寡人，射其面。屏匽，路廁。設屏以遮人，故謂之屏匽。

〔五〕鄰民之所處：鄰，比近。齊民之比近宋者處之。

〔六〕三覆宋：此總述齊閔王前後三次伐宋，最後舉宋而滅之。

燕王聞之，絶交於齊，率天下之兵以伐齊，大戰一〔一〕，小戰再，頓齊國，成其名。故曰：因其强而强之，乃可折也；因其廣而廣之，乃可缺也。

〔一〕大戰一：謂濟西之戰。樂毅率五國師攻齊，齊閔王悉起國内兵而拒於濟上，一戰而齊軍大潰。

【繫年】

據《戰國縱横家書》，蘇秦説燕昭王謀齊，爲燕使齊，説齊閔王伐宋，在齊閔王七年、燕昭王十八年，當周赧王二十一年。

趙且伐燕章

趙且伐燕，蘇代爲燕謂惠王曰〔一〕：「今者臣來，過易水，蚌方出曝，而鷸啄其肉〔二〕，蚌合而拑其喙〔三〕。鷸曰：『今日不雨，明日不雨，即有死蚌〔四〕。』蚌亦謂鷸曰：『今日不出，明日不出，即有死鷸。』兩者不肯相舍，漁者得而并禽之〔五〕。今趙且伐燕，燕、趙久相支〔六〕，以弊大衆，臣恐强秦之爲漁父也。故願王之熟計之也。」惠王曰：「善。」乃止。

〔一〕惠王：趙惠文王。

〔二〕鷸：水鳥，知天將雨之鳥。

〔三〕拑其喙：拑，即「箝」字。喙，鳥嘴。

〔四〕即有死蚌：《藝文類聚》卷二五、《太平御覽》卷四五六引此文並作「蚌將爲脯」。諸書所引無作「即有死蚌」者。當據以訂正。

〔五〕禽：與「擒」同。

〔六〕燕、趙久相支：《藝文類聚》引此作「燕、趙互相交兵」。相支，相抗拒。

【繫年】

此策時不可考。從顧觀光附於燕昭王二十九年、趙惠文王十六年，當周赧王三十二年。

齊魏争燕章

齊、魏争燕。齊謂燕王曰：「吾得趙矣。」魏亦謂燕王曰：「吾得趙矣。」燕無以決之，而未有適予也〔一〕。蘇子謂燕相曰〔二〕：「臣聞辭卑而幣重者，失天下者也；辭倨而幣薄者〔三〕，得天下者也。今魏之辭倨而幣薄。」燕因合於魏，得趙，齊遂北矣〔四〕。

〔一〕未有適予：適，音「地」，專，主。言未知所從。

〔二〕蘇子：曾本作「蘇子」。鮑本、一本作「蘇代」。

〔三〕辭倨：辭，言辭。倨，傲慢。

〔四〕齊遂北矣：北，敗。謂五國伐齊，敗之濟西。

【繫年】

此策乃燕昭王二十八年，結趙、魏，絕齊，五國攻齊以前事。在魏昭王十二年、趙惠文王十五年，當周赧王三十一年。

戰國策卷三十一

燕三

齊韓魏共攻燕章

齊、韓、魏共攻燕，燕使太子請救於楚。楚王使景陽將而救之〔一〕。暮舍，使左右司馬各營壁地〔二〕，已，稙表〔三〕。景陽怒曰：「女所營者，水皆至滅表〔四〕。此焉可以舍！」乃令徙。明日大雨，山水大出，所營者，水皆滅表。軍吏乃服。於是遂不救燕，而攻魏雝丘〔五〕。取之以與宋，三國懼，乃罷兵。魏軍其西〔六〕，齊軍其東，楚軍欲還不可得也。景陽乃開西和門〔七〕，晝以車騎，暮以燭見，通使於魏。齊師怪之，以爲燕、楚與魏謀之，乃引兵而去。齊兵已去，魏失其與國，無與共擊楚，乃夜遁。楚師乃還。

〔一〕景陽：楚將。《淮南子·汜論訓》云：景陽飲，被髮而御於婦人，威服諸侯。

〔二〕營壁地：擇地作軍壘。壁，軍壘。

〔三〕稙表：稙，與「植」通。表，營表，標識其部別。

〔四〕水皆至滅表：滅，淹没。謂其營地之勢低。

〔五〕雝丘：雝，與「雍」同。雍丘，今河南杞縣。

〔六〕軍：謂軍隊駐扎。

〔七〕西和門：按《周禮·大司馬》，以旌爲左右和之門。軍門曰和，立兩旌以爲之。漢謂之壘門。

【繫年】

策文言「攻魏雝丘，取之以與宋」，時宋尚存。宋之滅亡在燕昭王二十七年、齊閔王十六年。此策應繫於宋滅亡前。故附於燕昭王二十六年，當周赧王二十九年。【補正】宋滅亡於燕昭王二十六年，當周赧王二十九年。如繫於宋亡之前一年，當爲燕昭王二十五年、周赧王二十八年。鮑本此文在《楚策》頃襄王下。

張丑爲質於燕章

張丑爲質於燕〔一〕，燕王欲殺之〔二〕，走且出境，境吏得丑。丑曰：「燕王所爲將殺我者，人有言我有寶珠也，王欲得之。今我已亡之矣，而燕王不我信。今子且致我，我且言子之奪我珠而吞之，燕王必當殺子，刳子腹及子之腸矣〔三〕。夫欲得之君，不可説以利。吾要且死，子腸亦且寸絶。」境吏恐而赦之〔四〕。

〔一〕張丑：齊臣。見齊、韓、魏、中山等策。

〔二〕燕王：當是燕昭王。

〔三〕刳：剖開。

〔四〕赦：《藝文類聚》卷八四引「赦」作「放」。

【繫年】

張丑生世，與田嬰、張儀相涉。然此策時不可考。從顧觀光附於燕昭王二十六年、齊閔王十五年。

燕王喜使栗腹章

燕王喜使栗腹以百金爲趙孝成王壽〔一〕，酒三日〔二〕，反報曰：「趙民其壯者皆死於長平〔三〕，其孤未壯，可伐也。」王乃召昌國君樂間而問曰〔四〕：「何如？」對曰：「趙四達之國也〔五〕，其民皆習於兵，未可與戰。」王曰：「吾以倍攻之，可乎？」曰：「不可。」曰：「以三，可乎？」曰：「不可。」王大怒。左右皆以爲趙可伐，遽起六十萬以攻趙。令栗腹以四十萬攻鄗〔六〕，使慶秦以二十萬攻代〔七〕。趙使廉頗以八萬遇栗腹於鄗，使樂乘以五萬遇慶秦於代。燕人大敗。樂間入趙。

〔一〕燕王喜使栗腹以百金爲趙孝成王壽：燕王喜，燕孝王之子。栗腹，燕臣。壽，祝壽。

〔二〕酒三日：趙孝成王受而待之以禮，觴之三日。

〔三〕趙民其壯者皆死於長平：秦、趙長平之戰，白起坑殺趙降卒四十萬。故云，壯者皆死於長平。

〔四〕昌國君樂間：樂毅奔趙，燕王復以其子樂間爲昌國君。

〔五〕趙四達之國：趙東與齊鄰，南與韓、魏鄰，西接秦，北連胡貊，故曰四達。

〔六〕鄗：戰國趙邑。故城在今河北柏鄉縣北。

〔七〕代：古國名，爲趙襄子所滅。故址在今河北蔚縣。

燕王以書且謝焉，曰：「寡人不佞，不能奉順君意，故君捐國而去，則寡人之不肖明矣。敢端其願〔一〕，而君不肯聽，故使使者陳愚意，君試論之。語曰：『仁不輕絶，智不輕怨。』君之於先王也，世之所明知也。寡人望有非則君掩蓋之〔二〕，不虞君之明罪之也〔三〕。望有過則君教誨之，不虞君之明罪之也。且寡人之罪，國人莫不知，天下莫不聞，君微出明怨以棄寡人〔四〕，寡人必有罪矣。雖然，恐君之未盡厚也。諺曰：『厚者不毁人以自益也，仁者不危人以要名。』以故掩人之邪者，厚人之行也；救人之過者，仁者之道也。世有掩寡人之邪，救寡人之過，非君心所望之〔五〕？今君厚受位於先王以成尊，輕棄寡人以快心，則掩邪救過，難得於君矣。且世有薄於故厚施〔六〕，行有失而故惠用〔七〕。今使寡人任不肖之罪，而君有失厚之累，於爲君擇之也，無所取之。國之有封疆，猶家之有垣牆，所以合好掩惡也。室不能相和，出語鄰家，未爲通計也。怨惡未見而明棄之，未盡厚也。寡人雖不肖乎，未如殷紂之亂也；君雖不得意乎，未如商容、箕子之累也〔八〕。然則不内蓋寡人，而明怨於外，恐其適足以傷於高而薄於行也，非然也。苟可以明君之義，成君之高，雖任惡名，不難受也。本欲以爲明寡人之薄，而君不得厚；揚寡人之辱，而君不得榮，此一舉而兩失也。義者不虧人以自益，況傷人以自損乎！願君無以寡人不肖，累往事之美。昔者柳下惠吏於魯，三黜而不去〔九〕。或謂之曰：『可以去。』柳下惠曰：『苟與人之異，惡往而不黜乎？猶且黜乎，寧於故國爾。』柳下惠不以三黜自累，故前業不忘；不以去爲心，故遠近無議。今寡人之罪，國人未知，而議寡人者遍天下。語曰：『論不脩心〔一〇〕，議不累物，仁不輕絶，智不簡功〔一一〕。』棄大功者，輟也〔一二〕；輕絶厚利者，怨也。輟而棄之，怨而累之，宜在遠者〔一三〕，不望之乎君也。今以寡人無罪，君豈怨之乎？願君捐怨，追惟先王，復以教寡人！意君曰，余且慝心以成其過〔一四〕，不顧先王以明而惡，使寡人進不得脩功，退不得改過，君之所揣也〔一五〕，唯君圖之！此寡人之愚意也。敬以書謁之。」樂間、樂乘怨不用其計〔一六〕，二人卒留趙不報〔一七〕。

〔一〕敢端其願：端，正也。願復用之。

〔二〕望有非則君掩蓋之：望，希望。掩蓋，覆蔽之意。

〔三〕虞：猶圖。考慮。

〔四〕君微出明怨：微，不明。微出，謂隱行。

〔五〕非君心所望之：心，《新序·雜事》作「惡」是也。惡，何也。言非君何所望之。

〔六〕且世有薄於故厚施：於，鮑本作「而」義順。世雖薄我，我反厚施。
〔七〕行有失而故惠用：有過當棄，反惠愛任用之。
〔八〕未如商容、箕子之累：商容，商朝典樂之官，知禮容，商之賢人。箕子，紂之叔父，佯狂爲奴，紂囚之。累，辱。
〔九〕柳下惠吏於魯，三黜而不去：柳下惠，春秋時魯之公族。姓展名禽，封於柳下，謚惠。黜，貶退。《論語·微子》：「柳子惠爲士師，三黜。人曰：『子未可以去乎？』曰：『直道而事人，焉往而不三黜？枉道而事人，何必去父母之邦？』」
〔一〇〕論不脩心：脩，飾也。謂由衷之言，不加脩飾也。
〔一一〕簡：猶棄。
〔一二〕輟：止也。
〔一三〕宜在遠者：疏遠之臣可爾。
〔一四〕慝心以成其過：慝，當作「愿」，形似而訛也。愿，快意。即待之以不善之心。
〔一五〕君之所揣：王念孫云：揣者，剬之訛。剬者，制之訛。《新序·雜事》作「此君所制」。
〔一六〕樂乘：二字衍文。樂乘爲趙將，而未之趙。
〔一七〕二人：亦衍文。

【繫年】
《史記·燕世家》敘此事於燕王喜四年，《趙世家》敘此事於趙孝成王十五年，當秦孝文王四年。【正】燕王喜四年，當趙孝成王十五年、秦昭王五十六年。秦孝文王於第二年即位，後三日而死，子莊襄王立。孝文何有四年哉？

秦并趙北向迎燕章

秦并趙，北向迎燕〔一〕。燕王聞之〔二〕，使人賀秦王〔三〕。使者過趙，趙王繫之〔四〕。使者曰：「秦、趙爲一，而天下服矣。兹之所以受命於趙者〔五〕，爲秦也。今臣使秦，而趙繫之，是秦、趙有郄〔六〕。秦、趙有郄，天下必不服，而燕不受命矣。且臣之使秦，無妨於趙之伐燕也。」趙王以爲然而遣之。

〔一〕秦并趙，北向迎燕：并，合。迎，以兵迎之。言秦、趙合一，北向燕臨之以兵。

〔二〕燕王：燕王喜。

〔三〕秦王：秦始皇。

〔四〕趙王：趙悼襄王。

〔五〕兹：鮑本改「兹」爲「燕」。作「燕」是也。

〔六〕郄：與「郤」、「隙」通。一本作「郤」。鮑本作「隙」。

使者見秦王曰：「燕王竊聞秦并趙，燕王使使者賀千金。」秦王曰：「夫燕無道，吾使趙有之，子何賀？」使者曰：「臣聞全趙之時，南鄰爲秦，北下曲陽爲燕〔一〕，趙廣三百里，而與秦相距五十餘年矣，所以不能反勝秦者，國小而地無所取。今王使趙北并燕，燕、趙同力，必不復受於秦矣〔二〕。臣切爲王患之。」秦王以爲然，起兵而救燕。

〔一〕曲陽：戰國時趙地。因在太行山曲之南，故名曲陽。故址在今河北曲陽縣西。

〔二〕必不復受於秦矣：「受」下鮑補「命」字。審文義當有「命」字。

【繫年】

《史記·趙世家》趙悼襄王九年，趙攻燕，取狸、陽城。兵未罷，秦攻趙之鄴，拔之，策文所謂起兵救燕也。事在燕王喜十九年，當秦始皇十一年。

燕太子丹質於秦章

燕太子丹質於秦〔一〕，亡歸。見秦且滅六國，兵以臨易水〔二〕，恐其禍至，太子丹患之，謂其太傅鞫武曰〔三〕：「燕、秦不兩立，願太傅幸而圖之。」武對曰：「秦地遍天下，威脅韓、魏、趙氏，則易水以北，未有所定也。奈何以見陵之怨〔四〕，欲排其逆鱗哉〔五〕？」太子曰：「然則何由？」太傅曰：「請入，圖之〔六〕。」

〔一〕燕太子丹：燕王喜之子。故嘗質於趙，而秦王政生於趙，其少與燕太子丹相好。及立爲秦王，而燕太子丹質於秦。秦王遇燕太子丹不善，故太子丹怨秦王而亡歸。

〔二〕兵以臨易水：兵，秦攻燕之兵。以，與「已」同。鮑本作「已」。易水，燕之西界。

〔三〕太傅鞫武：太傅，輔弼君主之官。鞫，鮑本、《史記》作「鞠」，爲是。鞠武，太子丹之傅。

〔四〕見陵之怨：見陵，被侵侮。謂太子丹質於秦，秦王待之不善。

〔五〕排其逆鱗：排，鮑本、一本、《史記》作「批」。曾本、劉本作「排」。排，推擊。《韓非子·説難》：龍可柔馴而騎，然喉下有逆鱗徑尺，人有攖之者，則必殺人，人主亦有。

〔六〕請入，圖之：請太子入，圖謀此事。

居之有間，樊將軍亡秦之燕〔一〕，太子容之〔二〕。太傅鞫武諫曰：「不可。夫秦王之暴〔三〕，而積怨於燕，足爲寒心〔四〕，又況聞樊將軍之在乎！是以委肉當餓虎之蹊〔五〕，禍必不振矣〔六〕。雖有管、晏，不能爲謀〔七〕。願太子急遣樊將軍入匈奴以滅口〔八〕。請西約三晉，南連齊、楚，北講於單于〔九〕，然後乃可圖也。」太子丹曰：「太傅之計，曠日彌久，心惛然如不能須臾〔一〇〕。且非獨於此也。夫樊將軍困窮於天下，歸身於丹，丹終不迫於强秦，而棄所哀憐之交置之匈奴，是丹命固卒之時也〔一一〕。願太傅更慮之。」鞫武曰：「燕有田光先生者，其智深，其勇沉，可與之謀也。」太子曰：「願因太傅交於田先生，可乎？」鞫武曰：「敬諾。」出見田光，道太子曰：「願圖國事於先生。」田光曰：「敬奉教。」乃造焉。

〔一〕樊將軍亡秦之燕：樊將軍，秦將，名於期，因得罪秦王而亡之燕。

〔二〕容：鮑本作「客」，《史記》作「舍」。

〔三〕秦王：秦始皇。

〔四〕積怨於燕，足爲寒心：積怨，謂怨太子之亡歸。寒心，言可怕、恐懼。

〔五〕蹊：徑也。

〔六〕振：救也。

〔七〕雖有管、晏，不能爲謀：管，管仲，春秋齊桓公相。晏，晏嬰，春秋齊莊公、景公相。「爲」下，鮑本、《史記》有「之」字。

〔八〕遺樊將軍入匈奴：匈奴，古族名。戰國時居於燕、趙之北邊，以遊牧爲生。

〔九〕單于：匈奴之王稱「單于」。

〔一〇〕惛然如不能須臾：惛，思想不清。不能須臾，急不可等待。

〔一一〕是丹命固卒之時：卒，死。命止於此。

太子跪而逢迎，却行爲道〔一〕，跪而拂席。田先生坐定，左右無人，太子避席而請曰：「燕、秦不兩立，願先生留意也。」田光曰：「臣聞騏驥盛壯之時，一日而馳千里。至其衰也，駑馬先之。今太子聞光壯盛之時，不知吾精已消亡矣。雖然，光不敢以乏國事也〔二〕。所善荆軻〔三〕，可使也。」太子曰：「願因先生得交於荆軻〔四〕，可乎？」田光曰：「敬諾。」即起，趨出。太子送之至門，曰：「丹所報，先生所言者，國大事也，願先生勿泄也。」田光俛而笑曰：「諾。」

〔一〕却行爲道：却，後退。道，與「導」通，引導。

〔二〕不敢以乏國事：乏，缺少。無人可謀國事，謂之乏。謂不使太子所謀之事，缺而不管。

〔三〕荆軻：衛人，字次非，好讀書擊劍。衛人謂之慶卿；之燕，燕人謂之荆卿。

〔四〕願因先生得交於荆軻：鮑衍「願」字。得交於，《史記》作「結交於」。

僂行見荆軻〔一〕，曰：「光與子相善，燕國莫不知。今太子聞光壯盛之時，不知吾形已不逮也，幸而教之曰：『燕、秦不兩立，願先生留意也。』光竊不自外〔二〕，言足下於太子，願足下過太子於宫。」荆軻曰：「謹奉教。」田光曰：「光聞長者之行，不使人疑之，今太子約光曰：『所言者，國之大事也，願先生勿泄也。』是太子疑光也。夫爲行使人疑之，非節俠士也〔三〕。」欲自殺以激荆軻〔四〕，曰：「願足下急過太子，言光已死，明不言也。」遂自剄而死。軻見太子，言田光已死，明不言也。太子再拜而跪，膝行流涕〔五〕，有頃而後言曰：「丹所請田先生無言者，欲以成大事之謀，今田先生以死明不泄言，豈丹之心哉？」荆軻坐定，太子避席頓首曰：「田先生不知丹不肖，使得至前，願有所道，此天所以哀燕不棄其孤也。今秦有貪饕之心，而欲不可足也。非盡天下之地，臣海内之王者，其意不饜。今秦已虜韓王〔六〕，盡納其地，又舉兵南伐楚，北臨趙。王翦將數十萬之衆臨漳、鄴〔七〕，而李信出太原、雲中〔八〕。趙不能支秦，必入臣。入臣，則禍至燕。燕小弱，數困於兵，今計舉國不足以當秦。諸侯服秦，莫敢合從。丹之私計，愚以爲誠得天下之勇士，使於秦，窺以重利〔九〕，秦王貪其贄，必得所願矣。

誠得劫秦王，使悉反諸侯之侵地，若曹沫之與齊桓公〔一〇〕，則大善矣。則不可，因而刺殺之。彼大將擅兵於外，而内有大亂，則君臣相疑。以其間諸侯得合從〔一一〕，其償破秦必矣〔一二〕。此丹之上願，而不知所以委命〔一三〕，唯荆卿留意焉。」久之，荆軻曰：「此國之大事，臣駑下，恐不足任使。」太子前頓首，固請無讓。然後許諾。於是尊荆軻爲上卿，舍上舍，太子日日造問，供太牢異物〔一四〕，間進車騎美女，恣荆軻所欲，以順適其意。

〔一〕僂行：致敬貌。

〔二〕竊不自外：不自疏外太子。

〔三〕節俠士：節，守節義。立氣勢，作威福，結私交，以立强於世者謂俠。

〔四〕欲自殺以激荆軻：欲勵勉荆軻，使之爲國事而死。

〔五〕膝行流涕：姚本作「膝下行」。王念孫云：「膝行」二字之間，不當有「下」字。《文選·四子講德論》注引策文無「下」字，《史記·刺客列傳》亦無。故删去。

〔六〕今秦已虜韓王：秦始皇十七年滅韓，虜韓王安。

〔七〕王翦：秦將軍，頻陽東鄉人，秦始皇師之，稱曰王將軍。

〔八〕李信：秦將軍，隴西成紀人。

〔九〕窺以重利：窺，《史記》作「闚」，視也。示之以利，使有所欲。

〔一〇〕曹沫之與齊桓公：曹沫，魯人，即曹劌。爲魯將。與齊戰，三敗北，魯獻遂邑之地於齊。齊桓公與魯莊公會於柯，曹沫執匕首劫齊桓公於壇上，使返魯之侵地。

〔一一〕以其間諸侯得合從：姚本重出「諸侯」二字，蓋衍文。鮑本、《史記》不重。今删去。

〔一二〕其償破秦：鮑本無「破」字，《史記》無「償」字。此當是策文作「償」，《史記》作「破」，因兩存也。

〔一三〕不知所以委命：委命，委棄性命。猶言不知死爲何。

〔一四〕供太牢異物：「異」上鮑本、《史記》皆有「具」字，爲是，當據以補。《禮》云：牛、羊、豕三牲具爲太牢。

久之，荆卿未有行意。秦將王翦破趙，虜趙王〔一〕，盡收其地，進兵北略地〔二〕，至燕南界。太子丹恐懼，乃請荆卿曰：「秦兵旦暮渡易水，則雖欲長侍足下，豈可得哉？」荆卿曰：「微太子言，臣願得謁之。今行而無信，則秦未可親也。夫今樊將軍，秦王購之金千斤〔三〕，邑萬家。誠能得樊將軍首，與燕督亢之地圖獻秦王〔四〕，秦王必説見臣，臣乃得有以報太子。」太子曰：「樊將軍以窮困來歸丹，丹不忍以己之私，而傷長者之意，願足下更慮之。」荆軻知太子不忍，乃遂私見樊於期曰：「秦之遇將軍，可謂深矣。父母宗族，皆爲戮没。今聞購將軍之首，金千斤，邑萬家，將奈何？」樊將軍仰天太息流涕曰：「吾每念，常痛於骨髓，顧計不知所出耳。」軻曰：「今有一言，可以解燕國之患，而報將軍之仇者，何如？」樊於期乃前曰：「爲之奈何？」荆軻曰：「願得將軍之首以獻秦，秦王必喜而善見臣，臣左手把其袖，而右手揕抗其胸〔五〕，然則將軍之仇報，而燕國見陵之恥除矣。將軍豈有意乎？」樊於期偏袒扼腕而進曰：「此臣日夜切齒拊心也〔六〕。乃今得聞教。」遂自剄。太子聞之，馳往，伏屍而哭，極哀。既已，無可奈何，乃遂收盛樊於期之首，函封之。

〔一〕虜趙王：秦始皇十九年，秦破趙，虜趙遷。

〔二〕略：奪取。

〔三〕秦王購之金千斤：曾本、錢本作「秦王懸金千斤」。

〔四〕督亢之地圖：督亢，地名。在今河北涿州市東，有督亢亭、督亢陂。蓋欲獻之，故畫圖。【補正】督亢，舊注均言河北涿州市督亢亭一帶之地圖籍。《路史·舜紀》云：歷陽之耕侵畔，乃往耕焉，田夫推畔争，以督亢授。此「督亢」乃疆界之意。諸祖耿注引黄生曰：「（督亢）注以爲地名，非也。地圖當盡全燕，豈得僅獻一處？蓋此時秦已有天下大半，非僅前時割地以講之比，故若爲舉版圖以内附者。督亢猶言首尾。人身督脈在尾閭穴，亢爲咽喉，故首尾謂之督亢，言盡燕地之所至爲圖也。」此解當是。

〔五〕右手揕抗其胸：抗，乃「抌」字之訛。徐廣曰：一作「抌」。「抌」與「椹」同字，《史記》作「揕」。此衍「椹」字。當作「右手揕其胸」。揕，刺也。

〔六〕切齒拊心：切齒，齒相磨切，奮怒之意。拊，捶擊。

於是，太子預求天下之利匕首，得趙人徐夫人之匕首，取之百金，使工以藥淬之〔一〕，以試人，血濡縷〔二〕，人無不立死者。乃爲裝〔三〕，遣荆軻。燕國有勇士秦武陽，年十二〔四〕，殺人，人不敢與忤視〔五〕，乃令秦武陽爲副。荆軻有所待，欲與俱，其人居遠未來，而爲留待。頃之未發，太子遲之，疑其有改悔。乃復請之曰：「日以盡矣，荆卿豈無意哉？丹請先遣秦武陽。」荆軻怒，叱太子曰：「今日往而不反者，豎子也！今提一匕首入不測之强秦，僕所以留者，待吾客與俱。今太子遲之，請辭決矣！」遂發。太子及賓客知其事者，皆白衣冠以送之。至易水上，既祖，取道〔六〕。高漸離擊筑〔七〕，荆軻和而歌，爲變徵之聲〔八〕，士皆垂淚涕泣。又前而爲歌曰：「風蕭蕭兮易水寒，壯士一去兮不復還！」復爲忼慨羽聲〔九〕，士皆瞋目，髮盡上指冠。於是荆軻遂就車而去，終已不顧。

〔一〕以藥淬之：謂以毒藥染劍鍔，燒劍入藥水中以淬之。

〔二〕血濡縷：謂血出如絲縷，言匕首之利也。

〔三〕乃爲裝：治行具。

〔四〕十二：鮑本、《史記》俱作「十三」。

〔五〕人不敢與忤視：忤，逆也。不敢逆視，言人畏之甚也。

〔六〕既祖，取道：祖，行祭。謂與荆軻餞行上道。

〔七〕高漸離擊筑：高漸離，荆軻之友，隱於屠狗之所。筑，似琴而大頭，設弦，以竹擊之。

〔八〕變徵之聲：《律吕本考》云：五聲，宫與商，商與角，角與徵，相去各一律。至角與徵，羽與宫相去乃二律。相去一律，則音節和，相去二律，則音節遠。故角、徵之間，近徵收一聲，比徵少下，謂之變徵，變徵蓋悲調。

〔九〕忼慨羽聲：忼慨，壯不得志也。羽聲，其調忼慨。

既至秦，持千金之資幣物，厚遺秦王寵臣中庶子蒙嘉〔一〕。嘉爲先言於秦王曰：「燕王誠振畏慕大王之威〔二〕，不敢興兵以拒大王〔三〕，願舉國爲内臣，比諸侯之列，給貢職如郡縣，而得奉守先王之宗廟。恐懼不敢自陳，謹斬樊於期頭，及獻燕之督亢之地圖，函封，燕王拜送於庭，使使以聞大王。唯大王命之。」秦王聞之，大喜。乃朝服，設九賓〔四〕，見燕使者咸陽宫。荆軻奉樊於期頭函，而秦武陽奉地圖匣，以次進至陛下〔五〕。秦武陽色變振恐，群臣怪之，荆軻顧笑武陽，前爲謝曰：「北蠻夷之鄙人，未嘗見天子，故振慴〔六〕，願大王少假借之，使畢使於前。」秦王謂軻曰：「起，取武陽所持圖。」軻既取圖奉之。發圖，圖窮而匕首見。因左手把秦王之袖，而右手持匕首揕抗之〔七〕。未至身，秦王驚，自引而起，絶袖。拔劍，劍長，摻其室〔八〕。時怨急〔九〕，劍堅，故不可立拔。荆軻逐秦王，秦王還柱而走。群臣驚愕，卒起不意，盡失其度。而秦法，群臣侍殿上者，不得持尺兵。諸郎中執兵〔一〇〕，皆陳殿下，非有詔不得上。方急時，不及召下兵，以故荆軻逐秦王，而卒惶急無以擊軻，而乃以手共搏之〔一一〕。是時侍醫夏無且，以其所奉藥囊提軻〔一二〕。秦王方還柱走，而卒惶急不知所爲，左右乃曰：「王負劍！王負劍！」遂拔以擊荆軻，斷其左股。荆軻廢，乃引其匕首提秦王，不中，中柱。秦王復擊軻，被八創。軻自知事不就，倚柱而笑，箕踞以罵曰〔一三〕：「事所以不成者，乃欲以生劫之，必得約契以報太子也。」左右既前斬荆軻，秦王目眩良久。而論功賞群臣及當坐者〔一四〕，各有差。而賜夏無且黄金二百鎰，曰：「無且愛我，乃以藥囊提軻也。」

〔一〕中庶子蒙嘉：中庶子，侍從之臣。蒙嘉，蒙恬之弟。

〔二〕振：與「震」同，恐懼。

〔三〕以拒大王：鮑本、《史記》作「以逆軍吏」。

〔四〕設九賓：賓，儐也。儐九人立於廷，以禮接使者。《周禮》大行人以九儀掌賓客之禮。

〔五〕陛：殿階。

〔六〕振慴：振，與「震」同。慴，亦懼也。

〔七〕抗：鮑本、《史記》無。當删去。

〔八〕摻其室：摻，攬。室，謂劍鞘。

〔九〕怨：疑誤，曾本作「恐」。鮑本、《史記》作「惶」。「恐」、「惶」義近。作「怨」非。

〔一〇〕諸郎中執兵：郎中，宿衛之官。執兵，持兵器以衛。

〔一一〕搏：擊也。

〔一二〕提：擲，捶擊。

〔一三〕箕踞：箕，展兩腿如箕。踞，坐。

〔一四〕及當坐者：坐，坐罪。當，值。

於是，秦大怒燕，益發兵詣趙，詔王翦軍以伐燕。十月而拔燕薊城〔一〕。燕王喜、太子丹等，皆率其精兵東保於遼東。秦將李信追擊燕王，王急，用代王嘉計〔二〕，殺太子丹，欲獻之秦。秦復進兵攻之。五歲而卒滅燕國〔三〕，而虜燕王喜。秦兼天下。其後，荆軻客高漸離以擊筑見秦皇帝〔四〕，而以筑擊秦皇帝，爲燕報仇，不中而死。

〔一〕十月而拔燕薊城：秦始皇二十一年，乃益發卒詣王翦軍，遂破燕太子軍，取燕薊城。薊城，燕都，今北京市。
〔二〕用代王嘉計：秦始皇十九年，秦滅趙，虜趙王遷，趙公子嘉率其宗數百人之代，自立爲代王，東與燕合兵。
〔三〕五歲而卒滅燕國：荆軻刺秦王，在秦始皇二十年，二十五年秦使王賁攻燕遼東，虜燕王喜，滅燕國。
〔四〕高漸離以擊筑見秦皇帝：秦始皇二十六年，秦並天下，立爲皇帝。高漸離變名姓爲人庸保，匿作於宋子。以善擊筑聞於秦始皇。始皇召見，使擊筑，未嘗不稱善。高漸離以鉛置筑中，以擊秦始皇，不中，被誅。《史記・刺客列傳》有傳。

【繫年】

《史記》敘荆軻入秦刺秦王事在秦始皇十九年、燕王喜二十七年。【補】策文後記有秦始皇十九年後之事，疑乃後人整理策文追記之語，多採自《史記・刺客列傳》。

戰國策卷三十二

宋衛

齊攻宋宋使臧子章

齊攻宋〔一〕，宋使臧子索救於荆〔二〕。荆王大説〔三〕，許救甚勸〔四〕。臧子憂而反。其御曰：「索救而得，有憂色何也？」臧子曰：「宋小而齊大。夫救於小宋而惡於大齊，此王之所憂也〔五〕，而荆王説甚，必以堅我。我堅而齊弊，荆之利也。」臧子乃歸。齊王果攻，拔宋五城，而荆王不至。

〔一〕齊攻宋：此齊閔王攻宋。

〔二〕宋使臧子索救於荆：《韓非子·説林上》作「宋使臧孫子南求救於荆」。索，求。荆，楚。

〔三〕荆王：楚頃襄王。【正】鮑注爲楚威王，誤。

〔四〕勸：力也。同「歡」。

〔五〕此王之所憂：王念孫云：王，當作「人」，今作「王」者，《戰國策》「人」字或作「𡈼」，因訛而爲「王」。《韓非子・説林上》作「人」是其證。

【繫年】

此章蓋齊閔王攻宋時事。當繫於齊閔王八年、周赧王二十二年。

公輸般爲楚設機章

公輸般爲楚設機〔一〕，將以攻宋。墨子聞之〔二〕，百舍重繭〔三〕，往見公輸般，謂之曰：「吾自宋聞子〔四〕，吾欲藉子殺王〔五〕。」公輸般曰：「吾義固不殺王〔六〕。」墨子曰：「聞公爲雲梯〔七〕，將以攻宋。宋何罪之有？義不殺王而攻國〔八〕，是不殺少而殺衆。敢問攻宋何義也？」公輸般服焉，請見之王〔九〕。

〔一〕公輸般爲楚設機：般，亦作「盤」，或作「班」。「機」下當有「械」字。公輸，魯般之號，名般。魯之巧人，或以爲魯昭公子，故稱公輸子。機械，雲梯之屬。《史記索隱》云：械者，飛梯、撞車、飛石、車弩之具。

〔二〕墨子：姓墨名翟，魯人，宋之大夫。春秋戰國之際思想家。主張兼愛、尚賢、非攻。

〔三〕百舍重繭：百舍，百里一舍。舍，止也。重繭，累胝也。謂足胝起如繭。

〔四〕吾自宋聞子：聞，聞其善。子，謂公輸般。

〔五〕殺王：吴師道云：三「殺王」，一本並作「殺生」。「生」乃唐武后造之「人」字。當改「王」爲「人」。

〔六〕吾義固不殺王：王，當作「人」。《墨子·公輸》作「吾義固不殺人」，可證。

〔七〕聞公爲雲梯：高注：梯長而高，上至於雲，故曰雲梯也。

〔八〕王：亦當爲「人」。

〔九〕請見之王：見於楚王。

墨子見楚王曰〔一〕：「今有人於此，舍其文軒〔二〕，鄰有弊輿而欲竊之；舍其錦繡，鄰有短褐而欲竊之〔三〕；舍其粱肉，鄰有糟糠而欲竊之。此爲何若人也？」王曰：「必爲有竊疾矣。」墨子曰：「荆之地方五千里，宋方五百里，此猶文軒之於弊輿也。荆有雲夢，犀兕麋鹿盈之，江、漢魚鱉黿鼉爲天下饒，宋所謂無雉兔鮒魚者也〔四〕，此猶粱肉之與糟糠也。荆有長松、文梓、楩、柟、豫樟，宋無長木，此猶錦繡之與短褐也。惡以王吏之攻宋〔五〕，爲與此同類也。」王曰：「善哉！請無攻宋。」

〔一〕楚王：據孫詒讓《墨子傳略》，當爲楚惠王。【補】「王曰：『善哉！』」之前，據《墨子·公輸》尚有一大段文字：「雖然，公輸盤爲我爲雲梯，必取宋。於是見公輸盤。子墨子解帶爲城，公輸盤九設攻城之機變，子墨子九距之，公輸盤之攻械盡，子墨子之守圉有餘。公輸盤詘而曰：『吾知所以距子矣，吾不言。』子墨子亦曰：『吾知子之所以距我，吾不言。』楚王問其故，子墨子曰：『公輸子之意不過欲殺臣，殺臣，宋莫能守，乃可攻也。然臣之弟子禽滑釐等三百人，已持臣守圉之器在宋城上，而待楚寇矣。雖殺臣，不能絶也。』」下接「王曰：『善哉！』」其文意當全。故補於此。

〔二〕文軒：文，雕飾。軒，車。

〔三〕短褐：短，「裋」之借字。鮑本、一本作「裋」。古無「短褐」二字連文者，《韓非子·説林》，賈誼《新書》，班彪《王命論》，《史記》之《秦本紀》、《孟嘗君傳》、《漢書·貨殖列傳》凡六見，皆作「裋褐」。裋，小襦也。蓋謂褐布豎裁爲勞役之衣，短而且狹，故謂之短褐，亦曰裋褐。

〔四〕鮒魚：魚之小者。鮒，鯽魚。【補】長松、文梓、楩、枏、豫章，皆貴重之大木也。其中文梓，落葉喬木，木材輕軟，耐朽，用於建築、樂器、雕板等。楩，杞也，似梓、楠，即黄楩木也。枏，即楠也。長緑喬木，爲建築和製器之良材，分爲紫楠、大葉楠、紅楠、宜昌楠等。最貴重者爲金絲楠。有芳香味。驅蚊蠅。豫章，乃樟木，亦稱香樟，爲家具器物之良材。

〔五〕惡以王吏之攻宋：惡，鮑改爲「臣」。按當爲「臣」。此乃唐武后「恋」字之訛。吏，與「使」古同字。《尸子》作「使」。作「使」義勝。

【繫年】

孫詒讓云：以墨翟、公輸般二子年代參合校之，墨子止攻宋，約當在宋昭公、楚惠王時。蓋是時楚雖有伐宋之議，而以墨子之言中輟，故史無其事耳。今從孫説繫此策於楚惠王、宋昭公之時。其確切時間，仍未能定。【補】顧觀光隸於周貞定王元年，曰：《檀弓》，季康子母死，般請以機封。則般與季康子同時。據《左傳》康子卒在此年，故附此。

犀首伐黄章

犀首伐黄〔一〕，過衛，使人謂衛君曰〔二〕：「弊邑之師過大國之郊，曾無一介之使以存之乎〔三〕？敢請其罪。今黄城將下矣，已，將移兵而造大國之城下〔四〕。」衛君懼，束組三百緄〔五〕，黄金三百鎰，以隨使者。南文子止之曰〔六〕：「是勝黄城，必不敢來；不勝，亦不敢來。是勝黄城，則功大名美，内臨其倫〔七〕。夫在中者惡臨〔八〕，議其事〔九〕。蒙大名，挾成功，坐御以待中之議〔一〇〕，犀首雖愚，必不爲也。是不勝黄城，破心而走〔一一〕，歸，恐不免於罪矣！彼安敢攻衛以重其不勝之罪哉？」果勝黄城，率師而歸，遂不敢過衛。

〔一〕犀首伐黄：犀首，即公孫衍。黄，地名，不詳。然下文屢言黄城，不當是國名。疑指今河南之内黄。【補】黄，古邑名，衛東之内黄也。魏伐黄過衛，當指引處。黄邑時屬趙也。

〔二〕衛君：衛平侯。

〔三〕存：慰問。

〔四〕造大國之城下：造，詣。大國之城下，指衛國之都城。

〔五〕束組三百緄：高注：組，斜文紛綬之屬也。緄，繩，帶。【補正】高注「十首爲一緄也」，非也。「緄」乃

「純」字誤。純，束也。

〔六〕南文子：衛大夫。

〔七〕内臨其倫：居高臨下爲臨。倫，等輩。

〔八〕在中者惡臨：在中者，謂國中之臣。惡其臨己。

〔九〕議：謂譖短之。

〔一〇〕坐御以待中之議：坐以待之，言不營爲。

〔一一〕破心：恐懼有罪。

【繫年】

此策時不可考。顧觀光附於衛懌公十二年，當周貞定王十二年。爲時過早。當以犀首之年事爲主，應附於周顯王三十七年，公孫衍爲魏將之時，當衛平侯元年。

梁王伐邯鄲章

梁王伐邯鄲〔一〕，而徵師於宋〔二〕。宋君使使者請於趙王曰〔三〕：「夫梁兵勁而權重，今徵師於弊邑，弊邑不從，則恐危社稷；若扶梁伐趙〔四〕，以害趙國，則寡人不忍也。願王之有以命弊邑。」趙王曰：

「然。夫宋之不足如梁也〔五〕，寡人知之矣。弱趙以强梁，宋必不利也。則吾何以告子而可乎？」使者曰：「臣請受邊城〔六〕，徐其攻而留其日〔七〕，以待下吏之有城而已〔八〕。」趙王曰：「善。」

〔一〕梁王伐邯鄲：梁王，魏惠王。邯鄲，趙都。

〔二〕徵：求，召。

〔三〕宋君使使者請於趙王：宋君，剔成。趙王，趙成侯。

〔四〕扶：助。

〔五〕如：當，敵。

〔六〕受邊城：給以邊鄙之城，攻之以應梁。

〔七〕徐其攻而留其日：徐，緩。留其日，稽留其日期。

〔八〕有城：謂使趙不失城。

宋人因遂舉兵入趙境，而圍一城焉，梁王甚説，曰：「宋人助我攻矣。」趙王亦説曰：「宋人止於此矣。」故兵退難解，德施於梁而無怨於趙。故名有所加而實有所歸。

【繫年】

魏惠王初年曾數次攻趙，《竹書紀年》載魏惠王元年、八年、十八年三次伐邯鄲。此策當是魏惠王十七年、宋剔成十七年、趙成侯二十三年時事。

謂大尹曰章

謂大尹曰〔一〕：「君日長矣〔二〕，自知政，則公無事。公不如令楚賀君之孝，則君不奪太后之事矣〔三〕，則公常用宋矣。」

〔一〕大尹：宋卿，近官有寵者。

〔二〕君日長矣：君，宋君。年日長大，自能制法布政也。

〔三〕不奪太后之事：太后，大尹之母。事，政事。尹與太后共政。

【繫年】

《韓非子·説林下》「白圭謂宋令尹」文與此同，顧觀光附此策於宋昭公之元年、周貞定王元年。若據《韓非子》説大尹者爲白圭，則時間當晚於昭公，而非宋景公時之大尹明矣。待考。

宋與楚爲兄弟章

宋與楚爲兄弟。齊攻宋〔一〕，楚王言救宋〔二〕。宋因賣楚重以求講於齊〔三〕，齊不聽。蘇秦爲宋謂齊相曰：「不如與之〔四〕，以明宋之賣楚重於齊也。楚怒，必絶於宋而事齊，齊、楚合，則攻宋易矣。」

〔一〕齊攻宋：此策言蘇秦在齊，當是齊閔王攻宋。

〔二〕楚王：當是楚頃襄王横。

〔三〕賣楚重以求講於齊：賣，謂衒鬻之。言宋仗恃與楚爲兄弟，以求於齊。

〔四〕不如與之：與之講和。

【繫年】

策文中有「蘇秦爲宋謂齊相曰」，説明此時蘇秦在齊。據《戰國縱横家書》第十章，伐宋是蘇秦間齊之計。此當是齊閔王十四年，第二次攻宋。因楚、魏與齊争地，而齊許與宋講和。當楚頃襄王八年、宋王偃四十一年。

魏太子自將過宋章

魏太子自將〔一〕，過宋外黄〔二〕。外黄徐子曰〔三〕：「臣有百戰百勝之術，太子能聽臣乎？」太子曰：「願聞之。」客曰〔四〕：「固願效之。今太子自將攻齊，大勝並莒〔五〕，則富不過有魏，而貴不益爲王〔六〕。若戰不勝，則萬世無魏。此臣之百戰百勝之術也。」太子曰：「諾。請必從公之言而還。」客曰：「太子雖欲還，不得矣。彼利太子之戰攻，而欲滿其意者衆〔七〕，太子雖欲還，恐不得矣。」太子上車請還。其御曰：「將出而還，與北同〔八〕，不如遂行。」遂行。與齊人戰而死〔九〕，卒不得魏。

〔一〕魏太子自將：魏太子，魏惠王太子申。自將，爲將以攻齊。

〔二〕過宋外黄：外黄，宋地。在今河南民權縣西。

〔三〕徐子：劉向《别録》：徐子，外黄人。

〔四〕客：謂徐子。

〔五〕大勝並莒：大勝齊，並莒地。莒，今山東莒縣。戰國屬齊。

〔六〕貴不益爲王：益，過。謂爲王之外，無加也。

〔七〕而欲滿其意者衆：戰士欲使太子攻戰而得利，以滿足其意志。

〔八〕與北同：與戰敗同罪。北，敗北。

〔九〕與齊人戰而死：與齊人戰，敗於馬陵。齐人虜龐涓，而殺太子申。

【繫年】

《史記》之《魏世家索隱》、《孟嘗君傳索隱》引《竹書紀年》魏惠王二十八年，齊田盼伐梁，敗之馬陵，虜魏太子申而殺魏將龐涓。《孟子·梁惠王上》：「東敗於齊，長子死焉。」即指此事。當齊威王十四年、宋剔成二十七年。

宋康王之時章

宋康王之時〔一〕，有雀生䲴於城之陬〔二〕。使史占之，曰：「小而生巨，必霸天下。」康王大喜。於是滅滕伐薛〔三〕，取淮北之地〔四〕，乃愈自信。欲霸之亟成，故射天笞地〔五〕，斬社稷而焚滅之，曰：「威服天下鬼神。」罵國老諫曰〔六〕，爲無顔之冠以示勇〔七〕。剖傴之背〔八〕，鍥朝涉之脛〔九〕，而國人大駭。齊聞而伐之，民散，城不守。王乃逃倪侯之館〔一〇〕，遂得而死〔一一〕。見祥而不爲祥，反爲禍〔一二〕。

〔一〕宋康王：宋王偃之謚。宋辟公之子。

〔二〕有雀生䲴於城之陬：䲴，其他本有作「鸇」。蓋字形近之訛。《新序·雜事》作「鸇」。「䲴」、「鸇」同字。鷂屬，色黑，食小雀。陬，隅。

〔三〕滅滕伐薛：滕，姬姓國。在今山東滕州市。《漢書・地理志》、《水經注》並云爲齊所滅。薛，夏車正奚仲之封國。爲宋王偃所滅。故薛城在今山東滕州市南薛城鎮。

〔四〕淮北：楚地。

〔五〕射天笞地：《宋世家》云，王偃盛血以革囊，懸而射之，命曰射天。笞，擊。

〔六〕罵國老諫曰：《新序》作「罵國老之諫者」。《御覽・人事部》引此作「罵國老諫者」。《賈子・春秋》同。據此則「曰」乃「者」字之誤，或「者」字損上半耳。

〔七〕無顏之冠：冠不覆額。

〔八〕剖傴之背：《太平御覽》卷四九二、《新序》「傴」下有「者」字。剖，劈。傴，駝背。

〔九〕鍥朝涉之脛：鍥，刻。刻涉者之脛而視其髓。

〔一〇〕倪侯之館：不詳。【補】倪侯，宋大夫。《韓非子・外儲説上》云：「兒説，宋人善辯者也，持白馬非馬也，服齊稷下之辯者。」《淮南子・人間訓》引高注：「兒説，宋大夫。」「倪」與「兒」同字。此「倪侯之館」，疑是倪説或其族之家。

〔一一〕遂得而死：周赧王二十九年，齊閔王滅宋，宋王偃逃至魏，死於温。

〔一二〕見祥而不爲祥，反爲禍：此句有誤。賈子《新書・春秋》、刘向《新序・雜事》並作「見祥而爲不可，祥反爲禍」。當據以訂正。

【繫年】

此策總敘宋王偃之事，言宋滅亡之因。宋亡在周赧王二十九年、宋王偃四十三年。

智伯欲伐衛章

智伯欲伐衛〔一〕，遺衛君野馬四百，白璧一〔二〕。衛君大悦，群臣皆賀，南文子有憂色〔三〕。衛君曰：「大國大懽，而子有憂色何？」文子曰：「無功之賞，無方之禮〔四〕，不可不察也。野馬四，百璧一〔五〕，此小國之禮也，而大國致之，君其圖之。」衛君以其言告邊境。智伯果起兵而襲衛，至境而反，曰：「衛有賢人，先知吾謀也。」

〔一〕智伯：智瑶，晉卿。

〔二〕遺衛君野馬四百，白璧一：遺，贈送。野馬，騊駼駿馬。四，四馬一乘。百，即「白」字之誤衍。《説苑·權謀》作「遺之乘馬，先之以璧」可證。璧，玉環也。肉倍好曰璧。

〔三〕南文子：衛悼公相。

〔四〕無方之禮：方，姚本作「力」，誤。《御覽》卷四五〇引此作「無方之禮」。今據以改。

〔五〕百：當爲「白」。

【繫年】

此策時不可考。因與衛悼公有關，故附於衛悼公元年，當周貞定王十四年。

智伯欲襲衛章

智伯欲襲衛，乃佯亡其太子〔一〕，使奔衛。南文子曰：「太子顔爲君子也〔二〕，甚愛而有寵，非有大罪而亡，必有故。」使人迎之於境，曰：「車過五乘，慎勿納也。」智伯聞之，乃止。

〔一〕乃佯亡其太子：佯，詐也。《御覽》卷四五〇、《説苑·權謀》「子」下有「顔」字。

〔二〕太子顔爲君子也：《御覽》「顔」下有「之」字，「爲」下有「其」字。《説苑》同。當據以補。

【繫年】

此與上章爲同時事。姑附於衛悼公元年，當周貞定王十四年。

秦攻衛之蒲章

秦攻衛之蒲〔一〕。胡衍謂樗里疾曰〔二〕：「公之伐蒲，以爲秦乎？以爲魏乎？爲魏則善，爲秦則不賴矣〔三〕。衛所以爲衛者，以有蒲也。今蒲入於魏〔四〕，衛必折於魏〔五〕。魏亡西河之外，而弗能取者，弱也。今并衛於魏，魏必强。魏强之日，西河之外必危。且秦王亦將觀公之事〔六〕。害秦以善魏，秦王必怨公。」樗里疾曰：「奈何？」胡衍曰：「公釋蒲勿攻，臣請爲公入戒蒲守〔七〕，以德衛君。」樗里疾曰：「善。」

〔一〕蒲：衛邑，故城在今河南長垣縣。

〔二〕胡衍：衛人。

〔三〕賴：利也。

〔四〕今蒲入於魏：《史記索隱》引《戰國策》云：「今蒲入於秦」。蓋攻蒲者爲秦，故言蒲入於秦，不得言蒲入於魏。此爲假設蒲入魏之義。

〔五〕衛必折於魏：《索隱》引策文作「衛必折而入於魏」，「折」下脱去「而入」二字。當補。衛知必失蒲，必自入於魏，以求救也。

〔六〕秦王：秦武王。《竹書紀年》云：樗里疾圍蒲不克，而秦惠王薨。惠王，當是武王之訛。

〔七〕入戒蒲守：戒，告也。告之樗里疾不攻蒲也。

胡衍因入蒲，謂其守曰：「樗里子知蒲之病也〔一〕，其言曰：『吾必取蒲。』今臣能使釋蒲勿攻。」蒲守再拜，因效金三百鎰焉〔二〕，曰：「秦兵誠去，請厚子於衛君。」胡衍取金於蒲，以自重於衛。樗里子亦得三百金而歸，又以德衛君也。

〔一〕病：困也。

〔二〕效：致也。

【繫年】

秦攻衛之蒲，《史記·樗里子傳》敘於秦昭王元年。《竹書紀年》謂在惠王薨之年。惠王當是武王之訛。在魏襄王十三年、衛嗣君十九年。【正】秦惠文王於周赧王四年死，子武王蕩立。此處講在魏襄王十三年，當是秦昭王元年。

衛使客事魏章

衛使客事魏〔一〕，三年不得見。衛客患之，乃見梧下先生〔二〕，許之以百金。梧下先生曰：「諾。」乃見魏王曰〔三〕：「臣聞秦出兵〔四〕，未知其所之。秦、魏交而不修之日久矣〔五〕。願王博事秦〔六〕，無有佗計。」魏王曰：「諾。」

〔一〕衛使客事魏：王念孫云：《御覽》卷四六〇、《藝文類聚·人事部》引此並作「衛客事魏王」。此衍「使」字脱「王」字，則文不成義。當據以訂正。衛客，謂衛人之客於魏者。

〔二〕梧下先生：《御覽》、《藝文類聚》並作「梧丘先生」。高注：家有大梧樹，因以爲號。【補】吴師道解「梧下」爲「梧丘」，程恩澤解爲「梧地」。先生，長者有德之稱。

〔三〕魏王：當是襄王。

〔四〕臣聞秦出兵：一本作「秦入兵出」。

〔五〕修：修舊交。高注：温故曰修。

〔六〕博：黄丕烈云：「博」乃「搏」字之訛。「搏」與「專」通。鮑本改爲「專」。

客趨出〔一〕，至郎門而反曰〔二〕：「臣恐王事秦之晚。」王曰：「何也？」先生曰：「夫人於事己者過急，於事人者過緩，今王緩於事己者，安能急於事人？」「奚以知之？」「衛客曰事王三年不得見。臣以是知王緩也。」魏王趨見衛客〔三〕。

〔一〕客：謂梧下先生。

〔二〕郎門：宮中之門。

〔三〕趨：促，急。

【繫年】

此策時不可考。顧觀光附於張儀連横説魏時，在魏襄王二年、衛嗣君八年。

衛嗣君病章

衛嗣君病〔一〕。富術謂殷順且曰〔二〕：「子聽吾言也以説君，勿益損也，君必善子。人生之所行，與死之心異。始君之所行於世者，食高麗也〔三〕；所用者，緤錯、挐薄也〔四〕。群臣盡以爲君輕國而好高麗，必無與君言國事者。子謂君：『君之所行天下者甚謬。緤錯主斷於國，而挐薄輔之，自今以往者，公孫氏必不血食矣〔五〕。』」君曰：「善。」與之相印，曰：「我死，子制之。」嗣君死，殷順且以君令相公期〔六〕。緤錯、挐薄之族皆逐也。

〔一〕衛嗣君：衛平侯之子。秦王貶其號爲君。

〔二〕富術謂殷順且：此二人並衛臣。

〔三〕食高麗：高注：食，用也。麗，美也。務用高美而不務用德。【補】食高麗，吴師道、黄式三皆注爲人名，謂遊説之士。金正煒曰：按《淮南子·説山訓》，幸善食之而勿苦。注，食，養也。

〔四〕緤錯、挐薄：衛嗣君之幸臣。

〔五〕公孫氏：謂嗣君。以公孫爲氏。

〔六〕公期：衛嗣君之子。即衛懷君。

【繫年】

衛嗣君在位四十二年。今病將死，故使殷順且相其子公期。事在衛嗣君四十二年，當周赧王三十二年。

衛嗣君時胥靡逃之魏章

衛嗣君時，胥靡逃之魏〔一〕，衛贖之百金，不與。乃請以左氏〔二〕。群臣諫曰：「以百金之地，贖一胥靡，無乃不可乎？」君曰：「治無小，亂無大〔三〕。教化喻於民，三百之城〔四〕，足以爲治。民無廉恥，雖有十左氏，將何以用之？」

〔一〕胥靡：胥，相。靡，隨。古者坐輕刑，令衣褐帶索，連繫相隨以服勞役。

〔二〕左氏：衛邑。不詳其地。【補】左氏，蓋即左城，《水經注》謂之左岡。去濟陰城五里，與陽晋相近。以左山得名。《韓非子·外儲説》云：吴起，衛左氏中人也。即此地。

〔三〕治無小，亂無大：不治小者，則大亂起。

〔四〕三百之城：百，或爲「里」之誤。「三里之城」與「十左氏」爲對文。

【繫年】

此章時不可考。姑附於衛嗣君四十二年。

衛人迎新婦章

衛人迎新婦，婦上車，問：「驂馬〔一〕，誰馬也？」御曰：「借之。」新婦謂僕曰〔二〕：「拊驂，無笞服。〔三〕」車至門，扶教送母〔四〕：「滅竈，將失火。」入室見臼，曰：「徙之牖下〔五〕，妨往來者。」主人笑之。此三言者，皆要言也，然而不免爲笑者，蚤晚之時失也。

〔一〕驂馬：四馬駕車，兩旁之馬爲驂馬。

〔二〕僕：即御者。

〔三〕拊驂，無笞服：拊，擊也。笞，亦擊。服，夾轅之馬。

〔四〕扶教送母：高注：扶，謂下車。教，謂告誡之。送母，送新婦之母。

〔五〕牖下：牖，窗户。

【繫年】

此策時不可考。【補】此篇姚本與上篇連篇，鮑本分爲兩篇。今從鮑本。顧觀光附此策於顯王十三年，曰：《吕氏春秋》白圭謂惠子語，與此相類。而惠子與魏惠王同時，故附之於梁王魏嬰觴諸侯於范臺章後。似顯牽强。

戰國策卷三十三

中山

魏文侯欲殘中山章

魏文侯欲殘中山〔一〕。常莊談謂趙襄子曰〔二〕：「魏并中山，必無趙矣。公何不請公子傾以爲正妻〔三〕，因封之中山，是中山復立也〔四〕。」

〔一〕魏文侯欲殘中山：魏文侯，名斯，魏桓子駒之孫。殘，滅之也。中山，春秋之鮮虞。變名中山，未知何時。趙獻侯十年，中山武公初立，至趙惠文王三年滅中山，前後立國百二十年。

〔二〕常莊談謂趙襄子：常莊談，趙襄子臣，《寰宇記》引作「張孟談」。趙襄子名無恤。周威烈王元年趙襄子卒，周貞定王二十三年魏文侯立。則趙襄子與魏文侯，時猶相及。《史記·六國年表》趙烈侯元年，魏使太子伐中山。

〔三〕公子傾：高注：公子傾，魏君之女。

〔四〕是中山復立也：立，猶存也。公子傾封之於中山以爲邑，魏必不殘中山也。

犀首立五王章

犀首立五王〔一〕，而中山後持〔二〕。齊謂趙、魏曰：「寡人羞與中山並爲王，願與大國伐之，以廢其王。」中山聞之，大恐。召張登而告之曰〔三〕：「寡人且王，齊謂趙、魏曰，羞與寡人並爲王，而欲伐寡人。恐亡其國，不在索王。非子莫能吾救。」登對曰：「君爲臣多車重幣，臣請見田嬰。」中山之君遣之齊。見嬰子曰：「臣聞君欲廢中山之王，將與趙、魏伐之，過矣。以中山之小，而三國伐之，中山雖益廢王〔四〕，猶且聽也。且中山恐，必爲趙、魏廢其王而務附焉〔五〕。是君爲趙、魏驅羊也，非齊之利也。豈若中山廢其王而事齊哉？」

〔一〕立五王：立五國使稱王。齊、趙、魏、燕、中山。《史記·趙世家》趙武靈王八年，五國相王，趙獨否。其後亦稱王。

〔二〕中山後持：後持，疑「持後」之誤倒。高注、鮑注皆不可通。言五國相王，中山最後稱王。

〔三〕張登：中山臣。

〔四〕益：大，甚。

〔五〕務附：高注：務附，親也。

田嬰曰：「奈何？」張登曰：「今君召中山，與之遇而許之王，中山必喜而絶趙、魏。趙、魏怒而攻中山，中山急而爲君難其王〔一〕，則中山必恐，爲君廢王事齊〔二〕。彼患亡其國，是君廢其王而亡其國〔三〕，賢於爲趙、魏驅羊也。」田嬰曰：「諾。」張丑曰：「不可。臣聞之，同欲者相憎，同憂者相親。今五國相與王也，負海不與焉〔四〕。此是欲皆在爲王，而憂在負海。今召中山，與之遇而許之王，是奪五國而益負海也〔五〕。致中山而塞四國，四國寒心。必先與之王而故親之，是君臨中山而失四國也。且張登之爲人也，善以微計薦中山之君久矣，難信以爲利。」田嬰不聽，果召中山君而許之王。張登因謂趙、魏曰：「齊欲伐河東。何以知之？齊羞與中山之爲王甚矣，今召中山，與之遇而許之王，是欲用其兵也。豈若令大國先與之王，以止其遇哉？」趙、魏許諾，果與中山王而親之。中山果絶齊而從趙、魏。

〔一〕難其王：羞與中山共同稱王。

〔二〕爲君廢王事齊：君，謂田嬰。廢王事齊，不稱王而事齊。

〔三〕亡：鮑本作「立」是。

〔四〕負海：指齊國。

〔五〕五國：五，鮑本改爲「四」，與下文三「四國」字符合。當從鮑作「四」。

【繫年】

《秦本紀》、《趙世家》秦惠王七年、趙武靈王八年皆書五國相王。則犀首立五王當在此年，當齊宣王二年，周慎靚王三年。

中山與燕趙爲王章

中山與燕、趙爲王，齊閉關不通中山之使，其言曰：「我萬乘之國也，中山千乘之國也，何侔名於我〔一〕？」欲割平邑以賂燕、趙〔二〕，出兵以攻中山。藍諸君患之〔三〕。張登謂藍諸君曰：「公何患於齊？」藍諸君曰：「齊强，萬乘之國，恥與中山侔名，不憚割地以賂燕、趙，出兵以攻中山。燕、趙好位而貪地〔四〕，吾恐其不吾據也。大者危國，次者廢王，奈何吾弗患也？」張登曰：「請令燕、趙固輔中山而成其王，事遂定。公欲之乎？」藍諸君曰：「此所欲也。」曰：「請以公爲齊王而登試説公。可，乃行之。」藍諸君曰：「願聞其説。」

〔一〕何侔名於我：《藝文類聚》卷六引此策「我」下有「乎」字，當是。侔，等。

〔二〕平邑：故城，在今河南南樂縣東北七里，蓋趙地，非齊所割。【補正】平邑雖趙地，但齊曾取爲己邑。《竹書紀年》：「晋烈公五年，齊圍平邑。九年，取平邑。」即此。此地復爲樂昌縣，屬東郡，與齊不遠，而亦爲燕、趙出入齊之門户，故欲割以賂之，使出兵攻中山。

〔三〕藍諸君：中山相。《史記索隱》引《戰國策》云：「望諸」作「藍諸」。《燕策》望諸相中山，即此人。與樂毅同號者。

〔四〕燕、趙好位而貪地：位，鮑本作「倍」，當是。「倍」與「背」同。背約而不守信。

登曰：「王之所以不憚割地以賂燕、趙，出兵以攻中山者，其實欲廢中山之王也。王曰：『然。』然則王之爲費且危。夫割地以賂燕、趙，是强敵也；出兵以攻中山，首難也。王行二者，所求中山未必得。王如用臣之道，地不虧而兵不用，中山可廢也。王必曰：『子之道奈何？』」藍諸君曰：「然則子之道奈何？」張登曰：「王發重使，使告中山君曰：『寡人所以閉關不通使者，爲中山之獨與燕、趙爲王，而寡人不與聞焉，是以隘之〔一〕。王苟舉趾以見寡人，請亦佐君。』中山恐趙、魏之不已據也，今齊之辭云『即佐王』，中山必遁燕、趙與王相見。燕、趙聞之，怒絶之，王亦絶之，是中山孤，孤何得無廢？以此説齊王，齊王聽乎？」藍諸君曰：「是則必聽矣，此所以廢之，何在其所存之矣〔二〕？」張登曰：「此王所以存者也。齊以是辭來，因言告燕、趙而無往，以積厚於燕、趙。燕、趙必曰：『齊之欲割平邑以賂我者，非欲廢中山之王也；徒欲以離我於中山，而己親之也。』雖百平邑，燕、趙必不受也。」藍諸君曰：「善。」遣張登往，果以是辭來。中山因告燕、趙而不往，燕、趙果俱輔中山而使其王。事遂定。

〔一〕隘：當讀作「阨」，不通也。

〔二〕何在其所存之矣：何所以存之。

【繫年】

此章中山與燕、趙稱王，乃與上章犀首立五王爲同一事。齊宣王不欲使中山稱王，故張登説之。事在齊宣王二年、趙武靈王八年，當周慎靚王三年。【補】顧觀光隸此章於周顯王四十六年。備參。

司馬憙使趙章

司馬憙使趙〔一〕，爲己求相中山〔二〕。公孫弘陰知之〔三〕。中山君出，司馬憙御，公孫弘參乘。弘曰：「爲人臣，招大國之威，以爲己求相，於君何如？」君曰：「吾食其肉，不以分人。」司馬憙頓首於軾曰：「臣自知死至矣！」君曰：「何也？」「臣抵罪〔四〕。」君曰：「行〔五〕，吾知之矣」。居頃之，趙使來，爲司馬憙求相。中山君大疑公孫弘，公孫弘走出。

〔一〕司馬憙：中山臣。《史記·太史公自序》司馬氏其在衛者，相中山。名憙。《鄒陽獄中上梁王書》云，司馬憙臏於宋而相中山，即指此人。

〔二〕爲己求相中山：借趙之勢求作中山之相。

〔三〕公孫弘：中山臣。
〔四〕抵：高注，抵，當。
〔五〕行：使之行車。

【繫年】

此章時不可考。姑附此策與上章同時。當周慎靚王三年、趙武靈王八年。

司馬憙三相中山章

司馬憙三相中山，陰簡難之〔一〕。田簡謂司馬憙曰〔二〕：「趙使者來屬耳〔三〕，獨不可語陰簡之美乎〔四〕？趙必請之，君與之，即公無内難矣。君弗與趙，公因勸君立之以爲正妻。陰簡之德公，無所窮矣。」果令趙請〔五〕，君弗與。司馬憙曰：「君弗與趙，趙王必大怒；大怒則君必危矣。然則立以爲妻，固無請人之妻不得而怨人者也。」田簡自謂取使〔六〕，可以爲司馬憙，可以爲陰簡，可以令趙勿請也。

〔一〕陰簡難之：陰簡，中山君之美人。難，謂忌之。
〔二〕田簡：中山臣。
〔三〕趙使者來屬耳：吴正：屬，注也。言趙使屬耳中山之事。【補】屬耳，又作附耳，謂耳語。「附」、「屬」文意相近。

〔四〕語陰簡之美：語趙使者陰簡之美。

〔五〕令趙請：令趙使者求陰簡於中山君。

〔六〕田簡自謂取使：取，猶用。田簡自謂用趙使。

【繫年】

此章與上章爲同時事。

陰姬與江姬争爲后章

陰姬與江姬争爲后〔一〕。司馬憙謂陰姬公曰〔二〕：「事成，則有土子民；不成，則恐無身。欲成之，何不見臣乎〔三〕？」陰姬公稽首曰：「誠如君言，事何可豫道者〔四〕？」司馬憙即奏書中山王曰：「臣聞弱趙强中山。」中山王悦而見之曰：「願聞弱趙强中山之説。」司馬憙曰：「臣願之趙，觀其地形險阻，人民貧富，君臣賢不肖，商敵爲資〔五〕，未可豫陳也。」中山王遣之。

〔一〕陰姬與江姬：陰姬，疑即陰簡。江姬，亦中山王之美人。

〔二〕陰姬公：陰姬之父。

〔三〕何不見臣：臣，司馬憙自謂。見而與之謀其事。【補】有土子民，謂得封地而子其民。土，謂封土（地）之意。

〔四〕何可豫道：言將厚報之，未可先言。

〔五〕商敵爲資：王念孫云：敵，當爲「敲」字之誤。「敲」即商搉之「搉」。商搉，猶商較。《太平御覽·人事部》引作「商搉爲資」。言當觀趙之地形、人民、君臣以計度商較，始可爲弱趙之資。鮑注：商較之。

見趙王曰：「臣聞趙，天下善爲音〔一〕，佳麗人之所出也。今者臣來至境，入都邑，觀人民謡俗〔二〕，容貌顔色，殊無佳麗好美者。以臣所行多矣，周流無所不通〔三〕，未嘗見人如中山陰姬者也。不知者，特以爲神力，言不能及也〔四〕。其容貌顔色，固已過絶人矣。若乃其眉目準頞權衡〔五〕，犀角偃月〔六〕，彼乃帝王之后，非諸侯之姬也。」趙王意移，大悦曰：「吾願請之，何如？」司馬憙曰：「臣竊見其佳麗，口不能無道爾。即欲請之，是非臣所敢議，願王無泄也。」

〔一〕天下善爲音：《御覽》卷四五〇引此文，「音」下有「容」字。

〔二〕謡俗：謡，徒歌。俗，民謡。

〔三〕周流無所不通：流，行。通，至。

〔四〕特以爲神力，言不能及也：王引之云：力，當是「也」字之誤。「言不能及也」五字，乃鮑注之誤入正文耳。《御覽·人事部》引策文無此五字，可證。

〔五〕準頞權衡：準，鼻。頞，即額。權，即顴骨。衡，眉上。

〔六〕犀角偃月：犀角，首骨。偃月，額骨。

司馬憙辭去，歸報中山王曰：「趙王非賢王也。不好道德，而好聲色，不好仁義，而好勇力。臣聞其乃欲請所謂陰姬者。」中山王作色不悦。司馬喜曰〔一〕：「趙强國也，其請之必矣。王如不與，即社稷危矣；與之，即爲諸侯笑。」中山王曰：「爲將奈何？」司馬憙曰：「王立爲后，以絶趙王之意。世無請后者，雖欲得請之，鄰國不與也〔二〕。」中山王遂立以爲后，趙王亦無請言也。

〔一〕喜：即憙。「喜」、「憙」同字。

〔二〕鄰國不與：高注：禮無請后之義，鄰國必責之而不與。

【繫年】

此與上章爲一事，而傳聞小異，故兩存之。

主父欲伐中山章

主父欲伐中山〔一〕，使李疵觀之〔二〕。李疵曰：「可伐也。君弗攻，恐後天下。」主父曰：「何以？」對曰：「中山之君，所傾蓋與車而朝窮閭隘巷之士者七十家〔三〕。」主父曰：「是賢君也，安可伐？」

李疵曰：「不然。舉士，則民務名不存本〔四〕；朝賢，則耕者惰而戰士懦。若此不亡者，未之有也。」

〔一〕主父：趙武靈王二十七年，傳國立王子何爲王，是爲惠文王。武靈王自號爲主父。

〔二〕李疵：趙臣。

〔三〕所傾蓋與車而朝窮閭隘巷之士：傾，去，却。蓋，車蓋。去蓋與車，皆所以下賢。閭，里門。朝窮閭隘巷之士，謂尊禮賢人。

〔四〕存本：謂專力務農。

【繫年】

趙武靈王十九年，北略中山之地。議胡服，招騎射，蓋欲以報中山結齊攻趙之仇。此策言欲伐中山，尚未正式發動進攻。故繫此策於趙武靈王十九年，當周赧王八年。

中山君饗都士大夫章

中山君饗都士大夫〔一〕，司馬子期在焉〔二〕。羊羹不遍，司馬子期怒而走於楚，説楚王伐中山，中山君亡〔三〕。有二人挈戈而隨其後者，中山君顧謂二人：「子奚爲者也？」二人對曰：「臣有父，嘗餓且死，君下壺飡餌之〔四〕。臣父且死，曰：『中山有事，汝必死之，故來死君也。』」中山君喟然而仰歎曰〔五〕：「與不期衆少，其於當厄〔六〕；怨不期深淺，其於傷心。吾以一杯羊羹亡國，以一壺飡得士二人。」

〔一〕中山君饗都士大夫：《御覽》卷三五一、四七九引策文皆無「士」字。饗，禮食之。都，大夫所居之邑。張琦云：言都邑士大夫。

〔二〕司馬子期：姓司馬，名子期，中山人。

〔三〕説楚王伐中山，中山君亡：楚伐中山事，郭嵩燾《養知書屋文集》卷三推知當在楚惠王、簡王之世。謂韓、趙、魏方攻滅智氏，廢晋君而擅其地，楚得以其間北侵中山而走其君。中山君亡，《北堂書鈔》卷一四四引作「走亡」，《藝文類聚》作「亡走」，《御覽》卷三五一、四七九、四八六引策文皆作「亡走」。當據以補「走」字。

〔四〕君下壺飡餌之：飡，亦作飧。熟食曰飧。《北堂書鈔》、《藝文類聚》、《太平御覽》引策文皆作「君下壺飧鋪臣父」。當據以訂正。

〔五〕喟然而仰歎：《北堂書鈔》、《藝文類聚》、《太平御覽》引作「喟然仰天歎」。則此「而」乃「天」字之誤，而又倒作「而仰歎」。

〔六〕與不期衆少，其於當厄：與，施與之。衆，多。厄，困難之時。

【繫年】

此策時不可考。據郭嵩燾説，暫繫於楚惠王末年。當周考王之世。

樂羊爲魏將攻中山章

樂羊爲魏將〔一〕，攻中山。其子時在中山，中山君烹之，作羹致於樂羊。樂羊食之。古今稱之：樂羊食子以自信，明害父以求法〔二〕。

〔一〕樂羊爲魏將：樂羊子，爲魏文侯之將軍。

〔二〕樂羊食子以自信，明害父以求法：李慈銘《越縵堂讀書記》上册云：案「信」下脱一「信」字。信明，即楚人申鳴也。脱「信」字則文不成義。「信」、「申」古通用。「明」、「鳴」古字通。申鳴害父，春秋時事，見《韓詩外傳》卷十。

【繫年】

此乃魏文侯十五年派樂羊子攻中山時事。當周考王九年。

昭王既息民章

昭王既息民繕兵〔一〕，復欲伐趙〔二〕。武安君曰：「不可。」王曰：「前年國虛民飢，君不量百姓之力，求益軍糧以滅趙。今寡人息民以養士，蓄積糧食，三軍之俸有倍於前，而曰『不可』，其説何也？」武安君曰：「長平之事〔三〕，秦軍大尅〔四〕，趙軍大破；秦人歡喜，趙人畏懼。秦民之死者厚葬，傷者厚養，勞者相饗〔五〕，飲食餔餽〔六〕，以靡其財〔七〕；趙人之死者不得收，傷者不得療，涕泣相哀，勠力同憂〔八〕，耕田疾作，以生其財。今王發軍，雖倍其前，臣料趙國守備，亦以十倍矣。趙自長平已來，君臣憂懼，早朝晏退〔九〕，卑辭重幣，四面出嫁，結親燕、魏，連好齊、楚，積慮并心，備秦爲務。其國内實，其交外成。當今之時，趙未可伐也。」

〔一〕昭王既息民繕兵：昭王，秦昭王。繕兵，修治兵器車輛。

〔二〕復欲伐趙：前伐趙圍邯鄲，趙割六城以和，秦罷兵息民，至是復欲起兵攻趙。

〔三〕長平之事：指秦昭王四十八年秦、趙長平之戰。

〔四〕秦軍大尅：尅，勝。大勝趙，坑殺趙卒四十萬。

〔五〕勞者相饗：相宴饗，飲食之。

〔六〕餔餽：餔，以食食人。「餽」與「饋」同，饋餉。

〔七〕靡：與「糜」通。謂浪費凋敝。

〔八〕勠力：努力，勉力。

〔九〕早朝晏退：退，鮑本作「罷」。謂君臣勤於政治。

王曰：「寡人既已興師矣。」乃使五校大夫王陵將而伐趙〔一〕。陵戰失利，亡五校〔二〕。王欲使武安君，武安君稱疾不行。王乃使應侯往見武安君〔三〕，責之曰：「楚，地方五千里，持戟百萬。君前率數萬之衆入楚，拔鄢、郢〔四〕，焚其廟，東至竟陵〔五〕，楚人震恐，東徙而不敢西向〔六〕。韓、魏相率，興兵甚衆，君所將之不能半之〔七〕，而與戰之於伊闕〔八〕，大破二國之軍，流血漂鹵，斬首二十四萬。韓、魏以故至今稱東藩。此君之功，天下莫不聞。今趙卒之死於長平者已十七八〔九〕，其國虚弱，是以寡人大發軍〔一〇〕，人數倍於趙國之衆，願使君將，必欲滅之矣。君嘗以寡擊衆，取勝如神，況以强擊弱，以衆擊寡乎？」武安君曰：「是時楚王恃其國大〔一一〕，不恤其政，而群臣相妬以功，諂諛用事，良臣斥疏，百姓心離，城池不修，既無良臣，又無守備。故起所以得引兵深入，多倍城邑〔一二〕，發梁焚舟以專民心〔一三〕，掠於郊野，以足軍食。當此之時，秦中士卒，以軍中爲家，將帥爲父母，不約而親，不謀而信，一心同功，死不旋踵〔一四〕。楚人自戰其地，咸顧其家，各有散心，莫有鬬志。是以能有功也。伊闕之戰，韓孤顧魏，不欲先用其衆。魏恃韓之鋭，欲推以爲鋒〔一五〕。二軍争便之力不同，是以臣得設疑兵，以待韓陣〔一六〕，專軍并鋭，觸魏之不意。魏軍既敗，韓軍自潰，乘勝逐北，以是之故能立功。皆計利形勢〔一七〕，自然之理，何神之有哉？今秦破趙軍於長平，不遂以時乘其振懼而滅之，畏而釋之〔一八〕，使得耕稼以益蓄積，養孤長幼以益其衆，繕治兵甲以益其强，增城浚池以益其固。主折節以下其臣，臣推體以下死士〔一九〕。至於平原君之屬，皆令妻妾補縫於行伍之間。臣人一心，上下同力，猶勾踐困於會稽之時也。以合伐之，趙必固守。挑其軍戰，必不肯出。圍其國都，必不可尅。攻其列城，必未可拔。掠其郊野，必無所得。兵出無功，諸侯生心，外救必至。臣見其害，未覩其利。又病，未能行。」

〔一〕五校大夫王陵：當衍「校」字。《秦本紀》、《白起王翦列傳》皆作「五大夫王陵」是其證。五大夫，秦爵第九級。王陵，秦將。

〔二〕亡五校：校，本爲欄格。軍部及養馬用之。故軍尉、馬官以爲號。高注：五校，五役軍營也。

〔三〕應侯：范雎之封號。

〔四〕拔鄢、郢：秦昭王二十八年，白起攻楚拔鄢、郢、鄧、西陵、竟陵五城。

〔五〕焚其廟，東至竟陵：秦昭王二十九年，白起攻楚，拔郢，燒夷陵，遂東至竟陵。竟陵，故址在今湖北潛江市。

〔六〕東徙而不敢西向：楚頃襄王亡走，徙都於陳。陳，今河南淮陽縣。

〔七〕君所將之不能半之：「將之」下鮑補「卒」字，當是。

〔八〕而與戰之於伊闕：秦昭王十四年，白起攻韓、魏於伊闕，殺魏將犀武。斬首二十四萬，又虜韓將公孫喜。

〔九〕趙卒之死於長平者已十七八：十死其七八。

〔一〇〕寡人：此范雎稱秦昭王之命，故稱寡人。
〔一一〕楚王：楚頃襄王。
〔一二〕多倍城邑：倍，益也。言得楚城邑多。
〔一三〕發梁焚舟以專民心：發梁，折斷橋梁。發梁焚舟，示無還意，使民專心於戰。
〔一四〕死不旋踵：戰則勇往直前，不反走也。旋，轉也。踵，腳後跟也。
〔一五〕鋒：軍之先，前鋒。
〔一六〕以待韓陣：相持而不決戰。
〔一七〕計利形勢：計，謀劃。利，地利。形勢，兩軍優劣得失。
〔一八〕畏而釋之：趙畏服，秦遂釋而不攻。
〔一九〕臣推體以下死士：體，猶身。謂推身以與死士交。

應侯慙而退，以言於王。王曰：「微白起，吾不能滅趙乎？」復益發軍，更使王齕代王陵伐趙〔一〕。圍邯鄲八九月，死傷者衆，而弗下。趙王出輕鋭以寇其後〔二〕，秦數不利。武安君曰：「不聽臣計，今果如何？」王聞之怒，因見武安君，强起之，曰：「君雖病，强爲寡人卧而將之。有功，寡人之願，將加重於君。如君不行，寡人恨君。」武安君頓首曰：「臣知行雖無功，得免於罪。雖不行，無罪不免於誅。然惟願大王覽臣愚計，釋趙養民，以諸侯之變〔三〕。撫其恐懼，伐其憍慢，誅滅無道，以令諸侯，天下可定，何必以趙爲先乎？此所謂爲一臣屈而勝天下也。大王若不察臣愚計，必欲快心於趙，以致臣罪，此亦所謂勝一臣而爲天下屈者也。夫勝一臣之嚴焉〔四〕，孰若勝天下之威大耶？臣聞明主愛其國，忠臣愛其名。破國不可復完，死卒不可復生。臣寧伏受重誅而死，不忍爲辱軍之將。願大王察之。」王不答而去。

〔一〕王齕代王陵伐趙：《秦本紀》秦昭王四十八年十月，五大夫陵攻趙邯鄲。四十九年正月，益發卒佐陵。陵戰不善，免，王齕代將。

〔二〕趙王：趙孝成王。

〔三〕以諸侯之變：「以」下有缺文。當是「待」字。

〔四〕勝一臣之嚴焉：嚴，威也。言不能屈從白起之謀，必欲以勝立威。

【繫年】

秦昭王攻趙國邯鄲，《秦本紀》、《白起王翦列傳》載其事甚詳。事在秦昭王四十九年、趙孝成王八年，當周赧王五十七年。此章應從鮑彪本列入《秦策》爲宜。

戰國策書録

韓二第二十七
韓三第二十八
燕一第二十九
燕二第三十
燕三第三十一
宋衛第三十二
中山第三十三
右定著三十三篇

護左都水使者、光禄大夫臣向言〔一〕：所校中《戰國策》書〔二〕，中書餘卷，錯亂相糅莒〔三〕。又有國別者八篇，少不足。臣向因國別者，略以時次之；分別不以序者以相補，除重複，得三十三篇。本字多誤脱爲半字，以「趙」爲「肖」，以「齊」爲「立」，如此字者多，中書本號，或曰《國策》，或曰《國事》，或曰《短長》，或曰《事語》，或曰《長書》，或曰《修書》。臣向以爲戰國時游士輔所用之國，爲之策謀，宜爲《戰國策》。其事繼春秋以後，訖楚、漢之起，二百四十五年間之事，皆定以殺青〔四〕，書可繕寫。

〔一〕護左都水使者、光禄大夫：護左都水使者，官名。西漢太常、少府、水衡都尉和三輔皆設此官。漢武帝以都水官多，乃置左、右都水使者爲統帥。管三輔地區陂池灌溉、河流渠道。王先謙《漢書·百官公卿表》補注：「都，總也，謂總治水之工，故曰都水。」光禄大夫，官名，原名中大夫，漢武帝時改稱光禄大夫，屬光禄勛。掌議論、顧問應對。秩比二千石。

〔二〕中：指宫中皇家藏書的地方。

〔三〕糅莒：雜亂。

〔四〕殺青：造紙術發明以前，古代之書多刻在竹簡上。治竹簡時，先將竹簡放在火上炙出汗，謂之「殺青」，亦叫「汗青」。這裏指繕寫在竹簡上改正後之書稿。

叙曰：周室自文、武始興，崇道德，隆禮義，設辟雍、泮宫、庠序之教〔一〕，陳禮樂弦歌移風之化，叙人倫，正夫婦。天下莫不曉然。論孝悌之義，惇篤之行〔二〕。故仁義之道滿乎天下，卒致之刑錯四十餘年〔三〕。遠方慕義，莫不賓服，《雅》、《頌》歌詠，以思其德。下及康、昭之後〔四〕，雖有衰德，其綱紀尚明。及春秋時，已四五百載矣。然其餘業遺烈，流而未滅。五伯之起〔五〕，尊事周室。五伯之後，時君雖無德，人臣輔其君者，若鄭之子産〔六〕，晋之叔向〔七〕，齊之晏嬰〔八〕，挾君輔政，以並立於中國，猶以義相支持，歌説以相感，聘覲以相交，期會以相一〔九〕，盟誓以相救。天子之命，猶有所行；會享之國，猶有所恥。小國得有所依，百姓得有所息。孔子曰：「能以禮讓爲國乎，何有！」周之流化，豈不大哉！及春秋之後，衆賢輔國者既没，而禮義衰矣。孔子雖論《詩》、《書》，定《禮》、《樂》，王道粲然分明，以匹夫無勢，化之者七十二人而已，皆天下之俊也。時君莫尚之，是以王道遂用不興。故曰：非威不立，非勢不行。

〔一〕設辟雍、泮宫、庠序之教：辟雍，《詩·靈臺》：「於樂辟雍」。朱熹注：「辟雍，天子之學，大射行禮之處。」泮宫，《詩·泮水》：「既作泮宫」。孔穎達《正義》：「泮宫者，行禮養老之宫。」一説，天子之學名辟雍，諸侯之學名泮宫。庠序，古鄉學之名。《孟子·滕文公》：「殷曰序，周曰庠。」

〔二〕惇篤：「惇」與「敦」同，厚。篤，實。

〔三〕刑錯：刑罰廢棄不用。「錯」與「措」通，放置，停止。

〔四〕以思其德。下及康、昭之後：「以思其德。下及」，姚校：劉本作「其德下及」。曾本作「德下及」。錢本作「以思其德下及」。集本作「其恩德下及」。鮑本注云：「以思其德」一本作「恩德其上」。「下及」一本無「下」字。康，周康王，名釗；昭，周昭王，名瑕。《史記·周本紀》：「昭王之時，王道微缺。」

〔五〕五伯：伯，一作「霸」。指齊桓公、晋文公、秦穆公、楚莊王、宋襄公。

〔六〕子産：即公孫僑，春秋時鄭國貴族，名僑字子産。鄭簡公時爲卿，執鄭國之政，整理土地疆界，進行政治革新。春秋時政治家。

〔七〕叔向：春秋時晋國大夫，姓羊舌氏，名肹。晋平公時爲太傅。

〔八〕晏嬰：春秋時齊大夫，字平仲。先後相齊靈公、景公、莊公。春秋時較開明之政治家，與子産、叔向齊名。

〔九〕期會：姚注：集作「朝會」。

仲尼既没之後，田氏取齊〔一〕，六卿分晋〔二〕，道德大廢，上下失序。至秦孝公，捐禮讓而貴戰争，棄仁義而用詐譎，苟以取强而已矣。夫篡盗之人，列爲侯王〔三〕；詐譎之國，興立爲强〔四〕。是以轉相放效〔五〕，後生師之，遂相吞滅，并大兼小，暴師經歲，流血滿野，父子不相親，兄弟不相安，夫婦離散，莫保其命，湣然道德絶矣〔六〕。晚世益甚。萬乘之國七〔七〕，千乘之國五〔八〕，敵侔争權〔九〕，盡爲戰國。

貪饕無恥〔一〇〕，競進無厭。國異政教，各自制斷。上無天子，下無方伯〔一一〕，力功争强〔一二〕，勝者爲右〔一三〕。兵革不休，詐僞並起。當此之時，雖有道德，不得施謀有設之强〔一四〕，負阻而恃固；連與交質〔一五〕，重約結誓，以守其國。故孟子、孫卿儒術之士〔一六〕，棄捐於世，而游説權謀之徒，見貴於俗。是以蘇秦、張儀、公孫衍、陳軫、代、厲之屬〔一七〕，生從横短長之説，左右傾側。蘇秦爲從，張儀爲横；横則秦帝，從則楚王。所在國重，所去國輕。然當此之時，秦國最雄，諸侯方弱〔一八〕；蘇秦結之〔一九〕，合六國爲一，以儐背秦〔二〇〕；秦人恐懼，不敢闚兵於關中。天下不交兵者二十有九年。然秦國勢便形利，權謀之士，咸先馳之〔二一〕。蘇秦初欲横，秦弗用，故東合從。及蘇秦死後，張儀連横，諸侯聽之，西向事秦。是故始皇因四塞之國，據崤函之阻〔二二〕，跨隴、蜀之饒〔二三〕，聽衆人之策，乘六世之烈〔二四〕，以蠶食六國，兼諸侯，并有天下。杖於謀詐之弊，終於信篤之誠，無道德之教，仁義之化，以綴天下之心〔二五〕。任刑罰以爲治，信小術以爲道，遂燔燒《詩》、《書》，坑殺儒士，上小堯、舜，下邈三王。二世愈甚，惠不下施，情不上達，君臣相疑，骨肉相疏。化道淺薄，綱紀壞敗。民不見義，而懸於不寧。撫天下十四歲，天下大潰，詐僞之弊也。其比王德，豈不遠哉？

〔一〕田氏取齊：氏，鮑本作「文」，誤。姚本作「氏」，爲是。田和遷其君齊康公於海濱而自立爲齊君。後來，魏文侯爲之請於周安王，承認他爲諸侯。

〔二〕六卿分晋：六卿，六家大夫。范氏、中行氏、知氏、韓氏、趙氏、魏氏。分晋，分掌晋國政權。

〔三〕列爲侯王：列，錢本、劉本作「列」，曾本作「例」。姚本、鮑本皆作「列」。作「列」爲是。

〔四〕興立爲强：立，錢本、集本作「立」，曾本作「兵」。姚本、鮑本皆作「立」。作「立」爲是。

〔五〕轉相放效：轉，姚本作「傳」，鮑本作「轉」。傳，訓爲轉，移。「傳」、「轉」音義並同，作「傳」自通。當從姚本作「傳」。放效，同「倣傚」。

〔六〕湣：與「泯」同，混合，雜亂。

〔七〕萬乘之國七：四馬爲乘。能出萬乘的戰車，言其國家大。指戰國七雄：齊、楚、秦、燕、韓、趙、魏七國。

〔八〕千乘之國五：指戰國時魯、衛、鄭、宋、中山五國。

〔九〕敵侔争權：侔，相等。敵侔，勢均力敵。争權，争奪霸權。

〔一〇〕饕：貪嗜飲食。

〔一一〕方伯：一方諸侯之長。

〔一二〕力功争强：功，曾本、集本作「巧」，劉本作「功」，姚本、鮑本皆作「功」。作「功」爲是。「功」即「攻」之同音假借字。

〔一三〕右：古代以右爲上。

〔一四〕不得施謀有設之强：姚本如此。鮑本作「不得施設有謀之强」。

〔一五〕連與交質：與，猶親。連與，連合親近友好的國家。質，抵押品。交質，交换抵押人或物以取信。

〔一六〕孫卿：即荀卿，戰國末年的大儒。

〔一七〕蘇秦、張儀、公孫衍、陳軫、代、厲之屬：蘇秦，東周洛陽人。遊説各國倡導合縱抗秦。張儀，魏人，相秦惠王，倡連横説，使山東六國連於秦。公孫衍，號犀首，魏國陰晋（今陝西華陰東南）人。初事秦惠王，後與張儀不善，去秦之魏。張儀死後，公孫衍入秦，倡導連横，嘗佩五國相印，爲約長。陳軫，魏國夏（今山西夏縣）人。初仕秦，因與張儀不善，去秦奔楚。代、厲之屬：代，蘇代；厲，蘇厲。皆蘇秦之弟（或言其兄），嘗遊説燕、齊、趙、魏各國。

〔一八〕弱：集本、曾本無。姚本、鮑本皆有。

〔一九〕蘇秦結之：錢本、劉本「結」下有「從」字。姚本、鮑本皆無「從」字。無「從」字則文義亦通。

〔二〇〕儐：與「擯」同，排斥。

〔二一〕馳：奔投，向往。

〔二二〕據崤函之阻：崤，二崤山，在今河南澠池縣附近。函，函谷關，在今河南靈寶市北四十里。

〔二三〕跨隴、蜀之饒：隴，指隴山，今陝西寶雞以西，甘肅東部地區。蜀，指四川地區。

〔二四〕乘六世之烈：六世，指秦孝公、惠文王、武王、昭王、孝文王、莊襄王。烈，事業。

〔二五〕綴：聯結。

孔子曰：「道之以政〔一〕，齊之以刑。民免而無恥；道之以德，齊之以禮，有恥且格〔二〕。」夫使天下有所恥，故化可致也。苟以詐僞偷活取容，自上爲之，何以率下？秦之敗也，不亦宜乎！

〔一〕道之以政：道，讀爲「導」，謂引導、開導。政，謂法制禁令。

〔二〕有恥且格：格，正。言民有愧恥之心，並自覺改正錯誤。以上兩句，出自《論語·爲政》。

戰國之時，君德淺薄，爲之謀策者，不得不因勢而爲資，據時而爲〔一〕。故其謀扶急持傾，爲一切之權，雖不可以臨教化，兵革救急之勢也〔二〕。皆高才秀士，度時君之所能行，出奇策異智，轉危爲安，運亡爲存，亦可喜，皆可觀。

護左都水使者、光禄大夫臣向所校《戰國策》書録。

〔一〕據時而爲：「爲」下，姚注云：脱字。

〔二〕兵革救急之勢也：姚注：錢本「兵革」下有「亦」字。

戰國策序

劉向所定著《戰國策》三十三篇〔一〕，《崇文總目》稱十一篇者缺〔二〕。臣訪之士大夫家，始盡得其書，正其誤謬，而疑其不可考者，然後《戰國策》三十三篇復完。

〔一〕劉向所定著《戰國策》三十三篇：劉向字子政，西漢楚元王劉交之後代。漢元帝河平年間，受詔領校秘書，整理古籍，匯總《國策》、《國事》、《短長》、《事語》等書，將戰國時游士的策謀，編輯成《戰國策》一書，定著三十三篇，並爲之作《書録》，以傳於世。

〔二〕《崇文總目》稱十一篇者缺：《崇文總目》，宋仁宗時詔翰林學士王堯臣等據崇文院官家所藏書籍撰成的目録書，共六十六卷。稱十一篇者缺，《崇文總目》卷二著録云：「《戰國策》八卷。今篇卷亡缺，第二至十、三十一至三十三缺。又有高誘注本二十卷，今缺第一、第五、十一至二十，止存八卷。」

叙曰：向叙此書〔三〕，言周之先，明教化，修法度，所以大治。及其後，詐謀用，而仁義之路塞，所以大亂。其説既美矣。卒以謂此書〔三〕，戰國之謀士度時君之所能行，不得不然。則可謂惑於流俗，而不篤於自信者也。

〔一〕向叙此書：指劉向所作《戰國策書録》。以下八句，系概括《戰國策書録》前半篇文意而成。

〔二〕卒以謂此書：卒，最後。以謂，猶以爲。此書，指《戰國策》一書。

夫孔孟之時，去周之初，已數百歲，其舊法已亡，其舊俗已熄久矣〔一〕。二子乃獨明先王之道〔二〕，以爲不可改者，豈將强天下之主以後世之所不可爲哉？亦將因其所遇之時，所遭之變，而爲當世之法，使不失乎先王之意而已也。二帝三王之治〔三〕，其變固殊，其法固異，而其爲國家天下之意，本末先後，未嘗不同也。二子之道，如是而已。蓋法者，所以適變也，不必盡同；道者，所以立本也，不可不一。此理之不易者也。故二子者守此，豈好爲異論哉？能勿苟而已矣。可謂不惑於流俗，而篤於自信者也。

〔一〕舊俗已熄：謂舊時習俗已消亡。

〔二〕二子乃獨明先王之道：二子，指孔丘、孟軻。先王之道，指堯、舜、禹、湯、文、武等治理國家之大道理。

〔三〕二帝三王之治：古代儒者以唐堯、虞舜爲二帝，夏禹、商湯、周文王三代之王爲三王。

戰國之游士則不然，不知道之可信，而樂於説之易合。其設心注意〔一〕，偷爲一切之計而已〔二〕。故論詐之便，而諱其敗，言戰之善，而蔽其患。其相率而爲之者，莫不有利焉，而不勝其害也；有得焉，而不勝其失也。卒至蘇秦、商鞅、孫臏、吴起、李斯之徒〔三〕，以亡其身，而諸侯及秦用之，亦滅其國。其爲世之大禍明矣。而俗猶莫之悟也。惟先王之道，因時適變，法不同而考之無疵，用之無弊，故古之聖賢，未有以此而易彼也。

〔一〕設心注意：猶言用心措意。

〔二〕偷爲一切之計：偷，苟且。《漢書·平帝紀》顔師古注：「一切者，權時之事，非經常也。猶以刀切物，苟取整齊，不顧長短縱横，故言一切。」

〔三〕卒至蘇秦、商鞅、孫臏、吴起、李斯之徒：蘇秦，注見前。商鞅，戰國衛人，姓公孫氏。少好刑名之學，以助秦孝公變法治秦有功，封之於商，號爲商君。孝公死，公子虔之徒，告商鞅將反，發吏捕之，車裂以徇。孫臏，戰國齊人。與龐涓俱學兵法。龐涓後爲魏惠王將軍，使人召孫臏至魏，以法臏其兩足而黥其面。臏雖未亡身而軀體至殘。吴起，戰國衛人。魏文侯以爲將，使守西河，以拒秦、韓，後去魏之楚，楚悼王以爲相，變法圖强。悼王死，宗室大臣作亂，攻吴起，射殺之。李斯，戰國末楚國上蔡人。秦王政用其計謀，並吞六國，爲始皇帝，以李斯爲丞相。二世皇帝時，受趙高之譖，李斯腰斬於咸陽市。

或曰：「邪説之害正也，宜放而絶之〔一〕。則此書之不泯，其可乎？」對曰：「君子之禁邪説也，固將明其説於天下，使當世之人，皆知其説之不可從，然後以禁則齊〔二〕；使後世之人，皆知其説之不可爲，然後以戒則明。豈必滅其籍哉？放而絶之，莫善於是。故以孟子之書，有爲神農之言者〔三〕，有爲墨子之言者〔四〕，皆著而非之。至於此書之作，則上繼春秋，下至楚、漢之起，二百四五十年之間，載其行事，固不得而廢也。」

〔一〕宜放而絶之：放，摒棄。絶，滅絶。

〔二〕齊：整齊劃一。

〔三〕有爲神農之言者：《孟子·滕文公上》：「有爲神農之言者許行。」主張居民並耕而食，無貴賤上下之分。

〔四〕有爲墨子之言者：《孟子·滕文公上》云：孟子對墨者夷之，駁斥墨翟兼愛、薄葬學説。

此書有高誘注者二十一篇〔一〕，或曰三十二篇。《崇文總目》存者八篇，今存者十篇云。

編校史舘書籍臣曾鞏序

〔一〕高誘：東漢末年涿郡人。當時大儒盧植之弟子，建安中，辟司空掾，歷官東郡濮陽令，遷河東監。《後漢書》無傳。

附録一

戰國策逸文（一）

《戰國策》有逸文，姚宏兄弟舉之而未盡。辛未歲，余始治是書，求之《北堂書鈔》、《藝文類聚》、《初學記》、《太平御覽》，《史記》司馬貞《索隱》、張守節《正義》，《漢書》顔師古注，《後漢書》李賢注，《三國志》裴松之注，《文選》李善注，《荀子》楊倞注，旁參《韓非子》、《吕氏春秋》、《淮南子》、《太史公書》、《韓詩外傳》、《新序》、《説苑》、《列女傳》、《風俗通》、《高士傳》，下逮唐宋以還，文集筆記，諸所考校，掇拾爬梳，爲《國策校文》六卷。其文字軼出今本者，輯爲《逸文考》一卷，持較姚宏兄弟所舉，多四十餘條。蓋今本《戰國策》所無，逸言遺語，傳於今而可見者，約略盡之矣。丁丑之夏，《逸文考》刊於章氏國學講習會之學報，前列不能確知國別者，可知則依次列後。間有考覈，以「案」字發。板行以來，忽忽三年，删汰增益，時加理董，仍題舊名以行，將以求正於博覽通方之君子。庚辰四月十五日，祖耿記。

一

舉標甚高。

右四字，《文選・游天臺山賦》、《江賦》李善注並引。

二

噎而後穿井何及於急。

右九字，《太平御覽》卷七百四十一引。

三

涸若耶以取銅，破堇山而出錫。

右十二字，《太平御覽》六十八、三百四十三，《藝文類聚》六十並引。案姚寛書後舉此，「堇」作「惡」，疑譌。又《越絶書》載此，作「赤堇之山破而出錫，若邪之谷涸而出銅，歐冶用以爲純鉤之劍」。又《吴越春秋》：「薛燭善相劍，王取純鉤示之。薛燭曰：『臣聞王之初造此劍，赤堇之山破而出錫，若耶之溪涸而出銅，雨師灑道，雷師發鼓，蛟龍捧爐，天帝莊炭，太一下觀。』於是歐冶子曰：『天地之精，悉其技巧矣。』」

四

白頭如新，傾蓋如舊。

右八字，《太平御覽》三百六十三引。

案此鄒陽《上梁王書》中語，見《史記・鄒陽傳》。

五

桀之狗可使吠堯，而蹠之客可使刺由。

右十五字，《史記・鄒陽傳》鄒陽《上梁王書》中語。《索隱》曰：並見《戰國策》。

案《齊策》：刁勃謂田單曰：「跖之狗吠堯，非貴跖而賤堯也，狗固吠非其主也。」語與此異。《南齊書·崔慧景傳》崔偃疏：「桀之犬實可吠堯，跖之客實可刺由。」襲鄒陽文也。

六

聶政刺韓相，荆軻刺秦王，並白虹貫日。

右十五字，《太平御覽》卷四引。

案《北堂書鈔》一百五十一亦引《戰國策》曰：「唐睢説秦王曰：『聶政刺韓傀，白虹貫日。荆軻欲刺秦王，白虹貫日。』」考唐睢語在《魏策》，無後「荆軻」十字。唐睢語竟，秦王謝曰：「韓、魏滅亡，而安陵以五十里之地存者，徒以有先生也。」尋魏亡在始皇二十二年，荆軻入秦在始皇二十年。梁玉繩《史記志疑》稱唐睢壽至一百三十餘。睢固壽考，及見荆軻事。又，《史記·鄒陽傳》：「昔者荆軻慕燕丹之義，白虹貫日。」則《書鈔》、《御覽》所引，殆兼取唐睢、鄒陽之語也。

七

安陵丑。

右三字，《廣韻》「陵」字下引。

案此即姚寬書後所舉《廣韻》七事之一。寬所見《廣韻》「丑」作「尹」。今案《楚策一》、《魏策四》並者安陵君事，無言「安陵丑」、「安陵尹」者。

八

有羊千者著書顯名。

右八字，《廣韻》「羊」字下引。

案此即姚寬書後所舉《廣韻》七事之一。

九

蘇秦曰：上下相怨，民無所聊。

右十一字，《文選》陳琳《爲袁紹檄豫州》李善注引。

十

張儀曰，儀交臂而事齊楚。

右十字，《文選·喻巴蜀檄》李善注引。

十一

廉頗爲人勇鷙而愛士，白起視瞻不轉者執志强也。

右二十字，《後漢書·吴漢傳贊》李賢注引。

案此即姚寬書後所舉《後漢》第八贊一事也。

十二

齊人蒯通知天下權在韓信，欲爲奇策而感動之，以相人説韓信曰：「僕嘗受相人之術。」韓信曰：「先生相人何如？」對曰：「貴賤在於骨法，憂喜在於容色，成敗在於決斷，以此參之，萬不失一。」韓信曰：「善。先生相寡人何如？」對曰：「願少間。」信曰：「左右去矣。」通曰：「相君之面不過封侯，又危不安。相君之背，貴乃不可言。」韓信曰：「何謂也？」蒯通曰：「天下初發難也，俊雄豪桀建號壹呼，天下之士雲合霧集，魚鱗雜遝，熛至風起。當此之時，憂在亡秦而已。今楚、漢分争，使天下無罪之人肝膽塗地，父子暴骸骨於中野，不可勝數。楚人起彭城轉鬭逐北至於滎陽，乘利席卷，威震天下。然兵困於京、索之間，迫西山而不能進者，三年於此矣。漢王将數十萬之衆，距鞏、雒，阻山河之險，一日數戰，無尺寸之功，折北不救，敗滎陽，傷成皋，遂走宛、葉之間，此所謂智勇俱困者也。夫鋭氣挫於險塞，而糧食竭於内府，百姓罷極怨望，容容無所倚。以臣料之，其勢非天下之賢聖固不能息天下之禍。當今兩主之命縣於足下，足下爲漢則漢勝，與楚則楚勝。臣願披腹心，輸肝膽，效愚計，恐足下不能用也。誠能聽臣之計，莫若兩利而俱存之，叁分天下，鼎足而居，其勢莫必先動。夫以足下之賢聖，有甲兵之衆，據强齊，從燕、趙，出空虚之地而制其後，因民之欲，西鄉爲百姓請命，則天下風走而響應矣，孰敢不聽！割大弱强，以立諸侯，諸侯已立，天下服聽而歸德於齊。案齊之故，有膠西（泗）之地，懷諸侯之德，深拱揖讓，則天下之君王相率而朝於齊矣。蓋聞天與弗取，反受其咎；時至不行，反受其殃。願足下熟慮之。」韓信曰：「漢王遇我甚厚，載我以其車，衣我以其衣，食我以其食。吾聞之，乘人之車者載人之患，衣人之衣者懷人之憂，食人之食者死人之事，吾豈可以鄉利倍義乎！」蒯生曰：「足下自以爲善漢王，欲建萬世之業，臣竊以爲誤矣。始常山王、成安君爲布衣時，相與爲刎頸之交，後争張黶、陳澤之事，二人相怨。常山王背項王，奉項嬰頭而竄，逃歸於漢王。漢王借兵而東下，殺成安君泜水之南，頭足異處，卒爲天下笑。此二人相與，天下至驩也。然而卒相禽者，何也？患生於多欲而人心難測也。今足下欲行忠信以交於漢王，必不能固於二君之相與也，而事多大於張黶、陳澤。故臣以爲足下必漢王之不危己，亦誤矣。大夫種、范蠡存亡越，霸句踐，立功成名而身死亡。野獸已盡而獵狗亨。夫以交友言之，則不如張耳之與成安君者也；以忠信言之，則不過大夫種、范蠡之於句踐也。此二人者，足以觀矣。願足下深慮之。且臣聞勇略震主者身危，而功蓋天下者不賞。臣請言大王功略：足下涉西河，虜魏王，禽夏説，引兵下井陘，誅成安君，徇趙，脅燕，定齊，南摧楚人之兵二十萬，東殺龍且，西鄉以報，此所謂功無二於天下，而略不世出者也。今足下戴震主之威，挾不賞之功，歸楚，楚人不信，歸漢，漢人震恐。足下欲持是安歸乎？夫勢在人臣之位而有震主之威，名高天下，竊爲足下危之。」韓信謝曰：「先生且休矣，吾将念之。」後數日，蒯通復説曰：「夫聽者事之候也，計者事之機也，聽過計失而能久安者，鮮矣。聽不失一二者，不可亂以言；計不失本末者，不可紛以辭。夫隨厮養之役者，失萬乘之權；守儋石之禄者，闕卿相之位。故知者決之斷也，疑者事之害也。審豪氂之小計，遺天下之大數，智誠知之，決弗敢行者，百事之禍也。故曰：『猛虎之猶豫，不若蜂蠆之致螫；騏驥之跼躅，不如駑馬之安步；孟賁之狐疑，不如庸夫之必至也。雖有舜、禹之智，吟而不言，不如瘖聾之指麾也。』此言貴能行之。夫功者難成而易敗，時者難得而易失也。時乎，時乎！不再來。願足下詳察之。」韓信猶豫不忍背漢，又自以爲功多，漢終不奪我齊，遂謝蒯通。蒯通説不聽，已詳狂爲巫。

右手千二百三十字，《史記·淮陰侯傳》文。《索隱》曰：按《漢書》及《戰國策》皆有此文。

案《漢書·藝文志》縱横家有蒯通《蒯子》五篇。王先謙《補注》引王應麟曰：本傳論戰國時説士權變，亦自序其説，凡八十一首，號曰《雋永》。《史記志疑》卷三十二引翁考廉曰：《漢書通傳》言八十一首號《雋永》，《藝文志》無《雋永》而有《蒯子》五篇，未知即此八十一首否？史公述戰國時事與策不同者五，豈取於《雋永》乎？今不可考矣。案劉向所校《戰國策》書録云：「其事繼春秋以後，訖楚漢之起。」今本《戰國策》文止「唐雎不辱使命」，於時爲最後，而不及楚漢之起。明《戰國策》當有楚漢之起之文，而今逸之。此文殆即蒯子《雋永》中語，所謂自序其説者。其論戰國時説士權變者，馬國翰謂爲不可復見。余謂馬説非也。論者，論次義，非論説義。當時劉向所録，必有蒯通之文也。

十三

周王病瘉矣，犯請後可而復之。

右十二字，見《史記索隱》。《史記·周本紀》：「周王病甚矣，犯請後可而復之。」《索隱》曰：按《戰國策》「甚」作「瘉」。

案此即姚宏所云司馬貞引「馬犯謂周君」也。姚寬書後亦云：「馬犯謂周君、馬犯謂梁王，云王病瘉」，作「瘉」字。案姚寬舉司馬貞《索隱》五事，「馬犯謂周君」、「馬犯謂梁王」，實一事也，寬誤分爲二事，觀《史記》可知。今尋《史記》，其文作：「馬犯謂周君曰：請令梁城周。乃謂梁王曰：周王病若死，則犯必死矣。犯請以九鼎自入於王，王受九鼎而圖犯。梁王曰：善。遂與之卒，言戍周。因謂秦王曰：梁非戍周也，將伐周也。王試出兵境以觀之。秦果出兵。又謂梁王曰：周王病甚矣，犯請後可而復之。今王使卒之周，諸侯皆生心，後舉事且不信。不若令卒爲周城，以匿事端。梁王曰：善。遂使城周。」

十四

吕不韋曰：周凡三十七王八百六十七年。

右十六字，《文選·西征賦》李善注引。

案此即姚寬所云李善引吕不韋言周三十七王也。姚寬書後述李善注未舉此，誤以屬司馬貞《索隱》條下。

十五

韓兵入西周，西周令成君辯説秦求救。

右十五字，《史記·周本紀集解》徐廣注引。

案此即姚寬書後所舉徐廣注《史記》一事也。《史記·周本紀》：「王赧謂成君楚圍雍氏。」《集解》徐廣曰：「《戰國策》曰：韓兵入西周，西周令成君辯説秦求救。當是説此事而脱誤也。」《索隱》：「如徐此説，自合當改而注結之，不合與楚國雍氏連注。」鄭樵謂《史記》「成君」下有缺文。今案徐廣所見《戰國策》，有「西周令成君辯説秦求救」事，「成君」下之缺文，當即此事。今《史記》、《戰國策》並缺此事，獨賴徐廣此言獨知梗概耳。成君，程恩澤疑即《史記》所云武王封弟叔武於成之後，見《國策地名考》。

十六

羅尚見秦王曰：秦四塞之險利於守，不利於戰。

右十八字，見姚寬書後舊《戰國策》文修注。

案舊《戰國策》不知何本。據寬書後，寬所見共十一本：一、未經曾鞏校定本；二、浙建原小字刊行本；三、括蒼耿氏本；四、孫固本；五、孫覺本；六、錢藻本；七、曾鞏本；八、劉敞本；九、蘇頌本；十、集賢院本；十一、晁以道本。疑此所謂舊《戰國策》文，出於未經曾鞏校定之本也。

十七

秦王使人至，楚王賢之。恐其爲楚用以危秦也。昭子曰：以王之德，與王之賢，因以遺之楚王必爲有外心，去楚矣。從其計，果如所言。

右五十字，《太平御覽》卷四百五十引。

十八

有以九九求見齊桓公，桓公不納。其人曰：九九小術，而君納之，况大於九九者乎！於是桓公設庭燎之禮而見之。居無幾，隰朋自遠而至，齊遂以霸。

右五十六字，《三國志・魏志・劉廙傳》裴松之注引。

案《韓詩外傳》卷三云：「齊桓公設庭燎爲使人欲造見者。期年而士不至。於是東野有以九九見者，桓公使戲之，曰：九九足以見乎？鄙人曰：臣聞君設庭燎以待士，期年而士不至。夫士之所以不至者，君天下之賢君也，四方之士，皆自以不及君，故不至也。夫九九薄能耳，而君猶禮之，况賢於九九者乎？夫泰山不讓礫石，江海不辭小流，所以成其大也。《詩》曰：先民有言，詢於芻蕘。博謀也。桓公曰：善。乃固（《説苑》作因）禮之。期月，四方之士，相導而至矣。」《説苑・尊賢篇》略同。洪頤煊《讀書叢録》曰：「《梅福傳》：臣聞齊桓之時，有以九九見者。師古曰：九九算術，若今九章、五曹之輩。頤煊案：《管子・輕重戊篇》：虙戲造六法以迎陰陽，作九九之數，以合天道。魏劉徽《九章算術序》：昔在庖犧氏，作九九之術，以合六爻之變。《神仙傳》：古人貴九九之好，善鳴之技，皆謂算術。」祖耿案：《梅福傳》見《漢書》第三十七卷，傳云：「成帝委任大將軍王鳳，王氏浸盛，災異數見。福上書曰：（前略）臣誠恐身塗野草，尸並卒伍，故上書求見，輒報罷。臣聞齊桓之時，有以九九見者，桓公不逆，欲以致大也。今臣所言，非特九九也，陛下距臣者三矣，此天下士所以不至也。」《晉書載記》二，陳元達語劉元海，亦引齊桓公納九九之義。又《南齊書·劉瓛傳》與張融、王思遠書：「庶欲從九九之遺蹤。」義指隱退，與諸説異。

十九

檀子。

右二字，見《史記索隱》。《史記·田敬仲世家》：「吾臣有檀子者。」《索隱》曰：「檀子，齊臣。檀，姓；子，美稱，大夫皆稱子。盼子，田盼也。黔夫及種首，皆臣名。事悉具《戰國策》也。」

案《史記·田敬仲世家》曰：「二十四年，與魏王會田於郊。魏王問曰：王亦有寶乎？威王曰：無有。梁王曰：若寡人國小也，尚有徑寸之珠照車前後各十二乘者十枚，奈何以萬乘之國而無寶乎？威王曰：寡人之所以爲寶與王異。吾臣有檀子者，使守南城，則楚人不敢爲寇東取，泗上十二諸侯皆來朝。吾臣有盼子者，使守高唐，則趙人不敢東漁於河。吾吏有黔夫者，使守徐州，則燕人祭北門，趙人祭西門，徙而從者七千餘家。吾臣有種首者，使備盜賊，則道不拾遺。將以照千里，豈特十二乘哉？梁惠王慚，不懌而去。」《韓詩外傳》卷十亦載此，文同，惟威王作宣王爲異。

二十

韓、魏之君不朝於齊。鄒忌爲劉相，田忌爲將，使田忌伐魏，三戰三勝。

右二十六字，《太平御覽》三百二十二引。

案《齊策》一有鄒忌傾田忌事，無韓、魏之君不朝於齊語。

二十一

魏、趙相攻，齊將田忌引兵救趙，孫臏曰：夫解雜亂紛糾者，不控捲；救鬭者，不搏撠。批亢擣虚刑格勢禁則自爲解耳。今魏、趙相攻，輕兵鋭卒必竭於外，老弱罷於内，君不若引兵疾走大梁，據其街路，衝其方虚，彼必釋趙而自收弊於魏也。田忌從之，直走大梁，魏師遂退。

右百二字，《太平御覽》二百八十二引。

二十二

韓、魏相攻，齊將田忌率兵伐魏，魏將龐涓聞之，去韓而歸。孫臏謂田忌曰：彼三晋之士，素悍勇而輕齊，齊佯爲怯。善戰者因其勢而利導之。《兵法》：百里而趨利者，蹶上將軍；五十里走者，半至。使齊軍入魏地爲十萬竈，明日爲五萬竈，又明日爲二萬竈。龐涓行三日大喜曰：我故知齊軍怯入吾地，三日士卒亡者過半也！乃棄其步兵與其輕鋭，倍日並行逐之。孫子度其行暮當至馬陵，馬陵道狹，而旁多阻隘，可伏兵。乃斫大樹白而書之曰：龐涓死於此樹之下。於是令萬弩夾道而伏，期曰（日）暮見火舉而俱發。龐涓夜至斫木下，見白書，乃鑽火燭之。讀書未畢，齊軍萬弩俱發，軍大亂，龐涓乃自刭曰：遂成豎子之名！

右二百三十餘字，《太平御覽》二百九十四引。

案以上二則，並見《史記·孫臏傳》。

二十三

齊孫臏謂齊王曰：凡伐國之道，攻心爲上，務先伏其心。今秦之所恃爲心者，燕、趙也。當收燕、趙之權，今説燕、趙之君，勿虚言空亂。必將以實利以回其心。所謂攻其心者也！

右六十五字，《太平御覽》二百八十二引。日本瀧川資言《史記會注考證》引此，謂此孫臏兵法存乎今者。

二十四

齊威王時，有左執法公旗蕃。

右十一字，《廣韻》「公」字下引。

案此即姚寬書後所舉《廣韻》七事之一。

二十五

齊門周。

右三字，《廣韻》「門」字下引。

案此即姚寬書後所舉《廣韻》七事之一。今《齊策》四有「雍門養椒」，《齊策》六有「雍門司馬」，均非此。清康熙間錢塘舉人倪璠注《庾信集·哀江南賦》引《戰國策》曰：「雍門周曰：曲池又以平。」璠所見《戰國策》不知何本，然必有所據。《文選》張孟陽《七哀詩》李善注引桓子《新論》曰：「雍門周以琴見孟嘗君，曰：臣竊悲千秋萬歲後，墳墓生荊棘，狐兔穴其中，樵兒牧豎，躑躅而歌其上，行人見之悽愴，孟嘗君之尊貴如何成此乎？孟嘗君喟然歎息，淚下承睫。」陸士衡《豪士賦序》李善注復引桓子《新論》曰：「雍六周以琴見孟嘗君，孟嘗君曰：先生鼓琴，亦能令文悲乎？對曰：臣竊爲足下有所悲，千秋萬歲後墳墓生荊棘，游童牧豎，躑躅其足，而歌其上曰：孟嘗君之尊貴，亦猶若是乎？於是孟嘗喟然太息，涕承睫而未下。雍門周引琴而鼓之，徐動宫徵，揮角羽，初終而成曲。孟嘗君遂歔欷而就之。」其注引六十六字，後注引一百十一字，蓋並出桓譚《新論》而均未全引。此文全篇，當如《三國志·郤正傳》裴松之注所引桓譚《新論》。其文曰：「雍六周以琴見孟嘗君，曰：先生鼓琴亦能令文悲乎？對曰：臣之所能令悲者，先貴而後賤，昔富而今貧，擯壓窮巷，不交四鄰；不若身材高妙，懷質抱真，逢讒罹謗，怨結而不得信；不若交歡而結愛，無怨而生離，遠赴絶國，無相見期；不若幼無父母，壯無妻兒，出以野澤爲鄰，入用掘穴爲家，困於朝夕，無所假貸。若此人者，但聞飛鳥之號，秋風鳴條，則傷心矣。臣一爲之援琴而長太息，未有不悽惻而涕泣者也。今若足下，居則廣廈高堂，連闥洞房，下羅帷，來清風倡優在前，諂諛侍側，揚激楚，舞鄭妾，流聲以娱耳，練色以淫目。水戲則舫龍舟，建羽旗，鼓釣乎不測之淵。野游則登平原，馳廣囿，强弩下高鳥，勇士格猛獸。置酒娱樂，沈醉忘歸。方此之時，視天地曾不若一指。雖有善鼓琴者未能動足下也。孟嘗君曰：固然。雍門周曰：然臣竊爲足下有所常悲。夫角帝而困秦者，君也。連五國而伐楚者，又君也。天下未嘗無事，不從則横。從成則楚王，衡成則秦帝。夫以秦、楚之强而報弱薛，猶磨蕭斧而伐朝菌也。有識之士，莫不爲足下寒心。天道不常盛，寒暑更進退。千秋萬歲之後，宗廟必不血食。高臺既以傾，曲池又已平。墳墓生荆棘，狐狸穴其中。游兒牧豎，躑躅其足而歌其上，曰：孟嘗之尊貴，亦猶若是乎？於是孟嘗君喟然太息，涕淚承睫而未下。雍門周引琴而鼓之，徐動宫徵，叩角羽，終而成曲。孟嘗君遂歔欷而就之，曰：先生鼓琴，令文立若亡國之人也。」全文共四百七十九字。首句「孟嘗君」下，當脱「孟嘗君」三字。如此三字，則爲四百八十二字也。此文有「曲池又已平」語，倪璠所見，當即此文。然則此文乃《戰國策》所有，桓譚引以入己著，居然可知也。又案《宋書樂志》引《司馬法》曰：「得意則愷樂愷歌。」雍門周説孟嘗君「鼓吹於不測之淵」，此爲見鼓吹之始。此語不知何據，不測之淵非鼓吹之地，疑爲「鼓釣乎不没之淵」之誤也。前人讀書不精，亦有如此之甚者，殊可笑也。又《淮南子》卷十《繆稱訓》曰：「雍門子以哭見孟嘗君涕流沾纓。」俞樾云：「『孟嘗君』下，當更有『孟嘗君』三字，而今脱之。」《覽冥篇》曰：「昔雍門子以哭見於孟嘗君，已而陳辭通意，撫心發聲，孟嘗君爲之增欷歍唈，流涕狼戾，不可止。」彼文再言孟嘗君，故知此亦當同。不然，則涕流沾纓仍屬雍門子而不爲孟嘗君，不見其感人之至矣。劉文典曰：「俞説是也。《論衡·感虚篇》：『雍門子哭對孟嘗君，孟嘗君爲之於邑。』《論衡》所引儒者傳書之言，多同《淮南》，知此文亦必重『孟嘗君』三字矣。」又按《文選》陸士衡《於承明作與士龍詩》注引此文作「雍門子以琴見孟嘗君，涕流霑纓」。《漢書·景十三王傳》云：「雍門子壹微吟，孟嘗爲之於邑。」蘇林云：「六國時人，名周，善鼓琴，母死，無以葬，見孟嘗君而微吟也。」如淳云：「雍門子以善鼓琴見孟嘗君，先説萬歲之後，高臺既已顛，曲池又已平，墳墓生荆棘，牧豎游其上，孟嘗君亦如是乎？孟嘗君喟然歎息也。」《説苑·善説篇》所説略同。《文選》注所引「琴」字，似非誤字。《繆稱訓》乃許注本，疑高本自作「琴」也。案《説苑·善説篇》「雍門周」作「雍門子周」。《善説篇》稱引主父偃之辭，疑此文即在主父偃所著之二十八篇中。

二十六

或謂孟嘗君曰：廊廟之榱，非一木之枝；先王之法，非一士之智。

右二十四字，《太平御覽》一百八十八引。又，六百九十四引作「或謂孟嘗君曰：太廟之榱，非一木之枝也；千鎰之裘，非一狐之裘也。」

案此即姚寬書後所舉《太平御覽》二事之一。

二十七

蘇秦説孟嘗君曰：秦四塞之國也。

右十三字，《文選·東都賦》李善注引。

案此即姚寬書後所舉李善注《文選》之一事。

二十八

燕昭王以樂毅爲將，破齊七十餘城。及惠王立，與樂毅有隙。齊將田單乃縱反間於燕，宣言曰：齊王已死，城不拔者二耳！樂毅畏誅而不敢歸，以伐齊爲名，實欲連兵南面王齊。齊人未附故且緩，即墨殘矣。燕王以爲然。使騎劫代毅。燕人士卒離心。單又縱反間曰：吾懼燕人掘吾城外冢墓，戮先人。燕軍從之。即墨人激怒，請戰。大敗燕師。所亡七十餘城，悉復之。

右百三十六字，《太平御覽》二百九十二引。

二十九

燕將騎劫攻齊即墨，齊將田單拒守，乃宣言曰：吾惟懼燕軍之劓，所得齊卒置之前行與我戰，即墨敗矣！燕人聞之，如其言。城中人見齊降者盡劓。皆怒堅守唯恐見得。田單又縱反間曰：吾懼燕人掘吾城外冢墓，戮先人，可爲寒心。燕軍盡掘壟，燒死人。即墨人從城上遥見，皆涕泣。其欲出戰，怒皆十倍，因大敗燕。

右百二十字，《太平御覽》二百八十二引。

三十

燕軍大破齊國。齊將田單守即墨，知士卒可用，乃身操版插，與士卒分功，妻妾編行伍之間，盡散飲食饗士。令甲卒皆伏，使老弱女子乘城，遣約降於燕，燕軍皆呼萬歲。田單又收人金得千鎰，令即墨富豪遺燕將，書曰：即墨即降，願無掠虜，吾族家妻妾令安堵。燕將大喜，許之。燕軍由此益懈。田單出軍擊，大敗之。

右百十九字，《太平御覽》二百八十二引。

三十一

燕師伐齊，已下七十餘城，圍即墨未下。齊将田單乃收城中，得千餘牛爲縫繒衣，畫以五綵龍文，束兵刃於其中，角而灌脂，束葦於尾，燒其端，鑿城数十穴，夜縱牛，壯士五千人随其後。牛尾熱，怒而奔燕軍。燕軍夜大驚。牛尾炬火光明炫燿，燕軍視之，皆龍文，所觸盡死傷。五千人因銜枚擊之，而城中皷譟從之老弱者，皆擊銅器爲聲，聲動天地，燕軍大駭敗走。而齊七十餘城皆復爲齊。

右百四十六字，《太平御覽》二百八十二引。

案以上四則，並見《史記·田單列傳》。

三十二

齊國將亡亦有妖乎？其一人曰：齊桓公宫中七市。

右十九字，《初學記》二十四引。

案《東周策》：周文君免工師籍，相吕倉。謂周文君曰：齊桓公宫中七市，女閭七百，國人非之，管仲故爲三歸之家，以掩桓公之（之字依《御覽》補）非。語與此異。

三十三

楚免淖齒於柱國，游騰謂楚王曰：秦有上群午者重兵之戰。請秦王曰：必無與楚戰。王曰：何也？對曰：南方火也，西方金也，金之不勝火，亦必矣。秦王不聽，其戰不勝。今午又請秦王：必與楚戰。南方火西方金也，楚正夏，中年而免其柱國，此所謂内自滅也。楚懼，復置淖齒。

右百二字，《太平御覽》卷四百六十引。

案此戰國時陰陽家言之僅存者。文又見《渚宫舊事》卷三，曰：「淖齒得罪於懷王，游騰爲齒説王曰：秦有上群午者，重邱之戰，謂秦王曰：必無與楚戰。王曰：何也？對曰：南方火也，西方金也。金之不勝火，必矣。秦王不聽，果戰不勝。今午又謂秦王：必與楚戰。今楚夏正而免其柱國，此所謂火自滅也。王懼，因復淖齒。」文與《御覽》所引微有不同，可以互參。考《左傳》昭三十一年，「史墨曰：火勝金，故弗克」。陰陽家之由言來久矣。《漢書·藝文志》陰陽家有《鄒子終始》五十六篇。《文選·魏都賦》注引《七略》曰：「鄒子有終始五德，從所不勝，土德後木德繼之，金德次之，火德次之。」此文上群午云云，殆祖述其説者也。

三十四

蘇秦爲楚合從，元戎以鐵爲矢，長八寸，一弩十矢，俱發。

右二十一字，《藝文類聚》六十引。

案此即姚宏所云歐陽詢引「蘇秦謂元戎以鐵爲矢」也。姚寬書後同。

三十五

楚絶齊，齊舉兵攻楚。陳軫謂楚王曰：不如以地東解於齊，而西謀於秦矣。

右二十七字，《太平御覽》卷四百六十引。

三十六

楚人有好以弱弓微繳加歸雁之上者。頃襄王問之，對曰：見鳥六雙，王何不以聖人爲弓，以勇士爲繳，時張而射之，此六雙者可得而囊載也！

右五十七字，《藝文類聚》六十引。《北堂書鈔》一百二十五引「楚」下無「人」字，「對曰」下有「大王之賢所發非直此也」十字，無「見鳥六雙」四字，又無「此六雙者可得而囊載也」十字。《太平御覽》三百四十七引「有」作「者」，「聞而召問之」作「間召而問之」，又「見」下無「鳥」字。

案此即姚寬書後所舉《北堂書鈔》之一事。全文當如《史記·楚世家》所云：「十八年，楚人有好以弱弓微繳加歸雁之上者，頃襄王聞，召而問之。對曰：『小臣之好射鶀雁羅鸗，小矢之發也，何足爲大王道也。且稱楚之大，因大王之賢，所弋非直此也。昔者三王以弋道德，五霸以弋戰國。故秦、魏、燕、趙者，鶀雁也；齊、魯、韓、衛者，青首也；騶、費、郯、邳者，羅鸗也。外其餘則不足射者。見鳥六雙，以王何取？王何不以聖人爲弓，以勇士爲繳，時張而射之，此六雙者，可得而囊載也，其樂非特朝夕之樂也，其獲非特鳧雁之實也，王朝張弓而射魏之大梁之南，加其右臂而徑屬之於韓，則中國之路絕，而上蔡之郡壞矣；還射圉之東，解魏左肘而外擊定陶，則魏之東外棄而大宋、方、與二郡者舉矣；且魏斷二臂顛越矣，膺擊郯國，大梁可得而有也。王請繳蘭臺，飲馬西河，定魏大梁，此一發之樂也。若王之於弋誠好而不厭，則出寶弓，碆新繳，射噣鳥於東海，還蓋長城以爲防，朝射東莒，夕發浿丘，夜加即墨，顧據午道，則長城之東收而泰山之北舉矣。西結境於趙，而北達於燕，三國布翄，則從不待約而可成也。北遊目於燕之遼東，而南登望於越之會稽，此再發之樂也。若夫泗上十二諸侯，左縈而右拂之，可一旦而盡也。今秦破韓以爲長憂，得列城而不敢守也。伐魏而無功，擊趙而顧病，則秦、魏之勇力屈矣。楚之故地漢中、析、酈，可得而復有也。王出寶弓，碆新繳，涉鄳塞，而待秦之倦也。山東、河內可得而一也。勞民休衆，南面稱王矣。故曰：秦爲大鳥，負海內而處，東面而立，左臂據趙之西南，右臂傅楚鄢、郢，膺擊韓、魏，垂頭中國，處既形便，勢有地利，奮翼鼓翄，方三千里，則秦未可得獨招而夜射也。』欲以激怒襄王，故對以此言。襄王因召與語，遂言曰：『夫先王爲秦所欺，而客死於外，怨莫大焉。今以匹夫有怨，尚有報萬乘，白公、子胥是也。今楚之地方五千里，帶甲百萬，猶足以踴躍中野也，而坐受困，臣竊爲大王弗取也。』於是頃襄王遣使於諸侯，復爲從，欲以伐秦。」方苞曰：「此真戰國之文，而不見《楚策》中。」日本瀧川資言《史記會注考證》曰：「按《國策》姚本、鮑本、吴本，皆不收此章，但張本有之，蓋依《史記》補入也。」案瀧川所謂張本，指明張文燿所撰《戰國策談棷》十卷本。紀昀《四庫全書總目提要》云：「《戰國策談棷》十卷，明張文燿撰。文燿字維昇，仁和人。是書全用吴師道補正鮑彪之本，惟增入李斯諫逐客書、楚人以弱弓微繳説頃襄王、中山君饗都士大夫三章，爲吴本所無。」是張文燿《談棷》本有此文也。今案《藝文類聚》、《北堂書鈔》、《太平御覽》並引此爲《戰國策》文，是《戰國策》原有此文而宋以後逸之也。又《太平御覽》卷八百三十二引《春秋後語》云：「楚頃襄王時，人有好以弱弓微繳加歸雁之上者。王聞之，召而問焉。對曰：外臣之好射鶀雁羅鸗，小矢之發也，何足爲大王道哉！且楚王之大，因大王之賢，所弋非直此也。昔者三王以弋道德，五伯以弋戰國。夫秦、魏、燕、趙，王之鶀雁也；齊、魯、鄭、衛者，青首也；鄒、費、郯、邳者，羅鸗也；其餘不足射也。見鳥六雙，唯王何取？王若以聖人爲弓，勇士爲繳，時張而射之，此六雙者可得而囊載也，其樂非特朝夕之樂也。」文雖未全，亦可互參。

三十七

驥傀而噴鼓鼻也。

右七字，《玉篇上》「噴」下引。

案此即姚寬書後所舉《玉篇》一事。「傀」姚寬作「俛」。案「傀」，「俛」之形誤。《楚策》四：「驥於是俛而噴，仰而鳴，聲達於天。」無「鼓鼻也」三字。《玉篇》所引，疑誤入高注之文耳。今高注久逸，無此文。

三十八

鳴犢鐸犨。

右四字，見《漢書·劉輔傳》。顔師古注：「《戰國策》説二人姓名云鳴犢、鐸犨。」

案《史記·孔子世家》作「竇鳴犢、舜華」。《世家》：「孔子既不得用於衛，將西見趙簡子。至於河，而聞竇鳴犢、舜華之死也，臨河而歎曰：『美哉水，洋洋乎！丘之不濟此，命也夫！』子貢趨而進曰：『敢問何謂也？』孔子曰：『鳴犢、舜華，晉國之賢大夫也，趙簡子未得志之時，須此兩人而後從政；及其已得志，殺之，乃從政。丘聞之也，刳胎殺夭，則麒麟不至郊；竭澤涸漁，則蛟龍不合陰陽；覆巢毀卵，則鳳皇不翔。何則君子諱傷其類也？夫鳥獸之於不義也，尚知辟之，而況乎丘哉？』乃還息乎陬鄉，作爲《陬操》以哀之，而反乎衛。」《集解》徐廣曰：「或作鳴鐸、竇犨，又作竇鳴犢、舜華也。」《索隱》引《國語》云「鳴鐸、竇犨」。案《漢書·古今人表》中上分列鳴犢、竇犨二名。《三國志·劉廙傳》注引《新序》云：「趙有犢犨，晉有鐸鳴。」（案今《新序》無此文）《説苑·權謀》云：「晉有澤鳴犢。」並以爲二人，與顔師古注合。唯《琴操》作「竇鳴犢」，《水經·河水注》五作「鳴犢」。洪邁《容齋四筆》曰：「鐸、犢、竇聲相近。」梁玉繩《史記志疑》曰：「竇其姓，鳴犢其字，而其名曰犨。以爲二人者誤。」《漢書人表考》又曰：「古人名字相配，犨牛息聲，故字鳴犢」依洪、梁兩家之言，是「鳴犢即鐸犨」，亦即「竇犨」，顔師古誤以爲二人。《世家》所謂須此兩人者，乃指「竇犨」與「舜華」而言，非云「鳴犢鐸犨」爲二人也。韓愈《將歸操》亦云「孔子之趙聞殺鳴犢作」。

三十九

晉有大夫芬質。

右六字，《廣韻》「芬」字下引。

案張澍輯《風俗通·姓氏篇》引《氏族略》「質」作「賢」。

四十

晉有亥唐。

右四字，《廣韻》「亥」字下引。

四十一

趙有大夫庫賈。

右六字，《廣韻》「庫」字下引。

案以上三則，姚寬書後所舉《廣韻》七事之三。

四十二

晉大夫芸賢。

右五字，見《元和姓纂》「芸」字下，云：「《風俗通》晉大夫芸賢，見《戰國策》。」

案此即姚寬書後所舉《元和姓纂》之一事。疑與《廣韻》所舉之「芬質」爲一，形近而譌耳。岑仲勉《元和姓纂四校記》卷三第二九八頁云：「芸，《風俗通》晉大夫芸賢，見《戰國策》。《通志》文全同，唯『芸』作『芬』。考《廣韻》『芬』字下，云：又姓，《戰國策》晉有大夫芬質。《姓解》二辨證亦作『芬質』，『芬質』之訛，蓋以『芬』冒『芸』也。應改正。《急就篇》上云芸氏。《姓纂》晉有芸賢。是知宋元之際，《姓纂》已有冒文之弊。《姓觿》二，『芸質』之『質』字固不誤，温校反疑其誤，非也。《姓觿》芬質、芸賢並存。」

四十三

衛行人燭過，免冑横戈而進。

右十一字，《文選·從軍行》李善注引。

案《吕氏春秋·貴直篇》曰：「趙簡子攻衛，附郭，自將兵，及戰，且遠立，又居於犀蔽屏櫓之下，鼓之而士不起。簡子投桴而歎曰：『嗚呼！士之遬弊，一若此乎？』行人燭過免冑横戈而進曰：『亦有君不能耳！士何弊之有？』簡子艴然作色曰：『寡人之無使，而身自將是衆也，子親謂寡人之無能。有説則可，無説則死。』對曰：『昔吾先君獻公，即位五年，兼國十九，用此士也。惠公即位二年，淫色暴慢，身好玉女，秦人襲我，遜去絳七十，用此士也。文公即位二年，底之以勇，故三年而士盡果敢。城濮之戰，五敗荆人，圍衛取曹，拔石社，定天子之位，成尊名於天下，用此士也。亦有君不能取，士何弊之有？』簡子乃去犀蔽屏櫓，而立於矢石之所及。一鼓而士畢乘之。簡子曰：『與吾得革車千乘也，不如聞行人燭過之一言。』」又見《韓非子·難二》。

四十四

衣盡出血。襄子迴車，車輪未周而亡。

右十四字，《史記·刺客傳索隱》引。

案此即姚寬書後所舉司馬貞《索隱》五事之一。《索隱》云：「此不言衣出血者，太史公恐涉怪妄，故略之耳。」日本瀧川資言《史記會注考證》曰：「今本《國策》無此文，後人或以其怪删之歟？」

四十五

武靈王游大陵，夢處女鼓瑟。

右十一字，見《春秋後語》。

案此即姚宏所云《春秋後語》「武靈王游大陵，夢處女鼓瑟」也。姚寬書後亦舉之。《史記·趙世家》云：「王游大陵，他日，王夢見處女鼓琴而歌詩曰：『美人熒熒兮，顔若苕之榮。命乎命乎，曾無我嬴。』異日，王飲酒樂，數言所夢，想見其狀。吳廣聞之。因夫人而内其女娃嬴、孟姚也。孟姚甚有寵於王，是爲惠后。」《漢魏六朝百三名家集》引楊慎《詩話補遺》云：「按《戰國策》，趙武靈西至河，登黄華之上，夢處女鼓琴歌詩，因納吳廣女娃嬴、孟姚云云。」案《詩話補遺》乃慎戍滇後作，戍所無書可稽，慎惟憑腹笥所憶，而所云如是，知慎所見《戰國策》有此文也。

四十六

碣石山在常山九門縣。

右九字，《史記·蘇秦傳索隱》引。又，《後漢書·郡國志》「常山九門」注云：碣石山，《戰國策》云在縣界。

案即此姚寬書後所舉《後漢·地理志》一事。閻若璩《潛邱劄記》曰：「按《通鑑地理通釋》曰：碣石凡有三，騶衍如燕，昭王築碣石宫，身親往師之。此碣石特宫名耳，在幽州薊縣西三十里寧臺之東，非山也。秦築長城所起自碣石，此碣石在高麗界中，當名爲左碣石。其在平州南三十餘里者，即古大河入海處，爲《禹貢》之碣石，亦曰右碣石。其説可謂精矣。或獻疑曰：《後漢書》常山國九州縣，劉昭補注曰：碣石山，《戰國策》云在縣界。《史記·蘇秦列傳索隱》曰：《戰國策》碣石山在常山九門縣，不又一碣石乎？王氏説尚有未盡。余曰：九門縣自西漢五代猶沿，宋開寶六年，始省入藁城縣。西北二十五里有九門城，四面五百餘里皆平地，求一部婁塊阜，以當所謂碣石之山，亦不可得。故康成云：今驗九門，無此山也。康成《戒子書》：吾嘗游學往來幽并兖豫之域，蓋亦以目驗知之。王伯厚生長晚宋，足不曾至中原，即以信康成者削《國策》不知。古人譔著，屹如堅壘，豈易攻與？」是閻氏不信《戰國策》説九門縣有碣石山也。洪頤煊《讀書叢録》曰：「《蘇秦列傳》：南有碣石、雁門之饒。《索隱》：《戰國策》碣石在常山九門縣。《尚書正義》引鄭注：《戰國策》碣石在九門縣。今驗九門無此山。頤煊案，《山海經·北山經》：碣石之山，繩水出焉，而東流，注於河。山次在雁門虖沲之間，當與九門相近。」是洪氏以《山海經》爲據，信九門相近有碣石山也。九門縣有無碣石山，玆不具論。司馬貞、劉昭、鄭玄注書，並云《戰國策》有碣石在九門縣之文。玄爲後漢高密人。劉昭，梁高唐人。司馬貞，唐河内人。三人以玄爲最早，玄據《戰國策》之文而加以目驗，其重視此文可知。是《戰國策》必有此文也。日本瀧川資言《史記會注考證》云：按慶長本《索隱》無《戰國策》三字。此或誤脱，不足以證《索隱》必無《戰國策》三字也。又顧觀光謂「碣石山在常山九門縣」九字爲高誘注文，疑或非是。高誘與鄭玄並時而較後，若爲高注，玄必不云《戰國策》碣石在九門縣也。

四十七

本有宮室而居，趙武靈王改爲九門。

右十四字，《史記·趙世家正義》引。又，《太平御覽》一百六十一引，作「九門縣本有九室而居，趙武靈王改爲九門縣」。

案此即姚宏所云《史記正義》「碣石九門有宮室以居」也。姚合《索隱》、《正義》爲一，殆誤。程恩澤曰：「《史記正義》、《索隱》、《後漢書》注並引《戰國策》『東城九門本有宮室以居，趙武靈王改爲九門』。恩澤案：《漢志》常山郡有九門縣。《趙世家》惠文王二十八年『罷城北九門大城』。《正義》『恒州九門縣城也』。《寰宇記》『鎮州東三十里有九門縣，今在正定府藁城縣西北二十五里』。（劉昭注引《國策》云：碣石山在縣界，今無。）」見《國策地名考》卷九。

四十八

平原君躄者。

右五字，見《春秋後語》。

案此即姚寬書後所舉《春秋後語》二事之一。文當如《史記·平原君列傳》。《列傳》云：「平原君家樓臨民家，民家有躄者，槃散行汲。平原君美人居樓上，臨見，大笑之。明日躄者至平原君門，請曰：『臣聞君之喜士，士不遠千里而至者，以君能貴士而賤妾也。臣不幸有罷癃之病，而君之後宮臨而笑臣，臣願得笑臣者頭。』平原君笑應曰：『諾。』躄者去，平原君笑曰：『觀此豎子，乃欲以笑之故，殺吾美人，不亦甚乎？』終不殺。居歲餘，賓客、門下舍人稍稍引去者過半。平原君怪之，曰：『勝所以待諸君者，未嘗敢失禮，而去者何多也？』門下一人前對曰：『以君之不殺笑躄者，以君爲愛色而賤士，士即去耳！』於是平原君乃斬笑躄者美人頭，自造門進躄者，因謝焉。其後門下乃復稍稍來。」

四十九

秦伐趙。趙以趙奢之子代廉頗爲將，距秦將王齕於長平。秦王聞之，乃陰使武安君白起爲上將軍，而王齕爲裨將軍。令軍中敢有泄武安君者斬！馬服子至，則出兵擊秦軍，秦軍佯敗而走。張二奇兵以劫之，趙軍逐勝追造秦壁。秦壁堅距不得入。而秦奇兵二萬五千人，絶趙軍；又一軍五千騎絶趙壁間。趙軍分而爲二，糧道絶。而秦出輕兵擊之，趙戰不利，因築壁堅守以待救至。秦王聞趙食道絶，王自之河内賜民爵各一級，發年十五以上悉詣長平，遮絶趙救及糧食。至九月，趙卒不得食四十六日，皆内陰相殺食來攻秦壘。欲出爲四隊，四五復之，不能出。其時馬與鋭卒自搏戰，秦軍射殺之。軍大敗，卒二十餘萬人降，皆坑之。

右二百四十二字，《太平御覽》二百八十二引。

案此見《史記·白起王翦列傳》。

五十

秦師圍趙閼與，趙將趙奢救之。去趙國都三十里不進。秦間來，奢善食遣之。間以報秦將，以爲奢師怯弱，而止不行。奢即隨而卷甲趨秦師，擊破之。

右五十六字，《太平御覽》二百九十二引。

五十一

秦伐韓軍於閼與，趙王召問趙奢，對曰：「道遠險狹，難救。譬猶兩鼠鬭於穴中也，將勇者勝。」王乃令奢救之。軍邯鄲三十里，而令軍中曰：「有軍事諫者死。」秦軍武安西，秦軍鼓譟勒兵，武安屋瓦盡震。軍中候有一人言急救武安，奢立斬之。堅壁，留二十八日不行，復益壘。秦間來，奢善食遣之。間以報，秦將大喜曰：「夫去國三十里而軍不行，乃增壘，閼與非趙地也！」趙奢既已遣秦間，乃卷甲而行趨之，二日一夜至。令善射者去閼與五十里，而軍壘成。秦人聞之，悉甲而至，奢縱兵擊破之，閼與圍解。

右百八十六字，《太平御覽》二百九十三引。

五十二

秦師伐韓圍閼與。趙遣將趙奢救之，軍士許歷曰：「秦人不意趙師至此，其來氣盛，將軍必厚集其陣以待之，不然必敗。」

右四十五字，《太平御覽》三百三十一引。

五十三

先據北山上者勝，後至者敗。趙奢即發萬人趨之。秦兵後至，争山不得上。趙奢縱兵擊之，大破秦軍，遂解閼與之圍。

右四十四字，《太平御覽》三百三十一引。

五十四

秦與趙兵相拒長平。趙孝成王使廉頗爲將，固壁不戰。秦數挑戰，廉頗不出。秦之間言曰：「秦之所患，獨畏馬服趙奢之子爲將耳！」趙王信秦之間，因以奢子爲將，終爲秦將白起所敗。

右六十九字，《太平御覽》二百九十二引。

五十五

秦與趙兵相拒長平。趙孝成王使趙奢之子將。藺相如曰：「王以名使括，若膠柱而鼓瑟耳。此子徒能讀其父奢書傳，而不知合變也。」趙王不聽。奢子括少時學兵法，言兵事，以天下莫能當。嘗與其父言兵事，奢不能難，然不謂之善。其母問其故，奢曰：「兵死地也，而乃易言之。趙若以爲將，破軍者必是兒。」及是，其母上書具言不可曰：「始妾事其父時，爲將大王及宫室所賞者，盡以與軍吏士大夫。受命之日，不問家事。今此兒爲將，東向而朝，軍吏無敢仰視之者。王所賜金帛，歸藏家，而日視便利田宅買之。王以爲如其父，父子異心，願王毋遣。」王曰：「吾已決矣。」其母因曰：「即有，如不稱，妾得無隨罪乎！」王許諾。遂與秦軍戰死，事敗，數十萬降秦，秦悉坑之。

右二百四十六字，《太平御覽》二百七十二引。

五十六

趙將李牧，常居代雁門備匈奴。以便宜置吏，市租皆輸入於幕府爲士卒費。日擊數牛饗士，習騎射，謹烽火，多間諜厚遇，戰士爲約曰：「匈奴即入盜，急入收保，有敢捕虜者斬。」匈奴每入，烽火謹，輒入收保，不敢戰。如是數歲，亦不亡失。然匈奴謂牧爲怯。趙王讓牧，牧如故。王怒，使人代將。歲餘，匈奴每來，出戰數不利，復遣牧。牧至如故約。匈奴數來，無所得，終以爲怯。邊士日得賞賜而不用，皆願一戰。於是乃具選車得千三百乘，選騎得萬三千疋百金之士五萬人，彀弓弩者十萬人，悉勒習戰，大縱畜牧，人衆滿野。匈奴小入，佯北不勝。以數千人委之。單于聞之大喜，率衆來入。牧多爲奇陣，張左右翼擊，大破之。煞匈奴十餘萬騎，單于奔走。十餘歲不敢近邊也。

右二百五十一字，《太平御覽》二百九十四引。

案以上七則並見《史記·廉頗傳》。

五十七

綦毋子與公孫龍爭辯。

右九字，《元和姓纂》卷二「綦毋」條下引。

五十八

蘇秦爲公子增謂秦王曰公孫衍。

右十三字，見《史記索隱》。《史記·魏世家》：「或爲增謂秦王曰公孫喜。」《索隱》曰：按《戰國策》作「蘇秦爲公子增謂秦王曰公孫衍。」

五十九

魏以吴起爲將，與士卒最下者同衣食，卧不設席，行不騎乘，親贏糧與士卒分勞。卒有病疽者，吴起爲吮。卒母聞而哭之。或謂之曰：「母，子卒也，而將自吮其疽，何哭也！」母曰：「非然也，往年吴公吮其父，父戰不旋踵，遂死於敵；今又吮此子，妾不知其所死處矣，是以哭之。」於是擊秦拔其五城。

右百有九字，《太平御覽》二百八十一引。

案此見《史記·吴起傳》。

六十

魏武侯問吴起曰：「兵何以勝？」曰：「以理爲勝。」曰：「不在衆乎？」起曰：「法令不明，賞罰不信，聞鼓不進，聞金不止，雖有百萬之師，何益於用？所謂理者，居則有禮，動則有威，進不可當，退不可追，前却如節，左右應麾，雖絶成陣，雖散成行，投之所往，天下莫敢當！」

右九十四字，《太平御覽》三百二十二引。

案此見僞《吴子·治兵篇》，其文曰：「武侯問曰：兵以何爲勝？起對曰：以治爲勝。又問曰：不在衆乎？對曰：若法令不明，賞罰不信，金之不止，鼓之不進，雖有百萬，何益於用？所謂治者，居則有禮，動則有威，進不可當，退不可追，前却有節，左右應麾，雖絶成陣，雖散成行。與之安，與之危。其衆可合而不可離，可用而不可疲。投之所往，天下莫當。名曰父子之兵。」

六十一

魏武侯問吴起曰：「兩軍相當，不知其將欲擊何如？」起曰：「令賤而勇者將而擊鋭，交合而北告，而勿罰，觀敵進取，一來一起，其政以理。奔北不追，見利不取，此將有謀；若其衆追北，其旗幟雜亂，自止自行，或縱或横，貪利務得，凡若此類，將令不行。」

右九十二字，《太平御覽》三百十一引。

案此見僞《吴子·論將篇》。其文曰：「武侯問曰：『兩軍相望，不知其將，我欲相之，其術如何？』起對曰：『令賤而勇者將輕鋭以嘗之，務於北，無務於得。觀敵之來，一坐一起，其政以理。其追北佯爲不及，其見利佯爲不知。如此將者，名爲智將，勿與戰矣。』若其衆讙譁，旌旗煩亂，其卒自行自止，或縱或横。其追北恐不及，見利恐不得。此爲愚將，雖衆可獲。」

六十二

魏武侯問吴起曰：「暴寇卒至，掠吾田野，取吾牛馬，則如之何？」起曰：「暴寇之來，必精且强。善守勿應，潛伏路傍，暮去必卒車乘重裝，驍騎逐擊，勢必莫當。遇我伏内，如雪逢湯也。」

右六十六字，《太平御覽》二百九十五引。

案此見僞《吴子·應變篇》。其文曰：「武侯問曰：『暴寇卒來，掠吾田野，取吾牛羊，則如之何？』起對曰：

『暴寇之來，必盧其强，善守勿應，彼將暮去，其裝必重，其心必恐。還退務速，必有不屬。追而擊之，其兵可覆。』」

六十三

吴子問孫武曰：「敵人保山據險，擅利而處，糧食又足，挑之則不出，乘間則侵掠，爲之奈何？」

武曰：「分兵守要，謹備勿懈，潛探其情，密候其怠，以利誘之，禁其牧採，久無所得，自然變改，待離其故，奪其所愛。」

右七十六字，《太平御覽》三百三十一引。

案此僞《吴子》不著。凡僞《吴子》，皆武侯問，吴起答，無吴起問，孫武答者。此言語殆造僞者所遺，北宋時仍存《戰國策》也。又案《吴子》之僞，説見姚鼐《讀司馬法》、《六韜》及姚際恒《古今僞書考》。

六十四

鄭惠王。

右三字，見《史記・韓世家索隱》。《史記・韓世家》：「哀侯元年，與趙、魏分晋國；二年，滅鄭，因徙都鄭。」《索隱》曰：「韓既徙鄭，因改號曰鄭，故《戰國策》謂韓惠王曰鄭惠王，猶魏徙大梁稱梁王然也。」

案《韓策》鄭王凡二見，無稱鄭惠王者。

六十五

韓仲子。

右三字，見《史記・韓世家索隱》。

案《韓策》稱嚴仲子。

六十六

韓遂。

右二字，見《史記·韓世家索隱》。

案《韓策》稱嚴遂。

六十七

俠累名傀。

右四字，見《史記·刺客傳索隱》。

六十八

秦將急攻韓。韓王安使公子韓非西入秦，上書説秦王曰：「脣亡齒寒，故曰兵者兇器，陛下試聽臣之計，則從者困而趙孤，天下可蠶食也。」

右五十二字，《太平御覽》卷四百六十引。

六十九

鄭武公欲伐胡，先以其子妻胡。因問群臣曰：「吾欲用兵，誰可伐者？」大夫關其思曰：「胡可伐。」武公怒而戮之曰：「胡，兄弟之國，子言伐之，何也？」胡君聞之，以鄭爲親己，而不備鄭。鄭襲胡取之。

右七十字，《太平御覽》二百九十二引。

案此見《韓非子》及《史記·韓非傳》。

七十

白圭爲中山將，亡六城，君欲殺之。亡入魏，文侯厚遇之。還拔中山。

右二十五字，《史記·鄒陽傳集解》引張晏語。《索隱》曰：按事見《戰國策》及《吕氏春秋》。

案此即姚寬書後所舉司馬貞《索隱》五事之一。又見《新序·雜事》三。

七十一

中山大夫藍諸。

右六字，《廣韻》「藍」字下引。

案此即姚寬書後所舉《廣韻》七事之一也，今《中山策》有「藍諸君」，無「大夫」字。

七十二

中山專行仁義，貴儒學，賤壯士，不教人戰。趙武靈王襲而滅之。中山之地方五百里，卒爲趙併。

右三十六字，《寰宇記》引。

以上《戰國策》逸文七十二條，中二十七條見《史記》。其的然可知作者之名者，一條出蒯通，四條出鄒陽。於是料度而論之，曰：《戰國策》者，雜集鈔撮之書，所以資觸發，備鼓吹者也。有魯連、荀況、韓非之文焉，有蘇秦、張儀之文焉，有蒯通、鄒陽、主父偃、邊通之文焉。周綱解紐，七國力政，處士雲興，摇唇鼓舌，而取榮寵。傾側擾攘，至於西京，士之急功名、干利禄者，未有出蘇、張、荀、韓外也。賈生、董相，以儒術崇顯。顧其陳説治道，謀謨當世，曷嘗非説士哉！豈徒賈生、董相，孔子翻十二經以干七十二君，子張學干禄，顏回請適衛，及子貢一出而存魯、亂齊、破吴、强晋、霸越，孔氏之門，其説士之淵藪哉！蓋自王官失守，學術下移，進取之士，飾智高談，則多識前言往行，以給口辯；亦或造作寓言，引喻取義，以相曉譬。於是孟軻擅好辯之名，荀況著必辨之論，韓非之徒，有《説林》、《内外儲》之篇。「林」云「儲」云，固以備口説而資談助也。魯仲連《遺燕將書》曰：今公行一朝之忿，不顧燕王之無臣，非忠也；殺身亡聊城而威不信於齊，非勇也；功敗名滅，後世無稱焉，非智也；三者世主不臣，説士不載也。然則忠勇智謀之事，魯連時説士均載之，與儒者之守六經，尊古史，何以異哉？友人王君乘六告余，曩在吴中，見惠定宇手批《吕氏春秋》「備説非三王五帝」句，謂《備説》爲戰國時書名，知説士之書，盛行於當時。《備説》云者，《説林》、《内外儲》之類矣。《漢書·主父偃傳》：「主父偃，齊人，學長短縱横術。」服虔曰：「蘇秦法百家書説也。」服氏所謂「百家」，異於近世泛稱諸子，其爲傳蘇秦法之百家也無疑。蘇秦游秦，不遇而歸，發篋陳書，得太公陰秘（「秘」字依《北堂書鈔》引）之謀。伏而誦之，簡練以爲揣摩。及其華屋抵掌，六印聯翩，黄金白璧，轉轂連騎。其所以眩人目而撼人心者，甚顯赫而甚震動也。於是世之爲縱横者群宗蘇氏。夫據前人遺謀，揣情摩意，以干世主，説士用力之方也。説士之書，所以競載忠勇智謀者以是。及其波流既廣，枝派分岐，彼此所據以爲談助者，傳寫之間，不能必其無譌舛。於是同爲一事有甲乙殊名者矣，有甲乙兩書並載者矣。劉向校書，中書所以複重錯亂者以是。今觀中書本號六名，《國事》、《事語》、《國策》，名其質也；《長書》、《修書》、《短長》，名其趣也。要皆《備説》，《説》、《儲》之類也。《新序》之名曰序，《説苑》之名曰苑，亦此類也。故曰：《戰國策》者，雜集鈔撮之書也。王士禛不明此意，其説《韓策》「楚國雍氏秦宣太后對尚靳」一段曰：「出於婦人之口，入於使者之耳，載之國史之筆，可謂大奇。」焦氏袁熹駁之曰：「宣太后之行，國人知之，異國人皆知之。當時執管之士，因有此事，故作此言，用相調笑。史家增飾之辭，美惡皆有之。後人或泥其一兩言以議當時之是非得失，其不爲咸邱、高叟者幾希。《國策》非實録之比，尤不足據。」（見《此木軒雜著》）王氏之説固非，焦氏之言亦未盡然。何者？説士談説之資，何來史家之筆？又何來史家增飾之辭哉！

何以知有魯連、荀況、韓非之文耶？曰：《漢書·藝文志》儒家有《魯仲連子》十四篇，書久不傳。《戰國策》載魯仲連之事五：一、《齊策三》止孟嘗君弗逐舍人；二、《齊策六》遺燕將書；三、《趙策三》説平原君不帝秦；四、《齊策六》論田單攻狄；五、《齊策四》説孟嘗君未好士。此五事，馬國翰全採其文入輯佚書，是以知其有魯連文也。荀況、韓非之書，今並俱存。然荀況《佹詩》，僅見於《楚策四》客説春申君節，而不見於《荀子》。《韓非子》之文，見《戰國策》者三十有六條：一、《東周策》温人之周，見《説林上》；二、《秦策一》張儀説秦王，即《初見秦》；三、《秦策二》甘茂相秦，見《外儲説右上》；四、《秦策四》三國攻秦入函谷，見《内儲説上》；五、《秦策四》秦昭王謂左右曰，見《難三》；六、《齊策一》靖郭君將城薛，見《説林下》；七、《齊策一》靖郭君謂齊王，見《外儲説右下》；八、《齊策三》齊王夫人死，見《外儲説右上》；九、《楚策一》江乙爲魏使於楚，見《内儲説上》；十、《楚策一》楚王問於范環，見《内儲説下》；十一、《楚策四》魏王遺楚王美人，見《内儲説上》；十二、《楚策四》有獻不死之藥者，見《説林上》；十三、《楚策四》客説春申君，見《姦劫篇》；十四、《趙策一》知伯師趙韓魏，見《十過》；十五、《趙策一》魏文侯借道，見《説林上》；十六、《趙策三》衛靈公，見《内儲説上》；十七、十八、《魏策一》知伯索地，見《説林上》、《説林下》；十九、《魏策一》樂羊爲魏將，見《説林上》；二十、《魏策一》文侯與虞人期，見《外儲説左上》；二十一、《魏策一》張儀欲以魏合於秦韓，見《内儲説上》；二十二、《魏策二》田需貴於魏王，見《説林上》；二十三、《魏策二》龐葱與太子，見《内儲説上》；二十四、《魏策四》周肖謂宫他，見《説林下》；二十五、《韓策一》成午從趙來，見《内儲説下》；二十六、《韓策一》魏之圍邯鄲，見《内儲説上》；二十七、《韓策一》申子請仕，見《内儲説左上》；二十八、《韓策一》張儀爲秦連横説韓，見《説林上》；二十九、《韓策二》楚令景鯉入韓，見《説林下》；三十、《韓策三》魏王爲九里之盟，見《説林上》；三十一、《燕策一》燕王噲既立，見《外儲説右下》；三十二、《燕策三》張丑爲質於燕，見《説林上》；三十三、《宋衛策》齊攻宋宋使臧子，見《説林上》；三十四、《宋衛策》謂大尹曰，見《説林下》；三十五、《宋衛策》衛嗣君時胥靡，見《内儲説上》；三十六、《中山策》主父欲伐中山，見《外儲説左上》。荀況《佹詩》不見於《荀子》而見於《戰國策》；《韓非子》之文見於《戰國策》者多至三十六條。是以知其有荀況、韓非之文也。

何以知有蘇秦、張儀之文耶？曰：《漢書·藝文志》縱横家有《蘇子》三十一篇，《張子》十篇，今並不傳。唐宋以來，或以《鬼谷子》當《蘇子》，秦恩復辨之謂非，是也。馬國翰輯《蘇子》十八條，全採《戰國策》。葉適《習學記言》曰：《戰國策》國别必列蘇、張縱横，且載代、厲始末，意其宗蘇氏學者所次輯。葉氏之言似矣。古之著書，有手自撰述者矣；有後生纂輯而題其宗師之名者矣。《管子》、《孟子》之書，豈必盡是管仲、孟軻自爲者哉？蘇子、張子之文，果出儀、秦之手與否不可知，而其言行俱載《戰國策》。即非儀、秦所親爲，必其門徒或私淑者流所爲也。是以謂有蘇秦、張儀之文也。

何以謂有蒯通之文耶？曰：《漢書·藝文志》縱横家有蒯通《蒯子》五篇。王先謙《補注》引王應麟曰：「本傳論戰國時説士權變，亦自序其説，凡八十一首，號曰《雋永》。夫《蒯子》五篇，與八十一首之《雋永》，爲一爲二，不可審知。至所謂論戰國説士權變者，謂撰次戰國説士權變之言與事也。論者，論次之謂，非論説之謂。」論次戰國説士權變，則蘇、張、代、厲之事，其爲通之所傳者乎？馬國翰輯《蒯子》，序謂論戰國説士之文不可復見，馬氏謂論爲論説之義蓋非也。所謂自序其説者，説韓信背漢，説徐公，説曹相國之屬皆是也。其事並見《漢書·蒯通傳》，馬國翰以爲《蒯子》是也。今説韓信背漢，司馬貞所見《戰國策》有其文，則《戰國策》有蒯通之文信矣。

何以謂有鄒陽之文耶？曰：《漢書·藝文志》縱横家有《鄒陽》七篇，久佚。馬國翰輯鄒陽書，採《漢書》本傳

《諫吳王書》、《縱獄中上梁孝王書》、《爲梁説王長君》三事。今據司馬貞、李昉所引四事，均出《上梁王書》，知《上梁王書》，《戰國策》中有其文，以是知《戰國策》有鄒陽文也。

何以謂有主父偃之文耶？曰：《漢書·藝文志》縱横家有《主父偃》二十八篇。《漢書·主父偃傳》，云：「主父偃，齊人，學長短縱横術。」服虔曰：「蘇秦法百家書説也。」《史記·樂毅列傳》贊曰：「始，齊之蒯通及主父偃讀樂毅之《報燕王書》，未嘗不廢書而泣也。」今《報燕王書》在《燕策二》。主父偃學長短縱横術，其所著書，必備載説士遺文，二十八篇之有是書無疑。《説苑·善説篇》，引主父偃之辭曰：「人而無辭，安所用之？昔子産修其辭而趙武致其敬，王孫滿明其言而楚莊以慚，蘇秦行其説而六國以安，蒯通陳其説而身得以全。夫辭者乃所以尊君重身安國全性者也。故辭不可不修，而説不可不善。」此必《主父偃》書中語而劉向采之也。然安見不並著於《戰國策》乎？

何以謂有邊通之文耶？曰：《漢書·張通傳》曰：「邊通學短長。」顔師古曰：「短長術興於六國時，長短其語隱謬用相激怒也。」張晏曰：「蘇秦、張儀之謀，趣彼爲短，歸此爲長，《戰國策》名《短長術》也。」夫邊通學短長必有書以資揣摩，劉向所見中書名《短長》者，必與邊通有關，是以知有邊通之文也。

以余所見《戰國策》之著作蓋如是。

又有論者：《藝文志》縱横十二家，而齊人蒯通、鄒陽、主父偃、莊安（即嚴安）占其四；漢初，脱輅輓而説劉邦者婁敬，亦齊人，則齊人之學縱横爲説士者多矣。今《戰國策》三十三卷而《齊策》占其六。以國别卷數爲言，《齊策》爲最多。上列逸文七十二條，事涉齊者不下十餘條，孫臏、龐涓、田單事均屬焉。忠勇智謀之事，固説士之所載乎，然亦可見齊人多才，稷下之風，所被遠矣。

抑又有論者：秦火之後，至於漢惠，乃除「挾書」之律，漢文帝時，衆書並出，皆諸子傳説（見劉歆《讓太常博士》），漢武帝時，書缺簡脱，乃建藏書之策，置寫書之官，諸子傳説皆充祕府。（見《漢書·藝文志》。案《武帝紀》，事在元朔五年）百年之間，書積如山。（見劉歆《七略》）然則説士之載，蒯通、主父偃輩所傳者，無不在祕府中矣。及至元封四年，並云《戰國策》，而其文均見《史記》知戰國説士所載，蒯通、主父偃輩所傳，自有孫臏、龐涓、田單、趙奢諸事，司馬遷爲太史令，紬石室金匱之書（石室金匱者，漢家藏書之所也。見司馬貞《索隱》），於是論次其文，爲《太史公書》（見《史記自序》），即今之《史記》。其所據以識六國事者，舍親聞於公函季功、董生輩所口道，則唯依叢殘複重之中書，蒯通、主父偃輩所傳者耳。（《史記》六國事，班固謂採自《國策》；《索隱》曰：《戰國策》劉向撰，固取其後名而書之，非遷時已名《戰國策》。其説甚是）葉適《習學記言》謂司馬遷《史記》，有取於《國語》、《戰國策》，及他先秦書，皆一切用舊文，無竄定。王充《論衡·超奇篇》亦云：司馬子長累積篇第，文以萬數，然而因成紀前，無胸中之造。明史公所纂，皆承襲舊文也。揚雄評《左氏》曰品藻，評《史記》曰實録。實録云者，據實而照鈔之謂乎？今觀《御覽》引孫臏、龐涓、田單、趙奢諸事，司馬遷採之於前，劉向録之於後，北宋初年，《戰國策》尚未殘缺，故李昉得引之也。若云昉引爲誤，則何以一誤再誤，至於二十餘誤耶？昔劉知幾作《史通》，於《外篇》糾劉向之誤；洪邁亦云：「劉向序《戰國策》，言其書錯亂相揉莒，本字多誤脱爲半字，以趙爲肖，以齊爲立，如此類者多。予按今傳於世者大抵不可讀。其《韓非子》、《新序》、《説苑》、《韓詩外傳》、《高士傳》、《史記索隱》、《太平御覽》、《北堂書鈔》、《藝文類聚》諸書所引用者，多今本所無。向博極群書，但擇焉不精，不止於文字脱誤而已。惟太史公《史記》所採之事九十有三則，明白光艷，悉可稽考，視向爲有間矣。」洪邁之言如是。今觀向之敘目，自謂事繼春秋以後，訖楚漢之起，二百四十五年。然《春秋經》盡哀公十四年，至秦二世三年楚漢之起，當二百八十五年，而云二百四十五年，其誤一也；云訖楚漢之起而録蒯通、鄒陽事，其誤二也。劉、洪二家之言，信有徵哉！

戰國策逸文（二）

諸祖耿先生在《戰國策集注匯考》一書中，輯逸文七十二條，又補録疑似文一條。可以説近人研究《戰國策》補遺輯佚之全莫過於此。

然社會發展，科技進步，世事變遷，考古事業深入，地下文物發掘日多，不可見之事迭出。一九七三年底，考古工作者在長沙馬王堆三號墓發掘出大量的帛文簡書，經文物專家爬梳整理，發現係戰國時期縱横家創作的策士文集《戰國策》的逸文。於是整理成二十七篇，並於每篇前加一章名，交由文物出版社於一九七八年出版問世，定名爲《戰國縱横家書》。書中之二十七篇文章中，經查對，見於《戰國策》、《史記》的有十一篇，即「重複之文」。説明此簡帛原爲戰國策士的散見創作之文，應爲劉向輯録《戰國策》和司馬遷寫《史記》時未見之書（文）或漏收之書（文）。《戰國策》流傳中，散佚嚴重，雖經後人纂集、鉤沉，也難還其原貌。除諸輯之七十餘則外，尚有《戰國縱横家書》中之佚文十六篇。抄録於茲，作爲諸先生「逸文」之「補遺」。

此「補遺」從《戰國縱横家書》中摘出，體例、凡例、標點、注釋基本上依原書，只是在部分處做了必要的訂正或校補，每篇後補了「繫年」，以與全書體例、風格相符。書中之異體、假借字加（ ）標出；未寫全之廢字以○代替；殘缺之字以□代替；補遺之字以【】標出；錯簡之字不删，以▯標出；移正處加【】標明。是否確當，尚待方家批評。

孫順霖　乙未年桂月

逸文目次

十三　謂起賈章

十四　李園謂辛梧章

十五　見田併於粱南章齊

十六　麛皮對邯鄲君章

一　蘇秦自趙獻書燕王章〔一〕

自趙獻書燕王曰：「始臣甚惡事〔二〕，恐趙足〔三〕□□□□□□□□□□□□□□□□□□□□□□□□臣之所惡也，故冒趙而欲說丹與得〔四〕，事非□□□□□□臣也。今奉陽【君】之使與〔五〕□□□□□□□□□封秦也，任秦也〔六〕，比燕於趙。令秦與茪（兑）〔七〕□□□□□□宋不可信，若□□□我其從徐□□□□□□制事，齊必不信趙矣。王毋夏（憂）事，務自樂也。臣聞王之不安，臣甚願□□□□□之中重齊欲如□□□齊，秦毋惡燕、粱（梁）以自持也。今與臣約，五和〔八〕，入秦使，使齊、韓、粱（梁）、【燕】□□□□□□約御（却）軍之日，無伐齊、外齊焉〔九〕。事之上，齊趙大惡；中，五和，不外燕；下，趙循合齊、秦以謀燕〔一〇〕。今臣欲以齊大【惡】而去趙，胃（謂）齊王，趙之禾（和）也，陰外齊，謀齊，齊趙必大惡矣。奉陽君、徐爲不信臣〔一一〕，甚不欲臣之之齊也，有（又）不欲臣之之韓、粱（梁）也。燕事小大之諍（争），必且美矣。臣甚患趙之不出臣也〔一二〕。知（智）能免國，未能免身，願王之爲臣故，此也。使田伐若使使孫疾召臣〔一三〕，自辭於臣也。爲予趙甲因在粱（梁）者。

〔一〕這是蘇秦被扣留在趙國時寫給燕昭王的信。

〔二〕臣甚惡事：蘇秦很討厭這類事。惡，厭惡，討厭。

〔三〕趙足：人名，趙臣。又見第二章。

〔四〕冒：冒犯。一説「冒」是「胃」（謂）字之誤，六行『胃齊王』的「胃」字，本作「冒」，改作「胃」，可证。丹，人名，即公玉丹，見第四章及《吕氏春秋》，齊閔王臣。得，人名，可能是强得，見第十四章。

〔五〕奉陽君是李兑的封號。此時是趙相，執趙國之政。

〔六〕秦：蘇秦自稱。這是説封蘇秦以邑，並讓他任事。

〔七〕莌（兑）：兑即李兑。從「封秦也」以下當是轉述奉陽君的使者與蘇秦説的話。

〔八〕五和：指齊、趙、韓、梁、燕五國聯合。

〔九〕外：排斥。

〔一〇〕循：順。

〔一一〕徐爲：人名，即韓徐爲，又叫韓徐、韓爲，此時是趙將。

〔一二〕不出臣：不放蘇秦走。

〔一三〕田伐、使孫：均人名，燕臣。田伐，第四章作「田代」。「使孫」又見第二章。若，或者。

【繫年】

據《史記·蘇秦列傳》中有「其後秦使犀首欺齊、魏，與共伐趙，欲敗從約。齊、魏伐趙，趙王讓蘇秦。蘇秦恐，請使燕，必報齊」的記載，當知此策，應在周赧王二十七年、燕昭王二十四年、趙惠文十一年、齊閔王十三年。

二　蘇秦使韓山獻書燕王章〔一〕

●使韓山獻書燕王曰：「臣使慶報之後〔二〕，徐爲之與臣言甚惡〔三〕，死亦大物已〔四〕，不快於心而死，臣甚難之。故臣使辛謁大之〔五〕。王使慶謂臣：『不利於國，且我夏（憂）之。』臣爲此無敢去之。王之賜使使孫與弘來〔六〕，甚善已。言臣之後〔七〕，奉陽君、徐爲之視臣益善，有遣臣之語矣〔八〕。今齊王使李終之勺（趙）〔九〕，怒於勺（趙）之止臣也〔一〇〕。且告奉陽君，相橋於宋〔一一〕，與宋通關〔一二〕。奉陽君甚怒於齊，使勺（趙）足問之臣，臣對以弗知也。臣之所患，齊勺（趙）之惡日益，奉陽君盡以爲臣罪，恐久而後不可□救也。齊王之言臣，反不如已〔一三〕。願王之使人反復言臣，必毋使臣久於勺（趙）也。」

〔一〕韓山：人名，燕臣。燕秦被扣留在趙，派他把信送給燕昭王。

〔二〕慶：人名，即盛慶，燕臣，又見第三、第四章。

〔三〕徐爲恫嚇蘇秦的話，見《燕策二》：「人告奉陽君曰：『使齊不信趙者，蘇子也；今（令）齊王召蜀子使不伐宋，蘇子也；與齊王謀，道取秦以謀趙者，蘇子也；今（令）齊守趙之質子以甲者，又蘇子也。』請告子以請（情）。齊果以（已）守趙之質子以甲，吾必守子以甲。」

〔四〕大物：大事。

〔五〕故臣使辛謁大之：辛，人名，應是蘇秦所派使者。謁，請求。「大」字疑「去」字之誤，下文說：「臣爲此無敢去之。」

〔六〕弘：人名，也是燕國使臣。

〔七〕言臣：幫蘇秦説話。第四章説：「臣止於外，王謂韓徐爲：『止某不道，猶免寡人之冠也。』以振臣之死。」當即此事。

〔八〕遣：送，放。

〔九〕李終之勺（趙）：李終，人名，齊國使者。本書經常用「勺」字代「趙」，「勺」、「趙」音相近。

〔一〇〕止：扣留。

〔一一〕相橋於宋：橋，當是人名。相橋於宋，使橋爲宋相。

〔一二〕通關：關，指兩國邊界的關卡。通關即互通往來。

〔一三〕反不如已：反而不如不説。

【繫年】

此策在上策之後，當爲周赧王二十八年、趙惠文王十二年、燕昭王二十五年、齊閔王十四年事。

三　蘇秦使盛慶獻書於燕王章〔一〕

●使盛慶獻書於【燕王曰】：「□□□□雖未功（攻）齊，事必美者〔二〕，以齊之任臣，以不功（攻）宋，欲從韓、粱（梁）取秦以謹勺（趙）〔三〕，勺（趙）以（已）用薛公、徐爲之謀謹齊〔四〕，故齊【趙】相倍（背）也。今齊王使宋竅謂臣曰〔五〕：『奉陽君使周納告寡人曰〔六〕：燕王請毋任蘇秦以事，信□□奉陽君使周納言之，曰：欲謀齊。寡人弗信也，周納言：燕勺（趙）循善矣，皆不任子以事。奉陽【君】□□丹若得也，曰：笥（苟）毋任子，講，請以齊爲上交。天下有謀齊者請功（攻）之。〔七〕』蘇脩在齊〔八〕，使□□□□□□□□予齊、勺（趙）矣。今【齊】王使宋竅詔臣曰〔九〕：『魚（吾）□與子□有謀也〔一〇〕。』臣之所□□□□□□□不功（攻）齊，全於介（界）〔一一〕，所見於薛公、徐爲，其功（攻）齊益疾。王必勺（趙）之功（攻）齊，若以天下□□□□□焉。外齊於禾（和），必不合齊、秦以謀燕，則臣請爲免於齊而歸矣〔一二〕。爲趙擇□□□□□必趙之不合齊、秦以謀燕也，齊王雖歸臣，臣將不歸〔一三〕。諸可以惡齊勺（趙）【者】將□□之。以惡可【也】，以蓐（辱）可也，以與勺（趙）爲大讎可也。今王曰：『必善勺（趙），利於國。』臣與不知其故。奉陽君之所欲，循【善】齊、秦以定其封，此其上計也。次循善齊以安其國。齊勺（趙）循善，燕之大過（祸）。【將】養勺（趙）而美之齊乎，害於燕，惡之齊乎，奉陽君怨臣，臣將何處焉〔一四〕。臣以齊善勺（趙），必容焉，以爲不利國故也〔一五〕。勺（趙）非可與功（攻）齊也，無所用。勺（趙）毋惡於齊爲上。齊勺（趙）不惡，國不可得而安，功不可得而成也。齊勺（趙）之惡從已〔一六〕，願王之定慮而羽鑽臣也〔一七〕。勺（趙）止臣而它人取齊，必害於燕。臣止於勺（趙）而侍（待）其魚肉〔一八〕，臣□不利於身。」

〔一〕盛慶：見第二章注（二）。蘇秦被扣留在趙，派他把信送給燕昭王。

〔二〕事必美者：指齊、趙必大惡，這從燕國來看是好事。美，好。

〔三〕取秦以謹勺（趙）：取，拉攏。謹，防範。

〔四〕薛公：即孟嘗君田文，齊王宗族，封於薛。此時因與齊閔王不和，在魏國做相，常與韓徐爲一起計劃伐齊。

〔五〕宋竅：人名，齊國使臣。

〔六〕周納：人名，奉陽君使者。這裏是齊閔王把奉陽君派周納對他説的話轉告蘇秦。

〔七〕以上是宋竅轉述齊閔王的話。

〔八〕蘇脩：人名，楚國使者。

〔九〕詔：告。指身份高的人對身份低的人説話。

〔一〇〕魚：代名詞，和「吾」字音近，通用。「魚」即「於」字之同音通假。

〔一一〕全：通「跧」，《廣雅·釋詁三》：「跧，伏也。」這裏説趙國雖没有攻齊，伏於邊界。

〔一二〕免：離去。這裏説燕昭王如果能確定趙國一定攻齊，即使天下聯合，也排斥齊國在外，趙國一定不聯合齊、秦來謀燕國，那麽，蘇秦就要請求齊國允許他離開。

〔一三〕此處有缺文。大意是：爲趙國選擇，一定要聯合齊、秦，燕王如果不能確定趙國不聯合齊、秦來謀燕，那麽，即使齊王要他回，他也是不回的。

〔一四〕此處以「害於燕」斷句，「奉陽君怨臣」斷句。意思是：縱容趙國，使齊、趙交好，必害於燕，如使齊惡趙，奉陽君將怨蘇秦。一説，「將養趙而美之齊乎」和「害於燕，惡之齊乎」是對偶句。意思是將養趙而使齊美趙呢，還是將害燕而使齊惡燕呢？「奉陽君怨臣」應屬下文，蘇秦被止於趙就因爲奉陽君怨他，這是事實，不用再設問。蘇秦所問「臣將何處焉」是指美趙於齊還是惡燕於齊。

〔一五〕「必容焉」二句：容，被容於外。不利國，不利燕國。

〔一六〕從已：成功了。

〔一七〕羽鑽：通「翼贊」（或作「翼贊」、「翊贊」），幫助的意思。

〔一八〕侍（待）其魚肉：任人宰割。典見《史記·項羽本紀》：「如今人方爲刀俎，我爲魚肉。」

【繫年】

此與第二章爲同年事。

四　蘇秦自梁獻書於燕王章（一）〔一〕

●自梁（梁）獻書於燕王曰：「齊使宋竅、侯濡謂臣曰〔二〕：『寡人與子謀功（攻）宋，寡人恃燕勺（趙）也。今燕王與群臣謀破齊於宋而功（攻）齊〔三〕，甚急，兵率有子循而不知寡人得地於宋，亦以八月歸兵〔四〕，不得地，亦以八月歸兵。』今有（又）告薛公之使者田林〔五〕，薛公以告臣，而不欲其從已聞也。願王之陰知之而毋有告也。王告人，天下之欲傷燕者與群臣之欲害臣者將成之。臣請疾之觀之而以報。王毋憂，齊雖欲功（攻）燕，未能，未敢。燕南方之交完〔六〕，臣將令陳臣、許翦以韓、梁（梁）問之齊〔七〕。足下雖怒於齊，請養之以便事。不然，臣之苦齊王也，不樂生矣。」

〔一〕梁（今河南開封市）即戰國時魏國國都，因此魏也被稱爲梁。攻秦需要經過魏國，所以蘇秦經常在大梁，這封信就是在那裏寫的。

〔二〕侯濡：濡，當是「濯」（音「催」）字別體。侯濡，人名，齊國使臣。

〔三〕謀破齊於宋而功（攻）齊：等待齊兵在攻宋前綫被破後，進而攻齊。

〔四〕歸兵：撤兵。歸，人遠也。歸兵，將戰之兵撤回本國。

〔五〕田林：人名，魏相薛公派到齊國去的使者。

〔六〕南方之交完：指燕國和趙國的關係好了之後。完，結束。
〔七〕陳臣、許翦：都是人名，應是蘇秦派在韓、梁兩國的使者。

【繫年】

從策文分析，此事當在周赧王二十八年、魏昭王九年、趙惠文王十二年、燕昭王二十五年。

五　蘇秦自梁獻書於燕王章（二）〔一〕

●自粱（梁）獻書於燕王曰：「薛公未得所欲於晉國〔二〕，欲齊之先變以謀晉國也。臣故令遂恐齊王曰〔三〕：『天下不能功秦，□道齊以取秦。』【齊王】甚懼而欲先天下，慮從楚取秦〔四〕，慮反（返）乾（韓）曩〔五〕，有（又）慮從勺（趙）取秦。今粱（梁）、勺（趙）、韓、□□□□□□薛公、徐爲有辭〔六〕，言勸晉國變矣。齊先鬻勺（趙）以取秦，後賣秦以取勺（趙）而功（攻）宋，今有（又）鬻天下以取秦，如是而薛公、徐爲不能以天下爲其所欲，則天下故（固）不能謀齊矣。願王之使勺（趙）弘急守徐爲，令田賢急【守】薛公〔七〕，非是毋有使於薛公、徐之所〔八〕，它人將非之以敗臣。毋與奉陽君言事，非於齊，一言毋舍也。事必□□南方强，燕毋首〔九〕。有（又）慎毋非令群臣衆義（議）功（攻）齊〔一〇〕。齊王以燕爲必侍（待）其斃（弊）而功（攻）齊，未可解也〔一一〕。言者以臣□賤而邈於王矣〔一二〕。」

〔一〕這封信大概是在五國攻秦，無功而還以後寫的。

〔二〕晉國：此處指魏國。韓、趙、魏三家分晉後，策文中常有稱三家之一爲「晉」者。

〔三〕遂：似是人名。

〔四〕慮：考慮。

〔五〕乾（韓）𧶠：人名。《戰國策》作「韓珉」，一作「韓呡」，《史記》作「韓聶」。曾爲齊相，與秦國有聯繫，召回韓𧶠是聯秦的一種方式。

〔六〕有辭：在先秦古書，是有關争訟的專用詞語，指有充分的理由。

〔七〕勺（趙）弘、田賢：均人名，當是燕王派在魏國的使者。

〔八〕徐：即徐爲。

〔九〕毋首：不要首先發動。

〔一〇〕這句話是要燕昭王注意，不要讓群臣在没有命令時聚衆議論攻齊之事。

〔一一〕解：疑通「懈」。

〔一二〕邈：疏遠。

【繫年】

此策應在上策之後，爲同年之冬季。

六　蘇秦謂齊王章（一）〔一〕

●謂齊王曰：「薛公相脊（齊）也，伐楚九歲〔二〕，功（攻）秦三年〔三〕。欲以殘宋，取進（淮）北，宋不殘，進（淮）北不得。以齊封奉陽君，使粱（梁）、乾（韓）皆效地〔四〕，欲以取勺（趙），勺（趙）是（氏）不得。身率粱（梁）王與成陽君北面而朝奉陽君於邯鄲，而勺（趙）氏不得。王棄薛公，身斷事〔五〕。立帝〔六〕，帝立。伐秦，秦伐。謀取勺（趙），得。功（攻）宋，宋殘〔七〕。是則王之明也。雖然，願王之察之也。是無它故，臣之以燕事王循也。量謂臣曰〔八〕：『傷齊者，必勺（趙）也。秦雖强，終不敢出塞涑（溯）河，絶中國而功（攻）齊〔九〕。楚、越遠，宋、魯弱，燕人承〔一〇〕，乾（韓）、粱（梁）有秦患，傷齊者必勺（趙）。勺（趙）氏終不可得已，爲之苦何？』臣謂量曰：『請劫之〔一一〕。子以齊大重秦，秦將以燕事齊〔一二〕。齊、燕爲一，乾（韓）、粱（梁）必從。勺（趙）悍則伐之，願而摯而載（攻）宋〔一三〕。』量以爲善。臣以車百五十乘入齊，量逆於高閭〔一四〕，身御臣以入〔一五〕。事曲當臣之言〔一六〕，是則王之教也。然臣亦見其必可也。猶量不知變事以功（攻）宋也〔一七〕，不然，量之所與臣前約者善矣。今三晉之敢據薛公與不敢據〔一八〕，臣未之識。雖使據之，臣保燕而事王，三晉必不敢變。齊、燕爲一，三晉有變，事乃時爲也〔一九〕。是故當今之時，臣之爲王守燕，百它日之節〔二〇〕。雖然，成臣之事者，在王之循甘燕也〔二一〕。王雖疑燕，亦甘之；不疑，亦甘之。王明視（示）天下以有燕，而臣不能使王得志於三晉，臣亦不足事也。」

〔一〕這是齊國去帝號，聯合趙國，組織五國攻秦、伐宋之後，三晉已有可能要反齊時，蘇秦向齊王説的話。

〔二〕伐楚九歲：「九歲」疑是「五歲」之誤。《燕策一·蘇秦死其弟蘇代章》説：「今夫齊王，長主也，而自用也。南攻楚五年，稸積散。西困秦三年，民憔瘁，士罷弊。北與燕戰，覆三軍，獲二將。而又以其餘兵南面而舉五千乘之勁宋，而包十二諸侯。」所説攻楚只有五年。據《史記·楚世家》，楚國本與齊爲從親，由於楚懷王與秦昭王定約，懷王二十六年即齊宣王十七年（公元前三〇三年），「齊、韓、魏爲楚負其從親而合於秦，三國共伐楚」，是伐楚的開始。兩年以後，「秦乃與齊、韓、魏共攻楚，殺楚將唐眛」。再過兩年，孟嘗君（即薛公）入秦爲相，在秦國一年後逃回，就轉爲攻秦了。總計從公元前三〇三年開始伐楚到公元前二九九年薛公相秦，首尾只有五年。

〔三〕功（攻）秦三年：公元前二九九年薛公入秦爲相，第二年，趙國派樓緩相秦，孟嘗君免相，逃回齊國做相，就聯合魏、韓擊秦。到公元前二九六年，齊、魏、韓三國擊秦，入函谷關。秦國給魏國西河外及封陵，給韓國河外及武遂，與兩國講和。前後共三年。

〔四〕效地：效，獻。奉陽君李兑爲趙相，專權，薛公爲了討好李兑，除了由齊國給他封邑外，還讓梁、韓兩國都獻地，并親自率領梁王和韓相成陽君到邯鄲去朝會。《魏策三》：「謂魏王曰：『王嘗身濟漳，朝邯鄲，抱葛、薛、陶成以爲趙養邑。』」《趙策四》：「抱陰、成，負蒿、葛、薛，以爲趙蔽。」即此獻地之事。

〔五〕王棄薛公，身斷事：《史記·六國年表》齊閔王三十年：「田甲劫王，相薛文走。」按《史記》記齊國年代有錯誤，此年實是齊閔王七年，即公元前二九四年。薛文就是薛公田文，他的出走，是回到薛邑。身斷事，指齊閔王自己執政。

〔六〕立帝：指齊閔王稱帝。

〔七〕殘：殘破。

〔八〕\u8cb0：即韓\u8cb0。蘇秦和韓\u8cb0的密約是回溯往事。

〔九〕「秦雖强」三句：塞，殺塞，即函谷關。溯，沿。絶，横越。國，古代與「域」通用，中國指中部地域。

〔一〇〕承：奉。

〔一一〕劫：用力强迫。

〔一二〕「子以齊大重秦」二句：秦，蘇秦自稱。蘇秦要韓\u8cb0利用齊國大來抬高他自己的身份，他將使燕國服從齊國。

〔一三〕願而摯：願，老實。摯，通「執」，拘執；一説通「質」，要求它送質子。

〔一四〕高閭：齊都臨淄的城門。

〔一五〕身御臣以入：韓\u8cb0親自爲蘇秦駕車入臨淄。

〔一六〕曲當：曲，細微曲折。當，符合。

〔一七〕變事：變更策略。韓\u8cb0親秦，秦國反對齊國攻宋，所以他不會迎合齊閔王的想法變事以攻宋。

〔一八〕據：支持。第十二章：「雖知不利，必據之。」一説，據，依靠。

〔一九〕「雖使據之」六句：蘇秦做了兩手估計：一方面保燕事齊，三晋必不敢變；但如齊、燕爲一，三晋也可能有變，這樣的事乃時勢造成的。

〔二〇〕百它日之節：百倍於其他時刻。

〔二一〕甘：美。也可以當滿足講。

【繫年】

此策當繫於周赧王二十八年冬或二十九年春、趙惠文王十三年冬或十三年春、燕昭王二十五年冬或二十六年春、齊閔王十四年冬或十五年春。

七　蘇秦謂齊王章（二）〔一〕

●謂齊王曰：「始也，燕纍臣以求摯（質）〔二〕，臣爲是未欲來，亦未□爲王爲也〔三〕。今南方之事齊者多故矣〔四〕，是王有憂也，臣何可以不亟來？南方之事齊者，欲得燕與天下之師，而入之秦與宋以謀齊，臣諍之於燕王，燕王必弗聽矣。臣有（又）來，則大夫之謀齊者大解矣〔五〕。臣爲是，雖無燕〔六〕，必將來。管子之請〔七〕，貴循也，非以自爲也。□【桓】公聽之。臣賢王於桓【公】，臣不敢忘（妄）請□□□□王誠重御臣〔八〕，則天下必曰：燕不應天下師，有（又）使蘇【秦】□□□大貴□□

□□□□□□□□□□□□□□□□□齊□曩之□□□□之車也〔九〕。王□□□□□□請以百五十乘，王以諸侯御臣。若不欲□□□請以五【十】乘來〔一〇〕。請貴重之□□□□□□□□□高賢足下〔一一〕，故敢以聞也。」

〔一〕蘇秦使人謂齊閔王，與上章追溯與韓曩密約一事同時。

〔二〕纍：拘禁。

〔三〕爲王爲：指替齊王辦事。

〔四〕今南方之事齊者多故矣：南方，主要指趙國。故，變故。

〔五〕大夫：指燕國的大夫。

〔六〕雖無燕：即使不爲燕國所使。

〔七〕管子之請：管，當是「綰」字的异體，此處借作「管」。管子似指管仲。《説苑・尊賢》：「齊桓公使管仲治國，管仲對曰：『賤不能臨貴。』桓公以爲上卿。」蘇秦借用管仲故事是要齊閔王重用他。

〔八〕王誠重御臣：御，迎接。這裏説的是：齊王如果用重禮迎接蘇秦，那麽，天下一定會説，燕國不但不與天下一起攻齊，并且派蘇秦前去出使，可見兩國交好。

〔九〕曩：韓曩。

〔一〇〕此段大意是：齊閔王如果用諸侯之禮迎接，蘇秦就帶一百五十乘車到齊國；如果是一般的使臣迎接，就只帶五十乘車。

〔一一〕足下：指齊閔王。《燕策一・人有惡蘇秦於燕王者章》稱燕王爲足下，可見在戰國時，足下還是對尊貴者的敬稱，漢以後，「足下」二字就只對一般人使用了。

【繫年】

考此策事，似應在周赧王二十五年或二十六年、趙惠文王九年或十年初、燕昭王二十二年或二十三年初、齊閔王十一年或十二年初。

八　蘇秦謂齊王章（三）〔一〕

●謂齊王：「燕王難於王之不信己也則有之，若慮大惡○則無之。燕大惡，臣必以死諍之。不能，必令王先知之，必毋聽天下之惡燕交者。以臣所□□□魯甚焉。□臣大□□息士民，毋庸發怒於宋、魯也〔二〕。爲王不能〔三〕，則完天下之交，復與粱（梁）王遇，□功（攻）宋之事，士民句（苟）可復用，臣必王之無外患也〔四〕。若燕，臣必以死必之。臣以燕重事齊，天下必無敢東視□□〔五〕。兄（況）臣能以天下功（攻）秦，疾與秦相萃也而不解〔六〕，王欲復功（攻）宋而復之，不而舍之，王爲制矣〔七〕。」

〔一〕這是蘇秦在燕國使人謂齊王。

〔二〕齊閔王第二次攻宋，楚、魏都來爭地，燕國也打算攻齊，魯國雖是小國，大概也有行動，所以蘇秦勸齊王不要爲宋、魯而發怒，應先休息士民。

〔三〕爲：如果。

〔四〕必：保证。下句「以死必之」的「必」字義同。

〔五〕東視：指東向攻齊。

〔六〕相萃：相遇。一説「萃」通「捽」，揪打。

〔七〕制：决斷。

【繫年】

蘇秦由燕謂齊王，事在周赧王二十八年、燕昭王二十五年、趙惠文十二年、齊閔王十四年。

九　蘇秦自趙獻書於齊王章（一）〔一〕

●自勺（趙）獻書於齊王曰：「臣暨（既）從燕之粱（梁）矣。臣之勺（趙），所聞於乾（韓）、粱（梁）之功（攻）秦，無變志矣。以雨，未得遬（速）也。臣之所得於奉陽君者，乾（韓）、粱（梁）合〔二〕。勺（趙）氏將悉上黨以功（攻）秦〔三〕。奉陽君謂臣：『楚無秦事，不敢與齊遇。齊、楚果遇，是王收秦已〔四〕。』其不欲甚。欲王之赦粱（梁）王而復見之〔五〕。勺（趙）氏之慮，以爲齊、秦復合，必爲兩啻（敵）以功（攻）勺（趙）〔六〕，若出一口。若楚遇不必，雖必，不爲功，願王之以毋遇喜奉陽君也〔七〕。臣以足下之所與臣約者告燕王：『臣以（已）好處於齊，齊王終臣之身不謀燕燕〔八〕；臣得用於燕，終臣之身不謀齊。』燕王甚兑（悦），其於齊循善。事卬曲盡從王〔九〕，王堅三晋亦從王〔一〇〕，王取秦，楚亦從王。然而燕王亦有苦。天下惡燕而王信之。以燕之事齊也爲盡矣。先爲王絶秦，摯（質）子〔一一〕，宦二萬甲自食以功（攻）宋〔一二〕，二萬甲自食以功（攻）秦，乾（韓）、粱（梁）豈能得此於燕戋（哉）？盡以爲齊，王猶聽惡燕者，宋再寡人吸功宋也請於粱閉關於宋而不許寡人已舉宋講矣乃來諍得三今燕勺之兵皆至矣俞疾攻菑四寡人有聞粱〔一三〕，燕王甚苦之。願王之爲臣甚安燕王之心也。燕、齊循善，爲王何患無天下？」

〔一〕這封信是蘇秦從燕國去梁國時，在趙國寫給齊閔王的。

〔二〕乾（韓）、粱（梁）合：指兩國軍隊會合。

〔三〕悉上黨：上黨，地名，在今山西省東南部。戰國時，趙和韓、魏都有上黨，趙國的上黨，大概在今潞城、長治、長子一帶。悉上黨，即盡發上黨之兵。

〔四〕奉陽君認爲楚國如果不是幫齊國拉攏秦國，是不敢和齊會晤的。如果齊、楚相遇，那一定是齊王跟秦國有了勾結。

〔五〕赦：寬恕。齊閔王對魏國有很多不滿。

〔六〕兩啻（敵）：指齊、秦。《趙策二・蘇秦從燕之趙章》説：「請言外患：齊、秦爲兩敵，而民不得安。」

〔七〕「若楚遇」四句：如果和楚國會晤一事未確定，即使定了，也没有好處，希望齊王不和楚國相遇，用以取悦於奉陽君。

〔八〕謀燕燕：此處多一「燕」字。

〔九〕「事卬曲盡從王」：卬，音「昂」。卬曲，俯仰。即不論高低都聽從齊王。

〔一〇〕堅：團結。

〔一一〕摯（質）子：派子爲質於齊。

〔一二〕宦：讀爲「擐」，擐二萬甲，即擐甲二萬。第二十三章說：「闕甲於燕。」「宦」、「擐」、「闕」並音近通用。武裝二萬士兵並自備糧食。一説「宦」是「宧」字之誤，養也。

〔一三〕由「宋再」至「聞梁」四十九字係錯簡。

【繫年】

此策之事與上策同年。

十　蘇秦自趙獻書於齊王章（二）〔一〕

●自勺（趙）獻書於齊王曰：「臣以令告奉陽君曰：『寡人之所以有講慮者有〔二〕，寡人之所爲功（攻）秦者，爲粱（梁）爲多〔三〕，粱（梁）氏留齊兵於觀〔四〕，數月不逆〔五〕，寡人失望，一。擇（釋）齊兵於熒陽、成皋〔六〕，數月不從，而功（攻）【宋，再。寡人之吸（仍）功（攻）宋也〔七〕，請於粱

（梁）閉關於宋而不許。寡人已與（與）宋講矣，乃來諍（争）得[八]，三。今燕、勺（趙）之兵皆至矣，俞（愈）疾功（攻）菑[九]，四。寡人有（又）聞粱（梁）[一〇]】【入兩使陰成於秦[一一]。且君嘗曰：『吾縣免（勉）於粱（梁）是（氏），不能辭已[一二]。』雖乾（韓）亦然。寡人恐粱（梁）氏之棄與國而獨取秦也，是以有溝（講）慮。今日不】[一三]女（如）□之，疾之，請從。功（攻）秦，寡人之上計，講，最寡人之大（太）下也[一四]。粱（梁）氏不恃寡人，樹寡人曰[一五]：『齊道楚取秦[一六]，蘇脩在齊矣。』使天下汹汹然，曰：寡人將反（返）量也[一七]。寡人無之。乃量固於齊，使人於齊大夫之所而俞（偷）語則有之。寡人不見使□，□大對（懟）也。□人有反（返）量之慮，必先與君謀之。寡人入兩使陰成於秦且君嘗曰吾縣免於粱是不能辭已雖乾亦然寡人恐粱氏之棄與國而獨取秦也是以有溝慮今日不[一八]與韋非約曰[一九]：『若與楚遇，將與乾（韓）、粱（梁）四遇[二〇]，以約功（攻）秦。若楚不遇，將與粱（梁）王遇於圍地，收秦等[二一]，搡（遂）明（盟）功（攻）秦。大（太）上破之，其【次】賓（擯）之，其下完交而□講，與國毋相離也[二二]。』此寡人之約也。韋非以粱王之令（命），欲以平陵蛇（貤）薛[二三]，以陰（陶）封君[二四]。平陵雖（唯）成（城）而已，其鄙盡入粱（梁）氏矣[二五]。寡人許之已[二六]。』臣以【告】奉陽君，奉陽君兑（悦）。曰：『王有（又）使周濕、長駟重令（命）挩（兑）[二七]，挩（兑）也敬受令（命）。』奉陽君合（答）臣曰：『筞有私義（議）[二八]，與國不先反而天下有功（攻）之者，雖知不利，必據之[二九]。與國有先反者，雖知不利，必怨之。』今齊、勺（趙）、燕循相善也[三〇]。王不棄與國而先取秦，不棄筞而反（返）量也[三一]，王何患於不得所欲。梁（梁）氏先反，齊、勺（趙）功（攻）梁（梁），齊必取大梁（梁）以東，勺（趙）必取河内[三二]，秦案不約而應[三三]，王何患於梁（梁）。梁（梁）、乾（韓）無變，三晉與燕爲王功（攻）秦，以便王之功（攻）宋也，王何不利焉。今王棄三晉而收秦[三四]、反（返）㝵也[三五]，是王破三晉而復臣天下也[三六]。【天】下將入地與重摯（質）於秦，而獨爲秦臣以怨王。臣以爲不利於足下[三七]，願王之完三晉之交，與燕也，講亦以是，疾以是[三八]。」

〔一〕蘇秦這封信也是在趙國寫的，但比前信較晚。

〔二〕講慮者有：講慮，考慮與秦國講和。「有」字下疑當補「四」字，有四，即下面所説四點。

〔三〕爲梁（梁）爲多：主要爲的是梁國。

〔四〕觀：魏地。《史記·魏世家正義》：「觀音館，魏州觀城縣，古之觀國。」今山東莘縣。

〔五〕逆：迎接。

〔六〕熒陽、成皐：熒陽，即滎陽，「滎」字本與「熒」同音，讀如「刑」。戰國時的滎陽，在河南省鄭州市所轄舊滎澤縣（今鄭州市西北古滎鎮）。成皐在其西，即今滎陽市西汜水鎮。兩地都屬韓國。

〔七〕仍：再。

〔八〕得：所得土地。

〔九〕菑：地名，在魏都大梁之東，是宋、魏交界處，在今河南省蘭考縣境，原考城縣之南。

〔一〇〕由「宋再」起至此，原錯簡在第十一章，今移正。

〔一一〕陰成：暗中講和。

〔一二〕縣免（勉）：縣免，疑讀爲「勖勉」。此處指奉陽君說他勉强梁國攻秦，已經不能説話了。一説：讀爲「懸勉」，是懸賞以勉勵，第十四章說：「欲王之懸隱、平陵於薛公、奉陽君之上以勉之。」

〔一三〕由「入兩使」起至此，原錯簡在下文「寡人」、「與韋非約曰」句間。今移正。

〔一四〕最寡人：「最」字疑因與「寡」字形近而衍。

〔一五〕樹：立。製造名譽叫作「樹譽」，這裏是相反的意思，製造壞名聲。

〔一六〕道：行也，通也。

〔一七〕反（返）貴：指召回韓貴。

〔一八〕由「入兩使」至此四十七字係錯簡，見本章注十三。

〔一九〕韋非：人名，楚國使者。

〔二〇〕將與乾（韓）、粱（梁）四遇：是與韓、梁、燕、趙四國相會合。

〔二一〕收秦等：未詳。一説，收，讀爲「糾」，糾正。即蘇秦獻書趙王章「齊乃西師以禁强秦，使秦廢令素服而聽」之意。一説，收，糾合。秦是蘇秦自稱其名。

〔二二〕《魏策二·五國伐秦無功而還章》：謂魏王曰：「故爲王計，太上伐秦，其次賓秦，其次堅約而詳講，與國無相離也。」據此，「講」字上所缺可能是「詳」字。

〔二三〕欲以平陵蛇（虵）薛：平陵，地名，應是宋地的平陸，在今山東省汶上縣西北。「蛇」字通「虵」，《廣雅·釋詁一》：「虵，益也。」薛公本封在薛，在今山東省滕州市，再封以平陸，是益封（加上一個封邑），所以說虵。宋地平陸與薛相近。「陵」字與「陸」字，古書多亂。齊國另有平陵，在漢代屬濟南郡，今在山東省濟南市，與薛公封地無關。

〔二四〕陰（陶）：地名，即定陶，在今山東省菏澤市定陶區境。

〔二五〕鄗：郊區。

〔二六〕蘇秦轉述齊王令，止於此。

〔二七〕「王有（又）使」句：周濕、長駟，均人名，齊王使者。兑，奉陽君自稱其名。

〔二八〕筞：即「彗」字，人名。「彗」字與「兑」字音近，可能是李兑自稱其名。一説，可能是另一個人。

〔二九〕據：支持。

〔三〇〕從「今齊、勺（趙）、燕循相善也」句起，應是蘇秦的話，所以先説齊。

〔三一〕「王不棄」二句：要齊閔王不離棄友好的國家，也不單獨先聯合秦國；不離棄彗這個人，也不召回韓貴。

〔三二〕河内：地名。在當時的黄河以北，趙、魏均有河内，魏河内當在今河南省衛輝市西至濟源一帶。

〔三三〕案：與「則」字義略同，齊、趙攻梁，秦也不用約而響應。

〔三四〕收：讀爲「糾」，結合，聯合。

〔三五〕反（返）貴也：上疑脱「棄而」三字。

〔三六〕破三晋而復臣天下也：破三晋，指破壞三晋的關係。三晋，韓、趙、魏稱之。復，傾覆。臣，蘇秦自稱。一説，復，重新，是説齊王又重新要天下向他稱臣。

〔三七〕此處「足」字下誤多一「不」字。

〔三八〕「願王」三句：這裏説的是希望齊王搞好三晋和燕國的關係，要和秦國講和是這樣，要趕快攻秦也是這樣。

【繫年】

本策事當在周赧王二十六年、魏昭王七年、趙惠文王十年、燕昭王二十三年、齊閔王十二年。

十一　韓𢀊獻書於齊章（三）〔一〕

●乾（韓）𢀊獻書於齊曰：「秦悔不聽王以先事而後名〔二〕。今秦王請侍（待）王以三四年。齊不收秦，秦焉受晋國？齊、秦復合，使𢀊反（返），且復故事，秦印曲盡聽王。齊取宋，請令楚、梁（梁）毋敢有尺地於宋，盡以爲齊。秦取梁（梁）之上黨。乾（韓）、梁（梁）從，以功（攻）勺（趙），秦取勺（趙）之上地〔三〕，齊取河東。勺（趙）從，秦取乾（韓）之上地〔四〕，齊取燕之陽地〔五〕。三晋大破，而【攻楚】，秦取鄢，田雲夢〔六〕，齊取東國、下蔡〔七〕。使從（縱）親之國，如帶而已。齊、秦雖立百帝，天下孰能禁之？」

〔一〕這封信是韓𢀊在攻秦以後寫的，希望齊閔王召回他，並與秦國聯合。

〔二〕先事而後名：指稱帝事。即先造成形勢，再立帝號。

〔三〕上地：指趙之上黨。《趙策二》蘇秦説趙王：「韓弱則效宜陽。宜陽效，則上郡絶。」張琦《戰國策釋地》説：上郡當作上黨。宜陽在今河南省宜陽縣，與上黨隔河相近，那麽，《趙策》所説趙的上郡，應就是此處的上地。

〔四〕乾（韓）之上地：指韓之上黨。《楚策一·張儀爲秦破從連横章》説：「秦下甲兵據宜陽，韓之上地不通。」《荀子·議兵》：「韓之上地方數百里，完全富足而趨趙，趙不能凝也，故秦奪之。」此事見《趙策一》。韓國的上黨太守馮亭把上黨送給趙國，趙豹反對受上黨，説：「秦以牛田，水通糧，其死士皆列之於上地。」均可证。

〔五〕陽地：指黄河以北，齊、燕交界處的燕地。水北稱陽，所以稱陽地。第十七章説「且使燕盡陽地，以河爲境」，説明陽地在黄河之北。戰國時黄河在今天津地區入海。燕之陽地當指今河北省高陽、河間一帶。

〔六〕秦取鄢，田雲夢：鄢，楚地，在今湖北省宜城市。雲夢，古代澤名，在今湖北省中部及南部，跨長江南北，現在這一帶還有很多湖泊，即古雲夢澤的遺留。田雲夢，在雲夢打獵。

〔七〕東國、下蔡：東國，楚國的東地，接近齊國南境，今江蘇省宿遷、睢寧和安徽省的靈璧一帶。下蔡，即蔡國所遷州來，在今安徽省壽縣。

【繫年】

五國攻秦後，秦還地給趙、魏事在周赧王二十八年、魏昭王九年、趙惠文王十二年、齊閔王十四年。

十二　蘇秦謂齊王章（四）〔一〕

●謂齊王曰：「臣恐楚王之勤豎之死也〔二〕。王不可以不故解之〔三〕。臣使蘇厲告楚王曰〔四〕：『豎之死也，非齊之令（命）也，濕子之私也〔五〕。殺人之母而不爲其子禮，豎之罪○固當死。宋以淮北與齊講，王功（攻）之，毄（繫）勺（趙）信〔六〕，齊不以爲怨，反爲王誅勺（趙）信，以其無禮於王之邊吏也，王必毋以豎之私怨敗齊之德。』前事願王之盡加之豎也，毋與它人矣，以安無薛公之心〔七〕。王○尚（嘗）與臣言，甘薛公以就事，臣甚善之。今爽也，强得也〔八〕，皆言王之不信薛公，薛公甚懼，此不便於事。非薛公之信，莫能合三晋以功（攻）秦，願王之甘之○也，臣負齊、燕以司（伺）薛公〔九〕，薛公必不敢反王。薛公有變，臣必絶之。臣請終事而與〔一〇〕，王勿計，願王之固爲終事也〔一一〕。攻（攻）秦之事成，三晋之交完於齊，齊事從（縱）横盡利：講而歸，亦利；圍而勿舍，亦利；歸息士民而復之，使如中山，亦利〔一二〕。功（攻）秦之事敗，三晋之約散，而静（争）秦〔一三〕，事卬曲盡害。是故臣以王令（命）甘薛公，驕（矯）敬（檠）三晋〔一四〕，勸之爲一，以疾功（攻）秦，必破之。不然則賓（擯）之，不則與齊共講，欲而復之〔一五〕。三晋以王爲愛己、忠己。今功（攻）秦之兵方始合，王有（又）欲得兵以功（攻）平陵，是害功（攻）秦也。天下之兵皆去秦而與齊諍（爭）宋地，此其爲禍不難矣。願王之毋以此畏三晋也。獨以甘楚。楚雖毋伐宋，宋必聽。王以（已）和三晋伐秦，秦必不敢言救宋。□弱宋服，則王事遫（速）夬（決）矣。夏后堅欲爲先薛公得平陵[一六]，願王之勿聽也。臣欲王以平陵予薛公，然而不欲王之無事與之也。欲王之縣（懸）陶、平陵於薛公、奉陽君之上以勉之，終身然後予之，則王多資矣。御（御）事者必曰[一七]：『三晋相豎（堅）也而傷秦，必以其餘驕王。』願王之勿聽也，三晋伐秦，秦未至而王已盡宋息民矣[一八]。臣保燕而循事王，三晋必無變。三晋若願乎，王𢶍（遂）役（役）之。三晋若不願乎，王收秦而齊（劑）其後[一九]，三晋豈敢爲王驕？若三晋相豎（堅）也以功（攻）秦，案以負王而取秦[二〇]，則臣必先智（知）之。王收燕、循楚而啖秦以晋國，三晋必破。是故臣在事中，三晋必不敢反。臣之所以備患者百餘。王句（苟）爲臣安燕王之心而毋聽傷事者之言，請毋至三月而王不見王天下之業，臣請死。臣之出死以要事也[二一]，非獨以爲王也，亦自爲也。王以不謀燕爲臣賜，臣有以德燕王矣。王舉霸王之業而以臣爲三公，臣有以矜於世矣。是故事句（苟）成，臣雖死不醜[二二]。」

〔一〕這是蘇秦在梁國使人謂齊閔王。

〔二〕楚王之勤豎之死也：楚王，楚襄王。勤，憂的意思，《吕氏春秋·不廣》高誘注：「勤，憂也。」豎應是楚人，被殺事未詳。《韓策三·韓珉相齊章》説，「令吏逐公疇豎」，又説，「公疇豎楚王善之」，不知與此被殺之豎是否一人。

〔三〕不故：當讀作「不辜」，是無罪被殺的意思。一説，故的意思是有意。
〔四〕蘇厲：蘇秦的兄或弟。
〔五〕濕子：人名。
〔六〕勺（趙）信：人名，可能是齊將。
〔七〕「前事」三句：殺豎事似與薛公有關。無，讀爲「撫」。一説讀作「夫」，縣辭。
〔八〕爽、强得：當是兩人名。
〔九〕負：擔負。
〔一〇〕與：參與。
〔一一〕固：堅定。
〔一二〕三個「亦利」，都指攻宋。歸息士民而復之，是休息一下士民後再攻宋。使如中山，是仿傚趙國攻中山的方法。
〔一三〕「功（攻）秦」三句：這是説如果攻秦的縱約散了，各國就都要争着拉攏秦國。
〔一四〕驕（矯）敬（檠）三晋：驕（矯）敬（檠），當讀爲「矯檠」，與榜檠的意義略同。《韓非子·外儲説右》：「榜檠矯直。」又：「榜檠者所以矯不直也。」榜和檠都是矯正弓弩的工具。矯檠三晋是約束三晋的意思。
〔一五〕「不然」三句：如果不攻，就要和齊國一起與秦國講和，如果要攻秦，就再攻。
〔一六〕「夏后」句：夏后，人名。《吕氏春秋·知分》有白圭和鄒公子夏后啓的談話，高誘注：「夏后啓，鄒公子之名。」白圭與齊閔王同時，鄒國與齊國鄰近，疑此夏后即夏后啓。「爲先」二字疑當作「先爲」，此處誤倒。夏后一定要先爲薛公得平陵。

〔一七〕御（御）事者：即用事者。

〔一八〕三晉伐秦，秦未至而王已盡宋息民：其事未詳。

〔一九〕剬：斷，剪絶也。《太玄永》：「其命剬也。」

〔二〇〕案以負王：案，乃。負，背叛。

〔二一〕出死以要事：出死，不惜生命。要，要求。

〔二二〕以上從第一章至第十四章，是一組。其中，十三章是蘇秦的書信和談話，一章是韓𦳓的書信。十四章中有十二章是從未著録的。

【繫年】

策中記五國攻秦之後事，當蘇秦於魏書齊王，應在周赧王二十八年、魏昭王九年、趙惠文王十二年、燕昭王二十五年、齊閔王十四年。

十三 謂起賈章〔一〕

●胃（謂）○起賈曰〔二〕：「私心以公爲爲天下伐齊〔三〕，共約而不同慮。齊秦相伐，利在晉國。齊晉相伐，重在秦。是以晉國之慮，奉秦，以重虞秦〔四〕。破齊，秦不妬得，晉之上也。秦食晉以齊，齊毁，晉敝，餘齊不足以爲晉國主矣〔五〕。晉國不敢倍（背）秦伐齊，有（又）不敢倍（背）秦收齊，秦兩縣（懸）齊，晉以持大重，秦之上也。是以秦、晉皆束若計以相笥（伺）也〔六〕。古之爲利者養人，□□立重。立重者畜人以利〔七〕。重立而爲利者卑，利成而立重者輕，故古之人患利重之□奪□□〔八〕，唯賢者能以重終。察於見反〔九〕，故能制天下。願御史之孰（熟）慮之也〔一〇〕。且使燕盡陽地，以何爲竟（境），燕、齊毋□難矣〔一一〕。以燕王之賢，伐齊，足以傰（刷）先王之餌（恥）〔一二〕，利擯（擅）河山之間，執（勢）無齊患，交以趙爲死○友，地不與秦攘（壤）介（界），燕畢□□之事，難聽尊矣〔一三〕。趙取濟西〔一四〕，以方（防）河東，燕、趙共相〔一五〕，二國爲一，兵全以臨齊，則秦不能與燕、趙爭。□□□□亡宋得，南陽傷於魯〔一六〕，歸地歸於燕，濟西破於趙，餘齊弱於晉國矣。爲齊計者，不踰强晉，□□□□秦，秦【齊】不合，莫尊秦矣。魏亡晉國，猶重秦也〔一七〕。與之攻齊，攻齊已，魏爲

□國，重楚爲□□□□重不在粱（梁）西矣〔一八〕。一死生於趙〔一九〕，毀齊，不敢怨魏〔二〇〕。魏，公之魏已〔二一〕。楚割淮北，以爲下蔡○啓□〔二二〕，得雖近越，實必利郢〔二三〕。天下○且功（攻）齊，且屬從（縱），爲傳棼（焚）之約〔二四〕。終齊事，備患於秦，□是秦重攻齊也，國必慮〔二五〕，意齊毀未當於秦心也，盧（慮）齊（劑）齊而生事於【秦】。周與天下交長，秦亦過矣。天下齊（劑）齊不侍（待）夏。近慮周，周必半歲；上黨、寧陽，非一舉之事也，然則韓□一年有餘矣〔二六〕。天下休，秦兵適敝，秦有慮矣。非是猶不信齊也，畏齊大（太）甚也。公孫鞅之欺魏卬也，公孫鞅之罪也〔二七〕。身在於秦，請以其母質，襄疵弗受也〔二八〕。魏至今然者，襄子之過也〔二九〕。今事來矣，此齊之以母質之時也，而武安君之棄禍存身之夬（訣）也〔三〇〕」

〔一〕此章是五國已經約定伐齊，秦派起賈在魏國主持伐齊事，有人爲齊國與蘇秦而遊説起賈，希望他許齊國求和。事在公元前二八四年春樂毅將五國兵攻破齊國之前。

〔二〕起賈：人名，秦國的大夫。《吕氏春秋·應言》説，秦王曾令起賈爲孟卬求司徒於魏王。《趙策四》：「齊欲攻宋，秦令起賈禁之。」據本章，起賈此時又被派在魏國主持伐齊事。

〔三〕「私心」句：我以爲你是爲幫天下伐齊。

〔四〕虞：欺詐。一説，憂慮。

〔五〕「餘齊」句：殘存的齊國不能再操作魏國了。

〔六〕束若計：束，當讀爲「策」，策劃。若計，此計。

〔七〕養人、畜人：養人的養是供養；畜人的畜是豢養，等於養禽獸。

〔八〕「奪」上一字疑是「自」字。
〔九〕察於見反：明察事物的發展會轉成反面。
〔一〇〕御史：官名，指起賈，御史可能是他在秦國所任的官。
〔一一〕「且使」三句：陽地，見第十一章注「五」。「難」上一定殘缺，疑是「敢」字，一説是「餘」字。
〔一二〕餌：通「耻」。本書或作「佴」，或作「聭」，均同。
〔一三〕尊：指起賈。
〔一四〕濟西：與趙國的黄河以東一帶的邊境相鄰。《齊策四·蘇秦謂齊王曰章》説：「有濟西則趙之河東危。」
〔一五〕燕、趙共相：《史記·趙世家》惠文王十四年（公元前二八五年）：「相國樂毅將趙、秦、韓、魏、燕攻齊，取靈丘。」當時，燕國名列在五國最後，樂毅是燕相國，所以説：「燕、趙共相。」
〔一六〕南陽：地名，在齊國南部，與魯國交界。《孟子·告子》説：「一戰勝齊，遂有南陽。」趙岐注：「岱山之南謂之南陽。」古山南謂陽。故古文中常有多處稱「南陽」者。
〔一七〕「魏亡」二句：晋國，指三晋之安邑一帶。魏國雖然失去安邑，還以秦國爲重。這時魏國已經把安邑割給秦國。
〔一八〕「與之攻齊」四句：攻齊之後，魏國的形勢，將以楚國爲重，重不在大梁以西了，就是説不在秦國了。
〔一九〕一死生於趙：齊國的存與亡，決定於趙國。
〔二〇〕毀齊，不敢怨魏：毀齊，疑當作「齊毀」。齊國雖被毀，不敢怨魏國。
〔二一〕公：指起賈。

〔二二〕下蔡：地名，在今安徽省壽縣。這是淮水旁的楚國都邑，所以分割了淮北，就可以爲下蔡門户。

〔二三〕郢：楚國都名。後爲楚國之代稱。楚三遷後之國都，古均稱爲「郢」。

〔二四〕且屬從（縱），爲傳棼（焚）之約：屬，聯合，屬從即合縱。傳焚之約，傳焚符之約以表示斷交。《魏策二》：「請焚天下之秦符者臣也，次傳焚符之約者臣也。」是五國攻秦時事。現在轉爲五國攻齊，也有同樣的事。

〔二五〕「終齊事」四句：三晉攻完齊，就要備秦患。因此，秦國應以攻齊爲重，需要仔細考慮。

〔二六〕「天下齊」六句：五國破齊，不需要等到夏天。而秦國在近處想呑并東西周，得半年。上黨和寧陽更不是一下就能辦到的，那麽，滅韓的事就得一年多了。據《史記·六國年表》秦昭王二十一年，秦國敗韓兵於夏山。本書第二十一章説，秦國「欲以亡韓呑兩周」。又説：「聲德與國，實伐鄭韓。」可見在五國攻齊開始時，秦國是在攻韓國。寧陽，即寧邑，商代至戰國邑名，在今河南省獲嘉縣，戰國屬韓。

〔二七〕公孫鞅：即衛鞅，又稱商鞅。《史記·秦本紀》秦孝公二十年（公元前三四〇年），「衛鞅擊魏，虜魏公子卬，封鞅爲列侯，號商君。」《魏世家》：「秦將商君詐我將軍公子卬而襲奪其軍破之。」詳見《吕氏春秋·無義》和《史記·商君列傳》。

〔二八〕襄疵：人名，魏大臣。《吕氏春秋·無義》：「公孫鞅以其私屬與母歸魏，襄疵不受，曰：『以君之反公子卬也，吾無道知君。』」

〔二九〕「魏至今」二句：襄子，襄疵。魏國現在這樣，是襄疵不受商鞅之過。

〔三〇〕「今事來矣」三句：指齊國要投靠魏國，等於公孫鞅要以母質。這是武安君蘇秦的棄禍存身之訣，要起賈不要像襄疵那樣拒絶不受。

【繫年】

此章爲樂毅將五國軍破齊之前事，當在周赧王三十一年、魏昭王十二年、趙惠文王十五年、燕昭王二十八年、齊閔王十七年。

十四　李園謂辛梧章〔一〕

●秦使辛梧據粱（梁），合秦、粱（梁）而攻楚〔二〕，李園憂之〔三〕。兵未出，謂辛梧：「以秦之强，有粱（梁）之勁，東面而伐楚。於臣也〔四〕，楚不侍（待）伐，割摯（縶）馬免而西走〔五〕，秦餘（與）楚爲上交，秦禍案環（還）中粱（梁）矣〔六〕。將軍必逐於粱（梁），恐慌誅於秦。將軍不見井忌乎〔七〕？爲秦據趙而攻燕，拔二城〔八〕。燕使蔡鳥股符胠璧，姦（間）趙入秦〔九〕，以河間十城封秦相文信侯〔一〇〕。文信侯弗敢受，曰：『我無功。』蔡鳥明日見，帶長劍，案（按）其劍，舉其末〔一一〕，視文信侯曰：『君曰：我無功。君無功，胡不解君之璽以佩蒙敖（驁）、王齮也〔一二〕？秦王以君爲賢，故加君二人之上。今燕獻地，此非秦之地也，君弗受，不忠。』文信侯敬若（諾）。言之秦王，秦王令受之〔一三〕。餘（與）燕爲上交，秦禍案環（還）歸於趙矣。秦大舉兵東面而齊（劑）趙，言毋攻燕。以秦之强，有燕之怒，割勺（趙）必突（深）。趙不能聽，逐井忌，誅於秦。今臣竊爲將軍私計，不如少案（按）之，毋庸出兵。秦未得志於楚，必重粱（梁）；粱（梁）未得志於楚，必重秦。是將軍兩重。天下人無不死者，久者壽，願將軍之察之也。粱（梁）兵未出，楚見粱（梁）之未出兵也，走秦必緩。秦王怒於楚之緩也，怨必深。是將軍有重矣。」粱（梁）兵果六月乃出。

〔一〕據文内叙事，此事當在秦始皇十二年（公元前二三五年）。

〔二〕辛梧：人名，當是秦將。據《史記·六國年表》，秦始皇十二年，「發四郡兵助魏擊楚」。魏景湣王八年，「秦助我擊楚」。楚幽王三年，「秦魏擊我」。當即此事。

〔三〕李園：人名。公元前二三八年，楚考烈王死，李園殺春申君而立幽王悍，見《史記·楚世家》和《春申君列傳》。此時當任楚相。

〔四〕於臣也：「於」字和「以」字義同，臣，李園自稱。於臣也，是説按照他的想法。

〔五〕割摯（縶）馬免而西走：縶，縛住馬的繩索。免，脱跑。割縶馬免而西走，就似馬韁被割後脱韁逃往秦國。《趙策一》説：「割挈馬兔（免）而西走。」「縶」作「挈」，是字形之誤。

〔六〕秦禍案環（還）中粱（梁）：「案」與「乃」字義同。還，轉過來。中，讀去聲。《趙策一》説，「秦與韓爲上交，秦禍安移於粱矣」，又「秦與粱爲上交，秦禍案攘於趙矣」，句法並同。「攘於」二字鮑本作「環中」，與帛書合。

〔七〕井忌：人名，當是秦將。

〔八〕此事史書所無。按吕不韋在秦莊襄王元年（公元前二四九年）爲丞相，封文信侯，秦始皇十年（公元前二三七年）免相。下文蔡鳥説到蒙驁、王齮，據《六國年表》，蒙驁死在始皇七年，王齮死在始皇三年（公元前二四四年），那麽，此事必在公元前二四九年之後，公元前二四四年之前。

〔九〕蔡鳥股符胠璧：蔡鳥，人名。股符胠璧，是把作爲信物的符藏在大腿旁，璧藏在腋下，用以偷越趙國。股，《説文》謂「髀」，段注：髀，股外也。言股則統髀，故曰髀也。《六書故》云：髀下膝上爲股。

〔一〇〕河間十城：在今河北省河間市一帶。文信侯呂不韋，《史記》有傳。河間十城，詳見本書正文卷七《秦策·文信侯欲攻趙章》。

〔一一〕案（按）其劍，舉其末：佩劍時把手在上，稱首；劍尖在下，稱末。按劍把，舉劍末，是準備從鞘中拔劍的姿勢。

〔一二〕君之璽以佩蒙敖（驁）、王齮：璽，秦以前，印章通稱爲璽，此處指相印。蒙驁、王齮，並秦名將。

〔一三〕《秦策五》説：莊襄王即位後「以不韋爲相，號曰文信侯，食藍田十二縣」。到了燕國獻河間十城後，呂不韋就在燕、趙之間有封地了。秦始皇初年，《秦策五》説「文信侯欲攻趙以廣河間」，這和穰侯要攻齊以廣陶邑是一樣的。目的是爲了擴大自己的封邑。

【繫年】

此策所記楚相李園使人謂辛梧事，當在秦始皇十二年、楚幽王三年、魏景湣王八年、趙王一年、燕王喜二十年。

十五　見田併於梁南章〔一〕

●見田併於梁（梁）南〔二〕，曰：「秦攻鄢陵〔三〕，幾拔矣。梁（梁）計將奈何？」田併曰：「在楚之救梁（梁）。」對曰：「不然。在梁（梁）之計，必有以自恃也。無自恃計，傳（專）恃楚之救，則梁（梁）必危矣。」田併曰：「爲自恃計奈何？」曰：「梁（梁）之東地。尚方五百餘里，而與梁（梁），千丈之城，萬家之邑，大縣十七，小縣有市者卅有餘，將軍皆令縣急急爲守備，譔（選）擇賢者，令之堅守，將以救亡。令梁（梁）中都尉〔四〕□□大將，其有親戚父母妻子，皆令從梁（梁）王葆（保）之東地單父〔五〕，善爲守備。」田併【曰】：「梁（梁）之群臣皆曰：『梁（梁）守百萬，秦人無奈梁（梁）何也。』梁（梁）王出，顧危〔六〕。」對曰：「梁（梁）之群臣必大過矣，國必大危矣。梁（梁）王自守，一興趣而地畢，固秦之上計也。今梁（梁）王居東地，其危何也？秦必不倍（背）梁（梁）而東，是何也？多之則危，少則傷。所説謀者爲之，而秦無所關其計矣〔七〕。危弗能安，亡弗能存，則奚貴於智矣。願將軍之察也。梁（梁）王出梁（梁），秦必不攻梁（梁），必歸休兵，則是非以危爲安，以亡爲存耶，是計一得也。若秦拔鄢陵，必不能掊（背）梁（梁）、黄、濟陽陰、睢陽而攻單父〔八〕，是計二得也。若欲出楚地而東攻單父〔九〕，則可以轉禍爲福矣，是計三得也。若秦拔鄢陵而不能東攻單父，欲攻粱（梁），此粱（梁）、楚、齊之大福已。粱（梁）王在單父，以萬丈之城，百萬之守，五年之食〔一〇〕，以粱（梁）餌秦，以東地之兵爲齊、楚爲前行，出之必死，擊其不意，萬必勝。齊、楚見亡不假（遐），爲粱（梁）賜矣〔一一〕。將軍必聽臣，必破秦於粱（梁）下矣。臣請爲將軍言秦之可破之理〔一二〕，願將軍察聽之【也】。今者秦之攻□□□將□以□行幾二千里，至，與楚、粱（梁）大戰長社〔一三〕，楚、粱（梁）不勝，秦攻鄢陵。秦兵之□□□死傷也，天下之□見也。秦兵戰勝，必收地千里。今戰勝不能倍（背）鄢陵而攻粱（梁）者□少也〔一四〕。鄢陵之守，【城百】丈，卒一萬。今粱（梁）守，城萬丈，卒百萬。臣聞之也，兵者弗什弗圍，弗百弗□軍。今粱（梁）守百萬，粱（梁）王有（又）出居單父，秦拔鄢陵，必歸休兵。若不休兵，而攻虛粱（梁）〔一五〕，守必堅。是【何】也？王在外，大臣則有爲守〔一六〕，士卒則有爲死，東地民有爲勉，諸侯有爲救粱（梁），秦必可破粱（梁）下矣。若粱（梁）王不出粱（梁），秦拔鄢陵，必攻粱（梁），必急，將卒必□□，守必不固。是何也？之王〔一七〕，則不能自植士卒〔一八〕；之將，則以王在粱（梁）中也，必輕；之武〔一九〕，則□□□如不□粱（梁）中必盬（亂）；之東地，則死王更有大慮〔二〇〕；之諸侯，則兩心，無□□無□□□地；之粱（梁）將〔二一〕，則死王有兩心，無以出死救粱（梁），無以救東地而□□□□□□王不出粱（梁）之禍也。」田併曰：「請使宜信君載先生見〔二二〕□□□□□□□□□□□□□□□□□不責於臣，不自處危。今王之東地尚方五百餘里，□□□□□□□□□□□責於臣。若王不□，秦必攻粱（梁），是粱（梁）無東地憂而王□□□

□□□□□□□□□呂粱（梁）中，則秦【之】攻粱（梁）必急，王出，則秦之攻粱（梁）必□□□□□□□□□□□□□□□□□□□□□大破□□□□□□□□□□□□□□□□□□□□□□□□□臣來獻□計□□□王弗用臣，則□□□□。」

〔一〕此章是某一謀士遊説魏將田倂與魏王的記事。

〔二〕田倂：人名，當是魏將。倂，疑即《説文》「倂」（「兵」字古文）字，從人，從干，從奴。從干的字，金文或作「羊」。梁南，當是大梁南。地在今河南省開封市南。

〔三〕鄢陵：在今河南省鄢陵縣西北。

〔四〕都尉：武官，比將軍略低。

〔五〕單父：古邑名，一作「亶父」，相傳爲舜師單卷所居，故名。今山東省單縣。

〔六〕顧：反而。

〔七〕「所説」二句：關，通「貫」，《廣雅・釋詁一》：「貫，行也。」如果按照這種計劃去做，秦國就無所施其技了。

〔八〕粱（梁）、黄、濟陽陰、睢陽：梁，大梁。黄，古稱「外黄」，在今河南省杞縣。濟陽陰，是濟陽和濟陰，濟陽在今河南省蘭考縣之東，山東省曹縣之西，濟陰當即今山東省菏澤市定陶區，漢代爲濟陰郡治。睢陽在今河南省商丘市南。

〔九〕出楚地：當是經過淮北，那就要先攻楚國。

〔一〇〕「萬丈之城」等三句，均指大梁。

〔一一〕「齊、楚」二句：遐，遠。這是説齊、楚見到自己也快亡國，是要幫助梁的。
〔一二〕此處誤重一「可」字。
〔一三〕長社：在今河南省長葛市西。
〔一四〕少：據上文「多之則危，少則傷」，這裏的少，是指兵少。
〔一五〕虛梁（梁）：指梁王不在梁。
〔一六〕爲守：爲梁王而守。
〔一七〕之：此。
〔一八〕植：率領。《左傳》宣公二年杜預注：「植，將主。」
〔一九〕武：士卒。
〔二〇〕死王：指爲梁王而死。
〔二一〕梁（梁）將：指守大梁之將。
〔二二〕宜信君：當是魏國貴族。田併讓宜信君把這個謀士送去見魏王，下面應是遊説魏王的話。

【繫年】

秦攻魏鄢陵逼梁，梁待楚援事，在秦始皇二十二年、魏王假三年、楚王負芻三年。

十六　麛皮對邯鄲君章〔一〕

【●】□□□□【邯】鄲□□□□□□□□未將令（命）也〔二〕。工（江）君奚洫曰〔三〕：「子之來也，其將請師耶？彼將□□□重此□，如此兼邯鄲，南必□□□□□□□城必危，楚國必弱，然則吾將悉興以救邯【鄲】〔四〕，吾非敢以爲邯鄲賜也，吾將以救吾□□。」【麛】皮曰：「主君若有賜〔五〕，興□兵以救敝邑，則使臣赤（亦）敢請其日以復於□君乎〔六〕？」工（江）君奚洫曰：「大（太）緩救邯鄲，邯鄲□□□鄲。進兵於楚，非國之利也，子擇其日歸而已矣，歸今從子之後。」麞（麛）皮歸〔七〕，復令（命）於邯鄲君曰〔八〕：「□□□□□和於魏，楚兵不足侍（恃）也。」邯鄲君曰：「子使，未將令（命）也。人許子兵甚俞〔九〕，何爲而不足侍（恃）【也】？」麞（麛）皮曰：「臣之□□【不足】侍（恃）者以其俞也。彼其應臣甚辨，大似有理。彼非卒（猝）然之應也。彼笥（伺）齊□□□□□守其□□□利矣。□□□兵之日不肯告臣。頹然進其左耳而後其右耳〔一〇〕，台乎其所後者〔一一〕，必其心與□□□□□俞許【我】兵，我必列（裂）地以和於魏，魏必不敝，得地於趙，非楚之利也。故俞許我兵者，所勁吾國〔一二〕，吾國勁而魏氏敝，【楚】人然後舉兵兼承吾國之敝。主君何爲亡邯鄲以敝魏氏，而兼爲楚人禽（擒）弋（戢）。故蔞（數）和爲可矣〔一三〕。」邯鄲君榣（摇）於楚人之許己兵而不肯和。三年，邯鄲傒〔一四〕。楚人然後舉兵，兼爲正乎兩國〔一五〕。若由是觀之，楚國之口雖□□，其實未也。故□□應。且曾聞其音以知其心。夫頯然見於左耳，麛（麛）皮已計之矣。

〔一〕此章所記是所謂「邯鄲之難」時事。《齊策一·邯鄲之難章》説，趙求救於齊，田侯召大臣而謀，鄒忌主張不救，段干綸主張救，但不救邯鄲而南攻襄陵以弊魏，邯鄲拔而承魏之弊。這是齊國的記載。《楚策一·邯鄲之難昭奚恤謂楚王章》説，昭奚恤主張不如無救趙，使他們兩弊，景舍則主張少出兵以爲趙援，趙、魏相弊而齊、秦應楚，則魏可破也。這是楚國的記載。此章則是趙國使臣麛皮分析楚國救兵不足恃，主張與魏和。這是趙國的記載。據《史記·趙世家》趙成侯「二十一年，魏圍我邯鄲。二十二年，魏惠王拔我邯鄲」，可知此役在公元前三五四至前三五三年。麛皮的對當在前三五四年，但由後面評語看，記録應較晚。

〔二〕未將令（命）：没有奉命求救。

〔三〕工（江）君奚洫：當即昭奚恤，楚宣王時楚國的相。封於江地，在今河南省正陽縣。

〔四〕興：指興師。

〔五〕主君：指江君。

〔六〕使臣：麛皮自稱。

〔七〕麛（麛）皮：麛，音「迷」。麛皮，趙國使者。

〔八〕邯鄲君：即趙成侯（公元前三七四—前三五〇）。趙都邯鄲，所以稱邯鄲君，同魏王稱梁王。

〔九〕俞：通「愉」，愉快。此處是許諾很快的意思。

〔一〇〕頪然：未詳。一説，「頪」疑爲㚇的别體，音「頁」。《廣韻·十六屑》：「㚇，頭邪。」因爲歪了頭，所以左耳在前，右耳在後。
〔一一〕台：通「怡」，快樂。
〔一二〕勁：使趙國加勁。
〔一三〕蔞（數）：數，通「速」。
〔一四〕邯鄲僂：僂，未詳。意思是：邯鄲拔。
〔一五〕兼爲正乎兩國：正，疑通「征」。同時征伐兩國。

【繫年】

本章爲魏國圍趙邯鄲時事，當繫於周顯王十五年、魏惠王五十六年、趙成侯二十一年、齊威王三年。

附録二

戰國策考研目録

一、序跋

戰國策注序　鮑彪
戰國策後序　姚寬
會稽郡齊刻鮑注戰國策跋　王信
戰國策　葉適
國策校注序　吴師道
書曾序後一則　吴師道
書姚序後兩則　吴師道
戰國策校注序　陳祖仁
校戰國策序　王廷相
刻戰國策序　張一鯤
跋高誘注戰國策　錢謙益
跋古本戰國策三則　陸貽典
戰國策鈔序　朱鶴齡
戰國策去毒跋　陸隴其
刻姚本戰國策序　盧見曾
書戰國策後　劉大櫆

二、**瑣記**

三、**雜語**

陳仁錫語一則
張照語一則
畢沅語一則
章學誠語二則
周中孚語二則
譚獻語五則
朱一新語一則
胡懷琛語一則
王國維語一則
章炳麟語一則

附録三

現存戰國策版本表

年代	書名	編注者	刻印者	附注
宋紹興丙寅	戰國策注	高誘注　姚宏續注		又稱古本戰國策，或梁溪高氏本。
宋紹興丁卯	戰國策注	鮑彪注		又稱鮑氏戰國策注，或梁溪安氏本。
宋紹熙辛亥	鮑氏戰國策注	重刻本	會稽郡齊	北京圖書館藏書。
元至正乙巳	戰國策校注	吴師道校注	吴郡學宫	曲阜孔氏、吴縣黄丕烈曾家藏。
明嘉靖改元	戰國策	王廷相校注		以吴氏校注本爲基礎，略有增補。
明萬曆辛巳	戰國策校注	翻刻本		張一鯤在翻刻時，删去冗複，增加書評，已非吴氏原來。

续表

年代	書名	編注者	刻印者	附注
明崇禎戊戌	姚氏戰國策注	影鈔本	雅雨堂叢書	盧見曾、陸敕先據梁溪高氏本影鈔。黃丕烈云，多有失誤。
明崇禎	高氏戰國策注	影鈔本	汲古閣叢書	本多舛誤，清紀昀疑毛晋從賈似道欲刻本影鈔。
清嘉慶癸亥	姚氏戰國策注	仿宋本	求古居叢書	黃丕烈得宋本重刻，并札記三卷。
清宣統己酉	戰國策注	于鬯注	未刊	據自序稱，欲繼高誘、鮑彪、吴師道後，成一家言。
民國初	戰國策補注	吴曾祺注	商務印書館	吴在黃氏仿宋本基礎上，以札記爲依據，有所增補。
民國初	戰國策詳注	郭希汾注	上海文明書局	據例言稱，本編以姚氏爲主，間亦有改從鮑、吴者，而亦旁引群書。
一九七八年	戰國策		上海古籍出版社	以姚本爲底本，彙集鮑、吴注文及黃氏札記；後附馬王堆出土帛書戰國策釋文等。

附録四

李文叔書戰國策後

《戰國策》所載，大抵皆從横捭闔譎誑相輕傾奪之説也。其事淺陋不足道，然而人讀之，則必鄉〔一〕其説之工而忘其事之陋者，文辭之勝移之而已。

且壽考、安樂、富貴、尊榮、顯名、愛好、便利、得意者，天下之所欲也，然激而射之，或將以致人之憂。死亡、憂患、苦辱、棄〔二〕損、亡利、失意者，天下之所惡也，然動而竭之，或將以導人之樂。至於以下求小，以高求大，縱之以陽，閉之以陰，無非微妙。難知之情，雖辯士抵掌而論之，猶恐不自。今寓之文字，不過一二言，語未必及，而意已隱然見乎其中矣。由是言之，爲是説者非難，而載是説者爲不易得也。嗚呼！使秦漢而後，復有爲是説者，必無能載之者矣。雖然，此豈獨人力哉？蓋自堯、舜〔三〕、夏、商積制作以至於周，而文物大備。當其盛時，朝廷宗廟之上，蠻貊窮服之外，其禮樂制度，條施目設，而威儀文章可著之簡册者，至三千數。此聖人文章之實也。及周道衰，寖淫陵遲，幽厲承之，於是大壞。然其文章所從來既遠，故根本雖伐[四]，而氣燄未易遽熄也。於是浮而散之，鍾於談舌而著於言語。此莊周、屈原、孫武、韓非、商鞅與夫儀、秦之徒所以雖不深祖吾聖人之道，而所著書文辭駸駸乎上薄《六經》而下絶來世者，豈數人之力也哉？

今《戰國策》宜有善本傳於世，而舛錯不可疾讀。意天之於至寶，常不欲使人易得。故余不復竄定，而其元篇，皆以丹[五]圜其上云[六]。

〔一〕鄉：鮑本、吴本「鄉」作「向」，同。

〔二〕棄：鮑本、盧本「弃」作「棄」，同。

〔三〕堯、舜：鮑本、吴本無此二字。

〔四〕伐：原本「伐」作「代」，形近而訛，今從鮑本、吴本及盧本改。

〔五〕丹：鮑本「丹」作「再」，非。此謂以丹色圜其上耳。

〔六〕此及下王覺題辭，鮑本並附於卷末。黄氏《札記》謂「鮑本無」者，亦誤。吴本自此文下至姚宏《後叙》皆附於卷末，蓋據姚本而綴焉。

王覺題戰國策

《戰國策》三十三篇，劉向爲之《序》，世久不傳。治平初，始得錢唐顔氏印本，讀之。愛其文辭之辯博，而字句脱誤尤失其真。丁未歲，予在京師，因借館閣諸公家藏數本參校之，蓋十正其六七。凡諸本之不載者，雖雜見於《史記》他書，然不敢輒爲改易，仍從其舊，蓋慎之也。

當戰國之時，强者務併吞，弱者患不能守，天下方争於戰勝攻取。馳説之士因得以其説取合時君，其要皆主於利言之。合從連衡〔一〕，變詐百出。然自春秋之後以迄于秦，二百餘年興亡成敗之跡，粗見於是矣。雖非義理之所存，而辯麗横肆。亦文辭之最，學者所不宜廢也。

會有求予本以開板者，因以授之，使廣其傳，庶幾證前本之失云。清源王覺題。

〔一〕衡：鮑本「横」作「衡」，通用。

孫元忠書閣本戰國策後

臣自元祐元年十二月入館，即取曾鞏三次所校定本及蘇頌、錢藻等不足本，又借劉敞手校書肆印賣本參考，比鞏所校，補去是正，凡三百五十四字。八年，再用諸本及集賢院新本校，又得一百九十六字，共五伯〔一〕五十籤，遂爲定本，可以修寫黄本入秘閣。集賢本脱漏，然亦間得一兩字。癸酉歲臣朴校定。

右十一月十六日書閣本後。孫元忠。

〔一〕伯：吴本、盧本「伯」作「百」，通用。

孫元忠記劉原〔一〕父語

此書舛誤特多，率一歲再三讀，略以意屬之而已。比劉原父云：「吾老當得定本。」正之否耶？

〔一〕原：盧本「原」作「元」，非。但下文作「原」，不誤。

姚宏後叙

右《戰國策》，隋《經籍志》三十四卷，劉向録；高誘注止二十一卷；漢京兆尹延篤論一卷。唐《藝文志》劉向所録已闕二卷，高誘注乃增十一卷，延叔堅之論尚存。今世所傳三十三卷。《崇文總目》高誘注八篇，今十篇，第一、第五闕。前八卷，後三十二、三十三，通有十篇。武安君事在《中山》卷末，不知所謂。叔堅之論，今他書時見一二。舊本有未經曾南豐校定者，舛誤尤不可讀。南豐所校，乃今所行。都下、建陽刻本皆祖南豐，互有失得。

余頃於會稽得孫元忠所校於其族子愨，殊爲疏略。後再扣之，復出一本，有元忠跋，并標出錢、劉諸公手校字，比前本雖加詳，然不能無疑焉。如用「地」「恧」字，皆武后字，恐唐人傳寫相承如此。諸公校書改用此字，殊所不解。竇苹作《唐史釋音》，釋武后字，内「埊」字云：「古字，見《戰國策》。」不知何所據云然。然「坔」乃古「地」字。又「埊」字見《亢倉子》、《鶡冠子》，或有自來。至于「恧」字，亦豈出于古歟？幽州僧行均韻訓詁〔二〕以此二字皆古文，豈別有所見耶？孫舊云「五百五十篋」，數字雖過之，然間有謬誤，似非元書也。括蒼所刊，因舊無甚增損〔二〕。余萃諸本校定離次之，總四百八十餘條。太史公所採〔三〕九十餘條，其事異者止五六條。太史公用字，每篇間有異〔四〕者，或見於他書，可以是正，悉注於旁。辨「灓水」之〔五〕爲「潰水」，「案」字之爲語助，與夫不題校人並題「續注」者，皆余所益也。正文遺逸，如司馬貞引「馬犯謂周君」，徐廣引「韓兵入西周」，李善引「呂不韋言周三十七王」，歐陽詢引「蘇秦謂元戎以鐵爲矢」，《史記正義》「竭石九門本有宮室以居」，《春秋後語》「武靈王遊大陵，夢處女鼓瑟」之類，略可見者如此，今本所無也。至如「張儀説惠王」乃《韓非·初見秦》，「厲憐王」引《詩》乃《韓嬰外傳》，後人不可得而質矣。先〔六〕秦古書見於世者無幾，而余居窮鄉，無書可檢閲。訪《春秋後語》，數年方得之，然不爲無補。冀覬博採，老得定本，無劉公之遺恨。

紹興丙寅中秋剡川姚宏伯聲父題〔七〕。

〔一〕韻訓詁：按「韻訓詁」義不完，疑有脱字。《夢溪筆談》卷十五云：「幽州僧行均集佛書中字爲切韻訓詁，凡十六萬字，分四卷，號《龍龕手鏡》。」據此，則「韻」字上當有「切」字。下姚寬《後序》有「切」字可證。此謂「切韻訓詁」之書，猶言「音義」也。然非書名。今傳宋刊本均書作《龍龕手鑑》，「鑑」本作「鏡」，避宋嫌諱而改。

〔二〕損：盧本「損」誤作「採」。

〔三〕採：盧本「採」作「采」。

〔四〕異：盧本脱「異」字。

〔五〕之：原本「之」誤作「乏」，從吴本、盧本改。

〔六〕先：吴本脱「先」字。

〔七〕以上自曾子固《序》（吴師道序後題識除外）止此篇，皆從姚宏本編次於書後。

吴師道題識：頃歲予辨正鮑彪《戰國策注》，讀吕子《大事記》引剡川姚宏，知其亦注是書。考近時諸家書録，皆不載，則世罕有蓄者。後得於一舊士人家。卷末載李文叔、王覺、孫朴、劉敞語。其自序云：「嘗得本於孫朴之子慤。」朴元祐初在館中取南豐曾鞏本，參以蘇頌、錢藻、劉敞所傳，併集賢院新本，上標錢、劉校字。而姚又薈粹諸本定之，每篇有異及他書可正者，悉注於下。因高誘注間有增續，簡質謹重，深得古人論撰之意，大與鮑氏率意竄改者不同。又云「訪得《春秋後語》，不爲無補」。蓋晋孔衍所著者，今尤不可得，尚賴此而見其一二，詎可廢邪？考其書成於紹興丙寅，而鮑注出丁卯，實同時。鮑能分次章條，詳述注説。讀者眩於浮文，往往喜稱道之，而姚氏殆絶，無足怪也。宏字令聲，今題伯聲甫，待制舜明廷輝之子，爲删定官，忤秦檜，死大理獄。弟寬令威、憲令則，皆顯於時，其人尤當傳也。余所得本，背紙有「寶慶」字，已百餘年物，時有碎爛處。既據以校鮑誤，因序其説於此。異時當廣傳寫，使學者猶及見前輩典則，可仰可慕云。至順四年癸酉吴師道識〔一〕。

〔一〕此篇據吴本編次於姚序之後。

姚寛後序

右《戰國策》，隋《經籍志》三十四卷，劉向録；高誘注止二十卷；漢京兆尹延篤論一卷。唐《藝文志》，劉向録已闕二卷，高誘注乃增十一卷。延篤論時尚存。今所傳三十三卷。《崇文總目》高誘注八篇，印本存者有十篇。武安君事在《中山》卷末，不詳所謂。延篤論今亡矣。其未曾經曾南豐所校定者，舛誤尤不可讀。其浙、建原小本刊行者，皆南豐所校本也。括蒼耿氏所刊，鹵莽尤甚。

宣和間，得館中孫固、孫覺、錢藻、曾鞏、劉敞、蘇頌、集賢院，共七本。晚得晁以道本並校之，所得十二焉。如用「埊」、「㤟」字，皆武后字，恐唐人相承如此。諸公校書，改用此字，殊不可解。竇苹作《唐書》〔二〕釋武后用「埊」字云：「古字，字見《戰國策》。」不知何所據而云然。「坔」乃古「地」字。又「埊」字見《亢倉子》、《鶡冠子》，或有自來。至於「㤟」字，幽州僧行均作切韻訓詁，以此二字云：「古文。」豈別有所見邪？太史公所採九十三事，内不同者五。（黄云：「案以下所列事數，今數之，多不合者，未詳姚意何云也。」）《韓非子》十五事，《説苑》六事，《新序》九事，《吕氏春秋》一事，《韓詩外傳》一事，皇甫謐《高士傳》三事，《越絶書》記李園一事，甚異。如正文遺逸，引《戰國策》者，司馬貞《索隱》五事（原注：「豫讓擊襄子之衣，衣盡血」；「吕不韋言周凡三十七王」；「白圭爲中山將，亡六城，還拔中山」；「馬犯謂周君」；「馬犯謂梁王云：王病愈（作瘉字）」），《廣韻》七事［原注：「晋有大夫芬質（音撫文切）、芈千者著書顯名」；「安陵丑」；「雍門周」；「中大夫藍諸」；「晋有亥唐」；「趙有大夫庫賈（音肇，訓門也）」；「齊威王時有左執法公旗蕃」］，《玉篇》一事（原注：「驥仰而噴，鼓鼻也」），《太平御覽》二事（原注：「涸若耶以取銅，破破⿱乇心山而出錫」；「廊廟之椽，非一木之枝；先王之法，非一士之智」），《元和姓纂》一事（原注：「引《風俗通》云：晋大夫芸賢」），《春秋後語》二事（原注：「趙武靈王遊大陵，夢處女鼓瑟」；「平原君躄者（注云：躄，攣跛之名）」），《後漢地理志》一事（原注：「東城九門。注云：碣石山在縣界」），《後漢》第八《贊》一事（原注：「廉頗爲人勇鷙而好士」），《藝文類聚》一事（原注：「蘇秦爲楚合從，元戎以鐵爲矢，長八寸，一弩十矢俱發」），《北堂書鈔》一事（原注：「楚人以弱弓微繳加歸雁之上者」），徐廣注《史記》一事（原注：「韓兵入西周，令成君辨説秦求救」），張守節《正義》一事（原注：「碣石九門本有宮室以居」），舊《戰國策》一事（原注：「羅尚見秦王曰：秦四塞之險，利於守不利於戰」），李善注《文選》一事（原注：「蘇秦説孟嘗君曰：秦四塞之國。高誘注云：四面有山關之固，故曰四塞之國也」），皆今本所無也。至如「張儀説惠王」乃《韓非子·初見秦》書，「厲憐王」引《詩》乃《韓詩外傳》，既無古書可以考證，第歎息而已！某以所聞見以爲《集注》，補高誘之亡云。上章執徐仲冬朔日會稽姚寬書。

吳師道題識：右此序題姚寬撰，有手寫附于姚注本者，文皆與宏序同，特疏列遺文皆詳。考其歲月則在後，乃知姚氏兄弟皆嘗用意此書。寬所注者，今未之見，不知視宏又何如也？因全録著之左方，以俟博考者。吳師道識[二]。

〔一〕據前姚宏《序》，「《唐書》」作「《唐史釋音》」，此疑「書」下脱「釋音」二字。

〔二〕右姚寬後序及吳師道題識乃據吳本編次於此。

耿延禧括蒼刊本序

余至括蒼之明年，歲豐訟簡，頗有文字之暇。於是用諸郡例，鏤書以惠學者。念《戰國策》未有板本，乃取家舊所藏刊焉。是書訛舛爲多，自曾南豐已云：「疑其不可考者。」今據所藏，且用先輩數家本參定，以俟後之君子而已。

昔李權從秦宓借《戰國策》，宓曰：「《戰國》從横，用之何爲？」蓋學者好惡之不侔如此。夫是非取捨，要當考合乎聖人之道以自擇。要之，此先秦古書，其叙事之備，太史公取以著《史記》；而文辭高古，子長實取法焉。學者不可不家有而日誦之。故余刊書。以是爲首云。紹興四年十月魯人耿延禧百順書。

右修職郎司理參軍馬陞校勘

右迪功郎兖州學教授趙涣校勘

左朝散郎通判軍州崔耀卿

龍圖閣直學士左朝奉大夫知軍州事耿延禧〔一〕

〔一〕此括蒼刊本耿延禧《序》，吴本附於書末。按耿刊在姚、鮑二本之前，今據此録於鮑序之前。

鮑彪戰國策序

《國策》，史家者流也。其文辯博，有煥而明，有婉而微，有約而深，太史公之所〔二〕考本也。自漢稱爲《戰國策》，雜以短長之號，而有蘇、張縱横之説。學者諱之，置不論，非也。夫史氏之灋，具記一時事辭，善惡必書，初無所決擇。楚曰《檮杌》，書惡也。魯曰《春秋》，善惡兼也。司馬《史記》，班固《漢書》，有《佞幸》等列傳，學者豈以是爲不正，一舉而棄之哉？矧此書若張孟談、魯仲連發策之慷慨，諒毅、觸讋納説之從容；養叔之息射，保功莫大焉；越人之投石，謀賢莫尚焉；王斗之愛縠，憂國莫重焉。諸如此類不一，皆有合先王正道，孔、孟之所不能違也。若之何置之？曾鞏之《序》美矣，而謂「禁邪説者固將明其説於天下」，則亦求其故而爲之説，非此書指也。

起秦迄今，千四百歲，由學者不習，或衍或脱，或後先失次，故肖立半字，時次相糅，劉向已病之矣。舊有高誘注，既疏略無所稽據，注又不全，浸微浸滅，殆於不存。彪於是考《史記》諸書爲之注，定其章條，正其衍説，而存其舊，慎之也。地理本之《漢志》，無則闕。字訓本之《説文》，無則稱「猶」。雜出諸書，亦別名之。人姓名多不傳見，欲顯其所説，故繫之一國。亦時有論説，以翊宣教化，可以正一史之謬，備《七略》之闕。以〔二〕之論是非，辨得失而考興亡，亦有補於世。

紹興十七年丁卯仲冬二十有一日辛巳冬至縉雲鮑彪序〔三〕。

〔一〕所：鮑單注本無「所」字，今從吴本補。

〔二〕以：鮑本「以」作「於」，今從吴本改。

〔三〕此序鮑本冠於首，次曾鞏《序》，再次劉向《序》。

鮑彪題識二則〔一〕

劉氏〔二〕定著三十三篇，《東周》一、《西周》一〔三〕、《秦》五、《齊》六、《楚》四、《趙》四、

《魏》四、《韓》三、《燕》三、《宋》、《衛》一，《中山》一。（自注：今按《西周》正統也，不得後於《東周》，定爲首卷）

二

彪校此收四易稿而後繕寫。己巳仲春重校，始知《東周策》「嚴氏之賊陽豎與焉」爲《韓策》「嚴遂陽豎也」。先哲言「校書如塵埃風葉，隨掃隨有」。豈不信哉？尚有舛謬，以俟君子。十一日書。

〔一〕鮑本附於劉《序》之後，今次於此。

王信後跋（宋紹熙刊鮑氏本）〔一〕

《國策》舊有高誘注，甚略。吾鄉先生鮑公彪守習孤學，老而益堅，取班、馬二史及諸家書，比輯而爲之注。修其篇目，辨其譌謬，缺則補，衍則削，乖次者悉是正之，時出己意論説，四易稿始成。其用功也廑矣，而世罕傳。余得其本，刊之會稽郡齋，使學者知前輩讀書不苟如此。

公妙年甲進士第，恥求人知，嘗有「此身甘作老文林」之句，其志操可見。白首始爲郎，即掛冠歸田里，杜門著書，有《書解》及《杜詩注》行於世。紹興辛亥〔二〕日南至括蒼王信書。

〔一〕據瞿氏《鐵琴銅劍樓藏書目録》卷九迻録，次於鮑本後。

〔二〕紹興辛亥：辛亥爲紹興元年，鮑書成書於紹興十七年之冬，豈有王信刊於元年之理？顯見「紹興」字有誤，乃紹熙辛亥也。今《北京圖書館善本書目》著録此本已改題爲「紹熙」，今仍舊題而訂其誤於此。瞿《目》提要以書中慎字有減筆，疑其爲「孝宗後刻本，非紹興原刻也」，語猶未昭。

吴師道國策校注序

先秦之書，惟《戰國策》最古，文最訛舛，自劉向校定已病之。南豐曾鞏再校，亦疑其不可考者。後漢高誘爲注，宋尚書郎括蒼鮑彪詆其疏略繆妄，乃序次章條，補正脱誤，時出己見論説，其用意甚勤。愚嘗並取而讀之，高氏之疏略信矣，若繆妄，則鮑氏自謂也。東萊吕子《大事記》間取鮑説而序次之，世亦或從之。若其繆誤，雖未嘗顯列，而因此考彼，居然自見，遂益得其詳焉。蓋鮑專以《史記》爲據。馬遷之作，固採之是書，不同者當互相正，《史》安得全是哉？事莫大於存古，學莫善於闕疑。夫子作《春秋》，仍「夏五」殘文。漢儒校經，未嘗去本字，但云「某當作某，某讀如某」，示謹重也。古書字多假借，音亦相通。鮑直去本文，徑加改字，豈傳疑存舊之意哉？比事次時，當有明徵，其不可定知者，闕焉可也。豈必强爲傅會乎？又其所引書止於《淮南子》、《後漢志》、《説文》、《集韻》，多摭彼書之見聞，不問本字之當否。史注、自裴、徐氏外，《索隱》、《正義》皆不之引，而《通鑑》諸書亦莫考。淺陋如是，其致誤固宜。顧乃極詆高氏以陳賈爲孟子書所稱，以伐燕爲齊宣，用是發憤更注。不思宣王伐燕，乃《孟子》明文。宣、閔之年，《通鑑》謂《史》失其次也。鮑以赧王爲西周君，而指爲正統，此開卷大誤。不知河南爲西周，洛陽爲東周。《韓非子》説秦王以爲何人，魏惠王盟臼里以爲他事，以魯連約失之書爲後人所補，以魏幾、鄢陵爲人名，以公子牟非魏牟，以中山司馬子期爲楚昭王卿，此類甚多，尚安得詆高氏哉？其論説，自謂翊宣教化，則尤可議。謂張儀之誑齊梁爲將死之言善。周人詐以免難爲君子所恕，張登狡獪非君子所排，蘇代之訑爲不可廢，陳軫爲絶類離群，蔡澤爲明哲保身，聶政爲孝，樂羊爲隱忍，君王后爲賢智婦人，韓幾瑟爲義嗣，衛嗣君爲賢君，皆悖義害正之甚者。其視名物、人地之差失，又不足論也。

鮑之成書，當紹興丁卯。同時剡川姚宏亦注是書，云得會稽孫朴所校，以閣本標出錢藻、劉敞校字，又見晋孔衍《春秋後語》參校補注，是正存疑，具有典則。《大事記》亦頗引之，而世罕傳，知有鮑氏而已。近時浚儀王應麟嘗斥鮑失數端，而廬陵劉辰翁盛有所稱許。以王之博洽，知其未暇悉數，而劉特愛其文采，他固弗之察也。吕子有云：「觀戰國之事，取其大旨，不必字字爲據。」蓋以游士增飾之詞多，矧重以訛舛乎？輒因鮑注，正以姚本，參之諸書，而質之《大事記》，存其是而正其非，庶幾明事蹟之實，求義理之當焉。

或曰：「《戰國策》者，《六經》之棄也，子深辨而詳究之，何其戾？鮑彪之區區又不足攻也。」夫人患理之不明耳，知至而識融，則異端雜説，皆吾進德之助，而不足以爲病也。曾氏之論是書曰：「君子之禁邪説者，固將明其説於天下，使皆知其不可爲，然後以禁則齊，以戒則明。」愚有取焉爾。是非之在人心，天下之公也。是，雖芻蕘不遺；非，雖大儒必斥。愚何擇於鮑氏哉？特寡學謏聞，謬誤復恐類之。世之君子有正焉，固所願也！泰定二年歲乙丑八月日金華吴師道序。

《國策》之書，自劉向第録，南豐曾氏皆有序論，以著其大旨。向謂戰國謀士度時君所能行，不得不然。曾氏譏之，以爲「惑流俗而不篤於自信」，故因之推言「先王之道，聖賢之法」，而終謂「禁邪説者，固將明其説於天下」。其論正矣。而鮑氏以爲「是特求其故而爲之説者。《策》乃史家者流，善惡兼書，初無決擇。其善者，孔孟之所不能違，若之何置之？」鮑之言殆後出者求備邪？

夫天下之道，王伯二端而已。伯者猶知假義以爲名，仗正以爲功。戰國名義蕩然，攻鬭併吞，相詐相傾。機變之謀，唯恐其不深；捭闔之辭，唯恐其不工。風聲氣習，舉一世而皆然。間有持論立言，不戾乎正，殆千百而一二爾。若魯仲連，蓋絶出者。然其排難解紛，忼慨激烈，每因事而發，而亦未聞其反本明正，超乎事變之外也，況其下者乎？當是之時，本仁祖義，稱述唐、虞、三代，卓然不爲世俗之説者，孟子一人而已。求之是書，無有也。荀卿亦宗王者，今唯載其絶春申之書，而不及其他。田子方接聞孔氏之徒，其存者，僅僅一言。又何略於此而詳於彼邪？史莫大於《春秋》，《春秋》善惡兼書，而聖人之心，則欲寓褒貶以示大訓。是書善惡無所是非，而作者又時出所見，不但記載之爲。談季子之金多位高，則沾沾動色；語安陵嬖人之固寵，則以江乙爲善謀，此其最陋者。夸從親之利，以爲「秦兵不出函谷十五年，諸侯二十九年不相攻」，雖甚失實，不顧也。厠《雅》於鄭則音不純，置薰於蕕則氣必奪，善言之少，不足以勝不善之多。君子所以舉而謂之「邪説」者，蓋通論當時習俗之敝，舉其重而名之也。近代晁子《讀書志》列於縱横家，亦有見者。且其所列，固有忠臣義士之行，不係於言者，而其繼春秋抵秦、漢，載其行事，不得而廢，曾氏固已言之。是豈不知其爲史也哉？

竊謂天下之説，有正有邪。其正焉者主於一，而其非正者，君子小人各有得焉。君子之於是書也，考事變，究情僞，則守益以堅，知益以明。小人之於是書也，見其始利而終害，小得而大喪，則悔悟懲創之心生。世之小人多矣，固有未嘗知是書，而其心術行事無不合者，使其得是書而究之，則將有不爲者矣。然則所謂「明其説於天下，爲放絶之善者」，詎可訾乎？

陳祖仁序

至正初，祖仁始登史館，而東陽吴君正傳實爲國子監博士。吴君之鄉則有丁文憲、何文定、金文安、許文懿諸先生所著書，君悉取以訓諸生，匡末學。後君歸丁母艱，病卒。祖仁聞君校注《國策》，考覈精甚，而惜未之見也。今季夏，浙西憲掾劉瑛建修隨僉憲伯希顔公來按吴郡，一日囊君所校《策》

來，言曰：「正傳吾故人，今已矣，不可使其書亦已。吾嘗有請於僉憲公，取於其家，且刻梓學宫。君宜序之，幸毋辭！」

祖仁竊維古之君子，其居家也本諸身，其居官也本諸家。其訓人本諸己，其安時也本諸天，文其餘也，而況於言乎？是故不以言爲上，而後之爲言者莫能上也。不以計爲高，而後之爲計者莫能高也。周衰，列國兵爭，始重辭命。然猶出入《詩》、《書》，援據遺禮，彬彬焉先王流風餘韻存焉。壞爛而莫之存者，莫甚於戰國。當時之君臣，惴惴然唯欲强此以弱彼。而遊談馳騁之士，逆探巧合，强辯深語，以鬬争諸侯，矜讋妻子。雖其計不可行，言不可踐。苟有欲焉，無不售也；苟有隙焉，無不投也。卒之諸侯不能有其國，大夫不能有其家。而蘇秦之屬，不旋踵勢敗而身僨！由此觀之，非循末沿流不知其本故耶？

是《策》自劉向校定後，又校於南豐曾鞏，至括蒼鮑彪病高注疏謬，重定序次，而補闕删衍，差失於專。時有議論，非悉於正。故吴君復據剡川姚宏本，參之諸書而質之《大事記》，以成此書。其事覈而義正，誠非鮑比。

古書之存者希矣，而諸儒於是書校之若是其精者，以其言則季世之習，而其策則先秦之遺也。余何幸得觀吴君此書於身後，且知其所正者有所本；而又嘉劉掾不以死生異心而卒其志也。故不復辭而爲之序。至正十五年六月，浚儀陳祖仁序。

盧見曾高氏戰國策序

漢末涿郡高氏誘少受學於同縣盧侍中子幹，嘗定《孟子》章句，作《孝經》、《吕氏春秋》、《淮南》諸解二書，訓詁悉用師法，尤精音讀。其解《吕氏春秋》、《淮南》二書有急氣、緩氣、閉口、籠口之法。蓋反切之學，實始於高氏，而孫叔然炎在其後。今刻二書者盡删其説，爲可惜也。

高氏又嘗注《戰國策》，世無其書。前明天啓中，虞山錢宗伯以二十千購之梁溪安氏，乃南宋剡川姚伯聲校正本。後又得梁溪高氏本，互相契勘，遂稱完善。曩余讀吴文正公《東西周辨》，謂《戰國策》編題首東周，次西周。而今鮑彪本誤以西周爲正統，升之卷首，始知古本《戰國策》爲鮑氏所亂久矣。及余再涖淮南，屬友人於吴中借高注考之，歎文正之辨爲不可易。高注古雅，遠勝鮑氏。其中編次，亦與鮑氏迥異。兩漢傳注存者，自毛氏、何氏而外，首推鄭氏。繼鄭氏而博學多識者，唯高氏。蓋其學有師承，非趙臺卿、王叔師之比也。惜《孟子章句》、《孝經解》不傳！而此書於絳雲一炬之後，幸而得存，爲刊板行世。好古之士，審擇於高、鮑二家孰得孰失，必有能辨之者。

乾隆丙子德州盧見曾序。

錢謙益跋一則

《戰國策》經鮑彪殺亂，非復高誘原本，而剡川姚宏較正本，博采《春秋後語》諸書。吴正傳駁正鮑注，最後得此本，歎其絶佳，且謂「於時蓄之者鮮矣」。

此本乃伯聲較本，又經前輩勘對疑誤，採正傳《補注》標舉行間。天啓中以二十千購之梁溪安氏，不啻獲一珍珠船也。無何，又得善本於梁溪高氏，楮墨精好，此本遂次而居一。每一摩抄，不免以積薪自哂。要之，此兩本實爲雙璧，闕一固不可也。崇禎庚午七月曝書於榮木樓，牧翁謹識。

陸貽典跋三則

一

《戰國策》世傳鮑彪注者，求吴師道駁正本已屬希有，況古本哉？錢遵王假余此本，係姚宏較刻高誘注，蓋得之於牧翁宗伯者。不特開卷便有東、西周之異，全本篇次前後章句煩簡，亦與今本迥不相侔，真奇書也。因命友印録此册。原本經前輩勘對疑誤，採正傳補注，標舉行間，宜並存之，一時未遑也。

牧翁云：「天啓中得此於梁溪安氏。無何，又得善本於梁溪高氏。」今此本具在，已出尋常百倍，不知高氏本又復何如耳？戊戌孟春六日録校並識，虞山陸貽典。

二

庚寅冬，牧翁絳雲樓災，其所藏書俱盡於咸陽之炬。不謂高氏本尚在人間。林宗葉君印録一本，假余較此，頗多是正。而摹寫訛字，猝未深辨，並一一校入。尚擬借原本更一訂定也。戊戌季秋六日校畢記。

三

己亥春，從錢氏借高氏原本，校前十九卷。孟冬暇日，過毛氏目耕樓借印録高氏本校畢，此書始爲全璧云。敕先。

錢大昕剡川姚氏本戰國策序

《戰國策》自劉子政校定，至宋嘉祐間已多散佚。今所傳者，皆出曾南豐重校本。高氏注隋時止存廿一篇，今僅存十篇。以高注《吕氏》、《淮南》相較，頗有繁省之殊，似十篇注尚非足本也。自鮑彪注盛行，芟棄高氏注，又擅易篇次，好古者病之。唯剡川姚氏本刻於紹興十六年，校勘精審，最爲藝林所珍。近雖重刊揚州，而於文句可疑者，往往轉取鮑本羼入，殊非不知蓋闕之義。

黄君蕘圃乃取家藏宋槧本重鋟諸堅木，行款點畫，壹仍其舊。其中烏鳥魚豕，審知譌踳者，别爲《札記》，附綴於卷末，而肯移易隻字。吴正傳所云「存古闕疑者」，今於蕘圃見之，洵書城中快事也。

伯聲致疑「埊」、「恧」爲武后造字，予謂劉校、高注在兩漢時，斷無此等近鄙别字，而六朝人喜造新體，如先人爲老、巧言爲辨之類。恧當因草書「丞」字相似附會成之。陸德明《論語釋文》「恧」兩見，皆云「古臣字」，則非昉於阿武矣。韓朋即公仲侈。「侈」與「朋」聲不協，當是「倗」之誤。隸書多似「朋」，故「倗」譌爲「侈」。「倗」、「朋」本一字，「朋」與「憑」聲相近，故亦稱「韓憑」矣。尋繹之次，偶舉二事，質諸蕘圃，願有以教我也。癸亥仲冬竹汀錢大昕序。

黄丕烈重刻剡川姚氏本戰國策并札記序〔二〕

曩者顧千里爲予言，曾見宋槧剡川姚氏本《戰國策》，予心識之。厥後遂得諸鮑緑飲所，楮墨精好，蓋所謂梁溪高氏本也。千里爲予校盧氏雅雨堂刻本一過，取而細讀，始知盧本雖據陸敕先抄校姚氏本所刻，而實失其真。往往反從鮑彪所改及加字並抹除者，未知盧、陸誰爲之也。夫鮑之率意竄改，其謬妄固不待言。乃更援而入諸姚氏本之中，是爲厚誣古人矣。金華吴正傳重校此書，其《自序》有云：「事莫大於存古，學莫大於闕疑。」知言也哉！後之君子，未能用此爲藥石，可一嘅已！

今年命工纖悉影橅宋槧而重刊焉，並用家藏至正乙巳吴氏本互勘，爲之《札記》，凡三卷。詳列異同，推原盧本致誤之由，訂其失，兼存吴氏重校語之涉於字句者，亦下己意，以益姚氏之未備。大旨專主師法乎闕疑存古，不欲苟取文從字順，願貽諸好學深思之士。

吴氏校每云「一本」，謂其所見浙、建、括蒼本也。今皆不可復得，故悉載之。宋槧更有所謂梁溪安氏本，今未見。見其影鈔者，在千里之從兄抱沖家。其云「經前輩勘對疑誤，採正傳補注，標舉行間，惜乎不並存也」。非一刻，小小有異，然皆較高氏本爲遜，故不復論。嘉慶八年八月八日，吴縣黄丕烈撰。

〔一〕此文亦見於顧廣圻《思適齋文集》卷七，篇題下注云：「代黄蕘圃作。」

顧廣圻後序

黄君蕘圃刻姚伯聲本《戰國策》及所撰《札記》，既成，屬廣圻爲之序。予爰序其後曰：

《戰國策》傳於世者，莫古於此本矣。然就中舛誤不可讀者，往往有焉。考劉向《敘録》云：「定以殺青，書可繕寫。」是向書初非不可讀者也。高誘好以向所定著爲之注。下迄唐世，其書具存，故李善、司馬貞等徵引依據，絶無不可讀之云。迨曾南豐氏編校，始云「疑其不可知者」，而同時題記，類稱爲舛誤。蓋自誘注僅存十篇，而宋時遂無善本矣。伯聲續校，總四百八十餘條，其所是正，亦云多矣。但其所萃諸本，既皆祖南豐，又旁採他書復每簡略，未爲定本，尚不能無劉原父之遺恨耳。厥後吴師道駁正鮑注，用功甚深，發疑正讀，殊有出於伯聲外者矣。

今蕘圃之《札記》，雖主於據姚本訂今本之失，而取吴校以益姚校之未備，所下己意，足以益二家之未備也。凡於不可讀者已稍稍通之矣。後世欲讀《戰國策》，捨此本其何由哉？

廣圻於是書尋繹累年，最後於《敘録》所云「臣向因國別者，略以時次之。分別不以序者以相補除複重，得三十三篇」者，恍然而知《戰國策》實向一家之學，與韓非、太史公諸家牴牾，職此之由，無足異也。因欲放杜征南於《左氏春秋》之意，撰爲《戰國策釋例》五篇：一曰《疑年譜》，二曰《土地名》，三曰《名號歸一圖》，四曰《詁訓微》，五曰《大目録》。私心竊願爲劉氏擁篲清道者也。高注殘闕，艱於證明。粗屬草藁，牽率未竟。他年倘能徧稽載籍，博訪通人，勒爲一編，俾相輔而行，未始非讀此本之助也。諗諸蕘圃，其以爲何如？嘉慶癸亥十一月，元和顧廣圻。

宋槧姚宏本戰國策所附諸跋〔一〕

一

高注《戰國策》行世者惟雅雨堂本，此外曾見小讀書堆所藏影宋鈔本。若宋刻，僅載諸《讀書敏求記》中，云是購於絳雲樓者。然絳雲所藏，有梁溪安氏本、梁溪高氏本，未知所購果何本也？既聞海内藏書家尚有兩宋本，一在桐鄉金雲莊家，一在歙汪秀峯家，余渴欲一見爲幸。去冬鮑綠飲來蘇，以金本介袁綬階示余，訂觀於鈕非石寓樓。遂議交易，以自鏹八十金得之。此本楮墨精好，殆所謂梁溪高氏本歟？屬澗薲取影宋鈔本參校，識是勝於鈔本，澗薲已詳跋之矣。

余謂古書流傳，不可不詳其原委。姚宏所注補者非一本，見於吴正傳之言（自注：正傳云：余見姚注凡二本：其一冠以目録、劉序，而置曾序於卷末；其一冠以曾序，而劉序次之。蓋先劉序者，元本也；先曾序者，重校本也）。今觀此本字畫，定爲紹興初刻。影鈔者當是重刻本，故行款略爲改竄（自注：宋刻本每葉廿二行，行廿字。影宋鈔本每葉廿行，行廿字），而字句亦微有不同。《序録》一篇，此本在卷末李文饒等書後四條之前。姚宏題語又隔一行，而附於後。影鈔本則曾序居卷首，而李跋等仍在後。姚宏題語不隔一行。其非一本可知。蓋影鈔之本，或即梁溪安氏本遂而居乙者耶？至於此本之疑爲絳雲所藏，别無確證。惟首册闕目録四葉、一卷一至六葉，末册序後五六葉，當是藏書者圖章題記，淺人撕去之故，豈不可歎！特未識汪本又何如耳，俟徐訪之（自注：汪秀峯與錢聽默友善，嘗謂錢曰：吾有宋刻高注《戰國策》，有人需此，當以美妾易之。今聞作古，未知書在何處）。

二

嘉慶歲在己未二月望日，檢書至此，爰題數語，以志顛末。回憶去冬得書之時在臘月望日，雨雪載塗，肩輿出金閶門，與緑飲、綬階、非石盤桓茶話以爲消寒計者，已兩閱月矣。石有詩贈余，當倩渠録於此册，以志一時韻事云。棘人黄丕烈識。

三

昔余赴禮部試入都，於舊攤買得宋板《戰國策》牙籤一，未知誰氏物。書去而籤存，殊令人繫思也。攜歸棄置篋中久矣。今得此書，不啻籤爲之兆。爰屬潤賓影摹於册，俾得附麗長存云。蕘圃。

四

此書爲毛榕坪故物。余與榕坪雖居在同城，蹤跡不甚密，故未及細問原委。前月杪，榕枰階陽湖孫淵如觀察訪余，因暢敘兩日，晤言及此。榕村謂余曰：「余得此書於□□馮秋雀家，其先世有名黔者爲顯宦，從他省得來。」榕坪從秋雀手易歸。卷中所鈐「馮氏秋雀」，即其印也，爰志其書之來歷如此。至卷中「澤存堂藏書印」，不知何人？康熙時有張姓名士俊者，曾翻彫宋本《玉篇》、《廣韻》於澤存堂，豈其人歟？夏五月端午後三日，丕烈識。

五

是書雅雨堂刊行者頗有改易，賴此始見其真，不僅古香馣馤爲可寶也。惟剜修處未能盡善，如第六卷第四葉首三行，與小讀書堆所藏鈔本不同。鄙意以爲初槧當如鈔本。附録於後，以俟蕘圃論定之。己未二月顧廣圻書。

楚怒秦合　冣爲楚王曰：魏王遇於境楚使者　是以鯉與之遇也　弊邑之於遇善之故齊不合也　楚王因不罪景鯉而德周秦

秦使周最解説楚王與魏遇之意，故不罪景鯉，第德周與秦也。

〔一〕據《潘氏寶禮堂宋本書録》迻録，尚有題詩，從省。原書今藏北京圖書館。

影宋精鈔本高注戰國策附跋兩則〔一〕

一

吳師道云「剡川姚宏《續校注》最後出。予見姚注凡二本：其一冠以目録、劉序，而置曾序於卷末；其一冠以曾序，而劉序次之」云云。此即所謂冠以曾序之本也。宋槧，原出梁溪安氏，陸敕先亦據以校刻，入盧氏雅雨堂，但失其真矣。其冠以目録、劉序本，出梁溪高氏，宋槧之極精好者，今在黄蕘圃家，近將重爲刊行，於此有異同。此本世鮮蓄之者。自是《戰國策》一重公案，後人勿因其一刻再刻而漫視之也。嘉慶癸亥五月書此留示阿和、阿道。回數家兄下世已閲七年，爲之泫然！澗蘋居士廣圻記。

二

此册影宋鈔本高注《戰國策》，東城顧氏藏書，由蔣春臯以歸於小讀書堆者也。抱沖故後，借其遺書，屬伊從弟澗蘋校雅雨堂本，多所正誤。未及還而余適得桐鄉金氏所藏宋刊本，又爲校勘，又可正影鈔本之誤。書以最先者爲佳，信不誣矣。且高注宋刻向有兩本，此本非即從余所得宋本鈔出，故行款不同，字句間有互異。聊志數語，以著源流，俟與後之能讀者證之。嘉慶歲在己未二月花朝後一日，黄丕烈識。

〔一〕據《楹書隅録初編》迻録。原書今藏山東省圖書館。

顧廣圻影鈔安氏本戰國策跋〔一〕

高氏《戰國策》，姚伯聲校，宋槧本有二，皆見蒙叟之跋，一得於梁溪安氏，再得於梁溪高氏。迨後，高氏本曾在長塘鮑丈緑飲以翁處，有嘉慶癸亥翻刻者是也。今歸長洲汪閬源家。安氏本僅見影寫者，向爲小讀書堆所收，今與真本皆不知歸何許矣。

此則有堂吴子先世之遺，亦從安氏本影鈔，行款筆跡，幾乎無二，展玩再四，恍如宿覯，唯每册有錢楚殷圖記，爲少異耳。楚卿最多祕笈，何義門學士手校題跋每言從之借來。距今百年，流傳就稀。想乾隆間入璜川者或非一種，而予之寓目，則止此而已。吾願有堂其尚無善保之哉！

〔一〕據《思適齋集》卷十四迻録。